Siegfried Kross · Johannes Brahms

Ludwig Michalek: Johannes Brahms.

Siegfried Kross

Johannes Brahms

Versuch einer kritischen
Dokumentar-Biographie

Band 2

1997

BOUVIER VERLAG · BONN

Die Deutsche Bibliothek - CIP-Einheitsaufnahme

Kross, Siegfried:
Johannes Brahms : Versuch einer kritischen Dokumentar-Biographie / Siegfried Kross. - Bonn : Bouvier.
ISBN 3-416-02699-3
Bd.2 (1997)

 Kohle-Kreidezeichnung auf der Voderseite des Umschlages von Ludwig Michalek nach einer Fotografie von Maria Fellinger (1898). Umschlaggestaltung: Michael Fischer, Köln. Satz: Jürgen May, Garmisch-Partenkirchen. Druck und Einband: Druckerei Plump, Rheinbreitbach. Gedruckt auf säurefreiem Papier.

Inhaltsverzeichnis

Der Weg zum Streichquartett und zur Symphonie	545
Das symphonische Jahrzehnt	
1. Die beiden ersten Symphonien	728
2. Dritte und vierte Symphonie	883
Das späte Werk	927
Statt eines Nachwortes	1097
Anhang	
Grundlegende Literatur	1105
Bildnachweise	1106
Register	1109
Berichtigungen	1125

Der Weg zum Streichquartett und zur Symphonie

Der Abschluß einer großen Arbeit, mit der man lange Zeit zugebracht hat, hinterläßt zunächst ein Gefühl der Leere. Das wird Brahms nicht anders gegangen sein, auch wenn er sich der Bedeutung des Geschaffenen sehr wohl bewußt war. An die Gestaltung von Neuem war unter diesen Umständen erst einmal nicht zu denken, er beschäftigte sich mit „Aufräum"-Arbeiten. So mußte das „Requiem" für den Druck vorbereitet werden, wobei im Hinblick auf die Möglichkeit künftiger Aufführungen derjenige des Stimmenmaterials und des Klavierauszugs - die Partitur erschien erst später im Druck - als vordringlich gelten mußte, aber eine besonders zeitaufwendige und dabei nervtötende Arbeit war, die sich bis Ende Mai hinzog. Auch der nachkomponierte Satz wurde zwar schon in Hamburg konzipiert, doch hielt er ihn noch zurück, bis er nach seiner Gewohnheit Gelegenheit gehabt hatte, ihn bei einer Probeaufführung einer Hörkontrolle zu unterziehen. Stattdessen gab er lediglich den beim Druck dafür auszusparenden Raum an.[1] Selbst Partitur und Klavierauszug gab er solange noch nicht für den Druck frei.

Clara Schumann kam in ihrem Brief zu seinem 35. Geburtstag, den er schon frühmorgens mit einem Besuch am Grabe der Mutter begann, nur kurz auf die Uraufführung des „Requiems" zurück: „Der Schluß des alten [Lebens-] Jahres brachte Dir eine so schöne Genugtuung in der allgemeinen Anerkennung Deines Requiems, recht zur großen Freude aller Deiner Freunde - möchten Dir solcher Tage viele beschieden sein! - Ich hoffe, daß die 2. Aufführung[2] Deinen Wünschen entsprochen - die Orgel wirst Du wohl zuweilen ungern vermißt haben, aber sonst war gewiß wieder alles gelungen! Ich denke mir Dich jetzt in der Vorbereitung des Werkes zum Drucke."[3] Sie hatte allerdings in diesen Wochen besonders schwere Sorgen zu verkraften gehabt, die drei ihrer Kinder betrafen: bei Ludwig waren die ersten Anzeichen der Geisteskrankheit aufgetreten, Raimund Härtel hatte sie als erster darauf angesprochen. Bei Brahms' Patensohn Felix war Tuberkulose diagnostiziert worden, die damals nur noch eine geringe Lebenserwartung zuließ, und Julies labiler Gesundheitszustand gab ebenfalls zu Besorgnis Anlaß. - In ihrem - meist nachgetragenen - Tagebuch hatte sie sich, möglicherweise zur gleichen Zeit,

[1] Briefwechsel Bd. 14, S. 152.
[2] Vom 28.4.1868 im Saale der „Union" unter Reinthalers Leitung.
[3] Clara Schumann - Johannes Brahms. Briefe, Bd. 1, S. 581.

deutlicher ausgesprochen: „Mich hat dieses Requiem ergriffen, wie noch nie eine Kirchenmusik ... Ich mußte immer, wie ich Johannes so da stehen sah mit dem Stab in der Hand, an meines teuren Robert Prophezeiung denken, ‚laß den nur mal erst den Zauberstab ergreifen, und mit Orchester und Chor wirken' - welche sich heute erfüllte. Der Stab wurde wirklich zum Zauberstab und bezwang Alle, sogar seine entschiedensten Feinde. Das war eine Wonne für mich, so beglückt fühlte ich mich lange nicht ... Reinthaler hielt eine Rede auf Johannes, die mich so ergriff, daß ich (leider!!!) in Thränen ausbrach. Ich dachte an Robert, welch eine Freude er haben würde, hätte er das erleben können."[4]

Ende Mai fuhr Brahms an den Rhein, zunächst nach St. Goar, eigentliches Ziel war das Niederrheinische Musikfest, das über Pfingsten, vom 31. Mai bis 2. Juni in Köln gefeiert wurde. Nach dem großen Durchbruch mit dem „Deutschen Requiem" war umso nötiger, daß er dort Flagge zeigte, die ungezählten Gesprächs- und Kontaktmöglichkeiten, die sich dort boten, waren jetzt desto wichtiger für ihn, nachdem er nicht für Aufführungen seiner Werke zu werben brauchte, sondern selbst eine Größe im Musikleben geworden war, mit der man zu rechnen hatte. Es gab sicher auch noch andere, persönlichere Gründe für ihn, nach Köln zu fahren, die Joachims zum Beispiel; sie sang im „Messias" und er führte sein neues Violinkonzert vor. Niels W. Gade präsentierte eine neue Ouvertüre. Zu wissen, was Mitstreiter im Musikleben produzierten, war selbstverständlich wichtig, aber mit Händels „Messias" und Beethovens 9. Symphonie waren aus Anlaß des 50. Niederrheinischen Musikfestes auch zwei besonders attraktive Hauptwerke angesetzt.

Nach dem Fest ließ Brahms sich erneut am Rhein nieder und nahm in Bonn im Kessenicher Weg 6 bei Frau Endemann Quartier im oberen Stock des in einem Garten gelegenen Hauses. Dieses selbst und das ganze Grundstück existieren nicht mehr, seit sie der Verbreiterung der Einmündung der Arndstraße in die vielbefahrene, parallel zur Eisenbahntrasse verlaufende Kaiserstraße zum Opfer fielen. Zur Wahl Bonns für den Sommeraufenthalt hatten möglicherweise Julius Stockhausens Pläne beigetragen. Er hielt außerhalb der Konzertsaison, in welcher er zuviel durch Tourneen gebunden war, im Sommer Gesangskurse mit Schülern ab, die sich in einem Ferienort um ihn scharten. Diesmal beging Bad Neuenahr den 10. Jahrestag der Quellenweihe und der Erhebung zum Kurbad mit einer Reihe von Veranstaltungen, unter anderem mit einem offiziellen Besuch der Königin Augusta von Preußen. Am

[4] B. Litzmann: Clara Schumann, Leipzig [5]1923, ND. Hildesheim 1971, Bd. 3, S. 219.

Vorabend, dem 25. Juli, fand ein Konzert statt, in dem Julius Stockhausen sang und Brahms begleitete, insbesondere aber eine junge Sängerin aus Stockhausens Schule, Rosa Girzick, eine gebürtige Wienerin, ihr Debüt gab. Das Ganze war also nicht, wie Kalbeck das darstellt,[5] eine von Brahms improvisierte Künstlerlaune, weil Rosa Girzick wieder einmal finanziell klamm war, sondern eine hochoffizielle Angelegenheit. Brahms kannte die junge Sängerin als Mitglied der Wiener Singakademie. Da ihr sehnlichster Wunsch war, bei Stockhausen Gesang zu studieren, hatte sie sich eines Tages in Wien in den Zug gesetzt, war völlig mittellos in Hamburg angekommen und hatte sich ihren Lebensunterhalt als Tingeltangel-Sängerin verdienen müssen. Die Familie Brahms, darin ja erfahren, hatte sie vor dem Absturz ins Milieu bewahrt. Interessant an der ganzen Geschichte ist also nicht die von Kalbeck daraus erdichtete biedermeierliche Kleinstadt-Idylle um das arme, aber begabte Wiener Madl, sondern die Sorgfalt, mit der Stockhausen die konzertreife Schülerin ins Konzertleben lancierte, indem er, der Publikumsmagnet, sich hinter der Formel „unter der Mitwirkung von" verbarg und sie herausstellte, auch wenn die Leute natürlich seinetwegen ins Konzert strömten. Auf dieselbe Weise hat er Frau Girzick übrigens auch mindestens noch in Hamburg ins Musikleben eingeführt. Brahms war auch nicht nur zu diesem Konzert nach Neuenahr gekommen, sondern die Kurlisten weisen seinen Aufenthalt schon seit dem 17. Juli aus.

Der Aufenthalt in Bonn reintensivierte wieder Brahms' Verbindungen zu dem dort ansässigen Verlagshaus Simrock, dessen Junior, Fritz Simrock, stark auf Expansion setzte und Kontakt zu Brahms suchte, während der Senior, Peter Joseph, noch in demselben Jahre starb. Fritz Simrock versuchte sogar noch, das „Requiem" für sein Haus zu bekommen, aber die Vereinbarungen mit Rieter-Biedermann waren bereits zu weit fortgeschritten, der Druck des Aufführungsmaterials war in Vorbereitung und Brahms hielt die getroffenen Vereinbarungen ein. Simrock mußte sich zunächst mit dem zufrieden geben, was der Bonner Sommer 1868 neben der Redaktionsarbeit am „Requiem" noch zutage förderte. Dabei kam es zu einer für Brahms höchst bezeichnenden Diskussion, denn bevor an die Veröffentlichung weiterer Werke gedacht werden konnte, mußte ja vorab die Opuszahl des bereits im Druck befindlichen „Requiems" festgelegt werden: 45 sollte es bekommen, auch 48 stand zur Wahl, um jeden Preis aber wollte er die Jubiläumszahl 50 vermieden wissen.[6] Er stellte zunächst eine Reihe von Liedersammlungen zusam-

[5] M. Kalbeck: Johannes Brahms, Bd. 2, S. 272.
[6] Briefwechsel Bd. 14, S. 156.

men, von denen vermutet wird, daß sie zum Teil älteren Ursprungs sind, also nicht erst in diesem Sommer komponiert wurden. Die Autographen der drei ersten Lieder von op. 46 sind verschollen, sie fallen daher auch für die Datierungsfrage aus. Kalbeck datierte die beiden ersten ohne Begründung auf „Frühjahr 1864".[7] Wahrscheinlich ist eine frühere Entstehung von Nr. 3 („Die Schale der Vergessenheit" nach Hölty), denn Hermann Deiters weiß zu berichten,[8] daß Brahms selbst das Lied nicht für der Veröffentlichung wert gehalten, sich dann jedoch von Stockhausen eines besseren belehren lassen habe; das könnte ja durchaus bei dem Treffen in Bad Neuenahr geschehen sein. Datiert ist lediglich das Autograph des letzten Liedes „An die Nachtigall", ebenfalls nach Hölty, das tatsächlich im „Juni 68" in Bonn entstanden ist.[9] Interessant ist schließlich auch, daß die beiden ersten Lieder der Sammlung aus den ersten Teilen einer von Georg Friedrich Daumer geplanten Anthologie der Weltdichtung stammen, womit dieser Literat als Textquelle für Brahms in Erscheinung tritt.

Kaum besser gesichert ist die Datierung der Lieder op. 47. Das Uhlands „Volksliedern" entnommene „Sonntag" (Nr. 3) ist bereits in einem 1860 angelegten Verzeichnis ungedruckter Lieder enthalten, müßte also, Identität der Vertonung vorausgesetzt, schon 1859/60 entstanden sein, eine zweistimmige Fassung wurde bereits vom HFC gesungen. Das letzte Lied gehört zu den 1858 für Agathe von Siebold komponierten. Danach sind also wohl nur die beiden ersten Lieder, wiederum Daumer-Nachdichtungen, sowie möglicherweise das vierte nach Paul Flemming im Sommer 1868 entstanden. Auch von den sieben Liedern des op. 48 sind zwei (Nrn. 1 und 6) schon im Repertoire des HFC nachweisbar, eine Fassung für gemischten Chor von Nr. 6 veröffentlichte Brahms in seinem op. 62. Das älteste der Lieder scheint Nr. 3 („Liebesklage des Mädchens" aus „Des Knaben Wunderhorn") zu sein, es existiert in einer auf 1853 datierten Abschrift Julius Otto Grimms, sowie in einem autographen Widmungsexemplar für Clara Schumanns blinde Freundin Rosalie Leser „zu freundlichem Gedenken beim Abschied im Oktober 1856". Das Autograph der Goethe-Vertonung von „Trost in Tränen" (Nr. 5), damals noch einen halben Ton höher notiert, ist von Brahms selbst datiert mit „Detmold. Im Winter 1858". Das letzte Lied trägt den autographen Schlußvermerk „d. 6ten Mai 67 Wien." Lediglich das dritte und vierte Lied sind also möglicherweise im Frühsommer 1868 kompo-

7 M. Kalbeck: Johannes Brahms, Bd. 2, S. 136.

8 Zitiert nach M. Kalbeck: Johannes Brahms, Bd. 2, S. 300.

9 Stadt- und Landesbibliothek Wien, Musikabteilung.

niert worden. Kalbeck spricht[10] von Vermerken „Juni 68" auf den Autographen, doch sind diese verschollen und eine Verwechslung nicht ausgeschlossen. Das letzte Lied „Herbstgefühl" nach Adolf Friedrich von Schack scheint für Brahms eine besondere Rolle als Ausdruck seines Lebensgefühls gespielt zu haben: wenn im Herbst Blüten und Blätter verwelkt zu Boden sinken,

> so schauert über mein Leben
> ein nächtig trüber kalter Tag,
> warum noch vor dem Tode beben,
> o Herz, mit deinem ewigen Schlag!
>
> Sich rings entblättert das Gestäude!
> Was spielst du wie der Wind am Strauch
> noch mit der letzten welken Freude?
> Gib dich zur Ruh, bald stirbt sie auch.

Das entsprach offenbar seiner Stimmung, die ihn den Ton des „Deutschen Requiems" finden ließ. Clara Schumann muß darum gewußt haben, denn in ihrem Dankbrief für die Druckausgabe der Lieder gestand sie, daß sie

> das Fis moll-Lied noch nie ganz durchgebracht, ohne daß mir die Tränen kommen ... Daß die Stimmung darin Deine eigene sei, glaube ich nur, so lange Du es schriebst - es wäre mir ein großer Schmerz, sollte ich glauben müssen, Du empfändest oft so! nein, lieber Johannes, Du, ein Mann von **der** Begabung, in der Blüte der Jahre, das Leben noch vor sich, darfst keinen so grüblerischen Gedanken Raum geben.
>
> Gründe Dir bald einen Hausstand. Nimm Dir in Wien ein wohlhabendes Mädchen (es wird sich doch wohl auch eine solche finden, dic Du **lieben** kannst), und Du wirst wieder heitrer werden, und, mit manchen Sorgen freilich, doch auch Freuden kennen lernen, die Du nicht kanntest bis jetzt, und das Leben dann mit neuer Liebe umfassen. Schließlich beschränkt sich denn doch der Begriff irdischen Glückes nur auf das Leben zu Haus - ich wollte, Du schafftest Dir ein solches, jetzt wäre die beste Zeit dazu."[11]

Da sprach die alleinerziehende Tourneekünstlerin, die ihr Heim und ihre Familie günstigstenfalls einige Wochen im Jahr sah. Und sie traf sein Trauma, zu echter menschlicher Partnerschaft nicht fähig zu sein, nicht wegen latenter Homosexualität, wie neuerdings behauptet, sondern infolge der Traumatisierung von Abbrüchen persönlicher Verhältnisse, meist bevor sie zu echten Bindungen führten.

Am unübersichtlichsten ist die Quellenlage und damit die Datierungsfrage bei der letzten dieser Liedersammlungen, die Brahms im Sommer 1868 in Bonn zusammenstellte: auch hier will Kalbeck die Datumsan-

10 M. Kalbeck: J. Brahms, Bd. 2, S. 320.
11 Clara Schumann - Johannes Brahms. Briefe, Bd. 1, S. 567f.

gabe „Juni 68“ auf einigen der Autographen gesehen haben, doch sind diese verschollen. Datiert ist einzig das Autograph zur „Abenddämmerung“ (Nr. 5) mit „6. Mai 1867“. Die Sammlung enthält nicht nur Brahms' populärstes Lied, sondern das nach „Stille Nacht, heilige Nacht“ bekannteste deutsche Lied schlechthin, das „Wiegenlied“ (Nr. 4), „Guten Abend, Gut' Nacht“, in einem Umfeld von Texten der Liebessehnsucht und des Liebesleids. Was es da zu suchen hat, konnte nur die Brahms-Philologie entschlüsseln. Er hat es nur mit der Dedikation „An B.F. in Wien“ angedeutet, die aber nichts von dem Geheimnis dieses Liedes verrät. Auffällig an ihm ist, daß sich die Klavierbegleitung so in den Vordergrund drängt, besonders in der zweiten und vierten Zeile. Es handelt sich um eine verschlüsselte Botschaft an die Widmungsträgerin, Frau Bertha Faber geb. Porubszki, jene junge Wienerin, die es ihm unter den Mitgliedern des HFC so angetan hatte. Von ihr hatte er 1859 Alexander Baumanns Walzerlied „Du moanst wohl, du glabst wohl, die Liab laßt si zwinge“ kennengelernt. Als er erstmals nach Wien gekommen war und ihr sogleich einen Antrittsbesuch gemacht hatte, fand er sie beim Schreiben der Adressen ihrer Verlobungsanzeige und mußte sich eingestehen, daß er der Zauderer und Verschlossene bei der hübschen und temperamentvollen Pastorentochter wieder zu spät gekommen war, wobei völlig offen bleiben muß, ob er denn wenigstens jetzt die richtigen Worte gefunden hätte, wäre ihm nicht die Entscheidung bereits aus der Hand genommen worden.

Jetzt hatte sie ein Kind bekommen und er schickte ihr die Komposition auf einem Doppelblatt mit Schmuckrand und der Widmung „Wiegenlied für Arthur u. Bertha Faber zu allzeit fröhlichem Gebrauch. Juli 1868“ und am Ende hatte er angefügt: „mit Grazie in infinitum.“ Nur für die beiden unmittelbar beteiligten Menschen war die hineingeheimniste Botschaft dechriffrierbar: die Liebe hatte sich aus Sprachlosigkeit und Unvermögen, Gefühle zu zeigen, eben nicht zwingen lassen. In seinem Begleitbrief an die Fabers vom 15.Juli 1968 hieß es: „Frau Bertha wird nun gleich sehen, daß ich das Wiegenlied gestern ganz bloß für ihren Kleinen gemacht habe; sie wird es auch, wie ich, ganz in Ordnung finden, daß, während sie den Hans in Schlaf singt, der Mann **sie** ansingt und ein Liebeslied murmelt.“[12] So nahtlos können bei Brahms romantisches Ausdruckslied und chiffrierte persönliche Botschaft ineinander verwoben sein, ohne in dieser hochpersönlichen Aussage trivial zu werden und seinen ästhetischen Charakter zu gefährden, denn diese Kombination zweier verschiedener Melodien zur Gleichzeitigkeit ist ja nicht

[12] M. Kalbeck: J. Brahms, Bd. 2, S. 326f.

nur ein semantischer, sondern zugleich ein hoch artifizieller Vorgang.

Da er das „Requiem“ für seinen Verlag nicht mehr haben konnte, mußte Simrock zunächst mit diesen vier Heften Lieder vorlieb nehmen und brachte sie bereits im Oktober/November heraus. Auf welche Goldader er da gestoßen war, dürfte ihm erst im Laufe der Jahre klar geworden sein. Zunächst einmal versuchte er, als seine Frau ein Jahr darauf selbst ein Kind bekam, Brahms zu veranlassen, auch für seine Familie ein Wiegenlied zu schreiben. Aber Brahms, noch verstimmt darüber, daß Frau Schumann ihm zugemutet hatte, für eine Familienfeier „eine Kleinigkeit“ zu komponieren, winkte höchst unwirsch ab: „Die gewünschte Kleinigkeit habe ich nun allmählich oft genug geliefert, ich möchte mich eigentlich an jener, doch mehrere Seiten bietenden Sache, gern einmal auf andere Weise beteiligen. - Das war ein bedenklich langatmiger Seufzer. Aber ich muß auch schon einen spaßhaften Text finden, wenn ich noch einmal helfen soll, anderer Leute Kinder einzuwiegen.“[13]- Übrigens war das Lied ursprünglich nur mit einer Strophe, wie in „Des Knaben Wunderhorn“, aus dem Brahms den Text entnommen hatte, und auch bei Carl Simrock überliefert erschienen, bevor Brahms darauf aufmerksam gemacht wurde, daß in der Ausgabe, von Georg Scherer eine von diesem hinzugedichtete zweite stehe, die er späteren Auflagen hinzusetzen ließ. - Als Simrock später das Lied als seinen Dukatenesel ausbeutete und immer wieder neue Bearbeitungen auf den Markt brachte, frozzelte Brahms ihn sarkastisch an: „Wie wär's, wenn Sie vom Wiegenlied auch Ausgaben in Moll machten, für unartige oder kränkelnde Kinder? Das wäre noch eine Möglichkeit, die Zahl der Ausgaben zu vermehren!“[14]

Zu den „Aufräumarbeiten“ nach Abschluß des „Requiems“ gehörte auch, die liegengebliebene „Rinaldo“-Kantate zum Abschluß zu bringen; das glaubte er wohl auch sich selbst schuldig zu sein, nachdem man ihm zuliebe sogar die Wettbewerbsfrist verlängert hatte und er dann doch mit dem Stück nicht zurande gekommen war. Immerhin fast fünf Jahre waren seit dem Stichtag vergangen. Erfahrungen mit einem großen Chorwerk hatte er ja nun, gleichwohl blieb der „Rinaldo“-Text etwas Besonderes, schon wegen seiner Zwitterstellung zwischen der episch-lyrischen Gattung der Kantate und einer dramatischen Handlung, die wiederum in eine Folge lyrischer Szenen aufgelöst ist. In der Brahms-Literatur hat dies dazu geführt, daß je nach Standpunkt des Autors der „Rinaldo“ als Beweis für oder gegen Brahms' dramatische Begabung herangezogen

13 Briefwechsel Bd. 9, S. 73f.

14 Briefwechsel Bd. 10, S. 38f.

wird und beides nicht ohne eine gewisse Berechtigung. - In den Sommermonaten 1868 wurde nun in Bonn der Schlußteil komponiert und das Ganze abgeschlossen. Im September 1868 war das Werk vollendet, Brahms fragte wegen der Möglichkeit einer Aufführung in Wien an und drängte nun selbst den Verleger Simrock, der damit doch noch ein größeres Chorwerk erhielt: „Das Werk will ich nun jedenfalls den Winter hören und - los sein."[15] Clara Schumann mit ihrem sicheren Instinkt für Fragen des ästhetischen Werts, die zuvor die schon fertiggestellten Teile gelobt hatte,[16] warf allerdings nun die Frage auf, die ein Angelpunkt des Urteils über den „Rinaldo" ist: „Ist das Werk nach dem Requiem bedeutend genug?"[17], worauf er beinahe beschwichtigend reagierte, sein op. 50 bekomme „durch das große Finale ein besseres Gesicht."[18]

Die „Rinaldo"-Kantate besteht aus zwei deutlich voneinander trennbaren und recht unterschiedlichen Teilen, doch ist diese Abteilung nicht etwa aus dem Text und seiner Vertonung heraus begründet, sondern ganz einfach durch die Entstehungsgeschichte des Werks bedingt: der größere erste Teil ist der vor dem Abbruch der Arbeiten daran geschriebene; der zweite Teil, nach der Wiederaufnahme der Arbeiten im Sommer 1868 komponiert, ist von Brahms mit einer eigenen Überschrift versehen worden. „Auf dem Meere. Schlußchor" steht darüber, während er für den Stich der Originalausgabe ausdrücklich verlangte, daß im ersten Teil keine Absätze gemacht werden dürften. Dem Prinzip der Durchkomposition, das Brahms dem Werk, seinem eigentlichen dramatischen Charakter entsprechend, ursprünglich zugrunde gelegt hatte, widerspricht aber geradezu ein solcher Einschnitt vor dem Finale. Offenbar ist er bei der Wiederaufnahme des Werkes von seinem ursprünglichen Prinzip abgewichen und hat einen gewissen Bruch in seiner Anlage hingenommen.

Es ist gewiß zu berücksichtigen, daß auch der erste Teil in zahlreiche Abschnitte und Unterabschnitte gegliedert ist, deren Mehrzahl die geschlossene formale Anlage aba zeigt. Gerade aber dieses Vorherrschen der musikalisch bedingten und dem Fortschreiten dramatischer Aktion im Wesen widersprechenden Reprisenform, woran schon die Opera seria gekrankt hatte, zeigt mit aller Deutlichkeit, daß in dieser Vertonung die Handlung aufgelöst wird in einzelne stationäre Bilder weitgehend lyrischen Charakters. Das wird am ersten Abschnitt freilich noch nicht so klar sichtbar, weil er wiederum mehrfach unterteilt ist und noch am ehe-

[15] Briefwechsel Bd. 9, S. 57; vgl. auch S. 58/60.
[16] Clara Schumann - Johannes Brahms. Briefe, Bd. 1, S. 430.
[17] Clara Schumann - Johannes Brahms. Briefe, Bd. 1, S. 601.
[18] Clara Schumann - Johannes Brahms. Briefe, Bd. 1, S. 602.

sten dramatische Züge aufweist. Gerade um diesen ersten Teil hat es gleichwohl Diskussionen gegeben wegen des seltsamen, an Robert Schumanns „Zwielicht" gemahnenden Charakters der Einleitung, die mit ihrem ständigen Pianissimo, von den Sforzato-Ausbrüchen abgesehen, mit ihren Synkopen und den merkwürdig durch die Tonarten irisierenden gebrochenen Dreiklängen im Widerspruch zu den entschlossenen Rufen des Chores zu stehen scheint:

> Zu dem Strande, zu der Barke! ...
> Zu den Rudern greifet brünstig!
> Hier bewähre sich der Starke!

Philipp Spitta suchte in einem Brief an Brahms vom 21. Februar 1870, in dem er auch darauf hinwies, daß der Charakter der Einleitung die Erwartungen des Hörers nicht erfülle, nach einer Begründung für das eigenartige Vorgehen des Komponisten und provozierte damit eine seiner ausführlichsten Stellungnahmen zu eigenen Werken, die wohl als charakteristisch für ihn gelten kann:

> Der Anfang des Rinaldo scheint den Leuten unerwartet zu kommen und wirkungslos zu sein. Sie sind der erste, der nach einer Entschuldigung, einem Grund meiner Auffassung sucht. Da ich nun nicht von selbst den Mund aufmache, für meine Sachen zu reden, so sind Sie auch der erste, dem ich mittheile.
>
> Ich meine also, daß ein bloß frischer Chor nicht passend wäre, nicht genügen dürfe. Der Musiker hat etwas Gropius zu sein und muß uns durchaus die ganz eigene Luft athmen lassen, die auf der Insel der Zauberin weht. Auch den Rittern darf's gern etwas schwül werden, und sie mögen einen gelinden Schauder empfinden, wenn sie singen: Hier bewähre sich der Starke!
>
> Eigentlich glaubte ich, dies den Leuten mitzutheilen, indem ich auch bei der Aufführung einen Vers aus dem Tasso dem Text vordrucken ließ. Es mag Spielerei sein, daß das Motiv der Einleitung Armiden auch bei der Zerstörung hilft.
>
> Eine schildernde Einleitung und hierauf ein frischer Chor der Ritter, die sich von der schönen Zauberin ganz unberührt zeigen, gefiele mir aus manchen Gründen nicht.
>
> Ich erinnere freilich sehr gut, daß ich eigentlich nichts von diesem dachte, als ich das Gedicht vornahm. Ich war eben von selbst mit den Rittern auf der Insel und kann das heute auch noch nicht so dumm finden.[19]

Was Brahms mit dieser Gestaltung der Einleitung gewollt hat, geht aus seiner Antwort an Spitta eindeutig hervor. Danach blieben die Fragen, ob er das Gewollte wirklich erreicht habe und ob seine Absicht dem Charakter des Textes und der dort geschilderten Situation auch gerecht wird. - Mit einem Vers aus Torquato Tassos „Befreitem Jerusalem", dem Goethe den Stoff entnommen hatte, versuchte Brahms, den Hörer auf das Kommende einzustimmen:

[19] Briefwechsel Bd. 16, S. 34f.

Ein Garten liegt inmitten dieser Auen,
Wo Liebeshauch von jedem Zweige sinnt,
Dort werdet ihr, im Schoß der grünen Auen,
Die Zauberin und ihren Ritter schauen.
Hat sie hernach aus jenem Lustgefilde,
Fern vom Geliebten, ihren Schritt gewandt:
Dann nahet ihm, bewaffnet mit dem Schilde,
Den ich euch gab aus hellem Diamant;
Daß er sich selber schau im Spiegelbilde,
Gehüllt in weich unmännliches Gewand,
Voll Zorn und Scham wird er sich dann ermannen
Und schnöde Lieb aus seiner Brust verbannen.

Im Grunde scheint jedoch auch dieser Tasso-Vers wenig geeignet, dem Hörer Brahms' Auffassung der Einleitung zu vermitteln, soweit er überhaupt bei einer Aufführung zugänglich gemacht wird. Es handelt sich ja eher um eine inhaltliche Einführung in den von Goethe gestalteten Text als um eine Einstimmung in das Orchestervorspiel, um dessen Verständnis es Brahms doch offensichtlich ging. - Bezeichnend für ihn und seine Kunst ist der Hinweis auf den Dekorationsmaler Karl Wilhelm Gropius (1793 - 1870), eben weil er eigentlich ein Mißverständnis enthält. Wohl hat im Bereich der Musikdramatik „der Musiker etwas Gropius zu sein", aber wenn er den Hörer „die ganz eigene Luft atmen lassen" will, „die auf der Insel der Zauberin weht", dann bedeutet dies doch bereits eine Psychologisierung des Ganzen, die über die Dekorationsmalerei entscheidend hinausführt. - Nicht die Ritter, die Rinaldo von dem Zauber befreien wollen, sind im Banne der Zauberin befangen, sondern dieser selbst. Eigentlich werden also bei Brahms die Stimmung der Einleitung und die Gefühle der Ritter in die Gestalt Rinaldos hineinprojiziert. Mit seinen Augen schildert Brahms die Insel der Zauberin, auf die er selbst sich versetzt fühlte, als er an dem Werk arbeitete. Dagegen aber wird man einwenden müssen, daß die einzige Möglichkeit, einen derartigen Text musikdramatisch zu vermitteln, darin besteht, sich als Komponist außerhalb der Handlung und der daran beteiligten Personen zu stellen und diese einfach in ihrer Gegensätzlichkeit zu profilieren.

Gerade diese Möglichkeit aber, das heißt die eigentlich musikdramatische, wies Brahms von sich, wohl weil schon die Vorstellung einer schildernden, also mehr oder weniger tonmalenden Einleitung seinem Künstlertum im Wesen widersprach. Dabei dürfte auch mitgespielt haben, daß er in der musikalischen Ausdrucksgestaltung grundsätzlich versucht, einem Text von innen her, von seiner Grundstimmung aus beizukommen. Er war eben seinem Wesen nach Lyriker und hatte folglich für die Notwendigkeiten dramatischer Gestaltung wenig Verständnis. Mit diesen Schwierigkeiten ist der Einleitungschor paradigmatisch für das gesamte Werk, weil man hier aufgrund seiner Äußerungen über das Gewollte vor einer sonst leicht möglichen Fehldeutung gesichert ist und sich aus seinen Darlegungen zumindest soviel ergibt, daß er auf eine musikdramatische Gestaltung der Textvorlage eigentlich gar nicht abstellte, sondern eher darauf, das Werk aus einer Grundstimmung heraus zu begreifen. Eine solche lyrische Konzeption mußte mit dem Charakter des Textes kollidieren und die Verwirrung beim Hörer stiften, von der Spitta gesprochen hatte. Ihr ist im Grunde das Werk zum Opfer gefallen; es gehört zu den selten aufgeführten Brahms-Werken.

Nach den 64 Takten Einleitung folgt der Chor der Ritter, die Rinaldo zur Rückkehr von der Insel der Armida nach Jerusalem drängen. Zweimal bringt Brahms denselben Text, durch sieben Takte Orchesterüberleitung getrennt. In den folgenden 16 Takten greift das Orchester auf den Anfang der Einleitung zurück, jetzt steigernd um einen halben Ton höher versetzt, bevor mit der erneuten mehrfachen Wiederholung der letzten beiden Textzeilen jene Stelle auftaucht, die in dem zitierten Brief an Spitta von Brahms selbst angezogen wird: „Hier bewähre sich der Starke". Dabei wird nun ganz offenkundig in die Aufforderung, die Stärke des Mutes zu bewähren und sich seiner Ritterpflichten zu entsinnen, die Vorstellung dessen hineinprojiziert, dem gegenüber Mut und Entschlußkraft gefordert werden, Armidas Liebeszauber, sodaß eine Inkongruenz zwischen Text und Vertonung entsteht: während doch noch die Ritter sprechen, assoziiert die Musik den Titelhelden, der in ihren Zauber verstrickt ist. Dadurch bekommt der Einleitungschor fast den Charakter einer Überleitung in die anschließende große lyrische Szene Rinaldos.

Diese beginnt mit einem Secco-Rezitativ, man erwartet mit diesem Wechsel der Gestaltungsmittel einen neuen Formteil, doch Brahms hat ihn sozusagen überkomponiert, indem er das motivische Material der Einleitung in den nächsten Abschnitt durchschlagen läßt. Bereits nach acht Takten geht das Secco ins Accompagnato über und nimmt nach weiteren sechzehn Takten fast ariosen Charakter an, bei dem das Orchester wiederum motivisches Material der Einleitung in gedrängter Folge einsetzt. - Mit Takt- und Tonartwechsel beginnt nach diesen 83 Takten nun wirklich ein neuer Formteil, während motivisch die Zäsur zwischen der Folge (hinführendes) Rezitativ und Arie liegt. In dem als besonders lieblich geltenden As-Dur verströmt Rinaldo in weit ausgreifender Melodik, die mitunter innerhalb eines Taktes den Oktavraum überschreitet, seine Sehnsucht nach „der goldnen Tage Paradiese". Trotz seines Dominantschlusses ist dieser Abschnitt in sich geschlossen in dreiteiliger

Liedform a b a. In seinem musikalischen Ausdruck ist es ein Stück echt romantischer Poesie der Sehnsucht, dabei jedoch Brahmsisch verhalten, voll Gefühlsausdruck, aber ohne gefühlig zu werden, mit ausladender Melodik, doch nicht pathetisch.

Das Stück schließt dominantisch, drängt somit weiter in den anschließenden dritten Teil der Rinaldo-Szene, auf den freilich die Charakteristik des vorhergehenden Teils schwerlich zutrifft. In der Brahms-Literatur wird dieser Abschnitt sogar geradezu als Beispiel für die Banalität der Melodik in der „Rinaldo"-Kantate angeführt.[20] Die Melodie etwa, die Brahms auf den Text „Wasserstrahlen, Wasserflocken" schreibt und darin die Wasserspiele tonräumlich nachbildet, steht in gefährlicher Nähe zu jener Musik romantischen Überschwangs, wie sie im späteren 19. Jahrhundert üblich wurde und letztlich die Reaktionen der Jugendbewegung gegen den Gefühlsüberschwang ausgelöst hat. Vollends die tonmalende Trennung des Wortes „Tur-teltaube" durch eine Achtelpause zeigt, daß eben auch Brahms hin und wieder Zeiteinflüssen erlag und sich nicht immer von Dingen freizuhalten vermochte, die bereits an der Grenze zur Trivialität liegen. Gerade ihnen verdankte er gelegentlich begeisterte, wenn auch lediglich äußerliche Zustimmung mancher Zeitgenossen.

Musikalisch hat die große Arie des Rinaldo dreiteilige Liedform, wobei die äußeren Formglieder in sich noch denselben Aufbau zeigen, während der Mittelteil so etwas wie Barform hat. Hinsichtlich des motivischen Materials sind dessen beide Stollen tatsächlich gleich, nur die Gesangs- bzw. Orchesterpartien sind vertauscht. Auffällig dagegen ist, daß Brahms die musikalische Erfindung zu diesem Text verlassen zu haben scheint und er seine Zuflucht sucht zu tonräumlichen Nachbildungen optischer Verhältnisse, rhetorischen Figuren der Hypotyposis-Klasse, um in der Terminologie des 18. Jahrhunderts zu reden, an welchen er sich hier offenbar stark orientierte, so als hätte der Begriff Kantate bei ihm gattungsimmanente Gestaltungsmuster freigesetzt: der weite Melodiebogen, der die den Garten umgebenden Galerien akustisch veranschaulichen soll, ist ein Beispiel dafür, oder der fast unsangliche gebrochene f-Moll-Akkord mit den folgenden beiden (offenen) Halbenoten, der die Weite der Räume nachbildet. Vollends überschritten wird die Grenze des einer Singstimme Zumutbaren, wo Brahms den Gegensatz zwischen den „auf der Erde" blühenden Rosen und den „Bäumen in den Lüften" nachzuzeichnen versucht einerseits mit engräumigen Tonschritten und andererseits mit Tonkaskaden, deren Stereotypie sie so

[20] Vgl. etwa G. Ernest: Johannes Brahms, S. 156.

unsanglich macht. - Eine zwölftaktige Orchesterüberleitung bereitet dann die Wiederkehr des ersten Teils der Arie vor, der dem dramatischen Charakter des Werks insofern Rechnung trägt, als der Wiederkehr des musikalisch Gleichen ein neuer Text unterlegt wird.

Mit erneutem Takt- und Tonartwechsel beginnt nach der Rinaldo-Arie ein neuer Abschnitt, den der Chor einleitet. Die Verbindung zum Vorherigen wird jedoch dadurch geknüpft, daß die Bässe des Chores bereits in den Schlußakkord der Arie hinein mit dem neuen Text beginnen, wobei das As der Arie nun als Gis zur Terz der neuen Tonart E-Dur umgedeutet wird. Seinem Charakter nach handelt es sich mehr um einen Überleitungsteil; seine Form ist fließend, freier, aber trotzdem gelingt dem Komponisten auch hier der Durchbruch zur wirklich musikdramatischen Gestaltung nicht, denn die Entschlossenheit, mit welcher der Ritter „Freundes Ruf und gutes Wort" Rinaldo vom Liebeszauber Armidas befreien sollen, dringt bei Brahms nicht durch, weil das „sachte kommt" des Anfangs und Wille zur Tröstung des Verzauberten über den Verlust für ihn bei der Konzeption der Szene die Oberhand gewannen. Damit nahm er sich selbst die Möglichkeit, durch einen Kontrastteil zwischen den lyrischen Reflexionen Rinaldos endlich dramatische Akzente zu setzen.

Er löst sogar die formale Geschlossenheit der folgenden Worte Rinaldos auf, indem er die ersten vier Zeilen des Textes abspaltet. Goethe greift hier ein Bild aus der großen Rinaldo-Arie vom Locken der Turteltauben und Nachtigallen wieder auf und bereitet damit das Erscheinen Armidas selbst vor, auf die alle Pracht der Insel hindeutet. Brahms hingegen läßt zu den - allerdings nur teilweise - wiederholten Worten auch die entsprechenden Melodieabschnitte der Arie wieder aufklingen und macht so aus der auf die Erscheinung Armidas hin steigernden Intensivierung des Textes eine bloß wehmütige Erinnerung mit der Folge, daß die Erscheinung der schönen Frau geradewegs zum Kontrast wird mit dem erregten Alla-breve-Allegro und dem aufgepeitschten Achtelmotiv, das, freilich in ganz anderer Bedeutung, schon in der Rinaldo-Arie (Wasserstrahlen ...) eine Rolle gespielt hatte.

Auch dieser Teil hat dreiteilige Arienform, vielleicht sollte man die formale Anlage des Stücks noch besser mit abcab angeben, weil schon der erste Abschnitt zwei kontrastierende Stimmungen umschließt: das Erregende der Erscheinung Armidas mit seiner schnellen Achtelbewegung und den lieblicheren Charakter der Beschreibung ihrer Gestalt mit seiner weicheren Melodik, zu der das Orchester in reiner Begleitfunktion hinzutritt, ohne, wie zuvor mit den schnellen Achtelmotiven, selbst noch Wesentliches hinzuzufügen. - Der Mittelteil steht in dem noch lichteren

E-Dur und hat mit seiner Triolenbegleitung, dem Pendeln der Melodie und dem Wechsel der Harmonie zwischen dem Subdominant-Quartsextakkord und der Tonika fast Barcarolen-Charakter, der dem Text gut entspricht. Die Wiederholung des ersten Teils unterscheidet sich dadurch von seinem ersten Auftreten, daß sein zweites Formglied jetzt nicht mehr dominantisch ist, sondern analog zur Reprise im Sonatensatz auf der Tonika steht. „In glänzender Pracht", in der günstigsten Stimmlage erhält der Tenor einen „ad libitum" dehnbaren, strahlenden Abschluß der Arie, dessen opern-, um nicht zu sagen operettenhafte, Züge gänzlich un-Brahmsisch sind. Das erregte Achtelmotiv, das die Arie furios abschließt, läßt den unbefangenen Hörer eher das Finale einer leidenschaftlich bewegten, zornglühenden Arie vermuten als das einer lyrischen Szene. So stark gleitet Brahms hier von der zuchtvollen lyrischen Sprache Goethes ins Opernhafte ab, daß man eine parodistische Absicht unterstellen könnte, die ihm aber gewiß völlig fern gelegen hat.

Fast möchte man die erregt ansteigenden Achtel des Arienschlusses weniger als solchen deuten, obwohl daran kein Zweifel bestehen kann, sondern als Vorbereitung auf den nun folgenden Entschluß der Ritter: „Nein, nicht länger ist zu säumen", in dem Brahms wirklich einmal dramatische Akzente setzt. Die Szene könnte somit den Wendepunkt bedeuten von der lyrisch ausdeutenden Gestaltungsweise der vorherigen Teile zu einer straffer zusammenfassenden dramatischen. Aber wie so häufig bei Brahms zu beobachten ist, daß er sich an strenge kompositionstechnische Regeln bindet, sobald eine dominierende Stimmung oder, wie in diesem Falle, ein starker Handlungsimpuls über die bewußt gehandhabte künstlerische Formgebung zu obsiegen drohen, so führt er diesen Satz - dramaturgisch widersinnig - musikalisch streng imitatorisch weiter. Das ist fraglos oratorisch gut gemacht, nur dramatisch ist es gewiß nicht, sodaß erneut auf engstem Raume das Zwitterhafte der Gattung „dramatische Kantate" deutlich wird. Mehr als dreißig 3/2-Takte läßt Brahms den Chor dabei beharren, daß nun nicht mehr länger zu zögern sei, um dann mit einer scharfen Rückung nach Des-Dur hinüberzuwechseln, in der vornehmlich Trompeten und Posaunen signalartig und mit lang ausgehaltenen Akkorden das Vorhalten des diamantenen Schildes durchaus im Sinne der romantischen Oper symbolisieren.

Die nun folgende Szene zwischen Rinaldo und dem Chor der Ritter ist gleichfalls wieder stark gegliedert und gleicht mit ihrem Fortschreiten vom Rezitativ zu gebundenen Formen in ihrem Aufbau der ersten großen Rinaldo-Szene. Fast rezitativisch ist der erste Abschnitt, dessen Musik im Wechsel Solo-Chor bei fortlaufendem Text zweimal gebracht wird. Aus dem Rezitativ wird ein Signalmotiv auch in den anschließenden ariosen Abschnitt übernommen für den vom Chor noch einmal bestärkten Entschluß, die Insel zu verlassen. Auch die Zustimmung Rinaldos („Ja, so sei's") ist nichts als eine Paraphrase dieses Motivs, das gliedert und formal bindet.

Eine echte Steigerungsform ist der nun folgende Chor (Allegretto non troppo, A-Dur), in dem dreimal im wesentlichen musikalisch das Gleiche geschieht, nur ist beim zweiten Male der Chor durchgehend vierstimmig gesetzt im Gegensatz zu dem streckenweise zweistimmigen Satz des ersten Abschnitts. Der dritte hingegen wird pathetisch erweitert: „Zur Tugend der Ahnen ermannt sich der Held", worauf noch einmal der Anfang in abgewandelter Form als Coda wiederkehrt. - Vom theatralischen Pathos des Chores schwenkt Brahms im nun folgenden Andante con moto e poco agitato (a-Moll, 6/8), wie schon die Satzbezeichnung erkennen läßt, wieder um zu verinnerlichteren und resignierteren Tönen, die ihm sichtlich näher lagen, auch persönlicher sind als das stärker zeitbedingte, mitunter etwas aggressive Pathos des vorhergehenden Teils. Trotz des Chors, der gegen Ende mit kurzen Einwürfen dazwischenfährt, hat dieser Teil dreiteilige Arienform.

Auf die nun folgende Stelle hat Brahms in dem zitierten Brief an Philipp Spitta selbst hingewiesen. Zum zweiten Male war Rinaldo in dem voraufgehenden schmerzlich elegischen a-Moll-Teil die Zauberin Armida erschienen. Nun aber, da sie sah, daß er für sie verloren war, nachdem er das Schmähliche seines Zustands im Spiegel des diamantenen Schildes erkannt hatte, zerstört sie den Palast, die Gärten und alle Schönheit, mit der sie Rinaldo geblendet hatte. Sie vollbringt ihr Zerstörungswerk, wie Brahms darlegte, mit der musikalischen Begleitung durch eben das Motiv, mit dem Rinaldo seine Faszination durch die Zauberin und die von ihr geschaffene Pracht offenbart hatte. Errichtung all dieses Blendwerks und seine Vernichtung finden also die gleiche musikalische Behandlung; der Hörer aber erliegt unweigerlich dem Eindruck, das Motiv müsse ursprünglich dieser Zerstörung des schönen Scheins zugeordnet gewesen sein, weil sein Charakter hier dem Text entschieden besser entspricht.

Bevor Brahms auf dieses „Zaubermotiv" zurückgreift, das den ganzen, in düsterem c-Moll stehenden, allerdings stark modulierenden folgenden Teil beherrscht, läßt er am Anfang des Allegro con fuoco das Einleitungsmotiv wieder aufklingen, das den Hörer „die ganz eigene Luft, die auf der Insel der Zauberin weht", atmen lassen soll. Aber es ist in charakteristischer Weise verändert: aus dem Durklang ist der fremdartige und tonalitätssprengende übermäßige Dreiklang geworden. Er leitet eigentlich die Katastrophe ein. Beide Motive gekoppelt bilden auch den Schluß und die Überleitung zum nächsten Teil. Daß aber selbst diese Zerstörungsszene vom Komponisten in der geschlossenen Form aba behandelt wird, verrät nicht eben einen großen Sinn für die Erfordernisse eines so hoch dramatischen Geschehens. Es ist doch widersinnig, noch einmal zu wiederholen „Umgewandelt seh ich die Holde, sie blickt und handelt gleich wie Dämonen", nachdem sie doch schon gehandelt hat und es unmittelbar vorher heißt: „Vom Blitz getroffen schon die Paläste" und von den Trugbildern: „ach, sie zerstieben!"

So etwas wie eine Bogenform, wenn auch unter Abwandlung und Erweiterung des Wiederholungsteils, hat auch der letzte Abschnitt vor dem Schlußchor. Interessant an ihm ist immerhin, mit wie geringen Mitteln Brahms vermag, die gegensätzlichen Empfindungen der Ritter und Rinaldos über die endgültige Abreise und den Bruch der Zaubermacht Armidas auszudrücken; im Wesentlichen wendet Rinaldo nur das klare, fast Dankgebetartige des Ritterchores nach Moll. Eine typische Eigenart Brahms'scher Ausdrucksmelodik zeigen wieder die engen Intervallschritte der Verwünschungen Rinaldos: „unglückliche Reise, unseliger Wind!"

Man wird den Eindruck nicht los, das Stück quäle sich seit geraumer Zeit nur noch so weiter, getrieben lediglich von dem Willen seines Autors, einmal Begonnenes zu Ende zu führen, obwohl die künstlerische Begeisterungsfähigkeit für den Stoff und die Textvorlage längst erloschen war. Die Entstehungsgeschichte des Werks hatte gezeigt, daß Brahms noch mit der Gestaltung des Goethe-Textes kämpfte, als der Einsendetermin bereits nahte, wie er sich weiterquälte mit dem Werk und doch schließlich die Arbeit daran abbrach. Und wenn er nach der erst mehrere Jahre später erfolgten Wiederaufnahme und dem Abschluß meinte, durch den nachkomponierten Schluß habe das Stück ein ganz anderes Gesicht bekommen, so scheint ihm selbst das sich Hinschleppen der letzten Teile bewußt geworden zu sein. Der nachkomponierte Schlußchor dagegen ist wieder mehr aus einem Guß. Ihn entschieden gegen das Vorausgehende abzusetzen, wie Brahms das auch in dem Brief an Spitta tat, bezeichnet also mehr als eine selbst im Druck sichtbare Sonderstellung. Dabei erscheint es als bezeichnend für seine Gestaltungsfähigkeit, daß die Komposition in dem Augenblick wieder freier wird, wo es gilt, ein Stimmungsbild zu malen, eine in sich einheitliche Stimmung darzustellen. Da fühlte er sich frei von dem Zwang, die ihrem Charakter nach dramatische Gegensätzlichkeit zweier Stimmungen in musikalischen Ausdruck umzusetzen.

Mit Entschiedenheit, schneller Bewegung und straffer Rhythmik beginnt der Schlußchor, insofern zu so ziemlich allem musikalisch kontrastierend, was voraufging. Gleichwohl ist die Melodik zunächst nicht ausdrucksorientiert, sondern von bildlichen Vorstellungen beherrscht. Noch stärker wird die Bildlichkeit, wenn das Dreiklangsmotiv, das die anrollenden Wogen nachzeichnet, gleichzeitig auch noch in der Gegenbewegung im Baß auftritt.[21] Dann aber greift Brahms noch einmal zurück auf den Einleitungschor. Was da als Forderung der Ritter zuerst auftrat, wird musikalisch wieder aufgenommen in der Freude über seine endliche Erfüllung. - Im zweiten Abschnitt des Schlußchores, „Un poco tranquillo“, in dem der vollstimmige Chorklang in einen Wechselgesang einzelner Stimmgruppen aufgespalten wird, löst Brahms sich endgültig von der dramatischen Konzeption zugunsten eines Stimmungsbildes. Dem Spiel der Delphine versonnen träumendes Zusehen ist jene Mischung aus spielerischer Gelöstheit und elegischer Versponnenheit, die seinem Wesen so entgegenkam und gemeint ist mit der Vortragsbezeichnung „un poco tranquillo“. Freilich werden die Motive überstrapaziert, erst im steten Wechselspiel der zu je zwei verbundenen Stimmen über 24 Takte. Dann veranlassen die Worte „und verweilen so verträglich“ zu lang ausgehaltenen Notenwerten im Chor, darüber liegen jedoch, vom Pizzicato der Streicher und Holzbläser begleitet, weiterhin die beiden Motive, welche diesen ganzen Teil beherrschen. Wenn schließlich der Chorgesang ganz schweigt und nur noch das Spiel der zuletzt noch in Triolen aufgelösten Motive über 18 Takte im Orchester weiterläuft, scheint man vollends ins Träumen gekommen. So sehr hat sich der Komponist diesem Stimmungsbild hingegeben, daß die Tatsache völlig aus seinem Blickfeld geschwunden scheint, daß es sich doch um den Schluß einer dramatischen Kantate handelt.

Ein Orchesternachspiel leitet in den Anfang des Schlußchores zurück, der, allerdings zum Teil verkürzt und abgeändert, vollständig wiederholt wird. Der Abschluß des Ganzen mit der Losung der glücklich Heimgekehrten „Godofred und Solyma“ (Gottfried von Bouillon[22] und Jerusalem), ist ganz auf eine kraft- und effektvolle Schlußwirkung abgestellt. Der Chor wird daher über ganze Strecken hin in massivem Unisono geführt, dann werden die Außen- und die Innenstimmen miteinander gekoppelt. - Es ist eine der nicht wenigen Ungereimtheiten des Werks, daß nun das Stimmungsbild des großen Schlußchores mit einem opernhaften Finale beendet wird, nachdem die eigentlich dramatischen Partien weitgehend in einzelne Bilder aufgelöst worden waren. Selbstverständlich unterliegt Brahms' „Rinaldo“-Vertonung schon dem Zwiespalt der Gat-

21 Schlußchor T. 21ff.

22 1061 - 1100, Führer des ersten Kreuzzugs 1096.

tung, die an sich episch-lyrischen Charakters ist, aber mit der Möglichkeit der direkten Rede in den epischen Partien stets auch die Möglichkeit hat, dramatische Elemente ins Spiel zu bringen. Allerdings vermag man sich nur schwer vorzustellen, daß ein rein künstlerischer Impuls Brahms zur Komposition dieses Werkes veranlaßt haben sollte, weil sich einfach nicht verhehlen läßt, daß über weite Strecken hinweg außermusikalische, bildliche und räumliche Vorstellungen, ins Musikalische umgesetzt, die melodische Erfindung ersetzen müssen. Über die aufgezeigten Beispiele hinaus ließen sich unschwer weitere beibringen. Von den thematisch freien Partien darf man vielleicht annehmen, daß dahinter Brahms' Absicht einer dramatischen Gestaltung stand, daß diese aber doch seinem Wesen nicht entsprach und ihn daher gelegentlich ans allzu Opernhafte streifen ließ, während die Gattung Kantate im Prinzip noch zur Kammermusik gehört. Tatsächlich wissen wir ja, daß die Entstehung des Werkes mit der Absicht verknüpft war, es bei dem Aachener Preisausschreiben einzureichen. Der Abbruch der Arbeit daran schließlich dürfte nicht zuletzt aus der Einsicht in die Zwiespältigkeit des Geschaffenen zu erklären sein.

Ein weiteres Problem ist die Auffassung der Titelfigur bei Brahms. Während Rinaldo bei Tasso der Verzauberte und wieder Entzauberte ist, Objekt, an dem sich etwas vollzieht, hat Goethe den Stoff psychologisiert, aus dem Objekt Rinaldo einen lebendigen, fühlenden Menschen gemacht. Brahms jedoch hat sich durch die Subjektivierung und Psychologisierung der Titelfigur dazu verleiten lassen, die Gestalt zu verzeichnen. Bei ihm wurde er ein gefühliger, schwärmerischer, weltschmerzlicher und fast ein wenig weinerlicher romantischer Jüngling, sodaß bei Brahms die Vorzüge der Dichtung Goethes wieder zurückgenommen werden. Der Brahms'sche Rinaldo in seinem Gefühlsüberschwang ist wieder ein wenig Objekt äußerer Kräfte geworden, die ihn beeindrucken und schließlich - gegen seinen Willen, so scheint es bei Brahms - zur Rückkehr bewegen, nachdem Goethe den Konflikt in den Menschen Rinaldo hineinverlegt hatte.

Eine durchgehende dramatische Aktion hat Brahms' „Rinaldo"-Vertonung nicht, sie wird aufgelöst in einzelne, mehr oder weniger unvermittelt nebeneinander stehende Bilder, obwohl die Musik mitunter entschieden opernhafte Züge aufweist. Gustav Ernest hat die Situation auf die treffende Formel gebracht: „Die Musik ist theatralisch, ohne im eigentlichen Sinne dramatisch zu sein."[23] Im Prinzip ist sich die Brahms-Literatur in dieser Beurteilung des Werks weitgehend einig. Versuche,

[23] G. Ernest: Johannes Brahms, S. 156.

die freieren Partien des Werks in die Nähe der „Neudeutschen Schule" zu rücken,[24] sind wohl am falschen Objekt gemacht und daher wenig überzeugend. - Die Zwiespältigkeit der Gattung wie der dichterischen Vorlage und die nicht zu übersehende Tatsache, daß Brahms seinem Wesen und seinen künstlerischen Anlagen nach den Erfordernissen eines derartigen Textes nicht gerecht zu werden vermochte, haben das Werk als Ganzes scheitern lassen, trotz unbestrittener Schönheit im Einzelnen. Er scheint seines Werkes selbst nicht so recht froh geworden zu sein; es ist schnell in Vergessenheit geraten, und daran werden auch Wiederbelebungsversuche in neuerer Zeit wenig mehr ändern können.

Dagegen verdankt eine von Brahms' liebenswerten Schöpfungen die Anregung ihrer Konzeption diesem Bonner Sommer 1868 und dem vergnüglichen Umgang mit dem Schülerkreis Stockhausens, seinen Wanderungen in der herrlichen Weinlandschaft der Ahr. In dem Konzert im Kurhaus Neuenahr vom 25. Juli hatte Brahms auch eigene Walzer gespielt, solche, die schon in op. 39 gedruckt vorlagen, und auch welche, die noch nicht publiziert waren. Nun war Brahms zeitlebens ein begeisterter und begeisternder Walzerspieler, der das Schwebende seines Charakters musikalisch und klavicristisch voll „im Griff" hatte. Das entsprang aber nicht nur seiner Vorliebe für Wiener Volksmusik, der er manche Anregung verdankte, sondern der Walzer mit seinem streng metrischen Aufbau und seiner Wandlungsfähigkeit war ihm ein bevorzugtes Studienobjekt, insbesondere wenn er von dem Ur-Wiener Franz Schubert stammte. Und da bestimmte Walzertypen über eine ausgeprägt sangliche Melodik verfügen, lag an sich Idee sehr nahe, Walzer auch zu singen. Genau das soll Brahms auf einer Wanderung der jungen Wiener Sängerin Rosa Girzick gesagt haben, wie Kalbeck[25] zu berichten weiß, der die Mitteilung wohl noch von ihr selbst bekommen hat. Die Idee zu den „Liebeslieder"-Walzern, wie sie zumeist unter Zusammenziehung von Titel und Untertitel genannt werden, war geboren und begann Gestalt anzunehmen. auch wenn sie zu ihrem vorläufigen Abschluß noch ein ganzes Jahr brauchte.

Es handelt sich um eine lockere Folge von Stücken, wie die etwas beliebige Aufteilung in Hefte zu je sechs oder, wie auch diskutiert wurde, neun Nummern zeigt. Als er sie im Juli 1869 in Baden-Baden Frau Schumann zeigte,[26] soll Brahms zwanzig Stücke fertig gehabt ha-

24 Vgl. etwa G. Schwanbeck: Die dramatische Chorkantate der Romantik in Deutschland, Diss. Berlin 1937, gedr. Düsseldorf 1938, S. 40.

25 M. Kalbeck: J. Brahms, Bd. 2, S. 273.

26 Vgl. ihre entzückte Tagebucheintragung bei Litzmann: Clara Schumann, Bd. 3, S. 230.

ben,[27] als op. 52 bei Simrock erschienen sind 18 Walzer, mehr wurden von ihm auch nicht genannt,[28] als Hermann Levi die Kopiatur besorgte und es um die Reihenfolge der Walzer ging. - Man hat gelegentlich versucht, aus der Abfolge eine Art Handlungsfaden einer Liebesgeschichte herauszulesen. Es geht nicht: hinter diesen Liedern steckt - anders als bei Schuberts „Müller-Liedern" - keine verborgene durchlaufende Handlung, das zeigt zumindest seine Unschlüssigkeit in der Numerierung der Stücke. - Ein lose gebundener Strauß, bunt in allen Farben leuchtend, das ist diese Sammlung, die einzig zusammengehalten wird durch die Textquelle, die Sammlung von Nachdichtungen von Liedern aus verschiedenen, meist osteuropäischen Sprachen, die der von Brahms damals bevorzugte Georg Friedrich Daumer 1855 in seiner Anthologie „Polydora" herausgegeben hatte. Und sie kreisen um das gemeinsame unerschöpfliche und unergründliche Thema der Liebe, die „erhebet die Seele mir; erschüttert von Liebe, Lust und Leide, gedenkt sie dein," wie es in dem letzten der Lieder, gleichsam rückschauend heißt. Die Werbung (Nr. 1), der Kummer bei der Abwesenheit des Geliebten (Nr. 5), der komische Stoßseufzer „O, die Frauen", ohne die man längst Mönch geworden wäre (Nr. 3), die Überwindung aller Widerstände durch die Liebe (Nr. 9), der Schmerz, wenn die Geliebte sich abgewendet hat (Nr. 7) und demgegenüber die Liebe als Macht, die allen Kummer verscheucht (Nr. 8), der zornsprühende Unwille schließlich über die Klatschmäuler, die den Liebenden das Leben zur Hölle machen (Nr. 11/12), die Sehnsucht eines liebenden Herzens nach Geborgenheit (Nr. 13), das sind die Themen der von Brahms ausgewählten Texte. Nicht aber die Liebe als Erfüllung, als Sinngebung des menschlichen Lebens. Und wenn Derartiges doch einmal anklingt (Nr. 10, „O wie schön, wenn Liebe sich zu der Liebe findet!"), dann geschieht es mit einer gewissen Wehmut. Dieses schmerzlich verstehende Lächeln des selbst Außenstehenden, des wehmütigen Zaungastes des lebens- und liebevollen Treibens spiegelt ebenso Brahms' Lebensgefühl wider, das sich in dieser Zeit verfestigt hat, wie es im Geiste dieser etwas resignierten spätromantischen Dichtung liegt.

Nicht vom Inhaltlichen, sondern allein vom Gestalterischen her kann man diese Sammlung als einheitlich ansehen. Sie ist eigentlich ein einziges großes „Wechsellied zum Tanze" (0p.31 Nr. 1), um diesen Titel eines der bekanntesten mehrstimmigen Lieder zu verwenden, das er in Detmold für die Göttinger Freunde als Quartett komponiert hatte und

27 Nach Angabe von F. May: Johannes Brahms, Bd. 2, S. 105.
28 Briefwechsel Bd. 7, S. 50f.

dessen Tradition er in den „Liebesliedern“ weiterführte. Mit den vierstimmigen Liedern wechseln solche ab, die jeweils aus der Sicht des Burschen oder des Mädchens gesehen sind und die von Brahms nur für die beiden Männer- (Nr. 3, 14) oder die beiden Frauenstimmen (Nr. 4, 13) oder gar nur einstimmig gesetzt wurden (Nr. 7, 17). - Oft ist bei Brahms die Neigung zum Dialogisieren im Lied zu beobachten, so wenig prinzipiell dialektische Gestaltung sonst seine Sache war, wie der „Rinaldo“ zur Genüge gezeigt hat. Hier führte sie dazu, weitere Lieder nach Art eins „Wechsellieds zum Tanze“, diesmal im wörtlichen Sinne, zu behandeln, sei es durch so etwas wie das Verhältnis Vorsänger-Chor (Nr. 6) oder durch echten Wechselgesang zwischen Frauen- und Männerstimmen (Nr. 15). Weniger sinnfällig und gleichsam stärker in das Kompositorische selbst hineinverlegt ist das Dialogisieren in zwei weiteren Liedern (Nr. 10, 16), bei denen eine Frauen- und eine Männerstimme imitierend aufeinander folgen.

Diese beiden Lieder sind zugleich wohl die kunstvollsten der ganzen Sammlung. Das sanfte Wiegen des Baches (Nr. 10), das zu romantischer Stimmungsmalerei in der Vertonung hätte verführen können, wird von Brahms bezeichnenderweise mit sparsamster Motivik spielerisch imitierend und in Schubert'scher Weise variierend behandelt, wodurch das Graziöse des durch die Wiesen sich windenden Quells musikalisch um nichts weniger eindringlich gestaltet wird. Bezieht dann der zweite Teil des Vergleichs das ländliche Bild der Quelle auf das Generalthema der Texte, die Liebe, so geht Brahms noch einen Schritt weiter in die künstlerische Gebundenheit hinein, so als fürchte er sich, dem Gefühlsausdruck freien Lauf zu lassen, wenn es im Text heißt: „O wie schön, wenn Liebe sich zu der Liebe findet“. Wo einmal von ihrer Erfüllung die Rede ist, flüchtet er sich in den Kanon, indem er - die Vergleichsbeziehung auch musikalisch umsetzend - das gleiche Motiv, das im ersten Teil in freier Imitation zwischen zwei Stimmen auftrat, nunmehr zum Gruppenkanon ausweitet, der alle Stimmen erfaßt: Tenor und Sopran folgen einander im Abstand eines Takts kanonisch in der Oberseptime, worauf sich derselbe Vorgang nach vier Takten zwischen Alt und Baß (in der Unternone) wiederholt. Kein jubelnder Schluß folgt dem zweimal vorgetragenen Kanon, sondern im Pianissimo stellt er noch einmal schlicht akkordisch und im einkomponierten hemiolischen Ritardando des großen Dreiertakts fest: „zu der Liebe findet“. Ein Stück also inmitten der „Liebeslieder“-Walzer, das in seiner Strenge mehr über den Menschen Brahms aussagt als ganze Bände seines viel beherrschteren und Persönliches weitgehend meidenden Briefwechsels.

Auch in dem anderen Lied mit Anwendung größerer Kunstmittel (Nr.

16) geht es um den Kanon. Die Liebe wird einem dunklen Schacht verglichen, von Brahms mit einer Katabasis tonräumlich nachgezeichnet. Der einmal nachfolgende, beim zweiten Male vorausimitierende Baß steht über zwei Takte im Verhältnis der Gegenbewegung zur Melodiestimme. Wo es aber in der zweiten Strophe um die wehmütige Erinnerung an die Wonnen der Liebe geht, zieht Brahms die für ihn bezeichnende Konsequenz, zur Vermeidung jeder Gefühligkeit in den Konstruktivismus des Kanons zu flüchten, einen Gruppenkanon, bei dem die Beantwortung auf der Untersexte in der Gegenbewegung erfolgt; allerdings wird er hier nicht streng durchgeführt. - Am unverfälschtesten und elementarsten bricht der Walzer als Tanz in den Nummern 8 und 9 durch. Das Tanzlied ist seinem Wesen nach Gemeinschaftslied, der Singenden, für die es darstellbar sein muß, und der Tanzenden - sie können identisch sein, müssen aber nicht -, die den Rhythmus aufnehmen können müssen, um eben darauf tanzen zu können. Nun hat der Walzer ja nicht nur den Charakter des Schwebenden durch den verfrühten Eintritt der zweiten Taktzeit, sondern zu seinem Wesen gehört auch die hemiolische Überbindung in den nächsten Takt, beide zum „großen Dreier" vereinend; so insbesondere ist er in die Kunstmusik übergegangen, man denke nur an den letzten Satz des Schumann-Klavierkonzerts, und auch die Ballettmusik verdankt diesen Hemiolenbildungen manche Belebung. Für das Tanzlied aber läßt sich die Gleichung aufstellen: je größer der Einsatz des hemiolischen großen Dreiers, desto enger die Nähe zum Kunstlied und desto größer die Entfernung vom Gemeinschaftslied.

Bei Brahms, dessen differenzierte Rhythmik ohnehin stark auf der Verwendung von Hemiolen beruht,[29] wird man daher im Zusammenhang der Walzerlieder gerade darauf sehr genau zu achten haben. Schon das zweite der Lieder, in rein homophonem Satz, wechselt erst in den letzten vier Takten vom hemiolischen de-facto-3/2- in den „normalen" 3/4-Takt. Am weitesten vom Tanzlied weg führt vorletzte, hin zum Kunstlied und von Brahms konsequenterweise nicht als Ensemble-, sondern als reines Sololied gesetzt. Der Tau der Tränen hat die Wiesen so feucht und unpassierbar gemacht, wie man es sonst nur in den Frühstunden vor Sonnenaufgang kennt. Das ist die Stimmung, die er mit dieser ungewissen Rhythmik beschwört.

Interessant zu beobachten ist, wie gezielt Brahms die hemiolische Rhythmik zur Textinterpretation einsetzt, sodaß er selbst in diesen vorgeblich so einfachen Tanzweisen seine differenzierte Textbehandlung

[29] W. Plyn: Die Hemiole in der Instrumentalmusik von Johannes Brahms. Diss. Bonn 1984.

beibehält, die präzise Anpassung seiner Vertonungen an inhaltliche und metrische Gegebenheiten seiner Vorlage erstaunlich bleibt. Neben dem schon behandelten vorletzten Stück, wo er damit an die Grenzen geht, zeigt sich das vor allem in dem dreizehnten, das zwei gegensätzliche Bilder zu verarbeiten hat, den ziel- und ruhelos umherflatternden Vogel und seine Suche nach einem Ort, „wo er selig raste". Für das erste faßt Brahms vier Takte hemiolisch zusammen zum großen Dreier, sodaß der Hörer förmlich einen Taktwechsel erlebt, wenn von dem ruheverheißenden Ast die Rede ist. - Das längste Stück der ganzen Sammlung, Nr. 6, erzählt geradezu eine kleine Geschichte, was Brahms offensichtlich veranlaßt, dem Verlauf eine besonders klare Gliederung durch wiederkehrende Teile zu geben. Im Übrigen greift er in diesem Stück auf den fast instrumentalen Typus des Walzers zurück, der von einem beibehaltenen Spitzenton aus den Tonraum schrittweise bis zur Oktave erweitert. Ähnlich instrumentale Effekte setzt er in dem Lied des Zorns über die Klatschmäuler ein mit dem zweimaligen Anlauf und dem Wechsel zwischen oberer Note und unterer Nebennote bei jedesmal verändertem Rhythmus, das Ganze noch eine Terz nach oben sequenziert als Protest dagegen, für „irr aus Liebe" gehalten zu werden.

Ein heikles Problem ist das der „richtigen" Besetzung dieser Walzerlieder. Daß Brahms bei ihrer Konzeption an Vokalquartett gedacht hat, ist sicher, denn dessen Förderung lag ihm sehr am Herzen, auch eine seiner Illusionen über die Musikpraxis wie die Leidenschaft für tiefe Führung der Altstimmen, die bei moderner Besetzung mit Frauen nicht realisierbar ist. Er selbst war sich zunächst nicht schlüssig über die Titelgestaltung; so schrieb er an Simrock: „Über den Titel und die Heftordnung bin ich wenig im Reinen. Sie können ‚Liebeslieder' streichen. Wollen Sie lieber ‚Walzer' für das Pianoforte zu 4 Händen und in Parenthese (mit Gesang) oder (und Gesang ad lib.)? Oder meinen Sie, daß es genügt, wenn man bei Annoncen meldet, sie könnten ohne Gesang genossen werden?"[30] Nun dürfte sich zweifellos ein Werk für Klavier zu vier Händen leichter verkaufen lassen als eines für vier Singstimmen mit vierhändiger Klavierbegleitung, was Wunder also, daß der Verleger aus diesem Brief herauslas, was seinen Interessen entgegenkam. Damit aber rief er Brahms' Unwillen hervor, der in einem weiteren Brief eindeutig erklärte, wie er diese Walzer präsentiert haben wollte: „Ich bitte, daß Sie keine Konfusion machen! Die Walzer müssen eben so erscheinen, wie sie da sind ... Wer sie ohne Gesang spielen will, muß doch eben fürs erste aus der Partitur spielen ... So müssen sie den

[30] Briefwechsel Bd. 9, S. 77.

Leuten vor die Augen kommen. Und hoffentlich ist das ein Stück Hausmusik und wird rasch und viel gesungen."[31] Was an einigen Stücken (vgl. Nr. 13) allein aus dem stilistischen Befund ersichtlich ist, bestätigt sich klar als Absicht des Komponisten, daß nämlich diesen Liedern entschieden etwas fehlt, wenn man sie ohne die Singstimmen und den Text hört.

Dagegen ist die Frage der solistischen oder chorischen Besetzung der Singstimmen keineswegs so eindeutig zu entscheiden und auch Brahms selbst hat sich zu verschiedenen Gelegenheiten und Zeiten widersprüchlich dazu geäußert. Ein Stück wie das vorletzte („Nicht wandle") ist allerdings im chorischen Vortrag schwer erträglich, es ist ein Sololied. Die Musikpraxis ist über diese Widersprüche hinweggegangen, es hat sich seit langem eingebürgert, sie mit Kammerchor zu singen; Brahms scheint das, ungeachtet seiner uneinheitlichen Stellung in dieser Frage, zumindest toleriert zu haben. Allerdings ist dabei große Vorsicht geboten: nach einer solistisch besetzten Voraufführung in Karlsruhe mit Clara Schumann und Hermann Levi am Klavier fand noch vor der Uraufführung des ganzen Werks in Wien im Januar mit Clara Schumann und Brahms am Klavier, sowie den Solisten Louise Dustmann, Rosa Girzick, Gustav Walther und Emil Krauß eine Teilaufführung am 5. Dezember 1869 im ersten Konzert der Wiener Singakademie statt mit Karl Nawratil und Hans Paumgartner am Klavier. Doch im Sinne damaliger Mischprogramme stand zwar die Aufführung in einem Chorprogramm, aber nicht der Chor sang, sondern die Solisten Dustmann, Leder, v. Schultner und Maas. Brahms hat später sogar einige der Lieder orchestriert, gerade aber für diese Fassung verfügt „Solo - nicht Chor",[32] ein schier unerfüllbares Verlangen. Er hat sie übrigens nie veröffentlicht, sie wurden erst 1938 von Wilhelm Weismann herausgegeben. Wie sehr er selbst an den „Liebesliedern" hing, wird erkennbar, als er die Originalausgabe vom Verleger erhielt und einräumte: „Ich will gestehen, daß ich bei dieser Gelegenheit zum erstenmal gelächelt habe beim Anblick eines gedruckten Werkes - von mir! Übrigens möchte ich doch riskieren ein Esel zu heißen, wenn unsere Liebeslieder nicht einigen Leuten Freude machen."[33]

Schon zum Ende der ersten Reise mit dem Vater durch Steiermark und Salzkammergut hatte ihm Johannes geschrieben: „Vater, wirst Du mir denn im nächsten Sommer wieder einige Wochen schenken? Das

31 Briefwechsel Bd. 9, S. 80f.
32 Briefwechsel Bd. 3, S. 156.
33 Briefwechsel Bd. 9, S. 85.

wäre das einzige, worauf ich mich freuen würde. Viel praktischer würde ich alles einrichten, daß Du es bequemer hättest und auch recht viel Schönes siehst. Wie lange hast Du Dich denn eigentlich in Heidelberg aufgehalten? Und wie lange auf dem Schloß?"[34] Der Brief ist nicht nur ein schönes Dokument der Anhänglichkeit an den Vater, sondern zeigt zugleich, daß er die erste gemeinsame Reise selbstkritisch unter die Lupe genommen und sich ernstlich vorgenommen hatte, zwar ihm soviel wie möglich von den Schönheiten dieser Welt zu zeigen, die er inzwischen kennengelernt hatte, dies jedoch in Zukunft so einzurichten, daß der immerhin fast doppelt so alte Vater nicht überfordert und der Ablauf der Reise nicht so chaotisch werde. In einem aber kannte er kein Pardon, Heidelberg, das der Vater, überstrapaziert durch die für ihn zu anstrengende Österreich-Reise, schlicht hatte liegen lassen und den heimischen Fleischtöpfen zugeeilt war. Dies Risiko der Reiseverkürzung wollte der Sohn nicht noch einmal eingehen, er ließ den Vater nach Bonn kommen, wo er am 2. September eintraf. Am übernächsten Tag wurde aufgebrochen und rheinaufwärts gefahren, ein Kurzbesuch in Straßburg eingelegt und dann über Basel das eigentliche Ziel der Reise, die Zentralschweiz, in Luzern erreicht. Von da aus ging es weiter nach Selisberg zu einem dreitägigen Besuch bei Melchior Rieter-Biedermann, dann reiste man weiter durchs Berner Oberland über Meiringen, Grindelwald, Mürren bis in die Nähe von Thun und mußte dort das Hochgebirge schon wieder verlassen, um am 15. September wieder in Zürich sein zu können. Dort erlebten Vater und Sohn nicht nur drei anregende und menschlich erfreuliche Tage mit Friedrich Hegar und Theodor Kirchner, sondern Hegar bot seinem Freund auch die erwünschte Möglichkeit, den nachkomponierten fünften Satz des „Deutschen Requiems" einer Hörkontrolle zu unterziehen, bevor er ihn zum Druck freigab. Im Musiksaal des Frauenmünsters hatten sich Mitglieder des von Hegar geleiteten Gemischten Chores und des Tonhalle-Orchesters eingefunden, um Brahms diese Privataufführung zu ermöglichen; das Solo sang Ida Suter-Weber. Das Ergebnis war zufriedenstellend, der Druck konnte nun auch mit den ausgesparten Seiten zu Ende geführt werden, und am 18. Februar 1869 fand im 17. Abonnementskonzert des Gewandhauses Leipzig unter Carl Reinecke die erste Aufführung des nunmehr vollständigen Werkes statt.

Am 18. September verließen Vater und Sohn Zürich, um mit einer Unterbrechung in Basel diesmal die Heimreise nach Hamburg gemeinsam anzutreten, wo sie am 20. September 1869 eintrafen und der Alte,

[34] M. Kalbeck: J. Brahms, Bd. 2, S. 233.

wie seine Witwe Kalbeck berichtet haben soll,[35] den Stoßseufzer ausstieß: „Nu awwer, Line, bekömmt mich Hannes nich widder hin!" Zweimal hatte er, der so weite Reisen nicht gewöhnt war und sie daher im Alter doppelt anstrengend empfand, dem Drängen des Sohnes nachgegeben und Touren in die imposante Welt des Hochgebirges unternommen, aber die kann für Menschen, die nur den freien Blick der Tiefebene kennen, durchaus auch etwas Beklemmendes und Bedrückendes haben. Nun mußte es damit genug sein. - Ursprünglich hatte Brahms wohl beabsichtigt, den Winter in Hamburg zu verbringen, muß sich dann aber anders entschlossen haben, denn in einem Brief Clara Schumanns heißt es: „Daß Du wieder nach Wien wolltest, dachte ich gar nicht, da Du mir neulich 'mal schriebst, Du wolltest in Hamburg bleiben."[36] Sie hatte sich rührend um die Anlage seiner Einkommensüberschüsse in Wertpapieren gekümmert,[37] wollte sie nun aber wieder loswerden, da ihr das Risiko der Aufbewahrung in ihrem Baden-Badener Haus während ihrer langen Abwesenheiten zu Konzertreisen zu groß geworden war. Im Übrigen war ihr Verhältnis seit dem Vorjahr deutlich getrübt, schon da hatte sie darauf verzichtet ihn einzuladen, täglich das Mittagessen in ihrem Hause einzunehmen, wie früher üblich, weil sie seine anhaltend schlechte Stimmung, die er zudem häufig an den Kindern ausließ, nicht mehr ertrug. Im Februar hatte er, dem öffentliches Auftreten stets ein Greuel blieb und wie eine Art seelischer Prostitution vorkam, ihr geschrieben: „Ich möchte Dich immer bitten, daran zu denken, daß Dein unruhiges Leben mit der Zeit aufhören muß. - Es darf Dir nur **ein** Grund gelten, und der gilt für alle und für mich! Ob Du nötig hast, für Dich in dieser Weise Geld zu verdienen. Alles andre, meine ich, darf weder Dir noch andern mitsprechen. Auch nicht, wie Du Deine Kraft fühlst u.a. Du darfst Dir sagen, wie vieles auf Täuschung und Gewohnheit beruhen mag; ich sage Dir dies nicht, weil ich Dich ja nicht öffentlich höre, und mir auch aus vielen Gründen durchaus kein Urteil zutrauen würde."[38]

Damit hatte er sie verständlicherweise am empfindlichsten Punkt getroffen, denn natürlich hatte sie als ausübende Künstlerin eine gänzlich andere Einstellung zum öffentlichen Auftreten und hatte sich ja entgegen seinen Unterstellungen über nachlassende Fähigkeiten nicht nur viele weitere Jahre, sondern insgesamt erstaunlich lange in der pianistischen Elite halten können. So ist ihre Reaktion sehr verständlich: „Du scheinst eigentlich auch der Einbildung zu leben, ich hätte wohl eigentlich genug

35 M. Kalbeck: J. Brahms, Bd. 2, S. 275.
36 Clara Schumann - Johannes Brahms. Briefe, Bd. 1, S. 593.
37 Clara Schumann - Johannes Brahms. Briefe, Bd. 1, S. 584ff.
38 Clara Schumann - Johannes Brahms. Briefe, Bd. 1, S. 576.

und reiste nur noch zu meinem Vergnügen. Solche Anstrengungen mutet man sich denn doch nicht zum Vergnügen zu. Abgesehen aber davon, so wäre doch wohl jetzt, inmitten meiner größten und erfolgreichsten Tätigkeit, kaum der Zeitpunkt, mich, wie Du mir rätst, von der Öffentlichkeit zurückzuziehen. Ich war gerade die letzten Jahre überall mit solch'ner Wärme aufgenommen, alle Konzerte so voll (aus Mitleid bezahlen die Leute keine Konzerte), und spielte ich immer, mit ganz wenig Ausnahmen, so glücklich, daß ich kaum wüßte, was Dich darauf gebracht haben kann, als könne ich nicht mehr wie früher? Doch nicht etwa mißliebige Rezensenten? Mir können nur Künstler vom Fach maßgebend sein, und gerade von solchen wurde mir die Freude jetzt mehr als je, daß sie mir versicherten, sie haben mich nie so schön, so geistig wie technisch über den Werken stehend, gehört, als jetzt. Und das waren Leute, die durchaus keine Veranlassung hatten, mir solches zu sagen, denen ich anfühlen konnte, es kam ihnen von Herzen."[39]

Selbst ihre Anwesenheit bei der Uraufführung des „Deutschen Requiems", von ihr als Freundschaftsopfer empfunden, weil sie gerade erst von anstrengender Konzertreise zurückgekehrt war, hatte die Spannungen nicht abgebaut, sondern die Mauer zwischen beiden eher noch höher werden lassen. Bevor er von Bonn aus mit dem Vater aufbrach, muß er ihr geschrieben haben, und der Brief, der bezeichnenderweise im Briefwechsel fehlt, hat wohl die Sache nur noch schlimmer gemacht, denn sie antwortete darauf: „Dein letzter Brief veranlaßt mich heute einiges zu berühren, was ich lieber vermieden, Du zwingst mich jedoch dazu ... Wie kannst Du von Haß sprechen, wo ich [Dir] nach jenem allerdings sehr verletzenden Briefe ... einen neuen Beweis meines warmen Interesses für Dein Wirken wieder gegeben, kaum von ermüdender Reise zurückgekehrt nicht diese Neue scheute. Das hat also keinen Sinn ... Daß ich mich seit zwei Jahren, also lange vor jenem Briefe, zurückzog, geschah infolge Deines letzten Besuches hier. Du schienst Dich so unbehaglich bei uns zu fühlen, warst nicht etwa momentan, was im Verkehr unter Freunden nicht in Betracht kommen kann, sondern **anhaltend**, Tag für Tag, Wochen lang, so verstimmt, dachtest so wenig daran, mich zu erheitern, überhaupt nur Deine Besuche als Freund wohltuend empfinden zu lassen, daß es wirklich eine unbehagliche, ja traurige Zeit auch für uns wurde. Ein solches Zusammenleben war zu unnatürlich, als daß ich es hätte mögen noch 'mal herbeiführen. es wäre auch unter meiner Würde."[40]- So auffällig machte sich der Persönlichkeitswandel, dem

[39] Clara Schumann - Johannes Brahms. Briefe, Bd. 1, S. 579.
[40] Clara Schumann - Johannes Brahms. Briefe, Bd. 1, S. 592.

Brahms in dieser Zeit unterlag, bemerkbar, daß selbst für seine engste Vertraute ein auch nur teilweises Zusammenleben mit ihm einfach unerträglich geworden war.

Es bedurfte übrigens noch eines weiteren Anlaufs, bevor Brahms die Worte fand, den Brief, von dem er inzwischen selbst meinte: „Wie eine große Mauer sehe ich ihn zwischen uns. Wieder möchte ich dagegen rennen, ob ich schon weiß, daß es vergebens.“[41], aus der Welt zu schaffen: „So viel vom guten Freund noch übrig ist, vergib ihm, was sonst zu vergeben ist. Hauptsächlich ist's doch ein alter Fehler - er kann nicht Brief schreiben - auch nicht diplomatisch schreiben.“[42] Nebenbei bemerkt, er konnte sich sehr wohl auch schriftlich ausdrücken, nur fehlten ihm zumeist die Geduld und die Bereitschaft, sich auf andere Menschen einzustellen. Frau Schumann scheint ein Stein vom Herzen gefallen zu sein nach seinem Einlenken, auch sie spielte nun den Brief vom Februar herunter, die Schwierigkeiten waren ja auch schon im Sommer 1867 in Baden-Baden aufgetreten. Deshalb mahnte sie: „Es gilt überhaupt keine Mauer niederzureißen, nur ein wenig mehr Freundlichkeit und nur ein wenig mehr Beherrschung übler Stimmungen, wenn diese so gar anhaltend ... Es liegt wahrhaftig nur an Dir, lieber Johannes, ob es wieder schöner werde oder sich wirklich eine Mauer zwischen uns aufbaue, was mich mit tiefer Bekümmernis erfüllen würde.“[43]

Schließlich einigte man sich, auf dem Gebiet gemeinsam etwas zu unternehmen, wo man sich ohne Anfechtungen verstand. Man arrangierte seine Konzerttermine so, daß ein gemeinsamer Auftritt am 30. Oktober 1868 in Oldenburg möglich wurde. Gemeinsam spielten sie zum Schluß des Konzerts einige Walzer aus op. 39, und Brahms muß sich große Mühe gegeben haben, die Verstimmung im Verhältnis zu der Freundin auszubügeln. In ihrem Tagebuch hielt sie fest: „Ich spielte sehr glücklich - hatte nach Johannes' damaligem Brief nach England ... noch einen besonderen Sporn. Wir beschlossen das Concert mit einigen à 4 m Walzern von Johannes, welche dieser mit mir spielte. - Er ist so nett gegen mich, wie er nur sein kann.“[44] Doch schon am nächsten Tag braute sich neues Ungemach zwischen den beiden zusammen. Frau Schumann hatte aus Divonne, wo sich Tochter Julie seit längerem zur Stabilisierung ihrer Gesundheit aufhielt, erfahren, daß sie einen italienischen Grafen kennengelernt hatte und sich mit diesem verloben wollte. „Wir haben jetzt keinen andern Gedanken als unser Julchen“, notierte sie am 1. No-

[41] Clara Schumann - Johannes Brahms. Briefe, Bd. 1, S. 595.
[42] Clara Schumann - Johannes Brahms. Briefe, Bd. 1, S. 597.
[43] Clara Schumann - Johannes Brahms. Briefe, Bd. 1, S. 599.
[44] B. Litzmann: Clara Schumann, Bd. 3, S. 224.

vember in ihrem Tagebuch;[45] offensichtlich ohne Ahnung davon, wie stark sich Brahms von dieser Nachricht tangiert fühlte, suchte sie alle rationalen Gründe zusammen, welche sich gegen diese Verbindung einwenden ließen von der Sprachbarriere bis zur unterschiedlichen Religion der Brautleute. Nur Brahms spielte bei diesen Überlegungen keine Rolle. Im Gegenteil: sie spielte am Abend mit ihm auf einer Privatgesellschaft einige der Ungarischen Tänze, nach Albert Dietrich[46] prima vista, und ließ sich dafür mit ihm feiern. Dietrich, der die Szene ein Jahr zu früh datierte, berichtet: „Er und Frau Schumann spielten sie vom Blatt mit einer Begeisterung und einem Feuer, daß Alles in Jubel ausbrach", er gibt sogar den gereimten Toast wieder, den der Hausherr auf die Künstler ausbrachte. Gemeinsam fuhr man noch nach Bremen, wo Frau Schumann erstmals in ihrer Karriere Beethovens c-Moll-Konzert spielte, dann fuhr sie nach Berlin. „Mittwoch den 4. Abschied von Johannes, der fortwährend liebenswürdig gewesen war, und Reise nach Berlin"[47] registriert das Tagebuch das Ende dieses angenehmen Zusammenseins, von dem wir annehmen müssen, daß die nächste Trübung damals bereits angelegt war. Nach nur vier Tagen reiste Frau Schumann bereits mit Tochter Marie weiter über Breslau zu Konzerten nach Wien. Brahms seinerseits hatte noch zwei Auftritte mit Julius Stockhausen in Hamburg als dessen Liedbegleiter, aber auch mit eigenen solistischen Klavierwerken, dann fuhr auch er nach Wien.

Daß die Ungarischen Tänze gerade zu diesem Zeitpunkt auftauchen, hatte möglicherweise einen konkreten Anlaß darin, daß sie sich in einem Koffer befanden, den er Frau Schumann im Vorjahr in Baden-Baden in Verwahrung gegeben hatte. Da er dort wegen ihrer monatelangen Abwesenheit schlecht gesichert war, hatte sie ihn loswerden wollen, konnte ihn jedoch für den Transport nicht abschließen, weil er die Schlüssel mitgenommen hatte. Als er sie ihr schließlich schickte, hatte sie den Koffer inzwischen bereits unverschlossen nach Hamburg geschickt. Es blieb also dabei, daß der eine die Schlüssel, der andere den Koffer in Besitz hatte. Die Auseinandersetzung mit dem, was die Zeit für ungarische Volksmusik hielt, reicht allerdings wesentlich weiter zurück und hat ihre Wurzeln in der Zeit, als zahlreiche Exil-Ungarn nach dem fehlgeschlagenen Aufstand in Hamburg auf eine Überfahrt in die Vereinigten Staaten warteten und Brahms mit Eduard Reményi auf Tournee gegangen war. Er hatte auch schon sehr früh begonnen, ungarische Melo-

45 B. Litzmann: Clara Schumann, Bd. 3, S. 224.
46 A. Dietrich: Erinnerungen an Johannes Brahms, S. 182.
47 B. Litzmann: Clara Schumann, Bd. 3, S. 225.

dien zu sammeln. In einer Sammlung, die er aus Anlaß von Robert Schumanns Geburtstag 1854 an Clara schickte, sind acht ungarische Melodien notiert, darunter die zu den Variationen op. 21 Nr. 2, sowie die später in den ungarischen Tänzen auftauchenden Stücke Nr. 3 und 7.[48] Als sie dann im Februar 1856 erstmals in Pest konzertierte und dort Gelegenheit hatte, Original-Zigeunerkapellen zu hören, dachte sie an sein Interesse daran: „Überwältigend, rührend, diese Kinder der Natur musizieren zu hören und zu sehen dabei, wie ihnen die Augen leuchten, alle Muskeln daher in Bewegung sind, und dann dieses wunderbare Improvisieren und immer Zusammenfinden! Wieviel mußte ich dabei an Johannes denken, wie hätte Den das entzückt!“[49] vermerkt sie im Tagebuch. Und er war ganz elektrisiert von ihrem Bericht: „... hauptsächlich, daß Sie die Zigeuner gehört. Das wünsche ich mir lange! Da wollt' ich studieren, behalten und notieren! Überhaupt freue ich mich darauf, was Sie mir von den Ungarn und Zigeunern erzählen werden. Das ist doch ein besonderes Volk. Von Reményi konnte ich nicht das Rechte lernen, er brachte zuviel Lüge hinein.“[50] Er hielt die Musik, die Zigeunerkapellen damals zunächst in Wien und bald in allen europäischen Hauptstädten verbreiteten, also zwar noch für echte Folklore, da haben erst die Arbeiten von Kodaly und Bartók einen Verständniswandel herbeigeführt, aber soviel war ihm mittlerweile schon klar geworden, daß nämlich was Reményi und andere Musiker auf dieser Welle zum Besten gaben, nun wirklich mit Volksmusik nichts zu tun hatte, sondern verlogene kommerzielle Masche war. Insofern ist es ein Treppenwitz, daß ausgerechnet Reményi später das geistige Eigentum an den von Brahms herausgegebenen Ungarischen Tänzen für sich beanspruchte.

Brahms muß dann aber doch für Frau Schumann einige der Tänze für Klavier bearbeitet haben, denn sie hat mehrfach solche Stücke im Programm gehabt[51] und ihm auch darüber berichtet.[52] Brahms muß dagegen Einwendungen erhoben haben, daß sie sie ausgerechnet in Pest und Wien öffentlich vortrug und sie mußte einräumen, daß „sie ihnen nicht den erwarteten Eindruck machten, weil sie ungarische bekannte Melodien zu hören hoffen.“[53] Möglicherweise war den Konzertbesuchern auch klar gewesen, daß es sich hier nicht um echte ungarische Folklore

48 Vgl. B. Litzmann: Clara Schumann, Bd. 2, S. 319.
49 B. Litzmann: Clara Schumann, Bd. 3, S. 402.
50 Clara Schumann - Johannes Brahms. Briefe, Bd. 1, S. 179f.
51 Vgl. B. Litzmann: Clara Schumann, Bd. 3, S. 621.
52 Clara Schumann - Johannes Brahms. Briefe, Bd. 1, S.228f; vgl. auch Briefwechsel Bd. 4, S. 86.
53 Clara Schumann - Johannes Brahms. Briefe, Bd. 1, S. 231.

handelte, sondern um die Fortentwicklung dessen, was im 18. Jahrhundert als sogenannte „Verbunkos"-Musik, schmissige Tänze, mit denen die Werber der Söldnerheere unter Zuhilfenahme von reichlich Alkohol ihr Kanonenfutter zusammenholten, nach Ungarn importiert worden war. Auffällig jedenfalls ist, daß das Publikum in Wien anders reagierte: „Deine Tänze gefielen weit mehr hier als in Pest, das Rufen nahm kein Ende."[54] Dabei handelte es sich aber immer noch nicht um die später so populär gewordenen Ungarischen Tänze, sondern möglicherweise sogar um eigene Neukompositionen in deren Stil, denn als die unter diesem Titel bekannt gewordene Sammlung von Simrock gedruckt werden sollte, schrieb Brahms an seinen alten Verleger Rieter-Biedermann, dem er wohl einmal Avancen auf den Verlag jener Stücke gemacht hatte, die Clara Schumann vorgetragen hatte: „Ich bin nicht wortbrüchig gewesen. In den ‚Ungrischen', die jetzt [bei Simrock] herauskommen sollen, ist nicht **eine** Note von denen, die früher Frau Schumann hatte und öffentlich spielte. Diese waren wirklich von mir komponiert; jene neuen sind Ungrische National-Melodien, von mir nur gesetzt."[55] Dabei muß freilich offen bleiben, wieviel davon Schutzbehauptung gegenüber einem enttäuschten Verleger war; von originalen Werken war jedenfalls in der Korrespondenz mit Frau Schumann nicht die Rede gewesen.

Während seiner ersten Wiener Aufenthalte und insbesondere bei seinen Ungarn-Konzerten wird Brahms dann Gelegenheiten gesucht und gehabt haben, diese Musik, die er bis dahin nur von Schilderungen Clara Schumanns kannte, an Ort und Stelle authentisch zu hören und zu studieren. Vor allem beschaffte er sich, was es an gedruckten Ausgaben solcher ungarischer Tanzmusik gab, und ging daran, die besten dieser Stücke mit einem klavieristisch anspruchsvollen Satz zu vier Händen zu versehen, die er dann bei Simrock in zunächst zwei Heften mit zehn Stücken herausgab, wobei er, wie gesagt, mindestens die Tänze 3 und 7 bereits ein Dutzend Jahre früher gekannt und Frau Schumann aufgezeichnet hatte. Gedruckte Ausgaben waren also nicht in jedem Falle seine Quelle, er hat sie aber jedenfalls herangezogen. Damit hat er kulturlandschaftlich begrenzt verbreitete Tanzmusik in die Sphäre europäischer Kunstmusik gehoben. Die Urheber der Melodien, zumal diese ihm wenigstens teilweise schon zuvor bekannt waren, hatten daher für ihn lediglich noch philologischen Wert. Daß er gleichwohl terminologisch streng unterschied zwischen eigenen Stücken in diesem für national-ungarisch gehaltenen Stil und solchen, die er lediglich mit einem kunstmu-

54 Clara Schumann - Johannes Brahms. Briefe, Bd. 1, S. 236.
55 Briefwechsel Bd. 14, S. 168.

sikalisch anspruchsvollen Satz versehen hatte, zeigt der zitierte Brief an Rieter-Biedermann. Die Originalausgabe hatte denn auch den urheberrechtlich völlig korrekten Titel „Ungarische Tänze für das Piano zu vier Händen gesetzt von Johannes Brahms". Auf dem Umschlag, der bibliographisch uninteressant ist, aber in einer Auslage dem Käufer als erstes ins Gesicht springt, hatte Simrock jedoch das „gesetzt" weggelassen, was verkaufspsychologisch sicher nicht ohne Absicht geschehen war, aber Brahms in Plagiatsverdacht brachte. Zwar hatte er selbst gegenüber dem Verleger Simrock klargestellt, es handele sich um „echte Pußta- und Zigeunerkinder. Also nicht von mir gezeugt, sondern nur mit Milch und Brot großgezogen."[56] Er hielt sie demnach tatsächlich für echte Volksmusik, daher fehlen auch die Autorenangaben der ihm bekannten gedruckten Ausgaben. Aber seine eigene Publikation erschien ohne Opuszahl und mit dem klaren Hinweis auf seine Autorschaft an dem Satz. Das hat nicht verhindern können, daß es um die Urheberschaft lange anhaltende publizistische Auseinandersetzungen gegeben hat, die letztlich Simrock verursacht hatte durch das vielleicht werbewirksame, aber urheberrechtlich bedenkliche Weglassen des „gesetzt", auch wenn es nur auf dem Außentitel geschah. Und es hat der Wahrheit und Klarheit nicht eben gedient, daß Eduard Reményi nun sich selbst als Urheber ins Spiel brachte, der er ganz gewiß nicht war.

Brahms hatte ja schon bei früheren Auftritten damit geglänzt, vierhändige Klavierstücke mit seinen zwei Händen vorzutragen. Er hat in verschiedenen Konzerten auch Ungarische Tänze vorgetragen. Mangels näherer Angaben ist natürlich nicht ganz auszuschließen, daß es sich dabei um jene Stücke gehandelt hat, die auch Clara Schumann in ihrem Repertoire hatte. Als wahrscheinlicher aber muß gelten, daß er aus den vierhändig gesetzten Tänzen zweihändige Klavierfassungen improvisierte, denn als er die Version für Klavier zu zwei Händen dem Verleger zum Druck übergab, hieß es im Begleitschreiben: „Was man so lange und wild bloß gespielt hat, ist unbequem aufzuschreiben."[57] Danach handelt es sich bei der zweihändigen Klavierversion, die erst 1872 erschien, um die Kodifikation sämtlicher Stücke, von denen er bislang lediglich einzelne in Konzerten improvisiert hatte. 1880 schob Brahms noch zwei weitere Hefte mit elf Stücken nach und nahm für sich in Anspruch, daran sei „manches ganz meine Erfindung"[58], ohne allerdings zu präzisieren, was denn nun davon nicht nur „gesetzt", sondern Original-

[56] Briefwechsel Bd. 9, S. 61.
[57] Briefwechsel Bd. 9, S. 114.
[58] Briefwechsel Bd. 10, S. 144.

komposition sei. Selbst die engsten Freunde wußten darüber nichts Genaues, so gibt es lediglich den Hinweis Joseph Joachims an Kalbeck,[59] er halte die Nummern 11, 14 und 16 für Brahms' eigene Erfindung und sie seien auf Wunsch Simrocks mit den Stücken ungarischer Provenienz vermischt worden, um die Position des Verlegers in den urheberrechtlichen Auseinandersetzungen um die Ungarischen Tänze zu verbessern. Allerdings ist mir nicht erfindlich, wie das damit hätte bewerkstelligt werden sollen, und auch Kalbecks weitere Einlassung, Ignaz Brüll habe die Darstellung Joachims bestätigt, läßt nicht erkennen, ob sich diese Bestätigung wirklich auf die Präzisierung bestimmter Nummern aus den späteren Heften als Brahms' Originalkompositionen bezog. Daß die zweite Sammlung eigene Stücke von Brahms enthält, hat er selbst bestätigt, in der Konkretisierung, um welche es sich im Einzelnen handelt, sind wir jedoch über den Status der Hypothese nicht hinausgekommen, denn auch Joachim hat ja nicht Wissen überliefert, sondern lediglich Vermutungen geäußert; und was genau denn nun Ignaz Brüll bestätigt hat, blieb ebenfalls im Unklaren.

Schon mit den beiden ersten Heften hatte Brahms auch eine Orchesterversion angekündigt; erst in den letzten Tagen des Jahres 1873 rückte er dann aber mit mageren drei Stücken (Nrn. 1, 3 und 10) für Orchester heraus. Die Orchesterarrangements der übrigen Stücke stammen von fremden Bearbeitern, lediglich das vierte Heft (Nr. 17-21) kann unser Interesse beanspruchen, weil die Bearbeitung von Antonin Dvořák stammt. Der hatte inzwischen mit seinen Brahms nacheifernden Slawischen Tänzen Popularität erlangt und war mit ihnen denselben Weg gegangen von der vierhändigen Klavierfassung zur Bearbeitung für Orchester. Im Konzertleben präsent waren die Ungarischen Tänze im Satz von Brahms ohnehin meist nur in der Bearbeitung für Violine und Klavier von Joachim.

Eine Woche nach der Trennung von Frau Schumann hatte Brahms in Hamburg noch ein Konzert als Liedbegleiter Julius Stockhausens zu absolvieren, in dem er als solistische Beiträge wieder „Ungarische Weisen“ vortrug, wahrscheinlich improvisierte zweihändige Fassungen von Stücken aus den vierhändig gesetzten Ungarischen Tänzen. Am 15. November veranstaltete Stockhausen mit Brahms die erwähnte Matinee, in welcher Rosa Girzick in Hamburg präsentiert wurde; Brahms war darin solistisch mit seinem Scherzo op. 4 und den Variationen op. 21 Nr. 1 vertreten und spielte als Zugabe, sicher eine Geste gegenüber der Sängerin Wiener Herkunft, einige Walzer aus op. 39. Dann reiste auch er nach

[59] M. Kalbeck: J. Brahms, Bd. 1, S. 66.

Wien, um Konzerte mit Clara Schumann und erneut Stockhausen zu geben. Er nahm zunächst Quartier im Hotel Kronprinz an der Aspernbrücke, am Rande der Innenstadt, also mit dem Prater in erreichbarer Nähe. Am 20. November war er angekommen und bereits am 28. wirkte er mit in Frau Schumanns zweitem Konzert, nachdem sie bereits eine Woche zuvor ihr erstes unter großer Anspannung wegen der Ansprüche des Wiener Publikums gegeben hatte. Auch nach Hietzing hinaus hatte er sie begleitet, wohin der nach der Auflösung des Königreichs Hannover dort im Exil lebende König sie eingeladen. Die Audienz hatte über Erwarten lange gedauert, weil der hochmusikalische Exmonarch die Grenzen souverän überspielte, welche die Etikette einer derartigen Audienz zog, und Brahms hatte so lange in einem nahegelegenen Restaurant ausharren müssen. Über den gemeinsamen Auftritt notierte sie im Tagebuch: „Ich spielte mit Johannes Roberts Variationen für 2 Klaviere in der ursprünglichen Gestalt mit zwei Cellis und Horn, was sich reizend machte. Das Publicum nahm die Variationen nicht so lebhaft auf, wie es sich Johannes gedacht haben mochte ... aber man darf vom Publicum nicht zu viel Verständniß für so Neues und Eigenthümliches verlangen."[60] Spannungen verursachten aber nicht nur die Konzerte; unter dem 4. Dezember hält das Tagebuch fest, „Ich befinde mich schlecht, bin so nervös wie nie, kann so schwer meine Gedanken auf die Musik concentrieren, weil mir so Vieles in Herz und Sinn liegt."[61] Man wird als selbstverständlich unterstellen dürfen, daß Brahms das meiste davon mitgekriegt hat. Es ging immer noch um Julies beabsichtigte Verlobung mit dem italienischen Grafen. Frau Schumann wollte diesmal Weihnachten mit ihren Kindern in Frankfurt feiern und der Bräutigam in spe wollte seinen Besuch machen. Aber nicht nur sie hatte nicht unbegründete Bedenken gegen diese Verbindung, wie die Sprachbarriere, Julies schwache gesundheitliche Konstitution und nicht zuletzt den konfessionellen Unterschied. Es gab auch noch keine Einwilligung der Familie des Bräutigams zur Verlobung mit einer Bürgerlichen aus einer Künstlerfamilie, der Bohème also, deren Vater an einer Geisteskrankheit gestorben war und deren Mutter Abend für Abend vor fremden Leuten gegen Bezahlung öffentlich auftrat, wohingegen man ja in der Zeit selbst von angesehenen Künstlerinnen erwartete, daß sie mit der Heirat ihre öffentlichen Auftritte gegen Gage einstellten. - Gerade in der nervenzerreißenden Situation einer Tournee, in einer fremden Stadt von den engsten Bezugspersonen weitgehend abgeschnitten, waren Clara Schumann

60 B. Litzmann: Clara Schumann, Bd. 3, S. 225f.
61 B. Litzmann: Clara Schumann, Bd. 3, S. 226.

und Brahms eng aufeinander angewiesen und wird sie mit ihm über ihre Nöte gesprochen haben, und das heißt, Brahms muß in die innerfamiliären Spannungen um die Verlobung Julies genau eingeweiht gewesen sein.

Im Februar 1869 kam Julius Stockhausen zu einer Serie von Konzerten nach Wien, bei denen Brahms ihn begleitete. Das erste fand am 20. Februar statt, und Brahms spielte darin solistisch Schuberts große B-Dur-Sonate und neben kleineren Stücken die Variationen aus dem ersten Streichsextett op. 18 und aus seinen Ungarischen Tänzen. Zwischen dieses Konzert und das zehn Tage später terminierte zweite schob sich noch, besonders belastend für Brahms, die Uraufführung der „Rinaldo"-Kantate im Konzert des Akademischen Gesangvereins unter seiner Leitung und mit Gustav Walter als Solist. Eigentlich hätte Brahms den Wiener Männergesangverein lieber für die Uraufführung gehabt, aber der hatte wegen eines Vereinsjubiläums so weit vorausplanen müssen, daß er nicht so kurzfristig ein neues Werk einstudieren und uraufführen konnte. Am 2. März 1869 folgte dann das zweite Stockhausen-Konzert, in dem Brahms unter anderem Beethovens letzte Klaviersonate spielte, seine eigenen Variationen op. 21 Nr. 1 und wieder aus seinen ungarischen Tänzen. Schon drei Tage danach gab Stockhausen sein drittes Konzert, in welchem Brahms das dritte anspruchsvolle Klavierwerk dieser Konzertserie vortrug, Schumanns f-Moll-Sonate op. 14. Dann ging es mit dem nun konzerterprobten Repertoire auf Konzertreise nach Ungarn, wo am 11. März das erste Konzert in Pest stattfand, mit der Beethoven-Sonate op. 111, kleineren Barockwerken und diesmal auch noch Robert Schumanns Paganini-Studien. In dem zweiten Konzert trug er eine Clementi-Sonate, Schumanns Davidsbündler-Tänze op. 6, sowie aus seinen Walzern op. 39 und den Ungarischen Tänzen vor. Es war also schon ein imponierend weites pianistisches Repertoire, das er in dieser Konzertreise mit Stockhausen darbot. - Am 19. März gab man in Pest ein Abschiedskonzert für dieses Jahr und am 29. folgte ein viertes Stockhausen-Konzert in Wien mit Schumanns „Dichterliebe", dem sich noch ein gemeinsames Konzert Stockhausens mit Helene Magnus und Brahms anschloß, dann in dichter Folge ein Auftritt am 16., die Mitwirkung im Orchesterverein der Gesellschaft der Musikfreunde mit Schumanns Concert-Allegro op. 134 und am 24. April als Abschluß dieser Serie das letzte Wiener Stockhausen-Konzert, in dem Brahms unter anderem Beethovens Klaviersonate E-Dur op. 109 vortrug.

An seinem Geburtstag reiste er ab nach Karlsruhe, mietete zusammen mit Julius Allgeyer wieder seine Sommerwohnung in Lichtenthal bei Baden-Baden, dirigierte am 12. Mai 1869 in Karlsruhe sein „Deutsches

Requiem“ und zog sich dann zum Sommeranfang nach Baden-Baden zurück. In dieser Zeit begegnet uns Brahms erstmalig als Herausgeber und Bearbeiter von Schubert-Werken, insgesamt zwanzig Ländlern, deren Autographen er besaß und die noch nicht veröffentlicht waren, 16 für Klavier zu zwei Händen und vier für Klavier zu vier Händen. Das heißt, er hat die Stücke, die für ihn wegen ihres metrisch-melodischen Baus so interessant waren, in der Spielweise homogenisiert, sodaß jetzt alle 20 Stücke für beide Besetzungen spielbar wurden. Das ist natürlich keine quellenkritische Werkausgabe im modernen Sinn, denn jede dieser Ausgaben vermischt originale Sätze und Bearbeitungen, insofern ist sie kein Beispiel für Brahms als Herausgeber älterer unveröffentlichter Quellen, sondern verfolgt ein praktisch-didaktisches Ziel.

Hauptarbeit dieses Frühsommers 1869 in Baden-Baden war die Vertonung eines Goethe-Textes, den er im Hause des Pädagogen und Musikschriftstellers Hermann Deiters in Bonn gesehen und sich abgeschrieben hatte, als er im Sommer 1868 häufig Kontakt mit diesem gehabt hatte: „Ich erinnere, bei Ihnen ein Heft Lieder von Reichardt (möglicherweise Zelter) gesehen zu haben, in dem ein Absatz aus Goethes Harzreise (‚aber abseits, wer ist's?‘) stand. Könnten Sie mir das Heft auf kurze Zeit leihen? Ich brauche kaum dazu zu schreiben, daß ich es eben komponiert und gern die Arbeit meines Vorgängers sehen möchte. Ich nenne mein Stück (...) ‚Rhapsodie‘, glaube aber, daß ich diesen Titel auch schon meinem verehrten Vorredner zu danken habe.“[62] Dieser Goethe-Text, den Brahms bei Hermann Deiters in einer Vertonung Reichardts gesehen hatte, ist ohne Kenntnis des Hintergrunds schwer verständlich, hätte Goethe ihn nicht, veranlaßt durch die Veröffentlichung eines Kommentars, selbst erläutert.[63] Er erzählt dort, wie er in den Harz reiste, um in Werningerode den jungen Friedrich Plessing aufzusuchen, den Sohn eines Superintendenten, der, von der Lektüre des „Werther“ zutiefst erschüttert, sich brieflich an Goethe gewandt hatte. Statt einer schriftlichen Antwort beschloß dieser daraufhin, den Schreiber selbst aufzusuchen. Goethe gab sich nicht zu erkennen, sondern gab vor, ein Landschaftsmaler aus Gotha zu sein, der den Dichter und seinen Weimarer Kreis kenne. Plessing, der sich ganz in sich verschlossen hatte und nur seinen Büchern und Studien lebte, die ihm Weltersatz waren, las dem vermeintlichen Maler in äußerster Erregung seinen Brief an Goethe vor, den dieser natürlich längst kannte. Ohne sein Incognito aufzugeben,

62 Briefwechsel Bd. 3, S. 120f.

63 In: Kunst und Altertum und Kampagne in Frankreich. Jubiläums-Ausgabe Bd. 28, S. 167; vgl. Jubiläums-Ausgabe Bd. 2, S. 282f.

versuchte Goethe, die Gründe für sein Schweigen darzulegen, und gleichzeitig, den menschenscheu gewordenen jungen Mann wieder dem tätigen Leben und der aktiven Teilnahme an der Welt zuzuwenden. Als erkennbar wurde, daß seine Bemühungen fruchtlos bleiben würden, wandte Goethe sich von dem jungen Manne ab, der auf der Flucht vor der Realität nur noch in seiner inneren Scheinwelt lebte, schlug eine Einladung zum Bleiben aus, kehrte sogleich um und bat nun eine höhere Macht:

Ist auf deinem Psalter, Vater der Liebe,
Ein Ton seinem Ohre vernehmlich,
So erquicke sein Herz!

Von den Kindern Robert und Clara Schumanns spielt keines, auch nicht der Patensohn Felix, eine so große Rolle im Briefwechsel mit Frau Schumann wie die drittälteste Tochter Julie, geboren am 11. März 1845 in Dresden, rund zwölf Jahre jünger als Brahms. In ihr muß er die nach seinen Vorstellungen unerfüllbare Liebe zu Clara noch einmal wieder aufleben gesehen haben. Nicht etwa Clara oder der selbst pianistisch tätigen zwanzigjährigen ältesten Tochter Marie widmete er seine Variationen über Robert Schumanns letzten musikalischen Gedanken, sondern der sechzehnjährigen Julie. Bei späteren Besuchen beschäftigte er sich vorzugsweise mit ihr, ohne jedoch von dem Teenager anderes als schnippischen Spott zu ernten. Auch Hermann Levi, der ja enge persönliche Beziehungen nach Baden-Baden unterhielt, war die schwärmerische Verehrung aufgefallen, die er der Heranwachsenden entgegenbrachte. Im Briefwechsel mit Clara spielt sie wegen ihren labilen Gesundheit, die Frau Schumann Sorgen bereitete, eine verhältnismäßig große Rolle. Weihnachten 1867 hatte sie deswegen wieder nicht mit der Familie im Kreise der Geschwister feiern können. Dazu schrieb Brahms in dem verhängnisvollen Brief vom 2. Februar 1868: „Wie traurig für Dich, das arme Mädchen (an das man wirklich nicht wohl ohne einige Schwärmerei denken kann) so weit und dazu leidend zu wissen. - Und wenn man Julie sieht, glaubt man alle Krankheit weit, trotz ihrer Zartheit. Von gewissen Zeitperioden möchte ich immer viel hoffen. Nun, ausgewachsen ist Julie wohl, aber ich hätte doch an Deiner Stelle noch eine tröstliche Hoffnung. Kann nur nicht wohl mit Dir darüber plaudern. Ich bin jetzt sehr in Versuchung, mir in Wien eine **un**möblierte Wohnung zu nehmen, das heißt Entschluß fassen! - wie viel wäre es mir wert, zu wissen, ob Du bald mehr oder weniger dahin überzusiedeln gedenkst.“[64]

64 Clara Schumann - Johannes Brahms. Briefe, Bd. 1, S. 575.

Was besagt nun dieser Teil des Briefes, der insgesamt zu so langer Verstimmung bei Frau Schumann führte? - Brahms beabsichtigte, in Wien nicht weiter als „möblierter Herr“ zu wohnen, sondern einen eigenen Hausstand zu gründen. Diese Absicht wird in unmittelbarem Zusammenhang ausgesprochen mit dem Namen Julies, ihren Gesundheitsproblemen und daß Clara „noch eine tröstliche Hoffnung“ haben können. Nun unterstellte man damals bei gesundheitlichen Problemen heranwachsender junger Frauen allzu leicht psychosomatische Ursachen, auch wenn es den Begriff zu der Zeit noch nicht gab, und hoffte auf deren Selbstregulierung in der Pubertät, die Brahms freilich für abgeschlossen hielt - Julie war damals fast 23 Jahre alt - und durch die Eheschließung. Die war damals sicher rechtlich nur der Übergang von einer Abhängigkeit in eine andere, aber kluge Frauen wußten eben auch unter diesen Bedingungen ihren Einfluß geltend zu machen und sich nicht auf Haushalt und Kinder reduzieren zu lassen. Tatsächlich setzten Verantwortung und Gestaltungsfähigkeiten im eigenen Hauswesen in mancher jungen Ehefrau ungeahnte Kräfte frei, die durchaus auch ihre gesellschaftliche Anerkennung fanden. Nur, über diesen Gegenstand konnte ein Mensch wie Brahms, zumindest schriftlich, „nicht wohl plaudern“. Für jemand, der sich in den Brahms'schen Briefstil eingelesen hat, der stets das Wichtigste zwischen den Zeilen sagt und häufig im zweiten Satz einen Eindruck wieder zu verwischen sucht, mit dem er den Leser im ersten zu tief in sein Inneres hat sehen lassen, für den sind die Sätze ein ziemlich deutlicher Heiratsantrag oder doch zumindest die Ankündigung eines solchen. - „Übrigens schreibe ich eigentlich immer nur halbe Sätze, und es ist nötig, daß der Leser die andere Hälfte dazu deutet“[65], charakterisierte er einmal selbst seine Art, Briefe zu schreiben.

Wenn dieser Sachverhalt so eindeutig ist, bliebe die Frage zu klären, wieso ausgerechnet Clara Schumann, die doch seinen Briefstil am besten kennen mußte, wenngleich gerade sie mitunter für die Zwischentöne darin merkwürdig taub zu sein scheint, auf diese Worte nicht reagierte: es handelt sich - und auch das ist nicht untypisch für den Briefschreiber Brahms - um jenen Brief, in dem er aus seinem Vorbehalt gegen öffentliches Auftreten heraus Frau Schumann aufgefordert hatte, das öffentliche Konzertieren einzustellen, das ihr doch das künstlerische Medium und ihr Lebensinhalt war. Dieser Brief war daher verständlicherweise eine der schwersten Erschütterungen ihrer Freundschaft und spielte über ein Jahr hinweg eine Rolle in dem recht spärlichen Briefwechsel dieser Zeit. Man muß sich geradezu fragen, wie Brahms zwei so konträre The-

65 Clara Schumann - Johannes Brahms. Briefe, Bd. 2, S. 422.

men in ein und demselben Brief behandeln konnte, und Frau Schumann hatte, wie man sich unschwer vorstellen kann, nur Augen für das, was sie betraf, es war ja auch aufregend genug. Sie hatte das über Julie Gesagte sogar so wenig zur Kenntnis genommen, daß sie Brahms nicht nur die Umschau unter den begüterten und musikalisch meist hoch gebildeten Wiener Bürgertöchtern empfahl, sondern ein andermal konkret die Tochter des Verlegers Rieter-Biedermann ins Spiel brachte, die wohl auch ihrerseits eine gewisse Zuneigung zu ihm gefaßt hatte. Wegen seiner Folgen ist der Teil des Briefes, der Claras Zukunft betraf, gewiß biographisch der wichtigere, daher ist auch erklärbar, daß sich die Brahms-Forschung nahezu ausschließlich darauf konzentrierte. - Brahms selbst aber kam nach seiner Gewohnheit nie wieder auf das Thema zurück; einen Gegenstand, den sein Gesprächspartner nicht aufgegriffen hatte, stellte er kein zweites Mal zur Diskussion.

Von Julies Verlobungs- und Heiratsplänen, sowie den Vorbehalten ihrer Mutter dagegen muß er gewußt haben, insofern konnte er sogar darauf rechnen, daß seine eigenen Überlegungen ihren Bedenken entgegenkamen und daher vielleicht sogar ihre Unterstützung finden würden, obwohl sie gerade in dieser Zeit selbst wohl begründete Vorbehalte gegen einige seiner Charaktereigenschaften hatte. Daß es auch in der Familie des Bräutigams Einwände gegen die Verbindung gab, wußte er seit dem Zusammentreffen mit Clara Schumann im Dezember 1868 in Wien. Es stand also um den Jahreswechsel 1868/69 noch keineswegs fest, ob es zu einer Eheschließung zwischen Julie und dem Grafen Vittorio Radicati di Marmorito überhaupt kommen würde; und solange dies nicht entschieden war, konnte er sich noch Chancen ausrechnen, obwohl offenbleiben muß, ob er das Ziel überhaupt weiterverfolgt hat, denn irgendwelche Aktivitäten in dieser Richtung sind nirgends erkennbar. Er hatte aber offensichtlich nicht mit der Beharrlichkeit der jungen Leute gerechnet, angesichts der ausdauernden Heftigkeit seiner Reaktion, nachdem die Verlobung dann doch Realität wurde, kann man allenfalls die Illusion bei ihm unterstellen, allein die Zeit werde für ihn arbeiten und die Angelegenheit ohne sein Zutun zu seinen Gunsten wenden. Auch das muß man dann wohl als Form der inneren Sperre werten, die ihn immer wieder zum Abbruch der Beziehungen zu jungen Frauen veranlaßte, noch ehe sie ernstlich begonnen hatten.

Jedenfalls wurden die Bedenken der beiderseitigen Familienoberhäupter überwunden und die Verlobung für den Sommer, die Hochzeit für den Frühherbst geplant. Irgendwann in dieser Phase muß Brahms beschlossen haben, den Goethe-Text, den er in Bonn bei Hermann Deiters gesehen hatte, zu vertonen, weil er nun erst recht in der Situation des

Menschen zu sein glaubte, der mitten im allgemein menschlichen Leben und all den zwischenmenschlichen Beziehungen „abseits" stand, wie die rhetorische Frage des Textanfangs andeutet, „der sich Menschenhaß aus der Fülle der Liebe trank". Ungezählte Male hat Brahms sich fortan als einen „Abseiter" bezeichnet, dem es nicht vergönnt war, eine feste menschliche Beziehung einzugehen und der nun auch in Wien keine unmöblierte Wohnung mehr benötigte. Er hat sie sein ganzes Leben lang nicht mehr eingerichtet. Und sich selbst glaubte er das „Gebet" an die Macht und den Ursprung der Liebe gesprochen, wenn überhaupt noch etwas den „Abseiter" erreichen könne, so möchten sie sein Herz erquicken. Da war von Goethe in vollendeter Form in Worte gefaßt, was ihn damals so sehr belastete, und er übersetzte es in die ihm gemäße Sprache der Musik, drückte ein einziges Mal aus, was zu sagen - außer in bitterer, manchmal auch aggressiver Ironie, die bis ins Alter hinein, gelegentlich sogar bei höchst unpassender Gelegenheit aus ihm herausbrach - ihm sonst seine Charakterkonstiution verwehrte.

Beinahe interessanter als die Entstehungsgeschichte des Werkes ist, was sich nach der Fertigstellung damit ereignete. Es ging zusammen mit anderen Sachen in einem leider undatierten Brief an Hermann Levi nach Karlsruhe, um dort eine Kopistenabschrift herstellen zu lassen. Diesem schickte Brahms einen zweiten, ebenfalls undatierten, hinterher: „Lieber Levi, Allerdings bitte ich, die Rhapsodie **nicht** an Frau Sch[umann] zu schicken ... Grüße Allgeyer, und wenn jemand von Euch herüberkommt, so laß die Rhapsodie mitkommen."[66] Die für den 7. September geplante Hochzeit Julies mußte wegen eines Todesfalls in der Familie des Bräutigams noch einmal um zwei Wochen verschoben werden und wurde mit Rücksicht darauf still gefeiert. Brahms erwähnt sie nur zweimal ganz kurz in Briefen an seinen Vater.[67] Als die Trauung am 21. September vollzogen war, übergab er nach der Feier Frau Schumann das Manuskript der Alt-Rhapsodie. Tage später schrieb sie in ihrem Tagebuch darüber: „Johannes brachte mir vor einigen Tagen ein wundervolles Stück, Worte von Goethe aus der Harzreise, für Alt, Männerchor und Orchester, er nannte es **seinen** Brautgesang. Es erschütterte mich so durch den tiefinnigen Schmerz in Wort und Musik, wie ich mich lange nicht eines solchen Eindrucks erinnere ... Ich kann dies Stück nicht anders empfinden als wie die Aussprache seines eigenen Seelenschmerzes."[68]

66 Briefwechsel Bd. 7, S. 49f.

67 K. Stephenson [Hrsg.]: J. Brahms in seiner Familie. Briefwechsel. Hamburg 1973, S. 163f.

68 B. Litzmann: Clara Schumann, Bd. 3, S. 232.

Hatte ihr frauliches Gefühl den wahren Zusammenhang wenigstens jetzt gespürt? Angesichts des plötzlichen Einblicks ins Herz des sonst so verschlossenen Brahms, der sich ihr da unerwartet und erschütternd über das unvermutet Gesehene auftat, konnte sie nur resignierend feststellen: „Spräche er doch nur einmal so innig in Worten!“[69] - Brahms hatte also das bereits abgeschlossene Werk zurückgehalten und Sorge dafür getragen, daß es nicht, wie sonst mit der Post üblich, und damit vorzeitig in ihre Hände geriet; vielmehr mußte es ihm einer der Freunde aus Karlsruhe mitbringen und aushändigen. Das alles offenbar zu dem einzigen Zweck, ihr das Werk nach der Trauung als **seinen** Brautgesang übergeben zu können. Selbst wenn wir eine Bemerkung von Brahms gegenüber Albert Dietrich, so sehr gehe ihn das Werk an, daß er es unter seinem Kopfkissen verwahrt habe, um es immer bei sich zu haben,[70] nicht gar so wörtlich zu nehmen brauchen, so bliebe es immer noch denkbar, daß er es so vor Frau Schumann verborgen hat, als die Hochzeit verschoben werden mußte, denn Zeitpunkt der Übergabe und sein Kommentar dazu waren ja nicht spontan, seine Kalkulation auf das Ende der Hochzeitsfeier sogar über die Verschiebung der Trauung hinaus beibehalten worden.

Nach dem Dargelegten wird man jedoch mehr Verständnis als seinerzeit die Familie dafür aufbringen, daß er es abgelehnt hatte, in einem musikalischen Scherz am Vorabend der Hochzeit den Papa Haydn zu spielen, obwohl die Ausflucht nur allzu deutlich erkennbar ist, wenn er sich bei seiner Ablehnung hinter vorgeblicher Humorlosigkeit verschanzte. Verständlich wird auch, daß er noch im September unentschlossen war, ob er das Werk mit seinen starken persönlichen Implikationen überhaupt an die Öffentlichkeit geben sollte. Aber diesmal handelte es sich nicht um seine vielfach belegte Scheu, mit einem neuen Stück herauszukommen. So heißt es in dem schon auszugsweise zitierten Brief an Hermann Deiters: „... und wenn ich diese etwas intime Musik dann auch nicht drucken oder aufführen werde,“[71] so eben deswegen, weil sie zu Persönliches zu unmittelbar preisgibt. - Kalbeck mag wohl damit recht haben, daß im Herbst 1869 die Liebe zu Julie „längst verraucht“[72] war, aber es blieben eine noch wachsende Verbitterung des Menschen Brahms und eine zunehmende Verhärtung seines früher so weichen und empfindsamen Wesens. Offensichtlich, das lassen seine Worte und seine Handlungsweise ganz klar erkennen, identifizierte er

[69] B. Litzmann: Clara Schumann, Bd. 3, S. 232.
[70] A. Dietrich: Erinnerungen an Johannes Brahms, S. 220.
[71] Briefwechsel Bd. 3, S. 118f.
[72] M. Kalbeck: J. Brahms, Bd. 2, S.328.

sich mit der Gestalt des Menschenhassers aus unerwiderter Liebe in Goethes Dichtung. Damit entfällt die Behauptung Kalbecks, Brahms habe darin Anselm Feuerbach erblickt, weil sie evident im Gegensatz steht zu den belegbaren Äußerungen über das Werk. Zugleich werden auch die biographisch und psychologisch unhaltbaren Fehldeutungen der zitierten Eintragung aus Claras Tagebuch, sowie seine Deutung des Werks,[73] soweit sie sich in diesen Bahnen bewegt, gegenstandslos.

Brahms hat die Alt-Rhapsodie entgegen seiner ursprünglichen Absicht doch herausgegeben, obwohl ihn eine gewisse Skepsis hinsichtlich ihrer Aufnahme beim Publikum wegen ihrer Schwere und ihres Ernstes nicht verließ. „Am Sonntag höre ich hier leider meine Rhapsodie."[74] heißt es noch zwei Jahre später in einem Brief an Simrock. - Nachdem er sich einmal dazu entschlossen hatte, drängte er sogar auf eine möglichst rasche Publikation, so als fürchte er, der Entschluß könne ihn reuen.

Die Alt-Rhapsodie gliedert sich in drei, Ihrer Dauer nach ungefähr gleich lange Abschnitte, in denen das schwerblütige Adagio überwiegt, während lediglich der Mittelteil eine leichte Steigerung der Bewegung bringt, die aber selbst in diesem 6/4 Poco Andante noch gemessen bleibt. Der erste Teil trägt fast rezitativischen Charakter, das eigentliche musikalische Geschehen liegt vorzugsweise beim Orchester, über dem die Solostimme mehr deklamiert als singt; man höre etwa die Zeile „Ins Gebüsch verliert sich sein Pfad". Der zweite Abschnitt dagegen ist eher arios gehalten; jetzt erst übernimmt die Singstimme die Führung und erhält eine eigene melodische Prägung, während das Orchester in die Funktion der Begleitung zurückgedrängt wird. - Der dritte Abschnitt schließlich ist derjenige, auf den der bisherige Verlauf hin gesteigert wurde, der auch textlich entscheidende, das Gebet für den „Abseiter", wie Brahms (von sich) zu sagen pflegte. Er wendet sich vom düsteren c-Moll zu dem klaren C-Dur und beschwört, auch durch den Kopf des Hauptthemas bedingte, Assoziationen an den letzten Satz der 1. Symphonie op. 68. Er ist der formal am reichsten gegliederte Teil des Werkes und hat musikalisch ausgesprochenen Finalcharakter.

Das Werk beginnt - bezeichnend genug - mit einem Baßvorhalt, dem eine Taktzeit später die große Terz es-g im Streichertremolo hinzugefügt wird, beides mit einem Sforzato eingeführt. Das Ohr, einmal auf H als Grundton eingestellt, hört nunmehr einen Sextvorhalt und erwartet die Abwärtsführung des g, stattdessen steigt der Baß um den Leitton zum C, das sich jedoch nur für ein Viertel und auf der unbetonten Taktzeit als c-

[73] M. Kalbeck: J. Brahms, Bd. 2, S.306 und 328.
[74] Briefwechsel Bd. 9, S. 101.

Moll zeigt, denn mit dem zweiten Takt erscheint das ges', um das die Hörerwartung des ersten Takts getäuscht wurde, sodaß es-Moll zunächst als Tonika empfunden wird, bis sich der gesamte Vorgang in den folgenden beiden Takten, einen Ganzton tiefersequenziert, wiederholt: auf es-Moll folgen b-Moll, wieder vom Leitton im Baß angegangen, und des-Moll im nächsten Takt; und noch einmal auf as-Moll ansetzend und nach As-Dur sich wendend, und dann noch einmal. Längst hat das Ohr jede tonale Orientierung verloren. Dazu kommen das schrittweise abwärts gerichtete Motiv zweier punktierter Viertel mit seiner Tiefersequenzierung um einen Ganzton und ab T. 10 die getropften Achtel des fallenden verminderten Septakkords in den Holzbläsern. Die gesamte schwerflüssige Motivik des Anfangs ist wie die Sequenzierungsvorgänge nach unten gerichtet. Die synkopisch wirkende Vorhaltsbildung im Baß und auf der schweren Taktzeit scheint sich diesem resignierenden Charakter steter Abwärtsbewegung entgegenzustellen, ein unmittelbarer Gestus der Musik, selbst in seinem kraftlosen Zurücksinken. Das sind die musikalischen Mittel, mit denen Brahms die grenzenlose Verlorenheit des Menschenflüchtigen, die Öde, welche ihn verschlingt, ins Künstlerische umsetzt, eine Musik von so ausdruckshafter Eindringlichkeit, daß sie den Hörer ergreift, bevor auch nur ein Wort des Textes erklungen ist.

Nach dieser orchestralen Einleitung, die mit einer Fermate schließt, tritt mit Takt 18 die Singstimme hinzu, bewegt sich zunächst noch völlig rezitativisch frei mit ihrer Frage „Aber abseits, wer ist's?“ Es folgt eine Beinahe-Wiederholung der orchestralen Einleitung, in die nun die Singstimme eingebettet ist, sei es, indem sie die harmonische Bewegung verdeutlichend nachzeichnet (T. 21ff) oder indem sie mit den Instrumenten geht (T. 30ff), jedenfalls wieder eine nachträglich konkretisierende Semantisierung der rein instrumentalen Partie. Dem Text „die Öde verschlingt ihn“ entspricht harmonisch das Offenbleiben, das Aufhören ohne wirkliche Schlußfunktion, wenn Brahms diesen Teil auf der Dominante auslaufen läßt.

Der zweite Teil, mit Poco Andante etwas beschleunigt, mit seinem ständig zwischen 6/4 und 3/2 wechselnden Rhythmus ist in jeder Hinsicht straffer gefaßt. In dem Maße wie sich der Text von der Frage nach dem Wer entfernt und sich auf konkrete Aussagen über diesen Menschen richtet, gewinnt auch die Musik an Zusammenhang; nach den gleichsam isoliert herausgestoßenen rezitativischen Ansätzen erhält die Singstimme jetzt eine weitgeschwungene sechstaktige Melodie, der das Orchester nur mehr begleitend untergeordnet ist. Auch die Bogenform a b a wirkt geschlossener als die Steigerungsform a a' im ersten Teil. An

Einzelzügen seien herausgehoben die mehrfache Wiederholung des Wortes „Menschenhaß", jedesmal mit einem Sforzato, zunächst auf dem verminderten, später dem einfachen Septakkord; melodisch ist das Wort hervorgehoben durch je einen verminderten Quintsprung aufwärts und Septsprung abwärts, saltus duriusculi nach der Figurenlehre des Barock, irreguläre, im Tonvorrat einer Tonart nicht vorkommende Sprünge als Ausdruck des Schrecklichen, beide Sprünge Leittöne von oben und unten markierend zu bevorzugten Intervallen, der großen Terz im ersten Fall, der reinen Quinte im zweiten. Ausgezeichnet wird auch der Begriff „Fülle der Liebe", einmal durch das erste Melisma in einem bis dahin syllabisch vertonten Text, dann durch die Verwendung von extrem großen Intervallen bis hin zur Duodezime aufwärts, nahezu den gesamten Umfang der menschlichen Stimme durchmessend und die „Fülle" symbolisierend. So stark arbeitete Brahms noch mit Elementen der Bildlichkeit barocker Musik.

Mit den Worten „erst verachtet" beginnt dann ein mehr nach As-Dur tendierender Mittelteil, doch tritt das helle Dur lediglich am Anfang und Ende der Episode wirklich auf, sodaß eine dem Text zuwiderlaufende Aufhellung eines ganzen Abschnitts, wie sie dem „Parzenlied" op. 89 so verhängnisvoll wird, hier vermieden ist. Mit einer Steigerung bis zum Fortissimo beschließt das Orchester die Episode, indem es den Anfang des Abschnitts wieder aufgreift und damit überleitet zur wirklichen Wiederholung dieses ariosen Anfangs, ab dem achten Takt jedoch etwas abweichend. Von da wird über einen Dominant-Septakkord gleich in den Schlußteil übergeleitet, jetzt wieder im getragenen Adagio. Im klaren C-Dur tritt nun der Chor hinzu mit der Fürbitte für den ebenso verzweifelten wie verbitterten Menschenfeind in einer schlichten, choralartigen Melodik, die an das Finale der 1. Symphonie erinnert. Formal ist der Schlußteil wesentlich reicher gegliedert als die beiden voraufgegangenen. Einem zwölftaktigen Abschnitt folgt ein harmonisch stark ausgeweiteter zweiter von 18 Takten, in Es-Dur beginnend mit der zweiten Bitte des Gebets: „Öffne den umwölkten Blick". Dann folgt wieder der C-Dur-Teil mit der ersten Bitte, „erquicke sein Herz", um die es Brahms wohl hauptsächlich zu tun war., denn bis zum Schluß wiederholt er nun in immer neuen Wendungen diese eine Bitte. Zunächst kann man noch von einer - mit geringfügigen Abweichungen ausschließlich in der Solostimme - direkten Wiederholung des ersten Teils dieses letzten, des großen Chorabschnitts sprechen.

Interessant ist die weitere Fortführung, weil in ihr zweifellos vom Text bestimmte Vorstellungen in die musikalische Form eingreifen. Wo eine vom Komponisten vorgenommene Textwiederholung die literarische Form der Vorlage zerstören würde, kann ein textloser musikalischer Rückgriff ohne Einsatz der Singstimmen dem Hörer durch Anklingen des zweiten Teils die Bitte „öffne den umwölkten Blick" wieder ins Gedächtnis zurückrufen, dann aber schließt die Komposition, diesmal mit den Vokalstimmen, daran das Ende der zweiten Bitte, „erquicke sein Herz". Die Musik erreicht, was der Sprache nicht möglich gewesen wäre, ohne die dichterische Form zu zerbrechen, die suggestiv-eindringliche assoziative Verbindung der beiden Bitten. - Gleich darauf wiederholt Brahms nach einer Generalpause den gleichen Vorgang noch einmal eine Quinte tiefer und geht dann definitiv zur Coda über. Die reiche, aber so klare Gliederung des Gebets zeigt also zur Genüge, wie Brahms auch da, wo er eine „etwas intime Musik" schrieb, wo ihm unversehens das eigene Erleben und der eigene Schmerz die Feder führten, sodaß er zunächst zweifelte, ob er diese Musik überhaupt veröffentlichen solle, künstlerisch bewußt gestaltete, sie macht deutlich, daß es auch dann kein Sich-Verströmen in musikalischem Ausdruck bei ihm gibt, wenn es sein Persönlichstes gilt. Die Alt-Rhapsodie ist beides: Objektivation seines ganz persönlichen Schmerzes und ein in allen Teilen auf das Ganze hin konzentriertes Kunstwerk. Vom ersteren zeugen die bitter-ironischen Bemerkungen von der „lustigen Rhapsodie"[75], dem „Postludium zu op. 52",[76] den „Liebeslieder"-Walzern, bis hin zur Charakterisierung als „Schnadahüpferl", mit denen er sich von dem starken Eindruck, den der Text zu Selbstgeschaffenem bei der Umsetzung in ihm hinterließ, bei Werken zu befreien suchte, die ihn persönlich besonders anrührten, mehr von ihm erkennen ließen, als ihm eigentlich lieb gewesen war, beim „Triumphlied", beim „Werther"-Quartett op. 60 und den „Vier ernsten Gesängen" kann man Ähnliches beobachten. - Für den Kunstwert des Stücks spricht die Unmittelbarkeit, mit der es heute noch den Hörer anspricht, mehr als andere Brahms-Werke, ohne daß der Eindruck jener Gefühligkeit aufkommt, der vieles, insbesondere aus der Männerchor-Literatur der Zeit, heute so ungenießbar macht. Er selbst blieb übrigens skeptisch, was die öffentliche Aufführbarkeit des Werks und die Reaktion des Publikums darauf anging: „mich wundert immer, daß die Leute sich das Stück gefallen lassen"[77], kommentierte er eine erfolgreiche Aufführung Reinthalers. Als er die Rhapsodie dann doch zum Druck gegeben hatte, meinte er zu Joseph Joachim, das für öffentliche Aufführungen nötige gedruckte Stimmenmaterial werde man wohl nicht brau-

75 Briefwechsel Bd. 9, S. 89.
76 Briefwechsel Bd. 3, S. 26.
77 Briefwechsel Bd. 3, S. 43.

chen. „Doch gibt es vielleicht Leute, die ein derartig Gebet im Zimmer brauchen können."[78] Ähnlich äußerte er sich gegenüber dem Verleger Simrock bei der Übergabe des Werks: „Es ist das Beste, was ich noch gebetet habe, und wenn's nun auch die Altistinnen nicht gleich begierig singen werden, so gibt's genug Leute, die ein derartig Gebet nötig haben."[79] Von Theodor Billroth, mit dem er sich auf gleicher Wellenlänge wußte, hatte er eine positive Reaktion erwartet, „so sicher als beim Publikum das Gegenteil."[80]

Es gibt in der Entstehungsgeschichte seiner Werke auch andere Beispiele, wie Brahms sich durch den Schaffensprozeß über Konfliktsituationen zu erheben suchte, sich von seinen starken Eindrücken lösen, von großem Schmerz befreien wollte. An keiner Stelle, auch nicht im „Deutschen Requiem", spiegelt das Werk jedoch so die Unmittelbarkeit des Erlebens wieder, nirgends wirkt noch so die seelische Spannung des Urhebers in dem Abgeschlossenen und Objektivierten nach.

Der Baden-Badener Sommer 1869 brachte auch den Abschluß eines Werkes, an dem Brahms nun schon fast ein Jahrzehnt immer wieder einmal gearbeitet hatte, sporadisch, ohne Kontinuität, der „Romanzen aus Ludwig Tiecks Magelone", seines einzigen Liederzyklus. Doch schon da stockt man, ob eine Folge von Liedern, die über fast ein Jahrzehnt entstanden, deren erste beiden Hefte bereits 1865 zu einem Zeitpunkt gedruckt wurden, bevor die letzten überhaupt komponiert waren, wegen der gemeinsamen Textquelle als Zyklus bezeichnet werden kann. Brahms entnahm die insgesamt fünfzehn vertonten Lieder einer in mehrfacher Hinsicht hochromantischen Vorlage, Ludwig Tiecks „Wundersamer Geschichte der schönen Magelone und des Grafen Peter von Provence" aus dessen 1797 unter dem Pseudonym Peter Leberecht erschienenen „Volksmärchen". Romantisch ist die Neigung der literarischen Epoche mit dieser Bezeichnung, alte Volksbücher wieder lesbar zu machen, indem man sie in einem altertümelnden, märchenhaften, aber im Prinzip modernen Sprachstand wiedergab. Im Rahmen dieser romantisierenden Übertragung verstärkte Tieck das Element des Märchenhaften, insbesondere fügte er die in seiner Prosavorlage nicht enthaltenen Lieder hinzu. Der Stoff selbst, der im 15. Jahrhundert in der französischen Literatur auftauchte und im Laufe der Zeit auch orientalische Motive einschmolz, ist schon an sich romantisch: Graf Peter geht auf Abenteuerfahrt, verliebt sich in die neapolitanische Königstochter

[78] Briefwechsel Bd. 6, S. 54f.
[79] Briefwechsel Bd. 9, S. 85f.
[80] O. Gottlieb-Billroth [Hrsg.]: Billroth und Brahms im Briefwechsel. Berlin/Wien 1935, S. 193.

Magelone und entführt sie zu mitternächtlicher Stunde. Bei einer Rast raubt ein Rabe das Unterpfand ihrer Liebe, drei Ringe. Bei der Verfolgung des räuberischen Vogels werden die Liebenden getrennt, während er in orientalische Gefangenschaft gerät, baut sie eine Kirche und ein Spital für kranke Pilger auf. Als Peter nach vielen Abenteuern krank zurückkehrt, wird er von ihr wieder gesundgepflegt; gemeinsames Glück belohnt ihre jahrelange gegenseitige Treue. So übertrug Tieck eine aus dem 16. Jahrhundert stammende deutsche Version des Volksbuches, die auch schon Hans Sachs als Vorlage gedient hatte.

Zeigen die ersten beiden Lieder die frohgemute Aufbruchsstimmung des Jünglings, der den künftigen Abenteuern entgegensieht in der Hoffnung, dereinst bewegte Erinnerungen wiedergeben zu können:

Sind Jahre verschwunden
Erzählt er dem Sohn
In traulichen Stunden
Und zeigt seine Wunden,
Der Tapferkeit Lohn.
So blüht das Alter selbst noch jung,
Ein Lichtstrahl in der Dämmerung.

so erklingen schon im dritten Lied die für Brahms bereits damals charakteristischen düsteren Töne: „Ach, Lust ist nur tieferer Schmerz, Leben ist dunkles Grab." In der Zeit der Alt-Rhapsodie vertonte er dann Texte wie:

Wie schnell verschwindet
So Licht als Glanz,
Der Morgen findet
Verwelkt den Kranz,
Der gestern glühte
In aller Pracht,
Denn er verglühte
In dunkler Nacht.

Muß es eine Trennung geben,
Die das treue Herz zerbricht?
Nein, dies nenne ich nicht leben,
Sterben ist so bitter nicht.

Gibt es denn kein wahres Lieben?
Muß denn Schmerz und Trennung sein?
Wär' ich ungeliebt geblieben,
Hätt' ich doch noch Hoffnungsschein.

Der lang sich hinziehenden Entstehungszeit entspricht die Situation der Autographen, einige sind überhaupt verschollen, auf der freien Rückseite des Manuskripts des vierten Liedes notierte er die Textdisposition des „Deutschen Requiems", so wie er sie Klavierauszug und Partitur vorangestellt haben wollte, und riß dieses Blatt dann ab. Die Sängerin

Ottilie Ebner wußte zu berichten,[81] daß Brahms im Winter 1863/64 an den „Magelonen-Romanzen“ weitergearbeitet und Skrupel geäußert habe, ob sie nicht zu kompliziert seien; sie besaß das Autograph der Lieder 5 und 7, letzteres mit persönlicher Widmung von Brahms. Die Autographen zu den Liedern 8 und 10 gehörten Hermann Levi, der für den in Baden-Baden lebenden Brahms in Karlsruhe die Kopiaturen zum Druck besorgen ließ und dann die Originale behielt. Das deutet auf die Entstehung dort hin, ohne daß wir das Jahr bestimmen können. Das Autograph zu Lied 13, datiert mit 15. Mai 1862, befand sich im Besitz von Marie Völckers, gehört also in die erste Phase der Auseinandersetzung mit den „Magelone“-Liedern im Sommer 1862 in Hamm; die Reihenfolge stellt also keine Chronologie ihrer Entstehung dar. Die ganze Sammlung hat Brahms Julius Stockhausen gewidmet, mit dem als erstem er den zyklischen Vortrag von Liedern erlebt hatte.

Noch von Baden-Baden aus fuhr Brahms im Herbst zweimal nach Karlsruhe, einmal am 6. Oktober, wo in der Generalprobe zu einem Konzert Clara Schumanns eine erste private Aufführung der Alt-Rhapsodie stattfand, und zum 20. Oktober, als er in einem Konzert in seinem Quintett f-Moll den Klavierpart spielte. Unmittelbar danach fuhr er über München zurück nach Wien, wo er am 27. Oktober 1869 eintraf, „dort hält Dir's doch weniger schwer“[82] nach dem Baden-Badener Herbst, kommentierte Frau Schumann seine Rückkehr. Sie hatte schon im Herbst nach Wien kommen wollen zu Konzerten, hatte sich aber noch in Baden-Baden die rechte Hand verletzt. Das hatte sie gezwungen, die ersten geplanten Konzerte der neuen Saison abzusagen, darunter, besonders bitter, eines in Leipzig, bevor sie wieder vorsichtig mit dem Training beginnen konnte. Erst Ende November konnte sie wieder öffentlich auftreten und kam daher später als beabsichtigt am 8. Dezember in Wien an und gab bereits am 11. ihr erstes Konzert. Am darauffolgenden Tag fand das dritte Philharmonische Sonntagskonzert im Kärntnertor-Theater statt, in welchem Brahms seine 1. Orchesterserenade op. 11 dirigierte, mit großem Erfolg zwar, aber nicht ohne Opposition im Konzert selbst und mit dem üblichen gespaltenen Presse-Echo.

Zu dem Konzert hatte es übrigens ein für die Wiener Musikverhältnisse nicht untypisches Vorspiel gegeben. Nach dem - eigentlich ja durch den Dirigenten verschuldeten - Debakel mit der Teilaufführung des „Deutschen Requiems“, der flauen Aufnahme ausgerechnet des 1. Streichsextetts und neuerlich des „Rinaldo“ glaubte ein Teil des Orche-

81 O.v. Balassa: Die Brahms-Freundin Ottilie Ebner und ihr Kreis, Wien 1933, S. 39.
82 Clara Schumann - Johannes Brahms. Briefe, Bd. 1, S. 607.

sters den Zeitpunkt der Fundamentalopposition für gekommen und erklärte, das Werk nicht spielen zu wollen. Otto Dessoff, der die Philharmonischen Konzerte immerhin fast zehn Jahre und durchaus mit Erfolg geleitet hatte, verschlug es buchstäblich die Sprache, er soll den Taktstock so vehement in die vor ihm liegende Partitur gestoßen haben, daß er diese durchbohrte, und verließ wortlos die Probe. Zu Hause schrieb er sein Demissionsgesuch, weil er sich vor der Alternative sah, entweder sein Recht auf Festlegung der Programme durchzusetzen und damit den Zwiespalt zum Orchester noch zu vergrößern, oder aber der Clique, welche die Mehrheit eingeschüchtert hatte, für jetzt nachzugeben und damit generell seine Autorität verspielt zu haben. Sein Rücktritt sei die einzige Genugtuung, die er dem grundlos beleidigten Komponisten geben könne. Da dämmerte dem Orchester denn wohl doch, daß man den Bogen überspannt hatte und es signalisierte Bereitschaft zum Einlenken. Brahms kam, die Aufführung vorzubereiten und richtete eine kurze Ansprache an die Orchestermitglieder, welche der Bratscher Rudolf Zöllner nach der Erinnerung so wiedergab: „Meine Herren! Sie haben mein Werk abgelehnt, und ich kann Ihnen nur sagen, wenn Sie Vergleiche mit Beethoven ziehen wollen: eine solche Höhe wird nicht mehr erreicht werden. Aber mein Werk ist hervorgegangen aus meiner besten künstlerischen Überzeugung. Vielleicht werden Sie doch sehen, daß das Werk nicht ganz unwert ist, von Ihnen gespielt zu werden."[83] Die unerfreuliche Szene stellt klar, wie weit Brahms noch davon entfernt war, sich in Wien durchgesetzt zu haben, aber auch, wie er mit wenigen Worten in einer Mischung aus Selbstbewußtsein, natürlicher Autorität und Konzilianz gegenüber der Binnendynamik einer so hoch diffizilen Körperschaft die Dinge zurechtzurücken vermochte. Das macht verständlich, wie er nach relativ kurzer Präsenz in Wien mit so jungen Jahren eine Art Vaterfigur des Wiener Musiklebens werden konnte.

Wichtig für Brahms war vor allem Frau Schumanns drittes Wiener Konzert am 5. Januar 1870 im kleinen Redoutensaal, denn es brachte die erste vollständige Aufführung der „Liebeslieder"-Walzer mit Louise Dustmann, Rosa Girzick, Gustav Walter und Emil Krauß als Vokalquartett, sowie Clara Schumann und Brahms als Klavierpartnern. In ihrem Tagebuch heißt es darüber: „Es war überfüllt, auf dem Orchesterpodium so, daß ich nie wußte, wie ich an's Klavier kommen sollte. Ich spielte sehr glücklich, das Publicum war in wahrem Enthusiasmus. - Die Liebeslieder (Johannes spielte sie mit mir vierhändig) gingen reizend und

[83] Zitiert nach M. Kalbeck: J. Brahms, Bd. 2, S. 331.

gefielen sehr.“[84] Dann machte sie einen Abstecher zu einem Konzert am 11. Januar in Graz und hängte wegen des großen Erfolgs der Wiener Konzertserie dieser Saison „auf Verlangen“ ein viertes Konzert am 19. Januar an in dem damals gerade fertiggestellten kleinen Saal des pompösen neuen Gebäudes der Gesellschaft der Musikfreunde, des Musikvereins, wie die Wiener abkürzend sagen, im Rahmen der Prachtarchitektur der Ringstraßen-Bebauung am Wienfluß, schräg gegenüber der Karlskirche Fischer von Erlachs errichtet. Als Arabeske sei erwähnt, daß dieser jüngste Wiener Konzertsaal in der Nacht nach diesem Konzert ausbrannte. - Sie hatte sich vorgenommen, auch mit diesem zusätzlichen Konzert für Brahms einzutreten und das noch wenig bekannte Horn-Trio op. 40 aufs Programm gesetzt. „Es ging sehr schön, gefiel aber gar nicht, was uns für ihn schrecklich leid that“,[85] vermerkt das Tagebuch darüber. Am 21. Januar verließ sie Wien und fuhr nach einem Besuch bei Ludwig in Dresden, über dessen Zustand sie entsetzt war, und mehreren Zwischenstationen mit Konzerten zu ihrer diesjährigen England-Tournee nach London.

Brahms war in dieser Zeit, Anfang 1870, mit seiner Situation besonders unzufrieden, auch wenn er bei seinen bescheidenen Ansprüchen mittlerweile von seinen Konzerteinkünften mehr oder weniger leben und seine Werkhonorare in Wertpapieren anlegen konnte, deren Zinsen als weitere, wenngleich bescheidene, Einnahme zu Buche schlugen. Aber der bürgerliche Wunsch nach einer festen Anstellung mit geregeltem Einkommen, das ihm die Begründung einer Familie ermöglicht hätte, spielte nach wie vor eine große Rolle in seinen Vorstellungen. Die Musikzeitschriften wurden auf mögliche Vakanzen durchforstet. Sogar nach der Leitung der Liedertafel in Bern hatte er sich erkundigt, obwohl ihm sehr wohl klar war, daß die bloße Leitung eines Männerchores denn wohl doch unter seinen Möglichkeiten lag.[86] Der Ruf an Hermann Levi, an die Wiener Hofoper zu kommen, mag dieser Tendenz neuen Auftrieb gegeben haben, aber der war eben ein organisations- und repertoireerfahrener Dirigent mit ausgeprägtem Profil, während Brahms über keinen Hintergrund in der Orchestererziehung verfügte, keinerlei Musiktheater-Erfahrung besaß und seine Gestaltungskraft bislang nahezu ausschließlich an eigenen Werken hatte bewähren können.

Insofern war es sicher wieder illusionär und realitätsfern, sich mit dem Erfolg des Freundes in einem ganz anderen Metier zu messen. Aber

[84] B. Litzmann: Clara Schumann, Bd. 3, S. 234.
[85] B. Litzmann: Clara Schumann, Bd. 3, S. 234.
[86] Vgl. M. Kalbeck: J. Brahms, Bd. 2, S. 233.

seine Stimmung ließ sich ganz erheblich davon beeinflussen; allerdings war ihm auch klar, daß er es sich nicht mehr würde leisten können, auf unbegrenzte Zeit dem Phantom einer gesicherten Existenz als Basis einer Familiengründung hinterherzulaufen, und der Verzicht auf die Einbindung in eine bürgerliche Stellung mit festem Einkommen den auf den eigenen Hausstand mit Familie unweigerlich nach sich ziehen würde. Nachdem er aus Unentschlossenheit, wo er denn seinen Wohnsitz nehmen solle, im Vorjahr länger als ursprünglich vorgesehen in Baden-Baden geblieben und schließlich doch nach Wien zurückgekehrt war, schrieb er im Februar 1870 an seinen Schweizer Verleger und Freund Rieter-Biedermann: „Namen wie Winterthur und Zürich machen mich ganz sehnsüchtig. Es ist doch trostlos, sich in einer großen Stadt so gar unnütz herumtreiben [zu] müssen, in einer kleinen ginge das wohl gar nicht. Aber warum will man uns Poeten denn so zu gar nichts gebrauchen? - Einige wenige Jahre schaue ich noch aus nach ‚gesicherter' Stellung."[87] Und bitter ironisch forderte er Melchior Rieter-Biedermann auf achtzugeben, ob einer der - ihm ja eng befreundeten - Amtsinhaber in den genannten Städten aus nervöser Erschöpfung („Nervenfieber") oder anderen Gründen Tendenzen erkennen lasse, seine Stellung aufzugeben.

Auch Freund Julius Allgeyer, nach dessen langem Italienaufenthalt sich die alte Vertrautheit rasch wieder eingestellt hatte, wurde nicht nur für die im Sommer 1869 in Baden-Baden erstmals begonnene Diskussion um einen Opernstoff und einen Librettisten, der ihn hätte aufbereiten können, eingespannt, sondern auch in die Bemühungen um einen geeigneten Posten. So hielt er es für nötig, ihn „dringend zu bitten - nicht abzulassen vom Suchen für mich! Unser Einer ist sehr unnütz auf der Welt. Was man hätte anständig ausfüllen können - ich z.B. einen Musik-Direktor und etwaige Opern- oder Oratorientexte - kommt eben nicht rechtzeitig."[88]- Mit dieser fast schon krampfhaften Suche nach einer Festanstellung, deren Erfolglosigkeit doch allein schon durch ihre Kurzatmigkeit vorprogrammiert war, mag auch zusammenhängen, daß er so lange in Wien im Hotel wohnen blieb. Daß er keine geeignete Wohnung habe finden können, war doch wohl ein Vorwand, vielleicht sogar vor sich selbst, denn als er sich klar machen mußte, daß er so rasch keinen geeigneten Posten bekommen und es keine kurzfristige Lösung dieser Frage geben würde, war sie sehr bald gefunden in der Ungargasse 2, Ecke Heumarkt im Stadtbezirk Landstraße (Wien III, Haus „Zur

[87] Briefwechsel Bd. 14, S. 183f.
[88] A. Orel: Johannes Brahms und Julius Allgeyer. Tutzing 1964, S. 62.

Goldspinnerin", in nächster Nähe zur Innenstadt, aber von ihr durch den Wienfluß und den auf dem Gelände des ehemaligen Festungsglacis angelegten Stadtpark getrennt, daher auch mit freierer und besserer Luftzirkulation. Damit erledigten sich zugleich Erwägungen, für eine Zeit ganz nach Pest zu gehen, wohl mit dem Hintergedanken, nach dem großen Erfolg der Ungarischen Tänze Material für eine zweite Serie zu sammeln.

Fritz Simrock, nach dem Tode des Vaters Alleininhaber des Verlages und auf dessen rasche Expansion erpicht, weshalb er den Geschäftssitz nach Berlin verlegt hatte, drängte sehr auf neue Produkte seines prominentesten Autors: „Nun senden Sie mir bald wieder etwas Neues; es brechen die Frühlingsblumen demnächst auf - und Ihr Manuskriptenschrank hoffentlich auch - sorgen Sie, daß ich hübsch in der Arbeit bleibe."[89] Einen Monat später stieß er nach: ich „kann Ihnen nur zum xten Male wiederholen, daß ich bald mehr erwarte: die Quartette und die Sinfonie; suchen Sie doch endlich heraus - ich lasse Ihnen doch keine Ruhe!"[90] So sah Brahms, der sich die Entscheidung, wann ein Werk als abgeschlossen und reif für den Druck sei, natürlich nicht aus der Hand nehmen lassen wollte, sich veranlaßt, den Tatendrang seines Verlegers zu bremsen, auch wenn ihm die heftige Nachfrage nach seinen Werken im Prinzip ja nur recht sein konnte: „In Wien lebt man zu lustig, und ich kann nichts versprechen, als daß ich bald schlafen gehen will."[91] statt rasch weitere von Simrock gewünschte Arrangements bereits erschienener Werke anzufertigen. Und als Simrock nicht aufhörte zu drängen, wurde er deutlicher: „Lassen Sie ab, Ihre Komponisten zu treiben, es könnte so gefährlich werden, als es für gewöhnlich unnütz ist. Dichten kann man einmal nicht wie spinnen und nähen. Einige verehrte Kollegen (Bach, Mozart, Schubert) haben die Welt arg verwöhnt. Aber können wir es ihnen nicht im Schönschreiben nachtun, so müssen wir uns wohl sogar hüten, es im Schnellschreiben versuchen zu wollen. Es wäre auch unrecht, wenn Sie alle Schuld der Faulheit gäben. Es kommt doch mancherlei zusammen, was uns (meinen Zeitgenossen), und manches, was speziell mir das Schreiben erschwert. - Möchte man uns Poeten nur nebenbei zu was anderem gebrauchen, Sie sollten sehen, daß wir durchaus und selbstverständlich fleißige Naturen sind. Aber ich kann's nun bald aufgeben, nach einer ‚Stellung' auszuschauen. - Übrigens habe ich keine Zeit, sonst hätte ich Lust zu plaudern, wie schwer das Komponieren ist, und wie leicht-

89 4. Februar 1869. K. Stephenson: Johannes Brahms und Fritz Simrock. Hamburg 1961, S. 48.

90 K. Stephenson: Johannes Brahms und Fritz Simrock, S. 50.

91 Briefwechsel Bd. 9, S. 91.

sinnig die Verleger sind."[92] Sogar einen Vertrag auf Lebenszeit über die Inverlagnahme sämtlicher künftigen Werke hatte Simrock dem noch nicht Vierzigjährigen vorgeschlagen, ein wichtiger Indikator für die Stellung, die Brahms zu dieser Zeit bereits im deutschen Musikleben einnahm. Allerdings eine derartig enge Bindung mochte er nicht eingehen.

In Wien deutete sich im Frühjahr 1870 ein größeres Revirement auf den wichtigsten Posten des Musiklebens an: Herbeck hatte an der Hofoper eine glänzende Produktion von Wagners „Meistersingern" herausgebracht und wurde daraufhin an dieses Institut berufen. Brahms hatte selbstverständlich die Gelegenheit ergriffen, sich aus diesem Anlaß mit dem Werk auseinanderzusetzen, und dem verdanken wir eine seiner detailliertesten Stellungnahmen zu Wagner. Auffällig daran ist, daß er die Teilnahmslosigkeit des Wiener Publikums gegenüber dem Werk rügte, wenngleich er sie dem mehrfachen Absetzen der Premiere und den Schwierigkeiten mit den Folgeaufführungen anlastete. An Frau Schumann schrieb er zu seiner eigenen Einstellung: „Ich schwärme nicht - weder für dies Werk, noch sonst für Wagner. Ich höre mir's so aufmerksam wie möglich an, d.h. so oft - ich's aushalten kann. Freilich reizt es, recht viel darüber zu schwatzen. Ich freue mich jedoch, daß ich nicht nötig habe, alles laut und deutlich zu sagen. - Das weiß ich: in allen andern, was ich versuche, trete ich Vorgängern auf die Hacken, die mich genieren, Wagner würde mich durchaus nicht genieren, mit größter Lust an eine Oper zu gehen. Diese Oper übrigens kommt bei meinen vielen Wünschen z.B. noch vor der Musikdirektor-Stelle!"[93]

Da deutet sich nun freilich bereits eine vorsichtige Rückzugsbewegung an, denn natürlich wurden in Wien die Karten neu gemischt in der Frage der Leitungsposten des Musiklebens. Selbst Herbeck konnte nicht wohl die Leitung der Gesellschaftskonzerte mit einer Führungsposition an der Hofoper und gar mit deren schon jetzt angestrebter Direktion verbinden. Daß er noch vier dieser Konzerte leiten werde, merkte Brahms in dem angezogenen Brief an Clara Schumann ausdrücklich an und auch, daß Schumanns „Das Paradies und die Peri" aus organisatorischen Gründen (zu großer Saal, Tageslicht) wie aus musikalischen eine herbe Enttäuschung gewesen sei. Ganz offensichtlich hat er sich im Stillen Hoffnung gemacht auf die Nachfolge Herbecks zumindest in den Konzerten der Gesellschaft der Musikfreunde. Tatsächlich diskutiert wurden dafür aber ganz andere Namen, Dirigenten mit großer Erfahrung und Ausstrahlung, Otto Dessoff, in Wien ja bekannt, Anton Rubinstein,

92 Briefwechsel Bd. 9, S. 92f.

93 Clara Schumann - Johannes Brahms. Briefe, Bd. 1, S. 617.

dessen „Ozean"-Symphonie eines der meistgespielten Orchesterwerke der Zeit war, und auch schon der erst 27jährige Hans Richter, der zunächst als Instrumentalist in Wien gewirkt hatte und durch seine Mutter, eine gefeierte Opernsängerin, im Wiener Musikleben bekannt geworden war, bevor er zu Wagner nach Luzern gezogen und dann Kapellmeister in München unter Bülow geworden war. Vom Stellenprofil her also eine plausible Kandidatenauswahl, von denen jeder bessere Voraussetzungen mitbrachte als Brahms sie zu dieser Zeit besaß. Das änderte freilich nichts daran, daß seine vergeblichen Hoffnungen und seine Enttäuschung für ihn eine psychische Realität waren und seiner lebenspessimistischen Haltung weiteren Auftrieb gaben.

Schließlich wurde auch der Name Brahms gehandelt und beförderte die Polarisierung. Wie sehr er in dieser Frage hin- und hergerissen war, zeigt eine Mitteilung darüber an Joseph Joachim: „An mich tritt mehr oder weniger laut die Frage wegen der Direktion der Gesellschaft [der Musikfreunde]. Aber ich fürchte fast eine offizielle Anfrage und alsdenn das Überlegen; denn, so sehr ich mir eine derartige Tätigkeit wünschte - diese Stellung hat gar zu viel Bedenkliches, und es wäre wohl das Gescheiteste, nicht erst zu versuchen."[94] In der trügerischen Hoffnung auf eine baldige Entscheidung hatte er seine Abreise aus der Hitze des Wiener Kontinentalklimas noch und noch hinausgeschoben, wie er seiner ehemaligen Schülerin Marie Grün-Geisler schrieb.[95] Sie wurde ihm schließlich diktiert dadurch, daß er in München Karten für die Aufführungen von „Walküre" (14. Juli) und „Rheingold" vorbestellt hatte; sein Interesse, Wagners Werk kennen zu lernen, beschränkte sich also nicht auf dessen theoretisches Studium. Zwar dirigierte dann doch nicht, wie erwartet, Freund Hermann Levi, aber mit Franz Wüllner, dem Nachfolger Hans von Bülows, war Brahms ja ebenfalls seit anderthalb Jahrzehnten freundschaftlich verbunden. Der Aufenthalt in München trug ihm darüber hinaus wichtige weitere künstlerische Verbindungen ein, insbesondere zu Karl Reinthaler, der ihm bald darauf eigene Klavierstücke zusandte. Und selbst in dem Dankbrief dafür brach wieder die Klage über die Vergeblichkeit seiner Bemühungen um eine feste Anstellung und die Begründung eines eigenen Hausstandes durch: „Ich mag bekennen, daß ich beim Durchspielen wohl zuweilen etwas seufze. Man empfindet so angenehm die schöne Häuslichkeit, in der Sie leben und schaffen. Unsereins denkt wohl: aber abseits wer ist's?"[96] Zum Münchener

[94] Briefwechsel Bd. 6, S. 63f.
[95] Siehe M. Kalbeck: J. Brahms, Bd. 2, S. 337.
[96] Anspielung auf den Textanfang der Alt-Rhapsodie op. 53. Zitiert nach M. Kalbeck: J. Brahms, Bd. 2, S. 338.

Umgang gehörten auch der Tenor Heinrich Vogl und Franz Lachner. Auch Joseph Joachim war in München und sogar Franz Liszt, aber die Parteienbildung war soweit fortgeschritten, daß man sich tunlichst aus dem Wege ging. Auf einem Empfang, den der Hoftheater-Intendant Karl v. Perfall den angereisten Künstlern gab, traf man freilich unvermutet doch aufeinander.

Brahms hatte an die Münchener Wagner-Tage eine Reise nach Oberbayern und den Besuch der Oberammergauer Passionsspiele anschließen wollen, doch da brach der deutsch-französische Krieg aus; die Passionsspiele fanden wohl gar nicht statt. In dem allgemeinen Durcheinander verliert sich sogar vorübergehend seine Spur. Sein erster Gedanke hatte Clara Schumann gegolten, die in Baden-Baden ohne männlichen Beistand immerhin so nahe der Front wohnte, daß der Geschützdonner zu hören war und die meisten Kurgäste Hals über Kopf das mondäne Kurbad verließen und selbst Johann Strauss keine Hörer mehr fand. Aber der zivile Eisenbahnverkehr nach Westen war wegen des Vorrangs der Militärtransporte nahezu vollständig zusammengebrochen, sodaß kein Durchkommen mehr war und er ihr den beabsichtigten Beistand nicht bieten konnte, den die Entwicklung der Kriegsereignisse dann ja auch rasch überflüssig machte. Selbst daran, sich freiwillig zum Waffendienst zu melden, hat er wohl zumindest vorübergehend und für den Fall einer schweren deutschen Niederlage in der Anfangsphase des Krieges gedacht. Er war mit Arthur Faber nach München gereist, mit ihm fuhr er noch bis an die Südspitze des Starnberger Sees, dann mußte Faber zurück nach Wien. Ob Brahms tatsächlich, wie Kalbeck vermutet, die weitere Entwicklung bei den Brüdern Lachner in Bernried am Starnberger See abgewartet hat, nachdem ihm der Weg nach Baden-Baden abgeschnitten war, scheint mir jedenfalls nicht gesichert zu sein. Anscheinend hatte er sein Gepäck gleich nach Wien zurückschicken lassen, schob dann jedoch noch einen Besuch bei Joachims in Salzburg ein, um sich die in der Endphase der Entstehung befindlichen Streichquartette vorspielen zu lassen, um deren Zusendung Joachim schon vor der Abreise aus Wien gedrängt hatte.[97] Jetzt mußte er zusehen, seine Sachen nach Salzburg zurückzubeordern. Arthur Faber mußte wieder einspringen: „Ich bitte, dies recht schleunigst zu tun, damit ich baldmöglichst Freiheit habe, hier zu bleiben - oder wohin zu gehen."[98]

In demselben Brief machte er sich auch lustig über die Verzögerungstaktik des Komitees der Gesellschaft der Musikfreunde, das nach wie

97 Vgl. Briefwechsel Bd. 6, S. 64.
98 Zitiert nach M. Kalbeck: J. Brahms, Bd. 2, S. 349.

vor zu keiner Entscheidung gekommen war: solange könne er nun wieder auch nicht Wien fernbleiben, bis die Entscheidungsträger sich zu einem Entschluß durchgerungen hätten. Da war nun ein gegen Brahms gerichtetes Schlagwort aufgetaucht, welches die Begrifflichkeit offener Auseinandersetzung überflüssig machen sollte: der „Preuße". Die Niederlage von 1866 saß doch noch tief im Bewußtsein vieler Österreicher und die Tatsache, daß nunmehr Preußen die Vormachtstellung in Mitteleuropa einnahm, die Wien jahrhundertelang als selbstverständlich beansprucht hatte, und jetzt die Wiederherstellung eines deutschen Kaiserreichs unter Ausschluß Österreichs mit einem Preußenkönig als Kaiser vor sich ging, traf das Selbstbewußtsein der Wiener sehr. Die Kleinigkeit, daß der Hanseat Brahms gar kein Preuße war, wurde dabei nicht so eng gesehen, schließlich sind aus der perspektivischen Verkürzung Süddeutschlands noch heute alle deutschen Stämme nördlich des Mains, ungeachtet ihrer landsmannschaftlichen Unterschiede, schlicht „Preußen". Nun hatte Brahms ja tatsächlich mit dem Gedanken gespielt, sich freiwillig zum Kriegseinsatz zu melden, das hat aber wohl nicht eigentlich mit Chauvinismus oder auch nur Nationalismus im politischen Sinne zu tun. In einem Europa, in welchem zu dieser Zeit das Bewußtsein der eigenen Nationalkultur von Skandinavien bis Ungarn erstarkte, wurde auch die deutsche Intelligenz wieder stärker bewegt von der Idee der Romantik von einem deutschen Volksstaat, der sich durch gemeinsame Sprache und Kultur definierte statt der dynastisch bedingten Kleinstaaterei auf deutschem Boden. Dieser Vision hing auch Brahms an, wobei die Ausgrenzung Österreichs als durch die politischen Ereignisse erzwungen eher bedauert, wegen der Probleme der Doppelmonarchie mit ihren Ostgebieten vielleicht sogar mit einer gewissen Erleichterung gesehen wurde, aber keinesfalls grundsätzlicher oder ideeller Natur war. Das aber tat der Wirkung des Schlagworts vom „Preußen" Brahms keinen Abbruch, denn es war ja nicht rational, sondern diente lediglich der Obstruktion.

Schließlich wurde es Eduard Hanslick zu bunt, er schrieb zu den Querelen einen Artikel in der Neuen freien Presse am 13. Oktober 1870 und dröselte das ganze Intrigengeflecht, wenn auch ohne Namensnennung, auf; aber dessen bedurfte es in Wien ohnehin nicht, da wußte ohnedies jeder, wer gemeint war. Hanslick trat offen für Brahms ein, da jedoch im Komitee keine Gruppierung stark genug war, ihre Konzeption und ihren Kandidaten durchzusetzen, verständigte man sich schließlich auf die wienerischste Lösung, es erst einmal auf ein Provisorium hinauslaufen zu lassen. Was Hanslick seinem Kandidaten Brahms nachgesagt hatte, unerschütterliche Prinzipientreue und sittlicher Ernst seiner künstlerischen Auffassung, sowie das Fehlen persönlicher Eitelkeit, waren bei dieser Entscheidung allerdings nicht gefragt gewesen. Bezeichnenderweise hatte er lediglich auf die Klärung von Fragen der künstlerischen Konzeption und der dafür zur Verfügung stehenden personellen, sachlichen und finanziellen Mittel gedrängt, diejenige seiner persönlichen Bezüge aber nicht einmal angeschnitten. Es ging ihm also wirklich um die Sache. Aber selbst darin mochte man sich nicht entscheiden, und wie immer, wenn starre Parteibildungen eine vernünftige Lösung blockieren, konnte man sich lediglich auf den kleinsten gemeinsamen Nenner verständigen, ein Provisorium, das eine definitive Entscheidung auf die Zukunft verschob, für die sich jede Partei eine für sie günstigere Ausgangskonstellation ausrechnete. Da nun die Mechanik solcher Entscheidungsgremien stets und unter allen Bedingungen die gleiche ist, nur die Namen der Parteien auswechselbar sind, lief das Weitere nach organisationssoziologischen Modellen ab: wenn man eine unerwünschte Personalentscheidung nicht verhindern kann - und nachdem Hanslick die bisherigen Interna publik gemacht hatte, war das ja wohl so -, dann kann man nur noch unter der Prätention notwendiger Sachentscheidungen die Voraussetzungen so verändern, daß die Annahme der Stellung zumindest unwahrscheinlich gemacht wird. Genau dies wurde unternommen: zwar sollte Brahms die künstlerische Oberleitung der Gesellschaftskonzerte als „artistischer Director" erhalten, die Leitung des Chores aber dem bisherigen Chordirektor der Hofoper, Ernst Frank, übertragen werden. Das war aus der Perspektive beider Seiten ein solcher Mißgriff, daß man nicht unterstellen konnte, ausgerechnet das Komitee habe das nicht erkannt, und dann kann man eben nur von Absichtlichkeit ausgehen. Bei einer so großen Organisation der Laienmusik, wie sie die Gesellschaft der Musikfreunde damals noch war, ist eben der Chor mit seinen Oratorienaufführungen der Kern, dessen Herausnahme kein künstlerischer Oberleiter hinnehmen konnte, und Brahms' künstlerische Kompetenz war eben wesentlich durch „Requiem", Alt-Rhapsodie und „Rinaldo" bestimmt. Daß noch zwei weitere Chor-Orchesterwerke folgen würden, bevor er sich der autonomen Orchestermusik zuwandte, wußte er vielleicht zu dieser Zeit selbst noch nicht. Jedenfalls reagierte er auf dieses Angebot, wie offenbar kalkuliert: er lehnte das halbherzige Anerbieten ab. Da die Saison aber inzwischen begonnen hatte, übernahm Joseph Hellmesberger interimistisch die Leitung der Gesellschaftskonzerte.

Ende September war Brahms, zunächst noch voller Hoffnung auf die ersehnte feste Anstellung, nach Wien zurückgekehrt. Zu diesem Zeitpunkt war der deutsch-französische Krieg praktisch bereits entschieden,

Paris belagert, die österreichische Regierung der Versuchung enthoben, auf der Seite Frankreichs Rache für 1866 zu nehmen; mit einem Kriegseintritt Österreichs, der den Ausländer Brahms als aus dem Norddeutschen Bund kommend in Schwierigkeiten gebracht hätte, war nicht mehr zu rechnen. Da drängte es auch Brahms, seiner Begeisterung darüber künstlerischen Ausdruck zu geben, daß nun doch endlich der deutsche Volksstaat in greifbare Nähe gerückt war, wenn auch nur noch in kleinerer Form, um den sich die deutsche Romantik durch den Wiener Fürstenkongreß und die Restaurationspolitik Metternichs betrogen gefühlt hatte. In seinen Vorstellungen begann sich ein Werk zu konkretisieren, mit dem er das Ereignis zu würdigen dachte, „eine meiner politischen Betrachtungen über dieses Jahr."[99] Seiner Natur nach kam für einen derartigen Plan nur ein Chor-Orchester-Werk in Frage, eine Art Te Deum, nur eben, dem Ereignis entsprechend in deutscher Sprache, womit die Bibel als Textquelle vorgezeichnet war, ein freudiges Gegenstück zu „Einem deutschen Requiem". Schon Anfang Oktober 1870 sprach er ganz gegen seine Gewohnheit von dem Stück, an dem er also wohl schon damals arbeitete.[100] Zwei Monate später heißt es in einem Brief an Carl Reinthaler: „Könnte ich was und hätte ich auch noch Mut, ich schriebe ein gutes Te Deum und dann führe ich nach Deutschland."[101] Reinthaler forderte ihn förmlich auf, ein freudiges Gegenstück zum „Deutschen Requiem" zu schreiben und hat sich wohl auch erboten, das neue Werk am Schluß des Karfreitagskonzerts im Bremer Dom uraufzuführen, denn Ende Februar 1871 schrieb ihm Brahms aus Wien:

> [ich] schicke Dir heute den ersten Chor von einem „Triumphlied". Tue Dein möglichstes, daß wir den Chor als Schlußnummer machen können!!!
>
> Hättest Du mir doch früher geschrieben! Ich hätte doch vielleicht den Karneval besser benutzt. Jetzt hat es mich unglaubliche Überwindung gekostet, den beifolgenden Chor aufzuschreiben ... Den weitern Text findest Du im 19. Kapitel.[102]

Es ist schon merkwürdig, daß Brahms sich in nationaler Begeisterung über die militärischen Erfolge des deutschen Heeres, das zum ersten Male aus allen deutschen Einzelstaaten gebildet worden war mit dem Ziel des Zusammenschlusses zu einem Nationalstaat - daß es nicht das Volkskaisertum der 1848er Revolution war, wurde in der Begeisterung übersehen -, spontan entschloß, ein Te Deum zum Preis der großen Ereignisse und der Männer, die sie bewirkt hatten, zu schreiben. Aber als es an die Konkretisierung des patriotischen Vorhabens ging, kostete es

99 Briefwechsel Bd. 3, S. 36.
100 Briefwechsel Bd. 9, S. 97.
101 Briefwechsel Bd. 3, S. 32.
102 Briefwechsel Bd. 3, S. 36.

ihn „unglaubliche Überwindung“, auch nur den ersten Teil dieses Preis- und Dankliedes aufführungsfähig niederzuschreiben. Den Grund dafür erfuhr Verleger Simrock ein Vierteljahr später, als Brahms aus Lichtenthal bei Baden-Baden bekannte: „Das Triumphlied ist den Augenblick liegen geblieben - aber gerade ist ein anderes Lied fertig.“[103] Das schon zwei Jahre zuvor begonnene „Schicksalslied“ hatte das eben erst angefangene „Triumphlied“ verdrängt, nachdem seine Auseinandersetzung mit dem Hölderlin-Text lange nicht zu einem befriedigenden Ergebnis geführt und einen Abschluß des Werkes möglich gemacht hatte. Jetzt aber war Brahms zu einer seinen ästhetischen Vorstellungen entsprechenden Lösung gelangt, und das Bemerkenswerte scheint mir zu sein, mit welcher Selbstverständlichkeit das aus der nationalen Begeisterung, aber eben von außen angeregte Stück gegenüber dem aus eigener künstlerischer Konzeption entwickelten beiseite geschoben wurde.

Nach der Uraufführung des „Deutschen Requiems“ 1868 besuchte Brahms von Hamburg aus noch einmal seine beiden Freunde Albert Dietrich und Carl Reinthaler. Über diesen Besuch und sein unerwartet rasches Ende berichtet der erstere in seinen Erinnerungen:

> Im Sommer kam Brahms noch einmal um mit Reinthaler's und uns einige Parthien in die Umgegend zu machen. Eines Morgens fuhren wir nach Wilhelmshaven, Brahms interessierte es, den großartigen Kriegshafen zu sehen.
>
> Unterwegs war der sonst so muntere Freund still und ernst. Er erzählte, er habe am Morgen (...) im Bücherschrank Hölderlin's Gedichte gefunden und sei von dem Schicksalslied auf das Tiefste ergriffen. Als wir später nach langem Umherwandern und nach Besichtigung aller interessanten Dinge ausruhend am Meere saßen, entdeckten wir bald Brahms in weiter Entfernung, einsam am Strand sitzend und schreibend.
>
> Es waren die ersten Skizzen des Schicksalsliedes ... Eine schon geplante Parthie in den Urwald unterblieb. Er eilte nach Hamburg zurück, um sich der Arbeit hinzugeben.[104]

Was ihn da so beeindruckt hatte, daß er den Besuch bei den Bremer Freunden kurzerhand abbrach, um an die Ausarbeitung des neuen Werkes gehen zu können, wurde indessen bald eines seiner künstlerischen Problemkinder, sodaß sich andere Arbeiten dazwischendrängten. Ob man sich darunter noch die Werke des Sommers 1868 zu denken hat, den nachkomponierten „Requiem“-Satz, den Schlußchor zu „Rinaldo“ und die „Liebeslieder“-Walzer, kann dahingestellt bleiben, weil der Bericht Albert Dietrichs keine genauere Zeitangabe enthält. Sicher wird ein Teil des Jahres 1869, das die Ungarischen Tänze und die Alt-Rhapsodie

103 Briefwechsel Bd. 9, S. 102.

104 A. Dietrich: Erinnerungen an Johannes Brahms, S. 212ff.

brachte, auch über der Arbeit am „Schicksalslied" dahingegangen sein, obwohl die Depressionen, die von der Hochzeit Julie Schumanns ausgelöst worden waren, gewiß seine Produktivität hemmten. So wurde in dem Jahr kein einziges Werk wirklich fertig. Dennoch müssen wir annehmen, daß das „Schicksalslied" 1870 bereits zu einem gewissen Abschluß gekommen ist, obwohl er sich dazwischen, von außen angestoßen, entschloß, ein „Triumphlied" zu schreiben. Aber der rein künstlerische Impuls, der von der Dichtung Hölderlins ausging, den er nur nicht in die ihm vorschwebende Gestalt zu zwingen vermocht hatte, erwies sich doch als der stärkere gegenüber dem aus patriotischen Gefühlen begonnenen Vorhaben des „Triumphliedes". Es wurde zurückgestellt, als sich für das Hölderlin-Gedicht eine Gestaltungsform abzeichnete. Am 22. Mai 1871 kündigte er Simrock den Abschluß der Komposition an.

Der endgültigen Fertigstellung des Werkes waren lange Diskussionen mit Hermann Levi und viele Überlegungen vorhergegangen über die Möglichkeiten der künstlerischen Gestaltung seines Schlusses. Fast wäre es daran gescheitert, so sehr gingen die Auseinandersetzungen in grundsätzliche Gestaltungsfragen hinein. Noch ein halbes Jahr später klingt die Erregung darum in zwei Briefen an Reinthaler nach, die bedeutsam sind, weil sie unmittelbar Kernfragen der Interpretation des Textes und des Verständnisses berühren, das Brahms von ihm hatte. Am 24. Oktober 1871 heißt es in dem Brief, der die Fertigstellung der Komposition ankündigte:

> Das Schicksalslied wird gedruckt, und der Chor schweigt im letzten Adagio. Es ist eben - ein dummer Einfall oder was Du willst, aber es läßt sich nichts machen. Ich war so weit herunter, daß ich dem Chor was hineingeschrieben hatte; es geht ja nicht. Es mag so ein mißlungenes Experiment sein, aber durch solches Aufkleben würde ein Unsinn herauskommen. Wie wir genug besprochen: ich sage ja eben etwas, was der Dichter nicht sagt, und freilich wäre es besser, wenn ihm das Fehlende die Hauptsache gewesen wäre. -[105]

Demnach hat er auch mit Reinthaler seine gestalterischen Probleme diskutiert, und auch noch Monate nach der Uraufführung des Stücks am 18. Oktober 1871 in Karlsruhe war er sich der schließlich gefundenen Lösung noch keineswegs sicher, wenn er Weihnachten 1871 wieder an Reinthaler schrieb: „Zum Schluß findest Du hier freilich keinen Text, keinen Chor. Es geht doch durchaus nicht. Es ist doch kein Gedicht, dem man was anflicken kann. So hätte sich denn der Musiker vor eigenen Betrachtungen hüten sollen. Es ist eben ein Gelegenheitsstück, und wenn man auch vielleicht auseinandersetzen kann, daß der Dichter die Haupt-

[105] Briefwechsel Bd. 3, S. 40.

sache nicht sagt, so weiß ich doch nicht, ob sie denn jetzt zu verstehen. Die Karlsruher Aufführung kann mich leicht lieblich getäuscht haben. Es ging sehr gut und machte merkwürdigen Eindruck. Aber das kleine Auditorium, die günstige Vormeinung und alles war für so ein Experiment günstig."[106]

Auch noch nach der Uraufführung erschien ihm der Schluß des Werks als Experiment, mehrere Lösungen hatte er dafür projektiert gehabt und dann doch wieder verworfen. Das hatte den Abschluß der Komposition so lange hinausgezögert, darum hatten die Diskussionen mit Levi und Reinthaler, möglicherweise auch noch weiteren Vertrauten, gekreist. - Es ist für Brahms und seine ganze Geisteshaltung bezeichnend, daß für sein Verständnis der Dichter „das Eigentliche" nicht gesagt habe. Größe und düstere Erhabenheit des antiken Schicksalsbegriffs blieben ihm fremd, auch später, man denke nur an das „Parzenlied" op. 89. Für ihn konnte ein Text, der das menschliche Schicksal zum Gegenstand hat, nicht mit dem Gedanken schließen, „es schwinden und fallen die leidenden Menschen ins Ungewisse hinab." Er weigerte sich, den Tod als Fall „ins Ungewisse" zu akzeptieren. Ihm wäre es lieber gewesen, wenn dem Dichter das nach seinem Verständnis „Fehlende die Hauptsache" gewesen wäre. Er versuchte daher, es seiner Vertonung aus Eigenem hinzuzufügen, weil er etwas aussagen wollte, was über seine dichterische Vorlage hinausging.

Eine Textumstellung, wie er sie später am Schluß der „Nänie" op. 82 aus ganz ähnlichen Gründen vornahm, war beim „Schicksalslied" nicht möglich; diesem fehlte auch ein abschließender, aus dem tragischen Schicksalsglauben hinausführender Vers, wie er ihn später beim „Parzenlied" in seine Vertonung einbezog und damit dessen Tragik relativierte. - So kam er auf den Gedanken, dem düster-tragischen Schluß der Dichtung einen musikalischen Epilog anzuhängen, der im Chor pianissimo zu den Worten des Anfangs zurückleitete und damit zugleich musikalisch die Möglichkeit zur Bildung einer geschlossenen Bogenform eröffnete. Sogar als er den Gedanken als mit dem ästhetischen Rang seiner poetischen Vorlage nicht vereinbar, sowie auch alternative Lösungen bereits verworfen und die Komposition beendet hatte, griff er noch einmal auf den älteren Plan zurück, fügte im elften Takt des Orchesterepilogs den Chor mit der Wiederholung der ersten Textzeilen ein und ließ wenige Takte vor Schluß noch einmal wiederholen „selige Genien".[107] Daß eine derartige Textwiederholung etwas willkürlich und zudem

[106] Briefwechsel Bd. 3, S. 42.
[107] Vgl. das Faksimile in M. Kalbeck: Johannes Brahms, Bd. 2, nach S. 366.

künstlerisch unmotiviert war, entging selbstverständlich seiner scharfen Selbstkritik nicht und er versuchte daher, die menschliche Stimme jenseits des gesprochenen Worts musikalisch noch etwas aussagen zu lassen: „Am liebsten möchte ich den Chor nur ‚ah‘ singen lassen, quasi Brummstimmen."[108] In die Vorstellung, daß seine Vertonung das menschlich Eigentliche, das über die Dichtung Hinausgehende des Schicksalsgedankens überhaupt erst artikulieren müsse, hatte er sich so verrannt, daß Hermann Levi ihn nur mit großer Mühe von diesem unglücklichen Gedanken abzubringen vermochte. Stehen blieb die Fassung, die dem düsteren, furiosen c-Moll-Teil ein 30taktiges instrumentales Nachspiel, ein lichtes C-Dur-Adagio, anschließt, in dem Brahms also nur mit den Mitteln der absoluten Musik dem allgemeinen Ausdruck nach wiederzugeben versucht, was ihm als das Eigentliche des Schicksalsgedankens erschien. Im Programm der Uraufführung war das „Nachspiel des Orchesters" ausdrücklich nach der Wiedergabe des gesungenen Textes aufgeführt.

Das „Schicksalslied" besteht aus drei Teilen, die den großen Bildern der Dichtung entsprechen, der „ewigen Klarheit" und Größe der Götterwelt und im Gegensatz dazu den von Leid erschütterten und dem Tode entgegenfallenden Menschen; der dritte Teil schließlich enthält das, was Brahms „das Eigentliche" am Gehalt des Gedichts war. Die beiden ersten Teile haben Bogenform, während der letzte musikalisch-thematisch nicht selbständig ist, sondern assoziativ auf das Material des Anfangs zurückgreift. - Von den 28 Takten instrumentaler Einleitung bilden die ersten 16 den musikalisch selbständigen Einleitungsteil, während die nächsten beiden Takte bloße Überleitungsfunktion haben und in den folgenden zehn Takten bereits die Thematik des Vokalteils eingeführt wird. Mit der Vortragsbezeichnung „sempre dolce" tritt dann, zunächst nur im Alt, vom Horn unterstützt, die wundervolle Gesangsmelodie auf, eine der schönsten, die Brahms eingefallen sind und welche die ganze friedvolle Harmonie der Götterwelt ausstrahlt. Ob man die Umspielung der nur von den Holzbläsern begleiteten Melodie als eigenes (zweites) Instrumentalthema bezeichnen will, wie das gelegentlich getan wurde, kann man bezweifeln, einmal weil dieser Kontrapunkt nirgends in dem Stück selbständige thematische Bedeutung erhält, zum anderen, weil auch er seiner musikalischen Substanz nach bereits vorher da war.[109] So licht die Instrumentation des Themas bei seinem ersten Auftreten ist, so pastos wirkt es, wenn es dann mit vollem Chor und dem warmen Klang

108 Zitiert nach M. Kalbeck: Johannes Brahms, Bd. 2, S. 366.
109 Vgl. etwa T. 25 und 29 in den Flöten.

der Streicher wiederholt wird, ein klangliches Bild des fest Gefügten, in sich Ruhenden der Götterwelt. Pianissimo wiederholen die Streicher am Ende des Abschnitts noch einmal seine beiden ersten Takte. Dann hellt Brahms den Klang noch um eine Nuance auf, indem er a-cappella nach C-Dur ausweicht bei den Worten „glänzende Götterlüfte". - Wiederum wird man die Geigenmelodie T. 52ff, welche die des Chores umspielt, nicht als eigenes Thema ansprechen dürfen, dazu ist sie viel zu eng an die Chorstimmen gebunden, ist auch nur deren Ausfigurierung.

Mit T. 64 tritt im Horn wieder der Anfang des ersten Vokalthemas auf, wie dort den folgenden Choreinsatz vorbereitend. Dieser entspricht zunächst dem ersten Abschnitt, wird dann jedoch anders weitergeführt, nicht das Einleitungsmotiv, sondern eine Wiederholung der beiden Schlußtakte bildet den Übergang zum nächsten Abschnitt. Der Charakter des C-Dur mit dem Text „glänzende Götterlüfte" kommt hier nicht recht zum Durchbruch, wenn auch das mehrfache Anspielen des ersten Motivs dieser Stelle noch die Verbindung zu ihr herstellt. Das langsame schrittweise Emporsteigen der Melodie bei „keusch bewahrt in bescheidner Knospe" darf man wohl wieder als unmittelbar bildliche musikalische Textinterpretation ansehen. Der folgende Abschnitt unterscheidet sich von der ersten Hälfte des Teils insofern, als jetzt die Ausfigurierung der Chormelodie, welche dort in den Geigen gelegen hatte, nun in den Chor selbst verlegt wird. A-cappella wird noch einmal die letzte Zeile wiederholt, und es ist romantisches Musikempfinden und Vermenschlichung des Göttlichen zugleich, wenn Brahms bei den Worten von der „stillen ewigen Klarheit", welche die Götter umgibt, zurückgreift auf den reinen a-cappella-Klang. Acht Takte Nachspiel, die der instrumentalen Einleitung entnommen sind, beschließen den ersten Teil, das Bild göttlicher Klarheit.

Aber dieser erste Teil schließt nicht auf der Tonika. Mit der verminderten Quinte d-as und dem grollenden Paukenwirbel der beiden letzten Takte kündet sich die Spannung an, die im Irdischen zu dieser Welt göttlicher Klarheit besteht, zieht der tragische Kontrast des menschlichen Schicksals herauf. Verminderter Dreiklang und verminderter Septakkord bestimmen harmonisch diesen apokalyptischen Teil, in dessen daherfegenden Achteln der Streicher jene übermenschliche und unmenschliche Schicksalsmacht geradezu körperlich spürbar wird, die den Menschen „von einer Stunde zur andern" peitscht, „wie Wasser, von Klippe zu Klippe geworfen". Eine einzige Klage ist das Unisono des Chores, und im musikalischen Ausdruck der tragischen Gewalt des Schicksals so zwingend, daß es sich der beschreibenden Darstellung weitgehend entzieht. Wie unmittelbar sinnfällig ist das „Geworfensein" des Menschen von Klippe zu Klippe in der hemiolischen Überlagerung von 3/4 und 3/2, wie furchtbar der Aufschrei - mit vermindertem Septakkord nach einem Takt Generalpause - über das „jahrlange“ Ausgeliefertsein an ein leidvolles Schicksal, wie resigniert das Fallen „ins Ungewisse hinab“! Brahms gestaltet hier die unmittelbare Gewalt von Naturereignissen, und man meint, die Nähe der Alt-Rhapsodie zu spüren, in der Brahms, obschon in ganz anderen Gefühlsbereichen, ähnlich unmittelbar wird. Dieser Erfahrung ist mit den Mitteln der Stilanalyse kaum beizukommen, seine Wirkung liegt im Erlebnishaften. Dementsprechend ist die Faktur dieses Teils verhältnismäßig einfach: dem Al-Fresco des großenteils unisono geführten Chores folgt, beginnend mit T. 194, ein kurzer imitatorischer Teil, der den Anfang des Mollteils benutzt, ohne ihn jedoch weiter zu verarbeiten. Das ganze Bild des Schreckens wird darauf noch einmal dargestellt und verklingt einstimmig, wie es begann, mit Alt und Baß in der Resignation der „ins Ungewisse“ hinabfallenden Menschen.

Wäre die Komposition des „Schicksalsliedes“ hier zu Ende, könnte man darauf hinweisen, wie nahe Brahms dem modernen Lebensgefühl nach zwei Weltkriegen und der Massenvernichtung von Menschen stehe. Über den tragischen Schicksalsgedanken der Antike, wie ihn Hölderlin vermittelt, geht er noch hinaus in der Darstellung der „Geworfenheit“ des Menschen in ein außerhalb seiner waltendes Schicksal. Als in letzter Konsequenz sinnlos erscheint das „ins Ungewisse hinab“ stürzende Leben des Menschen in der Darstellung der sich zwar zunächst aufbäumenden, dann aber doch letztlich resignierenden Komposition von Brahms. - Aber er hat diesem Bild vom Inferno des menschlichen Schicksals ja noch einen Teil angefügt, der ihm nach seinen Worten „das Eigentliche“ an den Bildern und Gedanken der dichterischen Vorlage war, „die Hauptsache“, die Hölderlin für sein Empfinden eben nur nicht ausgesprochen habe. In einem stillen, abgeklärten Adagio greift er noch einmal auf die Themen des Anfangs zurück und setzt damit ans Ende des furchtbaren Menschenschicksals doch noch die Versöhnung, gibt dem Bewußtsein der Ohnmacht und des Ausgeliefertseins an übermenschliche Schicksalsmächte den Trost einer Hoffnung über das Ende hinaus und setzt dem sinnlosen Geworfensein des Menschen im Letzten doch noch ein Ziel.

Damit ist sicher der Bedeutungsgehalt der Dichtung umgebogen und Walter Niemann, dem man ohne weiteres zustimmen kann, wenn er das „Schicksalslied“ für dem Rang des „Deutschen Requiems“ innerlich und äußerlich am nächsten stehend hält, ging sogar soweit, Brahms die „von wirklicher Größe untrennbare Universalität des Empfindens“[110] abzusprechen. Fraglos hat er Hölderlins Schicksalsgedanken vermenschlicht und ins Idealistisch-Humanitäre umgedeutet. Aber im Grunde hat er ihn damit nur aus seiner Schau dargestellt, wie ihn Goethe in der „Iphigenie“ (vgl. den „Gesang der Parzen“ op. 89) und Hölderlin in seinem „Hyperion“ aus ihrer Sichtweise gestaltet haben. Über die Berechtigung solchen Umgangs mit der Vorstellungswelt der Antike zu streiten, ist müßig, solange man dabei auf eine Wertung zielt, wie Niemann sie vorgenommen hat. Angesichts eines für sich existierenden Kunstwerks in einem anderen Medium wie des „Schicksalslieds“ kann die Frage nur lauten: ist die Gestaltung in sich stimmig? Wenn Musik, wie es der Komponist hier beabsichtigte, noch etwas über die vertonte Dichtung hinaus sagen soll, hat man das Ergebnis sehr wohl auch von dessen Idee her zu prüfen. Was verschlägt es da, daß Brahms in seiner Komposition über seine dichterische Vorlage hinausging, ihren Gehalt aus seiner persönlichen Sicht auffaßte und gestaltete. Die Berechtigung dazu leitete er aus seinem frei schöpferischen Künstlertum selbst her. Entscheidend für den ästhetischen Rang des Werks kann nur sein, daß sich hier neben der Alt-Rhapsodie sein Wesen mit so eindrucksvoller Unmittelbarkeit aussprach, daß es zu seinen psychisch stärksten Schöpfungen gehört.

Um der kontinuierlichen Darstellung der ineinandergreifenden Entstehungsgeschichte von „Triumphlied“ und „Schicksalslied“ willen wurde hier der Chronologie vorausgeeilt. Offenbar hielt er seinen Ruf inzwischen für so gefestigt und die Zeit reif dafür, nun auch sein erstes Klavierkonzert, an dem immer noch das Odium des spektakulären Durchfalls in Leipzig hing, nun entschiedener im Musikleben durchzusetzen. Am 22. Januar 1871 spielte er es unter Otto Dessoff im Philharmonischen Konzert in Wien und am 25. April in Bremen, drei Jahre später wiederholte er es erneut in Wien und setzte es damit endgültig durch. Von da an erschien es häufiger in den Aufführungsstatistiken, wenn es auch bis über seinen Tod hinaus relativ selten gespielt wurde und es eigentlich Domäne weniger Pianisten blieb, insbesondere Robert Freund und Willy Rehberg; darüber hinaus haben sich Eugen d'Albert, Feruccio Busoni und Theodor Leschetitzky für das Werk eingesetzt.

Wie problematisch das Provisorium in der Leitung der Konzerte der Gesellschaft der Musikfreunde in Wien einschließlich der Trennung von Chor und Orchester war, zeigte sich Anfang März, als es um eine Aufführung des „Deutschen Requiems“ ging. Brahms leitete die Aufführung selbst, da Hellmesberger erkrankt war und Frank in der Zwischenzeit die

110 W. Niemann: J. Brahms, Berlin ^{14}1933, S. 369f.

Leitung des Akademischen Gesangvereins übernommen hatte. Der Chor nahm die Leitung durch den Komponisten freudig auf, und so ergab sich auch hier eine Aufführung, welche das Debakel der unvollständigen Herbeck-Aufführung mit dem unseligen Paukenwirbel vergessen machte. Die erfolgreiche Leitung dieses Konzertes war selbstverständlich ein Schritt weiter auf die Übertragung der Gesamtleitung der Gesellschaftskonzerte hin. - Am 19. März wurde dann noch die Alt-Rhapsodie unter Ernst Frank in Wien erstmals aufgeführt, erneut ein Hinweis auf Brahms' Bedeutung als Chorkomponist, übrigens auch darauf, daß er sich durch die künstlich von außen geschaffene Konkurrenzsituation nicht sein Verhältnis zu Frank trüben ließ.

Am 20. März reiste er von Wien ab, zunächst nach Berlin, wo Carl Tausig ihm Quartier bot. Dann ging es nach Hamburg und von dort zu einem Konzert nach Lübeck. Am 1. April 1871 war er in Bremen, um mit Reinthaler über die Uraufführung des ersten Teils aus seinem begonnenen, aber zugunsten des „Schicksalsliedes“ unterbrochenen „Triumphliedes“ zu sprechen. Danach war er nach Oldenburg gefahren, um dort in seinem g-Moll-Quartett den Klavierpart zu spielen. Am 4. April war er wieder in Bremen, wo am Karfreitag, dem 7. April, erneut das „Deutsche Requiem“ aufgeführt wurde und Reinthaler ihm Gelegenheit bot, selbst die Uraufführung des Fragments aus seinem „Triumphlied“ zu dirigieren, das er nach Brahms' brieflichen Schilderungen für eine Art deutsches Te Deum hielt und von dem er wünschte, es werde ein freudiges Gegenstück zum düsteren „Deutschen Requiem“ werden. - Tags darauf kehrte Brahms nach Hamburg zurück, war aber am 25. April schon wieder in Bremen, diesmal um sein Klavierkonzert d-Moll auch dort durchzusetzen. Ende des Monats fuhr er zunächst nach Karlsruhe zu Hermann Levi, dem er relativ weitgehenden Einfluß auf die im Entstehen begriffenen Chorwerke einräumte - das „Schicksalslied“ wurde denn auch im Oktober in Karlsruhe uraufgeführt - und anschließend zu einem Sommeraufenthalt in Lichtenthal bei Baden-Baden. Ein bißchen merkwürdig war die Wahl des Abreisetermins von Hamburg freilich schon, denn am nächsten Tag zogen der immerhin im 66. Lebensjahr stehende Vater und seine zweite Frau vom Valentinskamp (Anscharsplatz 5) um in eine neue Wohnung am Anscharsplatz 1. Aber vielleicht waren sie froh, daß er ihnen dabei nicht im Wege stand oder ihnen hineinredete.

Am 10. Mai 1871 wurde mit dem Frieden von Frankfurt der deutsch-französische Krieg offiziell beendet. Die Wogen der Begeisterung im wiedererstandenen Kaiserreich schlugen hoch. Aus der im Zeichen der Frühindustrialisierung und der dichter werdenden Verkehrs-Infrastruktur mit der Folge größerer Mobilität von Menschen und Waren unzeitgemäß gewordenen Kleinstaaterei war Deutschland in kurzer Zeit zur europäischen Großmacht emporgestiegen, und die Demütigung der Napoleonischen Kriege, sowie die Restaurationspolitik, welche die Entwicklung des Landes zu einem durch gemeinsame Sprache und Kultur definierten Nationalstaat ebenso behindert hatte wie die zum modernen Industriestaat, war überwunden, die Scharte der fehlgeschlagenen Revolution von 1848 ausgewetzt. Daß die Volkswirtschaft gar nicht in der Lage war, auch nur die französischen Reparationen aufzunehmen, und das Land in eine tiefe und lang anhaltende Wirtschaftskrise stürzen würde, konnte man noch nicht wissen. Und da die noch von der Romantik geprägten Intellektuellen und Künstler ebenso Grund zur Freude hatten wie das merkantilistisch orientierte liberale Bürgertum, war die Euphorie groß.

Davon blieb verständlicherweise auch Brahms nicht ausgenommen, wobei man nicht vergessen darf, daß er in dem von der französischen Besatzung und ihrer Kontinentalsperre besonders betroffenen Hamburg zu einer Zeit aufgewachsen war, als noch fast jeder erwachsene Einwohner eine direkte und unmittelbare Erinnerung an die schweren Zeiten der Napoleonischen Kriege und die Bedrückung der Besatzungszeit hatte. Der neuerliche deutsch-französische Krieg hatte das Gras, das darüber gewachsen war, sehr rasch verdorren lassen und die vergessenen Jugenderinnerungen wieder hochgespült. So lesen wir in einem Brief des über den Verdacht eines überheblichen Nationalismus' erhabenen Chirurgen Theodor Billroth an den Kunsthistoriker Wilhelm Lübke:

> Wie Sie den Franzosenhaß in Deutschland leugnen können, begreife ich nicht. Haben Sie denn nicht von ihren Großeltern in Ihrer Jugend immer wieder und wieder gehört, wie dieses bestialische Volk uns und unser Land aussog? Hat man Ihre Phantasie nicht ebenso wie in meiner Familie und in der Familie meiner Frau in der Kindheit mit den Greuelszenen und Brutalitäten erfüllt, die die Franzosen bei uns vollführten? ... In Pommern[111] und der Mark Brandenburg, kann ich Sie versichern, sind wir so recht systematisch im Franzosenhasse erzogen; ... Ich hatte das alles auch vergessen oder verträumt; doch als es losging, da ist in mir wieder die Jugend lebendig geworden.[112]

Was da jetzt wieder hochkam, war also keineswegs preußisch dominierter, säbelrasselnder Nationalismus, sondern tradierte Urängste aus den Napoleonischen Kriegen, gepaart mit der Enttäuschung der romantischen Intelligenz, daß am Ende der Volkserhebung der Befreiungskriege doch nicht der konstitutionelle Volksstaat gestanden hatte. - Dazu kam, daß nach der de-facto-Niederlage der französischen Armee im Septem-

111 Billroth stammte von der Insel Rügen.

112 Briefe von Theodor Billroth. Hrsg. v. Th. Fischer, Leipzig 1895, S. 144; zitiert nach M. Kalbeck: J. Brahms, Bd. 2, S. 346.

ber 1870 und dem Friedensschluß im Mai 1871 mit den Kriegsgefangenen, die hinter das besetzte Gebiet nach Deutschland gebracht wurden, eben auch Angehörige der französischen Kolonialtruppen in die deutsche Provinz gelangten und wohliges Gruseln beim deutschen Biedermeier auslösten, um wieviel besser doch eine ausschließlich aus Landeskindern rekrutierte Armee sei und wie hoch überlegen man daher kulturell einer Nation sei, die so dekadent sei, daß sie ihre Kriege von Menschen anderer Hautfarbe und fremdartiger Physiognomie führen lassen müsse.

Von derartigen Stimmungen hat sich fraglos auch Brahms mitreißen lassen. Erstmals wurde ihm so recht bewußt, daß er im Ausland saß und bei so grundbewegenden Ereignissen aus sicherer Entfernung Beifall spendete, aber vom Ernst der Lage als Zuschauer kaum berührt wurde. Etwas Ähnliches war schon angeklungen in dem zitierten Brief an Reinthaler. Daß er das geplante „Triumphlied" nicht in Österreich würde aufführen können, war von vornherein klar gewesen: 1. blieb Österreich ja außerhalb des neuen deutschen Reiches, damit zwar auch der preußischen Hegemonie enthoben. Kritische Köpfe aber sahen auch damals, welche Sprengkraft dem Habsburger Vielvölkerstaat innewohnte, der ja das genaue Gegenteil dessen war, was man in Deutschland mehr als ein halbes Jahrhundert nach dem Ende der Befreiungskriege endlich erreicht hatte, den sprachlich und kulturell definierten Nationalstaat, den zu erreichen ja gerade Ungarn, Tschechen, Slowaken, Polen, Serben, Kroaten, Bosnier, Slowenen und nicht zuletzt Italiener aus dem Habsburger-Staat ausscheren wollten. Und 2. hatte man ja teilweise in Österreich über einen Eintritt in den Krieg auf Seiten Frankreichs und eine Rache für Königgrätz spekuliert. Das Entstehen einer weiteren europäischen Großmacht gegenüber der instabilen österreichisch-ungarischen Doppelmonarchie mit ihren zahlreichen ethnischen Minderheiten war durchaus vielen suspekt.

Es lag also aus vielen Gründen nahe, daß er - das Manuskript des angefangenen „Triumphliedes" im Koffer - nach Deutschland fuhr. In Bremen wurde der schon vorhandene erste Teil im Anschluß an das „Deutsche Requiem" aufgeführt. Wie stark aber auch das Bewußtsein der Opfer war, die dieser Krieg und die erreichte politische Einigung des Reiches gekostet hatten, erhellt etwa daraus, daß man zu ihrem Gedenken in Hamburg das Brahms-„Requiem" bei freiem Eintritt aufführte. Genau in diesem Sinne hatte er noch von Wien aus an Albert Dietrich geschrieben: „Ich gehe nächstens nach Deutschland, ich fürchte mich fast. Wir draußen haben uns gewöhnt nur zu jubeln über das, was vorgeht; Euch ist der Ernst und Schrecken dieser schönen und großen Zeit doch entsetzlich nahe vor die Augen getreten, und Ihr mögt etwas feierlich drein schauen."[113] Da ihm der Bremer Chor für die beabsichtigte Wirkung zu schwach erschien, erbat er von Dietrich Oldenburger Verstärkung. In diesem Zusammenhang fällt allerdings eine merkwürdige Glosse zu dem neuen Werk: „Schwer ist es nicht, nur forte". Wenn man die zusammenhält mit der Bemerkung gegenüber Reinthaler, welche Überwindung es ihn gekostet habe, auch nur den Teil abzuschließen, nachdem ihm die künstlerisch wichtigere und wesentlichere Aufgabe der Beendigung des „Schicksalsliedes" dazwischengekommen war, dann muß man natürlich fragen, ob das nun wieder die so häufig anzutreffende Ironie gegenüber Stücken ist, die ihm nachträglich zuviel von seinem Inneren preiszugeben schienen, oder ob nicht doch auch eine Ernüchterung und innere Distanzierung eingesetzt hatte gegenüber einem Vorhaben, das er zu spontan und in zu äußerlicher Begeisterung begonnen hattc.

Alle diese Stimmungen finden sich in brieflichen Äußerungen von Brahms wieder. So schrieb er an Billroth: „Mit welchen Gedanken und Empfindungen fährt man durch das herrliche Land, wie bewegt und gerührt, wie froh und stolz - mir wird es mein Lebtag ein Ärger sein, daß ich mich im vorigen Jahre, freilich durch mancherlei Maßgebendes, abhalten ließ, nach Deutschland zu gehen. Jetzt muß ich nachgenießen; aber ich genieße auch wie ein Kind - wenn ich chirurgische Briefe lese[114] oder französische Gefangene sehe."[115] Gegenüber Hermann Levi bekannte er: „Du hast recht, daß ich eben durchaus nach Deutschland mußte. Ich mußte mein Teil vom Jubel haben, es litt mich gar nicht länger in Wien ... Es lebe Bismarck, darin gipfle sich, was uns außer uns bewegt."[116] Das Abgestoßensein von den Kolonialsoldaten wie der Gedanke an die Opfer, die der Krieg gefordert hatte, klingen nach in einem Brief an Arthur Faber: „Ich habe noch massenhaft französisches Gesindel und prächtige deutsche Soldaten auf dem Weg nach Frankreich gesehen, und das froheste Gefühl läßt einen nicht los, wenn man durch die schönen Länder fährt; - was liegt dazwischen, was ist Ihnen erspart worden!"[117]

Ungeachtet dieses nationalen Überschwangs war ihm das „Schicksalslied" doch soviel wichtiger, daß er wohl auch nach der Ankunft in

113 A. Dietrich: Johannes Brahms in Erinnerungen, S. 225f.

114 Theodor Billroth hatte als Arzt in Feldlazaretten gearbeitet und darüber in Briefform berichtet.

115 Billroth - Brahms im Briefwechsel, S. 193.

116 Briefwechsel Bd. 7, S. 71.

117 Zitiert nach M. Kalbeck: Johannes Brahms, Bd. 2, S. 345.

seinem Sommerdomizil Lichtenthal seine Zeit und Arbeitsenergie hauptsächlich auf dessen Endredaktion verwandte, sodaß Hermann Levi schließlich im August mahnte: „Caeterum censeo, Te Deum esse perficiendum et Bismarckio dedicandum."[118] Damit ist erstmals auch ein präsumptiver Widmungsträger genannt, der wenigstens vorerst noch gegenüber dem definitiven die größere Rolle spielte. In einem Brief vom 24. September an Simrock sprach Brahms selbst von dem Werk als seinem „Bismarck-Gesang" und fuhr dann fort: „Wenn ich es fertig gebracht, den Mann einigermaßen würdig zu besingen - ich verspreche Ihnen, dann will ich liederlich werden und [mich] austoben, ich meine natürlich auf Notenpapier."[119]

In der - gemessen jedenfalls an seiner gewöhnlichen Arbeitsweise und dem -tempo - kurzen Zeit von etwa einem Vierteljahr, eher noch weniger, muß Brahms dann das gesamte Werk abgeschlossen haben, denn noch im September schickte er es von Baden-Baden aus an Levi nach Karlsruhe, um es dort kopieren und einen Klavierauszug vorbereiten zu lassen. Weil Levi gern nur die Reinschrift des Kopisten zurückgab, das Autograph dagegen als Andenken selbst behielt, meinte Brahms im Anschreiben der Sendung: „Hast Du nun fortdauernd Liebhaberei für altes Papier, so könntest Du Dir das neue Lied leicht schaffen."[120]

Seit der Name Brahms nach dem Erfolg des Deutschen Requiems an Gewicht im Musikleben zugenommen und nach den Ungarischen Tänzen sogar einige Popularität gewonnen hatte, mußte Simrock daran gelegen sein, der Welle nationaler Begeisterung der Jahre 1870/71 mit einem groß angelegten Chorwerk gerade dieses Komponisten, das diesem Patriotismus musikalischen Ausdruck gab, zu entsprechen. So schrieb ihm Brahms Ende November 1871 unter Anspielung auf die lange Unterbrechung der Arbeiten an dem Werk:

> Das Triumphlied werden Sie vermutlich für eine neueste Seeschlange halten! Mir würde es auch am liebsten sein, wenn Sie sobald nicht von der wirklichen Existenz überzeugt würden. Aber es ist anders beschlossen und das Ungetüm wird ans Land geschafft, daß sie es besehen können.[121]

Da ist also wieder dieses seltsame Abrücken von dem einmal begonnenen Werk, das schon in dem Brief an Reinthaler bei der Übersendung des ersten Teils auffiel. Man hat den Eindruck, daß nur Pflichtbewußt-

118 Briefwechsel Bd. 8, S. 78; Abwandlung des Satzes, mit dem der ältere Cato jede seiner Senatsreden beschlossen haben soll: ceterum censeo, Carthaginem esse delendam.

119 Briefwechsel Bd. 9, S. 104.

120 Briefwechsel Bd. 7, S. 80.

121 Briefwechsel Bd. 9, S. 107.

sein und die Tatsache, daß er ganz gegen seine sonstige Gewohnheit gegenüber verschiedenen Personen von seiner Absicht gesprochen hatte, ihn nun veranlaßten, es auch abzuschließen. Hier wird es sogar, gewiß unter Anspielung auf die Seeschlange, deren Existenz auch immer wieder behauptet wird, obwohl kein ernstzunehmender Naturforscher sie je zu sehen gekriegt hat, aber doch wohl auch nicht ohne einen ironischen Seitenblick auf das Werk selbst, als „Ungetüm" bezeichnet.

Vier Monate dauerte es dann noch, bis der Titel des neuen Werkes endgültig brieflich festgelegt wurde,[122] woraus die abweichende Fassung erklärlich ist, die nach Florence May[123] auf der verschollenen Stichvorlage gestanden haben soll mit dem Zusatz „auf den Sieg der deutschen Waffen". - Dessen Weglassung ist wohl auch ein Hinweis darauf, daß Brahms diese allzu nationalistischen Töne nachgerade peinlich geworden waren. - Gleich nach der Angabe des Titels aber fährt Brahms in dem erwähnten Brief an Simrock fort: „Eine Widmung liegt nahe an Kaiser und Reichskanzler. Ich habe eigentlich keine, hätten Sie aber, bitte ich mir's zu sagen."[124] Nach dem deutlichen Vorschlag Levis, das Triumphlied Bismarck zu widmen, taucht hier zum ersten Male Kaiser Wilhelm I. als möglicher Widmungsträger auf, obwohl Brahms das geplante Te Deum mehrfach als „Bismarck-Lied" bezeichnet hatte. Aber noch war er selbst unentschieden; erst ein weiteres halbes Jahr später besprach er mit Simrock endgültig die Widmung an den Kaiser, obschon zwischendurch auch noch einmal in diesem Zusammenhang von Bismarck die Rede gewesen war: „Wenn es geht", schrieb er ihm, „hätte ich wohl am liebsten auf dem Widmungsblatt

Dem deutschen Kaiser
(ad lib. Wilhelm I.)

Darüber die Krone, den Adler oder das Reichwappen - **das**, was nicht auf dem Titel ist."[125]

Die Symbole der romantischen Reichssehnsucht der Deutschen waren es also, die er bildlich in die Widmung aufgenommen haben wollte, weil sie im Titel nicht wohl ausdrücklich anzubringen waren, die für ihn jedoch den eigentlichen Impuls zur Komposition des Werkes bedeuteten. Schließlich ging der folgende Brief mit der Bitte um Annahme der Dedikation nach Berlin:

122 Briefwechsel Bd. 9, S. 115f.
123 F. May: Johannes Brahms, Bd. 2, S. 130.
124 Briefwechsel Bd. 9, S. 116.
125 Briefwechsel Bd. 9, S. 125.

Allerdurchlauchtigster
Großmächtigster
Allergnädigster Kaiser und Herr.
Die Errungenschaften der letzten Jahre sind so groß und herrlich, daß es demjenigen, dem es nicht vergönnt war, die gewaltigen Kämpfe für Deutschlands Größe mitzukämpfen, um so mehr ein Herzensbedürfnis sein muß, zu sagen und zu zeigen: wie beglückt er sich fühlt, diese große Zeit erlebt zu haben.

Durchaus gedrängt von diesen lebhaften Gefühlen des Dankes und der Freude, habe ich versucht, ihnen in der Komposition eines Triumphliedes Ausdruck zu geben.

Meine Musik ist auf Worte aus der Offenbarung Johannis gesetzt, und wenngleich wohl nicht zu verkennen, was sie feiern soll, so kann ich doch den Wunsch nicht unterdrücken, durch ein äußeres Zeichen - womöglich die Vorsetzung des Namens Eurer Majestät, die besondere Veranlassung und Absicht des Werkes zu nennen.

So wage ich denn ehrfurchtsvollst die Bitte auszusprechen, Eurer Majestät das Triumphlied bei seinem Erscheinen im Druck verehrend zueignen zu dürfen.

Eurer Kaiserlichen und Königlichen Majestät

alleruntertänigster
[gez.] Johannes Brahms.[126]

Selbst in diesem Schreiben legte Brahms besonderes Gewicht darauf, die Bibelstelle zu bezeichnen, der er seinen Text entnommen hatte. Im Titel der Druckausgabe sollte der Hinweis darauf ebenso stehen, wie er mehrfach mit Nachdruck dafür Sorge trug, daß er auch jeder einzelnen Chorstimme vorangestellt wurde. Das kann doch nur den Sinn haben, jeden, der sich mit dem Werk beschäftigt, zu veranlassen, die entsprechende Stelle im Zusammenhang nachzulesen. Da er aber diesen Hinweis schon wünschte, als er Reinthaler nur den ersten Satz des Werkes zusandte, während die übrigen noch gar nicht geschrieben oder doch zumindest noch nicht abgeschlossen waren, muß sich sein Wunsch, den Hörer und die Sänger zum Nachlesen des betreffenden Kapitels der Offenbarung anzuregen, vorzugsweise auf eben jenen ersten Satz beziehen. In der Tat wäre beim Nachlesen der Texte zu den beiden anderen Sätzen allenfalls sichtbar geworden, mit welcher Freizügigkeit Brahms mit den Texten umgegangen ist. Ohne Zweifel ist es doch etwas anderes, wenn der Schluß des zweiten Satzes, „Halleluja, denn der allmächtige Gott hat das Reich eingenommen. Lasset uns freuen und fröhlich sein und ihm die Ehre geben." von Brahms im Zusammenhang eines Triumphliedes auf den glücklichen Ausgang eines Krieges und die Gründung des Deutschen Reiches gebracht wird, als wenn die Offenbarung Johannis so fortfährt; „denn die Hochzeit des Lammes ist gekommen", und weiter: „Selig sind, die zum Abendmahl des Lammes berufen sind." (Vers 9).

126 Briefwechsel Bd. 9, S. 126f.

Brahms' Auslassungen betreffen mithin nicht nur die verbindenden Texte zwischen den seherischen Worten. Eine ähnliche, wenngleich nicht so in die Augen springende Bedeutungsverschiebung hat im Text des letzten Satzes stattgefunden, denn von dem Reiter auf dem weißen Pferd, der „richtet und streitet mit Gerechtigkeit" (V. 11), wird zunächst einmal gesagt: „sein Name heißt: das Wort Gottes." (V.139), sodaß auch hier eine säkularisierte Beziehung der Worte auf die Ereignisse der Jahre 1870/71, die Brahms zweifellos zumindest mitgemeint hat, sich keineswegs so ohne weiteres ergibt, wie das bei der von ihm für die Komposition getroffenen Textauswahl der Fall ist.

Um was es Brahms mit diesem immer wieder und mit solchem Nachdruck geforderten Hinweis auf die Herkunft des Textes wirklich ging, ist die Fortsetzung des im ersten Satz vertonten Textes im zweiten Vers des 19. Kapitels der Offenbarung Johannis: „Denn wahrhaftig und gerecht sind seine Gerichte", heißt es dort weiter, von Brahms zwar mitvertont, jedoch ohne daß die Worte darunterstehen: „... daß er die große Hure verurteilt hat, welche die Erde mit ihrer Hurerei verderbte." Brahms' vernichtendes Urteil über Paris. Er selbst hat Bernhard Scholz einmal auf diesen „Witz" hingewiesen,[127] zu allem Überfluß fand sich der Text in seinem Handexemplar handschriftlich in den Takten 70/71 unterlegt.[128] Daß man jedoch selbst hier nicht einfach einen moralisierenden chauvinistischen Ausrutscher bei Brahms unterstellen kann, sondern davon ausgehen muß, daß er auch hier eine zumindest weitverbreitete Stimmung unter den deutschen Intellektuellen aufnahm, wie man es ja an sich vom zeitgenössischen Künstler verlangt, ungeachtet der Konsequenz, sein Schaffen zeitbedingter zu relativieren als wünschenswert ist, mag ein so unverdächtiger Kunstgenosse wie Richard Wagner belegen, der ja zu einer anderen Haltung hätte gelangen müssen, da er lange in Paris gelebt hatte. Cosima notierte in ihrem Tagebuch unter dem 18. August 1870: „Richard sagt, er hoffe, daß Paris verbrannt würde, er habe Blücher in der Jugend nicht verstanden, der das gewollt, und habe es mißbilligt, jetzt verstünde er ihn, der Brand von Paris würde das Symbol der Befreiung der Welt von dem Druck alles Schlechten. 1815 hätten es die Alliierten recht vermieden, der Stadt etwas anzutun, denn sie wollten bald da wieder amüsieren. Richard möchte an Bismarck schreiben, um ihn zu bitten, Paris niederzuschießen."[129]

127 M. Kalbeck: Johannes Brahms, Bd. 2, S. 349.

128 Vgl. Brahms-Gesamtausgabe Bd. 18; Kritischer Bericht von Eusebius Mandyczewski.

129 Cosima Wagner: Tagebücher, Hrsg v. G. Dellin u.a., Bd. 1, München (1976) S. 272.

Mit einer 18taktigen Orchestereinleitung, deren bewegte Sechzehntel von den Bläsern getragen werden, beginnt der trompetenschmetternde erste Satz, in dem das erste „Halleluja" über zweieinhalb Takte und drei Oktaven von den Streichern im Unisono mit einem stark crecendierenden Sechzehntellauf vorbereitet wird. Dreimal erschallt dieses monumentale achtstimmige Halleluja (auf der Tonika, der Mollparallele und noch einmal kadenzierend) mit dem bombastischen Anlauf, das erste Mal, daß Brahms zum doppelchörigen Satz griff. Dann werden die Stimmen in imitierenden Einsätzen auseinandergebreitet. Die dabei auftretenden beiden Motivgruppen auf das Wort Halleluja (die eine beginnt mit einer Halben und ist abwärts gerichtet, während die andere mit einem Sprung beginnt, der von einer Quarte bis zu einer Oktave aufwärts reicht; im Einzelnen sind die Themen wenig fest und müssen bei der dichten Folge der Einsätze den wechselnden harmonischen Verhältnissen angepaßt werden) sind so angeordnet, daß die erste zunächst nur im ersten Chor, die letztere dagegen im zweiten Chor auftritt, doch verwischen sich diese Grenzen im weiteren Verlauf, u.a. auch durch die Kombination beider.

Der doppelte Oktavenaufschwung des Anfangs leitet über zu dem eigentlichen Hauptabschnitt „Heil und Preis", wobei wieder, nach häufig gebrauchter Brahmsscher Manier, eine Stimme den Choreinsatz vorwegnimmt. Das Thema ist gewonnen aus einer Zusammenziehung und Verkürzung der ersten beiden Zeilen von „Heil dir im Siegerkranz", einem ursprünglich auf König Friedrich Wilhelm II. gemünzten Lied, das sich auf die militärischen Erfolge am Rhein und die Teilung Polens bezog, nun aber in ganz anderem historischem Kontext auf Kaiser Wilhelm I. bezogen wurde, wobei völlig unter den Tisch fiel, daß die dritte Strophe in guter aufklärerischer Tradition lautete „Tugend und Wissenschaft hebe mit Mut ihr Haupt empor!" Der König wurde angeredet: „Sei, Friedrich Wilhelm hier lang deines Volkes Zier, der Menschheit Stolz! Fühl in des Thrones Glanz die hohe Wonne ganz, Liebling des Volks zu sein!" Im Gegenteil: der Berliner Volksmund verballhornte die Kaiserhymne spöttisch in: „Heil Dir im Siegerkranz, nimm, was du kriegen kannst!"-

Die stark figurative Sechzehntelbewegung des Anfangs, die in der orchestralen Einleitung eine Rolle gespielt hatte und hauptsächlich in den Bläsern auftrat, stellt sich jetzt heraus als aus der rhythmischen Diminution des zweiten und dritten Motivs des eigentlichen Hauptthemas gewonnen, dessen Kopf gleichfalls bereits ganz zu Anfang in den Streichern auftrat: nachträgliche Semantisierung bereits eingesetzten musikalischen Materials als Mittel struktureller Bindung größerer Formverläufe findet sich also auch im Triumphlied. Die Soprane beider Chöre tragen das Thema gemeinsam vor, während die anderen Stimmen geteilt sind. Gleich nach dem wuchtigen Thema fährt wieder achtstimmig das „Halleluja“ dazwischen, das hier seine formale Gliederungsfunktion aufnimmt und der Musik einen stark akklamatorischen Stil verleiht, der sonst dem Wesen des Lyrikers Brahms nicht entspricht, sicher einer von mehreren Gründen, warum dieses Werk sich klanglich von seinem Umfeld so entschieden abhebt. - Noch einmal wird danach das Thema, diesmal nur in einer einzigen Stimme, wiederholt, vom zweiten Takt an in parallelen Sexten begleitet. Wieder wird das „Halleluja“ gliedernd eingeschoben, bevor das Thema in den Bässen wiederkehrt, von den Tenören in einem figurativen, allerdings instrumental empfundenen Kontrapunkt umspielt. Auf dreizehn Takte wird darauf das „Halleluja“ erweitert im Wechsel der Doppelchörigkeit, wobei in die letzten drei Takte bereits der Tenor mit dem Kopf des Hauptthemas eingearbeitet ist.

Dann folgt der gesamte Text des ersten Satzes im Zusammenhang und im Anschluß daran die von Brahms unterdrückte und lediglich instrumental angedeutete Fortsetzung. Während der zweite Chor schließlich wieder mit dem „Halleluja“ einfällt, nimmt der erste noch einmal den Schluß des Textes auf und führt ihn zweimal kanonisch (zunächst zwischen Baß und Alt, dann zwischen Tenor und Sopran) durch, bevor beide Chöre ihn im Wechsel sequenziert steigern. Eine starke Verdichtung in der kontrapunktischen Arbeit wie hinsichtlich der Form und der Bewegung erfährt der Satz, wenn der Themenkopf mit einer raschen, figurativen Fortspinnung, von ebenfalls figurativen schnellen Sechzehnteln kontrapunktiert, zu einer - allerdings nicht konsequent durchgeführten - Fugenexposition verarbeitet wird (T. 141ff). Noch einmal tritt nach diesem polyphonen Abschnitt das Thema in massivem akkordischem Satz auf, gefolgt wiederum von einem „Halleluja“-Abschnitt und einem weiteren stärker polyphon ausgearbeiteten. Den Abschluß des ganzen Satzes bildet eine fast opernhaft bombastisch anmutende Stretta in belebterem Tempo, melodisch gesteigert durch ständiges Höhersequenzieren der Motive, rhythmisch durch die vielen Synkopierungen, harmonisch durch die Spannung der großen Sexte, übermäßigen Quarte, des übermäßigen Dreiklangs und der großen Sept zu dem Orgelpunkt A, agogisch durch die raschen Sechzehntel der Streicher. Mit seinem trompetenschmetternden „Halleluja“ trägt der Schluß den Charakter pompöser Festmusiken des Barock, durch seinen akklamatorischen Stil gerät er mehrfach in gefährliche Nähe einer Stilkopie Händels.

Hatte namentlich der Schluß des ersten Satzes das Klangbild Händelscher Oratorien beschworen, dessen allbekanntes Halleluja aus dem

Messias unwillkürlich angesichts der Gemeinsamkeit der Tonart und des ganzen Charakters durch das Triumphlied ins Bewußtsein des Hörers gerufen wird, so wird der Name Händels mit Beginn des zweiten Satzes geradezu penetrant in Erinnerung gerufen. Das sind die punktierten Rhythmen der Streicher in Händels Ouvertüren, was da als Einleitung erklingt. Haben sich jedoch die Anklänge an den Charakter barocker Festmusiken und Kantaten erst einmal zu der Vorstellung „Händel" verdichtet, so wird der Hörer geradezu angestiftet, solche Assoziationen seinerseits herzustellen, selbst wenn über den allgemeinen Charakter hinaus direkte Übernahmen einzelner Stilzüge objektiv kaum nachweisbar sind.

Der zweite Satz besteht aus drei Teilen, deren äußere in G-Dur stehen, während der mittlere in der Dominanttonart D-Dur steht. Die motivische Verarbeitung des ersten Teils im einzelnen auseinanderzulegen, würde die Proportionen der Werkdarstellungen verschieben, ohne neue Aspekte zutage zu fördern. Die Technik der Behandlung des Doppelchores durch Übernahme von Motiven oder ganzen Phrasen im Wechsel beider Chorgruppen, ihre Steigerung durch Sequenzierung (vgl. etwa T. 80ff) ist die gleiche wie im ersten Satz, doch bleiben die Chöre hier stärker getrennt als dort, Kombinationen gleicher Stimmen aus beiden Chören kommen nicht vor. Als neues und echt Brahmssches Element strengen kontrapunktischen Satzes und formaler Konzentration wird auch hier wieder der Kanon eingeführt. In T. 22ff stehen Baß und Sopran des zweiten Chores im Verhältnis eines Kanons in der Gegenbewegung im Abstand eines Taktes auf der Obernone, während die dazwischenliegenden lediglich Füllstimmen darstellen, obwohl auch ihre Einsätze in Gegenbewegung im Abstand eines Taktes erfolgen. In T. 26ff nehmen Alt und Sopran den Kanon auf, dessen Beantwortung nun jedoch auf der Obersekunde erfolgt, sodaß der Ambitus in den Tonraum einer Oktave zusammengeschoben wird.

Der Mittelteil in D-Dur, schneller als der erste, beginnt wieder mit dem kriegerischen Klang der D-Trompeten, von Sechzehntel-Arpeggien der Streicher umspielt. Nach fünf Takten instrumentaler Einleitung folgt erneut das „Halleluja" und mit ihm unabweisbar die Assoziation: Händel, obwohl hier so wenig wie zuvor unmittelbare Übernahmen vorliegen. Der folgende Text schichtet die Stimmen des Doppelchors zu einer groß angelegten Fugenexposition übereinander, die jedoch bereits nach zehn Takten merkwürdig kraftlos in sich zusammensinkt, Kopf und Fortspinnung des Themas werden auseinandergerissen und im Wechselspiel der Chöre verbraucht, ohne daß es zu einer zwingenden formalen Lösung käme. So kraftlos der mächtige Strom des Fugatos im weiteren

Verlauf versickert, so nichtssagend wirkt die plagale Kadenz Tonika-Subdominante-Tonika am Schluß dieses Mittelteils. - Beinahe monströs nimmt sich der pathetische langsame letzte Teil des zweiten Satzes aus, bei welchem der erste Chor im 4/4- der zweite jedoch im 12/8-Takt notiert ist. Darüber liegt noch in Trompeten und Orgel mit oktavierender Flöte zweimal der Choralanfang „Nun danket alle Gott". Während der zweite Chor sich im Siciliano-Rhythmus wiegt („Laßt uns freuen und fröhlich sein!"), schreitet der erste gemessen, fast choralartig voran. Und wenn in T. 172 wieder Trompeten und Flöten mit der ersten Choralzeile beginnen, fährt tatsächlich der erste Chor mit der zweiten Choralzeile fort, unterlegt ihr jedoch einen Text aus der Offenbarung Johannis: „... und ihm die Ehre geben." Der gleiche Vorgang wiederholt sich noch einmal eine Quinte tiefer, nur daß hier sämtliche Baßinstrumente und -stimmen die zweite Choralzeile ergänzen.

Der dritte und letzte Satz ist ganz auf breite Klangentfaltung abgestellt und verzichtet weitgehend auf die Detailarbeit der beiden voraufgehenden und der meisten anderen Chorsätze von Brahms zugunsten einer eher flächigen Anlage. Tonsymbole beherrschen namentlich den ersten Teil: den immerhin für eine Singstimme recht weit gespannten Tonraum einer Undezime durchmißt das Bariton-Solo auf die Worte „... und ich sahe den **Himmel aufgetan**", während im Orchester ein Arpeggio durch volle vier Oktaven läuft. Die galoppierenden punktierten Achtel der instrumentalen Einleitung, die bei der Begleitung der Singstimmen später in Achteltriolen übergehen, scheinen ebenso wie die letzteren durch die Vorstellung des „weißen Pferdes" inspiriert, das der Seher schaut. Der ganze Teil ist fast rein akkordisch gesetzt in dem massiven Klang des achtstimmigen Chores und nur gelegentlich vom Wechsel der Chöre unterbrochen. „Treu und Wahrhaftig", wird immer wieder dem Hörer als Name des Reiters auf dem weißen Pferd eingehämmert, der „mit Gerechtigkeit" richtet und streitet. - Der „etwas lebhafte" zweite Teil (T. 71ff) bildet den Kontrast dazu, wenn das strahlende Bild des Reiters auf weißem Pferd verdunkelt wird durch die Vorstellung vom Zorn Gottes. „Und er tritt die Kelter des Weins des grimmigen Zorns des allmächtigen Gottes" wird vierstimmig in einer Art Fugato gesetzt, bei dem die fünf Einsätze (der überzählige in T. 83 im Baß) jeweils im Abstand einer Quarte erfolgen. Harmonisch beherrscht das Bild dieses nur 24 Takte langen Teils der verminderte Septakkord, dessen vielschichtiger Ausdrucksgehalt hier das Furchtbare und Tödliche des göttlichen Zorns musikalisch umsetzt. - So stark wird in diesem Teil der Primat der Musik, daß Nachlässigkeiten in der Betonung wie „... Keltér des Weins ... des grimmígen Zorns dés allmächtigen Gottes", die in weniger krassen Formen freilich auch schon in den früheren Sätzen zu beobachten waren, hier kaum ins Bewußtsein des Hörers dringen. Altertümlich lange Notenwerte, die durch Bildung von Doppeltakten entstehen, symbolisieren, wenn auch nur optisch, wie auch anderwärts bei Brahms, die feststehende Allmacht Gottes.

Dem weitaus umfangreichsten Schlußteil des Werkes sind wiederum zehn Takte des Solisten vorgeschaltet, eine fast rezitativische Überleitung, die in der Notierung dem vorhergehenden Teil angeschlossen ist, gedanklich jedoch schon zu dem wieder nach D-Dur zurückkehrenden Schlußteil gehört. Auch in diesem betonen, wie schon am Ende des vorigen Teils, lange, ganztaktig ausgehaltene Noten die beiden wesentlichsten Attribute der Majestät Gottes: „König" und „Herr"; im weiteren Verlauf, wenn eine figurativ bewegte Oberstimme darüberliegt (T. 12ff), werden sie sogar über mehrere Takte hin ausgehalten. Da die Solopartie insgesamt ziemlich kurz und daher für den Sänger undankbar ist, hatte Brahms übrigens erwogen, sie zu erweitern. - Obwohl die Chorpartitur das äußere Bild eines polyphon gearbeiteten Satzes aufweist, sind doch imitatorische Einsätze (vgl. T. 154 zwischen Sopran und Baß) recht selten. Was der Orchestersatz fast auf den ersten Blick verrät, zeigt auch die Behandlung des Chors bei genauerer Betrachtung, daß nämlich auch der Schlußteil des Werks mehr auf den massiven Klang flächiger und weiträumiger Anlage und Arbeit abzielt. Daran ändert im Grunde auch der Einschub eines polyphon gearbeiteten Abschnitts (T. 186ff) nichts, weil er eben Einschub bleibt (vgl. die Händel-Reminiszenz T. 199ff) und der pompöse Schluß desto nachhaltiger zur Klangfläche zurückkehrt.

Das Triumphlied ist ein Gelegenheitswerk. Veranlaßt durch ein konkretes historisches Ereignis, nahm Brahms sich vor, ein Werk zu komponieren, um es zu feiern. Als jedoch während der Arbeit daran der in seinem Wesen künstlerische Impuls sich einstellte und die Beendigung des Schicksalslieds forderte, wurde das bereits begonnene Triumphlied, zu dem der Anstoß von außen gekommen und nicht seinem ureigenen Schöpferdrang entsprungen war, mit einer Handbewegung beiseite geschoben. Man kann den Eindruck haben, daß er es im Grunde bereits aus seinem Bewußtsein verdrängt hatte, denn er gestand offen ein, daß es ihn nachher „unglaubliche Überwindung" gekostet habe, das einmal begonnene, dann aber liegengelassene Werk wieder aufzunehmen und zum Abschluß zu bringen. Nicht nur ist das Werk durch ganz konkrete historische Ereignisse veranlaßt, es ist auch mehr oder weniger stark an einen bestimmten Hörerkreis adressiert. Weniger der ästhetische Wert wurde mit ihm intendiert als vielmehr die Absicht, dem Fühlen der Zeit im Kunstwerk einen idealen Ausdruck zu geben. Als Indiz dafür, wie weit das Konsens auch in der Intelligenzschicht war, mag gelten, daß der Vorschlag, das Stück Bismarck zu widmen, ebenso wie der Klavierauszug und die Uraufführung auf den Juden Hermann Levi zurückgingen, der seinerseits auf dem Sprunge war, nach München zu gehen und damit in den Dunstkreis Wagners zu treten.

All das hat man zu berücksichtigen, wenn man das Triumphlied würdigen will. Den Menschen seiner Zeit war es gerade in seiner zeitlichen Gebundenheit Ausdruck ihrer selbst; seine Bindung an nationale Ereignisse hinderte Aufführungen in der Schweiz, den Niederlanden und England keineswegs. Seine bombastische Tonsprache traf den Stil und das Empfinden der Menschen der Gründerjahre und war insoweit nicht an das Deutsche Reich gebunden. - Daher ist es nicht verwunderlich, daß sich Hermann Deiters 1880 so begeistert über das Werk aussprach, daß er es fast noch über das Deutsche Requiem stellte.[130] Innerhalb der, freilich erst später einsetzenden, Brahms-Forschung steht er aber mit dieser großen Wertschätzung des Stücks ziemlich allein, so sehr hat nicht zuletzt der zeitliche Abstand die Perspektiven verschoben. Die Bosheit des in allem, was Brahms betraf, nicht gerade zimperlichen Wagner hatte die Schwäche des Werkes sogleich erkannt und daß in ihm der Mensch und Zeitgenosse Brahms den gestalterischen Künstler in den Hintergrund gedrängt hatte, wenn er von der „Halleluja-Perücke Händels" sprach, die er sich übergestülpt habe.[131] Brahms selbst hat sich öfter über eigene Werke ironisch ausgelassen. Meist geschah das, wie bei der Alt-Rhapsodie oder den „Vier ernsten Gesängen", um die persönliche Betroffenheit von dem dort Gestalteten zu verbergen. Das Triumphlied jedoch scheint er künstlerisch zumindest nachträglich nicht mehr so recht ernst haben nehmen zu können. Von einem „Ungetüm" sprach er zu Simrock, an Dietrich ging der Hinweis: „schwer ist es nicht, nur forte". - Daß ihm übrigens für Aufführungen ein sehr großer Chor - er selbst sprach einmal von „größeren Massen", einmal auch von dem „Schreistück" - vorschwebte, geht aus einem Brief an Theodor Billroth über die Karlsruher Uraufführung eindeutig hervor.[132] In einem anderen Brief an Simrock kommt der Ausdruck „kaiserlicher Schnadahüpferl"[133] vor, und später pflegte er von seinem Triumphlied nur noch als seinem „Kaiserschmarrn" zu sprechen.

Denkt man zugleich an die Skepsis, die aus den zitierten Briefen an Simrock nach dem Abschluß der Arbeiten an dem Werk und an Reintha-

130 H. Deiters: Johannes Brahms, Bd. 1, Leipzig 1880, S. 354.
131 R. Wagner: Über das Dichten und Komponieren. Ges. Schriften, Bd. 10, S. 148.
132 Billroth und Brahms im Briefwechsel, S. 198.
133 Briefwechsel Bd. 9, S. 143.

ler bei der Übersendung des ersten Satzes spricht, so verstärkt sich der Eindruck fast zur Gewißheit, daß Brahms sich sehr wohl dessen bewußt war, etwas sehr Zwiespältiges geschaffen zu haben. Das wird sich nicht einmal in erster Linie auf den seinem Wesen und seiner Ausdrucksfähigkeit nicht angemessenen Stil beziehen müssen, der in der Zeit als Ideal des Oratorischen galt, es ist auch nicht der Zweifel gegenüber der ästhetischen Problematik eines neue Wege gehenden Werks wie eben bei der 4. Symphonie, die ihn so ironisch von seiner Schöpfung sprechen lassen, sondern die - vielleicht gar nicht voll ins Bewußtsein aufgestiegene - Vermutung einer tieferliegenden künstlerischen Fragwürdigkeit eines solchen Werks, das sich allzu sehr dem Zeitgeist ergab, dessen idealer Ausdruck es sein wollte. - Ihren höchsten und idealen Ausdruck erreicht eine Zeit aber wohl gerade in Kunstwerken, die über sie hinausweisen und -führen. Das Triumphlied dagegen ist so sehr zeitgebunden wie vielleicht Beethovens Schlachten- und Mendelssohns Reformationssymphonie oder auch Bartóks „Kossuth". Gerade die Mischung aus protestantischem Choral, romantischer Symphonik und vorklassischer Oratorientradition zur Feier eines herausragenden politischen Zeitereignisses stellt den künstlerischen Wert des Werks in Frage.

Nach der Bremer Teilaufführung, die ohne den zweiten und dritten Satz noch ausdrücklich dem Gedenken der im Kriege Gefallenen gegolten hatte, suchte Brahms nach einer repräsentativen Möglichkeit, das Gesamtwerk aufzuführen, als die „Seeschlange" endlich an Land gebracht war. Im Vergleich mit der Bremer Teilaufführung bedeutete dies zugleich einen Wandel in der Bestimmung des Werks. - Chefdirigent des Niederrheinischen Musikfestes war Anton Rubinstein, der ja mehrere Jahre die Petersburger Symphoniekonzerte geleitet hatte und dem Dirigiererfahrung somit gewiß nicht abzusprechen war, außerdem hatte er gerade, von vornherein auf ein Jahr beschränkt, die Gesellschaftskonzerte in Wien geleitet und in dieser Funktion am 21. Januar 1872 auch das Schicksalslied aufgeführt. Brahms war mit dieser Aufführung, ungeachtet der positiven Aufnahme durch das Publikum, nicht zufrieden gewesen, und auch Hanslick hatte in seiner Rezension angemerkt: „Die Wirkung wird sich ohne Zweifel noch steigern bei einer zweiten, hoffentlich vollkommeneren Aufführung."[134] Da Brahms aber zu höflich gewesen war, Rubinstein seine Meinung offen zu sagen, mag dieser sein Schweigen als Zustimmung gedeutet haben und hatte das Triumphlied neben der Caecilien-Ode von Händel auf das Programm des Niederrheinischen Musikfestes in Düsseldorf gesetzt, dessen zweiter Tag seinem

134 Zitiert nach M. Kalbeck: J. Brahms, Bd. 2, S. 390.

eigenen Oratorium „Der Turm zu Babel“ gewidmet war.

Nun war das Triumphlied zu dieser Zeit noch nicht gedruckt, was insofern von Bedeutung war, als nach damaligem Urheberrecht jedermann durch den Kauf der Stimmen das Aufführungsrecht an einem Werk erwerben konnte. Daher ist verständlich, daß Brahms nach den Erfahrungen mit dem Schicksalslied in Wien auf Distanz ging: „Mein Schicksalslied ging hier Sonntag recht schlecht. Rubinstein ist eben ein mäßiger Dirigent, und er bot mir die Leitung nicht an, folglich ließ ich das Ding laufen. Dafür werde ich mir Düsseldorf und das Triumphlied noch eins überlegen!“[135] Rubinstein bot ihm jedoch auch die Leitung der Uraufführung des Triumphliedes nicht an, obwohl dies bei Novitäten auf den Niederrheinischen Musikfesten durchaus eine Tradition hatte. Brahms jedoch hielt weiter mit seiner Meinung hinter dem Berg, beging aber die Unvorsichtigkeit, gegenüber Dritten davon zu sprechen. Daß seine Unerreichbarkeit wegen seiner Reise zu seinem todkranken Vater die Situation nicht gerade günstig beeinflußte, hatte er selbst gesehen: „Durch meine Reise hat sich das Verhältniß zu Düsseldorf verschlimmert. Ich fürchte recht dumm auszuschauen, da ich erst durch Rubinstein alles gelten und einfach in Ordnung sein lasse - hinterher aber mit Bedenken und Bedingungen komme!“[136] Inzwischen war der Plan aufgekommen, das Stück in Hermann Levis Abschiedskonzert in Karlsruhe aufzuführen, der Brahms nun vollends in die Zwickmühle brachte: er konnte nicht wohl in Levis Abschiedskonzert als Dirigent auftreten, zumal der ja seine unbestreitbaren Verdienste um das Werk hatte, genau dies aber für Düsseldorf verlangen, denn damit wäre der Affront gegen Rubinstein perfekt gewesen.

Warum er gleichwohl genau dies am liebsten getan hätte, legte er Levi durchaus realistisch dar: „Bei Rubinstein liegt die Sache anders. Er ist ein sehr mäßiger Dirigent und unverantwortlich roh und leichtsinnig. In den rheinischen Städten wird man für das Studium nicht viel thun, und er wird das Werk nicht kennen, wenn er wenige Tage vor dem Fest dazu kommt. Das geht denn doch nicht.“[137] In der Tat hielt Rubinstein nicht allzu viel von intensivem Probieren, das ja gerade beim Zusammenführen unterschiedlicher Chöre mit je eigener Einstudierungserfahrung, wie sie beim Niederrheinischen Musikfest zusammenkamen, nötig gewesen wäre, sondern verließ sich auf seine Intuition in der Aufführung. In dieser Situation hatte Brahms mit dem Wiener Mathematiker

[135] Briefwechsel Bd. 7, S. 97.
[136] Briefwechsel Bd. 7, S. 100f.
[137] Briefwechsel Bd. 7, S. 112.

und Musikschriftsteller Franz Gehring über sein Dilemma gesprochen und der hatte nichts Eiligeres zu tun, als es publik zu machen. So war in der Deutschen Zeitung zu lesen: „Johannes Brahms' ‚Triumphlied' auf den Sieg der deutschen Waffen wird nun leider doch nicht auf dem nächsten Niederrheinischen Musikfest aufgeführt werden. Das Komitee desselben in Düsseldorf hat sich nicht in der Lage befunden, dem **deutschen** Komponisten die Direktion seiner Komposition zu gestatten, um dadurch dem Hauptleiter des Festes, Herrn Rubinstein, zu nahe zu treten. Herr Brahms hatte sein noch ungedrucktes Werk nur unter der Bedingung zur Verfügung gestellt, daß ihm selbst die Direktion desselben überlassen werde, wie es in ähnlichen Fällen bei den niederrheinischen Festen schon öfter üblich gewesen ist und in diesem Falle bei dem patriotischen Charakter des Triumphliedes angezeigt war."[138] Das mußte man in Düsseldorf und das mußte Rubinstein als Antwort von Brahms ansehen, wenn auch sicher nicht von der feinen englischen Art, weil sie öffentlich und durch Dritte erfolgte. Die Düsseldorfer konnten sich nicht auf diese Art den Festdirigenten herausschießen lassen und Rubinstein, der fraglos guten Glaubens auf Brahms' Zustimmung gezählt hatte, fühlte sich öffentlich düpiert und blieb fortan sein Gegner, denn wie der Briefwechsel mit Levi eindeutig belegt, hatte Brahms die Bedingung, selbst die Uraufführung zu dirigieren, erst nachträglich gestellt. Da kam die Einsicht zu spät: „Zufällig war Gehring bei mir, als ich Deinen und den betr[effenden] Düsseldorfer Brief bekam - Du siehst beiliegend die Folgen,[139] und wie vorsichtig man mit Zeitungsschreibern sein muß."[140] So blieb ihm schließlich nur noch die Nachricht, „daß mein Düsseld[orfer] Geschäft einen schlechten Verlauf nimmt. Rubinstein will, wenn ich mein Stück dirigiere, auch **nur** seines dirigieren und als Leiter des Festes zurücktreten. Die Logik sehe ich nicht ein, und da das Comité ihn halten muß, so ist mein Stück natürlich gefallen - was mir übrigens keine Schmerzen macht."[141] Das ist ein bißchen wie beim Fuchs und den Trauben, aber eigentümlich ist es auch wieder, daß ihm offensichtlich die Aufführung des „Schreistücks" vor dem zweifellos unvergleichlich größeren Kreis von Multiplikatoren auf dem Niederrheinischen Musikfest im Vergleich zu der „großherzoglichen Schlummerresidenz"[142] Karlsruhe ziemlich gleichgültig war. Man ist versucht, auch darin ein Moment der Distanzierung von seiner ursprünglichen Begeisterung zu

138 Zitiert nach Briefwechsel Bd. 7, S. 103.
139 Das heißt: den zitierten Zeitungsartikel.
140 Briefwechsel Bd. 7, S. 103.
141 A. Orel: Johannes Brahms und Julius Allgeyer, S. 76.
142 Von Brahms übernommene Charakterisierung Julius Allgeyers.

sehen, wenn man nicht unterstellen will, es handele sich auch hier wieder um die merkwürdige Mischung aus Naivität und Gleichgültigkeit gegenüber seinen ureigensten Interessen, jener Verbindung aus Selbstbewußtsein sowie darauf bauenden Ansprüchen und Mangel an Durchsetzungswillen.

Um in den Baden-Badener Sommer 1871 zurückzukehren: er brachte neben der Beendigung des Triumphliedes auch noch die Endredaktion der Liedersammlung op. 57 mit acht Liedern und Gesängen nach dem bevorzugten Dichter jener Jahre, Georg Friedrich Daumer, aus denen wegen seiner rhythmischen Faktur das zweite hervorsticht mit seinen auffälligen Hemiolen in T. 3, die das Hecheln und Kühle-Zufächeln in der „ungemeß'nen Glut“ der Liebe umsetzen, sowie der einfachen und doppelten Augmentation des einkomponierten Ritardandos am Schluß. Im fünften Lied setzt Brahms den aus seiner Instrumentalmusik dieser Zeit praktisch verschwundenen Dreischritt a a B als Ausdruck der Ungeduld des Herzens ein; sein dritter, expandierender Schritt ist darüber hinaus im weiteren Verlauf als Strukturmittel verwendet. Zu Brahms' bekanntesten Liedern gehört auch die Nr. 7 („Die Schnur, die Perl an Perle“). Die brünstige Schwülstigkeit der Texte Daumers stand allerdings der Rezeption der Gedichte im Wege, je mehr man sich von den Gründerjahren, in denen sie wie das Triumphlied komponiert wurden, zeitlich entfernte. - Die Sammlung op. 58 enthält zunächst drei Nachdichtungen fremder Volkslieder, eine Textquelle, die Brahms zunehmend schätzte und die im Prinzip ja auch den Daumer-Liedern zugrundeliegen. Literarischen Ansprüchen genügt eigentlich in den beiden Sammlungen nur das Hebbel-Lied. Auffällig ist an beiden die Klischee an Klischee reihende Häufung von Metaphern und Bildern, die im weiteren Sinne alle dem ideellen Umfeld der Alt-Rhapsodie mit ihrer „Abseiter“-Stimmung aus unerfüllter oder erloschener Liebe zuzurechnen sind.

Der Sommer 1871 in Baden-Baden brachte für Brahms noch eine persönliche Episode, nachdem Clara Schumann zu ihrer Erholungsreise ins Berner Oberland aufgebrochen war. Er hatte ihr nämlich versprochen, zwei ihrer Schülerinnen während ihrer Abwesenheit weiter zu betreuen, eine junge Polin und die Engländerin Florence May. Letztere, begabt und mit einem klaren Blick für die Sicherung biographischer Quellen, faßte eine ausgeprägte Sympathie für Brahms und trat nicht nur später in England für die Verbreitung seines Werkes ein, sondern sammelte Fakten zu seinem Leben und Schaffen, auch noch bei späteren Begegnungen, so in Wien und Bad Ischl, ging dann auch zu eigenen Forschungen, insbesondere zu seiner Jugend über und schuf daraus eine

Biographie, die 1905 in London herauskam, von Joseph Joachim wurde eine deutsche Ausgabe nachhaltig befördert, die 1911 erstmals erschien. Zwar hat sich die deutsche Brahms-Forschung angewöhnt, seit dem Erscheinen von Kalbecks Monumentalbiographie auf die Arbeit von Florence May herabzusehen, doch wird man nicht umhinkönnen, ihr Eigenständigkeit zu bescheinigen, und außerdem ist sie nicht der Versuchung erlegen, eigene Deutungen als autorisierte Quellen auszugeben.

Noch eine andere neue Bekanntschaft brachte der Sommer 1871, der spätere Bach-Biograph Philipp Spitta war mit verständnisvollen Analysen und Interpretationen verschiedener Werke an ihn herangetreten und wurde von Brahms als kompetenter und von Sympathie bewegter Mitstreiter freudig begrüßt. Übrigens war er nicht nur fachlich und bereits früher mit dem Brahms-Kreis in Berührung gekommen: als Student in Göttingen hatte er sich mit Julius Otto Grimm angefreundet, und als Agathe v. Siebold nach dem Bruch ihres Verlöbnisses mit Brahms ins Ausland gegangen war, betreute Spitta eine ihrer Gesangsschülerinnen weiter und heiratete sie später. - Eine andere Hochzeit im Oktober 1871 gab Brahms wenig Anlaß zu Freude: seine zuckerkranke und mit ihren 40 Jahren tatsächlich „sitzengebliebene“ und von ihm weitgehend wirtschaftlich unterhaltene Schwester heiratete einen Witwer mit sechs Kindern, Johannes Grund, und begründete eine Familie, die ebenfalls vieler Unterstützung seinerseits bedurfte, die ihr trotz seiner Abneigung gegen diese Heirat auch immer wieder gewährt wurde.

Am 18. Oktober 1871 leitete Brahms noch in Karlsruhe eine Aufführung seines Schicksalsliedes, dann kehrte er nach Wien zurück, wo er wieder im Hotel „Kronprinz“ an der Aspernbrücke Quartier nahm, vielleicht auch ein bißchen demonstrativ die Vorläufigkeit seines Aufenthalts betonend. Es muß nämlich schon vorher Kontakte wegen der Übernahme der Leitung der Gesellschaftskonzerte und deren Bedingungen gegeben haben, denn am 22. Oktober war er überhaupt erst in Wien angekommen und noch im gleichen Monat berichtete er Hermann Levi: „Jetzt wird mir zum 3ten Mal die Direktion der Ges[ellschaft] der M[usik]-Fr[eunde] angetragen und eigentlich habe ich fest angenommen. Ich weiß nicht zu entrinnen, denn alles, was ich äußern kann, wird nach m[einem] Wunsch gerichtet. Mindestens 32 Opern-Orchester-Mitglieder habe ich zu den Concerten, überhaupt alles Mögliche. Würde mir doch in irgend einem Nest eine Stelle angetragen, sonst weiß ich nicht auszukommen.“[143] Wie sehr hatte er sich doch zurückgesetzt gefühlt, als man ihn nicht berufen hatte; jetzt aber, da man sie ihm in Aussicht ge-

143 Briefwechsel Bd. 7, S. 84f.

stellt und ihm seine sachlichen Wünsche offenbar vollständig erfüllt hatte, zögerte er, wußte „nicht zu entrinnen“, hoffte auf ein Angebot aus „irgend einem Nest“, sonst wisse er nicht, aus der einmal gegebenen Zusage wieder herauszukommen. Da war sie also wieder, seine alte Abneigung gegen Bindung, Verpflichtungen und Verantwortung, die er angeblich so heftig begehrte. Jetzt, da man ihm eine der wichtigsten Dirigentenstellen der Metropole Wien antrug, zögerte er, suchte nach Ausflüchten für eine Ablehnung, nach einer weniger anspruchsvollen Stelle in der Provinz, obwohl man ihm mit der zugesagten Professionalisierung des Orchesters weit entgegengekommen war. Schon daraus wird übrigens klar, daß die „Gesellschaftskonzerte“ keineswegs, wie die ältere Brahms-Forschung angenommen hat, mit den Philharmonikern veranstaltet wurden. Aber er konnte jetzt auf wenigstens 32 von ihnen zählen, womit der Anteil von Dilettanten und durch Einzelvertrag verpflichteten Musikern im Orchester entsprechend sank, die Professionalisierung des Apparats dagegen stieg und mit ihr die Möglichkeit des Zugriffs auf kompliziertere Werke, deren Schwierigkeit sie mit Dilettanten unerreichbar machte. Es offenbart übrigens nur Ahnungslosigkeit gegenüber dem Geschäft, wenn in der Brahms-Forschung darauf hingewiesen wurde, daß man offenbar mit Brahms bereits verhandelte, bevor die Saison mit Rubinstein überhaupt begonnen hatte. 1. galt dessen Vertrag ohnehin nur für diesen einen Konzertwinter und 2. wurden selbst in dieser viel schneller reagierenden Zeit selbstverständlich die Dispositionen und Verträge für eine Konzertsaison im Wesentlichen ein Jahr vorher getroffen und geschlossen. Insofern ist es eher verwunderlich, daß erst am 16. November 1971 auf einer Direktionssitzung der Gesellschaft der Musikfreunde formell beschlossen wurde, ihm die Funktion des „artistischen Direktors“ anzutragen. Seinem ewigen Zögern, obwohl man ihm doch weiter entgegengekommen war, als er wohl selbst erwartet hatte, muß man es dann wohl zuschreiben, daß erst im Dezember mit seiner Annahme der Weg für einen Vertragsabschluß frei war.

Fast zeitgleich mit der definitiven Entscheidung über die Annahme eines der wichtigsten Dirigentenposten entschied sich Brahms für jene Wohnung in der Karlsgasse 4, die er dann für sein ganzes Leben beibehalten hat, ohne daß man hier einen Kausalzusammenhang konstruieren sollte. Aber ein wenig vom der endgültigen Niederlassung hat vielleicht doch diesen Entschluß mitgeprägt. Er mietete nicht selbst, sondern seiner Anspruchslosigkeit genügten zunächst zwei Zimmer zur Untermiete im dritten Stock bei einer Familie Vogl, von der zuletzt nur ein Fräulein Ludovica überlebte. Erst als er 1877 endgültig seine Bibliothek von Hamburg kommen ließ, die in diesen beiden Räumen nun wirklich nicht unterzubringen war, mietete er ein drittes Zimmer hinzu und hauste in dieser bescheidenen Wohnung bis zu seinem Tod. Sie lag geradezu ideal für seine neuen beruflichen Verhältnisse, am gerade im Entstehen begriffenen Ring, daher aus der engen Innenstadt-Bebauung herausgehoben, von dieser durch den damals noch nicht überbauten Wien-Fluß und den Ressel-Park mit dem 1908 dort errichteten Brahms-Denkmal von R. Weyr getrennt, die Karlskirche, den vielleicht imposantesten Barockbau Fischer von Erlachs, vor Augen und als Begrenzung des Gesichtsfeldes das gerade erst fertig gewordene Gebäude des Musikvereins, seine zukünftige Wirkungsstätte. Diese Achse mit den Polen zwischen dem bescheidenen Ruhepunkt seiner Wohnung und dem Musikvereins-Gebäude mit einem der bis heute besten Konzertsäle der Welt, sowie der ungeheuren Bibliothek, die später auch seinen Nachlaß aufnahm, blieb auch über die Zeit seiner Dirigententätigkeit hinaus bestehen.

So sehr ihn die Chor-Orchesterwerke op. 53/54/55 im Einzelnen innerlich angerührt haben mögen und ihm ihre Vertonung ein inneres Anliegen gewesen und seiner Stimmungslage entsprochen haben mag, der Anstoß zu ihrer Komposition kam jeweils von außen, der Hochzeit Julie Schumanns, der literarischen Anregung, die seinem pessimistischen Lebensgefühl entsprach und dennoch in Konflikt geriet zu seiner christlichen Weltanschauung, oder dem patriotischen Überschwang, gespeist aus der romantischen Sehnsucht nach einem deutschen Nationalstaat. Seiner inneren künstlerischen Entwicklung nach sind sie zumindest auch Emanzipationsstufen vom Chor-Orchesterstück hin zum reinen zyklischen Orchesterwerk ohne Textbindung, zur Symphonie, dieses Zieles sehr wohl bewußt. - Der andere mit Überlegung geplante Entwicklungsstrang, von der größer besetzten oder vom Klavier unterstützten Kammermusik hin zum Streichquartett, hätte nun freilich in sein Ziel münden sollen. Und in der Tat muß man davon ausgehen, daß Brahms neben diesen Chor-Orchesterwerken, was vielleicht sogar deren zögerliche Fertigstellung mit erklärt, bereits an seinem ersten oder möglicherweise den beiden ersten auch veröffentlichten Streichquartetten gearbeitet hat. Daß er dafür noch keine definitive Gestaltungsweise gefunden hatte, zeigt sein eisernes Schweigen darüber, das er sogar den vertrautesten Freunden gegenüber einhielt. - Zwar gab es unter den Jugendwerken schon eine ganze Serie auch von Streichquartetten, ob es über zwanzig gewesen sind, wie Kalbeck[144] unter Berufung auf Alwin Cranz angibt, mag dahingestellt bleiben. Eines kam sogar in die Überlegungen über die ersten zu veröffentlichenden Werke hinein, wurde dann aber doch ausge-

144 M. Kalbeck: J. Brahms, Bd. 2, S. 440.

schieden und später wie die Schwesterwerke von ihm selbst vernichtet. Im Dezember 1865 fragte Joachim nach dem Abschluß eines Streichquartetts in c-Moll, was voraussetzt, daß er schon von seiner Existenz gewußt haben muß. Er wollte mit seinem Quartett am 16. und 18. Januar 1866 in Hamburg Konzerte geben und hatte gehofft, diese mit einer Novität des nun schon zu Ansehen in der Musikwelt gekommenen Sohnes der Stadt interessanter machen zu können: „Ist Dein Streichquartett in c-moll fertig, und würdest Du es für den 18ten uns anvertrauen? Aus mehr als einem Grunde würde es uns Freude bereiten, es zu bringen. Ich schreibe Dir allerdings nur in **meinem** Namen, aber ich zweifle durchaus nicht, daß ich Dein Quartett in unserer kleinen vierstimmigen Republik durchsetze, wenn es Dir, und dann wohl auch mir, sehr gefällt."[145] Aber Brahms hielt das Stück wohl noch nicht für aufführungsreif; jedenfalls gab er es auch dem alten Freund nicht heraus.

Mangels genauerer Angaben bleibt es jedoch fraglich, ob es sich bei dem hier erwähnten Werk tatsächlich um das später als op. 51 Nr. 1 veröffentlichte handelte. Eine noch so plausible Vermutung darf auch hier den Beweis nicht ersetzen. Klarheit schafft auch ein fast zwei Jahre später geschriebener Brief Joachims nicht, in dem er die zwar angekündigten, aber nicht geschickten Quartette anmahnte.[146] Da diesmal ausdrücklich von zwei Werken die Rede ist, kann man mit größerer Wahrscheinlichkeit unterstellen, daß es sich um die beiden Stücke des op. 51 handelte. Frau Schumann hat Brahms im August 1866 in Baden-Baden, wohin er am 17. gekommen war, ein Quartett in c-Moll vorgespielt,[147] doch ist auch hier aufgrund der spärlichen Angaben die Identität nicht wirklich gesichert. Immerhin muß es damals von dem Werk bereits eine vorspielfähige und das heißt doch auch vollständige Fassung gegeben haben, allerdings ist nicht letztlich zu klären, ob es sich bei dem fraglichen Werk bereits um das spätere op. 51 Nr. 1 gehandelt hat, um eine frühere Fassung davon oder gar um ein ganz zurückgezogenes Stück, von dem jedoch nicht auszuschließen wäre, daß Teile daraus in das schließlich veröffentlichte c-Moll-Quartett eingegangen sind.

Im Sommer 1869 wurde es dann schon konkreter, weihte Brahms auch seinen Verleger ein, in einer höchst charakteristischen Weise, die sowohl sein Ideal erkennen läßt und den Anspruch, den er an sich stellte, als auch den Abstand, in welchem er sich noch von diesem Ideal entfernt sah: „Übrigens hat Mozart sich gar besonders bemüht, sechs schöne

145 Briefwechsel Bd. 6, S. 40.
146 Briefwechsel Bd. 6, S. 43.
147 B. Litzmann: Clara Schumann, Bd. 3, S. 194.

Quartette zu schreiben, so wollen wir uns recht anstrengen, um ein und das andre passabel zu machen. Ausbleiben sollen sie Ihnen nicht ... Kommen Sie nicht etwa über Baden-Baden, wenn Sie Ihre Frau besuchen? Es ist hier wirklich sehr schön, und zu jener Zeit kommt das Bekkersche (Florentiner) Quartett und spielt Ihnen vielleicht neue Verlagsartikel vor."[148]

Obwohl Brahms in diesem Jahr besonders lange in Baden-Baden blieb und eine lebhafte Korrespondenz mit Simrock führte, kam er jedoch mit keinem Wort auf das Angebot zurück. - Die Gelegenheit für eine ganz private Testaufführung der Streichquartette mit dem Florentiner Quartett war insofern besonders günstig, als Clara Schumann, zermürbt vom langen Warten auf die wegen eines Krankheits- und Todesfalles in der Familie des Bräutigams verschobene Hochzeit Julies und Brahms' ausgemacht schlechter Laune, insbesondere gegen Julie, schließlich für zwei Wochen mit dieser in die Schweiz fuhr. Das Ergebnis dieser internen Aufführung scheint ihn jedoch nicht befriedigt zu haben, obwohl ihm die Musiker des Quartetts hohes Lob zollten, denn er gab die beiden Stücke entgegen seiner Ankündigung an Simrock doch noch nicht heraus. Daß es sich bei den in dieser Phase in Rede stehenden Werken aber bereits um die Quartette des op. 51 gehandelt haben muß, macht die Beobachtung zur an Sicherheit grenzenden Wahrscheinlichkeit, daß er die damals für sie vorgesehene Opuszahl freihielt: Die im August 1869 abgeschlossenen und dem Verleger übergebenen „Liebeslieder"-Walzer erhielten die Opuszahl 52 (erschienen im Oktober 1869). Die im September 1869 fertige Alt-Rhapsodie, im Oktober an den Verlag gegangen und von diesem im Januar 1870 publiziert, wurde mit der Opuszahl 53 versehen, das im Mai 1871 vollendete und im September an den Verleger gesandte Schicksalslied wurde noch im Dezember desselben Jahres als op. 54 veröffentlicht. Das Triumphlied, im Sommer 1871 definitiv fertig, aber erst im Januar 1872 an den Verlag gegangen, wurde mit der Opuszahl 55 versehen, sogar die im September 1871 dem Verlag übergebenen Lieder op. 57/58 erschienen im Dezember 1871 noch mit einer höheren Opuszahl, und erst als er im Sommer 1873 während des Aufenthalts in Tutzing und einer weiteren Testaufführung mit dem Münchener Walter-Quartett die veröffentlichungsfähige Version für die beiden Quartette gefunden zu haben glaubte, wurde die Lücke geschlossen, die Stücke im September 1873 an den Verlag gegeben und noch im November 1873 veröffentlicht.

Kaum hatte Brahms in der Woche vor Weihnachten 1871 seine end-

148 Briefwechsel Bd. 9, S. 75.

gültige Wohnung in Wien bezogen, was freilich damals noch niemand wissen konnte, trafen im Januar 1872 schlechte Nachrichten aus Hamburg ein: mit der Gesundheit des im 66. Lebensjahr stehenden Vaters ging es sichtlich bergab. Zwar hatte man schon den letzten Wohnungswechsel in die teurere, aber im zweiten Stock und damit niedriger gelegene Wohnung im Eckhaus Anscharsplatz 1 im Herbst 1871 mit Rücksicht darauf vorgenommen, ihm das Treppensteigen zu ersparen, das ihm zunehmend beschwerlich wurde, aber ernstlich krank war er noch nie gewesen, und so hatte man diese Notwendigkeit auf das altersbedingte Nachlassen seiner Kräfte geschoben. Nun aber überschlugen sich die Ereignisse. Frau Karolines Sohn aus erster Ehe, gelernter Uhrmacher, hatte, obwohl Zeit seines Lebens lungenkrank, immerhin die Initiative aufgebracht, seine Gesellenreise bis St. Petersburg auszudehnen. Dort war er bei einem Verkehrsunfall von einem fahrenden Wagen gefallen und hatte eine Wirbelverletzung davongetragen. Die resolute Mutter holte ihn eilends nach Hamburg zurück, bei den Verkehrsverhältnissen der Zeit ein höchst riskantes Unterfangen. Ein Arzt kam ins Haus, sah ganz nebenbei auch nach Johann Jacob und diagnostizierte Leberkrebs in fortgeschrittenem Stadium mit einer Lebenserwartung von nur noch einigen Wochen.

Vergebens hatte Johannes schon 1870 den Vater bedrängt, wegen aufgetretener rheumatischer Beschwerden ein Heilbad aufzusuchen.[149] Im Mai 1870 hatte der Vater eine schwere Gelbsucht bekommen, die im Nachhinein deutlich macht, daß er damals bereits an einer Erkrankung von Leber und Galle litt. Noch bevor jedoch eine vom Sohne vorgeschlagene Badekur unternommen werden konnte, war spontane Besserung eingetreten, sodaß Johann Jacob und Karoline sogar eine Harzreise unternehmen konnten, die der Sohn subventionierte.[150] Im August 1870 hatte der Vater seine Berufstätigkeit aufgeben müssen und erwartete in schöner Naivität, daß der Sohn ihm ein Kapital aussetzen werde, das ihm etwa 800.- Mark Zinsen im Jahre eintrüge.[151] Das hätten dann schon 100.000 bis 150.000 Mark sein müssen, einerseits also ein beeindrukkendes Vertrauen darin, wie sehr der Sohn sich im Musikleben durchgesetzt habe, andererseits wieder ein Hinweis darauf, wie stark er geprägt geblieben war durch die Vorstellungen einer ländlichen Gesellschaft, in der eben die Söhne den Lebensunterhalt der Eltern zu erwirtschaften hatten, wenn diese den Hof an die nächste Generation weitergaben. Nur

149 Vgl. K. Stephenson [Hrsg.]: Johannes Brahms in seiner Familie, Hamburg 1973, S. 172.
150 K. Stephenson [Hrsg.]: Johannes Brahms in seiner Familie, S. 172ff.
151 A.a.O. S. 176f.

war da eben kein Hof mehr und wie schwer Geld im Bereich künstlerischer Berufe erworben werden muß, konnte er an seinem eigenen Leben ablesen. Über ein derartig großes Kapital verfügte Johannes Brahms selbstredend nicht, aber die gewünschten Beträge hat er den Eltern treulich aus den laufenden Einnahmen überwiesen. Es ist hingegen nichts bekannt darüber, daß auch der jüngere Sohn Fritz, gerade damals nach längerem Aufenthalt in Venezuela nach Hamburg zurückgekehrt und dort fortan im feinen haseatischen Humor der „falsche Brahms" genannt, sich am Unterhalt der Eltern beteiligt hätte.

Am 22. Januar 1872 schrieb Karoline Brahms ihrem Stiefsohn, „daß es diesmal sehr schlimm ist, denn Vater kann jetzt nicht mehr aufstehen. Seine Kräfte sind mit einem Schlage verschwunden, ... nun kannst Du Dir wohl denken, lieber Johannes, daß er sich nach Dir sehnt ... Sehe zu, wenn es Dir möglich ist, daß Du kommst ..., denn wir können uns beide nicht mehr trösten ... bedenke, daß Du der Einzige bist, wo er an hängt."[152] Noch schätzte Brahms die Lage nicht so dramatisch ein, wie sie eigentlich schon war. Da er ohnehin im März nach Deutschland hatte fahren wollen, lag ihm eine Reise nach Hamburg im Januar verquer. Doch als die Stiefmutter am 28. Januar schrieb, der Arzt könne nicht sagen, wie lange der Vater noch zu leben habe, wenn sich jedoch eine Prognose abzeichne, sei es für die weite Reise aus Wien vorhersehbarerweise bereits zu spät,[153] veranlaßte das Brahms zur sofortigen Abreise: am 1. Februar 1872 war er in Hamburg und traf den Vater noch lebend an.

Da Brahms jetzt zunächst seine Bekannten über die unvermutet unternommene Reise informieren mußte, sind wir über die Zeit in Hamburg verhältnismäßig genau unterrichtet. So schrieb er gleich nach der Ankunft an Julius Allgeyer: „Ich bin seit gestern Abend hier in Hamburg. Sehr schlimme Nachrichten über das Befinden m[eines] Vaters riefen mich. Ich scheine ihn sehr bald verlieren zu sollen, der Arzt giebt durchaus keine Hoffnung und sein Aussehen ist recht schlimm. Mir hat unterwegs die Fantasie so traurige Bilder vorgeführt, daß ich eigentlich fast beruhigt war, ihn noch am Leben zu finden, und, wie es scheint, nicht gerade sehr von Schmerzen geplagt zu sehn. - Wie sehr hätte ich ihm ein längeres Alter gewünscht, er genoß es so glücklich, nachdem er redlich geschafft und gelitten hat - wie es dem Menschen gegeben ist. Die arme Frau, m[eine] Stiefmutter, scheint ein trauriges Schicksal erleiden zu sollen: im Nebenzimmer liegt ausserdem ihr einziger Sohn er-

152 A.a.O. S. 190.
153 A.a.O. S. 191.

ster Ehe, für den der Arzt das Schlimmste befürchtet!"[154] Der Sängerin Ottilie Ebner, die eben erst nach Wien übersiedelt war und auf deren elterlichem Anwesen „In der Oed" die erste Sommerwanderung mit Vater Brahms durch die steirischen Alpen begonnen worden war, schrieb er ungewöhnlich detailliert über seine Gefühle und Gedanken: „Mein Vater ist sehr schwach, leidet aber zum Glück nicht Schmerzen, sondern liegt fortwährend in leisem Schlummer. Doch hört er gern, sobald man zu ihm spricht, und plaudert auch gern und wohlgelaunt ein wenig mit. - So konnte ich ihm von Ihnen und manchen Freunden erzählen, und wir bereden auch, daß den Sommer Karlsbad sehr nützlich sein würde. Jedenfalls bin ich ihm ein großer Trost und gar meiner zweiten Mutter, die sonst gar traurig von einem Krankenzimmer ins andere geht. - Mein Vater ist übrigens erst 66 Jahre. Der Tod käme wirklich zu früh, ist doch sein Leben schwer gewesen, eitel Mühe und Arbeit. Wie glückliches Alter hat er - gekostet, und verdient es, auszuleben."[155]

Unausweichlich war am Totenbett des Vaters ein Zusammentreffen mit dem Bruder Fritz, weil der seit seiner Rückkehr aus Caracas wieder bei den Eltern lebte. Fritz hatte stets im Schatten des begabteren und dynamischeren Bruders gestanden, worauf ja auch der Spitzname des „falschen" Brahms hinauslief, der sich dadurch zu behaupten suchte, nicht so zu sein, wie der renommierte Bruder, kein großer Musiker, kein gesuchter Instrumentalist (er hat ein einziges Mal einen Konzertauftritt gewagt), nicht produktiv und auf Wirkung in der Kunstwelt bedacht. Johannes, der das Wesentliche an seiner Wirkung und an seinem Erfolg seinem Streben und seiner Beharrlichkeit und Konsequenz zuschrieb, hatte das lange nicht wahrhaben wollen und als einen Mangel an Energie bei seinem Bruder gedeutet. Fritz war dem Druck nach Lateinamerika ausgewichen, hatte sich dort wohl auch durchaus behauptet, und so jemand galt etwas in der heimatlichen Hansestadt. Aber als es um den Unterhalt für Eltern und Schwester ging, hatte er sich schwerhörig gestellt und die Briefe des Bruders unbeantwortet gelassen. Im Sterbezimmer des Vaters kam es zu einer vorsichtigen Wiederannäherung, aber noch nicht zur endgültigen Aussöhnung. Die erfolgte erst Jahre später, als Brahms akzeptierte, daß sich der immer eigenbrötlerischer werdende Bruder im Rahmen seiner Möglichkeiten durchaus einige Reputation in Hamburg erworben hatte, wenn auch nicht so, wie der Ältere sich das aufgrund seiner Vorstellungen von der moralischen Verpflichtung des

154 A. Orel: Johannes Brahms und Julius Allgeyer, S. 74.

155 O.v. Balassa: Die Brahms-Freundin Ottilie Ebner und ihr Kreis. Wien 1933, S. 67f.

Menschen, seine Fähigkeiten zu entwickeln, gedacht hatte.

Am 11. Februar 187 schloß Johann Jacob Brahms die Augen für immer. Vielleicht um in Wien nicht darüber reden zu müssen, schrieb Johannes unmittelbar danach an Ottilie Ebner: „... daß mein Vater am Sonntag gestorben ist. Nachdem er am Donnerstag heißen Abschied von uns nahm, schwanden seine Kräfte durchaus und ist er dann zum Glück sanft und schmerzlos verschieden."[156] Ähnlich schrieb er an Julius Stockhausen in diesem, wie er es empfand, „ernsten Augenblick, der wohl in meinem einsamen Leben einen Abschnitt bedeutet. - Ich bin seit 14 Tagen in Hamburg u. habe am Sonntag meinen Vater verloren. Ein Leberkrebs hat ihm zum Glück nicht gar zu arge Leiden verschafft, aber ihn uns genommen. Du kennst meine Liebe zum Vater u. weißt wie tiefer Schmerz mir sein Verlust ist. Du kennst auch m[eine] Schwäche für die Heimath u. kannst Dir denken mit welchen eigenthümlichen Gefühlen ich diesmal durch die Straßen gehe - die ich wohl lange nicht wiedersehe."[157]

Noch in derselben Woche hatte er beabsichtigt, nach Wien zurückzufahren, wo ihm natürlich wegen der unvermuteten Reise vieles liegengeblieben war und die Zeit der Vorbereitungen für die von ihm zu gestaltende nächste Saison der Gesellschaftskonzerte ihm wegzulaufen begann. Aber er hatte, wie es in dem Brief hieß, „noch viel zu ordnen und zu tun, daß es nicht bestimmt ist." Darunter ist wohl nicht nur zu verstehen, daß er die gesamten Kosten der Beerdigung übernahm, sondern daß auch der Unterhalt der Stiefmutter und ihres zumindest auf absehbare Zeit erwerbsunfähigen Sohnes sichergestellt werden mußte bis hin zu der Überlegung, daß der Lungenkranke im Großstadtklima nicht wohl aufgehoben war und ein Aufenthalt in gesunderer Landluft ihm besser getan hätte, Frau Karoline jedoch realistisch genug war zu sehen, daß die Untervermietung das einzige war, was ihr eine gewisse Unabhängigkeit sicherte, aber an die soziale Situation der Großstadt gebunden war. Das verlangte Geduld und viel Verständnis, denn der Nachlaß des Vaters war nur gering, Brahms verzichtete aber auf seinen Anteil daran und behielt nur den Gesellen- und den Bürgerbrief des Vaters. Er hat schließlich für die folgenden acht Jahre der Stiefmutter und dem Stiefbruder den Sommeraufenthalt in gesünderer Landluft in Pinneberg sichergestellt, ohne daß die Stadtwohnung aufgegeben werden mußte. Erst nach Klärung dieser Fragen konnte er nach Wien zurückkehren, wo er am 22. Februar eintraf.

156 A.a.O. S. 68.
157 Briefwechsel. Neue Folge. Bd. 18, S. 77f.

Seine erste Sorge, noch am Ankunftstage, galt dem Aufführungsmaterial des Deutschen Requiems für München, wo Franz Wüllner dessen Erstaufführung vorbereitete, nachdem bislang in der Wagner-Domäne nur ein paar Kammermusik-Werke von Brahms vorgestellt worden waren. Herablassendes Wohlwollen war denn auch das Positivste, was er dafür erwarten durfte, so wenn der Kritiker der Allgemeinen musikalischen Zeitung gönnerhaft, eine echte Stellungnahme vermeidend, schrieb: „Das Schaffen dieses talentvollen Schülers von Robert Schumann ist hier bisher öffentlich nur durch ein Sextett und einige mehrstimmige Lieder sehr mangelhaft bekannt geworden, und drückt Referent die Hoffnung aus, eine wiederholte Vorführung des Werkes werde das Verständnis des Publikums und dessen Anerkennung bedeutend steigern.“[158] Selbst ein Mann wie Peter Cornelius offenbarte angesichts der Aufführung seine ganze Verständnislosigkeit gegenüber dem Werk und seiner Konzeption, wenn er an seine Schwester schrieb: „Den Leuten zum hundertsten Male mit allen schönen und reichen Mitteln der Kunst vorzusingen, wie das Mittelalter sich den Tod gedacht hat, das könnte mich doch nicht reizen.“[159] Wie allerdings Kalbeck zu der Vermutung kam, Hermann Levi, der ja auf dem Sprunge stand, nach München zu gehen, hätte eine bessere Aufführung des Werkes erreicht, ist schwer nachvollziehbar.

Ende April brach Brahms wieder von Wien auf, um an Levis Abschiedskonzert in Karlsruhe und der Uraufführung des Triumphliedes teilzunehmen. Er fuhr sozusagen auf dem nächsten Umweg zunächst nach Nürnberg, der Baudenkmäler und der bildnerischen Werke der Plastik willen. Dann ging es weiter nach Würzburg, jenen Literaten zu treffen, aus dessen Anthologien er mittlerweile so viele Liedertexte entnommen hatte, Georg Friedrich Daumer (1800-78). Der Orientalist und Religionsphilosoph war der Urheber einer als „weltpoetisches Liederbuch“ intendierten Anthologie „Polydora“ (1855) aus der Goetheschen Vorstellung von Weltliteratur als Sammlung von Lyrik aller Nationen. Die glutvolle, sinnliche Sprache, deren er sich bediente, hatte Brahms gerade zu diesen Texten greifen lassen, der jetzige Besuch galt deren Urheber unter der stillschweigenden Prämisse der romantischen Idee der Einheit von Leben und Werk. Dagegen konnte die Antinomie kaum deutlicher hervortreten als in der Gestalt des Religionsphilosophen, den sein Denken zunächst vom Christentum weg, später wieder zu ihm hingeführt hatte, bis er dann auch noch zum Katholizismus konvertierte.

[158] Zitiert nach M. Kalbeck: J. Brahms, Bd. 2, S.397.
[159] Zitiert nach M. Kalbeck: J. Brahms, Bd. 2, S. 397.

Schon in diesem Bereich glaubte Daumer, Ursache zu Verbitterung zu haben und unverstanden zu sein. Nun hatte er aber erleben müssen, daß seine glutvolle Liebeslyrik im deutschen Bildungsbürgertum, auf das hin doch schließlich die ganze Konzeption einer Anthologie der Weltlyrik angelegt war, auf vehemente Ablehnung stieß, die zum Teil auch auf Brahms durchschlug. In der Korrespondenz mit Elisabet von Herzogenberg wird etwas davon sichtbar, wenn sie ihm anvertraute: „Ich muß es schon über mich ergehen lassen, daß Sie mich für etwas prüde halten, und doch ist nichts ungerechter. O wüßten Sie, wie viele Lanzen ich für Ihre Daumerschen Lieder gebrochen habe, selbst für das vielverketzerte ‚Unbewegte laue Luft'! - Aber Undank ist der Welt Lohn. Es kommt eben immer auf den **Ton** an, in dem einer bittet, ob er bleiben darf oder nicht."[160]

Brahms konnte solche Vorwürfe im Kontext seines sonst eher düsteren und tragischen Vokalwerks verhältnismäßig leicht wegstecken; sie haben ihn mehr amüsiert als getroffen. Aber daß Daumer verbittert war, ist nachvollziehbar, denn seine auf die Schicht des deutschen Bildungsbürgertums sowie dessen Persönlichkeits- und Bildungsvorstellungen zielende Konzeption war in den Nachdichtungen moralisch mißverstanden und in den eigenen Dichtungen nicht angenommen worden. Die Brahmsschen Vertonungen, die ihm Genugtuung hätten geben können, hatte er wiederum nicht zur Kenntnis genommen, was nun wieder Brahms, so er sich Illusionen darüber gemacht haben sollte, wie weit sein Schaffen in das Bildungsbürgertum als Trägerschicht eingedrungen sei, ebenso auf den Boden der Tatsachen zurückholen mußte wie die flaue Aufnahme des Deutschen Requiems in München. Es war schon ein merkwürdiges Treffen, das da in Würzburg stattfand, begonnen wohl unter der Prämisse der romantischen Vorstellung einer Einheit von Leben und Werk. Statt in Daumer den feurigen Sänger der Liebeslieder zu finden, die den doch eher schwerblütigen Brahms zur Vertonung angeregt hatten, fand er einen verbitterten und griesgrämigen alten Mann, der die Musik, die er zu seinen Liedern gemacht hatte, gar nicht kannte.

Von Würzburg aus fuhr Brahms nach Karlsruhe, wo die Uraufführung des Triumphliedes vorbereitet wurde, und hatte ursprünglich geplant, von dort in sein Sommerdomizil, „auf meinen hübschen Hügel in

160 Briefwechsel Bd. 1, S. 39. In dem „vielverketzerten" Lied op. 57 Nr. 8 heißt es: „Aber im Gemüte schwillt / Heißere Begierde mir,/ aber in den Adern quillt / Leben und verlangt nach Leben./ Sollten nicht auch deine Brust / Sehnlichere Wünsche heben?/.../ Komm, o komm, damit wir uns / himmlisches Genüge geben." - Im juristischen Sprachgebrauch ist das Aufforderung zu außer- oder zumindest vorehelichem Geschlechtsverkehr.

Baden-Baden", zu gehen, machte dann aber noch einen Abstecher nach Stuttgart, wo Julius Stockhausen am 1. Mai unter anderem Brahms-Lieder sang, „ein Konzert, in dem mir einiges aus Ihrem ausgezeichneten Verlag großen Genuß schaffte. In der Tat, die Welt muß Ihnen Dank wissen, daß Sie ihr die vortrefflichen Werke des ergebenst Unterzeichneten zum Gemeingut machen, welche Verdienste erwerben Sie sich, welches Denkmal setzen Sie sich ... Haha, wer lacht da?"[161] Dieser ironischen Seitenhieb zielte auf die Tatsache, daß Simrock ihm für die Bearbeitung des A-Dur-Quartetts op. 26 für Klavier zu vier Händen nur die Hälfte des erwarteten Honorars gezahlt hatte, Brahms andererseits bis in seine letzte Schaffenszeit hinein klagte über Simrocks hohe Preise, die der weiten Verbreitung seines Werkes im Wege standen, er hätte gern die Honorare Simrocks mit den Preisen von Peters kombiniert.[162]

Gleich am nächsten Tage ging es dann endgültig zum Sommeraufenthalt nach Baden-Baden, der gekennzeichnet war durch eine Vielzahl menschlich-künstlerischer Kontakte. Sein Verleger Simrock kam samt Familie für mehr als einen Monat. Johann Strauss bestritt mit seiner Kapelle die Gesellschaftsmusik. Der Musikschriftsteller und -journalist Richard Pohl, unter dem Pseudonym Hoplit einer der streitbarsten Vertreter der „Neudeutschen" Partei, lebte jetzt in Baden-Baden, und auf der Verlobung des Verwitweten trafen Johann Strauss, Hans von Bülow und Brahms aufeinander, dem dieser seit den frühen Tagen, als man noch hoffen zu können geglaubt hatte, Brahms für die Liszt-Wagnersche Zukunftsmusik gewinnen zu können, aus dem Wege gegangen war. Brahms hatte gerade an frischem Prestige gewonnen durch den Erfolg der Uraufführung seines Triumphliedes, die am 5. Juni im Karlsruher Abschiedskonzert Levis vonstatten gegangen war. Brahms und Bülow kamen sich wieder näher und blieben fortan trotz vieler Schwierigkeiten und atmosphärischer Störungen miteinander verbunden. - Brahms trat sogar in einem Wohltätigkeitskonzert auf und spielte eigene Werke und Stücke von Schubert.

Abwechslung brachte eine Reise nach Koblenz, wo auf dem Sängerfest am 28. Juli der Rinaldo op. 50 unter Rafael Maszkowki uraufgeführt wurde. Im August trat Brahms sogar in Baden-Baden öffentlich auf, als er in der 11. Matinee für Instrumentalmusik Schumanns Klavierkonzert spielte und als Dirigent seine 2. Orchesterserenade vorführte. Richard Pohl hatte im Bade-Blatt eigens mit einem großen Artikel auf das Konzert hingeführt, nicht zuletzt auch um zu zeigen, daß er - wenn schon

161 Briefwechsel Bd. 9, S. 119.
162 Briefwechsel Bd. 9, S. 120f.

nicht vom Saulus zum Paulus geworden - doch das Format habe, auch Brahms' künstlerische Bedeutung zu würdigen. Daß im Brahms-Kreis hinsichtlich der Aufrichtigkeit dieses Sinneswandels Zweifel blieben, machte Kalbeck ziemlich deutlich[163] und erzählt genüßlich die Anekdote, daß anläßlich einer Aufführung von Brahms' c-Moll-Klavierquartett op. 60 mit Hans von Bülow am Klavier, dieser anschließend Pohl angepflaumt habe, er, Pohl, habe mit der musikhistorischen Entwicklung nicht Schritt gehalten, worauf Pohl seine wahre Gesinnung preisgegeben habe, indem er konterte: im Gegenteil, Bülow habe sich mit seinem neuerlichen Eintreten für Brahms zurückentwickelt. Allerdings sagt die Geschichte vielleicht über Kalbeck ebenso viel aus wie über Pohl, denn wenn er Pohl als „Stabstrompeter" der „Neudeutschen" bezeichnet, so steckt dahinter sicher auch der Anspruch, der einzige publizistische Herold Brahms' zu sein. - Zum Auftakt seiner Konzerttournee gab Bülow noch Konzerte in Baden-Baden; da war Brahms allerdings schon nach Wien zurückgekehrt, wohin ihm Bülow im November folgte und vier Konzerte gab, in denen er das es-Moll-Scherzo, die Händel-Variationen und zwei Balladen aus op. 10 spielte und auf den folgenden Stationen, Würzburg, Frankfurt/Main, Köln, Mannheim und Karlsruhe, ebenfalls.

Einen geplanten Abstecher in die Schweiz gab Brahms auf und fuhr am 10. September 1872 zu den Vorbereitungen auf seine erste Konzertsaison als „artistischer Direktor" der Gesellschaft der Musikfreunde nach Wien zurück. - Zwar hatte man frühzeitig Verhandlungen mit ihm aufgenommen über die Bedingungen seiner künstlerischen Leitung, ihm auch die gewünschten Zusagen über die Professionalisierung des Orchesters gemacht, aber erst im März 1872 hatte man Zeit gefunden, auch persönlich mit ihm über die zukünftigen Verhältnisse zu reden. Es hatte dann auch noch gelegentliche Briefe hin und her gegeben, aber keinen Vertrag und keine verbindliche Fixierung der getroffenen Vereinbarungen. Als nach Ablauf des Juli immer noch nichts Schriftliches vorlag, riß ihm angesichts der immer kürzer werdenden Zeit der Geduldsfaden und er schrieb am 1. August 1872

> An die löbliche Direktion der Gesellschaft der Musikfreunde, Wien Seit meiner Abreise von Wien (Ende April) erwarte ich vergebens, daß mir das, worüber wir in mündlichen Besprechungen uns geeinigt hatten, schriftlich zukommen werde, umso mehr, da ein mir früher vorgelegter Kontrakt nicht unterschrieben und durch jene Besprechungen auch durchaus umgestoßen wurde.
>
> Im Juni und wiederholt im Juli erkundigte ich mich ebenso vergebens bei Herrn Dr. Standhartner nach dem Verlauf dieser Sache. Ich wiederhole heute meine Bitte um möglichste Beschleunigung derselben, und sollte sie nicht im

163 M. Kalbeck: J. Brahms, Bd. 2, S. 400ff.

Laufe dieses Monats erledigt sein, so muß ich freilich annehmen, es sei der Direktion nicht möglich, unter den besprochenen Bedingungen mir ein Dekret auszufertigen.[164]

Ein derartiges Ultimatum ist umso verständlicher, als es ja einen Vertragsentwurf des Direktoriums gegeben hatte, der aber im Hinblick auf die mündlichen Absprachen nicht unterzeichnet worden war. Insofern ist die Bemerkung des Präsidenten der Gesellschaft auf der Rückseite des Briefes unverständlich, „daß die gewechselten Briefe die Stelle von Kontrakten vertreten, daß aber auf besonderes Verlangen gestempelter Kontrakt nachfolgen würde ... und wenn Brahms wünscht, ein auch von ihm zu unterfertigender Vertrag (...) ausgefertigt werden wird."[165] Wenn ursprünglich ein Vertragsentwurf existiert hatte, ist selbstverständlich nicht einzusehen, warum das definitive Ergebnis der darüber geführten Verhandlungen nur auf Brahms' ausdrücklichen Wunsch codifiziert werden sollte. Auch aus dem Abstand von nunmehr 125 Jahren kann man sich kaum des Eindrucks erwehren, den Brahms wohl damals schon hatte, daß hier Obstruktion am Werke war; so naiv kann ein Präsident der Gesellschaft der Musikfreunde nicht gewesen sein, daß er all die Punkte, die Brahms in einem weiteren Schreiben vom 15. August an seinen Vertrauensmann, Dr. Standhartner benannte, als durch die Korrespondenz erledigt ansehen konnte. Danach war weder die Zahl der Konzerte (gewohnheitsrechtlich hatten sich vier ordentliche und zwei außerordentliche eingebürgert) festgelegt, noch die Dauer der Präsenzpflicht für den Dirigenten, geschweige denn von wann bis wann sie gelten solle. Es war weder schriftlich vereinbart, daß das vereinbarte Jahresgehalt unabhängig vom Ertrag der Konzerte gezahlt werden sollte, wie mündlich vereinbart, noch in welchen Raten zu welchen Terminen es fällig sein sollte. Ebenso wenig war klar geregelt, daß dem Dirigenten das alleinige Vorschlagsrecht für aufzuführende Werke und zu verpflichtende Solisten zustand. Sein Sarkasmus läßt seine Stimmung erkennen: „In dem früher erwähnten Schreiben ist beiden Teilen eine dreimonatige Kündigung freigestellt. (Wird ein Jahr von Mai zu Mai gerechnet, so würde ich heute schon kündigen und es im günstigen Falle auf eine Neuwahl ankommen lassen.)"[166] Noch bevor er sein Amt wirklich angetreten hatte, kam also der Gedanke an eine Kündigung auf, allerdings zeugt es von seinem künstlerischen Selbstbewußtsein, daß er eine Wiederwahl nach der ersten Saison und mit ihr selbstredend die leichtere Durchsetzbarkeit seiner Forderungen als beinahe selbstverständlich unterstellte.

164 M. Kalbeck: J. Brahms, Bd. 2, S. 385.
165 M. Kalbeck: J. Brahms, Bd. 2, S. 386.
166 M. Kalbeck: J. Brahms, Bd. 2, S. 387.

Zwar gilt ja auch heute noch fast durchgehend, daß eine Stadt so viele Generalmusikdirektoren hat wie der zuständige Kulturausschuß Mitglieder. Aber Brahms machte eben diese Erfahrung zum ersten Male. Was wunder also, daß er am 1. September an Julius Stockhausen schrieb: „Du weißt wohl, was ein Comité ist! Meines ist eines der schlimmsten, gerade Heute muß oder kann ich ihm sagen, daß es nischt ist - u. bin doch nicht sicher, ob es dabei bleibt. - Deshalb kann ich den Augenblick nichts über Concerte schreiben."[167] Mit anderen Worten: auch nach Ablauf seines Ultimatums hatte er nichts Schriftliches in Händen, obwohl er dem Brief an Standhartner vom 15. August noch ein Telegramm hinterhergeschickt hatte. Er stand daher nun vor der Frage, ob er sein eigenes Ultimatum ernst nehmen sollte. Selbstverständlich erhielt er den geforderten Vertrag, an dessen Klarstellungen und Präzisierungen an sich auch der Direktion der Gesellschaft hätte gelegen sein müsse, erst einige Tage nach Verstreichen des Ultimatums, eine Direktion läßt sich nicht unter Druck setzen. Sogleich reiste er nach Wien ab, beging jedoch vor der überstürzten Abreise mit einem hastig hingeworfenen Antwortbrief gleich mehrere gravierende taktische Fehler: er glaubte, mehrere Fliegen mit einer Klappe zu schlagen, aber im titelsüchtigen Wien nahm man übel, daß er an die Direktion in toto, nicht jedoch, wie es sich gehört hätte, an den Präsidenten, adressierte, insbesondere aber in dem gleichen Schreiben Angelegenheiten des Singvereins behandelte, dessen Vorsitzender zwar geborenes Mitglied des Direktoriums war, aber selbstredend Anspruch auf einen eigens an ihn gerichteten Brief gehabt hätte. Damit hatte er den einflußreichen obersten Repräsentanten des Chores, der sehr auf seine Reputation erpicht war, bereits vor Aufnahme seiner Arbeit vor den Kopf gestoßen und der ließ keine Gelegenheit aus, seiner Kritik Ausdruck zu geben.

Einen weiteren Feind machte er sich in Salomon Hermann Mosenthal, dem Verfasser effektvoller und dementsprechend erfolgreicher Bühnenstücke und eleganten Verseschreiber, dem „Dichter der inneren Stadt", als den Daniel Spitzer ihn angesichts des hauptstädtischen Anspruchs Wiens charakterisiert hatte, der ebenfalls im Direktorium der Gesellschaft saß. Nun war damals weithin bekannt, daß Brahms sich für einen Opernstoff interessierte. Hermann Levi und sein Karlsruher Kreis hatten sich sehr darum bemüht. Mosenthal nun, der immerhin neben anderen Libretti das zu Otto Nicolais „Lustigen Weibern" verfaßte, hatte Brahms seine Mitwirkung andienen lassen, der aber hatte das wohl nicht so recht ernst genommen. So leicht gerät man auf öffentlichen Posten

167 Briefwechsel Bd. 18, S. 83.

zwischen die Stühle, nicht nur in Wien.

Anfang Oktober begannen die Chorproben für das auf Anfang November angesetzte erste Konzert, für welches Brahms Händels „Dettinger Te Deum“ und das Oratorium „Saul“ vorgesehen hatte. Aber nur das Te Deum ließ sich in der kurzen Probenzeit realisieren, obwohl Brahms durch Neuerungen die Probenarbeit intensiviert und damit eine größere Präsenz der Mitglieder erzwungen hatte, um der Unsitte gegenzusteuern, daß die Sänger sich auf ihre Sicherheit im Vom-Blatt-Singen verließen und nur zu den letzten Proben, im Extremfall erst zum Konzert, erschienen. Er probte nicht nur mit den einzelnen Stimmen getrennt, sondern auch noch gruppenweise, bis auch schwierige Stellen sicher beherrscht wurden. Auch damit hat er sich gewiß nicht nur Freunde gemacht, denn in manchen Fällen wurde dieses Üben in Gruppen sicher auch zum Offenbarungseid, wie weit Anspruch und Wirklichkeit überein kamen oder auch nicht. „Ersessene“ Ansprüche wurden da von einer Minute zur anderen ausgehebelt. - Immerhin hatte er aus der Chorarbeit in Detmold und mit der Wiener Singakademie die Erfahrung mitgenommen, daß man Laienchöre nicht nur fordern kann. Wenn daher die Probe zu seiner Zufriedenheit verlaufen war, setzte er sich anschließend ans Klavier; insbesondere freie Improvisationen über gerade gesungene Themen riefen dabei das Entzücken der Chormitglieder hervor.

Am 10. November 1872 fand das erste Konzert unter seiner Leitung als artischer Direktor statt, wie üblich sonntags um 12.30 Uhr, während die Proben montags stattfanden. Das war eine Zeit, zu der die Laien-Mitwirkenden jedenfalls konnten und welche die professionellen nicht hinderte, abends ihren Dienst im Orchestergraben der Oper zu versehen, anders als etwa bei den mäzenatischen Abonnenten des Boston Symphony Orchestras, die mit dem Haupt-Konzerttermin Freitag um 15 Uhr auch demonstrieren, daß sie zu einer Zeit ins Konzert gehen können, zu der normale Sterbliche ihrer Erwerbstätigkeit nachgehen müssen. Das Programm umfaßte Händels „Dettinger Te Deum“, zu dem Brahms eigens eine Generalbaß-Stimme angefertigt hatte um sicherzustellen, daß dieser seinen Vorstellungen gemäß ausgeführt werde, denn es gab in Wien keine Aufführungstradition für Werke des 18. Jahrhunderts mehr. Dann sang Marie Wilt Mozarts Konzertarie „Ch’io mi scordi di te?“ KV 505 mit obligatem Klavier, gespielt von Julius Epstein, und Orchester, ursprünglich eine Einlegearie zu „Idomeneo“. Den Chor ließ Brahms auch noch a-cappella glänzen mit zwei kurzen, aber dankbaren Sätzen, Johann Eccards „Übers Gebirg Maria geht“, das er schon für seinen Hamburger Frauenchor bearbeitet hatte und womit er das Stilvorbild der norddeutschen protestantischen Kirchenmusik-Reform in Wien einführte, und Heinrich Isaacs „Innsbruck, ich muß dich lassen“, an das deutsche Gesellschaftslied zur Glanzzeit der Habsburger Monarchie anknüpfend. Beide fanden angesichts der relativ schmalen Wiener a-cappella-Tradition besonderen Anklang, so sehr, daß man sie einige Tage später, als die neue Orgel des Goldenen Saales mit einer Orgelimprovisation Anton Bruckners offiziell eingeweiht wurde, noch einmal wiederholte, die einzige Gelegenheit übrigens, bei der Brahms und Bruckner in ein und derselben Veranstaltung auftraten. Den Beschluß des ersten Konzertes machte ein reines Orchesterwerk, Schuberts Grand Duo (D. 812) für Klavier zu vier Händen, das in mehrfacher Beziehung zu den Schumanns steht: als op. 140 zehn Jahre nach Schuberts Tod veröffentlicht, hatte der Verleger seinerzeit das Werk mit einer Widmung an Clara Wieck herausgegeben, die damals Triumphe in Wien feierte. Im Schumann-Kreis war über den symphonischen Zuschnitt der Konzeption des Werkes diskutiert worden, Joseph Joachim hatte diese Anregung dann aufgegriffen, Schuberts Klavierwerk für Orchester instrumentiert und diese Bearbeitung ebenfalls Clara Schumann gewidmet. Brahms nun führte die Arbeit des Freundes, die aus den Diskussionen bei Schumann hervorgegangen war, in seinem ersten Konzert auf. Es „stimmte“ so ziemlich alles in diesem ersten „ordentlichen“ Konzert Brahms' in seinem neuen Amt mit imponierenden 300 Mitwirkenden im Chor und 100 im Orchester in dem ganz neuen Goldenen Saal des Musikvereins, noch heute vielleicht dem besten Konzertsaal der Welt, der übrigens gegenüber dem heutigen Zustand noch in einem entscheidenden Punkt anders aussah: die später an die Wand zurückversetzten Karyatiden standen damals an den Logenbrüstungen und dienten dort einer noch weitergehenden Homogenisierung des Klanges durch die Schallbeugung, die um sie herum stattfand, behinderten jedoch die Sicht und mußten deshalb in den Hintergrund weichen. Brahms konnte also mit dem ersten Konzert, für das er vom Programm über die Organisation und die Auswahl der Solisten bis zur künstlerischen Vorbereitung selbst voll verantwortlich war, durchaus zufrieden sein und die Resonanz stimmte damit überein.

Aber auch als Kammermusik-Spieler blieb er in Wien präsent. Am 21. November spielte er mit dem Hellmesberger-Quartett den Klavierpart in seinem g-Moll-Quartett op. 25. Nicht einmal drei Wochen später fand das erste „außerordentliche“ Gesellschaftskonzert statt. Die neue Ladegast-Orgel sollte nun auch konzertant vorgeführt werden, wozu der Rotterdamer Organist Samuel de Lange verpflichtet worden war. Er spielte zunächst Händels Orgelkonzert d-Moll op. 7 Nr. 4; dann folgte Mozarts achtstimmiges „Venite populi“ KV 260, dessen Autograph Brahms bei Ludwig von Köchel gesehen und das ihn gereizt hatte, es wieder zum Klingen zu bringen. Amalie Joachim, die sich zu Konzerten mit Clara Schumann in Wien aufhielt, sang eine Szene aus Glucks „Alkeste“ - sie hätte zwar lieber die Alt-Rhapsodie gesungen, aber das war mit einem gemischten Chor nicht zu machen, denn dann wären die Frauenstimmen nicht zu beschäftigen gewesen. Bachs großes Präludium und Fuge in Es-Dur, vorgetragen von de Lange, brachte die große Orgel voll zur Geltung und entsprach zugleich Brahms’ Konzeption, die im Wiener Musikleben dominante Klassik durch gezielte Förderung der Musik Bachs und Händels zu kompensieren. Daran schloß sich auch die Wiener Erstaufführung des Triumphliedes nahtlos an. Obschon der Besuch dieses Konzerts deutlich schwächer war, konnte Brahms es klar auf seiner Habenseite verbuchen.

Über die Weihnachtszeit gab es für ihn keine Entspannung, denn bereits am 5. Januar stand das zweite ordentliche Gesellschaftskonzert an, für welches Brahms zwischen der Arbeit an Händels „Saul“ zwei Werke aus der jüngeren Zeit vorbereitet hatte. Das Konzert hatte mit einer Novität, Ferdinand Hillers „Demetrius“-Ouvertüre, beginnen sollen und Brahms hatte dazu, wie in der Zeit oft geübte Praxis, den Komponisten eingeladen, sein neues Werk selbst dem Wiener Publikum in authentischer Interpretation vorzustellen. Aber das Aufführungsmaterial war nicht rechtzeitig eingetroffen und so blieb Hiller nichts anderes übrig, als stattdessen eine ältere Ouvertüre, deren Stimmen in Wien vorhanden waren, zu dirigieren. Zu allem Unglück setzte dann auch noch der Pauker zu früh ein, sodaß der erfahrene Dirigent von vorn beginnen mußte. Dasselbe Mißgeschick widerfuhr dann auch Brahms, als er Schumanns Ballade „Des Sängers Fluch“ unterbrechen mußte, weil der Harfenist sich verblättert hatte und nicht mehr hineinkam, man sieht, wie notwendig die Professionalisierung des Orchesters war, die Brahms so nachhaltig betrieben hatte. Nicht überliefert ist, ob es sich möglicherweise um Folgen der Wiener Unsitte des Substitutenwesens handelte, denn da die Musiker nicht fest angestellt waren, griffen sie zu, wenn sich eine günstigere Verdienstmöglichkeit bot, und ließen sich bei dem anderen Dienst vertreten. Das war einerseits vor allem für junge Musiker eine wichtige Erfahrung, weil sie allmählich und in verschiedenen Ensembles in den Orchesterdienst hineinwuchsen. Aber für die Kontinuität der Probenarbeit und die Homogenität des Orchesterklangs war es selbstverständlich mißlich. Immerhin konnte Brahms den schlechten Eindruck gleich zweier „Schmisse“ in einem Konzert mit einer glänzenden Aufführung der zweiten Walpurgisnacht aus Mendelssohns „Faust“-Musik wieder ausgleichen.

Wie erschreckend kurzfristig und auch kurzatmig die Engagements für die Konzerte getätigt wurden, zeigt die für den 28. Februar geplante Aufführung des „Saul“ von Händel, denn obwohl Amalie Joachim im Dezember 1872 in Wien gewesen war, schrieb er ihr erst im Januar 1873: „David aber fragte Gott und sprach: Soll ich hinaufziehen wider die Philister und willst Du sie in meine Hand geben? Der Herr aber sprach zu ihm: Ziehe hinauf, ich habe sie in Deine Hand gegeben. Und so können Sie sich weiter in den Büchern der Chronik Rats erholen und finden, daß der Herr ‚wie Nottebohm‘[168] immer dafür ist. Mich aber verlangt sehr zu wissen, ob David auch diesmal Lust hat und gewiß zu kommen gedenkt. Seine leisen Worte der Geneigtheit beruhigen mich nicht mehr. Seien Sie gütig und schreiben Sie ein recht deutliches ‚Ja‘ für mich und Dessoff.“[169] Nach der Zusage Frau Joachims wurde noch im Februar über die „Striche“ korrespondiert, das heißt, zwei oder drei Wochen vor der Aufführung stand bei einzelnen Teilen noch nicht fest, ob sie überhaupt gemacht werden, oder Strichen zum Opfer fallen sollten. Dann machte eine Absage Amalie Joachims der Diskussion ein Ende und Brahms mußte so kurz vor dem Konzert völlig neu disponieren. Es ist verständlich, daß neben dieser aufreibenden, weil viel zu kurzfristig angelegten, Organisationstätigkeit für schöpferische Arbeiten so gut wie keine Zeit blieb. Er mußte froh sein, daß die Aufführung des „Saul“ am 28. Februar in einem außerordentlichen Gesellschaftskonzert so erfolgreich verlief.

Schon drei Wochen später folgte das nächste Konzert mit einer Bach-Kantate und weiteren Chorwerken. Selbst wenn man davon ausgeht, daß mit den Proben dazu nicht erst begonnen wurde, nachdem man den „Saul“ hinter sich gebracht hatte, blieb das eine tour de force für den Chor, denn es gab in Wien keine Hör- und Aufführungstradition, insbesondere für die Kantaten Bachs. Der Chor mußte sich also erst einmal in Bachs Stimmenbehandlung einhören. Brahms hatte eine der frühesten Kantaten gewählt, die Choralvariationen per omnes versus über Luthers Nachdichtung der Ostersequenz Victimae paschalis laudes, „Christ lag in Todesbanden“ BWV 4, für die Verhältnisse in Wien beinahe ein Wagnis. Darum hatte er im Programm die Choralmelodie abdrucken lassen mit dem Kommentar, „Sämtlichen Sätzen dieser Kantate liegt auch die Melodie des Lutherschen Liedes durchaus zugrunde.“ Er „versöhnte“

168 Als „Herr“ bezeichnet Brahms sich hier selbst. Gustav Nottebohm, Wiener Musikgelehrter westfälischer Herkunft, der Brahms in musikhistorischen Fragen beriet.

169 Briefwechsel Bd. 6, S. 77f. Otto Dessoff plante eine Aufführung der Alt-Rhapsodie im Philharmonischen Konzert. Außerdem winkte Brahms noch mit einem eigenen Konzert zwischen diesen Terminen, zu dem er seine Klavierbegleitung in Aussicht stellte.

das Publikum denn auch sogleich mit einer Haydn-Symphonie und mit Schubert, was dessen Hörgewohnheiten eher entgegenkam. Bei dem Schubert-Lied handelte es sich um „Ellens 2. Gesang" D.838, den Brahms mehr als ein Jahrzehnt zuvor bereits einmal arrangiert hatte und den er wohl für dieses Konzert neu für Sopran-Solo, Frauenchor, vier Hörner und zwei Fagotte bearbeitet hatte; Marie Fillunger sang das Solo. Die Schubert-Bearbeitung wurde ergänzt durch zwei Volkslied-Sätze („In stiller Nacht" und „Dort in den Weiden"). Beschlossen wurde das Konzert durch einen damals noch nicht veröffentlichten Chor zu „Die Weihe des Hauses" (WoO 98) von Beethoven, den Brahms im Archiv der Gesellschaft der Musikfreunde gefunden hatte. Auch Unbekanntes von den Leitfiguren der Klassik erregte also wieder sein Interesse.

Über das Konzert gibt es einen Bericht von Theodor Billroth, dem inzwischen nach Wien berufenen großen Arzt und Musikkritiker, der vielleicht umso aussagekräftiger ist, als er rein privaten Charakter hat. Er schreibt in einem Brief an den Kunsthistoriker Wilhelm Lübke: „Brahms ist als Musikdirektor hier äußerst tätig; er hat unvergleichlich schöne Aufführungen zustande gebracht und findet bei allen, die es gut mit der Kunst meinen, vollste Anerkennung. Sein ‚Triumphlied' ist hier mit Orgel und kolossalem Chor zu einer wunderbaren Wirkung gekommen, es gehören große Massen dazu, es ist monumentale Musik ... Im letzten Konzert wagte Brahms eine der schwersten, noch nie aufgeführten Kantaten von Bach nach Text von Luther ... Es war verdammt herbe Musik, doch stellenweise von erhabener Wirkung. Die Wiener nehmen aus den Händen eines Dirigenten, den sie achten wie Brahms, auch das mit liebenswürdiger Empfänglichkeit an. Zwei darauf folgende Volkslieder a capela veranlaßten dann freilich einen Beifallssturm, der die Besorgnis des Hauseinsturzes machte. Der alte König von Hannover[170] war halb toll vor musikalischem Rausch. Ich möchte wohl, daß Sie so etwas mal hier hörten; man wird ganz betrunken von der Schönheit der Klangwirkung dieses Chors, dessen An- und Abschwellen, forte und piano wie von einer Stimme vorgetragen wirkt. Brahms leitete das, wie Renz ein Zirkuspferd."[171]

Es liegt bei dieser Programmgestaltung auf der Hand, daß Brahms bemüht war, von den zeitüblichen Mischprogrammen wegzukommen und sein Programm unter eine Idee zu stellen, als welche gegebenenfalls auch das Aufeinander-Bezogensein durch Kontrast gelten kann. So war

170 Der blinde König Georg V. von Hannover lebte seit der Auflösung des Königreichs Hannover 1866 in Hietzing bei Wien.
171 Zitiert nach M. Kalbeck: J. Brahms, Bd. 2, S. 418f.

es nach seinen Vorstellungen konsequent, das nicht abendfüllende Cherubini-Requiem durch eine Bach-Kantate zu ergänzen, die zudem noch den Vorteil hatte, den Chor lediglich mit dem Choral einzusetzen, also relativ wenig Probenzeit erforderte, „Liebster Gott, wann werd' ich sterben?“ (BWV 8), in ihrer Bildlichkeit eine der eingängigsten Bach-Kantaten. Da aber war die Reizschwelle erreicht, das Publikum spielte nicht mehr mit, und selbst Eduard Hanslick faßte seine Ablehnung in die Worte, die gewiß eine verbreitete Stimmung wiedergeben: „Es fehlt in Wien nicht an einem Publikum, das die ernste Schönheit der Musik verehrt und aufsucht, aber hier so wenig wie anderswo pflegt man Konzerte eigens zu dem Zweck zu besuchen, um sich nach einander erst protestantisch und dann katholisch begraben zu lassen.“[172] Nicht mehr als relativ harmlose Reiberei, wie sie nach solchen Kritiken an Programmverantwortlichen nun einmal ausgelassen werden, kann man dagegen bezeichnen, wenn Kalbeck berichtet,[173] der Vorsitzende des Singvereins, der sich schon durch die allgemein an das Direktorium gerichteten Briefe brüskiert gefühlt hatte, habe nun geglaubt, Brahms mahnen zu müssen, er habe in Wien ja schon einen Chor auf dem Gewissen, die Singakademie. Ein einziger, noch so gering ausgeprägter Mißerfolg genügte also, um die Opposition auf den Plan zu rufen. - Dieses Palmsonntags-Konzert wurde am Dienstag der Karwoche noch einmal wiederholt.

Damit sah Brahms die Saison für sich als beendet an. Vielleicht hatte er sich auch Illusionen gemacht über das Ausmaß der organisatorischen Verpflichtungen, das Einrichten der Werke, des Aufführungsmaterials, Engagement von Solisten, Proben mit ihnen usw., das die eigentlichen Chorproben zur Spitze eines Eisbergs schrumpfen ließ, im Hinblick auf seine kompositorischen Pläne. In diesem Winter dürfte er mit ihnen kaum weitergekommen sein. Umso mehr drängte es ihn jetzt, Wien zu entfliehen und zu dem zu kommen, was er natürlich für das Eigentliche seines Künstlertums hielt, die Produktivität. Er hielt sich dazu für umso mehr berechtigt, als er in den Briefen aus Baden-Baden ausdrücklich die Frage angeschnitten hatte, was denn mit der Präsentation der Gesellschaft der Musikfreunde während der bevorstehenden Weltausstellung in Wien geschehen solle. Aber das Direktorium hatte es vorgezogen, eine Antwort auf die lange Bank zu schieben, und aus dem, was man nicht gesagt hat, kann man keine Verpflichtungen ableiten. Viel zu spät debattierte das Direktorium die Frage und schien zunächst Brahms zuzustimmen, man könne nicht nach Ende des Konzertwinters mit Neueinstudie-

[172] Zitiert nach M. Kalbeck: J. Brahms, Bd. 2, S. 419.
[173] Zitiert nach M. Kalbeck: J. Brahms, Bd. 2, S. 419.

rungen beginnen, sondern solle sich auf Reprisen aus der abgelaufenen Saison beschränken, woraus ja Händels Te Deum und Saul gegebenenfalls auch sein Triumphlied zur Verfügung gestanden hätten. Obwohl laut Vertrag Brahms die alleinige Bestimmung der aufzuführenden Werke zustand, beschloß dann jedoch das Direktorium ohne seine Beteiligung, während der Weltausstellung drei Konzertzyklen zu veranstalten, von denen einer, ausschließlich mit Werken Beethovens, von den Philharmonikern unter Dessoff bestritten werden sollte, während ein zweiter, ebenso ausschließlich Schubert gewidmeter, von der Gesellschaft der Musikfreunde und Brahms gestaltet werden sollte. Das hätte nicht nur intensiver Vorbereitung bedurft, sondern ihn auch über Gebühr lange nach Saison-Ende an Wien gebunden. Und davon stand nichts in seinem Vertrag; er lehnte es daher ab. Ob er die Multiplikatoren-Funktion einer derartigen Weltausstellung, auch wenn sie noch nicht so bedeutsam war wie heute, unterschätzt hat, braucht jetzt nicht mehr diskutiert zu werden. Für ihn stand der Freiraum für die aufgestaute Produktivität auf dem Spiel, den ließ er sich nicht nehmen. Er verließ Wien noch im April. Das Schubert-Fest fand ohne ihn statt, der Singverein war darin vertreten mit einigen geistlichen Chören, die Eduard Kremser, zweiter Chormeister des Männer-Gesangvereins, leitete, was sogleich zu Spekulationen führte, er werde im Herbst Brahms' Nachfolge antreten.

Zwar hatte Brahms sich noch eine Zeitlang im Umkreise Wiens aufgehalten, in der Steiermark, auch mit einer Reise nach Berlin geliebäugelt, war einige Tage in Graz gewesen. Vielleicht hatte er in Berlin mit Joseph Joachim über das in Bonn geplante Schumann-Fest und die aus ihm erwachsenen Verstimmungen sprechen wollen. Baden-Baden jedenfalls war ihm um derentwillen als Sommeraufenthalt verleidet, er mochte Clara Schumann dort nicht begegnen. So mag die Erinnerung an die im Kriegsjahr 1870 unternommene Reise an den Starnberger See ihn bewogen haben, sich dort nach einem Sommerquartier umzusehen. Er fand es in der Mitte der Nord-Süd-Ausdehnung des Sees, an seiner breitesten Stelle, in Tutzing und quartierte sich im Wirtshause am See ein. Am 14. Mai traf er dort ein und berichtete Hermann Levi von seinen ersten Impressionen: „Tutzing ist weit schöner, als wir uns neulich vorstellen konnten. - Eben hatten wir ein prachtvolles Gewitter, der See fast schwarz, an den Ufern herrlich grün, für gewöhnlich ist er blau, doch schöner, tiefer blau als der Himmel. Dazu die Kette schneebedeckter Berge - man sieht sich nicht satt."[174]

In Anspielung auf die vielfachen Ablenkungen der letzten Som-

[174] Briefwechsel Bd. 7, S. 134.

meraufenthalte in Baden-Baden und die umfangreichen Verpflichtungen im Winter in Wien, die seine Produktivität doch sichtbar einschränkten, hatte Levi schon im Februar gemahnt: „Ich habe schon lange meine stillen Bedenken. Im Sommer Saus und Braus in Baden-Baden, im Winter Braus und Saus in Wien. Wo bleibt da die Sinfonie? Wie soll da Allgeyer[175] später ein Capitel überschreiben: ‚Periode der inneren Sammlung‘? Lasse es gut sein mit einem Jahre! Für das Dirigieren und das Herumschlagen mit Dilettanten sind wir kleinen Leute da.“[176]- Levi war offensichtlich nicht klar, daß Brahms mit diesem Dirigentenamt, das für ihn fraglos lediglich Durchgangscharakter hatte, ein ganz konkretes Ziel verfolgte, dessen Realisierung er im Tutzinger Sommer 1873 einen entscheidenden Schritt näherkam. - Wie erinnerlich hatte er seinen Weg zum abstrakten Klang des Streichquartetts konsequent verfolgt von den Werken mit Klavier und den stärkeren Besetzungen der beiden Sextette ausgehend, und war einer Lösung seiner kompositorischen Probleme so nahe, daß es zumindest von dem Stück in c-Moll eine aufführbare Fassung gab, auch wenn ihn das Resultat einer Probeaufführung mit dem Florentiner Quartett im vergangenen Sommer noch nicht ganz befriedigt hatte. Das Werk stand jedenfalls unmittelbar vor dem Abschluß. Anders ging es mit der Symphonie, von deren Existenz die Freunde auch seit Jahren wußten. Hier gab es noch keine definitive Fassung, und Brahms führte das auf seinen Mangel an Orchestererfahrung zurück. Das war der innere Grund für die Annahme des Dirigentenamts gewesen. Es hatte schon soweit gefruchtet, daß er die neue Erfahrung produktiv umsetzen konnte, allerdings noch nicht mit der Symphonie, sondern an der relativen Unverbindlichkeit der Variationenfolge, wie er sie zuletzt mit den Händel-Variationen op. 24 erprobt hatte, und erstaunlicherweise noch zu dieser Zeit, wie bei dem Klavierquintett op. 34, mit einer reinen Klavierfassung im Hintergrund. Aber nach der Serie der Chor-Orchesterwerke um das Deutsche Requiem herum (op. 50, 53, 54, 55) sind die sogenannten Haydn-Variationen sein erstes selbständiges Orchesterwerk, und wie um das zu betonen, erhielten sie die anschließende Opuszahl 56.

Als er nun daranging, zum ersten Male mit einem Streichquartett an die Öffentlichkeit zu gehen, geschah dies, wie so häufig in seinem Schaffen, mit einem Zwillingswerk, den beiden Stücken in c- und a-Moll, zusammengefaßt unter der einen, zunächst ausgesparten Opuszahl 51. Von einem c-Moll-Quartett ist in der Korrespondenz seit dem De-

175 Julius Allgeyer, Kupferstecher, Photograph und Kunsthistoriker.
176 Briefwechsel Bd. 7, S. 131f.

zember 1865 immer wieder die Rede.[177] Es ist aber keineswegs ausgemacht, ob es sich dabei um das spätere op. 51 Nr. 1 gehandelt hat oder eine frühere Fassung davon, oder ob Teile oder gar das ganze Stück ausgewechselt wurden. Das zweite Quartett in a-Moll ist in der Korrespondenz hingegen nicht nachweisbar. Je näher das Datum der Fertigstellung der Quartette rückte, desto größer ist selbstverständlich die Wahrscheinlichkeit, daß Erwägungen im Briefwechsel das c-Moll-Stück in der Fassung des veröffentlichten Opus 51 meinen. Eine Probeaufführung mindestens des ersten Quartetts - von dem zweiten ist nie die Rede, aber nach Brahms' Arbeitsweise ist wenig wahrscheinlich, daß es in einem Zuge 1873 konzipiert und niedergeschrieben wurde - mit dem Florentiner Quartett in Baden-Baden hatte ihn noch nicht überzeugt. Im Tutzinger Sommer 1873 überarbeitete er das Stück noch einmal gründlich, „zum zweiten Mal geschrieben“, nannte er das in seinem handschriftlichen Werkverzeichnis. Im September fand im Hause des nach München übersiedelten Hermann Levi eine weitere Probeaufführung mit dem Münchener Walter-Quartett statt, und noch im selben Monat gingen die Stücke an Simrock, im November lagen sie gedruckt vor. Die Uraufführung des zweiten Werks fand in der Berliner Singakademie am 18. Oktober 1873 mit dem Joachim-Quartett statt, das c-Moll-Stück wurde am 11. Dezember in der Gesellschaft der Musikfreunde in Wien mit dem Hellmesberger-Quartett uraufgeführt.

Auffällig ist an dem c-Moll-Quartett schon die komplexe Struktur des Themenkopfes:

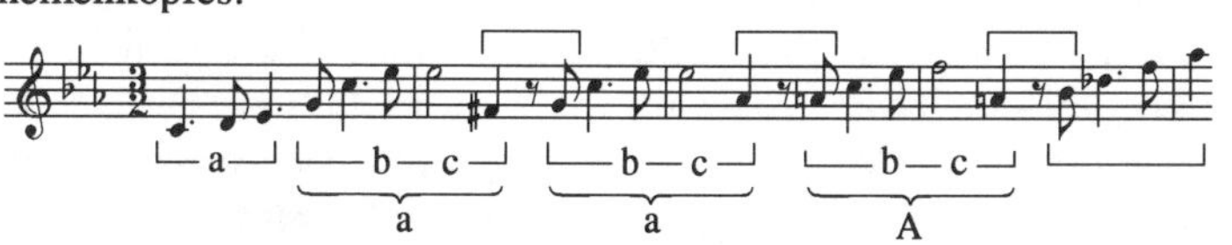

das volltaktig einsetzende erste Motiv spielt zunächst bei seiner Entfaltung keine Rolle, aber die folgende Motivkombination mit der auftaktigen anspringenden Quarte, dem vorweggenommenen Spitzenton und der abspringenden verminderten Sept bzw. Sexte, dem vorklassischen Modell des Leittons von oben und unten zum Quintrahmen, dessen Zielton hier noch ausgespart ist, wird zu einem potenzierten Dreischritt, der Steigerungsform a a A, ausgebaut, deren expandierendes Schlußglied nicht nur selbst wieder diesen Thementypus ausbildet, sondern durch die Verkürzungen der Motivkombination ein weiteres Beschleunigungsmoment einträgt, das in T. 7 durch den Halbschluß mit Tonika-Sextakkord -

177 Vgl. Briefwechsel Bd. 6, S. 40 und 43; sowie Clara Schumanns Tagebuch bei B. Litzmann: Clara Schumann Bd. 3, S. 194.

Dominante motivisch zum Stillstand gebracht, metrisch durch die liegenbleibende leere Dominante zur klassischen Ebenmäßigkeit abgerundet, zugleich jedoch harmonisch geöffnet wird. Ein weiteres Entwicklungsmoment fügt Brahms durch die Halbtonschritte der Sequenzbildung hinzu: fis-g, as-a, a-b. In diesem Themenkopf drängt jedes Element nach vorn; nur hatte er ja eigentlich diese vorwärtstreibende, finalgerichtete Themenbildung mit ihrer Beethoven-nahen Konsequenz für die Formbildung spätestens mit der zum ersten Klavierkonzert gewordenen verunglückten 1. Symphonie aufgegeben und, wenn überhaupt, nur noch nachrangig eingesetzt. Die Frage ist nun, ob man einen derartig rein stilanalytisch und -kritisch begründeten Befund angesichts des Fehlens dokumentarischer Belege zugrundelegen darf, um eine Komposition, zumindest ihrer thematischen Konzeption nach, um fast ein Jahrzehnt über die historischen Quellen hinaus zurückzudatieren. Nicht zu übersehen ist ferner, daß in den finalgerichteten Expansions-Thementypus der Klassik formprägende Elemente eingebaut sind wie die Verklammerung der Sequenzen durch gleiche Schritte, sowie Züge der „entwickelnden Variation", welche seit op. 25 in Brahms' Schaffen manifest sind. Sie könnten ein Hinweis darauf sein, daß in einer späteren Schicht, die der „ersten Reifezeit" zuzurechnen wäre, also der Werkgruppe um die beiden Streichsextette, die beiden Klavierquartette und das Klavierquintett herum, eine ursprüngliche thematische Konzeption der späteren Gestaltungsweise angepaßt wurde. Aber das ist, wenngleich vielleicht durchaus plausible, bloße Spekulation und kein Beweis.

Die liegenbleibende Dominante g in der Bratsche, die vom Sextakkord der Subdominantparallele aus erreicht wird, füllt die siebentaktige Periode zur klassischen Achttaktigkeit auf, wird jedoch sogleich Keimzelle einer neuen Entwicklung, indem Brahms denselben Vorgang sequenzierend mit ges'-f' zur Dur-Subdominante wiederholt und damit auch das Element der chromatischen Sequenzverknüpfung aus dem Kopfthema, abgewandelt zur Gegenbewegung, einsetzt. Verteilt auf Bratsche und zweite Violine beginnt in T. 11 die Weiterentwicklung des Kopfmotivs, zu welcher Brahms eine sangliche Gegenstimme erfand,

die zweimal mit leichter Abwandlung erklingt, bevor sie in die zweite Violine verlegt wird, während nun Cello und Bratsche das Kopfthema weiter verändern und die erste Violine die chromatischen Abwärtsschritte augmentiert hinzufügt, somit drei Strukturebenen simultan kombinierend. Beginnend mit T. 23 wiederholen Bratsche und Cello abschließend das Kopfthema, kontrapunktiert zunächst von einem aus dem Kopfmotiv entwickelten Lauf durch zweieinhalb Oktaven in den Violinen, der den Tonraum gleichsam aufreißt bis in die zwei- und dreigestrichene Oktave zu Pendeloktaven, abgeschlossen von einem Zitat des Kopfmotivs auf der Tonikaparallele, dessen Mollvariante und kadenzierend in die Zwischendominante zur Tonikaparallele B-Dur.

In diese Kadenz hinein nimmt die Bratsche die Pendeloktaven aus der Schlußgruppe des ersten Themenkomplexes wieder auf und macht sie zum Bindeglied, das Haupt- und Seitensatz verbindet. Mit T. 35 erscheint das zweite Thema, dominantisch zu es-Moll, um rasch über den verminderten Septakkord in den Bereich D-/Cis-Dur überzuwechseln. Zweimaliges Auftreten des Themenkopfes aus dem ersten Themenkomplex (T. 75) leitet zur Wiederholung der Exposition bzw. zur Durchführung über, eine außerordentlich knappe, präzise und motivisch prägnante Exposition, der mit 50 Takten eine ebenso knappe Durchführung folgt, das heißt, sie ist um ein Drittel kürzer als die Exposition. Die entscheidenden Vorgänge mit den Themen liegen bereits in dieser, im Gegensatz zu Beethovens Formkonzeption ist nicht die Durchführung der Ort der Austragung der im Themenmaterial angelegten Konflikte, selbst da nicht mehr, wo durchaus noch einmal der klassische Expansions-Thementypus im Vordergrund steht. Obwohl der Satz auch im klassischen Sinne über zwei gegensätzliche Themen verfügt, die nicht auseinander entwickelt werden, tritt hier als neues Gestaltungselement hinzu die Art, wie Brahms diesen thematischen Gegensatz vermittelt, das stark dynamische Hauptsatz-Thema mit einer nur rhythmisch bewegten, tonlich jedoch eher starren neuen Gegenstimme versieht und diese auch das Auftreten des Seitensatzes kontrapunktieren läßt. Nur die Tatsache, daß diese Gegenstimme nicht eigentlich thematischen Charakter besitzt, verhindert, daß man von drei Themen sprechen kann, ein thematischer Gegensatz, wie er hier, dem Sonatenprinzip getreu, vorliegt, kann mithin auch aus einer gemeinsamen Gegenstimme „vermittelt" werden. Die Frage ist nur, ob diese Verdichtung der Form schon Bestandteil der quellenmäßig nicht nachweisbaren früheren Stadien der Arbeit an diesem Werk gewesen ist, dessen Hauptthema so auffällig früheren Schaffensphasen nahekommt, oder ob sie nicht gerade Ausdruck der langen Schaffenszeit und somit einer späteren Überformung des Verlaufs auf einem entwickelteren Bewußtseinsstand ist.

Die Aufgabe der einzügigen, finalgerichteten Formidee Beethovens hatte selbstredend Konsequenzen für die Begründung der zyklischen

Form, die ebenfalls darauf beruhte. Die innere Begründung des zyklischen Zusammenhalts wurde zu einer Kernfrage der Glaubhaftigkeit formaler Gestaltung, nicht nur hier und nicht nur für Brahms. Die Ableitung des Mottomotivs zum Finale  aus dem Themenkopf des Hauptsatzes einschließlich des Einmündens in den Dominant-Quintrahmen mit Leitton von oben und unten ist so evident, daß man darüber kein Wort zu verlieren braucht. Die komplementäre Zweistimmigkeit des eigentlichen Finalthemas mit ihren Sequenzen ist im Baß strukturell eingebunden in eine gegenläufige harmonische Moll-Leiter und sogar die Leittonschritte des Kopfthemas aus dem ersten Satz werden strukturell wieder aufgegriffen: cis-d, e-f, g-as. Darüber hinaus wird aber in T. 13 das Mottomotiv mit einer neuen Gegenbewegung kombiniert, die - zur Auftaktigkeit verschoben - zum Thema des dritten Satzes wurde. Akzidentiell schlägt sogar jenes Gegenmotiv, welches im Kopfsatz zwischen Haupt- und Seitenthema vermittelte, ins Finale durch (T. 29ff). Wenn schon diese Derivate der Thematik aus dem Kopfsatz in die Binnensätze hineinwirken, bleibt dies natürlich nicht auf den dritten beschränkt, für den es über die Weiterentwicklung des Finales so deutlich ist, sondern findet sich, wenn auch weniger eindeutig, in der Romanze. Hier erscheinen die punktierten gebrochenen Dreiklänge aufwärts aus dem Kopfthema im Baß und das schrittweise abwärts bewegte und sequenzierte eigentliche Thema ist seinem Wesen nach eine neu dazu erfundene Gegenstimme.

Es ist auffällig, wie stark Brahms in seinem ersten Streichquartett auch bei dessen durchaus kontrastiver Thematik bemüht ist, die unterschiedlichen Themen zu vermitteln, zunächst Kopfsatz und Finale aufeinander zu beziehen, dann aber über das Finale auch in den vorletzten Satz hineinzuwirken. Und wenn schon von den Außen- auf die Binnensätze übergegriffen wird, wird eben wahrscheinlich, daß auch zwischen Kopfsatz und Romanze strukturell vermittelt wird. Das Problem der Einheit in den unterschiedlichen Satzcharakteren eines zyklischen Werks hat offensichtlich eine neue Dimension für ihn bekommen und wird zumindest teilweise die außerordentlich lange Entstehungszeit des Werks erklären, wobei offen bleiben kann, ob die Ursache in seiner eigenen künstlerischen Entwicklung lag, oder gattungsspezifisch ist. In jedem Falle ist seiner Gestaltungsfähigkeit eine neue Dimension zugewachsen, die noch über das mit dem Klavierquintett f-Moll op. 34 Erreichte hinausführt.

Das zweite der beiden Quartette op. 51 ist nicht nur biographisch-dokumentarisch weniger gut belegt, sofern man die Identität des c-Moll-

Werks, und sei es nur im Kern, für die langen Jahre unterstellt, in denen es im Briefwechsel aufscheint. Immerhin ist bei dem in diesem Zusammenhang zitierten Brief Joseph Joachims vom August 1867 bereits von „Quartetten“, also dem Plural, die Rede. Da aber nähere Angaben fehlen, bleibt es Spekulation, ob es sich dabei um die beiden Stücke des op. 51 gehandelt hat, wenn auch sicher keine ganz unbegründete. Es ist das weniger „gearbeitete“ Stück, eine Unterscheidung übrigens, die es mit den meisten Doppelwerken teilt. Es ist weniger, was im englischen Sprachgebrauch als „sophisticated“ bezeichnet wird und mit „intellektuell“ oder „hoch entwickelt“ unzureichend deutsch wiedergegeben werden kann, weil eben keine ästhetische Abwertung damit verbunden werden darf. Auf den Gegensatz zwischen intellektuell überformt und unmittelbar, spontan abzuheben, trifft allerdings bei Brahms auch nicht den Kern der Sache. Ohne Abstriche an seinem ästhetischen Rang zu machen, ist sein gestalterischer Anspruch lediglich weniger rigoros durchgeführt und durchgesetzt. Dann gelingen Brahms Melodien von einer Sanglichkeit und unmittelbaren Eingängigkeit wie der terzenselige Seitensatz (T. 46).

Aber man lasse sich nicht täuschen, denn auch hier ist selbstverständlich Brahms’ Formverständnis am Werke und werden einzelne Schritte des Verlaufs aus vorherliegenden Vorgängen legitimiert: der Beginn mit der Subdominante läßt die Tonika im zweiten Takt, die lediglich als Durchgangsakkord auftritt, dominantisch erscheinen, zumal das dis' in der Bratsche bereits auf die Dominante als Zieltonart hinweist und das subdominantische F in T. 4 durch gis und h' in den Oberstimmen als Baßvorhalt zur Dominante behandelt wird. Der harmonische Sprengstoff, der zur Vorbereitung künftiger Entwicklungen schon in die Themenaufstellung gepackt wird, ist beachtlich. Die relativ nichtssagende Überleitungsfloskel T. 13/14 enthält in Wirklichkeit den Ton- bzw. Intervallvorrat, aus dem Kopf- wie das Menuett- und Finalthema gestaltet wurden, wobei die beiden letzteren einander noch durch Zusatz von Leittönen angenähert sind. Haupt- und Seitenthema des Kopfsatzes sind trotz ihres unterschiedlichen Charakters durch die beiden gemeinsamen Begleitungs-Sextolen vereinheitlicht und selbst die Terzenseligkeit des Seitensatzes ist in T. 20ff des Hauptsatzes bereits vorgeformt. Auch in dem Zwillingswerk des a-Moll-Quartetts ist der Wille zur intellektuellen Überformung des musikalischen Materials deutlich erkennbar, allerdings nicht so dominant wie bei dem ersten seiner Quartette.

Brahms hat die Druckfassung seiner Quartette op. 51 dem bedeutenden Chirurgen Theodor Billroth gewidmet, den er bereits von dem Züricher Requiem-Sommer 1861 her kannte und der inzwischen einen Ruf an die Universität Wien angenommen hatte. An diese Widmung knüpfte sich ein ganzer Rattenschwanz von Spekulationen, denn Brahms hatte in dem Brief, mit dem er den berühmten Arzt um seine formelle Zustimmung zu dieser Widmung bat, nur von dem ersten der Stücke gesprochen: „Ich bin im Begriff, nicht die ersten,[178] aber zum ersten Male Streichquartette herauszugeben. - Es ist nun nicht bloß der herzliche Gedanke an Dich und Deine Freundschaft, der mich dem ersten Deinen Namen voraussetzen läßt, ich denke Dich einmal so gern und mit besonderem Plaisir als Geiger und ‚Sextettspieler'."[179]- Nun ist doch selbstverständlich, daß die Widmung eines Opus im Druck nur auf dem bibliographisch maßgeblichen Innentitel erfolgen kann, wie Brahms es auch in diesem Brief skizzierte, also vor dem ersten Stück des Opus und nicht erneut im Inneren des Druckes vor weiteren Stücken. Insofern scheint mir seine Anfrage eindeutig zu sein.

Kalbeck hat jedoch das Gegenteil daraus geschlossen: Brahms habe die beiden Quartette ursprünglich getrennt herausgeben und widmen wollen.[180] Eigentlicher Zweck dieser Argumentation ist offenkundig wiederum, ein sogetto aus den Tonbezeichnungen herauszudeuten. Die zweite bis vierte Note der ersten Violine ergeben nämlich Joachims Lebensmotto FAE („frei, aber einsam"), fragt sich nur, was man mit der eine solche Deutung störenden ersten Note macht. Aber Kalbeck läßt sich dadurch nicht in Verlegenheit bringen, sondern weist auf das von ihm für Brahms konstruierte Motto f-a-f (mit der unsinnigen Auflösung „frei, aber froh") hin. Brahms habe danach sein angebliches eigenes Motto mit demjenigen Joachims verschmolzen und deswegen das a-Moll-Quartett dem alten Freunde zu widmen beabsichtigt, das dann aber schließlich unterlassen, weil es gerade in diesem Sommer zu einer massiven Trübung in ihrem Verhältnis gekommen sei. Nun hat jedoch seine semantische Deutung der Tonbuchstaben einen unangenehmen Haken: die erste Violine spielt nämlich nicht f-a-f, sondern a'-f''-a''(-c''), sicher musikalisch nur eine Umkehrung, die aber seine semantische Belegung der Töne so plausibel macht wie eine Verdopplung des Konsonanten, die das Thema dann in die Nähe von Max Regers berühmt-berüchtigter Violinsonate op. 72 rückte. Das Ganze ist also eher ein Beitrag zum un-

178 Anspielung auf die vernichteten Vorläufer.

179 O. Gottlieb-Billroth [Hrsg.]: Billroth und Brahms im Briefwechsel. Berlin / Wien 1935, S. 200. Billroth hatte bei einer Aufführung von Brahms' op. 18 in seinem Hause die 2. Viola spielen wollen, diese auch geübt, brachte es aber vor Aufregung nicht fertig. Auch die Klavierfassung der Haydn-Variationen hatte für die Widmung an Billroth zur Wahl gestanden.

180 M. Kalbeck: J. Brahms, Bd. 2, S. 444.

freiwilligen Humor in der Musik. Daraus die Absicht einer getrennten Herausgabe und Widmung der beiden Quartette abzuleiten, gibt die Quellensituation einfach nicht her.

Aber auch mit der Widmung an Theodor Billroth bekam Brahms Probleme. Er hatte dem Freund nämlich nicht nur die öffentliche Ehrung der Widmung zukommen lassen, sondern ihm auch die Handschriften der Werke geschenkt. Als der nun seinen neuen Wohnsitz in der Kolingasse einweihte, gewahrte Brahms in seinem Arbeitszimmer eine große Photographie von sich aus den 60er Jahren. Zum Entsetzen des Autographenliebhabers und -sammlers hatte Billroth jedoch die erste Zeile des c-Moll-Quartetts mit der Autorenangabe aus dem Manuskript geschnitten und zu der Photographie unter das Glas gesteckt. - Noch geraume Zeit später bebte in ihm die Erregung über diesen Akt des Vandalismus, wie er es sah und auf eine Stufe stellte mit Ferdinand Schuberts Angewohnheit, Autographen des großen Bruders zu zerschneiden und stückweise als Fleißkärtchen an Schüler zu verschenken: „Nu, denken Sie nur, auch Billroth hat mein Quartett zerschnitten, denken Sie sich! Und er mußte doch wissen, daß ich ihn so lieb habe, daß ich ihm, wenn ich ihm damit einen Wunsch erfülle, auch das ganze Quartett noch einmal abschreibe! Und schneidet da ein Stück heraus!“[181]- Später hat Billroths älteste Tochter Else das mißhandelte Autograph zum übrigen Brahms-Nachlaß zurückgegeben, selbstverständlich mit der abgeschnittenen Zeile, und Eusebius Mandyczewski, der Archivar der Gesellschaft der Musikfreunde Wien, dem wir diesen Bericht verdanken, hat sie von einem Handschriften-Restaurator wieder anfügen lassen, sowie eine Aktennotiz über die Geschichte beigefügt.

Im Zusammenhang mit der angeblichen Absicht, das a-Moll-Quartett Joseph Joachim zu widmen, hatte Kalbeck auf eine tiefgreifende Verstimmung zwischen den alten Freunden hingewiesen, welche dies letztlich verhindert habe. Konkret daran war allerdings nur die Entfremdung, die verursacht wurde durch ein in Bonn für den Sommer 1873 geplantes Schumann-Fest, dessen Reinerlös der Errichtung eines würdigen Grabmals zugute kommen sollte. Brahms' Geltung im deutschen Musikleben hing weitgehend an der breiten Akzeptanz seiner Trauermusik des Deutschen Requiems, von dem jeder Interessierte wußte, wie innig es mit Robert Schumann verbunden war. Brahms konnte also umso mehr mit gutem Grund davon ausgehen, daß man es bei dieser Gelegenheit und unter seiner Leitung aufführen werde, als ja die Endredaktion in Bonn vorgenommen worden war. Dort hingegen sah man das anders: Festdiri-

181 O. Gottlieb-Billroth: Billroth und Brahms im Briefwechsel, S. 147f.

gent wurde wie selbstverständlich der städtische Musikdirektor Joseph Wilhelm von Wasielewski, der noch unter Schumann Konzertmeister im Düsseldorfer Orchester gewesen war. Als auswärtigen Stargast verpflichtete man aus dem Schumann-Kreis wiederum nicht etwa Brahms, immerhin damals künstlerischer Leiter der Konzerte des Wiener Musikvereins, sondern den Publikumsmagneten der Zeit, Joseph Joachim, wohlgemerkt als Dirigenten. Frau Schumann und er setzten nun alles daran, gegen den örtlichen Widerstand wenigstens die Aufführung des Brahms-Requiems durchzusetzen, wenn dies schon nicht unter seiner Leitung geschehen konnte.[182]

Kaum konnte sie den Erfolg ihrer Bemühungen melden,[183] die freilich für Brahms höchst unangenehm sein mußten, weil für sein Verständnis das Durchsetzen seines Werkes ihn gegenüber dem zu feiernden Robert Schumann über Gebühr in den Mittelpunkt rückte, ging eine weitere Mine hoch. Die graue Eminenz des Bonner Musiklebens, der im Caecilianismus steckengebliebene Altphilologe Prof. Dr. Friedrich Heimsoeth, als Schwiegersohn der Familie Schaffhausen zu den einflußreichsten Kreisen der Stadt zählend, hatte gegenüber Clara Schumann geäußert, eigentlich wäre es doch schön, wenn Brahms zu dem Fest ein dem Gedenken Schumanns gewidmetes Gedicht vertone. Sie fand das auch, hatte aber wohl nicht bedacht, daß man damit den so gar nicht puristisch-caecilianischen Brahms aus dem Kreis der großen Festkonzerte hinaus und auf ein Gelegenheitswerk abdrängte, und hatte diese Arabeske der Vorgespräche bald wieder vergessen. Der intrigante Heimsoeth münzte jedoch die en passant gegebene Zustimmung Clara Schumanns in einen Brahms zu übermittelnden Auftrag um. Nun allerdings war für den das Maß voll; in einem indigniert verklausulierten Brief an Heimsoeth lehnte er ab, nicht ohne Hinweis darauf, die Verlegenheit, in die Heimsoeth ihn gebracht habe, ermögliche es ihm, „freilich, meinen eigentlichen Grund zu verschweigen". Leider beging er den Fehler, in seiner tiefen Bescheidenheit ausgerechnet in diesem Zusammenhang die rhetorische Frage zu stellen, „wozu überhaupt ein anderer redet als der, dessen Gedächtnis Sie feiern?" und dies ausdrücklich auch auf sein eigenes Requiem auszudehnen. - Nun konnte man sich in Bonn bei der Streichung des Deutschen Requiems sogar auf den Komponisten selbst berufen. Damit entfiel zugleich die Notwendigkeit, Joachim überhaupt das geplante Chorkonzert dirigieren zu lassen, Wasielewski konnte es mit einer Aufführung von „Das Paradies und die Peri" selbst überneh-

182 Vgl. Clara Schumann - Johannes Brahms. Briefe, Bd. 2, S. 17.
183 Clara Schumann - Johannes Brahms. Briefe, Bd. 2, S. 19.

men. Clara Schumann fand zwar die Darbietung „zu dilettantisch“,[184] also eigentlich einer Schumann-Ehrung wenig angemessen, aber Brahms erschien überhaupt nicht mehr im Festprogramm. Dafür hatte man in Bonn den gesamten engsten Schumann-Kreis gegeneinander aufgebracht; Brahms fühlte sich mit Recht düpiert, denn man hatte das Deutsche Requiem erst nur widerwillig ins Programm genommen, von der Streichung hatte er überhaupt lediglich aus der Zeitung erfahren. Daß Joachim sich zeitweilig darauf eingelassen hatte, es anstelle seines Schöpfers zu dirigieren, führte zu einer schweren Verstimmung zwischen den Freunden, aus der Kalbeck sogar den Widerruf der beabsichtigten Widmung von op. 51 Nr. 2 machte, der sich allerdings nirgends belegen läßt. Andererseits mußte Brahms annehmen, Frau Schumann habe tatsächlich das Bonner Komiteemitglied Heimsoeth autorisiert, ihn um eine Gelegenheitskomposition für das Schumann-Fest anzugehen und daher selbst die Aufführung des Deutschen Requiems nur halbherzig betrieben, zumal sie gegen dessen Wiederabsetzung augenscheinlich nichts unternommen hatte, denn sie hatte ihrerseits keinen Anlaß, die Bonner Auskunft anzuzweifeln, Brahms selbst habe dies veranlaßt.

Wäre Brahms, wie er ursprünglich beabsichtigt hatte, im Frühjahr nach Berlin gefahren, hätte sich dies ganze Geflecht von Intrigen wahrscheinlich von selbst aufgelöst. Es hätte sich z.B. herausgestellt, daß Wasielewski noch am 17. März 1873 an Joachim geschrieben hatte, „Du [Brahms] wolltest eine Chorkomposition geringeren Umfangs [neu] schreiben, und so erklärte ich mich denn mit der Aufführung der Peri dazu einverstanden.“[185] Als ihm danach Zweifel gekommen waren, hatte Joachim nach Bonn geschrieben, „daß ich an meinem ursprünglichen Programm mit dem Requiem festzuhalten wünsche.“ Daß er damit einen Fehler begangen habe, scheint selbst ihm noch immer nicht aufgegangen zu sein. Er war aber von Wasielewski mit offen unrichtigen Angaben zur Erklärung seines Einverständnisses gebracht worden. Brahms konnte ihm daher den bitteren Kommentar nicht ersparen: „Ich habe nie viel Respekt vor Komitees gehabt ... und muß nun bekennen, daß Dein Bonner Komitee ein ausgezeichnetes Exemplar ist. Sie widersprechen nicht, aber bist Du nicht eigensinnig, so bringen sie mit Lügen und Aufschieben ihren Willen durch ... Es ist mir klar, daß die Direktion anders in Programmfragen denkt als Du; wenn Wasielewski aber am 17ten März noch von schwebenden Unterhandlungen mit ihm schreibt, so ist das

[184] So im Tagebuch, B. Litzmann: Clara Schumann, Bd. 3, S. 295.
[185] Briefwechsel Bd. 6, S. 81.

keine ehrliche Manier, ihren Willen durchzusetzen.“[186] Wie tief dieser Stachel gesessen hatte, zeigt ein weiterer Brief zwei Monate später, in dem Brahms resümiert, „daß ich nie an die Aufführung geglaubt habe, weil das Komitee sie nicht wünscht und - der Herr Direktor ein höflicher Mann sind.“[187] Das Letztere war eine besondere Ohrfeige, denn mit dem Satz waren in der Hannoveraner Hofkapelle Zweifel an der Glaubwürdigkeit von Elogen Joachims über Leistungen von Kapellmitgliedern begründet worden.

Jedenfalls war Brahms durch diese Intrigenwirtschaft und die verbliebenen Zweifel an der Einsatzbereitschaft der engsten Freunde für seine Sache auch der Sommeraufenthalt in Baden-Baden im Umkreis Frau Schumanns verleidet, mit ein Grund für die Wahl des Starnberger Sees. - Es kostete den Dirigenten Hermann Levi jedenfalls einige Überredungskünste, den ganzen Schumann-Kreis wenigstens zum Schumann-Fest in Bonn wieder zusammenzuführen. Dort traf man nach den tiefsitzenden Verstimmungen vom 17. bis 19. August 1873 wieder aufeinander. Im Anschluß daran fuhr er doch noch für eine knappe Woche mit Clara Schumann nach Lichtenthal bei Baden-Baden - sie war ohnehin im Begriff, diesen Wohnsitz für immer aufzugeben -, bevor er mit kurzem Zwischenaufenthalt in München nach Tutzing zurückkehrte, um die, zunächst noch private, Erstaufführung des anderen Werkes vorzubereiten, das er in diesem Tutzinger Sommer geschrieben hatte. Wenn man davon ausgeht, daß es sich bei den Quartetten überwiegend um eine Schlußredaktion handelte, ist dies andere Werk sogar der eigentliche kompositorische Ertrag des Sommers 1873.

Es handelte sich um das nach dem „Wiegenlied“ populärste seiner Werke, die Haydn-Variationen op. 56. Bevor man sich ihnen zuwenden kann, ist daran zu erinnern, daß Brahms seit Jahren an einer Symphonie laborierte, mit der er jedoch noch nicht zum Abschluß kommen konnte. Nicht zuletzt im Hinblick darauf hatte er das Engagement als artistischer Direktor der Gesellschaft der Musikfreunde angenommen, das ihm die fehlende Orchestererfahrung einbringen sollte. Und gleich nach seiner ersten Saison als Dirigent fühlte er sich fähig, an sein erstes reines Orchesterwerk zu gehen, noch nicht an die liegengebliebene Symphonie, die neben den Problemen der Orchestration auch noch solche der Gestaltung machte, sondern mit einem Variationen-Zyklus, mit welcher Gattung er ja spätestens seit den Händel-Variationen op. 24 die volle Meisterschaft erreicht zu haben glauben durfte. Aber selbst hier stehen noch

186 Briefwechsel Bd. 6, S. 83.
187 Briefwechsel Bd. 6, S. 89.

wie bei op. 34 zwei Versionen nebeneinander, die bekannte für Orchester und eine andere für zwei Klaviere. Es ist also schon phänomenal, mit welcher Konsequenz Brahms seinen Weg zur Symphonie vorbereitet hat.

Er wurde auf das Thema von dem Haydn-Forscher Carl Ferdinand Pohl hingewiesen. Das war allerdings kein Zufall, denn er war ein ebenso großer Handschriften-Liebhaber und -Sammler wie Haydn-Verehrer mit einem klaren Gespür für erarbeitete und errungene Klassizität. Vom langsamen Satz der Haydn-Symphonie Nr. 88 soll er einmal gesagt haben, so wünsche er sich, daß der seiner letzten Symphonie aussehen werde. Da die Beschäftigung mit Haydn auf den unterschiedlichsten Stufen seiner Entwicklung stattfand, ist der Zeitpunkt, zu dem er sich dieses Thema abschrieb, nicht genauer festzulegen. Die Abschrift aus dem Divertimento Hoboken-Verzeichnis II;46 („Feldparthie") hat sich in seinem Nachlaß erhalten. Dort steht die Melodie unter der Überschrift „Chorale St. Antonii"; es handelt sich demnach wohl nicht um ein Original-Thema Joseph Haydns. Im Briefwechsel ist das Werk erst greifbar, als es wohl schon fertig war. Als er in dem zitierten Brief an Theodor Billroth diesem die Widmung der Streichquartette op. 51 anbot, wurde auch die Klavierfassung der sogenannten Haydn-Variationen als mögliche Alternative genannt, aber das reicht als Beweis für deren frühere Entstehung selbstverständlich nicht aus. Wir müssen also davon ausgehen, daß es sich primär um ein Orchesterwerk handelt mit der Klavierfassung als möglicher Rückzugsposition im Hintergrund. Das wird bestätigt durch den Brief, mit dem er sie Simrock zum Verlag anbot: „sie sind eigentlich Variationen für Orchester."[188] Aber auch das und ein späterer Brief besagen nichts für die Frage einer zeitlichen Priorität, denn da ging es Brahms darum, daß er „nicht gern die Lesart für zwei Klaviere als ein Arrangement angesehen wissen"[189] wollte.

Kompositorisch gehen die Haydn-Variationen über das in den Händel-Variationen Erreichte nicht hinaus, es war das zu dieser Zeit und unter seinen gestalterischen Prämissen Erreichbare. Sie sind also eine echte Studie im Orchestersatz auf der Basis dessen, was er in dieser Gattung für machbar hielt, vergewissert an der Klavierfassung, welche die Anlehnung an sein op. 24 für ihn in jeder Phase kontrollierbar machte. Nach der exemplarischen Lösung in seinem ersten Streichquartett ist jedoch vorauszusetzen, daß die immanente „Logik" der zyklischen Form in die Variationenkette durchschlug und diese von der

188 Briefwechsel Bd. 9, S. 147.
189 Briefwechsel Bd. 9, S. 150.

beinahe beliebigen Reihung fortführte: die Idee der Verdichtung und Steigerung dringt in die Folge von Variationen ein. Überdies mag ihn nicht nur die Anmut des Themas gereizt haben, sondern auch seine etwas hakelige Metrik von zweimal fünf, zweimal vier und viermal zwei Takten sowie einer angehängten dreitaktigen Coda. Mit deren Wiederholung eröffnet Brahms seine Variationenreihe, wie in klassischen Sonatensätzen (Mozart) häufig die Schlußgruppe der Exposition die Durchführung beginnt. Die von Brahms frei hinzuerfundene Gegenstimme wechselt in der zweiten Variation teilweise in den Baß und wird mit Varianten zum Kopfmotiv kontrapunktiert. Die dritte und vierte Variation mit ihrem Wechsel zum langsamem Tempo vertreten sozusagen die Stelle des langsamen Satzes im Zyklus, die dritte mit einer neu entwikkelten Variante, während die vierte in Moll die zunächst ins Horn verlegte Melodie mit Motiven der ersten Variation kontrapunktiert. Entsprechend vertritt die fünfte Variation (vivace) den Satzcharakter des Scherzos, motivisch gebildet aus der Umkehrung des Sekundwiderschlages im Kopfmotiv des Themas. In Typ und Charakter nimmt die sechste Variation diese Technik wieder auf, scharf akzentuiert in den Hörnern, während die Violinen bereits - was in den Aufführungen zumeist untergeht - auf das Passacaglia-Thema vorausweisen, wie so häufig bei Brahms, ein thematischer Bezug, der erst nachträglich seine Sinndeutung erfährt. Die tänzerische siebte Variation, vielleicht als Trio zum Scherzo zu deuten, wendet die Motive der ersten Variation ins Spielerische, offenbart aber auch darin letztlich die enge strukturelle Verzahnung, die über die bloße Reihung hinausgeht. Die achte Variation verkörpert einen sonst bei Brahms seltenen Charakter des romantisch Gespenstischen und Zwielichtigen mit ihrem presto pianissimo und mit Sordinen, dessen raumgreifende Motivik sich zunehmend verflüchtigt in das liegenbleibende b der Schlußakkorde des Themas, die zugleich die erste Variation eröffneten, ein Bekenntnis zur geschlossenen Form innerhalb des Variationenzyklus, das klarstellt: Thema und Schlußpassacaglia stehen zwar außerhalb des Zyklus', sind aber in ganz besonderer Weise auf ihn bezogen.

In der Frage der zyklischen Anlage einer Variationenfolge verarbeiten die sogenannten Haydn-Variationen die mit dem ersten Streichquartett gewonnene Erfahrung, darin gehen sie über die Händel-Variationen kompositorisch hinaus, sonst liegt der Fortschritt in der Gestaltung des ersten selbständigen Orchesterwerks. Nur die zusammenfassende Schlußfuge der Händel-Variationen war so ohne weiteres nicht auf Orchester übertragbar. Es dauert bei einer Instrumentalfuge zu lange, bis sich der volle Orchesterklang herstellt, der ja erst mit Ablauf der ersten

Durchführung erreicht ist. Brahms entschied sich für die Form der Passacaglia, die einerseits seinem Formideal der strengen, zusammenfassenden Schlußbildung entsprach und insofern der Fuge in ihrer ästhetischen Wirkung ähnlich ist, andererseits aber zugleich in den Oberstimmen dem Prinzip der Variation entspricht. Der Passacagliabaß ist - seiner Idee der Variation entsprechend - aus dem Baß des Themenkopfs entnommen, springt dann in die Melodie und kehrt schließlich kadenzierend in den Baß des Themas zurück. Sogar die Fünftaktigkeit der Vorlage hat Brahms übernommen, doch nicht genug damit: in acht Variationen hatte er zuvor das Thema mit seinen zweimal fünf Takten im Vordersatz behandelt, nun führt er seinen fünftaktigen Passacagliabaß in zweimal acht Durchgängen vor, die krönende neunte Variation als Mikrokosmos der voraufgegangenen vollständigen. Das ist in dieser Konsequenz im Verlauf des Stückes nicht hörbar, sehr wohl erfahrbar sind jedoch Dichte und Formstrenge der Gestaltung, und die hat schon das Publikum der Uraufführung verstanden und in ungezählten Aufführungen seither haben sie sich bestätigt.

Noch einmal kehrte Brahms vorübergehend nach München zurück, wo das Walter-Quartett die beiden neuen Streichquartette in einem Hauskonzert bei Hermann Levi vortrug und Brahms zusammen mit dem Hausherrn die Klavierfassung der Haydn-Variationen zum ersten Male halböffentlich spielte. Ein Vortrag dieser Version am Rande des Bonner Schumann-Festes hatte sich zerschlagen, weil Levi wegen des Todes seiner Schwester nicht hatte kommen können, die dafür hergestellte Kopistenreinschrift hatte ihm dann wenigstens ermöglicht, sie mit Clara Schumann in Baden-Baden prima vista zu spielen. - Mitte September kehrte er nach Wien zurück, nachdem das Direktorium der Gesellschaft der Musikfreunde seine Rückkehr angemahnt hatte, zunächst zu einem der geplanten Weitausstellungs-Konzerte, dann zur Aufführung seines Triumphliedes. Brahms seinerseits bot lediglich eine Wiederholung des Saul von Händel an, die aber nach so vielen Monaten auch nicht ohne Auffrischungsproben zu bewerkstelligen gewesen wäre. Zu seiner Erleichterung wurde jedoch keiner dieser Pläne realisiert, er konnte daher seinen Aufenthalt in Tutzing so lange wie möglich ausdehnen und der Endredaktion der Orchesterfassung der Haydn-Variationen widmen. In Wien bemühte er sich um die Klavierbearbeitung der Quartette, aber nur die des ersten wurde neben dem intensiv einsetzenden Proben- und Konzertbetrieb auch fertig. Beide Quartette wurden im Hause des Widmungsträgers Theodor Billroth aufgeführt, Hellmesberger brachte am 13. November das A-Dur-Klavierquartett heraus und führte am 11. Dezember das Streichquartett c-Moll den Wienern vor. Otto Dessoff zeigte sich an den Haydn-Variationen so interessiert, daß er Brahms bat, sie in seinem Saisoneröffnungs-Konzert der Philharmoniker aufführen zu dürfen und der willigte umso lieber ein, als Dessoff ihm die Leitung selbst überließ.

Am 2. November 1873 fand die Uraufführung statt, Brahms zum ersten Male als Dirigent der Philharmoniker, bei der Generalprobe sich im Kreise vertrauter Freunde geborgen fühlend, was für ihn immer besonders wichtig war. Hermann Levi und Julius Allgeyer waren anwesend, die Sängerin Ottilie Hauer-Ebner, Theodor Billroth und der dichtende Landsmann Klaus Groth. Der berichtet in seinen „Erinnerungen“: „Wir waren in dem großen Saal fast allein; nur einige Damen saßen an einem Ende, still in der Ecke und mit mir, nicht weit vom Orchester ab, Prof. Billroth, der intime Freund von Brahms, selber Musiker als Dilettant, der berühmte, zu früh verstorbene Chirurg, dem mich Brahms vorstellte. Es wurde vorläufig die A-Dur-Symphonie von Beethoven gespielt, mir zum Entzücken mit dem herrlichen Orchester, dessen Tonfülle zu hören mir ganz ungewohnt war. Brahms ging inzwischen auf und ab oder in ein Nebenzimmer und entschuldigte sich bei mir, was nicht nötig war, mit dem Bemerken: ‚Du, ich kenne das hinreichend!‘ Da begannen die Variationen. Nachdem ein Teil gespielt worden war, trat der Dirigent vom Podium zurück, Brahms zog seinen Überrock aus - das machte auf mich den Eindruck als ginge es an eine gewaltige Muskelarbeit - betrat das Podium, rief ein Wort mit seiner rauhen Stimme ins Orchester hinein, das ihn mit einem lauten Tusch begrüßte, dann kommandierte er aus dem Gedächtnis heraus einige Sätze zur Wiederholung, - ich war erstaunt, wie er, ohne aufzublicken, z.B. ‚Buchstabe C im dritten Takt!‘ und dergleichen mehr rief. Ich war entzückt und hingerissen von der herrlichen Musik. Billroth konnte nicht bis zum Ende warten, nahm Abschied von mir mit dem Bemerken: ‚Sagen Sie Brahms, ich hätte fort müssen, die Komposition hätte mir auch im einzelnen gefallen.‘ Dies berichtete ich natürlich zum Schluß Brahms, mit dem Hinzufügen: ‚Das ist auch meine Ansicht‘, worauf er mir in seiner ironisch heiteren Art erwiderte: (so pflegte er es zu machen) ‚Ja, du bist ja auch unmusikalisch!‘“[190]

Groth als guter Beobachter hatte Brahms’ Nervosität vor seinem ersten Auftritt bei dem berühmten Orchester mit einem auch von ihm selbst noch nie gehörten neuen Werk erkannt, die er als Überdruß an der zu oft gehörten 7. Symphonie Beethovens kaschierte, aber auch sein vielleicht allzu forsches und lautes Auftreten vor dem Orchester als Un-

[190] Zitiert nach M. Kalbeck: J. Brahms, Bd. 2, S. 479.

sicherheit diagnostiziert. Natürlich wußte er ganz genau, was er da geschaffen hatte, aber wie meist in solchen Fällen verbarg er seine Freude darüber, daß auch andere, auf deren Urteil er im Grunde Wert legte, das gemerkt hatten, hinter dem Sarkasmus, sie seien eben unmusikalisch. - Am 2. November 1873 fand die Uraufführung der sogenannten Haydn-Variationen statt und löste allgemeine Begeisterung aus. Natürlich waren die Verästelungen und Tiefen des Werkes nicht beim erstmaligen Hören zu erkennen, aber die Hörer hatten zumindest ein Gespür für die große kompositorische Gestaltungskraft, die sich in ihm äußerte, und reagierten entsprechend.

Schon eine Woche später leitete Brahms im selben Saal sein erstes eigenes Saisonkonzert mit Singverein und Orchester der Gesellschaft der Musikfreunde. Auf dem Programm standen Händels Alexanderfest und als orchestrale Einleitung Beethovens Coriolan-Ouvertüre. Bis zum zweiten Gesellschaftskonzert am 7. Dezember blieb nicht einmal ein Monat Vorbereitungszeit, ein abendfüllendes Chorwerk war so rasch nicht einzustudieren, so wurde wieder ein Mischprogramm daraus: Schuberts Ouvertüre zu der im übrigen trotz musikalischer Schönheiten nicht wiederbelebbaren Oper „Fierabras“, woran sich eine Einlegearie anschloß, die Schubert für Herolds „Zauberglöckchen“ komponiert hatte; Gustav Walter sang das damals noch unveröffentlichte Stück. Der von Brahms geschätzte Pianist Emil Smietanski, der später bei einem Eisenbahnunglück ums Leben kam, spielte im ersten Teil Robert Volkmanns Konzertstück für Klavier und Orchester und zum Abschluß Beethovens Chorphantasie op. 80, nachdem der zweite Teil mit kürzeren Chorsätzen und der Bach-Kantate „Nun ist das Heil“ eröffnet worden war. - Eine erste öffentliche Ehrung widerfuhr ihm, als ihm auf Vorschlag Franz Lachners der bayrische Maximiliansorden für Wissenschaft und Kunst verliehen wurde, und sei es vielleicht auch nur, um dessen Verleihung an Wagner den Charakter der Einmaligkeit zu nehmen.

Clara Schumann war in den Wochen nach Brahms' Abreise vielfältigen Belastungen ausgesetzt gewesen, Brahms' Patensohn Felix, ohnehin mit einer Tuberkulose-Infektion belastet, war auch noch an Rippenfell-Entzündung erkrankt, die er zwar überwand, aber zum ersten Male hatte sich angedeutet, daß ihm kein langes Leben beschieden sein könnte. Von ihm geschriebene Gedichte hatte sie an Brahms geschickt und scheinbar ungelesen ziemlich postwendend zurückerhalten. Die Aufgabe des Lichtenthaler Hauses und die Übersiedlung nach Berlin, wo sie sich musikalisch so gar nicht heimisch fühlte, dies aber schließlich im Interesse des Studiums von Felix in Kauf nahm, hatten sie emotional doch stärker mitgenommen, als sie sich vorgestellt hatte. Anfang Oktober war ihr Vater gestorben und sie hatte seine Witwe in ziemlich unguten Verhältnissen angetroffen, obwohl Friedrich Wieck ihr ein ziemliches Vermögen hinterlassen hatte. Ihre Rheumaanfälle machte ihr das Klavierüben zur Qual und zwangen sie, ihre Korrespondenz weitgehend zu diktieren, nur an Brahms schrieb sie weiterhin selbst. Dessen ungeachtet reiste die pflichtbesessene, tapfere Frau in diesen Wochen zwischen Hamburg und München, Mannheim, Frankfurt a. Main (mit dem Klavierquartett g-Moll von Brahms) und Dresden von Nord nach Süd und West nach Ost zu Konzerten durchs Land.

Für ihren Auftritt am 3. Dezember 1873 in Leipzig hatte sie sich etwas ganz Besonderes vorgenommen, und Brahms hat wohl davon gewußt, beim Schumann-Fest in Bonn oder bei seinem anschließenden Besuch in Baden-Baden ist wohl zwischen ihnen darüber gesprochen worden. Fast anderthalb Jahrzehnte nach dem spektakulären Durchfall mit seinem 1. Klavierkonzert beabsichtigte sie nunmehr, dem Werk bei dem Leipziger Publikum Geltung zu verschaffen und es endgültig durchzusetzen. Wegen der Länge des Stücks und des großen Kraftaufwands, den es mit seiner vollgriffigen Klavieristik vom Spieler fordert, muß das in ihrer damaligen Situation ein besonderes Opfer gewesen sein, das sie ihrer Freundschaft brachte. Aber es zeigte sich, daß Orchester, Publikum und Presse mit dem großen Werk immer noch nicht allzu viel anzufangen wußten, so sehr sie sich Mühe gab, in ihrem Bericht an Brahms suchte sie ihren persönlichen Erfolg auf diesen umzulenken: „Genußreiche Stunden habe ich durch Dein Konzert gehabt, ich kann sagen glückliche. Es ist gar zu schön und ist mir in Leipzig sehr gelungen. Das Orchester war gut, aber nicht frei, das konnte auch nicht sein bei einem ihnen so fremden und schweren Stücke. Reinecke hat sich große Mühe gegeben - ich hatte in nichts über ihn zu klagen -, das Publikum verhielt sich respektvoll, sie riefen mich, die Musiker aber und Musikfreunde, deren eine Masse waren, kamen alle und dankten mir, daß ich ihnen das herrliche Werk vorgeführt, und das machte mir denn doch große Freude. Ich müßte es alle Jahre spielen können, noch 3- bis 4mal, dann würde es auch dem Publikum vertraut. Wer weiß aber, ob ich es je wieder spielen kann, denn meine Schmerzen im Arm sind sehr schlimm - ich kann jetzt gar nicht spielen, soll auch eigentlich nicht schreiben, hab' Dir aber doch so vieles zu sagen und entschließe mich so ungern zum Diktieren!“[191]

Die Fachpresse sah das weniger durch die Brille der Freundschaft. So schrieb Jean F. Schucht in der Neuen Zeitschrift für Musik, auch nachdem Franz Brendel 1868 gestorben war: „Klara Schumann spielte in je-

191 Clara Schumann - Johannes Brahms. Briefe. Bd. 2, S. 32.

ner vollendeten Weise, der wir nichts hinzuzusetzen vermögen, ein Konzert von Brahms", von dem er auch so lange nach der Uraufführung nichts anderes zu sagen wußte als daß „bis auf einige, dann allerdings umso schöner hervortretende Momente der Komponist von unstetem Hin- und Hergreifen, wodurch das Interesse zersplittert wird, sich selten freizuhalten vermag."[192] Eduard Bernsdorf schlug unverdrossen die alten Schlachten noch einmal und verriß das Werk in den Signalen für die musikalische Welt derartig, daß Clara Schumann gegenüber Hermann Levi urteilte: „das Publikum verhielt sich respektvoll, die Rezensenten (...) unverschämt, weil gänzlich unfähig, solch ein Werk zu kapieren. Die musikliebenden und verständigen Leute haben mir gedankt, daß ich ihnen das Werk vorgeführt, und das entschädigt mich vollkommen nach der eigenen Freude, die ich daran gehabt."[193]

Es blieb übrigens auch Illusion, es bedürfe lediglich noch einer Handvoll weiterer Aufführungen, um das Werk endgültig durchzusetzen. Er selbst spielte es zwar 1874 in Wien und Breslau, aber erst in den 90er Jahren erscheint es häufiger in den Aufführungsstatistiken, beschränkt übrigens auf ganz wenige Pianisten, Harold Bauer hat es mehrfach gespielt, Robert Freund, Theodor Leschetitzki, Eugen d'Albert sind mit einer Reihe von Aufführungen nachweisbar, ebenso Feruccio Busoni; um die Jahrhundertwende war dann Willy Rehberg eine Art Spezialist für das Werk, mit dem er durch die Lande reiste.

Hatte der Sommer 1873 klar erkennbar der Neukomposition gedient, so blieb ihm während der Konzertsaison im Winter nur mehr Zeit für „Aufräumarbeiten": die beiden Quartette und die Haydn-Variationen erschienen noch im Spätherbst im Druck, dafür waren Korrekturen zu lesen, mit den Arrangements der Quartette war er schon nicht mehr zurande gekommen. „Ich komme eben schwer aus dem Netz, in dem ich einmal gefangen bin",[194] kommentierte er das und klagte im selben Brief, „Mit einigem Schrecken höre ich, welchen Prüfungen meine Freunde in Leipzig durch gar zu oftes Anhören meines ‚Requiems' ausgesetzt sind! Hier könnte ich wohl die Erfahrung machen, ob man dadurch mehr neue Freunde gewinnt oder alte verliert." Das Werk war nämlich innerhalb einer Woche in Leipzig gleich zweimal aufgeführt worden, einmal im normalen Gewandhaus-Konzert und ein zweites Mal in der Thomas-Kirche im Rahmen einer Gedenkfeier für den verstorbenen König Johann von Sachsen.

192 Zitiert nach M. Kalbeck: J. Brahms. Bd. 2, S. 482.
193 Zitiert nach M. Kalbeck: J. Brahms. Bd. 2, S. 483.
194 Briefwechsel Bd. 14, S. 224.

Womit er sich sonst in diesem Winter im wörtlichen Sinne „herumschlug“, wurde zunächst nur im Briefwechsel mit dem Verleger Simrock sichtbar: es ging um die Bearbeitung der Ungarischen Tänze, eine für Klavier zu zwei Händen wollte er sich selbst vorbehalten, eine für zwei Klaviere zu acht Händen interessierte ihn dagegen nicht, da ließ er dem Verleger freie Hand, einen Arrangeur seiner Wahl zu beauftragen. Knackpunkt war die Bearbeitung für Orchester, die Brahms nicht aus der Hand geben mochte, für die er jedoch noch zu keiner abschließenden Lösung fand, so sehr er auch anläßlich der Weltausstellung in Wien auftretende Zigeunerkapellen studierte, dies machte ihm die Bearbeitung jedoch nicht einfacher, denn es ging um die adäquate Umsetzung dieser Klänge für modernes Symphonie-Orchester. Ein Orchesterarrangement, das ihm im Sommer 1873 bei einem seiner Besuche in München unter die Augen gekommen war, hatte ihn nicht überzeugt, es sei denn von der Notwendigkeit, selbst eines vorzulegen, bevor ein professioneller Arrangeur das tat und ein von ihm als unbefriedigend eingestuftes sich einbürgerte. Unglücklicherweise hatte er den Philharmonikern versprochen, einige Tänze für deren Faschingskonzert zu instrumentieren. Anfang Dezember hatte er auch noch die feste Absicht, das Versprechen einzuhalten.[195] Er bekam aber nur drei Tänze fertig, wollte sie am 18. Januar 1874 mit den Philharmonikern aufführen, hatte sogar schon den Auftrag gegeben, die Streicherstimmen zu stechen, forderte dann jedoch sein Manuskript noch einmal zurück. Obwohl er selbst da noch die Hinzufügung weiterer Tänze beabsichtigt hatte, beließ er es schließlich bei den drei Tänzen (Nrn. 1, 3 und 10), die er dem Publikum vorstellte, als er am 5. Februar 1874 in Leipzig die Erstaufführung seiner Haydn-Variationen dirigierte. Nur diese drei Orchesterfassungen sind also von Brahms, die heute geläufigen weiteren von anderen Arrangeuren, darunter die Nummern 17 bis 21 von Antonín Dvořák.

Im Herbst 1873 hatte er Clara Schumann die ihm von ihr übergebenen Gedichte ihres Sohne Felix scheinbar teilnahmslos, jedenfalls postwendend und fast kommentarlos zurückgesandt. Jetzt zeigte sich, daß er nicht nur sehr genau und aufmerksam gelesen, sondern sich auch Abschriften gemacht hatte. Für Frau Schumann war der Gedanke an Weihnachten durch die Ereignisse der letzten Monate stark getrübt: es „mischen sich der Gedanken gar zu viel traurige mit hinein, und das kann ja nicht anders sein, wenn man so viel Liebes schon begraben hat!“[196] Um weitere liebe Menschen, wie eben den Sohn Felix, mußte sie bangen. Da

[195] Briefwechsel Bd. 9, S. 159.

[196] Clara Schumann - Johannes Brahms. Briefe. Bd. 2, S. 35f.

wird es sie in tiefster Seele berührt haben, daß der so pessimistische, nun seinerseits von Heimat und Familie entwurzelte Brahms ihr am so sehnsuchts- und gefühlsbeladenen Heiligen Abend schrieb: „die Verse sind mir wirklich heute früh in die Hände und in den Kopf gefallen ... Ihr verlebt [Weihnachten] gewiß recht froh, und Du läßt auch keine Gedanken herein, die nach Moll modulieren?“[197] Es handelte sich um die Vertonung von Felix Schumanns „Meine Liebe ist grün wie der Fliederbusch“. Die Lieder hatten also, dem bewußt von ihm erweckten Anschein entgegen, in ihm weitergewirkt, wobei nicht so wichtig ist, ob das Lied wirklich so spontan entstand, wie er glauben machen wollte und eigentlich im Widerspruch zu unserer Kenntnis von seiner Arbeitsweise steht. Die Absicht, die er mit der Zusendung an Frau Schumann an diesem Tage verband, sagt auch etwas aus über den Menschen Johannes Brahms und sein Verhältnis zu ihr.

Von den beiden Strophen des Liedes vergleicht die erste die Liebe mit dem frischen kräftigen Grün des Flieders und die Liebste mit der Sonne, die den Flieder bescheint und mit berauschendem Duft erfüllt. Die zweite Strophe besingt die Seele des lyrischen Ichs, der Schwingen der Nachtigall gewachsen sind, die sich in dem Fliederbusch niederläßt, und, von seinem Duft berauscht, liebestrunkene Lieder singt. Ungeachtet der eher traurigen Konnotationen, die das Lied für ihn und Clara Schumann hatte, hat Brahms für diesen Text von jugendlichem Überschwang eine Melodie gefunden, welche diesen Ausdruck musikalisch umsetzt; dem im Akkord aufspringenden Vordersatz stellt Brahms, eine Terz tiefer ansetzend, einen überwiegend schrittweise sich bewegenden Nachsatz entgegen, den er aber höhersequenziert wiederholt und so die Ausdrucksintensivierung wiedergibt. Das um des stärkeren Ausdrucks willen gestörte formale Gleichgewicht stellt der Komponist wieder her, indem er auch die letzte Zeile - mit dem größten Intervall auf „Wonne“ - verdoppelt, die sequenzierte Wiederholung sogar zugleich augmentiert. Vielleicht darf die Interpretation sogar soweit gehen, die Behandlung dieser letzten Zeile als von der zweiten Strophe angeregt zu deuten, insbesondere die Augmentation, denn man wird nicht müde, den „liebestrunkenen Liedern“ der von der Gesangskunst einer Nachtigall beflügelten verliebten Seele des Dichters zu lauschen.

Das Ganze ist so kunstvoll gestaltet, dabei auch noch so perfekt der sprachlichen, syntaktischen Form entsprechend, gleichwohl die Prätention von Spontaneität bewahrend, daß dieses Lied nach Felix Schumann mit Recht zu den beliebtesten Brahms-Liedern überhaupt gehört. Nur: an

[197] Clara Schumann - Johannes Brahms. Briefe. Bd. 2, S. 36.

einem Vormittag eines emotionsgeladenen Tages gleichsam zufällig entstanden ist es gewiß nicht. Mit dem Lied ist er „spazieren gegangen“, wie er die gedankliche Ausarbeitung von Einfällen nannte. Was er über die Zufälligkeit seiner Entstehung am Heiligen Abend an Clara schrieb, ist liebevolle Fiktion, die emotionale Bewegtheit, in die ihn der Text seines Patensohnes versetzt hatte, auf einen ganz anderen Anlaß verschiebend und damit sein Angerührtsein hinter einem vorgeschobenen anderen verbergend.

Nahezu alles, was im Wiener Musikleben Rang und Namen hatte, und dazu gehörte inzwischen auch Brahms, vereinigte sich am 11. Januar 1874 zu einem Wohltätigkeitskonzert zugunsten der Kaiser-Franz-Joseph-Stiftung für das Kleingewerbe, einer Wirtschafts-Förderungsmaßnahme in der heraufziehenden Wirtschaftskrise. Franz Liszt spielte Klavier und Brahms trat neben Otto Dessoff und Johann Herbeck als Dirigent auf. Zwei Wochen später fand das dritte Gesellschaftskonzert statt mit dem Vorspiel zu Joseph Rheinbergers Oper „Die 7 Raben“, Carl Goldmarks „Frühlingshymne“, sowie Mozarts „Davidde penitente“. Gleich im Anschluß daran ging Brahms auf seine erste Konzertreise zur Durchsetzung eigener Werke, von Tournee kann man noch nicht sprechen, weil sie nur einen Zielort hatte: Leipzig. Dort hatte sich die Stimmung langsam aber beharrlich gewandelt, mit dem Musikalischen Wochenblatt war seit 1870 eine neue Musikzeitschrift auf dem Markt, wie schon der Titel zeigt, an der Aktualität in einer Weise orientiert, von der wir heute nur noch träumen können, und auf Nachrichten beschränkt, ohne ästhetisierende Artikel und subjektive Urteile mit der Prätention der Objektivität, aber mit einem überwiegenden und rasch informierenden Berichtsteil über Aufführungen und Konzertprogramme, Ur- und Erstaufführungen noch einmal gesondert, deren musikchronographische Bedeutung die Musikwissenschaft noch nicht annähernd ausgeschöpft hat. Hier konnte man mit erstaunlicher Präzision und Aktualität verfolgen, wie - proportional zum Anstieg der Zahl stehender Klangkörper, meist in kommunaler Trägerschaft - die herkömmlichen Mischprogramme durch Stil- oder Gattungsprogramme abgelöst wurden. Nicht nur Brahms, der tat das allerdings mit der ihm eigenen Konsequenz, konnte verfolgen, wie sich sein Werk durchsetzte und welche Künstler sich seiner annahmen, sodaß gezielte Hinweise auf Neuerscheinungen möglich wurden. Anhand des Musikalischen Wochenblatts, dessen Verleger und Herausgeber, Ernst Wilhelm Fritsch, war übrigens durchaus Wagnerianer, was Brahms nicht hinderte, sein Blatt zu seiner wichtigsten Informationsquelle zu machen, kann man noch heute nicht nur die Tourneen der wichtigsten Kammermusik-Vereinigungen der Zeit, also etwa der Florentiner oder später des Gräflich Hochberg'schen Quartetts, im Wesentlichen rekonstruieren, sondern auch nachlesen, was in Boston, New York oder dem damals noch selbständigen Brooklyn gespielt wurde, ja selbst was der Konzertmeister des Boston Symphony Orchestras, Franz Kneisel, mit seinem Quartett an Werken auf Konzertreisen in den Vereinigten Staaten bekannt machte. Die Einseitigkeit der Leipziger Fachpresse war aufgegeben mit Konsequenzen auch für andere Blätter und der Möglichkeit sich zu informieren, was in anderen Musikzentren aufgeführt wurde.

Publikum, Orchester und künstlerische Leitung des Gewandhauses waren gewiß im musikalischen Klassizismus stecken geblieben, die Klage über die Mittelmäßigkeit des Leipziger Musiklebens durchzieht Brahms' Korrespondenz mit Elisabet von Herzogenberg wie ein roter Faden. Für das Welthaus Breitkopf & Härtel war er immer noch zu modern, noch nach dem Erfolg des Deutschen Requiems hatte man ihm selbst Lieder als unspielbar zurückgeschickt in Verkennung der Tatsache, daß Brahms seinem Wesen nach in erster Linie Lyriker war, selbst in seiner Kammermusik. Andererseits konnte er sich in Leipzig getragen fühlen von musikaufgeschlossenen Menschen, die noch im Wesentlichen auf den alten Schumann-Kreis zurückgingen, obwohl das Ausscheiden Schumanns aus dem öffentlichen Musikleben ja nun auch schon zwanzig Jahre zurücklag. Aber die gebürtige Leipzigerin Clara Schumann, die oft dort konzertierte, bemühte sich, den Kreis zusammenzuhalten und ebnete Brahms den Weg, hatte ja auch gerade, zugegebenermaßen mit nur mäßigem Erfolg, versucht, das Leipziger Publikum zum Klavierkonzert d-Moll zu bekehren.

Vorstandsvorsitzender des Gewandhauses war der Mendelssohn-Schwiegersohn Geheimrat Adolph Wach, treuer Berater Frau Schumanns; Livia Frege, die Peri der Uraufführung, der Verleger Theodor Wilhelm Engelmann gehörten zu dem Kreis, der sich unmerklich um die nächste Generation erweitert hatte und damit in einen primären Brahms-Kreis überging: für Hedwig von Salomon war Robert Schumann kaum noch lebendige eigene Erfahrung, dafür hatte sie selbst umso mehr für den schüchternen zwanzigjährigen Brahms bei seinem ersten Leipziger Aufenthalt geschwärmt. Sie war inzwischen mit dem Komponisten Franz von Holstein verheiratet und behielt auch nach dessen frühem Tod als vermögende Frau Einfluß auf das Leipziger Musikleben. Zwar war der Konzertmeister des Gewandhauses, Ferdinand David, Freund aus frühen Tagen, verstorben, aber ein ebenso entschiedener Verfechter von Brahms' Werk war ihm in Karl Riedel erwachsen, dem Begründer und Leiter des Riedelschen Gesangvereins. Er hatte durch mustergültig einstudierte Brahms-Aufführungen mit seinem Chor sogar dem Deutschen Requiem, das bei seiner Erstaufführung - der ersten des vollständigen Werkes mit dem nachkomponierten Satz - im Gewandhaus auf desinteressierte Gleichgültigkeit gestoßen war, zum Einzug in das hohe Haus und zur Akzeptanz bei dessen Publikum verholfen.

Riedel war seit dem Tode Franz Brendels Vorsitzender des Allgemeinen deutschen Musikvereins und zugleich des Leipziger Richard-Wagner-Vereins. Es ist also evident, daß in Leipzig als dem wichtigsten Vorort des deutschen Musiklebens und durch Persönlichkeiten wie Fritsch und Riedel sich die für unversöhnlich gehaltenen Gegensätze zwischen der Neudeutschen Schule und den Vertretern der sogenannten „absoluten“ Musik abzuschleifen begannen. Es ist andererseits nicht auszuschließen, daß die schäbigsten und unanständigsten Angriffe Wagners und der Bayreuther Blätter, die ja erst in den 70er Jahren begannen, in dieser Tatsache ihren eigentlichen Anlaß haben.

1872 war auch Brahms' ehemalige Wiener Schülerin Elisabet von Stockhausen, inzwischen verheiratet mit dem Komponisten und Dessoff-Schüler Heinrich von Herzogenberg, nach Leipzig übergesiedelt. Die charmante und geistvolle junge Frau und ihr nobler, eher zurückhaltender Mann faßten rasch Fuß in der musikinteressierten Leipziger Gesellschaft, gehörten mit den Vorgenannten bald zu den Motoren der Leipziger Bach-Renaissance mit dem Ziel, das gesamte Kantatenwerk des Thomas-Kantors wiederzubeleben, und verbreiteten nicht zuletzt auf diesem Umweg das Verständnis für Brahms und seine Musik.

Die Einladung an Brahms erging nicht etwa zur Leitung eines regulären Gewandhaus-Konzertes, sondern zu einem Wohltätigkeitskonzert vom Vorstand des Orchester-Pensionsfonds, einer Selbsthilfe-Einrichtung zur Alters- und Hinterbliebenen-Versorgung der Mitglieder des Gewandhaus-Orchesters. Das war nun eine von den Einladungen, die man schlechterdings nicht ablehnen konnte, und so ist die Angelegenheit auch in der Brahms-Forschung dargestellt worden, zumal Brahms heftig bemüht war, sie in seiner Korrespondenz herunterzuspielen. So riet er dem Verleger Simrock ab, eigens wegen der geplanten Aufführung der sogenannten Haydn-Variationen anzureisen: „Die ganze Geschichte ist ein Versehen, das ich meiner gutmütigen Kollegialität verdanke. Klavierspielen mag ich nicht, und so dirigiere ich nur die Variationen und die Ungrischen. Nicht der Mühe wert. Und mit den Verlegern können Sie mich ruhiger allein lassen als mit den Leipziger Damen.“[198] So ganz zu unrecht unterstellte er freilich Simrock nicht, der werde nicht zuletzt

[198] Briefwechsel Bd. 9, S. 166.

deswegen kommen wollen, um eine Wiederannäherung von Brahms an die Leipziger Welthäuser im Musikalienverlag zu verhindern, die Simrocks Beinahe-Monopolstellung als **der** Brahms-Verleger in Frage gestellt hätte.

Daß er mit der internationalen Elite der Brillanz-Pianisten, die vom Leipziger Publikum bevorzugt wurden und sich daher im Gewandhaus gegenseitig die Klinke in die Hand gaben, nicht mithalten konnte, war auch Brahms klar. Das war nicht einmal allein eine Frage der pianistischen Qualitäten, sondern eine solche des Repertoires und der Einstellung. Das Vorstandsmitglied des Gewandhauses, Konsul Dr. Limburger, hatte selbst Clara Schumann gelegentlich den durchaus freundschaftlichen Rat gegeben, nicht in derselben Woche in Leipzig zu konzertieren, in der Rubinstein dort auftrat. So wiegelte Brahms gegenüber Gewandhaus-Kapellmeister Carl Reinecke ab: „Klavier habe ich seit Jahren nicht öffentlich gespielt! Das soll man entweder fortdauernd tun oder lassen. Ich möchte mir denn auch keinesfalls die Aufregung schaffen und den unnütz beunruhigenden Gedanken für Wochen - um einmal bei Ihnen zu spielen." Einen Monat später legte er sogar noch nach: „... ein Ja zieht das andere nach. Wie oft habe ich das öffentliche Spielen verschworen! Entweder nicht oder fortdauernd. Hier, wo man mich doch kennt und oft genug aufmunterte, spiele ich nicht, und soll's nun bei Ihnen. Doch komme ich mir kindisch vor, wenn ich mich weigere ... ich bin doch wohl im geheimen zu eitel auf mein Spiel. So setzen Sie meinetwegen einen Klaviervortrag auf den Zettel. Ich werde üben."[199]

Es wurde dann aber doch eine veritable Brahms-Woche. Er hatte durchaus richtig vermutet, daß ein Ja notwendigerweise das andere nach sich ziehen werde. Während er noch in Wien sein drittes Gesellschaftskonzert vorbereitete, war in Leipzig gleichsam zur Einstimmung das c-Moll-Streichquartett aufgeführt worden. Am 29. Januar 1874 war er dann selbst in Leipzig eingetroffen, und am nächsten Tage veranstaltete der Leipziger Ortsverband des Allgemeinen deutschen Musikvereins ihm zu Ehren einen reinen Brahms-Kammermusik-Abend mit dem Horn-Trio op. 40, den vierhändigen Schumann-Variationen op. 23, den Balladen op. 10, den Marienliedern op. 22, sowie Sololiedern. Am 1. Februar spielte er tatsächlich in einer Kammermusik des Gewandhauses den Klavierpart seines Quartetts op. 25, sowie die Händel-Variationen op. 24. Zwei Tage später übernahm er die Leitung einer vom Pauliner-Chor einstudierten Aufführung seines Rinaldo. Höhepunkt dieser Brahms-Woche war der letzte Abend, der eigentliche Auslöser dieser

199 Briefwechsel Bd. 3, S. 136ff.

ehrenvollen Konzertserie, das Konzert zugunsten des Orchester-Pensionsfonds am 5. Februar mit der Erstaufführung der Haydn-Variationen und der Orchesterfassung der drei Ungarischen Tänze. Man hatte das Programm jedoch mit weiteren Brahms-Werken angereichert, so sang Amalie Joachim zuvor noch die Alt-Rhapsodie, ein Wunsch, der sich in Wien seinerzeit nicht hatte realisieren lassen. Das alles dirigierte Brahms selbst und begleitete anschließend noch mit Gewandhaus-Kapellmeister Carl Reinecke das Gesangsquartett Minna Peschka, Primadonna des Leipziger Theaters, Amalie Joachim, dem Tenor Ernst und dem Bassisten Eugen Gura, einem gefeierten Darsteller des Hans Sachs, insgesamt also Sänger besonderer Qualität.

Eine derartige Konzentration von Werken eines zeitgenössischen Komponisten in einer Stadt, und Leipzig hatte eben die Vorreiter-Rolle im deutschen Musikleben, war schon etwas ganz Außergewöhnliches, zumal wenn man bedenkt, daß selbst Clara Schumann zwei Monate zuvor mit einem seiner bedeutendsten Werke gerade eben noch einen Achtungserfolg hatte erzielen können. Es ist folglich nicht zu übersehen, daß die Brahms-Woche 1874 in Leipzig einen Wendepunkt in seinem Leben markiert und den Grundstein dafür legte, Leipzig zu einem Zentrum der Brahms-Pflege zu machen. Aber das ist in meinen Augen nicht einmal das Entscheidende. Es handelte sich bei dem auslösenden Konzert mit den Haydn-Variationen schließlich um eine Wohltätigkeitsveranstaltung, dazu bestimmt, Überschüsse zu erzielen, die den Musikern selbst und ihren Familien zugute kamen. Eine Sozialversicherung gab es ja noch nicht und Kapital, aus dessen Ertrag man im Alter hätte leben können, vermochte die großstädtische Bevölkerung in abhängigen Arbeitsverhältnissen, gerade auch in künstlerischen Berufen, nicht anzusammeln. Selbst wenn man davon ausgeht, daß der Besuch einer solchen Veranstaltung eine gesellschaftliche Pflicht war, die auch Leute ohne eigenes Musikinteresse in den Konzertsaal brachte, selbst wenn man ferner unterstellt, daß ein nicht unerheblicher Teil der Eintrittskarten nicht individuell erstanden, sondern von Mäzenen aufgekauft wurde, um sie Geschäfts- und anderen Freunden zukommen zu lassen, vielleicht auch Personen, die man damit erst für die gute Sache zu gewinnen hoffte, zu deren Gunsten die Veranstaltung stattfand, so bleibt doch in jedem Falle, daß man bestrebt sein mußte, Künstler von hoher Akzeptanz zu gewinnen, denn nur die und ein entsprechendes Programm gewährleisteten, daß möglichst viele Karten verkauft wurden und der gute Zweck durch hohe Einnahmen gefördert werden konnte. Das muß man demnach Brahms und einem reinen Brahms-Programm zugetraut haben, sonst hätte man ihn nicht dazu einzuladen brauchen. Damit wird der Blick frei auf eine doch wohl nicht unerhebliche Diskrepanz zwischen der in der Presse sich kundgebenden „öffentlichen Meinung" und dem tatsächlichen Verhalten des Publikums, das Brahms eben offensichtlich nicht so ablehnend gegenüberstand, wie die veröffentlichte Meinung glauben machen wollte. Das ist die grundsätzliche Schwäche jeder Rezeptionsforschung, die sich ausschließlich an das Presseecho hält und nicht Gelegenheiten wie diese als Korrektiv heranzieht.

Am 8. Februar 1874 war Brahms zurück in Wien, wo ihm dann nur noch drei Wochen blieben zur Vorbereitung des ersten außerordentlichen Gesellschaftskonzerts mit Kyrie und Credo aus Schuberts As-Dur-Messe und der „Manfred"-Musik von Robert Schumann. Drei Tage später war er schon wieder auf dem Podium, nun zugunsten des Wiener Musiker-Pensionsfonds und wieder als Pianist mit eigenen Variationen und Kompositionen von Robert Schumann, Domenico Scarlatti und Johann Sebastian Bach. So schlimm, wie er selbst es darstellte, kann es also um sein Klavierspiel nicht bestellt gewesen sein, wenn er innerhalb eines Monats mit so unterschiedlichen Werken auftrat. Für die beteiligten Künstler hatten solche berufsständischen Wohltätigkeitskonzerte übrigens den Nachteil, zwar Gradmesser ihrer Akzeptanz zu sein, aber sie waren zugleich mit der Erwartung verbunden, daß der Ertrag voll dem guten Zwecke zugute komme und nicht durch die Zahlung von Honoraren geschmälert werde.

Im Vergleich zu den Vorjahren brachte das Jahr 1874 bereits eine Vielzahl von Konzerteinladungen als Pianist und Dirigent, er mußte daher ganz allgemein seine klavieristische Fingerfertigkeit wohl oder übel wieder aufpolieren. Noch vor Ablauf seiner eigentlichen Wiener Saisonkonzerte fuhr er nach München, spielte dort im Odeonskonzert am 13. März sein d-Moll-Konzert, dirigierte die sogenannten Haydn-Variationen und die Orchesterfassung der drei Ungarischen Tänze, trug sogar noch am folgenden Abend mit dem Walter-Quartett sein eigenes A-Dur-Quartett vor; im selben Programm erklang außerdem noch sein Sextett G-Dur. Allein diese Auftritte als Pianist innerhalb von sechs Wochen stellten also eine klavieristische tour de force dar, zumal in Wien bereits zwei Wochen später das zweite außerordentliche Gesellschaftskonzert stattfand mit einem abendfüllenden Chorwerk, Händels „Salomo". Am 19. April leitete er das letzte, das vierte, reguläre Gesellschaftskonzert mit einer Haydn-Symphonie, dem neuen Violinkonzert von Freund Albert Dietrich, seinem eigenen Schicksalslied und kürzeren Stücken von Bach und Händel, so der Wiederholung eines Chors aus „Salomo". Damit war wenigstens seine Wiener Saison beendet und er, wie er sich vertraglich ausbedungen hatte, frei zu Reisen. Es dürfte allerdings nicht ganz in seinem Sinne gewesen sein, daß das Ende seiner Residenzpflicht in Wien ihm in diesem Jahre keineswegs den erwünschten Freiraum für produktive Arbeiten schuf, sondern „ein Ja das andere nach sich zog", wie er es den Leipzigern gegenüber formuliert hatte, kurzum eine rege Konzertreise-Tätigkeit ihn nicht zur Ruhe kommen ließ.

Immerhin begann die als direktionslos intendierte Sommerzeit für ihn mit einer erfreulichen Nachricht, die deutlich macht, daß seine Verankerung im öffentlichen Musikleben zunehmend Anerkennung der Instanzen und Gremien fand. Dem bayrischen Maximiliansorden folgte die Wahl zum Ehrenmitglied der Preußischen Akademie der Künste. Bereits eine Woche nach dem letzten Wiener Konzert befand er sich auf der Reise zu Konzerten, besuchte Frau Schumann in Berlin und hatte am 28. April eines in Bremen, wobei erstaunt, daß er sich immer wieder darauf einließ, am Klavier als Interpret fremder Werke, in Bremen des Es-Dur-Konzerts von Beethoven, und im selben Programm als Dirigent eigener Werke aufzutreten, hier der Haydn-Variationen und des Triumphliedes; dem Programm müssen folglich als Minimum nicht nur Proben mit dem Orchester, sondern auch mit dem Chor vorhergegangen sein. Die Wiederaufnahme des Beethoven-Konzerts, das er als junger Mann mehrfach öffentlich gespielt hatte, geschah übrigens auf ausdrücklichen Wunsch Carl Reinthalers und macht, wie die ganze Konzertserie dieses Sommers, nur zu deutlich, wieviel er bereit war, von seiner produktiven Zeit zu opfern, um den finanziellen Verpflichtungen aus dem Tod der Eltern, insbesondere der Fürsorge für seine Schwester, nachkommen zu können. Er brauchte einfach Geld und gab das vertrauten Freunden gegenüber auch unumwunden zu. In diesem Sinne ging es von Bremen sogleich weiter nach Kassel, wo er sein eigenes d-Moll-Konzert vortrug und die Haydn-Variationen, die Alt-Rhapsodie und die Orchesterfassung der Ungarischen Tänze dirigierte. Hier gilt also noch viel mehr das über Bremen Gesagte: kein erfahrener Pianist hätte sich darauf eingelassen, innerhalb von drei Tagen zwei der größten Klavierkonzerte der Weltliteratur zu spielen und außerdem mit zwei je verschiedenen Chören und Orchestern zwei verschiedene Chor- und Orchesterwerke zu dirigieren.

Es ist also nur zu verständlich, daß er ein paar Tage Entspannung benötigte, um wenigstens etwas von der Produktivzeit des Sommers zu retten. Er fuhr dazu nach Bonn und mietete sich wieder im Kessenicher Weg 30 bei Frau Endemann ein. Das Haus und die ganze Straße existieren nicht mehr, sie fielen der Neugestaltung des heutigen Arndt-Platzes und der sternförmigen Zusammenführung mehrerer Straßen zum Opfer. Lange dauerte der Aufenthalt ohnehin nicht, denn die Aufführung des Triumphliedes beim Niederrheinischen Musikfest in Köln mußte vorbereitet werden, zumal die getrennt einstudierten Chöre ja erst am Tage der Aufführung aus den verschiedenen teilnehmenden Städten zusammengeführt werden konnten. Pfingsten ist zwar ein gängiger Festspiel-Termin, aber in der Kölner Bucht mit ihrer hohen Luftfeuchtigkeit artet warmes Frühsommerwetter leicht zu schwer erträglicher Schwüle aus; so war es auch am 23./24. Mai 1874 in Köln. 500 Sänger aus unterschiedlichen Chören mit unterschiedlicher Vorbereitung galt es zusammenzuführen. Hiller als Hauptdirigent des Festes hatte Brahms mit dem Triumphlied noch hinter Händels „Samson" placiert, den dieser selbst in Wien gerade mit großem Erfolg aufgeführt hatte. Das Musikalische Wochenblatt berichtete darüber: „Fast volle drei Stunden hatte der Chor bereits in tropischer Hitze gewirkt, und nun sollte er an das ‚Triumphlied' gehen, das gewiß recht frische, ausgeruhte Kräfte verlangt. Brahms selbst, als er zum Dirigentenpult hintrat, konnte eine Äußerung der Resignation nicht unterdrücken." Aber es muß ihm trotz der widrigen Umstände gelungen sein, den zündenden Funken überspringen zu lassen, und „mit letztem Aufgebot aller Kräfte ging das ‚Triumphlied' prächtig und großartig in Szene."[200] Ein erster Hinweis darauf, in welchem Ausmaß Brahms auch als Dirigent in guten Stunden in der Lage war, Musiker zu mobilisieren und zu motivieren, obwohl er auch in dieser Funktion ja keineswegs einer der Pultstars war wie vielleicht Hans von Bülow oder Otto Dessoff.

Primär waren die Niederrheinischen Musikfeste wie die meisten solcher Veranstaltungen Höhepunkte der Laienmusik-Pflege, das schloß jedoch nicht aus, daß sie auch für die anwesenden Berufsmusiker und Komponisten wichtige Gelegenheiten des gegenseitigen Austauschs waren, der Anbahnung von Engagements oder Aufführungen neuer Werke dienten. Diesmal lernte Brahms mit dem großen Sänger Georg Henschel einen Menschen kennen, der ihn durch sein offenes Wesen bestach und überdies die Fähigkeit besaß, Erlebtes und Gesehenes sprachlich festzuhalten. Von dem gebürtigen Schlesier, der mit seinem dunklen Teint und den krausen Haaren eher ein Gegentyp zu Brahms war, haben wir eine aufschlußreiche Schilderung des vierzigjährigen Brahms: „Er war vierschrötig, eher kleiner Gestalt, mit einer Neigung zur Dicke. Sein Gesicht war glatt rasiert; die gesunde und lebhafte Farbe seiner Haut ließen seine Liebe zur Natur und die Gewohnheit erkennen, bei jeder Art von Wetter in freier Luft zu sein. Das dichte Haar fiel ihm fast bis auf die Schultern nieder. Seine Kleider und Stiefel waren nicht gerade nach der neuesten Mode, noch saßen sie ihm gut, die Wäsche tadellos. Am meisten aber nahm mich die Güte gefangen, die aus seinen

200 Zitiert nach M. Kalbeck: J. Brahms. Bd. 3, S. 20.

Augen sprach. Sie waren von lichtem Blau, wundervoll klar und glänzend, hin und wieder schelmisch blinzelnd, und doch manchmal von fast kindlicher Treuherzigkeit. Bald fand ich heraus, daß diese Schelmerei seiner Augen mit einer Eigenschaft seines Charakters übereinstimmte, die vielleicht gesunder Sarkasmus genannt werden kann."[201] Das war natürlich nicht jedermanns Sache, am wenigsten verständlicherweise dessen, den es gerade traf. Im Kreis der Wiener Freunde wurde diese Spottlust geradezu kultiviert und hat ihm ohne jede Frage nicht nur Freunde eingebracht.

Gleich am ersten Abend ihres Zusammentreffens hatte Henschel Gelegenheit, eine solche Szene zu beobachten, und er schildert sie folgendermaßen: „Wir saßen in Gesellschaft von vier oder fünf namhaften Komponisten in einem jener Restaurants zweiten Ranges, die nach Bier, Wein, Kaffee und Speisen riechen." Dort fühlte sich einer der Beteiligten bemüßigt, einen der zeitüblichen pathetischen Toasts auf Henschel auszubringen, was Brahms so gar nicht goutierte. „Da seht den glücklichen Henschel an, er kann ebenso gut singen wie komponieren, während wir nur komponieren können!" Brahms aber kommentierte das mit Unschuldsmiene: „Und das nicht einmal." Er verfügte da über ein durchaus gut fundiertes Selbstbewußtsein, aber eben auch die Lust des Hanseaten, aus rhetorischem Pathos die Luft herauszulassen. Ein ähnliches Beispiel berichtet Kalbeck, als er Brahms voll Stolz auf die Eintragung über sich in einem neu erschienenen Lexikon hinwies und Brahms ihn auflaufen ließ mit dem trockenen Kommentar, das Problem sei eben nicht hineinzukommen, sondern drin zu bleiben.

Der Kreis der rheinischen Freunde verfestigte sich zusehends, auch die Joachims, Carl Reinthaler und Fritz Simrock waren zum Fest gekommen; gemeinsam unternahm man einen Ausflug nach Rüdesheim zu Rudolph von Beckeraths Weingut und nach Wiesbaden. Am 30. Mai kehrte er für wenige Tage nach Wien zurück, war jedoch schon am 7. Juni 1874 in Basel. Anlaß war das fünfzigjährige Bestehen des Gesangvereins, das mit einem zweitägigen Musikfest gefeiert werden sollte, zu dem er seine Mitwirkung zugesagt hatte. Wieder trat er sowohl als Pianist wie als Dirigent auf, spielte mit Carl Bargheer, Moritz Kahnt und Friedrich Hegar sein op. 26 und leitete am folgenden Tag eine Aufführung seines Triumphliedes.

Später als gewünscht und sonst bei ihm üblich kam Brahms daher 1874 zu seinem Sommeraufenthalt. Da ohnedies das Schweizerische Musikfest vor der Tür stand, zu dem Friedrich Hegar ihn eingeladen

201 Zitiert nach M. Kalbeck: J. Brahms. Bd. 3, S. 24.

hatte und beide ja gerade in Basel in der Martinskirche beim Klavierquartett A-Dur zusammengewirkt hatte, ging man zusammen mit Theodor Kirchner gleich nach dem Baseler Jubiläum nach Zürich. Bei einer Schiffsfahrt auf dem Zürichsee sah Brahms oberhalb von Rüschlikon ein einsam gelegenes Haus und äußerte spontan den Wunsch, dort oben zu wohnen. Man ging an Land und Brahms pflegte sich bei solchen Gelegenheiten an den Dorfbarbier als ländlichen Nachrichten-Umschlagplatz zu halten. Der Zufall fügte es, daß gerade in diesem Hause einige Räume zu vermieten waren, so kam er zu seiner Sommerwohnung des Jahres 1874.

Das Schweizerische Musikfest war eine Großveranstaltung, die alle Sparten des Musiklebens einbezog vom Männerchor über die Kirchenmusik und Fanfarenchöre bis zur Militärmusik. Brahms' Triumphlied eröffnete die Konzertveranstaltungen, und noch am selben Tag wurden Schumanns „Faust-Szenen" und Beethovens 9. Symphonie aufgeführt. Bei einer derartigen Breite des Dargebotenen gab es natürlich auch eine Fülle von gesellschaftlichen Rahmenveranstaltungen. Brahms freilich dachte nur ungern „an all den Trubel zurück. Undankbar ist das freilich von mir, denn herzlich gut meinte man's allerorten mit mir. Ich hätte auch die schönste Freude daran - wenn ich etwa noch meinen Vater sich darüber freuen sehen könnte, wie sein Sohn verwöhnt wird. - Jetzt wohne ich gar hübsch am See, und zwar habe ich genau in **dem** Haus **die** Fenster gekriegt, die ich vom Dampfschiff aus als die wünschenswertesten bezeichnete."[202] schrieb er an Ottilie Ebner. Da wird dann wieder für Sekunden und einem vertrauten Menschen gegenüber der Stachel sichtbar: was er für sich selbst nur als Belastung empfand, hätte er genießen können, wenn er einen Menschen gehabt hätte - genannt ist hier der Vater, aber gemeint ist fraglos noch mehr die ihm entgangene Bindung an eine Frau -, für den ganz persönlich er das hätte sein können, was er an öffentlichen Ehrungen erfuhr, aber als vergeudet ansah, weil er es nicht teilen konnte.

Das Sommerdomizil in einem alten Bauernhaus in Nidelbad über Rüschlikon entsprach so sehr seinen Wünschen, weil er hier in prachtvoller Landschaft und völliger Ruhe leben konnte, aber auch, wenn ihn danach gelüstete, in wenig mehr als einer Viertelstunde in der Stadt seine Freunde treffen konnte. Dabei wurde insbesondere die Beziehung zu Gottfried Keller, den Brahms schon früher kennengelernt hatte, vertieft und zu gegenseitigem Verständnis intensiviert, sodaß schließlich Gottfried Keller den vierzehn Jahre jüngeren Kollegen von einer Wien-

202 O.v. Balassa: Die Brahms-Freundin Ottilie Ebner ... S. 84.

Reise aus, die er zu dieser Zeit unternahm, um einen nicht ganz unproblematischen Gefallen bitten konnte. Es ging um Adolf Exner, den wohl auch Brahms bereits von Zürich flüchtig kannte, inzwischen an die Universität Wien berufen, später auch deren Rektor, gehörte er zum Umfeld Theodor Billroths und kam dadurch auch mit Brahms häufiger in Berührung. Zur Hochzeit seines Bruders Siegmund, des später bekannten Physiologen, hatte Keller ein Gelegenheitsgedicht verfaßt und schrieb nun dieserhalb an Brahms:

> als ich Sie in Zürich jüngsthin zum erstenmal [wieder] traf, hatte ich soeben beiliegendes Familien-Kantätchen abgefaßt und fortgeschickt, welches in der Familie Exner (Adolfi) aufgeführt werden soll. Nun hier angekommen, erneuert sich mir der Einfall, Sie dürften vielleicht nicht ganz unzugänglich sein sich für Betonung der paar Verse im gleichen leichten Sinne, wie sie gemacht sind, erbitten zu lassen, um einer sehr liebenswürdigen Gesellschaft, der Sie selbst nähertreten sollten, eine Freude und mir selbst einen großen Jux zu machen. Es wären vier Stimmen von Damen und Herren mit Klavier zu berücksichtigen. Sollten Sie mir den Witz (als solchen aufgefaßt und behandelt) schicken wollen, so wäre es unter der Adresse G. Keller bei Prof. Exner, Josephstädter Str. 17. Zu dem schreckbarsten Gegendienst, sowie zu jeder anderen Schandtat bereit: Ihr freundschaftlich ergebener Gottfried Keller - Jedenfalls nehmen Sie die Attacke nicht übel?[203]

Brahms muß in besonders aufgeräumter Stimmung gewesen sein damals und es zeugt von großer Hochachtung für den Dichter, daß er sich tatsächlich bereit fand, wenngleich nicht ohne einiges Widerstreben, dem Wunsche Kellers nachzukommen. Einen kleinen Seitenhieb auf die eigentliche Unzumutbarkeit dieser „Attacke“ konnte er sich allerdings denn doch nicht verkneifen, als er Keller die erbetene Vertonung zusandte mit einem Anschreiben: „Ihre Worte sind nicht gerade sehr geeignet für Musik und ich war in Versuchung, Anderes, für ein Liebespaar Geeigneteres zu senden. Doch Ihre Freunde wollen Ihre Worte und ich freue mich, einem Manne wie Ihnen einen ‚Spaß‘ machen zu können. So bitte ich denn, daß Sie die Verantwortung für Text **und** Musik übernehmen.“[204]

Es hieße wohl, dem „Witz“, der unter anderem „verloren“ auf „spazoren“ (als Präteritum von spazieren) reimt, zuviel der Ehre angedeihen zu lassen, wollte man ihn einer eingehenderen Analyse unterziehen. Bei dem komisch-pathetischen Hochruf am Schluß des Gedichts, „Sigmund [Exner] und Emilia [von Winniwarter]“ fiel Brahms wohl der Schlachtruf ein, mit dem sein Rinaldo schließt: „Godofred und Solyma“. Die Vertonung geriet so in die Nähe dieser Kantate, ohne indes, wie in der

[203] H. Frisch: Aus Gotfried Kellers glücklicher Zeit. 1927; zitiert nach M. Kalbeck: J. Brahms. Bd. 3, S. 27.

[204] Zitiert nach Brahms-Gesamtausgabe Bd. 20, S. VII.

Brahms-Literatur mehrfach zu lesen, eine direkte Parodie dieses Schlußchors zu sein.

Für die Arbeit des Sommers 1874, vielleicht schon in Bonn, jedenfalls in Rüschlikon, gilt, daß Brahms sich in ungewöhnlich aufgeräumter Stimmung befand, vielleicht als Reflex auf den Durchbruch als Dirigent, den er in der abgelaufenen Saison erlebt hatte, vielleicht auch auf die ungeheure Konzentration, welche ihm der Abschluß der ersten beiden Streichquartette und seiner ersten Orchesterstudie abverlangt hatte. Jedenfalls griff er auf die so erfolgreiche Idee gesungener Walzerlieder zurück und schrieb nach den beiden Klavierquartetten, den beiden Sextetten, den zwei Streichquartetten und Schicksals- und Triumphlied ein weiteres Doppelwerk, die „Neuen Liebeslieder"-Walzer op. 65. Sie unterscheiden sich von der früheren Sammlung op. 52 wie die beiden Sammlungen der Ungarischen Tänze und andere Doppelwerke hauptsächlich dadurch, daß in dem jeweils späteren Werk auf eine künstlerische Steigerung gegenüber dem früheren abgezielt wird. Dies war durchaus beabsichtigt, denn über die Titelgestaltung schrieb er an Simrock: „Das ad libitum [der Gesangsstimmen] auf dem Titel muß diesmal wegbleiben - so fein arbeitet man nicht jedesmal."[205] Das heißt, die gesteigerte künstlerische Arbeit ließ eine Beliebigkeit der Besetzung nicht mehr zu. Im Übrigen gilt natürlich für diese zweite Serie „Liebeslieder" dasselbe wie für die erste, daß sie vom Komponisten für Gesangsquartett intendiert war, indes hat sich die chorische Besetzung in der Praxis so eingebürgert, daß es eigentlich keinen Grund gibt, sie wieder zugunsten der ursprünglichen Absicht des Autors zu verdrängen. Zeitlich steht sie im Kontext der Chorlieder op. 62, der Soloquartette op. 64 und der Lieder op. 63, so als wolle der Lyriker Brahms nach der Auseinandersetzung mit den großen zyklischen Formen der Instrumentalmusik kompositorisch auf seinem ureigensten Gebiet Atem schöpfen für die größte Gattung, die er noch nicht bewältigt hatte, die Symphonie.

Es ist bezeichnend, daß er scheinbar pejorative Konnotationen und prätentiöses Bedauern in die Ankündigung der neuen Werke mischt, wenn er etwas für gelungen und leicht apperzipierbar hielt. So kündigte er Joseph Joachim den Abschluß der Walzer mit den Worten an: „Wenn Deine Frau im Januar neue Liebeslieder-Walzer singen will, so steht der Unsinn leider [!] zu Diensten."[206] Theodor Billroth erhielt noch vor der Drucklegung das Manuskript mit den beinahe maliziösen Zeilen: „Ich halte es zwar für ein Versehen und Malheur, daß mir Beiliegendes ein-

205 Briefwechsel Bd. 9, S. 193.
206 Briefwechsel Bd. 6, S. 100.

gefallen ist. - Nachher aber ist's einmal da!"[207] Und als er sich entschlossen hatte, sie drucken zu lassen, meinte er zum Verleger Fritz Simrock: „Die neuen Liebeslieder sind mir wirklich wider Willen aus der Feder geflossen."[208]

Nun darf man aus solchen Glossen nicht schließen, diese „Neuen Liebeslieder" seien nach gestauter Produktivität im Ringen um die großen zyklischen Instrumentalwerke so spontan gleichsam aus ihm herausgesprudelt, daß er sich vergebens gegen die überquellende Erfindung gesträubt habe. Einzelne Stücke reichen nämlich nachweisbar zeitlich weiter zurück: die Anfangstakte zu Nr. 14 finden sich neben dem Alphorn-Thema aus dem Finale der 1. Symphonie unter den Skizzen zur ersten Sammlung. Das Stück war seinerzeit also wohl nicht fertig geworden; er aber ließ keinen Einfall verkommen. - 1870 hatte Brahms auf Veranlassung Ernst Rudorffs eine Reihe von Walzern aus der ersten Sammlung orchestriert und wohl spätestens von da an eine Aufführung mit Chor toleriert. In diese Version, die zu seinen Lebzeiten übrigens nie veröffentlicht wurde und auch nicht in der alten Gesamtausgabe seiner Werke enthalten ist, hat er ein Stück aufgenommen, das in op. 52 gar nicht vorkommt, sondern erst in der zweiten als Nr. 9 erscheint. Die Kontinuität der beiden Reihen „Liebeslieder"-Walzer ist mithin größer als die sechs Jahre, die zwischen ihren Entstehungszeiten liegen, erkennen lassen. Namentlich das letztere Lied hat Brahms bei der Aufnahme in die zweite Sammlung einer ziemlich durchgreifenden Umarbeitung unterzogen. Auch die Tatsache, daß er fast ein Jahr brauchte, bis er sich entschließen konnte, die fertigen Lieder in Druck zu geben,[209] spricht dagegen, daß ihm diese Walzer spontan und unreflektiert „aus der Feder geflossen" sind. Sowohl die ironisierenden Bemerkungen als auch sein Zögern bei der Herausgabe weisen darauf hin, daß es sich bei der zweiten Folge von „Liebeslieder"-Walzern um Stücke handelt, bei denen der kritisch sichtende und ordnende Verstand des Komponisten die entscheidende Rolle gespielt hat. Alles andere ist liebenswerte Prätention, durch welche die Freunde ein wenig genasführt werden sollten, statt der erwarteten harmlosen ländlerischen Tänze fein ausgewogene kunstvolle Lieder zu finden.

Ein Vergleich der beiden überlieferten Fassungen der Nr. 9 ist übrigens bezeichnend für die „feinere Arbeit" seines op. 65:[210] beiden gleich ist die Führung der Instrumentalstimmen; während jedoch in der frühe-

[207] O. Gottlieb-Billroth: Billroth und Brahms im Briefwechsel, S. 206.
[208] Briefwechsel Bd. 9, S. 180.
[209] Vgl. dazu Briefwechsel Bd. 9, S. 192.
[210] Vgl. S. Kross: Die Chorwerke von J. Brahms, 1958, S. 355.

ren Orchesterfassung die Singstimme fast ganz unisono mit der Violine verläuft, löst Brahms sie in der späteren Fassung des op. 65 aus dieser Abhängigkeit, verselbständigt sie, gestaltet sie dabei aber zugleich auch wesentlich einheitlicher und zusammenhängender. Eine geradezu unwahrscheinliche Operation hat er nach dem zehnten Takt des zweiten Teils vorgenommen. In der Orchesterfassung „hakte" der melodische Fluß der Takte 15 bis 17. In der Version op. 65 Nr. 9 löste Brahms daher einen dieser Takte heraus und schob ihn als T. 11 ein, dadurch gewann er obendrein die Parallelität zum Anfang des Liedes. So etwas kann aber nur funktionieren, wenn man unterstellt, daß Brahms seine Melodien sehr bewußt geformt hat. Von einem Schaffen aus der Ursprünglichkeit musikalischer Erfindung, wie es die zitierten brieflichen Äußerungen glauben machen wollten, kann daher selbst in diesen Walzerliedern nicht die Rede sein.

Diese Feststellung bestätigt sich auch in dem Zug zum einstimmigen Kunstlied, der sich in den „Neuen Liebesliedern" im Vergleich zu der ersten Sammlung geltend macht. Genau die Hälfte aller Stücke ist einstimmig, während es bei op. 52 nur jedes zehnte war. Da noch ein Duett hinzukommt, hat weniger als die Hälfte der Lieder den vollen vierstimmigen Satz (in der ersten Sammlung waren es zwei Drittel). Kaum wird man in op. 65 Stücke von der unmittelbaren Eingängigkeit finden, welche die des op. 52 auszeichnet, selbst der eigentliche Tanzcharakter ist weniger ausgeprägt, dafür weisen sie als Ausdruck des stärkeren Kunstcharakters eine ungleich farbigere Harmonik und sublimere Melodieführung auf. Man kann sie sich schwerlich im eher langsameren Ländlerrhythmus vorstellen, sie vertragen weniger den Tanzcharakter, denn sie atmen eher geistige Leichtigkeit als irdische Beschwingtheit des Tanzes. Zu ihrem Vortrag bedarf es der Stimm- und Vortragskultur des echten Künstlers, für (Laien-)Chor eignen sie sich noch weniger als die „Liebeslieder"-Walzer op. 5.

Noch in einem weiteren Punkt unterscheiden sich die beiden Sammlungen: zwischen ihnen liegen die Erlebnisse um den Tod der Mutter und die Alt-Rhapsodie mit ihrer starken Zäsur in seinem Lebensgefühl, sich nur noch als „Abseiter" im wirklichen Leben zu empfinden. Obwohl die Texte derselben Sammlung entstammen wie die der ersten Sammlung, Daumers „Polydora", trägt die Auswahl der vertonten Gedichte einen Zug von Resignation und Bitterkeit hinein, der vielleicht am deutlichsten sichtbar wird in dem letzten Lied. - Entgegen der Praxis heutiger Ausgaben wollte Brahms nicht die Einbeziehung des letzten Stücks in die fortlaufende Numerierung dulden. An Simrock schrieb er darüber: „Das letzte Stück hat natürlich keine Nummer, sondern kommt hübsch darüber: Zum Schluß. (Goethe)“[211] Man darf wohl annehmen, daß dieses letzte Lied, für das Brahms einen Text anderer Herkunft als in den 32 übrigen Stücken verwendete, aus Goethes „Alexis und Dora“, den Beschluß beider Sammlungen „Liebeslieder“-Walzer bildet.

Gerade das letzte Stück aus op. 65 zeigt noch einmal alle Züge, die für die Sammlung charakteristisch sind: der Walzerrhythmus hat vollends dem 9/4-Takt weichen müssen. Harmonik und Melodie sind kunstvoller und farbiger als in op. 52, der Mittelteil zeigt die straffere künstlerische Formung in einem Fugato, die Außenglieder des dreistimmigen Stücks aber bilden eine Passacaglia. Bezeichnenderweise ist deren zweitaktiger Baß dem Anfang des Gebets für den „armen Abseiter“ aus der Alt-Rhapsodie entnommen, der „sich Menschenhaß aus der Fülle der Liebe trank“: „Ist auf deinem Psalter, (Vater der Liebe, ein Ton seinem Ohre vernehmlich, so erquicke sein Herz!)“ - Diese „Neuen Liebeslieder“ - fast zögert man, den Begriff Walzer hinzuzusetzen - sind weniger der Musizier- und Lebensfreude entsprungen als die frühere Sammlung op. 52. Brahms hat sie fast ein wenig in sich hineingesungen, sodaß man Theodor Billroth beipflichten kann, der diese Stücke weniger geeignet fand für das Konzertsaal-Publikum, weil ihre Texte spezifischer poetisch und die Musik spezifischer musikalisch sei. Brahms habe die Hyperromantik Daumers mit seiner Musik in den Bereich geistiger Klarheit zurückgeführt.

Bis in die neueste Zeit hinein sind in der Brahms-Literatur immer wieder die Chorlieder op. 62 mit dem Sommer 1874 in Rüschlikon in Verbindung gebracht worden. Dabei war zumindest seit der Veröffentlichung des Briefwechsels mit Simrock (1917) klar, daß sich diese Lieder bereits im Mai 1874 zur Vorbereitung des Drucks beim Verlag befanden.[212] Sie müssen da also schon fertig gewesen sein. Im Sommer 1874 kann es allenfalls noch um Korrekturen gegangen sein. Bei seiner langsamen Produktionsweise ist man damit einer Datierung ihrer Entstehung um keinen Schritt näher. In der Hektik des Frühjahrs kann kaum die ganze Sammlung entstanden sein. Von den „Jungbrunnen“-Liedern sind zwei schon in den Stimmheften des Hamburger Frauenchores nachweisbar, die Frauenchor-Fassung von op. 62 Nr. 6 stimmt mit der für gemischten Chor nahezu völlig überein; dagegen weicht die Vertonung von „Dein Herzlein mild“ für Frauenchor von der in op. 62 veröffentlichten so erheblich ab, daß man von einer früheren Fassung reden kann. Damit rückt die Komposition zumindest einiger Lieder in die

211 Briefwechsel Bd. 9, S. 194.
212 Briefwechsel Bd. 9, S. 172f.

Nähe der aus op. 44, also die HFC-Jahre 1859-63. Vielleicht darf man davon ausgehen, daß Brahms im Zusammenhang mit der Vertonung von Liedern aus Paul Heyses „Jungbrunnen“ auf zwei ältere Stücke zurückgriff und also Lieder aus zwei verschiedenen Schichten der Entstehung zu einem Opus zusammenfaßte.

Das erste der Lieder aus „Des Knaben Wunderhorn“ (Es wollt' die Jungfrau früh aufstehn) ist eine der dem Volkslied nächststehenden Liedvertonungen von Brahms, musikalisch kommt die Melodie mit ganz geringem motivischem Material aus; der Volksliedcharakter ist so dominant, daß auch die kurze imitatorische Behandlung des letzten Formglieds und seine Höhersequenzierung nicht als Kunstmittel ins Bewußtsein dringen. - Das zweite der „Wunderhorn“-Lieder (Spazieren wollt' ich reiten) ist im Prinzip wie das erste im strengen Volksliedcharakter strophisch vertont, was durch den Refrain noch unterstrichen wird. Aber wie so häufig in seien Liedern nimmt Brahms die Wechselrede des Textes zum Anlaß, auch musikalisch zu dialogisieren, und rückt das Lied so fast in die Nähe der Chorballade. Es handelt sich jeweils um die fünfte und sechste Textzeile einer Strophe. Spricht in der ersten das Mädchen, teilt Brahms die Frauenstimmen zur Vierstimmigkeit und läßt Tenor und Baß pausieren, spricht dagegen an der gleichen Stelle der zweiten Strophe der Bursche, verlegt Brahms Satz und Melodie eine Oktave tiefer in die Männerstimmen, sind die beiden Liebenden vereint, wird der Satz auseinandergezogen zum vollen Klang des gemischten Chores. Interessant ist der daktylische Trab des Rößleins, den Brahms in Tenor und Baß weiterlaufen läßt auch da, wo nicht mehr direkt von ihm die Rede ist. Als weniger volksliednah, dafür spezifischer Brahmsisch könnte man dieses zweite dieser „Wunderhorn“-Lieder charakterisieren, sicher auch noch als einen seiner dankbarsten Chorsätze.

Was unter Robert Schumanns Sololiedern die „Mondnacht“ nach Eichendorff, das ist in der Brahmsschen Chorlyrik die „Waldesnacht“ nach Paul Heyses „Jungbrunnen“: konzentrierter Ausdruck einer Stimmung und tief innerliches Gefühl, jedoch ohne die mindeste Spur jenes Überschwangs, dem so viele Vertonungen von Stimmungslyrik namentlich des späteren 19. Jahrhunderts erlegen sind und den man despektierlich Gefühlsduselei genannt hat. - Reflexion und Hingabe an den Stimmungsgehalt der Naturwahrnehmung kennzeichnen diesen Satz, aber kein Sich-Verströmen des eigenen Gefühlslebens, kein Hineinprojizieren in die Natur. Das bezeichnet die Grenzsituation, in der Brahms mit diesem Lied steht, den schmalen Grat, auf dem er sich mit traumhafter Sicherheit, aber streng kontrolliertem, hellwachem Bewußtsein bewegt. - Trotz des eigenartigen Stimmungszaubers, der von dem Lied ausgeht, ist es ein Beispiel strenger Formgestaltung, in dem sogar der für die Rationalität seines Komponierens charakteristische Kanon nicht fehlt.

Eine besondere gliedernde Funktion kommt dem ersten Motiv des Liedes zu, das nach der ersten Zäsur (T. 5) auch den zweiten Abschnitt des ersten Teils einleitet, diesmal im Baß, während der Sopran fast ohne melodische Bewegung als Ausdruck der Ruhe nach „dem lauten Weltgewühle“ darüber liegt. Dann taucht es am Ende des zweiten Teils wieder auf, wenn nach dem Ende des Kanons in T. 17 der Schluß beginnt. Hier tritt es gleich dreimal hintereinander auf, jeweils einen Ton höher sequenziert; in der aufsteigenden Sequenz mit crescendo sicher ein musikalischer Ausdruck der Befreiung von „all den irren Qualen“, der zugleich auf das Anfangsmotiv mit dem Wort „Waldesnacht“ hinweist. - Der Doppelkanon in der Unterquinte tritt in der fünften und sechsten Textzeile im Abstand eines Viertels zwischen den Gruppen der Frauen- und Männerstimmen auf, ein Überbleibsel jener Aufspaltung des gemischten Chores in zwei Klanggruppen, die vor allem die frühen Chorwerke kennzeichnet. Hingewiesen sei noch auf die Chromatizismen (Alt T. 18/19, Tenor T. 22/23) an Stellen, wo in der ersten und dritten Strophe von den „irren Qualen“ des Menschen die Rede ist. In allen Teilen des Liedes sind musikalischer Satz und musikalische Form innig mit dem Gefühlsausdruck verschmolzen. Das Ineinandergreifen von Ausdruck und Kunstform macht eben den ästhetischen Rang des Liedes aus.

Nachdem Brahms „Dein Herzlein mild“ aus Heyses „Jungbrunnen“ bereits in seinen frühen Jahren einmal vertont hatte, diese Version aber offensichtlich verworfen hat, als er die übrigen Vertonungen aus dieser Textquelle in seinem op. 44 veröffentlichte, komponierte er ein Dutzend Jahre später den gleichen Text noch einmal, wobei die jüngere Fassung sich enger an die Form der dichterischen Vorlage anschließt. Wie präzise Brahms zugleich die syntaktische Struktur des Textes wiedergibt, zeigt das Anfangsmotiv, das er sogleich eine Stufe tiefer sequenziert, Anrede und Apposition nachbildend: „Dein Herzlein mild, du liebes Bild“; vierte und fünfte Zeile haben die gleiche Struktur, wieder tritt das Anfangsmotiv auf, wird dann aber eine Stufe **höher** sequenziert, die Aussage intensivierend: „... und drinnen ruht verträumte Glut“. Eine so minutiöse Umsetzung der Textstruktur ist fraglos kennzeichnend für den Reifeprozeß, den Brahms in der musikalischen Behandlung poetischer Vorlagen inzwischen durchgemacht hatte. Alles an dieser Vertonung ist unlösbar mit der Form verbunden. Form ist nicht mehr ein Rahmen, der mit Inhalt gefüllt, ein Gerüst, das umkleidet wird, sie ist die geistige Mitte des Kunstwerks geworden, dessen ästhetischer Rang sich daran bemißt, daß es trotz dieser geistigen Konzentration zu den anmutigsten

Liedschöpfungen von Brahms gehört.

In „All' meine Herzgedanken", ebenfalls nach Heyses „Jungbrunnen", tritt die Aufspaltung des gemischten Chores in die Klanggruppen der Frauen- und der Männerstimmen noch einmal deutlich zutage, verliert sich dann aber nach dem ersten Teil. Von allen Liedern des op. 62 ist die Nr. 5 vielleicht das komplizierteste und kunstvollste, steht Madrigalsätzen alter Meister näher als dem romantischen Chorlied. Das wird am deutlichsten an dem frei polyphonen Mittelteil, der wie der erste mit den Männerstimmen beginnt, zu denen nach einem Takt der zweite Alt hinzutritt. Der aber imitiert den voraufgegangenen Einsatz des Tenors oder - wenn man will - er imitiert die Melodiestimme um einen Takt voraus, die dem Tenor kanonisch folgt. Der Übergang zur Wiederholung der Melodie des ersten Teils wird ebenfalls von den Mittelstimmen in die Kadenz des Mittelteils hinein vorausimitiert. Wie häufig, wenn Brahms so sparsam mit seinem melodischen Material verfährt, liegt die Abwechslung, ohne die nun einmal ein Kunstwerk, erst recht ein solches nur aus zwei Melodiezeilen aufgebautes Lied, nicht lebt, in der harmonischen Farbigkeit. Namentlich bei der Wiederholung der ersten Melodiezeile und noch stärker bei ihrer Wiederkehr arbeitet Brahms mit chromatischen Durchgängen, von denen mindestens der erste (T. 6, Alt 2) textbedingt ist.

Das letzte der „Jungbrunnen"-Lieder (Es geht ein Wehen durch den Wald) verleugnet mit seiner Schauerstimmung und handgreiflichen Tonsymbolik am wenigsten seine romantische Grundhaltung. Das Lied steht in e-Moll, der Baß liegt jedoch zumeist auf der Oktave G-g und hält damit das Stück harmonisch in einem Sextakkord-ähnlichen Schwebezustand, der das Gefühl des Schaurigen vermittelt, das durch die parallelen Sextakkorde der Oberstimme noch verstärkt wird. Zwischen dem formal so straff organisierten fünften und dem herben Ausdruck des letzten Liedes scheint dieses einer anderen, stimmungsbetonten Welt anzugehören.

Das letzte der Lieder aus op. 62 stammt aus Franz Mittlers Sammlung „Deutsche Volkslieder" von 1855, es hängt stilistisch eng mit dem ersten der Männerchor-Lieder op. 41 zusammen, beide sind in altertümlich langen Notenwerten notiert und verwenden ausschließlich Dreiklänge in Grundlage. Brahms hat den alten Volksliedtext in eine musikalische Form gegossen, die ihm bis in die Einzelheiten hinein nachgeht, in ihrem strengen Purismus aber unter der Prätention anderer historisch-stilistischer Voraussetzungen steht als seiner Entstehungszeit entsprechen. Das ist Stilkopie und damit eines der relativ wenigen Beispiele des Historismus bei Brahms, denn es kommt zu keiner fruchtbaren Auseinandersetzung dieser Aneignung alter Stilmittel mit seiner eigenen künstlerischen Aussagekraft, wie sie sonst die Bedeutung seiner Chorsätze ausmacht.

Noch vor der endgültigen Fertigstellung der Streichquartette und der Haydn-Variationen war eine ganze Reihe von Liedern entstanden, in die auch bereits früher geschriebene Stücke aufgenommen wurden. Sie gingen zum Teil schon vor den großen Instrumentalwerken in Druck, erhielten jedoch Opuszahlen, die nach den Haydn-Variationen liegen. Acht Lieder und Gesänge op. 57, sämtlich auf Texte von Daumer, schon im Druck erschienen im Dezember 1871, ihrer Entstehung nach jedoch bis heute nicht genau eingrenzbar, weitere Acht Lieder und Gesänge op. 58, zusammen mit op. 57 im Dezember 1871 erschienen, hinsichtlich ihres Entstehungsdatums aber ebenfalls nur annäherungsweise festzulegen. Zwar mit dem gleichen Titel (Acht Lieder und Gesänge) und der anschließenden Opuszahl 59 erschienen weitere Stücke, die aber inhaltlich von den beiden vorhergehenden Sammlungen abgrenzbar sind und auch erst ein Jahr später im Druck herauskamen.

Gerade diese letzte Sammlung enthält eine ganze Reihe von Brahms' bekanntesten und auch künstlerisch wichtigsten Liedern. Das gilt schon für das erste, „Dämm'rung senkte sich von oben“ nach Goethe, das die unübersichtlichste Entstehungsgeschichte hat. Hermann Levi hatte Brahms bereits im Frühjahr 1869 auf den Text hingewiesen,[213] den er selbst vertont hatte. Ob nun diese Vertonung oder nur deren Text seine eigene Komposition angeregt hat, ist ebenso wenig auszumachen wie deren Entstehungsdatum. Das viertaktige Vorspiel verwendet einen bei Brahms häufigen, an sich aus der kontrapunktischen Satztechnik stammenden, Topos, indem es den Grundakkord der Zentraltonart g-Moll mit Leitton von oben (es) und unten (Fis) einrahmt. Gleich im zweiten Takt tritt auch noch cis' hinzu und in Takt drei c' als Vorhalt vor der Terz b. Sämtliche Stufen des Grunddreiklangs sind mithin durch Vorhalt bzw. Leitton definiert, das Tonika und Dominante zugehörige d' sogar doppelt durch es' und cis'. Brahms hat in diesen paar Akkorden die engräumige Tonbewegung der Melodie als Ausdruck der Dämmerung, die „alle Nähe fern“ macht, vorbereitet. Mit der dritten Zeile fügt er noch as' hinzu und verfällt mit den Sekundreibungen unversehens in die Ausdrucks-Sphäre von Schumanns „Mondnacht“. Einen Fixpunkt aber gibt es in diesem Zwielicht, den Abendstern; Brahms fixiert ihn mit dem Zielton der Melodie und Grundton der Tonart durch Leitton von oben und unten (as und fis) und in einer Hemiole vergrößert. Wieder steht man bewundernd vor der Präzision, mit der Brahms Text und Vertonung

213 Briefwechsel Bd. 7, S. 35.

in seinen besten Liedern zur Deckung bringt.

Es handelt sich wieder um die von ihm bevorzugte Form des variierten Strophenlieds, die zweite Strophe verändert zunächst lediglich die Begleitung, die jetzt in raschere Bewegung aufgelöst ist: die festen Akkorde der instrumentalen Einleitung „schwanken ins Ungewisse, Nebel schleichen in die Höh'", wenn aber das Gedicht von „schwarz vertiefter Finsternis" redet, führt Brahms die Melodie in einer Katabasis eine Oktave hinab zum g. Mit der Vorstellung des im Osten aufgehenden Mondes wendet Brahms die Vertonung ins Dur, zunächst nur partiell und in der Subdominantparallele Es-Dur, bevor die letzte Strophe in die Dur-Variante G wechselt, wobei auffällt, daß Brahms zwei Begriffe jeweils mit dem auffälligen Intervall einer verminderten Quinte aufwärts behandelt, das „Auge" durch das die „Kühle" „sänftigend ins Herz" dringt. So genau setzt der Musiker Brahms die Bilder des Augenmenschen Goethe um.

Die Nummern drei und vier, „Regenlied" und „Nachklang" gehören textlich und musikalisch zusammen. Beide sind Regenlieder und das zweite ohne das vorhergehende mit seiner Überschrift „Nachklang" zu bezeichnen, ist ebenso unsinnig wie bei Goethes beiden „Wanderers Nachtliedern" das zweite mit dem in der Folge darüberstehenden Titel „Ein Gleiches" abzudrucken. Die beiden Lieder hat Brahms dem „Quickborn" seines Dithmarscher Landsmannes Klaus Groth entnommen, sie sind auch hinsichtlich ihrer Entstehung gut dokumentiert. Eine frühere Fassung der Nr. 4, übrigens mit der richtigen Überschrift „Regenlied" (WoO 23), hat nicht Brahms veröffentlicht, es wurde erst 1908 von der Deutschen Brahms-Gesellschaft publiziert und zugleich als Faksimile vorgelegt. Sämtliche vier Lieder auf Texte von Klaus Groth aus dem späteren op. 59 hat Brahms im April 1873 an den ihm befreundeten Dichter gesandt.[214] Im Nachklang zu dem unglückseligen Schumann-Fest in Bonn hatte er sie im August 1873 auch Clara Schumann in Baden-Baden gezeigt, und sie, die damals mit dem Entschluß umging, diesen Wohnsitz für immer aufzugeben, und auch sonst von trüben Gedanken belastet, hatte sich besonders von dem ersten der „Regenlieder" beeindruckt gezeigt: „Ich hatte übrigens recht trübselige Tage nach Deiner Abreise; das Regenlied ging mir Tag und Nacht nicht aus dem Sinn, die Melodie hat aber für mich etwas unsäglich Trauriges und machte mich ganz melancholisch, bis ich mich endlich durch ordentliche Arbeit herausriß. Überhaupt aber lag mir all das Schöne, das Du gebracht, tief

214 Briefwechsel Brahms - Groth, S. 74.

im Sinn."[215] Wohl aus diesem Grunde machte er ihr die Autographen der beiden Lieder an ihrem Geburtstag zum Geschenk.

Vergleichbar Beethovens Lied „Der Wachtelschlag" läßt Brahms in der leeren Oktave das erste Motiv des Liedes, zögernd fallenden Regentropfen ähnlich, als Vorspiel erklingen und kadenziert sogleich auf der Tonika, wiederholt den ganzen Vorgang noch einmal im Stimmtausch, sodaß jetzt die Tropfen noch dumpfer in der kleinen Oktave hörbar werden, die Kadenz jedoch, nun als Oberstimme umso deutlicher abschließend, hervortritt. Mit dem Einsatz der Singstimme wird die Begleitung beschleunigt, der Regen gleichsam intensiver. Zu der Bitte, er möge die Träume der Kindheit wieder erwecken, läßt Brahms das Regenmotiv vom Anfang noch einmal assoziativ erklingen. Mit der leicht variierten zweiten Strophe endet zunächst das Naturbild und Brahms macht die Zäsur überdeutlich durch Wiederholung der letzten Zeile in der rhythmischen Vergrößerung.

Die dritte Strophe bezieht das Naturbild auf das eigene Erleben des lyrischen Ichs und Brahms wechselt entsprechend in die parallele Durtonart, aber mit den rasch wechselnden Bildern, den Regen auf der Haut zu spüren, mit bloßen Füßen durch das nasse Gras zu streifen, nach dem Schaum zu greifen, ihn auf den heißen Wangen zu spüren und die gereinigte Luft zu atmen, wechselt auch die Tonart in schneller Folge bis zu C-Dur und d-Moll, bevor mit dem tiefen Durchatmen zur Ausgangstonart zurückmoduliert wird. Beinahe choralartig im 3/2-Takt und der neuen Tonart vertont Brahms jene Strophen, welche davon singen, wie der Klarheit und Kühlung bringende Regen bis an „der Schöpfung heilig Weben drang." Mit der Rückkehr zur Naturschilderung leitet er auch wieder nach Fis-Moll zurück, jedoch „nach und nach ruhiger und leiser", so seine, für diese Zeit ungewöhnlich detaillierte, Vortragsanweisung, geht es nicht mehr um die berauschende Wahrnehmung eines Sommerregens, sondern um die wehmütige Erinnerung des reifen Menschen an das „fromme Kindergrauen", das ihn einst gegenüber dem Naturschauspiel erfaßt hatte und das dem älteren Menschen mit seiner langen Welterfahrung abhandengekommen ist. Die Augmentation der wiederholten letzten Zeile bekommt etwas wehmütig Melancholisches und Resigniertes.

Brahms hat den Ton, der in seinem Wesen wohl verwandte Saiten anrührte, auf eine beklemmend empfindsame Weise getroffen, die ver-

215 Clara Schumann - Johannes Brahms. Briefe. Bd. 2, S. 22f. Außer den Liedern hatte er die Streichquartette op. 51 mitgebracht, die nun in München uraufgeführt werden sollten. Sie war nicht nur traurig, weil sie daran nicht teilnehmen konnte, sondern auch besorgt, weil in München die Cholera aufgetreten war.

ständlich macht, warum Clara Schumann diese eindringliche Vertonung in einer Zeit eigener Bedrängnisse nicht aus dem Kopf gehen wollte. Diese resignierte Rückerinnerung wurde in den kommenden Jahren eines seiner bevorzugten Themen bei der Textwahl von Liedern und löste das ehedem dominierende Thema der erloschenen oder versunkenen Liebe ab.

Das zweite „Regenlied" ist auch im musikalischen Sinne „Nachklang" des ersten, denn Brahms bestreitet es mit der gleichen Melodik der Singstimme und denselben Begleitfiguren. Das zweite Lied hat jedoch einen anderen lyrischen Gehalt trotz des gleichen Themas Regen: er löst hier nicht überschäumende Lebensfreude aus, in die sich ein Tropfen Wehmut mischt, sondern von vornherein mischen sich Regentropfen und Tränen und bringen die Wangen gemeinsam zum Glühen. Trotz teilweise gleicher musikalischer Stilmittel wie der augmentierten Wiederholung der letzten Textzeile wirkt das zweite Lied zurückgenommener, verhaltener und man spürt, daß dic beiden „Regenlieder" nicht nur durch das Thema und die übereinstimmende musikalische Substanz zusammenhängen, sondern daß die Vortragsanweisung „nach und nach ruhiger und leiser" über den Mittelteil des ersten Liedes hinaus gleichsam bis in das zweite hineinwirkt; und Brahms scheint das zu bestätigen, wenn er im Nachspiel das beiden Liedern gemeinsame Kopfmotiv in der Begleitung noch einmal anklingen läßt.

Das dritte der „Quickborn"-Lieder nach Klaus Groth ist von Brahms sicher wegen des darin ausgesprochenen Wunsches des wunden Herzens „nach milder Ruh" gewählt worden. Es gehört vielleicht nicht wie die Sequenz der „Regenlieder" zu seinen ganz großen Liedschöpfungen, aber es zeigt sehr deutlich, wie sich bestimmte Ausdrucks-Stilmittel von frühester Jugend an durch sein gesamtes Werk hindurchziehen und im Laufe seiner künstlerischen Entwicklung semantische Bedeutung erhalten. Hier ist es das der engen musikalischen Bindung von Melodie und Baß in der Form des Terzkanons im Abstand von zwei Takten. Die strengste aller musikalischen Satzbindungen drückt die übermenschliche Gesetzmäßigkeit aus, in deren Gewißheit sich das Herz geborgen fühlen kann.

Die letzte der Klaus-Groth-Vertonungen ist trotz ihrer Kürze eine seiner gelungensten und zu recht meistgesungenen Liedschöpfungen. Ein viertaktiges Vorspiel von Haydnscher Regelmäßigkeit der Motivik und Harmonik in Vorder- und Nachsatz leitet es ein: das Stilideal des klassischen Ebenmaßes als Lebensziel. Rückgriffe auf alte Stilmittel finden sich auch in andren Bereichen: die Katabasis es"-es' auf „ich blicke bis zum Grund", die demonstrative Betonung der Hauptfunktionen auf

„ich sehe mich gesund". Umso heftiger moduliert Brahms über den Neapolitaner Ces-Dur nach Ges bei der Erinnerung an das „glühend Augenpaar", das ihn einst so gebrannt hat, daß immer noch das Nachgefühl davon schmerzt; den Kontrast zu den Augen, in die er nun so tief und klar blicken kann, bestimmen dann wieder die harmonischen Hauptfunktionen und die ruhige, schrittweise Führung des Basses. Obwohl sich das Lied verschiedener Stilmittel bedient, die als Topoi ins 16. Jahrhundert zurückreichen, hat es nichts von Historismus an sich. Es zeigt im Gegenteil, wie fruchtbar man sie als Ausdrucksträger auch in der zweiten Hälfte des 19. Jahrhunderts machen kann.

Einer neuen Bekanntschaft aus dem Umfeld Gottfried Kellers während des Züricher Sommers ist noch zu gedenken, derjenigen des Schriftstellers und Redakteurs Joseph Viktor Widmann, später Chef des Feuilletons bei der angesehenen Berner Zeitung „Der Bund". Widmann stammte aus einer hochmusikalischen Familie Wiener (ursprünglich mährischer) Herkunft, seine Eltern waren im Umkreis Beethovens und Schuberts aufgewachsen. Aus konfessionellen Gründen hatten sie Österreich verlassen müssen, der Vater war - inzwischen protestantischer - Pfarrer in Liestal bei Zürich. Diesen Hintergrund muß man kennen, um die Verständnisbasis der neuen und stetig enger werdenden Freundschaft verstehen zu können. Weiterhin handelte es sich um die Jahre der Umschichtung des Schweizer Musiklebens von dem Schwerpunkt Winterthur nach Zürich. Theodor Kirchner, von Brahms hoch geschätzter, wenn auch wohl von der Musikforschung zu Unrecht zum Schumann-Epigonen gestempelt, Komponist insbesondere von Klavierminiaturen, der seinerzeit erster Student am Leipziger Konservatorium gewesen und von Mendelssohn nach Winterthur empfohlen worden war, hatte dort resigniert aufgegeben. Nichts kennzeichnet die entstandene Situation deutlicher, als daß der gebürtige Sachse zuletzt nur noch von „Sommermoll" sprach. Auch sein Nachfolger, Hermann Goetz, heute nur noch dem Namen nach bekannt als Komponist einer unvollendeten Oper „Der Widerspenstigen Zähmung", hatte bereits aufgegeben und lebte in einem kleinen Hause in der Nähe von Zürich. Brahms hatte ihm bereits früher einmal einen Besuch gemacht und dabei einen Blick auf die Arbeiten des Hausherrn geworfen, was ihm aber mit den Worten „das ist mein Heiligstes" verwehrt wurde. Das war nun genau das Pathos und die Haltung, die der mehr aus seiner handwerklichen Tradition denkende Brahms par tout nicht ertragen konnte. Man fand wegen grundsätzlicher Wesensverschiedenheit nicht zueinander.

Aus Anlaß des Schweizer Musikfestes hatte Goetz Brahms, Hegar und Joseph Viktor Widmann zum Essen in sein Haus geladen. Als die

Gäste ankamen, mußten sie von der Frau des Gastgebers erfahren, daß der tuberkulosekranke Goetz in der Nacht zuvor einen schweren Blutsturz erlitten habe, sie aber dennoch bitten lassen, die Mahlzeit in seinem Hause einzunehmen, während der schwerkranke Hausherr, lediglich als Zuhörer beteiligt, in einem abgedunkelten Nebenzimmer lag. Daß dieses Treffen in bedrückender Atmosphäre stattfand, braucht danach nicht eigens betont zu werden. Vielleicht lag es daran, daß man Rücksicht auf den darniederliegenden Hausherrn nahm und ein neutrales Thema bevorzugte, jedenfalls drehte sich das Gespräch um die „freisinnige Theologie", die damals in der Schweiz eine große Rolle spielte. Widmann berichtet darüber in seinem Büchlein „Johannes Brahms in Erinnerungen": „Auch mir erschien diese Reformtheologie die glückliche praktische Lösung des religiösen Problems, wenn auch vielleicht der Umstand, daß ich die Unterhaltung gerade auf dieses Thema lenkte, leise Zweifel verraten mochte, die sich bereits auch in mir zu regen begannen; denn das Bedürfnis, von dergleichen Dingen zu sprechen, weist meistens auf eine nicht völlig überwundene Unsicherheit und Unruhe hin. Brahms nun bekannte sogleich Farbe, indem er diese Richtung als schwächliche Halbheit verwarf, die ebenso wenig dem tieferen religiösen Herzensbedürfnisse als dem nach völliger Freiheit ringenden philosophischen Denken genügen könne. Erst im Oktober desselben Jahres erschien … Gottfried Kellers Novelle ‚Das verlorene Lachen', eine Dichtung, die … [sich] mit so großer Schärfe gegen die Reformtheologie richtete, daß letzterer … durch die Novelle mehr Abbruch geschah, als irgend eine theologische Streitschrift es zu tun vermocht hätte. Mich überraschte dieses Zusammentreffen der religiösen Lebensanschauungen von Brahms und Keller höchlich, wie andererseits Brahms sich freuen mußte, ungefähr dieselben Gedanken, die er im stillen von dieser Sache hegte, in der Dichtung des von ihm längst verehrten Meisters so schön und so überzeugend ausgesprochen zu finden." Natürlich war der Schweizer Schriftsteller Widmann ganz anders in dieser Frage engagiert als der norddeutsche Wiener Brahms, ein klares Beispiel dafür, „wie weit Brahms' geistiger Horizont, wie klar und gesund sein Blick, wie reif sein Urteil auch in Dingen war, die mit seiner Kunst keinen direkten Zusammenhang hatten. - Daß ich selbst damals Brahms ziemlich hitzig opponierte, schien ihm meine Gesellschaft nicht antipathisch zu machen; er war zeitlebens ein eifriger Disputierer, der es lieber hatte, wenn ein Kampf der Meinungen das Gespräch belebte, als wenn ihm die Leute aus Ehrfurcht vor seinem Können und seinen Erfolgen nach dem Munde redeten."[216]

An dieser kleinen Szene wird aber nicht nur klar, was ihn mit Gottfried Keller verband, sondern schlaglichtartig wird erkennbar, wie stark er in der lutherischen Orthodoxie verwurzelt war: „Das Wort sie sollen lassen stah'n", da schlug für ihn das spekulative Denken in eine moralische Kategorie um, da fand seine Toleranz ihre Grenzen. Aber sie zeigt auch ganz deutlich, wie stark er an den geistigen Auseinandersetzungen seiner Zeit Anteil nahm, gegebenenfalls sich auch mit ihren politischen Vorurteilen identifizierte. Entscheidend scheint mir, daß Künstlertum für ihn keine Insel der Seligen war, die von den Strömen der Zeit allenfalls berührt wurde, und daß es für ihn in der Frage der Bestimmung seines eigenen geistigen Standpunkts in den Auseinandersetzungen seiner Zeit keinen archimedischen Punkt für den Künstler gab, sondern daß es mit zu dessen Aufgaben gehörte, die Stellung in der Gesellschaft zu definieren.

So froh wir einerseits über derartige Beobachtungen eines zeitkritischen Journalisten sein können und so aufschlußreich sie im Einzelnen für uns sein mögen, so muß man andererseits der Darstellung des literarisch ambitionierten Feuilletonisten in gewisser Weise mißtrauisch begegnen. Wir befinden uns hier im letzten Viertel des 19. Jahrhunderts, wo nicht nur in der deutschen Geschichtsschreibung die Ideologie, daß Geschichte sich nicht ereignet, sondern von Männern gemacht werde, zur Heroisierung der Dargestellten führte, und diese Heroengeschichte trieb ihre besonderen Blüten bei der Darstellung der Künste, denn große Künstler sind eben mitunter gar keine Heroen gewesen. Dennoch begann die Ideologie auf die Wiedergabe der Wahrnehmung durchzuschlagen. Daß von Brahms eine starke Ausstrahlung ausging, ist wohl unbestritten: „... er [machte] durch seine persönliche Erscheinung sofort den Eindruck einer machtvollen Individualität. Zwar die kurze, gedrungene Figur, die fast semmelblonden Haare, die vorgeschobene Unterlippe, die dem bartlosen Jünglingsgesicht einen etwas spöttischen Ausdruck gab, waren in die Augen fallende Eigentümlichkeiten, die eher mißfallen konnten", registrierte der durchaus kritische Journalist Widmann, doch der Literat fuhr im gleichen Atemzug fort: „aber die ganze Erscheinung war gleichsam in Kraft getaucht. Die löwenhaft breite Brust, die herkulischen Schultern, das mächtige Haupt, das der Spielende manchmal mit energischem Ruck zurückwarf, die gedankenvolle, schöne, wie von innerer Erleuchtung glänzende Stirn und die zwischen den blonden Wimpern ein wunderbares Feuer versprühenden germanischen Augen verrie-

216 J.V. Widmann: J. Brahms in Erinnerungen. Berlin ^{4}1910, S. 23ff.

ten eine künstlerische Persönlichkeit, die bis in die Fingerspitzen hinein mit genialem Fluidum geladen zu sein schien. Auch lag etwas zuversichtlich Sieghaftes in diesem Antlitz."[217] Das Martialische der Diktion steht in krassem Widerspruch zu der nur wenige Monate älteren Schilderung eines Beobachters ohne literarischen Anspruch, wie der Sänger Georg Henschel in seinen Erinnerungen einer war. Hier wurde an der Brahms-Legende weiter-„gestrickt", deren Urheber letztlich Robert Schumann war. Brahms seinerseits hat ihr nur kurzzeitig und vorübergehend mit der Kreisler-Mystifikation Vorschub geleistet, die Brahms-Biographik, allen Autoren voran Max Kalbeck, hat die Heroisierung dann umso hemmungsloser betrieben, zumal die vorgeblichen Chronisten teilweise ihre besten eigenen Quellen waren. Dabei hat Brahms mit seinem Hang zur Ironie, der allgemein als einer seiner hervorstechendsten Züge geschildert wird, dem bereits nach Kräften entgegengesteuert.

Mitte September war Brahms wieder in Wien, obwohl das erste Gesellschaftskonzert erst auf Anfang November terminiert war. Die Direktion der Gesellschaft der Musikfreunde legte gesteigerten Wert darauf, als Institution nicht mit der von Brahms forcierten Bach-Händel-Pflege allzu sehr identifiziert zu werden. Er selbst drang verständlicherweise darauf, die neuen Chorlieder mit seinem Chor uraufzuführen. Man wußte natürlich in Wien, daß er mehrfach Beethovens Es-Dur-Konzert öffentlich gespielt hatte, und legte ihm nahe, das nun auch in Wien einmal zu tun, nicht umsonst hat das Werk ja im englischen Sprachraum den Beinamen „the emperor". Seine Vorbehalte, mit den großen Klaviervirtuosen in direkten Wettbewerb zu treten, sind bekannt. Es war mithin eine Konzession an die veranstaltende Gesellschaft, daß er wider besseres und realistisches Wissen dem Drängen nachgab. Wenn er sich jedoch gegen seinen erklärten Willen und bei seiner ohnehin latenten Abneigung gegen öffentliche Auftritte zu etwas veranlaßt sah, dann blieb er in der künstlerischen Leistung unter dem Niveau, das er in günstigen Stunden erreichte. Er hatte, ebenfalls auf Drängen seiner Direktion, das Beethoven-Konzert mit zwei Orchesterwerken eingerahmt, die sicher deren Wunsch nach etwas Brillantem und aus der barock-klassischen Tradition Heraustretendem entsprach, nicht so sehr seinen eigenen künstlerischen Intentionen: Anton Rubinsteins Ouvertüre zu seiner Oper „Dimitri Douki" und Berlioz' Harold-Symphonie nach Byron. Eine innere Beteiligung, die ihm selbst abging, vermochte er logischerweise auch nicht auf das Orchester zu übertragen. So mußte es zu denken geben, daß in einem Konzert mit so monumentalen Werken ausgerechnet

217 J.V. Widmann: J. Brahms in Erinnerungen. S. 17.

die kleinen Chorlieder aus seinem op. 62 den Erfolg ausmachten. Und nun geschah eine der merkwürdigsten Reaktionen in seinem Leben. Otto Dessoff bot ihm die Möglichkeit, nachdem er mit der Uraufführung der Haydn-Variationen seine Fähigkeit als Orchesterkomponist so eindrucksvoll unter Beweis gestellt hatte, jetzt auch sein bislang größtes Orchesterwerk durchzusetzen, das Klavierkonzert d-Moll. Nun wäre es darauf angekommen, 1. dem Publikum zu beweisen, daß die schwache Rezeption des großen Musikwerks an seiner eigenen Unzulänglichkeit lag, und 2. er doch zur Garde der großen Pianisten zu zählen sei, wenn nicht durch technische Brillanz, so doch durch seine grandiose Gestaltungsfähigkeit. Er aber nahm, wo er hätte kämpfen müssen, die Herausforderung nicht an, sondern spielte am 29. November im 2. Abonnementskonzert des Hofopern-Orchesters unter Leitung Otto Dessoffs, obwohl ihm das Orchester diesmal Sympathie entgegenbrachte, sein eigenes Konzert so im Grunde lustlos wie drei Wochen zuvor das Beethovensche. Damit hatte sich das Urteil über Brahms in den zehn Jahren seit seinem ersten Auftreten in Wien ins Gegenteil verkehrt. Kalbeck faßt es pointiert so zusammen: ein guter Komponist, ein mittelmäßiger Dirigent und ein schlechter Klavierspieler.[218]

Daran hatte auch der Vortrag der „Liebeslieder"-Walzer op. 52 mit Dessoff als Klavierpartner nichts ändern können. Eine Woche später, am Nikolaustag, versuchte Brahms, das Steuer herumzureißen mit einer hervorragenden Aufführung von Beethovens Missa Solemnis im ersten außerordentlichen Gesellschaftskonzert, in der zwar alles stimmte, auch die glückliche Wahl der Solisten Marie Wilt, Karoline Gomperz-Bettelheim, Gustav Walter und Hans Rokitansky. Das Publikum vermißte an dem hanseatisch unterkühlten Norddeutschen plötzlich das spezifische Flair, denn schließlich war Beethoven ja „Wiener Klassiker", personalisiert: es fehlte ihm „der Herbeck'sche Schwung". Herbecks Wechsel zur Hofoper hatte ja erst den Weg für Brahms zur Leitung der Konzerte der Gesellschaft der Musikfreunde freigemacht. Je mehr aber Schwächen am neuen Regiment sichtbar wurden, und Brahms' Repertoirebildung war von vornherein zum Stein des Anstoßes geworden, nun kam seine offenbare Unlust, sich mit Werken außerhalb seiner eigenen künstlerischen Vorstellungen auseinanderzusetzen, hinzu, desto stärker verklärte sich das Bild des „alten Regiments", zumal wenn es auf verbreitete Zustimmung gestoßen war. Nichts bietet aber in Wien so beliebten und begierig aufgegriffenen Gesprächsstoff wie Intrigen an der Hofoper. Die Schwierigkeiten, die sich Herbeck als deren Direktor entgegenstellten,

[218] M. Kalbeck: J. Brahms, Bd. 3, S. 43.

konnten sogar auf erhöhte Aufmerksamkeit rechnen. Der erste, der zwischen die zunehmend rascher rotierenden Mühlsteine geriet, war Otto Dessoff, der sich als Leiter und Organisator der Philharmonischen Konzerte zwar große Verdienste erworben hatte, aber dafür nie eigens honoriert worden war. Da nun bekanntermaßen jeder Philharmoniker Mitglied des Hofopern-Orchesters ist, aber nicht jedes Mitglied dieses Orchesters auch Philharmoniker, war Dessoff letztlich in jeder Hinsicht von Herbeck abhängig, da nutze ihm auch das fortdauernde Vertrauen des Orchesters nichts. Als ihm daher die Nachfolge Hermann Levis in der Leitung der Hofkapelle Karlsruhe angeboten wurde, war er Realist genug, sie anzunehmen und Wien zu verlassen, was Brahms übrigens gar nicht recht war; seiner Meinung nach hätte Dessoff kämpfen sollen. Daß der aber recht gehabt hatte, sah er erst später ein. Zwar bekam dann doch nicht Herbeck die Leitung der Philharmonischen Konzerte, sondern der erst 31jährige Hans Richter, der sich mit einem fulminanten Wagner-Konzert und als Dirigent der „Meistersinger" in Anwesenheit Wagners durchgesetzt hatte, aber das machte die Konkurrenz Herbecks für Brahms ja eher schlimmer.

Am 2. Weihnachtsfeiertag verließ Brahms Wien zu einer Reise nach Breslau, wo inzwischen Bernhard Scholz die Leitung der Orchestervereins-Konzerte übernommen hatte als Nachfolger von Leopold Damrosch, der in New York eine außerordentlich breite Wirkung entfaltete, unter anderem erreichte, daß die Metropolitan Opera sich zeitweise auf deutsche Opernproduktionen spezialisierte. Scholz, in manchen Zügen Brahms wesensverwandt, aber als gebürtiger Rheinländer offener und mitteilsamer als der eher spröde und verschlossene Norddeutsche Brahms, hatte schon mit zu den Erstunterzeichnern des unglückseligen Manifests von 1860 gegen die Liszt-Schule gehört. Er war ein ungewöhnlich breit gebildeter Musiker mit weit über sein Fachgebiet hinausreichenden Interessen. Brahms' verstärkte Tendenz, auf Konzertreisen sein Werk bekannt zu machen, traf sich folglich mit Scholzens Absichten, das Breslauer Musikleben mindestens so interessant zu gestalten, wie es unter Damrosch gewesen war. Am 29. Dezember spielte Brahms daher sein Klavierkonzert, Scholz trat mit der Wahl dieses schwierigen und immer noch nicht durchgesetzten Werkes trotz der jüngsten Wiener Erfahrungen massiv für Brahms ein. Der dirigierte dann auch noch die Orchesterfassung der drei Ungarischen Tänze. Er blieb über den Jahreswechsel in Breslau und spielte am 2. Januar 1875 noch den Klavierpart seines g-Moll-Quartetts und mit Scholz als Klavierpartner die „Liebeslieder"-Walzer op. 52. Bei Gelegenheit dieses Besuches in Breslau kam es übrigens zur ersten Begegnung mit seinem späteren Biographen Max

Kalbeck, der als 24jähriger in Breslau seine erste Stelle als Musikjournalist erhalten hatte, „ein ebenso junger wie hitziger Neuling meines Berufs", wie er selbst sich später charakterisierte. Er berichtet darüber:

> Auf einen Wink des Konzertmeisters Himmelstoß hatte das Ochester plötzlich zu stimmen aufgehört, um dreimal in einen Fortissimo-Tusch auszubrechen. Ich wendete mich um und gewahrte hinter der langen Reckengestalt Bernhard Scholzens ... einen stämmigen, in seinen Bewegungen hastig raschen Mann eintreten ... Er hatte den steifen runden Filzhut aus der lebhaft geröteten Stirn gerückt und ging eilig auf das Orchester zu, dem er, abwinkend, ein kurzes Danke! zuschnarrte. Dann zog er den braunen Duffelüberrock aus, und es begann ein gewaltiges Musizieren. Wie mit den Pranken eines Löwen schlug er in die Tasten des Flügels, doch ohne einer Saite etwas zu Leide zu tun, und ermunterte dabei das Orchester mit Blicken und Winken des seitwärts gewendeten massiven Kopfes; in seinem Gesicht arbeitete es vor innerer Erregung, durch die vorgeschobene, ein wenig herabgezogene Unterlippe erhielten seine Mienen manchmal einen spöttischen Ausdruck, der in einer Art von Gegensatz zu den herrlichen, unendlich guten, blassen Augen stand, die den bösen Mund Lügen straften. Mit dem Konzert kam er merkwürdigerweise noch schneller ins Reine als mit den Ungarischen Tänzen, bei denen er ein paar mal abklopfte; Scholz hatte ihm tüchtig vorgearbeitet. Als ich dann von [dem Vorstandsmitglied des Orchestervereins] Dr. Kauffmann vorgestellt wurde, war es, als ob er mich durch und durch sehen wollte, und ich glaubte einen Moment zu bemerken, daß die Augen dem Mund nicht widersprachen. Aber der Blitz war nur ein Wetterleuchten, und er drückte mir freundlich die Hand. Von diesem Tage an wußte ich, daß ich Brahms, dem Künstler wie dem Menschen, wie man sagt, mit Haut und Haar verfallen war.[219]

Es muß schon eine merkwürdige Faszination von ihm ausgegangen sein. Der braune Paletot und der Bowler Hat („Melone") gehörten ebenso zu seinen Konstanten wie die etwas schnarrende, künstlich heruntergedrückte Stimme und das „Abwürgen" einer für seinen Geschmack zu lauten und zu demonstrativen Ehrung.

Bereits eine Woche nach seiner Rückkehr fand am 10. Januar 1875 das zweite Gesellschaftskonzert statt mit einem Programm so recht nach seinem Geschmack. Die Joachims waren nach Wien gekommen und jetzt konnte Amalies seinerzeit nicht realisierbarer Wunsch, in Wien die Alt-Rhapsodie unter Leitung des Komponisten zu singen, doch noch erfüllt werden. Mendelssohns Ouvertüre zu „Die Hochzeit des Camacho" hatte das Konzert eröffnet. Joseph Joachim spielte unter Brahms sein Violinkonzert in Ungarischer Weise op. 11 und nach der Alt-Rhapsodie noch Schumanns Fantasie für Violine und Orchester op. 131. Den Beschluß machte Bachs Pfingstkantate „O ewiges Feuer". Das Programm umfaßte seine musikalischen Hausgötter und enthielt sein ausdrucks-

219 M. Kalbeck: J. Brahms. Bd. 3, S. 46.

stärkstes eigenes Werk, er konnte das Konzert bestreiten mit seinen vertrautesten Freunden, die zugleich zu den bedeutendsten Künstlern ihrer Zeit gehörten: da mußte der Funke einfach überspringen und so waren seine letzten Konzerte als artistischer Direktor der Gesellschaft der Musikfreunde mit die eindrucksvollsten, die er gestaltet hat.

Am 13. Januar gaben die Joachims noch ein eigenes Konzert, in welchem Brahms ihn in der Violinsonate E-Dur von Bach begleitete und Amalie Brahms-Lieder sang. Bei dieser Gelegenheit führte Joseph Joachim dem Wiener Publikum auch die von ihm für Violine und Klavier bearbeiteten Ungarischen Tänze vor, die Klanggestalt übrigens, in welcher die Ungarischen Tänze die weiteste Verbreitung im Konzertsaal fanden. Und noch etwas ist bezeichnend für alle drei Künstlerfreunde: sie kamen mit Brahms auf eine seiner Chorproben und musizierten den Chormitgliedern vor. Zwei der größten Podiumsstars der Zeit in so intimem, beinahe privatem Kreis erleben zu können, trug dem Chorleiter zweifellos große Sympathie ein, auch wenn das sicher nicht die damit verfolgte Absicht gewesen ist; dafür kam die Geste zu spät, die Stimmung war schon früher gegen Brahms umgeschlagen. - Theodor Billroth gab den prominenten Künstlern in seinem Hause eine Abendgesellschaft, auf welcher die Frauenchöre mit Harfe und Hörnern gesungen wurden, Joachim sich mit Bachs berühmter Chaconne für Violine solo bedankte und der Hausherr Amalie Joachim immer noch ein Brahms-Lied abschmeichelte.

Erst nach der Abreise der Joachims fand er Zeit, sich bei Bernhard und Luise Scholz für die von ihm besonders intensiv erlebte heimische Atmosphäre in deren Haus zu bedanken, wo er den Jahreswechsel mitgefeiert und den Weihnachtsausklang erlebt hatte, die ihm wieder so recht ins Bewußtsein gehoben hatten, was ihm menschlich abging:

> Sie müssen selbst empfunden haben, wie herzlich wohl es mir bei Ihnen war. Aber es fehlt ja auch bei Ihnen an nichts, was das Dasein behaglich macht. Ihr trauliches Heim, liebe Kinder, gute Musik, gute und - schöne Gesellschaft![220] - Ihrer Frau mag es eine kleine Beruhigung sein, daß ich hier in größeren Trubel geriet und an die Breslauer Tage als eine Idylle zurückdachte. Heute sind Joachims abgereist, und Sie mögen denken, von wieviel Konzerten, Theater, Diners und Gesellschaften ich zu erzählen hätte. Heute abend wird dann weiter geübt an „Requiem“ und „Passion“, damit wir Buße predigen können, wenn der Karneval vorüber.[221]

220 M. Kalbeck, der die Verhältnisse ja genau kannte, personifizierte diese Anspielung auf die Ehefrauen des Philosophen Wilhelm Dilthey, des Historikers Alfred Wilhelm Dove, des Pathologen Julius Cohnheim, sämtlich Professoren der Universität, sowie die Sängerin Cornelia Laband. (Band 3, S. 47).
221 Briefwechsel Bd. 3, S.199.

Die angekündigten Proben zum Deutschen Requiem und zur Matthäus-Passion galten den beiden letzten noch anstehenden Gesellschaftskonzerten und zeigen seine Praxis, an mehreren Werken gleichzeitig zu proben, also nicht erst mit dem nächsten Werk zu beginnen, wenn das vorherige mit der Aufführung abgeschlossen war. - Das Deutsche Requiem für die Passionszeit, für den 28. Februar, anzusetzen, entsprach nicht seiner eigenen Initiative. Eine Trauermusik zum Troste der Hinterbliebenen ist ja im Grunde an dieser Stelle nicht unproblematisch, sie gehört eher ins Umfeld von Totensonntag, Bußtag und Allerseelen. Der Vorschlag kam vom Direktorium der Gesellschaft und riecht ein bißchen danach, dem Komponisten, als den man Brahms zunehmend sah, kurz vor dem Ende seiner Tätigkeit noch einmal die Möglichkeit zu bieten, sein Hauptwerk in einer authentischen Interpretation vorzuführen. Eine Art Wiedergutmachung für die mißglückte Teil-Uraufführung von 1867 unter Herbeck wäre ja nicht mehr erforderlich gewesen, nachdem Brahms selbst 1871 die Maßstäbe in Wien hatte gerade rücken können. Der Zufall wollte es, daß drei Tage nach der Aufführung Wagner im selben großen Musikvereinssaal zugunsten der Bayreuther Festspiele ein Konzert mit Auszügen aus dem Ring des Nibelungen durchführte, dem naturgemäß im Konzertsaal die Faszination der Bühne abgeht. Eduard Hanslick ließ sich die Gelegenheit nicht entgehen, dieses Manko in Vergleich zu setzen zu Brahms' für den Sakralraum oder den Konzertsaal konzipierter Musik und daraus deren ästhetische Priorität abzuleiten. Daß hier unangemessene Kategorien des Vergleichs eingesetzt wurden, mag Brahms innerlich zu dem Stoßseufzer veranlaßt haben, „Herr, schütze mich vor meinen Freunden!“, er ließ sich zwar nichts anmerken, aber recht kann ihm eine derartige Abwägung auch nicht gewesen sein.

Die Aufführung der Matthäus-Passion führte bereits im Vorfeld zu Spannungen zwischen dem Direktorium und dem artistischen Direktor, die Brahms vier Tage vor dem geplanten Konzert zu einem geharnischten Brief veranlaßten. Man sieht daran ebenso deutlich, daß es tatsächlich atmosphärische Störungen zwischen der Leitung der Gesellschaft der Musikfreunde und ihrem Dirigenten gab, aber auch, wie präzise sich Brahms für seine Musiker einsetzte, nachdem er nun einmal die Professionalisierung des Orchesters erwirkt hatte. Man denkt dabei unwillkürlich an Regers entschiedenes Eintreten für die Mitglieder seiner Meininger Hofkapelle, als sie aufgelöst werden sollte. Brahms schrieb seinem Direktorium:

> Für die Aufführung der Passion am Chardienstag hatte ich ursprünglich drei Hauptproben mit Orchester für Freitag, Samstag und Montag festgesetzt. Durch die Mitwirkung des Singvereins am heutigen Künstlerabend ist die Probe un-

möglich geworden. (...) Selbstverständlich folgt hieraus, daß die beiden übrigen Proben von ungebührlicher Länge sind. Statt der sonstigen drei Proben von je zwei mäßigen Stunden haben wir diesmal zwei Proben von reichlich drei Stunden. - Es ist dies und darauf Bezügliches in der gestrigen Probe vom Orchester angesprochen worden, und ich konnte nicht umhin, meinerseits zu erklären, daß es mir nicht eingefallen sei, Zeit und Mühe der Herren ungebührlich in Anspruch zu nehmen und damit zugleich etwa gar eine Probe (und das Geld dafür) ersparen zu wollen. So habe ich denn nachträglich nicht unterlassen, den Herren das einfache Rechenexempel zuzugeben, daß 2x3 so gut wie 3x2 sei - das heißt daß ich in diesem Falle zwei Proben halte und drei zu bezahlen mich verpflichtet fühle. Einzelheiten brauche ich wohl kaum anzudeuten: daß die Passion so großer Proben bedarf, daß ich höchst ungern auf die heutige Probe verzichtete, daß ich den Herren keine beliebige kleine Vergütung anbieten kann, sondern nur zugeben darf, daß sie das Gewohnte verdient und nur in anderer Weise geleistet haben, daß ich aus anderen Gründen nicht gern die Montag-Probe kürze und Einzelnes etwa Dienstag früh probiere usw. usw. - Mir erscheint die ganze Sache sehr einfach, und ich hoffe, ebenso den übrigen verehrten Herrn von der Direktion. Andernfalls aber ersuche ich dringend, die Herren vom Orchester jedenfalls wie gewöhnlich für drei Proben zu honorieren, da ich persönlich unter allen Umständen und sehr gerne dafür einstehe.[222]

Ob die Drohung, die Kosten notfalls selbst zu übernehmen (und damit das Direktorium öffentlich zu blamieren), nun wörtlich zu nehmen ist oder nur taktisch gemeint war, ist nicht so wichtig, entscheidend ist vielmehr das soziale Engagement, das dahinterstand. Er wußte aus dem Elternhaus nur zu genau, was für die stundenweise honorierten Musiker ein derartiger Ausfall bedeutete. Der Brief scheint mir aber auch dafür bedeutsam zu sein, wie stark es schon zwischen dem Direktorium und dem künstlerischen Leiter kriselte. - Für die Matthäus-Passion hatte er den in Köln neu gewonnenen Freund Georg Henschel engagiert; neben ihm sangen Louise Dustmann, Karoline Gomperz-Bettelheim und Gustav Walter.

Ebenfalls in Köln verabredet war die Wiener Erstaufführung von Max Bruchs „Odysseus“ mit dem Komponisten. Sie sollte Brahms' letztes Konzert als ständiger Dirigent der Gesellschaftskonzerte werden. Daß dies nicht so beabsichtigt gewesen war, ist der Tatsache zu entnehmen, daß Brahms mit Bruch sogar darüber verhandelt hatte, daß der selbst die Aufführung seines Werkes dirigieren sollte. Nur dem Umstand, daß Bruch das Honorar, das ihm die Gesellschaft der Musikfreunde anbot, zu niedrig war, sodaß er die Einladung ausschlug, ist also zuzuschreiben, daß Brahms' vorletztes Konzert mit der Matthäus-Passion nicht schon zu seinem letzten wurde. Am 18. April 1875 fand die Aufführung statt, wieder mit Georg Henschel, daneben Wilhelmine

222 Zitiert nach M. Kalbeck: J. Brahms. Bd. 3, S. 49.

Tremel, Anton Schittenhelm und Ferdinand Maas. Selbst da aber versuchte das Direktorium durch Streichung von Solopartien den Etat zu entlasten; Brahms mußte also auch hierfür das Werk und seinen Komponisten kämpfen, um es nicht allzu sehr verstümmeln zu lassen.

Am Tage des Abschiedskonzertes gab es übrigens noch eine bemerkenswerte Szene am Rande: eine Abordnung des Singvereins erschien bei Brahms und überreichte ihm eine Dankadresse, die seine großen Verdienste als Dirigent der Gesellschaftskonzerte würdigte und die mit dem Vortrag eines Huldigungsgedichts verbunden war. Brahms soll dabei ziemlich gelangweilt ausgesehen haben und ließ es bei den lapidaren Worten „Ich danke Ihnen sehr." bewenden. Einmal widerstrebte ihm der Personenkult zutiefst, andererseits war ja seine Demission wegen des angeblichen Fehlens des „Herbeck'schen Schwungs" provoziert worden; die Szene hatte für ihn daher auch etwas von Heuchelei. - Im Anschluß an das Konzert wurde ihm zu Ehren ein Essen gegeben, zu dem sich alle ihm Vertrauten eingefunden hatten und bei welchem Billroth die Laudatio hielt:

Als Dessoff vor kurzem bei mir war, um mir Lebewohl zu sagen, sprachen wir begreiflicherweise von den vielen Schwankungen und Umwälzungen, welche unsere Wiener Kunstinstitute in den jüngsten Tagen erlitten haben. Ich sagte unter anderem im Laufe unseres Gesprächs: „Am meisten beklage ich, daß Brahms die Leitung der Gesellschaftskonzerte aufgegeben hat. Ich hatte gehofft, daß sein künstlerischer Einfluß und jener seiner ganzen, ernsten, männlichen Persönlichkeit einige Jahre dauern würde, und hatte mir davon eine mächtige Wirkung auf die Bildung und Erziehung der jüngeren Generation zu dem wahren Schönheits-Idealismus in der Musik versprochen. Leider stört der rasche Wechsel der leitenden Persönlichkeiten und Prinzipien, man möchte fast sagen: eine gewisse Lust an dem Pikanten des Wechsels als solchem, den Aufschwung zu immer reiferer künstlerischer Entwicklung, zu welcher die Elemente doch nirgends so beisammen sind, die Verhältnisse nirgends günstiger gestalten dürften, als gerade hier. Übrigens denke ich mir auch, daß die nähere Beziehung, in welche der schaffende Künstler und Dirigent zur praktischen Ausführung der Kunstwerke tritt, auch ihm von Zeit zu Zeit willkommen sein muß, und weiß, daß Brahms selbst auch viel Freude an seiner Dirigentenstellung hatte, umso mehr, als die Konzerte unserer Musikgesellschaft in ihrer Art doch die künstlerisch vollkommensten sind, die überhaupt in der Welt zustande kommen."

Dessoff antwortete mir: „Ich gebe natürlich den außerordentlichen Verlust zu, den die Gesellschaft der Musikfreunde in jeder künstlerischen Beziehung nach innen und außen hin durch den Abgang von Brahms erleidet. Daß aber Brahms soviel Zeit an das rein Technische der Kapellmeistergeschäfte durch eben diese Stellung verlor und dadurch fast mehr als die Hälfte des Jahres am Komponieren gehindert war, das habe ich dabei immer sehr bedauert, und ich schätze diesen Verlust für uns alle weit höher als den Gewinn, welche wir durch seine Leitung der Gesellschaftskonzerte hatten. Überhaupt weiß man hier kaum, wer und was Brahms ist." Gegen die Verallgemeinerung des letzteren Ausspruches protestiere ich im Namen des hier versammelten Kreises aufs lebhafteste. Ich muß für uns sehr entschieden den Anspruch erheben, daß wir sehr wohl wissen und fühlen, was wir an Brahms haben als schaffendem Genius, geboren, die Mit- und Nachwelt zur inneren Anschauung der reinsten Schöne in dem Himmelreich der Töne zu erheben, als Vorbild eines ernsten, männlichen Charakters, als zuverlässigem, echt deutschem Manne. Das ist sehr viel, was ich da in wenigen Worten sage, es gibt nur wenige lebende Menschen, von Denen ich das sagen möchte, so sagen würde! Wenn wir in der Literaturgeschichte lesen: In dem und dem Jahre legte Schiller seine Professur in Jena nieder, oder: Dann und dann wandte Goethe der Direktion des Hoftheaters in Weimar den Rücken, so können wir dies im Interesse der damaligen Jenenser Studenten und des damaligen Weimarer Publikums bedauern, doch es wird das auf uns keinen überwältigend betäubenden Eindruck machen. Seien wir ehrlich! Es geht uns mit Brahms' Niederlegen des Taktstocks ungefähr ebenso. Was diese Konzerte selbst betrifft, so ist für sie eine Änderung der Programme im Ganzen und Großen nicht möglich, wenn die Österreichische Musikgesellschaft nicht von ihrem Berufe, das hervorragendste Kunstinstitut dieser Art in der Welt zu sein, abdizieren will. Nicht durch die Kunst und die Künstler ist dieses Institut in die Nähe des materiellen Krach-Abgrundes geführt worden, sondern durch das Defizit in den Taschen des Publikums und das Defizit seiner Hingabe an die ernste Kunstgattung überhaupt. Da möchte man ihm zurufen: „Wenn die Musik des Kraches Nahrung ist, kracht weiter!" Es werden andere, gesundere Zeiten wiederkommen; mögen sie nicht zu fern sein! Nun aber lassen Sie unsere Gläser zusammenkrachen und uns ausrufen: Es lebe unser Brahms![223]

Schon zwei Wochen vor dem Konzert war der Vertrag zwischen Brahms und der Gesellschaft der Musikfreunde sang- und klanglos aufgehoben worden, insofern waren die Fronten bereits klar, als es stattfand. Die Ära Brahms blieb ein Meilenstein in der Entwicklung des Wiener öffentlichen Musiklebens Er hatte die Professionalisierung des Orchesters vorangetrieben und damit die Gesellschaftskonzerte einen entscheidenden Schritt weitergebracht in Richtung auf einen modernen Standard. Was er in Bezug auf die Programmgestaltung und die Erziehung des Publikums gewollt hatte, blieb zwiespältig, es wirkte fort in der Entwicklung auf moderne Stil- und Gattungsprogramme, wie sie sich allenthalben durchzusetzen begannen. Er hatte Bach und Händel dem Wiener Publikum nähergebracht, als dieses eigentlich gewollt hatte, und die erhaltenen Aufführungsmaterialien geben beredtes Zeugnis davon, mit welchem Ernst, mit welcher Konsequenz und welchem Arbeitsaufwand er diese Aufführungen alter Musik, für die es in Wien keine Tradition gab, vorbereitet hat. Dabei mußte er notwendigerweise Kompromisse eingehen, weil so vieles in der Aufführungstradition abgerissen war, es die Instrumente, die vom Komponisten vorgesehen waren, zum Teil nicht mehr gab und niemand, der sie hätte spielen können. Wie er dabei vorgegan-

223 Zitiert nach M. Kalbeck: J. Brahms. Bd. 3, S. 51f.

gen ist, belegt sein waches musikhistorisches Verantwortungsbewußtsein so entschieden, daß sich die Editionsleitung der neuen wissenschaftlich-kritischen Brahms-Gesamtausgabe entschloß, dieses Aufführungsmaterial wenigstens exemplarisch mit aufzunehmen, weil nur so das Profil der Musikpraxis seiner Zeit erhellt und sein Wirken in den richtigen Zusammenhang gestellt werden kann. Aber dieses Material zeigt auch ganz deutlich, daß er selbst diesen Aufwand nicht mehr lange hätte treiben können, ohne seine eigene Produktivität zu gefährden. Selbstverständlich hat sein Nachfolger ihn nicht weiter getrieben, weil er einfach das für seine Zeit hoch entwickelte editorisch-kritische Bewußtsein Brahms' nicht besaß. Insofern war das, was auf Brahms folgte, sicher ein Rückschritt.

Andererseits ist nicht zu übersehen, daß Brahms' Repertoirebildung, sofern man davon wirklich sprechen kann, zu kurzatmig, von zuvielen Zufällen abhängig, von so manchem Fehlgriff belastet war, daß eine wirkliche Erziehung des Publikums und eine Geschmacksbildung in der kurzen Zeit allenfalls rudimentär möglich waren. Dazu hätte es viel längerer Zeiträume und konsequenterer Repertoirebildung bedurft. Daß Brahms mit seiner Programmgestaltung ohnehin bis an die Grenzen des damals Möglichen gegangen war, zeigt die verschreckte Reaktion der Öffentlichkeit auf die Koppelung dessen, was man als evangelische und katholische Trauermusik interpretierte, in ein und demselben Programm. Das lief der leichtlebigen Wiener Mentalität zuwider und hätte sich ohne Gefährdung des Zieles der Ausbildung eines besseren Publikumsgeschmacks bei besserer Einfühlung in die Mentalität vermeiden lassen. In dieselbe Richtung zielt die Bitte des Direktoriums um ein brillanteres Programm. Die Errichtung des Prachtbaus mit drei Konzertsälen samt den erforderlichen Nebenräumen auf dem Riesengrundstück an der entstehenden Ringstraße auf dem alten Festungsglacis war gewiß aus der Rückschau eine weitsichtige und richtige Entscheidung Nikolaus Dumbas gewesen, hatte aber die Gesellschaft der Musikfreunde, wie auch Billroth in seiner Dankesrede auf Brahms nicht unerwähnt lassen konnte, an den Rand des Bankrotts geführt, weil sie sich für die ökonomischen Bedingungen Österreichs im Vertrauen auf die boomende europäische Wirtschaft finanziell hoffnungslos überhoben hatte. Die Trennung lag also letztlich im beiderseitigen langfristigen Interesse.

Das beweist auch die Tatsache, daß die Auflösung des Vertrages keine dauernde Störung des beiderseitigen Verhältnisses zur Folge hatte. Im Gegenteil: trotz seiner bei seinem Abgang noch nicht 42 Lebensjahre war Brahms, wie Otto Biba, der jetzige Archivar der Gesellschaft der Musikfreunde, es einmal zutreffend formuliert hat, zu einer Art Vaterfigur des Wiener Musiklebens geworden, deren pädagogische Absichten man würdigte, auch wenn man sich in dem Rückfall ins Gewohnte nach seinem Weggang ganz kommod einzurichten wußte. Man ernannte ihn sogar noch im selben Jahre zum Ehrenmitglied der Gesellschaft; und er verfügte in seinem Testament, daß die Gesellschaft seinen gesamten musikalischen Nachlaß erhalten sollte. Nach dem Tode seiner Schwester hatte er sie sogar zur Erbin seines gesamten nicht unerheblichen Vermögens eingesetzt, was nur aus formaljuristischen Gründen wegen eines Fehlers bei der Abfassung seines Testaments nicht durchgesetzt werden konnte. - Mit Herbecks Niederlegung seines Amtes als Leiter der Hofoper im April 1875 und seiner damit vorhersehbaren Rückkehr an das Pult der Gesellschaftskonzerte erwies sich Brahms' Schritt, die Trennung jetzt und von sich aus herbeizuführen, auch faktisch als richtig.

Hermann Levi, der die Musikszene ja genau kannte, hatte wohl nach den Gründen für Brahms' Entscheidung gefragt und der antwortete ihm mit einem an Kürze und Lapidarität nicht zu überbietenden Brief: „Das ist freilich mit einem Worte gesagt: Herbeck! Vorgefallen ist nichts, aber die Aussichten sind auch nicht erfreulich, und da gehe ich lieber. Ich will mich weder mit ihm zanken, noch warten, bis er mich hinausgebracht. Einzelnes schriftlich zu erzählen, ist mir zu weitläufig und langweilig."[224]! Das war's. Der Rest des Briefes ist Reiseplänen gewidmet, unter anderem nach Italien, was er dann aber zunächst auf den Herbst verschob und dann ganz aufgab. Selbst als er vor lauter Unentschiedenheit nicht wußte, wohin er sich für den Sommer wenden solle, verlor er kein Wort mehr darüber und fuhr wohl mehr aus Verlegenheit am 29. April nach München. Aber auch dieser Aufenthalt wurde mehr oder weniger zu einem Fiasko, denn Levis, des Opernkapellmeisters, berufsbedingte Hinwendung zu Wagner, an dem für ihn doch nun wirklich kein Weg vorbeiführte, wurde von Brahms als eine Art von Verrat an ihrer Freundschaft gesehen. Selbst Levis Hinweis auf eine kurz vorher geleitete eindrucksvolle Aufführung des Schicksalsliedes konnte ihn nicht besänftigen. Eigentlich gegen seine sonstige Art scheiterte die Freundschaft an seinem Absolutheitsanspruch, den er doch selbst bei den Neudeutschen gerade so bekämpft hatte.

Er reiste also weiter nach Karlsruhe und Mannheim, um dort mit Otto Dessoff zusammenzutreffen. Mit dem verband ihn wenigstens das gleiche Schicksal einer Verdrängung aus dem Amt durch Herbeck in Wien mit der Niederlegung eben dieses Amtes zuvorgekommen zu sein. Nachträglich mußte er eingestehen, daß die von ihm angezweifelte Entschei-

[224] Briefwechsel Bd. 7, S. 183.

dung Dessoffs doch richtig gewesen war, schließlich hatte er inzwischen genauso gehandelt. Zusammen traten sie als Klavierpartner mit den „Neuen Liebeslieder"-Walzern (Gesangsquartett Luise Walter, Johanna Schwarz, Benedikt Kürner, Joseph Hauser) in Karlsruhe und Mannheim auf, wo ein weiterer Wien-Verdrängter als Musikdirektor wirkte, Ernst Frank, ehemals Chormeister des Wiener Akademischen Gesangvereins. Dann fuhr Brahms nach Düsseldorf weiter zum Besuch des Niederrheinischen Musikfestes, bei dem sein Schicksalslied unter Joachims Leitung aufgeführt wurde. Auch dieser Besuch wurde jedoch eher eine Enttäuschung: Clara Schumann, die sich so auf die Reise nach Düsseldorf gefreut hatte, mußte sie wegen einer heftigen Rheuma-Attacke absagen, konnte aber wenigstens mit Genugtuung feststellen, daß sie eigentlich nichts versäumt hatte; das Hauptwerk des Festes, Beethovens Missa Solemnis, ging nicht gut, sei es weil die beteiligten Chöre zu unterschiedlich vorbereitet waren, sei es, weil es Joachim nicht gelang, sie mit einer Generalprobe zusammenzuführen. Er war eben kein chorerfahrener Dirigent. Nach Frau Schumanns Tagebuch verlief auch das Schicksalslied so schlecht,[225] daß Brahms im Stillen wünschte, sein Sommerrefugium in Ziegelhausen bei Heidelberg aufsuchen zu können.

Auf der Durchreise nach Düsseldorf hatte er bereits sein Sommerquartier bestellt, an sich hatte er dafür schon einmal mit Eltville geliebäugelt, seine neue Bekanntschaft Rudolph von Beckerath mag da der Anziehungspunkt gewesen sein, dann aber diesen Plan wieder verworfen wegen der gefürchteten Schattenlosigkeit des Weinanbau-Gebietes im Hochsommer. In München war er kurz mit Anselm Feuerbach zusammengetroffen, der mit seiner Stiefmutter den Sommer in Heidelberg verbrachte. Das mag der Auslöser gewesen sein, sich dort nach einem Sommerquartier umzutun. Er fand es in Ziegelhausen, ein paar Kilometer flußaufwärts am rechten Neckarufer im Hause des Kunstmalers Anton Hanno; der Odenwald versprach angenehmere Möglichkeiten, mit Werken „spazierenzugehen" als das schattenlose Rheingau.

Wie in Baden-Baden konnte er soviel persönliche Kontakte haben, wie er wollte. In einer halben Stunde konnte er in Heidelberg sein, Dessoff und Ernst Frank kamen zu Besuch. Er muß sich in dem efeubewucherten Haus und der schönen Gegend sehr wohlgefühlt haben, denn er animierte alle Freunde, bei denen nur im mindesten Aussicht auf Erfolg bestand, ihn in seinem Sommeridyll zu besuchen. Die Heidelberger Klavierfabrik Tau hatte ihm ein Klavier zur Verfügung gestellt, und im Musiksaal des Hauses wurden die „Neuen Liebeslieder"-Walzer aufge-

225 B. Litzmann: Clara Schumann. Bd. 3, S. 322.

führt.

Clara Schumann kam vom ersten Schleswig-Holstein-Musikfest in Kiel, wo Joseph Joachim mit einer guten Aufführung von Händels „Samson" die Scharte von Düsseldorf ausgewetzt und der ganze Schumann-Brahms-Kreis sich eingefunden hatte, außer den Joachims und Frau Schumann Hiller, Graedener, Reinthaler, Avé-Lallement. Bei ihrem Besuch in Ziegelhausen am 17. Juli hatte Brahms ihr das Werk vorgeführt, das er in der Abgeschiedenheit des Odenwald-Dorfes nun endlich zum Abschluß bringen wollte, das Klavierquartett c-Moll op. 60. Aber sie hatte einen gespaltenen Eindruck von dem Werk bekommen, den sie in einem Brief aus ihrem Sommeraufenthalt in Klosters bei Graubünden so artikulierte: „Mit herzlichem Behagen denke ich an unsern schönen gemüthlichen Nachmittag mit Dir und Deine Musik hat meine Seele wahrhaft erfrischt - ich bedürfte solcher Freude öfter, das fühlte ich wohl recht all die Zeit.[226] Über das Quarttet habe ich noch viel gedacht, die drei letzten Sätze sind mir tief in's Gemüth gedrungen, aber, dürfte ich mir erlauben es zu sagen, ich finde den ersten nicht auf gleicher Höhe stehend, es fehlt mir darin der frische Zug, obgleich er in der ersten Melodie liegt. Ich hätte ihn mögen noch einmal hören um mir klar zu werden, warum er mich nicht warm machte. Sollte es Dir, der Du doch oft Sätze lange mit Dir herumträgst, nicht gelingen daran zu ändern? oder einen neuen Satz zu machen? Wie leicht findest Du dieselbe Stimmung wieder, das hast Du ja manchmal schon bewiesen."[227]

Das läßt vermuten, sie habe damals noch nicht gewußt, wie weit das Werk in Brahms' innerer Biographie zurückreichte. Jedenfalls hatte sie ihn so verunsichert, daß er in diesem Sommer in Ziegelhausen immer noch einmal an dem Werk gearbeitet hat, das er nach so langem Feilen und Umgestalten nunmehr um beinahe jeden Preis zum Abschluß bringen wollte. Frau Schumanns Kritik hatte ihn aber zumindest wieder schwankend gemacht, denn in einem Brief an Joachim schreibt er von dem umstrittenen Werk: „Ein Lied für sie ist besser geraten als das neue Quartett, vor dem ich ernstlich warne!"[228] Joachim seinerseits wußte noch von nichts, denn er fragte bei Brahms in Ziegelhausen nach: „Frau Schumann erzählte von einem neuen Quartett, von dem zwei Sätze mir wohl in ander Gestalt bekannt seien; was ist damit gemeint?"[229]

[226] Sie war auf der Reise zu dem in der Schweiz befindlichen tuberkulosekranken Sohn Felix und hatte zuvor den in einer psychiatrischen Anstalt untergebrachten Ludwig besucht.

[227] B. Litzmann: Clara Schumann. Bd. 3, S.324.

[228] Briefwechsel Bd. 6, S. 107.

[229] Briefwechsel Bd. 6, S. 106.

Das rührt an die langwierige und komplexe Entstehungsgeschichte des Werks, die sich über fast zwanzig Jahre erstreckt und nicht nur den kompletten Austausch zweier Sätze umfaßte, wie Clara Schumann Joachim berichtet hatte, sondern auch den Wechsel der Tonart: das Stück hatte ursprünglich in cis-Moll gestanden, aber bei einer Probeaufführung in Düsseldorf im April 1856 zu keinem befriedigenden Ergebnis geführt. Darauf bezieht sich ein Brief an Joseph Joachim: „vom eis (pizzic.) im Quartett kann ich gar nicht lassen; wie mir's im Ohr klingt, klang es freilich Montag nicht, sie griffen ja e und fis mit. Ich denke, die lange Kadenz nach gis, die Ruhe und der Fortgang schaffen die Wirkung, die ich will und schaffen eben eis Platz. Doch kann man über solche Noten nicht philosophieren; die Regel kann sie nicht verteidigen, aber wohl ein gutes Ohr wie Deines sie verdammen."[230] Sofern der Brief richtig datiert ist und es nicht November heißen muß, hat es also im Frühjahr 1856 bereits einmal eine aufführungsfähige, wenn auch noch nicht ästhetisch befriedigende Fassung des Werkes in cis-Moll gegeben. Joachim hatte sie nach der Düsseldorfer Probeaufführung mit nach Hannover genommen und schrieb Brahms am Wochenende eine relativ ausführliche Kritik:

> Das Quartett mit seinem herben Ernst im ersten Satz, dem innig tiefen Andante und der gedrängten Leidenschaft im konzisen Finale habe ich oft, zu immer neuer Freude durchgegangen und danke dafür, daß es mir gegönnt war, es nach flüchtiger Bekanntschaft tiefer kennen zu lernen. Mensch! was für kühne, tiefe Kraft und geniale Kombinations-Gabe ist in dem ersten Allegro. Wahrhaft staunenswert. Ich möchte nicht wagen, von Änderungen zu sprechen, bevor ich's nochmals gehört, ordentlich gehört! Das war ja neulich eine Schw[einerei]! Das eis zu Anfang ist mir nicht mehr störend; es lag am Klavier, bei dem der tiefe Gis-Baß nicht genug durchklang. Auf Seite 6 wünsche ich mir Doppelgriffe in der Bratsche; ich habe gerne, wenn die zwei verschiedenen Klangfarben, Streichinstrumente und Klavier, jedes für sich schon voll klingen. Man hört doch jeden der beiden Tonkörper für sich, und da genügt's nicht, daß einer unvollständig erscheint, obwohl der andere die Harmonie ergänzt. Auf derselben Seite kann ich mich trotz wiederholtem Versuch mit dem Ces dur-Einsatz im Baß (letzte Zeile) nicht befreunden; ich mag's nun als Sequenz des vorhergehenden Akkordes nehmen, oder als selbständige Fortschreitung. Es bleibt mir häßlich - ja, verzeih's - - sogar Lisztsch! Von allem übrigen herrlichem, dem langen Orgelpunkt usw. usw. schweige ich. Aber ich versteh's ...

Es folgt dann eine ganze Reihe von Änderungsvorschlägen. „Im letzten Satz wüßt ich nichts zu sagen, bevor ich ihn nicht nochmals gehört - ich finde ihn in der Form von meisterlicher Gedrängtheit. Einige Härten müßte ich im Fluß hören; was ich überhaupt vom ganzen dringend wün-

230 Briefwechsel Bd. 5, S. 124.

sche.“ Interessant ist eine Anmerkung, wo sich Joachim ebenfalls den Satz vollstimmiger wünschte, denn es „klingt durch eine allzu prononcierte charakteristische Trauer fast wie Parodie, die ins Humoristische überschlägt. Ich dachte unwillkürlich an ein paar Fagotte - und - verzeih ich mußte lachen, obwohl ich alles, alles so hoch stelle.“[231] Das Fagott gilt eben als der Clown des Orchesters; unfreiwilligen Umschlag ins Parodistische freilich vertrug dieses Werk am allerwenigsten.

Er muß dann wohl an dem Werk stark gearbeitet haben, denn ein halbes Jahr später erfahren wir aus einem Brief vom 25. November 1856 an Clara Schumann: „Mein Quartett hat er [Joseph Joachim] einige Tage mitgenommen, mir ist es sehr lieb, da ich schriftlich immer mehr von ihm erfahre ... Es scheint mir sehr schwer zu spielen zu sein. - Kannst Du es dort denn lange probieren und üben? Sonst klingt es abscheulich.“[232] Es scheint demnach bereits an eine Aufführung gedacht worden zu sein. Aber bedenklich ist es schon, wenn ein Werk selbst solchen Profis wie Joachim und Frau Schumann ohne besonderen Probenaufwand „abscheulich“ klingt. Vierzehn Tage später hatte sie es wohl nicht nur inzwischen gespielt, sondern zugleich innerlich akzeptiert, denn „über den Schluß des Quartetts schreibst Du so schön mir zu Sinnen.“[233] Obwohl sie also die Ausdruckswelt des Stückes genau getroffen hatte, scheint das Klangergebnis doch immer noch so unbefriedigend gewesen zu sein, daß er die Pläne nicht weiter verfolgte. Wann er es dann wieder aufgenommen hat, ist nicht belegbar. Das Werk taucht in der Korrespondenz erst im Ziegelhausener Sommer 1875 wieder auf. Inzwischen hatte es jedoch nicht nur die Tonart gewechselt, sondern es waren auch zwei der vier Sätze vollständig ausgetauscht worden. Bei seiner relativ langsamen Arbeitsweise ist es aber eher unwahrscheinlich, daß dies allein in den paar Heidelberger Wochen bis Mitte Juli 1875 geschehen sein soll. Eine so tiefgreifende Umarbeitung ist ohnehin vielleicht schwieriger als eine völlige Neukomposition. Er wird also daran schon mindestens im Sommer 1874 wieder gearbeitet haben, ohne daß dies irgendwo manifest geworden wäre. Dafür war ihm der Ausgang des Experiments dieser Wiederaufnahme denn doch zu riskant.

Auch des Risikos, nach fast einem Jahrzehnt ein zyklisches Werk wieder aufzunehmen und es nunmehr in eine definitive Gestalt zu überführen, gleichwohl aber zwei Sätze auszutauschen und es auch so zu einer geschlossenen Form zu machen, war er sich sehr wohl bewußt. Als

231 Briefwechsel Bd. 5, S. 125ff.
232 Clara Schumann - Johannes Brahms. Briefe. Bd. 2, S.195.
233 Clara Schumann - Johannes Brahms. Briefe. Bd. 2, S.197.

er es am 12. August 1875 nach einer Probe, die seinen Höreindruck von dem Werk endlich befriedigte und ihm recht gab mit der Mühe, die er dem Frühwerk auf der Höhe seines Schaffens noch einmal hatte angedeihen lassen, dem Verleger Simrock anbot, geschah dies mit einem ganz ungewöhnlichen Wortschwall, in dem es unter anderem heißt: „Einen Vorteil hat das Stück. In welcher Weise Sie auch meinem Talent mißtrauen, **dies** kann sich entschuldigen. Halten Sie mich jetzt für altersschwach und philiströs, oder meinen Sie gegenteils, jetzt lerne ich endlich einiges - dies Quartett ist zur Hälfte alt, zur Hälfte neu - es taugt also der ganze Kerl nichts!"[234]

Über kein anderes Werk hat Brahms so unterschiedlichen Personen gegenüber so eindeutig Stellung bezogen zu dessen Stimmungsgehalt wie über sein drittes Klavierquartett op. 60, nunmehr in c- statt cis-Moll, was voraussetzt, daß der Charakter des Werks trotz Wechsels der Tonart und des Austauschs zweier Sätze über fast ein Jahrzehnt im Wesentlichen gleich geblieben ist. Nachweisbar im Briefwechsel war es zwischen Frühjahr und Spätherbst 1856, der Zeit also seiner hell entflammten Liebe zu Clara Schumann, des Tods von Robert, des Bewußtwerdens seines Treubruchs gegenüber dem verehrten väterlichen Freund und Mentor und des Bruchs mit Clara Schumann angesichts der Fortdauer ihrer Bindung an den verstorbenen Ehepartner. - Es war mithin, wie wir aus seiner Biographie wissen und wie Frau Schumann aus ihrer Kenntnis auch der Frühfassung in cis-Moll wußte, die Zeit seiner größten Gefühlsstürme und deren Überwindung, die ihm und ihr soviel Schmerz bereitet hatte. Daher heißt es in dem zitierten Brief an Simrock nach den Vorbehalten hinsichtlich der Einheitlichkeit des Werkes weiter: „Außerdem dürfen Sie auf dem Titelblatt ein Bild anbringen. Nämlich einen Kopf - mit der Pistole davor. Nun können Sie sich einen Begriff von der Musik machen. Ich werde Ihnen zu dem Zweck meine Photographie schicken!"[237] Nachträglich erhalten wir aus dem Abstand eines Jahrzehnts eine Schilderung seines damaligen Seelenzustandes bis hin zu Selbstmordgedanken. Das ist genau die Zeit des Scheiterns seiner d-Moll-Symphonie und der ersten Pläne zu ihrer Umarbeitung in ein Klavierkonzert. Sie war eben nicht das einzige Werk, mit dem er damals nicht zurande gekommen war.

Dem Freunde Theodor Billroth gab Brahms den Hinweis auf das „Kuriosum", wie er das neue Werk kennzeichnete, nur verschlüsselt,

234 Briefwechsel Bd. 9, S. 200f. Schon 1868 hatte Brahms von dem cis-Moll-Quartett gegenüber H. Deiters eine derartige Andeutung gemacht; vgl. M. Kalbeck: J. Brahms. Bd. 3, S.12.

„etwa als Illustration zum letzten Kapitel vom Mann im blauen Frack und gelber Weste.“[235] Diese Chiffre genügte dem Bildungsbürgertum der zweiten Hälfte des 19. Jahrhunderts als Hinweis auf Goethes „Werther“ und den Selbstmord wegen auswegloser und unerreichbarer Liebe, so wie im Roman selbst die Nennung des Namens Klopstock ausreicht, um eine gewisse Naturstimmung zu charakterisieren. Billroth hatte gleich damit geliebäugelt, seinen neuen Musiksaal mit einem neuen Brahms-Werk einweihen zu können, was dieser trocken kommentierte: „Wenn die Musik eine Art Einweihung Deines schönen freundlichen Saales vorstellen soll, - so tut er mir leid!“[236] Übrigens enthielt auch der zitierte Brief an Simrock[237] dieselbe Anspielung auf Werthers Kleidung zur Illustration der Stimmung, in der er das Werk seinerzeit geschrieben hatte.

C-Moll ist nicht nur eine Tonart neben anderen, sondern seit den Beethoven-Werken in dieser Tonart auf einen bestimmten tragischen Charakter festgelegt. Brahms hämmert dieses C unisono über vier Oktaven und zwei Takte zunächst dem Hörer ein, bevor die Streicher ohne Klavier das Thema vorstellen in einem klassischen potenzierten Dreischritt mit einer Katabasis und der Häufung enger, abwärtsgerichteter Schritte (es'-d', c'-h, b-as-g), zunächst stark die Subdominante (mit sixte ajouté) betonend, dann aber regulär zur Dominante kadenzierend, aber nicht mit dem vollen Akkord, sondern der leeren Quinte. Die archaischen Konsonanzintervalle Oktave und Quinte rahmen das Thema ein, das sich ohnehin auch im Binnenverlauf alter Ausdrucksmittel bedient. Das könnte vielleicht ein Hinweis sein auf die frühe Schicht der Konzeption von Thema und Werk, wenn wir sicher sein könnten, daß die Endfassung diesen wirklich noch entspricht. Unter diesem Vorbehalt steht verständlicherweise alles, was wir an Stilkritik aus der Analyse des Werkes gewinnen können.

Sogleich nach dieser Exposition wiederholt Brahms den ganzen Vorgang in abgewandelter Form einen Ton tiefer, was unwillkürlich an den gleichen Prozeß in seiner Klaviersonate C-Dur op. 1 erinnert, aber es ist natürlich gefährlich, über diese Beobachtung hinausgehende Schlüsse auf die Zugehörigkeit beider Hauptthemen-Komplexe zu einer gemeinsamen historischen Schicht zu ziehen, denn wir wissen nicht, ob die cis-Moll-Fassung des Stücks bereits dieselbe Weiterentwicklung des Themenkopfs enthielt. Während nämlich in op. 1 die um einen Ganzton transponierte Wiederholung des Kopfthemas strukturell unverändert

235 Billroth und Brahms im Briefwechsel. S. 211.
236 Billroth und Brahms im Briefwechsel. S. 217.

bleibt, hat er in op. 60 gerade die beiden ersten Schritte des Dreischritts charakteristisch verändert: die Wiederholung des eröffnenden Des'-c' wird in den Baß verlegt und die dagegengesetzte aufspringende Quarte in der Violine erweitert das Motiv zu einem Verhältnis von Frage und Antwort, oder englisch: challenge and response, womit ein bedeutsames Element der Entwicklung gleich in das erste Motiv implantiert wird und die ersten beiden Motive des Dreischritts auf das Doppelte erweitert, sodaß die Expansionsstufe (T. 5-10) in der transponierten und variierten Wiederholung (T. 17ff) zu einem echten Nachsatz wird. Das könnte man interpretieren als das Eindringen des Entwicklungsgedankens in den Dreischritt als Ausdruck der Überarbeitung in einer späteren Schicht, es könnte jedoch genauso gut die Auflösung der expansiven Dreischritt-Thematik zugunsten anderer Entwicklungsprinzipien in ein und derselben historischen Schicht bedeuten, wenn man bedenkt, daß schon im Klavierkonzert d-Moll, an dem er ja parallel arbeitete, das Prinzip des Dreischritts zu einem nachgeordneten Element der Themenaufstellung geworden ist. Ohne nun allzu viel zu spekulieren und eine Hypothese in die vorhergehende zu hängen, wird man aber soviel sagen können, daß wir hier den Vorgängen seiner kompositorischen Umorientierung vom Entwicklungsthemen-Typus zu einer anders begründeten Themenaufstellung auf der Spur sind, die einen Teil seiner kompositorischen Krise dieser Zeit ausmacht. - Bereits früheren Formprinzipien entspricht auch die hemiolische Verlangsamung des inneren Tempos in der Schlußgruppe des ersten Themenkomplexes (T. 60ff).

Der Seitensatz, regelgerecht für ein Mollstück in der Tonikaparallele, mit Angaben wie „p dolce“ und „espressivo“ oder „con espressione“ und „sotto voce“ (etwa: gedämpft), die eigentlich nur in den Frühwerken in solcher Häufung auftreten, ist trotz des hervorgehobenen Ausdruckscharakters auf konsequente Gegenbewegung zwischen Melodie und Baß angelegt und wird im zweiten Durchgang in oktavierten Sextenparallelen gebracht, trotz der Vortragsbezeichnungen eher eine Klangmassierung. Das alles sind Stilzüge, die in ihrer Konzentration, aber auch in ihrer Widersprüchlichkeit auf seine frühe Schaffenszeit hindeuten, dazu mag auch die Tendenz zur Ausweitung der Form mit ihren 326 Takten gehören; Indizien, aber keine Beweise für das Aussehen des Werkes in der Zeit seiner Entstehung in den 50er Jahren.

An der zweiten Stelle des Zyklus steht das Scherzo, das in Gestus und motivischen Zusammenhängen auf den Themenkopf des Hauptsatzes zurückverweist und schon in dem Unisono-Vorhang des Klaviers auf die neben dem Dur-Moll (vgl. etwa T. 8) häufigste harmonische Fortschreitung neapolitanischen Charakters hindeutet: c-Moll - Des-Dur (T. 11),

D-Dur - Es-Dur (T. 15), fis-Moll - G-Dur (T. 22). Der langsame Satz an dritter Stelle, ein Andante, steht wie in Beethovens Klavierkonzert c-Moll in E-Dur und beginnt mit einer langgezogenen Cellokantilene, erst in T. 17 tritt die Violine hinzu und diminuiert und variiert die Melodie bereits durch Vorhalte; der vollstimmige Satz ist sogar erst nach 26 Takten erreicht. Das Finale greift diesen Zug auf, die ersten 28 Takte verlaufen als reines Duo Violine-Klavier, erst dann treten Bratsche und Cello hinzu und das zunächst lediglich mit Füllakkorden, auch die Klavierbegleitung arbeitet in ungewöhnlichem Ausmaß mit gebrochenen Akkorden. Will man dies und den Verzicht auf den vollen Klang des Quartetts als Zeichen für eine frühe Entstehung werten, bleibt das Phänomen, daß er auf die lange Zeit seines Schaffens an dem Werk die Reduzierung eines Quartetts zum Duo hat stehen lassen. Wenn man das jedoch einräumen muß, kann sehr wohl das ganze Finale erst in den siebziger Jahren entstanden sein.

Die analytisch-stilkritische Argumentation bewegt sich auf vermintem Gelände: wir wissen, daß zwei Sätze aus dem Jahre 1856 stammen, zwei weitere 1871 und später bei der Wiederaufnahme des Werks ersetzt worden sind, aber wir wissen nicht welche. Kalbeck unterstellt allzu apodiktisch nach unüberprüfbarer mündlicher Tradition Joseph Joachims und Albert Dietrichs, alle drei Klavierquartette seien nahezu gleichzeitig konzipiert worden. Wir haben aber vielfältigen Anlaß, solchen Angaben zu mißtrauen. Nach einer Tagebucheintragung Clara Schumanns vom 18. Oktober 1856[237] ist „ein wunderschönes Adagio" zu dem cis-Moll-Quartett damals entstanden. Aber daß dieses mit dem Andante der c-Moll-Fassung aus op. 60 identisch sein soll, ist doch eher unwahrscheinlich. Für widerlegt halte ich Kalbecks Annahme, das Scherzo der FAE-Sonate sei in das Klavierquartett übergegangen,[238] die sich ebenfalls auf mündliche Tradition Joachims beruft. Durch Fehldatierung von Briefen und die Suggestion, das g-Moll-Quartett mit der niedrigsten Opuszahl sei das erste seiner Klavierquartette, ist es wohl auch dazu gekommen, dieses anstelle des cis-Moll-Werkes in Kommentaren zum Briefwechsel zu unterstellen. Das cis-Moll-Stück ist jedoch zweifellos das älteste Werk dieser Gattung, op. 25/26 liegen sicher später. Wenn auch Frau Schumanns Zeugnis[239] dafür spricht, dessen beide ersten Sätze seien die älteren, der dritte und vierte die später neu komponierten, ist die Angabe nach dem stilkritischen Befund nicht eindeutig zu bestätigen.

237 B. Litzmann: Clara Schumann. Bd. 3, S. 15.
238 M. Kalbeck: J. Brahms. Bd. 1, S. 129.
239 Brief an A. Dietrich. M. Kalbeck: J. Brahms. Bd. 3, S.12.

Einer der Ausflüge von Heidelberg aus galt Mannheim, wo zur Einweihung des neuen Rheinhafens am 15. August 1875 im Beisein des Großherzogs von Baden „Der Widerspenstigen Zähmung" von Hermann Goetz unter Leitung von Ernst Frank aufgeführt wurde. Der Komponist hatte wohl mit einem aufmunternden Wort von Brahms gerechnet, trotz Kenntnis seiner schweren Krankheit hat Brahms ein solches Wort jedoch nicht gefunden. Ernst Frank übernahm es an seiner Stelle, Goetz seine Wertschätzung zu übermitteln. Da bahnte sich eine menschliche Tragödie an, denn Goetz hatte wohl gehofft, Brahms werde seine neue Oper, „Francesca da Rimini", zu Ende bringen, nachdem er selbst nicht mehr die Kraft hatte, sie abzuschließen, und im Dezember 1876 darüber starb. Zwar schrieb Brahms der Witwe einen rührenden Beileidsbrief, aber das Werk eines anderen zu vollenden, schien ihm doch zu problematisch. Zu schwer hatte er sich getan, einen ausgeprägten Personalstil zu entwikkeln, der aber hätte sich gewiß auch bei der Ausarbeitung des Werkes eines anderen Geltung verschafft, und das konnte auch nicht im Sinne von Hermann Goetz sein. Trotzdem wurde auch Brahms genannt, als die Oper bei ihrer Uraufführung 1877 in Mannheim nur geteilte Aufnahme fand, und Brahms sah sich veranlaßt, Hanslick zu bitten, die Verhältnisse in einer Presseerklärung richtigzustellen.

Mitte September 1875 verließ Brahms Ziegelhausen und fuhr auf Umwegen nach Wien zurück, sie führten ihn über Dessau, wo wieder Adolph Schubring das Ziel gewesen sein dürfte, und Würzburg, wo er ungeachtet der schon gemachten Erfahrungen Daumer besuchen wollte, von dem ja inzwischen die „Neuen Liebeslieder" und weiteres vertont worden waren. Der Textdichter so vieler Brahms-Lieder lag aber bereits im Sterben, er hat ihn selbst nicht mehr sehen können, sondern lediglich seine Tochter gesprochen. Als kleine Entschädigung traf er wenigstens mit Theodor Kirchner zusammen. - In Wien gestaltete sich das Verhältnis zu Hellmesberger wieder enger, Brahms hatte ihm versprochen, die Saison mit seinem neuen Klavierquartett eröffnen zu können und selbst dabei den Klavierpart zu spielen. Aus Zeitmangel mußten die Musiker das neue Werk aus den Korrekturfahnen spielen. Am 18. November fand die Uraufführung statt, und auch Billroths Wunsch, seinen neuen Musiksaal in der Alserstraße 20 mit dem neuen Stück einzuweihen, ging in Erfüllung, indem man die halböffentliche Generalprobe in seinem Hause abhielt. Hellmesberger schob einen Monat später sogar noch das Klavierquintett f-Moll op. 34 als Wiener Erstaufführung nach, auch dies ein Anzeichen für den inzwischen eingetretenen Wandel: das neue Werk wurde sogleich in Wien uraufgeführt, sogar noch vor seinem Erscheinen im Druck, übrigens saßen Richard und Cosima Wagner unter den Zuhörern, das Quintett aber, eine seiner großartigsten Schöpfungen, hatte noch mehr als ein Jahrzehnt warten müssen, bevor es in Wien zum ersten Male erklang, mit Julius Epstein am Klavier, der Komponist selbst befand sich da schon zu Konzerten in den Niederlanden. Hellmesberger gab außerdem noch in derselben Saison ein weiteres Brahms-Werk, das erste Streichsextett, auch dies ein Zeichen, wie stark er in dieser Zeit in Wien als Komponist akzeptiert wurde.

Inzwischen war der mit Brahms seit den Züricher Tagen bekannte Physiologe Theodor Wilhelm Engelmann aus der Leipziger Verlegerfamilie als Professor an die Universität Utrecht berufen worden. Er wurde, selbst ein gebildeter Cello-Dilettant, rasch zu einer Säule des niederländischen Musiklebens, wozu nicht zuletzt seine Frau, die Pianistin Emma Brandes, in der Clara Schumann einmal ihr präsumtive Nachfolgerin gesehen hatte, bevor sie sich nach ihrer Heirat weitgehend aus der Öffentlichkeit zurückgezogen hatte, und die Elisabet von Herzogenberg so glühend beneidete, weil sie nicht nur so hochmusikalisch war, sondern auch Kinder gebären konnte, was ihr selbst versagt geblieben war. Engelmann hatte am 10. Oktober 1875 an Brahms geschrieben:

> Der schon seit Jahren von allen hiesigen Musikfreunden lebhaft gehegte, leider bisher nur erfolglos geäußerte Wunsch, Sie einmal in Holland begrüßen zu dürfen, hat sich aufs Neue und noch lebendiger geregt. In der gestern abgehaltenen Generalversammlung der Concertdirektionen von Amsterdam (Felix meritis), Arnheim, Haag, Rotterdam und Utrecht wurde einstimmig der Beschluß gefaßt, Sie freundlichst dringend für den bevorstehenden Winter um Ihren Besuch und die Mitwirkung in einem auf die genannten Städte sich erstreckenden Cyclus von fünf Concerten zu ersuchen.

Es folgen dann detaillierte Vorschläge für Termine, sowie eine kurze Charakteristik der jeweiligen Musikzustände. Nach Brahms' Zusage ergänzte Engelmann seine Angaben:

> In Betreff des Utrechter Concerts füge ich noch hinzu, daß wir ganz besonders um Ihr Clavierconcert bitten, das in Holland noch nicht öffentlich gespielt wurde. Von den Orchestervariationen haben schon zwei Proben stattgefunden. Wenn irgend möglich, hoffen wir auch die Rhapsodie zu ermöglichen, - Frau Joachim als Alt! Das wäre herrlich![240]

Tatsächlich reiste Brahms an, übernachtete in Köln bei Ferdinand Hiller und fuhr dann gleich nach Utrecht, wo das Haus Engelmann sein Standquartier wurde. Gleich serienweise konnte er eigene Werke vorführen; zunächst kamen die Proben, am 15. Januar 1876 in Utrecht, am 16. in Den Haag, am 17. in Rotterdam und Amsterdam, dann folgten die Konzerte, am 18. Januar in Amsterdam mit dem Deutschen Requiem, von

[240] Briefwechsel Bd. 13, S. 14f und 18.

Verhulst gut einstudiert. Am 19. folgte das Konzert in Den Haag mit dem d-Moll-Konzert, in der gleichen Veranstaltung trat er als Solospieler mit Werken von Schubert, Couperin und Gluck und als Dirigent mit seiner ersten Orchesterserenade auf. Am 20. Januar war er in Rotterdam, am 21. hatte er den Auftritt in Amsterdam, wieder mit dem Klavierkonzert, dazu als Solist mit seinen Variationen op. 21,1, sowie seiner Bearbeitung der Orgeltoccata F-Dur von Bach. Dann spielte er am 22. in Utrecht, am 24. in Arnheim Kammermusik, war am 25. schon wieder in Amsterdam, wobei auffällt, daß er mit einer Bach-Fuge, Schubert und den Konzertetüden op. 10 von Robert Schumann wieder völlig andere Stücke für seine Soloauftritte gewählt hatte, in der Hektik sovieler Konzerte und Reisen hätte ein erfahrener Tourneepianist nicht soviele unterschiedliche Stücke vorgetragen. Das konnte doch nur auf Kosten der Vorbereitung der einzelnen Vorträge gehen.

Am 28. Januar 1876 wirkte Brahms in einem Quartettabend in Den Haag mit, am folgenden Tag war Kammermusik in Utrecht mit einem seiner Klavierquartette (vermutlich op. 25) und der gestalterisch so schwierigen letzten Klaviersonate Beethovens, und am letzten Abend dieser Tournee, am 31. Januar, trat er zusammen mit dem Florentiner Streichquartett noch einmal in Amsterdam mit seinem g-Moll-Quartett auf, insgesamt also ein Mammutprogramm mit eigentlich zuvielen unterschiedlichen Werken, aber für ihn nicht zuletzt auch eine finanziell einträgliche Tournee. Insbesondere aber wurde Holland dank des Wirkens der treuen Freunde, aber auch aufgrund eigenen Einsatzes ein Zentrum der Brahms-Pflege, ganz so, wie er an Bernhard Scholz geschrieben hatte: „Jetzt aber fahre ich gen Holland und predige das Wort.“[241]

Am 2. Februar 1876 verließ Brahms Holland wieder in Richtung Münster, wo er bereits am 5. das nächste Konzert absolvierte und wieder in dreifacher Funktion mit seinem d-Moll-Konzert, weiteren Solovorträgen, darunter wieder Schumanns Konzertetüden, sowie als Begleiter eigener Lieder (gesungen von Hedwig Kiesekamp, die auch das Sopransolo aus dem Deutschen Requiem vortrug), dann dirigierte er auch noch sein Triumphlied, in dem Georg Henschel das Solo sang. Es war also ein typisches Mischprogramm, wie sie in Provinzstädten ohne eigenes stehendes Orchester noch gang und gäbe waren. Aber Universitäts-Musikdirektor „Ise“ Grimm und sein damaliger Konzertmeister Richard Barth, der später den einst von Brahms so begehrten Posten des Dirigenten der Philharmonischen Konzerte in Hamburg bekleidete, hatten eben alles aufgeboten, Brahms' Schaffen so repräsentativ wie möglich vorzustel-

241 Briefwechsel Bd. 3, S. 204.

len. - In diesem Falle ist sogar das Honorar überliefert, für das Brahms als Komponist, Pianist und Dirigent zur Verfügung gestanden hatte, es waren die ortsüblichen 200 Mark, über welche der Vorstand der Vereinskonzerte auch in einem solchen Sonderfall nicht hinauszugehen vermochte.

Der Raubbau, den Brahms mit seinen Kräften trieb, war beängstigend, schließlich war er ja nicht allmählich in diese Tournee-Hetze hineingewachsen und gestaltete auch seine Programme nicht rationell genug, sondern sie hatten sich von einer Saison zur anderen mehr zufällig ergeben, und er ging sie mit einem viel zu großen Repertoire an, als daß er die einzelnen Vortragsstücke konsequent hätte vorbereiten können. Ein tournee-erfahrener Künstler hätte wahrscheinlich ein schmaleres Repertoire gut vorbereitet auf Reisen mitgenommen, das für den jeweiligen Auftritt nur wieder aufgefrischt zu werden brauchte. Ein Stück wie die letzte Klaviersonate Beethovens kann man nicht isoliert ein einziges Mal spielen, ebenso wenig wie neben seinem eigenen gewaltiges Klavierkonzert auch noch das von Robert Schumann und die Chorphantasie Beethovens. Ein weiteres Problem waren die Auftritte als Pianist und Dirigent in ein und demselben Konzert, wohingegen es zeitüblich war, daß der Solist eines orchesterbegleiteten Konzerts im selben Programm auch noch mit reinen Solostücken hervortrat.

Von Münster aus ging es sogleich nach Mannheim, wo ihm Ernst Frank eine weitere Aufführung des d-Moll-Konzerts ermöglichte, das folglich in dieser Saison, wenn auch immer noch nur von ihm selbst vorgetragen, wirklich in größerem Umfang ins öffentliche Musikleben drang. Am 10. Februar fand das dortige Konzert statt, in welchem er darüber hinaus das Schicksalslied und die Orchesterfassung der Ungarischen Tänze dirigierte. Schon zwei Tage später trat er zusammen mit Frank wieder auf, diesmal in einem monströsen Wohltätigkeitskonzert in Baden-Baden, das wesentlich von Karlsruher und Mannheimer Künstlern mitbestritten wurde. Hier spielte er mit Frank die erste Sammlung „Liebeslieder"-Walzer, dirigierte seine Haydn-Variationen und als Zugabe wieder die drei instrumentierten Ungarischen Tänze. Dann fuhr er nach Frankfurt, wo er am 18. Februar (mit Probe am Vortage) ebenfalls sein Konzert op. 15 spielte und die Haydn-Variationen dirigierte. Einen Tag später trat er mit dem Klavierkonzert in Neustadt/Weinstraße auf, dazu die zeitüblichen kleineren Solo-Stücke und dirigierte die Ungarischen Tänze. Am 21. hatte er bereits wieder den nächsten Auftritt in einer Veranstaltung des Heermann-Quartetts, wo er den Klavierpart seines A-Dur-Quartetts spielte, seine Variationen op. 21,1 und die Bach-Toccata. Der Bériot-Schüler Hugo Heermann wurde fortan zu einem der wichtigsten Vorkämpfer für die Verbreitung von Brahms' Werk und hat später sein Violinkonzert öfter gespielt als Joseph Joachim, mit dem es stets in Verbindung gebracht wird.

Dann gab es Tapetenwechsel nach Koblenz mit seiner ganz anderen musiksoziologischen Situation, denn dank der großen Garnison und des Sitzes der gesamten Verwaltung der preußischen Rheinprovinz gab es dort ein sehr reges Musikleben. Zwar hatte man auch dort noch kein stehendes Orchester, aber das preußische Militär verfügte bis herunter zur Regimentsebene über Militärkapellen, deren Musiker samt und sonders auch „zivile" Instrumente beherrschten, sodaß man in Garnisonstädten wie Koblenz bis hin zu sehr großen Besetzungen nahezu alles mit versierten örtlichen berufsmäßigen Kräften aufführen konnte. Brahms sollte Schumanns a-Moll-Konzert und Beethovens Chorphantasie op. 80 spielen, und auch Georg Henschel war mit Brahms-Liedern wieder dabei. Nun aber passierte, was bei dieser Überforderung mit einem zu großen Repertoire in einer zu dichten Konzertfolge eigentlich notwendigerweise geschehen mußte: Brahms griff in der Probe unter Raphael Maszkowski, der wegen einer Nervenüberbeanspruchung seine Violinistenkarriere hatte aufgeben müssen und jetzt höchst aktiv das Koblenzer - übrigens später das Breslauer - Musikleben gestaltete, so häufig daneben, daß er am Morgen des Konzerttages wie besessen übte. Georg Henschel, der dazustieß, um mit ihm die vorgesehenen Lieder zu probieren, schildert in seinen Erinnerungen ergötzlich, wie er ihn mit hochrotem Kopf vor Anstrengung und Wut auf sich selber antraf und zu hören bekam: „Es ist doch eigentlich scheußlich. Da glauben nun die Leute, sie kriegten was Besonderes zu hören, und ich haue ihnen was vor. Aber ich versichere Sie, ich könnte heute die schwierigsten weitgriffigen Sachen, z.B. mein Konzert, spielen, aber nicht die einfachen, eigentlich immer in der Tonleiter stufenweise sich bewegenden Läufe. Ich sage mir schon immerfort: ‚Aber Johannes, nimm dich doch zusammen, spiele doch ordentlich', aber, wie gesagt, es geht nicht. Scheußlich."[242] Er war eben mittlerweile derartig auf seine eigene spezifische Klavieristik fixiert, daß es Komplikationen gab, wenn ihn nach so vielen Konzerten die Tagesform im Stich ließ, weil ihm die pianistischen Grundlagen fehlten.

Im Zusammenhang mit diesem Aufenthalt in Koblenz steht übrigens eine hübsche Anekdote, die viel über Brahms' musikästhetische Rangfolge aussagt: Die Künstler wurden eingeladen in die Weinkellerei Wegeler (Deinhard), die durch den Beethoven-Freund und Mediziner Franz Gerhard Wegeler eine starke Musiktradition pflegt und heute ein kleines

242 Zitiert nach M. Kalbeck: J. Brahms. Bd. 3, S. 70.

Beethoven-Museum unterhält. Wegeler konnte sich nicht verkneifen zu zeigen, wie hoch er den berühmten Gast schätzte, indem er einen besonders herausragenden Rheingauer Wein charakterisierte als das, was Brahms unter den Komponisten sei. Dieses Kompliment war seinem hanseatischen Understatement denn doch zu dick aufgetragen und so konterte er trocken, wenn dem so sei, würde er gerne einmal einen alten Bach verkosten. - In fast die gleiche Richtung gehen zwei andere Geschichten von dieser Konzerttournee mit Henschel. Man besuchte einen viel-komponierenden Kollegen, dessen Frau den Fleiß ihres Mannes nicht genug hervorheben konnte. Nur mit Mühe kriege sie ihn zu einem täglichen Spaziergang an der frischen Luft, sodaß er wenigstens zwei Stunden täglich vom Komponieren abgehalten werde. Brahms antwortete sarkastisch und mit gespieltem Ernst: „Das ist gut, das ist gut!“ Und als bei derselben Gelegenheit die Rede kam auf einen in der Komposition dilettierenden Fürsten, warnte Brahms Henschel: „Man kann in der Beurteilung der Musik eines Fürsten nicht vorsichtig genug sein, denn man kann nie wissen, wer sie eigentlich gemacht hat.“ Daher nimmt es nicht wunder, daß er von dem später häufig aufgeführten „Sang an Aegir“ des letzten Kaisers Wilhelms II. stets nur als von einem „Kaiserschmarrn“ sprach.

Am folgenden Abend wirkten Brahms und Henschel wieder zusammen in einem Konzert in Wiesbaden, Hauptwerk war wieder sein d-Moll-Konzert. Henschel hatte Brahms übrigens in gewisse Verlegenheit gebracht mit der Bitte, das Konzert dirigieren zu dürfen. Wahrscheinlich ist er sich damals noch nicht im Klaren gewesen über die wichtige Multiplikatorenfunktion der damaligen Welt- und Modebäder, in denen - freilich überwiegend im Sommer - die „große Welt“ verkehrte, die im Kurbad gehörte neue Musik mit Vorliebe auch nach der Rückkehr zu Hause aufgeführt wissen wollte und über den Einfluß verfügte, dies auch zu erreichen. Wiesbaden gehörte neben Kissingen und Baden-Baden zu diesen Kurorten und verfügte über ein ebenso reges wie qualitativ hochstehendes Kulturleben. Früher als die meisten entstehenden Großstädte besaßen diese Kurorte ein stehendes Ensemble, dessen Qualität mit dem Begriff „Kurkapelle“, selbst wo sie offiziell so hieß, nicht charakterisiert werden darf. Louis Lüstner, einer ganzen Musikerdynastie aus Breslau entstammend, hatte denn auch, obwohl erst seit zwei Jahren im Amt, eine Reichweite, welche die der meisten Hofkapellmeister und Musikdirektoren übertraf.

Hugo Heermann, bei dem Brahms in Frankfurt/Main wohnte, scheint ihn über die Situation aufgeklärt zu haben. So blieb ihm nichts anderes übrig, als dem Freunde die Bitte abzuschlagen: „Wir gäben doch dem dortigen Direktor (der sehr tüchtig sein soll) eine gar zu arge Ohrfeige damit. Das haben Sie wohl nicht bedacht, und möchten es wohl so wenig wie ich?"[243] Die Ablehnung in Frageform zeigt, wie sehr er sich durch Henschels Bitte in die Bredouille gebracht fühlte. Drei Tage nach dem Wiesbadener Konzert spielte Brahms in einer Privatmatinee bei der Prinzessin von Hessen-Barchfeld mit Heermann und Mitgliedern seines Quartetts sein 3. Klavierquartett und begleitete Henschel. Ein Besuch bei der Landgräfin von Hessen, die Brahms in Baden-Baden erlebt hatte, der Widmungsträgerin seines f-Moll-Quintetts, schloß sich an.

Überschattet war die Tournee trotz ihres großen Erfolges durch die Nachricht vom Tode des Verlegers und väterlichen Freundes Melchior Rieter-Biedermann am 25. Januar 1876, der das 1. Klavierkonzert und das Deutsche Requiem neben vielen anderen Werken herauszubringen den Mut gehabt hatte, als Brahms noch nicht so bekannt war. Die Nachricht traf ihn in Münster und er schrieb von Mannheim aus an die Witwe, deren Gastfreundschaft im Schanzengarten er so oft genossen hatte: „Ich beklage den Verlust eines selten guten und treuen Freundes und brauche Ihnen nicht auszusprechen, wie ernstlich wert und teuer mir sein Andenken sein soll. Ebensowenig aber darf ich versuchen, Ihnen Worte des Trostes sagen zu wollen. Was sind in solchem Falle Worte! Aber ein eigenes, schönes Wohlgefühl würden Sie empfinden, wenn Sie, wie ich auf der Reise von Holland bis hier erführen und hörten, wie allgemein geliebt und verehrt Ihr Mann wurde, und wie herzlich und innig sein Tod beklagt wird. Er war eben einer der seltenen Männer, der nicht bloß durch seine Tätigkeit sich Freunde erwarb, sondern schon einfach durch sein rechtes, gutes und schönes Mensch-Sein nur Freunde haben konnte."[244]

So sehr sich Fritz Simrock bemühte, **der** Brahms-Verleger schlechthin zu werden, an Rieter-Biedermann konnte man nicht vorbei. Sein unerwarteter Tod, wenn er auch schon seit längerem krank gewesen war, hatte die Situation jetzt unverkennbar geändert, denn mit seinem Schwiegersohn Edmund Astor, der den Verlag weiterführte, bestand kein echtes persönliches Einverständnis. Nachdem Breitkopf & Härtel auf Anraten Carl Reineckes das bereits zum Verlag angenommene 2. Streichsextett doch noch zurückgegeben hatten, war die Beziehung zu dem Welthaus völlig abgebrochen. Zwar hatten die Verleger ihren Fehler inzwischen eingesehen und im Zusammenhang mit dem großen Erfolg seiner Leipziger Konzerte 1875 auch eine Gesamtausgabe seiner

243 Zitiert nach M. Kalbeck: J. Brahms. Bd. 3, S. 70.
244 Briefwechsel Bd. 14, S. 257f.

frühen Klavierstücke herausgebracht, aber das gab nur Anlaß zu neuer Verstimmung, denn man hatte Brahms nicht zuvor über diese Absicht unterrichtet, und so hatte er den Druck nicht überwachen können, sodaß zu stehengebliebenen alten Druckfehlern noch neue hinzugekommen waren. Nur noch als Herausgeber fremder Werke, unter anderem des Mozart-Requiems für die Gesamtausgabe, war er fortan mit dem Verlag verbunden, eigene Werke hat er ihm nicht mehr überlassen, auch nicht, nachdem mit Dr. Oskar von Hase ein jüngerer und bedeutenderer Kopf in die Verlagsleitung eingetreten war. Er ließ sich zwar später noch einmal bestimmen, an der Schubert-Gesamtausgabe des Hauses mitzuwirken und die Edition der Symphonien zu übernehmen, aber er wußte nur zu genau, daß er kein Musikphilologe war und setzte wenigstens durch, daß die editorische Hauptverantwortung dem jungen Eusebius Mandyczewski übertragen wurde.

Ganz unterschiedlich war die Situation gegenüber dem anderen Leipziger Musikverlags-Haus von Weltgeltung, C.F. Peters. Früher als alle anderen Musikverleger hatte sein Inhaber, Dr. Max Abraham, die Musikalie zum Markenartikel gemacht: der uniforme grüne Einband signalisiert dem Musikfreund noch heute, ohne daß er Genaueres erkennen kann, die Herkunft benutzter Noten aus diesem Verlag. Die einheitliche Peters-Zierleiste, nur wenige Male dem Zeitgeschmack angepaßt, tat das auch bei gebundenen Ausgaben. Überdies hatte Peters konsequent auf die Lithographie gesetzt, die ermöglichte die Verwendung festerer Papiere als der Notenstich mit der Folge längerer Haltbarkeit und die Herstellung größerer Auflagen zu niedrigeren Preisen, die infolgedessen größere Verbreitung fanden. Ob Brahms diese Marktstrategien durchschaut hat, mag dahingestellt bleiben. Immerhin hat er einmal wegen des Vorsprungs des Hauses Peters Rieter abgeraten, in das Geschäft mit Klavierauszügen von Bach-Kantaten, einen vorhersehbarerweise stark expandierenden Markt, einzusteigen. Aber höhere Auflagen zu niedrigeren Preisen, als der ziemlich teure Verlag Simrock sie bieten konnte, und damit eine weitere Verbreitung seiner Werke waren sehr wohl Dinge, die seine eigenen Interessen berührten. Oft hat er Simrock an dieses Vorbild gemahnt. Zwar beruhigte er ihn, „Mit den [Leipziger] Verlegern können Sie mich noch ruhiger allein lassen als mit den Leipziger Damen.“[245] Aber mit dem Hause Peters kam es dann doch zu einem Abschluß: die Lieder op. 63 und die Vokalquartette op. 64 erschienen dort, auch später gab Brahms einzelne Werke an den Verlag Peters und wurde nicht müde, die Verdienste von Max Abraham um die Ver-

245 Briefwechsel Bd. 9, S. 166.

breitung guter Musik in guten und preiswerten Ausgaben hervorzuheben.

Am 29. Februar 1876, es handelte sich um ein Schaltjahr, war Brahms zurück in Wien, um seine geplanten Konzerte in Breslau vorzubereiten, wo er mit dem dorther stammenden Georg Henschel zusammentreffen wollte, was sich aber durch den Widerstand von Bernhard Scholz zerschlug. Brahms hatte für das dortige Hauptkonzert die Haydn-Variationen vorgeschlagen, dabei aber wohl nicht bedacht, daß er die schon zweimal kurz hintereinander da herausgebracht hatte. Man einigte sich „auf vielfachen Wunsch" auf eine Wiederholung des d-Moll-Konzerts, das am 21. März in Breslau wieder aufgeführt wurde. Er hatte die konzertfreien Tage in Wien anscheinend genutzt, und auch die Aussicht auf ein Ende der hektischen Tournee mag ihn beflügelt haben, jedenfalls fand das Konzert, das im Musikleben zu verankern so schwierig gewesen war, nun zunehmend Widerhall im Publikum, sodaß ihm auch die Konzertetüden op. 10 von Schumann gelangen. Die von diesem Erfolgserlebnis ausgelöste Hochstimmung hielt bis zu dem zwei Tage später stattfindenden Kammerkonzert an; und da Brahms in seiner pianistischen Leistung stark von seiner jeweiligen Befindlichkeit abhängig war, sicher auch ein Indiz eines Mangels an solider Grundlage für einen Konzertpianisten, steigerte er sich in dieses letzte Konzert der Saison hinein. Er spielte den Klavierpart seines Klavierquartetts c-Moll op. 60, dann wieder Beethovens letzte Klaviersonate op. 111, sowie eine Folge von Stücken aus den „Neuen Liebesliedern". Und wenn wie hier alle Voraussetzungen stimmten, gelangen ihm nachschaffende Leistungen, wie sie „Nur"-Pianisten nur selten zugänglich sind. Max Kalbeck, der als junger Musikrezensent dieses Konzert hörte, erinnerte sich: „Wir haben Beethovens ‚Abschied vom Klavier' niemals mit einer solchen plastischen Eindringlichkeit und erhabenen Größe der Auffassung reproduzieren gehört wie an diesem unvergeßlichen Abende."[246]

Am 25. März 1876 war Brahms wieder zurück in Wien von seiner zweiten großen Tournee-Saison, die zwar äußerst strapaziös war, aber auch sehr erfolgreich verlief, denn er hatte sich selbst bewiesen, daß er allein von den Einnahmen aus seiner Konzerttätigkeit leben konnte. Insofern waren diese beinahe gewalttätigen Tourneen auch ein Test für seinen „Marktwert" mit dem Ergebnis, daß er gefragt genug war, nun auf diese Konzertreisen seine Existenz aufbauen zu können. - Zu Hause setzte er sich mit einer Aufgabe auseinander, die er übernommen hatte im Rahmen der Gespräche, die er am Rande der Brahms-Woche 1875 in Leipzig geführt hatte, das Requiem Mozarts für die Gesamtausgabe ei-

[246] M. Kalbeck: J. Brahms. Bd. 3, S, 72.

ner kritischen Revision zu unterziehen. Dahinter steht wie in ähnlich gelagerten Fällen die Idee, nur ein erfahrener Komponist könne bei einem derartigen fragmentarisch überlieferten Werk eine aufführbare Version herstellen. Schon Beethoven hatte sich zu der Frage geäußert. Nun gab es ja vom Mozart-Requiem eine Aufführungsfassung, die sein Schüler Franz Xaver Süßmayr nach seinen Entwürfen hergestellt hatte. Aber bis in diese Zeit hinein war die Unsicherheit groß, wie weit die Eingriffe Süßmayrs reichten, was also noch von Mozart selbst stamme und somit authentisch war und was Ergänzung Süßmayrs. Nun hat Brahms gewiß keine Ausgabe des Werkes nach modernen quellenkritischen Maßstäben vorgelegt, aber er hat die Ergänzungen Süßmayrs gekennzeichnet und damit erstmals für jedermann nachprüfbar gemacht, wie authentisch das Werk denn nun wirklich sei.

In diesem Frühjahr erhielt er die Nachricht, die Universität Cambridge wolle ihm den Doktortitel ehrenhalber verleihen. Nun kann dort die Ehrenpromotion nicht in absentia vollzogen werden, man muß vielmehr an Ort und Stelle erscheinen, um die Zeremonie vornehmen zu lassen. Zwar erkundigte sich Brahms ausführlich bei Joseph Joachim, der die englischen Verhältnisse gut kannte und auch den Dr. mus. ehrenhalber erhalten hatte. Als er dann aber hörte, wie groß der Aufwand sei, unterließ er lieber die weite Anreise, sodaß die Ehrenpromotion nie rechtskräftig wurde, weil die Würde nicht binnen eines Jahres persönlich in Empfang genommen worden war. Es ist viel darüber spekuliert worden, daß der Sproß der größten deutschen Hafenstadt die Seereise über den Kanal gescheut habe und lieber die ihm zugedachte Ehrung verfallen ließ. Ob es jedoch wirklich die Angst vor der Überquerung des Ärmelkanals mit einem Schiff war, die Brahms auf den Ehrendoktor verzichten ließ, wie die Brahms-Forschung allgemein unterstellt, ist keineswegs ausgemacht. Zumindest sind zwei wesentlich plausiblere Gründe ebenso gut denkbar: er konnte den Aufwand um seine Person, der da mit Talar, Barett und Perücke getrieben werden sollte, mit Sicherheit nicht ausstehen; er ging dem „Pflanz“, wie man das in seiner Wiener Wahlheimat nannte, nach Möglichkeit aus dem Wege und blieb im Lande. Eine weite Reise, einzig zu dem Zweck einer Ehrung mußte ihm zudem im Frühjahr und Sommer 1876 besonders ungelegen sein, weil er sich entschlossen hatte, nun endlich nach dem 3. Klavierquartett mit einem weiteren c-Moll-Werk zu Rande zu kommen, das ihn fast schon genauso lange beschäftigte: seine erste Symphonie sollte nun endlich zum Abschluß gebracht werden. Dazu brauchte er Ruhe und Abgeschiedenheit und keine weite und zeitraubende Reise.

Noch ein weiteres Werk scheint im Winter 1875/76 neben der regen

Konzerttätigkeit zum Abschluß gekommen zu sein, sein 3. Streichquartett op. 67 in B-Dur. Es ist auffällig, daß Brahms so relativ kurze Zeit, nachdem ihm der Durchbruch zur Vollendung seines ersten Quartetts gelungen war, sich wieder aus dieser Gattung zurückzog. Es scheint mir aber eine Verkennung der Fakten zu sein, wenn man den Schritt zur Symphonie als Grund dafür angibt. Das Streichquartett war ja das Ziel der Entwicklung von den Klavierquartetten über das Klavierquintett und über die beiden Streichsextette gewesen, nicht das Mittel zur Gestaltung der Symphonie, die erreicht wurde über die Chor-Orchesterwerke um op. 50 und die Haydn-Variationen op. 56. Nein, hier war ein Ziel erreicht, und seine Vervielfachung konnte kein neues Element mehr hinzufügen. Brahms wandte sich daher neuen Zielen zu.

Unter den „loci topici", den Erfindungsquellen der Kompositionstheorie des 18. Jahrhunderts, gibt es neben anderen den locus notationis, die Themenbildung aus den Möglichkeiten der Fortspinnung eines Intervalls, welche die Möglichkeiten seiner Umbildung mit musikalischen Mitteln bereithält: Versetzung auf andere Stufen, Variantenbildung, Umkehrung usw. Am leichtesten verständigt man sich über das hier Gemeinte, wenn man die Themenbildung und -fortspinnung im ersten Satz des 3. Brandenburgischen Konzerts von Johann Sebastian Bach heranzieht, denn genauso verfährt Brahms in der Entwicklung des Themas seines 3. Streichquartetts B-Dur. Die fallende kleine Terz f'-d' des Themenkopfs wird unmittelbar danach mit einem Auftakt g' versehen, der im nächsten Schritt zu einer Quarte b'-f'-d' verändert wird, und das Ganze schließt mit einer Variante g'-f'  und wird von der Bratsche ausgeterzt. Zum vollen vierstimmigen Satz erweitert, wird dieser Komplex in T. 3/4 wiederholt. Die folgende Gruppe (T. 5/6) arbeitet mit einer variierten Umkehrung, ebenfalls zunächst zweistimmig mit zweiter Violine und Viola und dann vollstimmig ausgeweitet wiederholt, was unwillkürlich an Brahms' Chorsatz-Technik erinnert mit ihrer Tendenz zur latenten Doppelchörigkeit. Gleichzeitig wird erkennbar, daß der Themenaufbau streng regelmäßig in Zweitakt-Gruppen erfolgt, die jedoch nicht wie in der klassischen Formenlehre als Vorder- und Nachsatz einander zugeordnet sind, sondern sich emanzipatorisch jeweils als Fortentwicklung aus dem Vorhergegangenen darstellen, auch eine Art von Expansionstypus, aber von ganz anderer Struktur als der klassische „Dreischritt" a a A.

In der nächsten Entwicklungsstufe greift Brahms zu einem seiner häufigsten Stilmittel, der Hemiole, indem er die Dreiergruppen der

Achtel auf jeweils zwei verkürzt und de facto den 6/8-Takt zu einem 3/4 verschiebt, auch ein Element der Beschleunigung der Formentwicklung, mit dem Vorhergehenden verknüpft durch die latente Doppelchörigkeit im Klanglichen und die durchlaufende, lediglich anders gruppierte Achtelbewegung. Daran schließt sich eine Variante (T. 13 m.A.), welche die Oberstimme der ersten Violine variiert zu einer aufsteigenden chromatisch ausgefüllten Quarte; die latente Doppelchörigkeit und der daraus resultierende Aufbau in Zweitakt-Gruppen werden beibehalten, aber die Hemiolen der voraufgehenden Stufe zum Konfliktrhythmus gesteigert, der kollidiert mit der Rückkehr zu Dreiergruppen in der Bratsche bzw. im Cello, ein weiteres Element der Steigerung. Brahms fügt noch eine viertaktige Schlußgruppe an den bis dahin regelmäßigen Formaufbau, der von der Zwischendominante der Dominantparallele zur Ausgangstonart zurückleitet und auch die rhythmisch-metrische Spannung wird abgebaut durch Rückkehr zum 6/8-Takt in allen Stimmen. Die Oberstimme kadenziert besonders deutlich vernehmbar zur Tonika mit einer (ausgeterzten) absteigenden Tonleiter in der Haupttonart.

Zwar hat Brahms damit ungewöhnlich viel Zündstoff für die weitere Entwicklung aufgehäuft, andererseits birgt jedoch eine derart demonstrative Befestigung der Tonika auch die Gefahr des Stillstands in sich, nicht umsonst bevorzugt die klassische Formenlehre die Öffnung zur Dominante am Schluß des Hauptthemen-Komplexes. In der Tat wirkt Brahms dieser Gefahr entgegen und entwickelt auch in der Weiterführung über die Hauptthemen-Exposition hinaus mit denselben musikalischen Mitteln: die kadenzierende absteigende Tonleiter wird diminuiert in Gegenbewegung und Erweiterung zweimal hintereinander eingesetzt als stark öffnendes und beschleunigendes Mittel, zugleich aber streng musikalisch eingebunden in den auf zwei Takte auseinandergezogenen Themenkopf, sowie kontrapunktisch im Cello durch den auf- und absteigenden gebrochenen Dreiklang Es-Dur/g-Moll.

Eine Detailanalyse Takt für Takt und Motiv für Motiv, die in diesem Zusammenhang zu weit führen würde, ergibt eindeutig, wie sehr Brahms jeden folgenden Schritt aus dem vorhergehenden entwickelt, den Ansatz der Formbildung konsequent durchführend, den er mit dem Klavierquartett op. 25 begonnen hatte. Von diesem seinem 3. Streichquartett op. 67 an setzte Brahms die „entwickelnde Variation" als Mittel der Formbildung ein, die infolgedessen nicht mehr mit blockartigen Satzteilen zu tun hat, sondern prozessualisiert wird. Wurde im Kopfsatz von op. 25 die Typologie der Formteile Exposition, Durchführung und Reprise in Frage gestellt, geriet in den darauf folgenden Werken die Gegensätzlichkeit der Themenkomplexe wegen zu enger gemeinsamer motivischer Substanz gelegentlich in Gefahr, so wird hier der gesamte Formaufbau durch entwickelnde Variation dynamisiert und prozessualisiert. Insofern ist das 3. Streichquartett op. 67 der Prototyp einer neuen Formkonzeption, den er in den darauf folgenden Werken nicht mehr mit der gleichen Konsequenz zu verfolgen brauchte. Man kann diesen Kopfsatz nur von seinen Mikrostrukturen zur Makrostruktur fortschreitend analysieren. Daher rührt die Unsicherheit der Brahms-Literatur gegenüber diesem Werk, weil sie traditionell von der Makro- zur Mikrostruktur vorzugehen versuchte und damit in die Schwierigkeit der Abgrenzung seiner Teile gegeneinander geriet.

Mit dem Wechsel zum 2/4-Takt und zur Dominanttonart F-Dur beginnt ein weiterer Formabschnitt, der ebenfalls aus dem Kopfmotiv des Hauptsatzes entwickelt wurde.  Die Terz des Themenkopfes kehrt in der Sequenzfolge wieder, die aufspringende Sexte ist dominant und das Ganze läuft in das Anfangsmotiv der fallenden Terz f'-d' zurück. Das Prinzip der formentwickelnden Variation greift also über die Formgrenzen hinweg und gibt ihr einen eigenen Charakter, weil nicht mehr das dialektische Prinzip von These und Antithese zur Synthese führt, sondern das der Variation zur Entfernung von einer Grundidee und der Wiederannäherung an sie. Brahms hat seine ihm eigene Formsprache gefunden, die sich abhebt von der Haydns und Beethovens, auch wenn sie noch deren Elemente Motiv und Metrik benutzt. Daher rührt das Mißverständnis vom Klassizisten Brahms. Um in dem Bild zu bleiben: Lexik und Grammatik sind geblieben, aber die Syntax ist neu.

Der Anfang des an zweiter Stelle stehenden langsamen Satzes beleuchtet, daß diese Technik der formentwickelnden Variation auch im

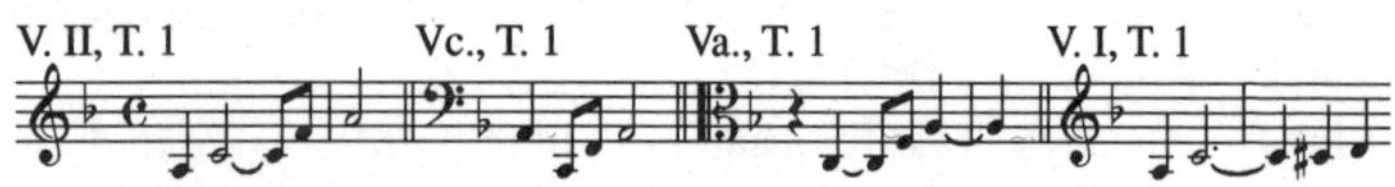

vertikalen Aufbau der Klänge umsetzbar ist, alte Problemstellung Brahmsscher Satztechnik, die hier ebenfalls eine Lösung erfährt. - Das Scherzo, „Agitato“ mit Dämpfern zu spielen, also weniger scherzend als geisterhaft-geheimnisvoll, treibt ein anderes Prinzip seiner Satztechnik beinahe auf die Spitze, die der komplementären Rhythmik wird hier strukturbildend, wenn die Bratsche im 3/4 die schwere Taktzeit betont, die drei anderen Streicher dagegen die 2 mit Auftakt. - Das Finale macht besonders deutlich, daß dieses hoch experimentelle Werk gleichsam in Wohlklang getaucht ist, vielleicht sogar insbesondere in diesem letzten

Satz mit einem Anflug von Wehmut. Der Zusammenhang des Themas mit dem Themenkopf des ersten Satzes liegt auf der Hand. Aber auch das wird bei Brahms' Denkweise kein Zufall sein, daß dieses zyklische Werk, das in Themen- und Formbildung so stark mit dem Prinzip der Variation experimentiert, endet mit einer Variationenfolge im traditionellen Sinne, so als wollte der Komponist am Schluß darauf hinweisen, wie das alles einmal angefangen habe. - Das 3. Streichquartett zeigt jedenfalls Brahms auf der Höhe seiner Meisterschaft, das Prinzip der Einheit von Themenbildung und Satz, das ihn seit der kompositorischen Krise der 50er Jahre beschäftigt hatte, ist nun - nach Ansätzen ab op. 25 - strukturell auf die Formbildung durchgeschlagen. Die Problemlösung ist zugleich so exemplarisch, der Wohlklang der 2. Symphonie, des Violinkonzerts und anderer Werke darum herum kündigt sich bereits an, daß es von der Konsequenz dieser Formbildung geradezu schlüssig erscheint, daß Brahms sich aus der Gattung wieder zurückzog. Was zu sagen war, hatte er gesagt, ein weiteres Streichquartett in A-Dur hat er zwar angelegt, aber nicht mehr ernstlich weiterverfolgt.

Das symphonische Jahrzehnt
1. Die beiden ersten Symphonien

Mitte der siebziger Jahre hatte sich Brahms' Jahresrhythmus längst eingependelt: der Winter gehörte den Konzertauftritten, zunächst als Dirigent der Gesellschaftskonzerte, von der Saison 1874/75 an zunehmend auf eigenen Tourneen ohne festes Engagement, aber auch als Pianist, mehr und mehr mit eigenen Werken. Die Konzerte mußten vorbereitet werden, die vielen langen Reisen zerrten an Nerven und Kräften, in der Hektik des Konzertwinters blieb daher wenig Muße zu Konzeption und Ausarbeitung neuer Werke. Der nicht auf Reisen verbrachte Winter gehörte daher der Edition und den Korrekturen, die man notfalls auch noch auf Reisen, sogar im Zuge, erledigen konnte. Der Sommer war dann die Zeit der Gestaltung und Ausarbeitung neuer Werke. Dazu zog er sich meist in angenehme Mittelgebirgslandschaften zurück, Baden-Baden steht dafür oder Ziegelhausen, später der Wörthersee. Nur zweimal unterbrach er diesen Zyklus: als es um die Schlußgestaltung des Deutschen Requiems ging, zog es ihn ins Hochgebirge, von Zürich aus unternahm er die Tour durch alle berühmten Orte des Berner Oberlandes und das zur Zeit der Schneeschmelze, in der die Naturgewalten sich am ungestümsten Bahn brechen. Der Sommer 1876 ist die andere Abweichung von seinen Gewohnheiten. Nach den Erfahrungen mit den Gesellschaftskonzerten und den meisten berühmten Orchestern Mitteleuropas von den Wiener Philharmonikern, dem Züricher Tonhalleorchester, dem Gewandhaus Leipzig und dem Amsterdamer Concertgebouw und der Philharmonie Budapest, neben zahlreichen anderen Orchestern von Köln und Koblenz bis Breslau, die er dirigiert und studiert hatte, drängte es ihn, die neugewonnenen Erfahrungen in den Abschluß seiner 1. Symphonie umzusetzen, mit der er sich nun schon so lange herumschlug, die er aber noch hinter die relativ unverbindliche Form der Haydn-Variationen zurückgestellt hatte. Dazu bedurfte er denn doch eines anderen als des gewöhnlichen Ambientes, einer Landschaft großartiger und eindrucksvoller als der südliche Schwarzwald oder der Odenwald. Als daher die Konzerte des Frühjahrs 1876 absolviert waren, fuhr er mit Freund Georg Henschel auf die Insel Rügen. Vorher allerdings machte er noch einen kurzen Besuch am Rhein bei den Deinhard-Wegelers in Koblenz; dann fuhr er nach Berlin zu Clara Schumann. Trotz des wieder aufgetretenen Rheumas war sie wieder auf Konzerttournee nach England gefahren und hatte in London mit großem Erfolg Brahms' Klavierquintett op. 34 erstaufgeführt. Der schlechte Gesundheitszustand des Sohnes Felix, über den Brahms nur sporadisch unterrichtet wurde, ließ ihn bei seinen Briefen äußerst vorsichtig sein. Joachim hatte ihr in einer Privataufführung das 3. Streichquartett vorgeführt, Stockhausen ihr neue Lieder von Brahms vorgesungen. Von seinem Besuch hatte sie wohl vorher nichts gewußt und hielt es für im Tagebuch festhaltenswert, daß er die ganzen vier Tage seines Aufenthalts bei ihr liebenswürdig gewesen sei.

Nun ist die Insel Rügen mit ihren weiten Feldern und den lichtdurchfluteten Laubwäldern ja nicht so ohne weiteres ein Kontrastprogramm zu anderen sanften Mittelgebirgslandschaften. Aber Brahms hat die Landschaft, die ihn faszinierte und die er selbst in diesem Falle unmittelbar mit dem Werk, das er in ihr zur Endgestalt führen wollte, in Verbindung brachte, genauer präzisiert. Ganz entgegen seiner Gewohnheit, zum Stimmungsgehalt eines Werkes niemals selbst etwas von sich zu geben, hat Brahms von seiner 1. Symphonie gegenüber dem Verleger Fritz Simrock geäußert: „An den Wissower Klinken ist eine schöne Symphonie hängen geblieben."[1] Dem liegt folgender Sachverhalt zugrunde. Er hatte sich an der Ostküste Rügens in dem Fischer- und Fährdorf Saßnitz einquartiert. Oberhalb des Ortes befindet sich das waldbestandene Hochplateau der Kreideformation, auf der die Insel Rügen liegt, mit den berühmten weißen Felsen der Steilküste und ihrem, besonders an sonnigen Sturmtagen fabelhaften Kontrast zu dem aufgewühlten grauen Meer. Unter Wasser sieht man die weiße Kreideformation noch weit vor der heutigen Küste schimmern. An der höchsten Stelle des Plateaus hat in Jahrmillionen das Oberflächenwasser des Regens sich einen Weg zum Meer gesucht und eine schmale, tiefe Schlucht mit beinahe senkrecht abfallenden Wänden ausgewaschen. Unten aber, fast auf Meereshöhe, wo die Erosion durch Wind und Wellenschlag und die durch abfließendes Regenwasser sich vereinigen, hat die Laune der Natur zwei bizarre, hoch aufragende Felsnadeln stehen lassen, ein höchst pittoresker Kontrast zum Meer wie zu der Felsschlucht, vor der sie stehen, die Wissower Klinken.

Der gebürtige Greifswalder Kaspar David Friedrich hat sie im früheren 19. Jahrhundert gemalt, und selbst wenn er sie romantisierend noch höher und bizarrer dargestellt haben sollte, als sie damals waren, wird gegenüber dem heutigen Zustand deutlich, daß die Erosion von anderthalb Jahrhunderten ihr zerstörerisches Werk fortgesetzt hat; eines Tages werden sie bis auf Stümpfe ganz verschwunden sein. Brahms war 1876

[1] Briefwechsel Bd. 10, S. 13.

dem Zustand, wie Friedrich ihn gemalt hat, noch näher als wir. An diesem faszinierenden Naturschauspiel der von der Sonne beschienenen weißen Felsnadeln auf dem Grunde der Schlucht vor der Kulisse des sturmgepeitschten Meeres, durch welches der schon abgetragene Felssockel noch durchschimmert, ist Brahms' 1. Symphonie „hängengeblieben", das heißt sie erhielt mehr als zwanzig Jahre nach den ersten Skizzen auf dem Hintergrund seiner gestalterischen Entwicklung und seiner neu hinzugewonnenen Orchestererfahrungen ihre definitive Gestalt.

Das Stück selbst ist wesentlich älter, reicht bis in die Zeit seiner kompositorischen Krise zurück und ist wohl auch nicht sein erster Ansatz, sich der Gattung zu bemächtigen. Kalbeck will nach Angaben von Brahms' Stiefbruder und Stiefmutter erfahren haben, er habe sogar mehrere Symphonien vor der ersten vollendeten geschrieben,[2] ohne sich zu der Frage zu äußern, woher denn die, insbesondere der Stiefbruder, das gewußt haben sollen. Sie können bestenfalls Dinge vom Hörensagen wiedergegeben haben, denn sie hatten zu dieser frühen Zeit, um die es hier geht, noch keinerlei Kontakt zu ihm. Bloße Spekulation blieb auch Kalbecks Angabe, Brahms habe seine c-Moll-Symphonie bereits 1855 konzipiert,[3] sie ist durch nichts gesichert. Wirklich dokumentarisch belegbar wird die Symphonie, und zwar nur die in c-Moll und keine weitere, erst im Jahre 1862. Damals hatte Frau Schumann zumindest den ersten Satz in Händen gehabt; da sie in einem Brief an Joseph Joachim den Anfang des schnellen Teils notierte, ist die Identität gesichert. Den Satz und das ganze zyklische Werk mit diesem schnellen Teil beginnen zu lassen, fand sie problematisch: „Das ist nun wohl etwas stark, aber ich habe mich sehr schnell daran gewöhnt. Der Satz ist voll wunderbarer Schönheiten, mit einer Meisterschaft die Motive behandelt, wie sie Ihm ja so mehr und mehr eigen wird. Alles ist so interessant ineinander verwoben, dabei so schwungvoll wie ein erster Erguß; man genießt so recht in vollen Zügen, ohne an die Arbeit erinnert zu werden. Der Übergang aus dem zweiten Theil wieder in den ersten ist Ihm wieder 'mal herrlich gelungen ..."[4] Da sie sich in Baden-Baden getroffen hatten und er ihr den Satz am Klavier vorgespielt hatte, gibt es keine brieflichen Äußerungen von ihr dazu gegenüber Brahms. Aber Joachim, der noch auf England-Tournee weilte und von Frau Schumann informiert worden war, fragte am 19. September 1862 nach: „Du würdest mir einen rechten Beweis unveränderter Gesinnung geben, wenn Du mich etwas über

[2] M. Kalbeck: Johannes Brahms. Bd. 3, S. 110, Fußnote.
[3] M. Kalbeck: Johannes Brahms. Bd. 2, S. 253.
[4] B. Litzmann: Clara Schumann. Bd. 3, S. 123f; Vgl. auch: Clara Schumann - Johannes Brahms. Briefe. Bd. 1, S. 409.

Deine Sinfonie wissen ließest, von deren erstem Satz mir Frau Schumann vor einiger Zeit schrieb. Ob es Dir wünschenswert wäre, sie in **Hannover**, vor Hamburg zu versuchen, ob Du überhaupt sie dort aufzuführen denkst."[5] Daß Brahms mit sich selbst in der Frage der Symphonie noch nicht im Reinen war, sieht man daran, daß er selbst dem Freunde und dem Angebot eines unverbindlichen Testaufführung abwinkte: „hinter ‚Sinfonie von J.B.' magst Du noch einstweilen ein? setzen."[6]

Dann wird es für mehrere Jahre still um das Werk. Man kann jedoch voraussetzen, daß das Thema „Symphonie von Brahms" virulent blieb, desto mehr, je mehr er sich mit seiner Kammermusik und den Chor-Orchesterwerken durchgesetzt hatte. Übriggeblieben sind davon nur einzelne Schlaglichter, so wenn Max Bruch ihn 1870 mahnte: „Sie sollten sich doch endlich entschließen, Ihre sinfonischen Skizzen auszuführen!"[7] und ihm sogar eine Aufführung in den berühmten „Lohkonzerten" in Sondershausen anbot, die ungewöhnlich breite Beachtung fanden, Simrock machte Anfang 1869 vorsichtige Andeutungen.[8] Auch der Inhaber des Hauses Peters, Max Abraham, der natürlich Brahms' heimliche Schwäche für seinen Verlag kannte und die weite Verbreitung, die er seinen Autoren bot, fragte im Frühjahr 1873 an: „Da ich nun zufällig erfahre, daß Sie eine ‚Sinfonie' fast vollendet haben, so richte ich an Sie die Bitte, mir dieselbe in Verlag geben zu wollen."[9] Vorbei war also die Zeit, wo ihm bedeutende Verlage Werke auch noch nach bereits erfolgter Annahme zurückschickten und er auf kleinere, weniger bedeutende Verlage ausweichen mußte, wozu im Grunde ja auch der Glücksfall Melchior Rieter-Biedermann gehörte. Jetzt genügte bereits das Gerücht von der Fertigstellung eines Werkes, um selbst ein Welthaus wie Peters zu veranlassen, dies gleichsam im Blindbuchungs-Verfahren zu übernehmen. Daß die Arbeit an einem oder dem anderen Werk wohl auch eine Art Eskapismus war, weil er mit der Symphonie trotz der geglückten Synthese der Streichquartette, darunter auch ein in die Frühzeit zurückreichendes c-Moll-Werk, und des Abschlusses seines Klavierquartetts in c-Moll, immer noch nicht fertig wurde, vertraute er im Juli 1875 Franz Wüllner an: „So bleibe ich wohl [in Ziegelhausen] sitzen, schreibe auch bisweilen höchst unnütze Sachen, um einer Symphonie nicht in das ernsthafte Gesicht zu sehen."[10]

5 Briefwechsel Bd. 5, S. 314.
6 Briefwechsel Bd. 5, S. 315.
7 Briefwechsel Bd. 3, S. 99.
8 K. Stephenson (Hrsg.): J. Brahms und F. Simrock. Briefe. Hamburg 1961, S. 46.
9 Briefwechsel Bd. 14, S. 220.
10 Briefwechsel Bd. 15, S. 59.

Anfang der siebziger Jahre, nachdem er das Problem des Streichquartetts zu tragbaren Lösungen geführt hatte, muß die Gattungsproblematik der Symphonie in Brahms' Gesprächen intensiviert worden sein, zunächst mit dem Ergebnis der Abstinenz von der ganzen Gattung. So berichtet Kalbeck, daß Hermann Levi ihm von einem Gespräch mit Brahms erzählt habe, das entgegen mancher anderen Darstellung des Biographen glaubhaft erscheint, weil es im Grunde seiner Tendenz zuwiderläuft, ihn zum eigentlichen Nachfolger Beethovens hochzustilisieren. Damals soll Brahms zum Thema der nach-Beethovenschen Symphonie gegenüber Levi geäußert haben: „Ich werde nie eine Symphonie komponieren! Du hast keinen Begriff, wie es unsereinem zu Mute ist, wenn er immer so einen Riesen hinter sich marschieren hört."[11] Ähnlich klingt eine Äußerung aus dem Zusammenhang der Komposition der beiden Orchesterserenaden. Auch sie ist freilich nur aus zweiter Hand überliefert durch Max Kalbeck, dem gegenüber der Geiger Carl Bargheer seine Einstellung so wiedergegeben haben soll: „Ach Gott, wenn man wagt, nach Beethoven Sinfonien zu schreiben, so müssen sie ganz anders aussehen."[12] Es führt also eigentlich kein Weg an der Feststellung vorbei, daß Brahms selbst sich des Problems der nach-Beethovenschen Symphonie völlig bewußt gewesen ist und für sich die Konsequenz gezogen hatte, daß sie anderer gestalterischer Mittel bedürfe als die von Beethoven personalstilistisch besetzten. Zur Zeit der Einführung seiner Symphonien in das Musikleben waren diese Äußerungen noch nicht bekannt, insofern ist den Zeitgenossen daraus kein Vorwurf zu machen, daß sie sie dennoch in der Beethoven-Nachfolge sahen, wohl aber der Brahms-Literatur, daß sie die nun einmal bekannt gewordenen Äußerungen nicht ernst genommen, sondern diese Diskussion sich gleichwohl hat aufzwingen lassen.

Erst im Sommer 1876 auf Rügen ging er dann ernstlich daran, die Symphonie, die nun schon anderthalb Jahrzehnte in Teilen und Entwürfen existierte, in definitive und aufführbare Form zu bringen. So wie er sie dann in den Druck und an die Öffentlichkeit gegeben hat, also mit der nachträglich vorgeschalteten langsamen Einleitung, beginnt das Werk mit der leeren Oktave, nur Kontrafagott, Pauken und Kontrabaß markieren fortan den orgelpunktartig fortlaufenden Rhythmus. Das erste hinzutretende Intervall ist, wie beim Deutschen Requiem und anderswo, die kleine Sept; wir haben es also wieder zu tun mit der für seine Harmonik so typischen Dominantisierung der Tonika, welche den harmoni-

[11] M. Kalbeck: J. Brahms. Bd. 1, S. 165.
[12] M. Kalbeck: J. Brahms. Bd. 1, S. 339.

schen Verlauf in Richtung auf die Subdominante drängt. Brahms entwickelt daraus zwei (noch) nicht thematische Linienzüge, einen aufwärts gerichteten von c" bis b"' (mit Oberoktave) in Violinen und Cello und einen ausgeterzten gegenläufigen von c"' nach d" in den Holzbläsern und der Bratsche. Über dem Orgelpunkt-Baß entfaltet sich mithin ein zur Dreistimmigkeit ergänzter Kontrapunkt, dessen erste Stimme in Violinen und Cello liegt, die zweite in den jeweils oberen Holzbläsern und der Bratsche, während die zweiten Holzbläser-Stimmen und die 2. Viola mit der gekoppelten Unterterz eine nichtselbständige Ergänzungsstimme darstellen. Die Eröffnung des Satzes ist somit ein höchst komplexer, noch vorthematischer Prozeß, dessen Kern in der Bewegung der Violinen liegt, die im weiteren Verlauf sowohl thematische als auch Baßfunktion übernehmen kann. Aber die harmonisch bedingte Gegenbewegung der Holzbläser erweist im fortschreitenden Verlauf eigenständige Formkraft. Eigentlich thematische Konturen werden erst im neunten Takt hörbar mit der fallenden verminderten Sept, die durch Sequenzierung mit der folgenden großen Sext zum Motiv ausgeweitet wird. Durch die liegenbleibenden Holzbläser schieben sich die beiden Intervalle zum Höreindruck eines verkürzten verminderten Sept-Non-Akkords ineinander; die über die Doppeldominante in T. 9 erreichte Dominante wird durch die Motive also bestärkt. Als Nachsatz wird diesen Pizzicato-Motiven ein legato gespieltes, mit Schwellern und „espressivo" hervorgehobenes Akkordgeschiebe nachgestellt, das verschiedene Leittonkombinationen einsetzt (des-d-es im Baß), ges' vor f' in der zweiten Violine und ces" vor b' bzw. h' vor c" in der ersten Violine, vorübergehend wird dadurch sogar Ges-Dur berührt, dann aber nur umso eindeutiger die Ausgangstonart c-Moll und deren Dominante bestätigt (T. 13). Derselbe Vorgang wird anschließend noch einmal eine Quinte tiefer wiederholt und mit erweitertem Nachsatz und einer durch zwei Oktaven absteigenden f-Moll-Leiter als Binnenschluß auf g, das in T. 21 ohne tonale Festlegung erreicht ist, zur Dominante geführt.

In motivischer Verschränkung verfremdet Brahms jedoch diesen scheinbaren Dominantschluß auf g zu einem Tonika-Quartsext-Akkord. Was der Hörer zunächst lediglich als allmählich hochwachsende Vorbereitung zur Wiederholung des Einleitungskomplexes erlebt (T. 21-24), erweist sich jedoch später, durch die so häufig bei ihm vorkommende nachträgliche Sinndeutung, als andeutungsweise Vorwegnahme des Hauptthemas, das sich also höchst un-Beethovenisch erst schrittweise entfaltet. Im Widerspruch zur Satzgestaltung Beethovens, der klar umrissene Themen herausstellt, sind schon die ersten Takte der langsamen Einleitung zur 1. Symphonie von Brahms ein recht komplexer Vorgang.

Aufgrund schon dieser Beobachtung wird man feststellen können: genau im Sinne seiner Äußerungen waren also gerade nicht die Wahrung oder gar die Betonung der Kontinuität von Beethovens Symphonik her Brahms' gestalterisches Problem bei seiner ersten Symphonie, sondern eigene Identitätsfindung und -wahrung auf der Basis des bei Robert Schumann erreichten Bewußtseinsstandes mit der Erfahrung der gescheiterten d-Moll-Symphonie im Hintergrund.

Was da in T. 21 zunächst als Vorstufe des Hauptthemas, und für den Hörer als solche selbstverständlich gar nicht verifizierbar, auftritt, wird erst einfach, dann doppelt beschleunigt und über drei Oktaven ausgedehnt, von einer Wiederholung der Einleitung auf der Dominante abgelöst, dann in der Oboe wieder aufgenommen und von der absteigenden Doppeloktave abgeschlossen. Tritt dann aber das Hauptthema (T. 42) erstmals in seiner definitiven Gestalt auf, zeigt sich, daß es eigentlich nur ein „sekundäres kontrapunktisches Kunstprodukt" ist, wie Hermann Kretzschmar das in seinem bekannten Konzertführer nannte,[13] welches sich über dem - für den Hörer kaum wahrnehmbaren - thematischen Kern aus der langsamen Einleitung gebildet hat, der jetzt im Cello liegt. Das Hauptthema des Kopfsatzes von Brahms' 1. Symphonie erweist sich mithin als bloße Ableitung von einem motivischen Kerngedanken, der als solcher thematisch im Hauptsatz überhaupt nicht in Erscheinung tritt, aber die eigentlich konstitutive Basis für Themen- und Formgestaltung darstellt.

Da die langsame Einleitung nachträglich vorgeschaltet wurde, macht sie gleichsam den Prozeß der Themenfindung nachvollziehbar. Schon die genaue Untersuchung der Themengestaltung zeigt also zur Genüge, daß die Themenstruktur derjenigen des Beethovenschen Symphonietypus nicht vergleichbar ist. Daraus resultiert aber auch, daß die Themenbildung eine andere Funktion für die Formbildung des ganzen Satzes hat. Wenn bei Beethoven das motivische Aufbrechen und Verarbeiten der Themen in der Durchführung den weitesten Raum eingenommen hatte, darüber hinaus in die anderen Satzglieder durchgeschlagen war und schließlich zur Apotheose des Themas geführt hatte, so verlagern sich diese Vorgänge bei Brahms: der ideelle Schwerpunkt wird in die Exposition zurückverlagert und die langsame Einleitung führt induktiv auf die Themengestalt hin, das Thema wird durch die thematische Arbeit nicht aufgebrochen, sondern erst in ihr synthetisiert. Die logische Konsequenz ist, daß die Durchführung nicht wie bei Beethoven die Exposition nach Länge und musikalischem Inhalt überbietet, sondern schon

13 Führer durch den Konzertsaal.

in der Ausdehnung hinter ihr zurückbleibt.

Der Vorklang motivischer Strukturen aus T. 9 der langsamen Einleitung fungiert im schnellen Teil des ersten Themenkomplexes als eine Art Nachsatz nach einem vorhergehenden Dominantschluß (T. 51) und wird wie dort transponiert wiederholt bis zur Vollkadenz in T. 70. Auffälligerweise beginnt das Hauptthema in einer Überleitungsphase (T. 70ff) zwischen c-Moll und C-Dur (T. 73ff) zu changieren und bringt damit ein neues Gestaltungsmoment ins Spiel, den Dur-Moll-Gegensatz, auch er wird auf der Subdominante wiederholt (T. 78ff). In T. 89 ist die Grundtonart wieder erreicht. Brahms öffnet den tonalen Verlauf jedoch mit einer weiteren Überleitungsphase, die wieder in das Hauptthema auf der Dursubdominante mündet (T. 111) und dann abgebaut wird zugunsten einer regelgerechten Modulation zur Tonikaparallele. Die Entwicklung des Hauptsatz-Komplexes bis T. 121 ist schon ungewöhnlich lang. Interessant aber ist, daß Brahms auch das Thema des Seitensatzes keineswegs ohne Umschweife einführt, sondern zunächst das chromatische Akkordgeschiebe vom Anfang der langsamen Einleitung vorschaltet mit der Vorstufe des Hauptthemas als Kontrapunkt; die schrittweise Emanzipation der Themen aus vorthematischen Strukturen setzt sich also auch im Seitensatz fort und unterstreicht Brahms' strikten Willen, sich von Beethovens Formtypus der Symphonie abzugrenzen. Erst in T. 131 mit Auftakt tritt in der Oboe das Thema des Seitensatzes im metrischen Ebenmaß der Themenbildung Haydns auf, nur darf diese Übernahme von Strukturelementen der Klassik nicht darüber hinwegtäuschen, daß sie in einem völlig veränderten formalen Kontext stehen. Auffällig ist ferner, wie stark Brahms streckenweise den metrischen Schwerpunkt verschiebt, das ist sowohl im Hauptsatz (T. 51ff.) zu beobachten, wo der Hochtonakzent eine Schwerpunktverschiebung auf die unbetonte zweite Takthälfte verursacht und nur die Zwischenkadenz (T. 57) kurz den Taktschwerpunkt betont, während die Wiederholung des ganzen Vorgangs sogleich wieder die Verlagerung vornimmt. Ähnliches vollzieht sich im Seitensatz-Komplex und manchmal ist an diesen Stellen zu beobachten, wie Dirigenten nur noch den Niederschlag markieren.

Aus der Struktur der sich erst schrittweise entfaltenden Themen, die als solche nicht zugleich konstruktive Basis des ganzen Satzes sind, resultiert jedoch eine andere Funktion der Schlußbildung, als sie sich aus dem Satzaufbau Beethovens ergab. Nicht Lösung der Konflikte und Befreiung, die sich bei Beethoven in Beschleunigung des inneren Tempos und damit flächiger werdendem Satz äußern, stehen bei Brahms für den Schluß, sondern Zusammenfassung und daher im Gegensatz zu Beethoven Konzentration aller satztechnischen Mittel. Intensivierung der motivischen Arbeit wie der satztechnischen Konstruktion ziehen noch einmal die Summe aus dem Formverlauf des Satzes, ohne ihn in einer Apotheose zu überhöhen. Die von Brahms vorgeschriebene Wiederholung der Exposition nicht mitgerechnet, sprechen die Proportionen von Exposition, Durchführung und Reprise mit 190 : 148 : 172 eine deutliche Sprache. Die Verkürzung der Reprise kommt dadurch zustande, daß die Ausweitung des Hauptsatzes und die Überleitung zum Seitensatz wegfallen, sie haben nach der wiederholten Exposition formal keinen Sinn mehr. Der Satzschluß ist bei Brahms im Gegensatz zu Beethovens Formtypus weniger rasch im Tempo (Meno Allegro) und greift auf den Anfang der langsamen Einleitung zurück mit den beiden gegenläufigen Linien. Das ist in diesem Falle jedoch nicht nur Bekenntnis zur geschlossenen Form, sondern sozusagen für den Hörer ein Merkposten, welcher die zyklische Bindung der vier Sätze untereinander betrifft, in dieser Funktion hier aber noch nicht erkennbar wird.

Wie bei dem anderen c-Moll-Werk, das bis in Brahms' frühe Jahre zurückreicht und erst so spät zu einem Abschluß kam, dem 3. Klavierquartett op. 60, steht auch in dieser seiner 1. Symphonie der langsame Satz in dem terzverwandten E-Dur nach dem Vorbild von Beethovens 3. Klavierkonzert op. 37. Sein Thema ist im Sinne der klassischen Formenlehre regelmäßig in Zweitakt-Gruppen gebaut, wird jedoch bereits nach vier Takten unterbrochen, indem die langsame Einleitung des Kopfsatzes nahtlos in die Themenbildung eingebunden wird, die Assoziation an die Coda des ersten Satzes ist geradezu zwingend, zumal diesem Zitat das Hauptthema des Kopfsatzes in Cello und Kontrabaß in dem Rudimentärzustand folgt, wie ihn vor der eigentlichen thematischen Konkretisierung die langsame Einleitung aufscheinen läßt. Der thematische Kern des ersten Satzes, diesem wie eine Art Mottomotiv vorangestellt, greift mithin über das Satzende hinaus, der langsame Satz ist von der thematischen Substanz her in die zyklische Form eingebunden. Das Mottomotiv des Anfangs erweist sich zugleich als Mittel der zyklischen Bindung, die ja nach Aufgabe des durchgehend auf das Finale gerichteten Beethovenschen Formtypus zum problematischen Gestaltungsmittel geworden war.

Auch in die Themengestaltung des dritten Satzes wirken beide Elemente hinein und schlagen, da sie aus der langsamen Einleitung stammen, naturgemäß stark auf den Charakter des Satzes mit Scherzo-Funktion durch: der Trennakkord zwischen Vorder- und Nachsatz des Themas wird schrittweise aufgeladen, bis er in T. 23 und T. 29 die beiden charakteristischen gegenläufigen Linien der langsamen Einleitung des ersten Satzes hörbar herauskehrt. Schon vorher (T. 11) war in den Streichern das Kopfthema der Symphonie in statu nascendi der langsamen Einleitung pp als Begleitung der herabtropfenden punktierten Achtel der Holzbläser eingesetzt worden und hatte auch sie in die gemeinsame motivische Substanz der Symphonie eingebunden. - Die konsequent verfolgte Substanzgemeinschaft insbesondere zwischen Kopfsatz, langsamem Satz und Scherzo läßt zwar den starken Willen zur zyklischen Bindung erkennen, im Hintergrund aber auch die Gefahr aufscheinen, daß eine allzu enge Verknüpfung der einzelnen Sätze, von denen ja die Binnensätze auch hier noch durch Kontrast aufeinander bezogen sind, durch thematische Substanzgemeinschaft die Ausbildung von Kontrasten behindert, welche die verschiedenen Teile eines zyklischen Werkes in dem notwendigen Spannungszustand zueinander halten.

Selbst in die langsame Einleitung zum Finale - daß die Symphonie überhaupt eine hat, ist ja ebenfalls ein Moment der Abkehr von Beethovens Formtypus - spielen Anklänge an die des Kopfsatzes hinein. Zweimal brechen sie das Hauptthema ab, das ohnehin zunächst in Moll auftritt, und hindern es an der vollen Entfaltung. Aufgehalten wird es auch von der berühmten Hornepisode über dem Quartsext-Akkord der Tonika, die sich Brahms bei seiner Reise in die Schweiz im Jahre 1868 als Alphornmelodie notiert und als Geburtstagsgruß an Clara Schumann mit dem Text unterlegt hatte: „Hoch auf'm Berg, tief im Tal grüß ich Dich vieltausendmal!"[14] Da es sich in der Symphonie um ein Zitat handelt, verbietet sich eigentlich von selbst, was gleichwohl die Brahms-Forschung getan hat, zu unterstellen, daß Brahms damals an der Symphonie gearbeitet habe, aber es handelt sich ja um ein Zitat **in** der Symphonie, nicht aus ihr. Selbst wenn man nicht soweit geht, das Dur-Thema, das immer wieder mit Beethovens Freudenmelodie aus dem Finale der 9. Symphonie verglichen wird, als durch Umkehrung aus dem Hauptthema des Kopfsatzes entwickelt anzusehen, zeigt sich doch im Finale von op. 68 der gleiche Typus der Themenbildung wie im Kopfsatz: erst schrittweise emanzipiert sich das Hauptthema. Man braucht also nur an Beethovens c-Moll-Symphonie zu denken, wo die Dynamik der Weiterführung vom Scherzo ins Finale sich als so dominant erwies, daß Beethoven diesen Übergang auch vor der Reprise im Finale wieder aufnahm, und Brahms' schrittweise Entwicklung der Themen dagegenzuhalten, um zu sehen, wie sehr an Äußerlichkeiten die Behauptung von der Fortführung der Symphonie-Konzeption Beethovens bei Brahms bleibt.

Die Gattung Symphonie ist so sehr auf das Finale und die Schlußapo-

[14] Clara Schumann - Johannes Brahms. Briefe. Bd. 1, S. 597.

theose hin gerichtet, daß bis heute in einem Orchesterkonzert die Symphonie am Ende des Programms zu stehen pflegt. Da Brahms die Hörerwartung des Publikums kannte, er aber ja gerade bestrebt war, sich vom Typus der finalgerichteten Beethoven-Symphonie abzusetzen, ging es ihm darum, dies auch dem Publikum klarzumachen. Selbst in seinem Freundeskreis sah man den von Brahms ja ohnehin nicht gewollten Vergleich mit Beethoven mit durchaus gemischten Gefühlen: „Hanslick gesteht mir, daß er mit Angst meiner Symphonie entgegensieht. Lübke[15] spricht ihm zuviel von letztem Beethoven."[16] So traf er Vorsorge, daß sie in den Programmen der ersten Aufführungen nicht an Stellen plaziert würde, wo sie die Hörerwartung des Publikums enttäuschen konnte. An Franz Wüllner, der sie in München aufführen wollte, schrieb er: „Meine Symphonie ist lang und aus C moll. Zum Schluß hätte ich sie gewiß nicht gern, am liebsten in der Mitte, nach einer Ouvertüre und Arie etwa."[17] Ähnlich äußerte er sich gegenüber Carl Reinecke vor der geplanten Aufführung im Leipziger Gewandhaus: „Nun möchte ich noch die vermutlich sehr überraschende Mitteilung machen, daß meine ‚Sinfonie' lang und nicht gerade liebenswürdig ist. Zum Schluß möchte ich sie also doch nicht gerne machen, lieber zu Anfang und noch lieber: 1. Ouvertüre, 2. Arie, 3. ‚Sinfonie' ... hernach, wenn die Sinfonie durchgefallen, mein liebenswürdigstes Lied.!"[18]

Selbst über sein Motiv zur Vergabe der Uraufführung, noch aus dem Manuskript und handkopierten Stimmen, in Karlsruhe sind wir genau orientiert: „Es war mir ... immer ein heimlich lieber Gedanke, das Ding zuerst in der kleinen Stadt, die einen guten Freund, guten Capellmeister und gutes Orchester hat, zu hören. - Da Sie aber nie ein Wort sagten, das Ding sich auch nicht durch Liebenswürdigkeit empfiehlt - so bitte ich, die Copiatur jedenfalls mit der Eile eines Mokkakäfers besorgen zu lassen."[19] Die Eile war jetzt allerdings geboten, denn nach der Uraufführung am 4. November 1876 unter Otto Dessoff wurde die Symphonie drei Tage später bereits in Mannheim gemacht, am 15. November in München, am 17. Dezember in Wien und Anfang des nächsten Jahres in Leipzig und Breslau, Joachim führte sie, auch noch vor der Drucklegung, in Cambridge und London auf, übrigens fanden diese ersten Aufführungen durchaus unterschiedliche Resonanz.

Kaum war die Symphonie uraufgeführt und begann die öffentliche

15 Der Kunsthistoriker Wilhelm Lübke.

16 An Otto Dessoff; Briefwechsel Bd. 16, S. 153.

17 Briefwechsel Bd. 15, S. 68f.

18 Briefwechsel Bd. 3, S. 136f.

19 Briefwechsel Bd. 16, S. 144.

Auseinandersetzung mit ihr, da heftete der Dirigent Hans von Bülow, der sie schon teilweise aus gedruckten Stimmen im folgenden Jahr in Hannover aufführte, nie um ein Aperçu verlegen, ihr ein bis heute nachwirkendes mißverständliches Schlagwort an mit dem immer wieder zitierten Wort, Brahms' erste Symphonie sei Beethovens zehnte. Auch wenn dieser Anspruch ohne Brahms' Beteiligung und Wissen aufgestellt wurde und seiner Intention geradewegs zuwiderlief, wurde er stets ihm angelastet, selbst wenn klargestellt wird, daß Bülow ja keineswegs die Brahms-Symphonie der Neunten Beethovens hatte folgen lassen wollen, sondern sie beim mittleren Beethoven einordnete. Aber genau das hatte Brahms selbst verhindern wollen. Für ihn war der Beethoven-Typus mit der „Eroica" ausgebildet, und seine erste Symphonie sollte eben „ganz anders" aussehen. Auch wenn man diese Richtigstellung vornimmt, basiert der Vergleich mit Beethoven wohl vornehmlich auf der Annahme der Ähnlichkeit der Finalthemen seiner 9. mit der 1. Brahms-Symphonie. Brahms seinerseits reagierte auf Anspielungen zu der vermeintlichen Kontinuität dieser Finalthemen mit verletzender Gereiztheit. Einer durchaus musikbegeisterten hochgestellten Persönlichkeit, die ihn auf die Merkwürdigkeit dieser Ähnlichkeit ansprach, erwiderte er: „Jawohl, und noch merkwürdiger ist, daß das jeder Esel gleich hört." und ließ ihn stehen.[20] Tatsächlich ist die Struktur der beiden Melodien nicht vergleichbar. Während Beethovens Freudenmelodie auf der Terz beginnt und einen Bogen zur Tonika schlägt, dann im Nachsatz einen weiteren kleineren Bogen zur Terz und zurück anschließt, also im Quintrahmen bleibt, beginnt das Brahmssche Finalthema mit einem Quartaufsprung zur Tonika, der anschließend schrittweise ausgefüllt wird. Der Nachsatz erweitert den Tonraum bis zu deren Terz und füllt auch den bogenförmig aus, die Melodie reicht also von der Unterquart der Tonart bis zu ihrer Terz. Bei Licht besehen, fällt daher die These von der Vergleichbarkeit der Themen in sich zusammen, die behauptete Ähnlichkeit beschränkt sich dann auf so allgemeine und wenig konkrete Kategorien wie die liedhafte Sanglichkeit. Als folgenreich erwies sich Bülows unbedachtes Bonmot, das wie viele seiner durchaus geistreichen Aperçus mehr um der Pointe willen als wegen der darin enthaltenen Aussage gesprochen war, im Sinne der These von den „drei großen Bs" der Musikgeschichte, Bach, Beethoven und Brahms, im Hinblick auf den Anspruch der Neudeutschen Schule, der Schritt Beethovens von der reinen Instrumentalmusik zur wortgebundenen im Finale seiner 9. Symphonie liege in der Konsequenz der Gattungsentwicklung und müsse notwendigerweise in

[20] M. Kalbeck: J. Brahms. Bd. 3, S. 109 Anmerkung.

Wagners Konzeption des Gesamtkunstwerks münden. Aber auch insoweit wird Bülows Ausspruch Brahms' musikgeschichtlicher Stellung und der seiner 1. Symphonie, insbesondere seiner Bewußtheit der Problematik der nach-Beethovenschen Symphonie, in beinahe keiner Weise gerecht. Aber er eröffnete einen neuen Kriegsschauplatz, und daß dies der Apostat Bülow - ohne Brahms' Beteiligung - tat, verschärfte die Situation zusätzlich.

Brahms blieb über die mit Henschel vereinbarte Zeit hinaus und nach dessen Abreise allein bis in den August hinein auf Rügen und fuhr dann noch für fast einen Monat nach Hamburg, um finanzielle Verhältnisse seiner Familie zu ordnen und „spazieren zu gehen, bis ich genug habe, um nicht so unnütz für die Heimat zu schwärmen ... Hamburg ist eine gar schöne Stadt, und wenn Sie hier recht viel spazieren laufen und fahren, so werden sie begreifen, was ich in Wien vermisse." Diese Sätze finden sich in einem Kondolenzbrief zum Tode ihres Vaters an die Wiener Freundin Ottilie Ebner[21] und sind nicht nur ein besonders schönes Heimatbekenntnis, sondern lassen auch erkennen, warum dieser Besuch in Hamburg so lange dauerte, denn die Regelung von Familienangelegenheiten kann ja so lange nicht gebraucht haben, zumal es mit den Geschwistern nur noch wenige Berührungspunkte gab. „Spazierengehen" war für ihn bekanntlich ein Synonym für „in Gedanken komponieren". Hier dürfte es sich vornehmlich darum gehandelt haben, die Symphonie, an der er so lange gearbeitet hatte, noch einmal insgesamt zu überdenken, bevor er sie aus den Händen gab. Diesmal streifte er aber durch seine Vaterstadt, die er so liebte, um sich selbst dessen zu vergewissern, wie wenig ihn noch mit ihr verband, um nicht in Wien „so unnütz für die Heimat zu schwärmen"; es war wohl ein innerer Abnabelungsprozeß.

Mitte September 1876 ließ sich Brahms im Hinblick auf die geplanten Aufführungen der 1. Symphonie in Karlsruhe und Mannheim wieder in Baden-Baden nieder. Noch mußten ja die sämtlichen Orchesterstimmen handschriftlich kopiert und Stück für Stück kontrolliert werden, bevor man an die Probenarbeit gehen konnte, es gab also noch viel zu tun. Clara Schumann kam nach Aufgabe ihres Hauses zu Besuch, und er spielte ihr zunächst am Klavier den ersten Satz und das Finale vor, vielleicht weil die übrigen Sätze zur Kopiatur in Karlsruhe waren. Erst vierzehn Tage später bekam sie auch die zu hören. Merkwürdig zwiespältig war dagegen ihre Reaktion im Tagebuch. Nach dem Anhören lediglich der Außensätze notierte sie: die Symphonie „hat mich enorm interessiert

21 Ottilie v. Balassa. Die Brahmsfreundin Ottilie Ebner und ihr Kreis. Wien 1932, S. 88.

- ich warte noch auf die zwei andern Sätze, um mir ein Urtheil festzustellen. Großartig sind die zwei (...), schwungvoll, geistreich, durch und durch; nur wollen mir die Melodien nicht reich genug erscheinen, doch ich muß eben das Ganze hören!"[22] Nachdem sie dann das vollständige Werk, freilich nur am Klavier, gehört hatte, schien sich der negative erste Eindruck sogar noch zu verfestigen: „ich kann nicht verhehlen, daß ich betrübt, niedergeschlagen war, denn sie will mir anderen seiner Sachen als F-moll-Quintett, Clavierquartetten nicht gleichbedeutend erscheinen. Es fehlt mir der Melodien-Schwung, so geistreich auch sonst die Arbeit ist. Ich kämpfte viel, ob ich ihm das sagen sollte, aber ich muß sie doch erst mal vollständig vom Orchester hören."[23] Auffällig ist, daß ihr Vergleichsmaßstab die Werke op. 18/36, op. 25/26 und 34 waren, kein Wort von den Streichquartetten. Sollte sie kopfscheu geworden sein durch die seither vollzogene stilistische Entwicklung? War ihr fremd, daß die Themenbildung der zyklischen Idee zunehmend untergeordnet wurde?

Erst die konzertante Aufführung im Januar 1877 im Leipziger Gewandhaus änderte ihren Gesamteindruck, ohne daß ihre Bedenken im Einzelnen damit zerstreut gewesen wären: „die Symphonie wunderbar großartig, ganz überwältigend! besonders der letzte Satz mit seiner genialen Introduction packte mich ganz merkwürdig, die Introduction so düster, wahrhaft erschütternd klärt sich dann so nach und nach bis zu dem sonnigen Motiv des letzten Satzes, bei dem sich das Herz einem förmlich erweitert, wie Frühlingsluft nach langen trüben Tagen erquickt. Im ersten Satz finde ich das Motiv nicht reich genug - es fehlt ihm nach meinem Gefühl an Schwung. Über das Adagio würde ich mir noch kein Urtheil zutrauen, ehe ich es nicht noch einige Male gehört. Der dritte Satz ist ein kleines Bijou, zart und anmuthig bis auf eine Stelle in der Mitte, die mir trocken erscheint. Im Ganzen ist das Werk aber ein Großes und man kann nicht dankbar genug für solch eine neue Schöpfung sein. Ganz außerordentlich zeigte sich Brahms auch wieder als Dirigent, es war ganz begeisternd, wie er das Orchester anfeuerte, es mit sich fortriß wie in einen Strudel, dann wieder mit sicherer Hand auf den klaren Spiegel des Stromes brachte - eine Kunstleistung seltenster Art ... Das Leipziger Publikum, verhielt sich, wie stets bei Neuem Bedeutendem, pietätvoll - Enthusiasmus kam nur von Einzelnen."[24]

Die Uraufführung in Karlsruhe hatte der Routinier und Orchesterer-

[22] B. Litzmann: Clara Schumann. Bd. 3, S. 339.
[23] B. Litzmann: Clara Schumann. Bd. 3, S. 340.
[24] B. Litzmann: Clara Schumann. Bd. 3, S. 347.

zieher Dessoff geleitet, bei den weiteren Aufführungen übernahm Brahms dann selbst die Stabführung. Wie schwer sich die Orchester mit dem so ungewohnten Stück zunächst taten, erhellt die Tatsache, daß er Franz Wüllner für die geplante Münchener Aufführung warnend darauf hinwies, es seien „drei Proben sehr nötig, hier haben wir eine 4te eingeschaltet.“[25] Viele Brahms-Freunde waren zu dem Ereignis der Uraufführung seiner ersten Symphonie angereist, auch der Verleger Simrock, dem es verständlicherweise darum ging, daß Brahms das neue Werk nicht etwa seiner Konkurrenz C.F. Peters überließ. Brahms wußte das sicher auch und frozzelte ihn daher brieflich an: „Schade, daß Sie nicht Musikdirektor sind, sonst könnten Sie eine Symphonie haben. Am 4. ist sie in Karlsruhe. Ich erwarte von Ihnen und anderen befreundeten Verlegern ein Ehrengeschenk, daß ich Sie nicht mit solchen Sachen behellige.“[26]

Nach den ersten öffentlichen Aufführungen in relativ kleinen Städten, mit denen er die Klangwirkung des neuen Werkes zunächst einmal ausprobieren wollte, ging es dann in die größeren Städte: am 9. November traf er in München ein und logierte wieder bei Hermann Levi, was keineswegs mehr so selbstverständlich war, denn die zunehmende Neigung des Dirigenten, Werke Wagners zu dirigieren, die ja nun einmal für jeden bedeutenden Orchesterleiter, speziell Operndirigenten eine Herausforderung waren, beantwortete Brahms trotz seiner persönlichen Toleranz gegenüber Wagner merkwürdigerweise mit einem Absolutheitsanspruch, der eigentlich nicht zu ihm paßte. Du sollst keine anderen Götter haben neben mir. Das mußte zur Entfremdung der beiden Freunde führen, zumal Levi sein Engagement für Wagner durchaus nicht für unvereinbar hielt mit seinem ebenso offenen und ehrlichen für Brahms. Man überbrückte den abzusehenden Bruch für dieses Mal notdürftig, indem man das Thema tabuisierte, statt offen darüber zu reden und das Verständnis füreinander zu fördern.

Noch in Baden-Baden hatte Brahms den Ruf erhalten, als Städtischer Musikdirektor nach Düsseldorf zu kommen, auf die Stelle also, die Robert Schumann einst innegehabt hatte; insoweit war die allgemeine Meinung, ihn musikhistorisch als dessen Nachfolger zu sehen, weiter verbreitet und gefestigt worden. Aber nach der im großen Ganzen recht erfolgreichen Leitung der Gesellschaftskonzerte in Wien und den mittlerweile ausgedehnten Gastdirigaten, man denke nur an die Holland-Tournee, war auch sein Ruf als Orchesterleiter gefestigt; große Erfahrung im

25 Briefwechsel Bd. 15, S. 70f.
26 Briefwechsel Bd. 10, S. 15.

Umgang mit verschiedensten Orchestern konnte man ihm schlechterdings nicht mehr absprechen, und im niederrheinischen Düsseldorf wußte man immer schon genau, was sich im benachbarten Holland kulturell tat. Die Betrauung mit einer solchen Stelle stand daher jetzt auf einer ganz anderen Basis als zu der Zeit, in der er nur zu gerne Leiter der Philharmonischen Konzerte in Hamburg geworden wäre, aber eben noch nicht über diesen Hintergrund verfügte. Andererseits ist nicht zu übersehen, daß seine Einstellung zu einem derartigen Amt sich grundlegend verändert hatte. Zumindest seit er selbst mit Orchesterwerken hervorgetreten war, wurde er zunehmend zu einem gesuchten Gastdirigenten und konnte seinen Lebensunterhalt aus den Gastdirigaten gut bestreiten, ohne mit der ganzen organisatorischen Arbeit, die mit einer festen Anstellung verbunden war, noch belastet zu werden. Über den Zeitpunkt, zu dem er eine feste Anstellung zur Begründung eines eigenen Hausstandes angestrebt hatte, war der Mittvierziger ebenfalls hinausgewachsen. Die mit einem solchen Amt verbundene Erfahrung konnte ihn auch nicht mehr reizen, die hatte er in Wien in einem Spannungsfeld gemacht, das Düsseldorf nie hatte. Aber er hatte eben zu lange auf eine derartige Anstellung gehofft, als daß er sie jetzt schlankweg ausgeschlagen hätte.

Noch bevor er in der Hektik der Vorbereitungen zur Uraufführung seiner ersten Symphonie über das Düsseldorfer Angebot hatte nachdenken können, benutzte er es bereits zur psychologischen Kriegsführung, auch die Handhabung solcher Taktik hatte er inzwischen gelernt. Selbstverständlich wollte man auch in Wien die Novität der Symphonie herausbringen, und am meisten mußte Herbeck daran gelegen sein, das neue Werk des neuen Ehrenmitglieds der Gesellschaft der Musikfreunde in seinem Saisonprogramm zu haben. Brahms verknüpfte die Ankündigung geschickt mit dem Düsseldorfer Angebot, indem er so tat, als sei er unentschlossen, es anzunehmen und richtete diese vertrauliche Mitteilung an den geeignetsten Multiplikator. Hätte er sie etwa an Hanslick gegeben, hätte es unweigerlich so ausgesehen, als habe er sie in die Presse lancieren wollen. So aber schrieb er an Billroth, er sei „zum Entschluß gekommen, mit einer Sinfonie herauszurücken. Ich meine, ich müßte den Wienern doch zum Abschied was Ordentliches aufspielen. Herbeck bat mich darum (ich habe keine Ahnung, woher ihm eine kam). Da nun eine Sinfonie von mir etwas Rares ist, so wird bereits weidlich darum telegraphiert und geschrieben."[27]

In München waren allerhand Rücksichten zu nehmen, die einem Eiertanz recht nahekamen: Franz Wüllner und Hermann Levi leiteten die

27 O. Gottlieb-Billroth: Billroth und Brahms im Briefwechsel. S. 223.

Odeonskonzerte im Wechsel, Wüllner hatte wohl als erster bei Brahms angefragt, ihn auch eingeladen, bei ihm zu wohnen, das aber hatte er früher stets bei Levi getan. Um allen Schwierigkeiten aus dem Wege zu gehen, hatte er schon bei Julius Allgeyer nachgefragt, kehrte dann aber doch zu der alten Gewohnheit zurück und logierte bei Levi. Er tat sich sogar einiges darauf zugute, Levi und Wüllner wieder „schönstens zusammengebracht"[28] zu haben. Hermann Levi seinerseits berichtete Frau Schumann geradezu euphorisch über das Zusammensein mit Brahms: „Es ist Alles wie früher, nur noch viel schöner. Mit Rührung und Dankbarkeit denke ich seines Verhaltens zu mir. Es wurde gar nichts zwischen uns ausgesprochen."[29] Da war aber doch bei allen Beteiligten einiges an Selbsttäuschung im Spiel, man hatte das heiße Thema geflissentlich gemieden und sich der Illusion hingegeben, daß die gegenseitige Entfremdung nur vorübergehend oder eingebildet gewesen sei. In Wirklichkeit war aber nichts geklärt und die Entfremdung lief auf einen dauernden Bruch hinaus, an dem leider Brahms die Hauptschuld traf, denn die Meinung des Operndirigenten Levi, Wagner habe als Musikdramatiker im wörtlichen Sinne unerhörte Dinge komponiert, die ihn einfach faszinierten, ist eben inhaltlich und musikhistorisch nicht zu bestreiten.

Zwei Tage nach der Erstaufführung der Symphonie in München war Brahms wieder in Wien, wo Hellmesberger eine Art Brahms-Zyklus veranstaltete, indem er am 30. November des B-Dur-Streichquartett op. 67 als Wiener Erstaufführung herausbrachte, am 14. Dezember mit Brahms am Klavier das in Wien noch nie erklungene H-Dur-Trio aufführte und ihn dann auch noch einlud, den Klavierpart in seinem Quartett g-Moll zu spielen: drei Hauptwerke von Brahms in drei aufeinanderfolgenden Konzerten ein und desselben Veranstalters, das zeigt zur Genüge, wie sehr die Stimmung auf dem freien Markt des Wiener Musiklebens umgeschlagen war. Billroth hatte übrigens erreicht, daß alle Proben dazu in seinem Musiksaal stattfanden. Von seiner Ankunft an war er also wieder in einem Maße im Wiener Musikleben präsent, wie man es keinem anderen zeitgenössischen Komponisten zugestanden hätte.

Um die Wiener Erstaufführung der Symphonie hatte ihn Johann Herbeck für die Gesellschaftskonzerte gebeten. Die Philharmoniker wären ihm selbstredend lieber gewesen. Aber er hatte ja keinen Zweifel daran gelassen, daß er Herbecks wegen die Leitung dieser Konzerte aufgegeben hatte. Umso weniger konnte er daher jetzt dessen Geste zurückwei-

[28] Briefwechsel Bd. 16, S. 151.

[29] B. Litzmann: Clara Schumann. Bd. 3, S. 342.

sen, zumal ihn die Gesellschaft zu ihrem Ehrenmitglied gemacht hatte. Brahms hatte als besondere Freundschaftsgeste die handschriftliche Partitur Theodor Billroth überlassen: „Du wirst nebenbei sehen, daß man darauf nicht einladen kann."[30] Billroth hatte nämlich den ganzen Brahms-Kreis für nach dem Konzert zu einem Essen eingeladen, dessen Zweck, Werk und Urheber zu feiern, Brahms nach dem Münchener Debakel mit gemischten Gefühlen entgegensah. Billroth bedankte sich für das ungewöhnliche Entgegenkommen mit einem Brief, der von den musikalischen Fähigkeiten und dem freundschaftlichen Einfühlungsvermögen des großen Arztes ein so beredtes Zeugnis ablegt, daß er hier vollständig wiedergegeben sei:

> Verzeih, daß ich Dir erst heute Deine Partitur zurückschicke! Doch ich konnte mich schwer davon trennen! Nach und nach brachte ich doch mehr daraus zusammen, als ich selbst gehofft hatte, und wenn die verdammten Klarinetten und Hörner nicht so eine eigensinnige Art, die geschriebenen Noten aufzufassen, hätten, so wäre es noch leichter gegangen. Den letzten Satz habe ich am vollkommensten bewältigt; er erscheint mir von herrlichster, großartigster Vollendung und hat mich oft an die architektonische Behandlung des Triumphliedes erinnert; das Hauptmotiv erscheint wie ein weihevoller Hymnus, erhaben über allem wie verklärt liegend; wie die einzelnen Teile im großen und kleinen gruppiert sind, sich immer höher hinaufwölbend, und doch alles so klar und sicher dasteht und sich so natürlich aus sich selbst gestaltet, als wenn es von selbst so gewachsen wäre - das ist unvergleichlich schön. Doch wenn der letzte Satz auch für sich schon eine Perle der Kunst ist, so wirkt er noch ganz besonders als Abschluß des ganzen Kunstwerks großartig. Von dem ersten Satz habe ich nur einen mehr allgemeinen elementaren Eindruck gewinnen können, wenngleich mir der äußerliche Zusammenhang weit klarer geworden ist als beim ersten Hören; über die Schönheit der beiden Mittelsätze kann kein Zweifel sein. Daß der ganzen Symphonie ein ähnlicher Stimmungsgang zugrunde liegt wie der Neunten von Beethoven, ist mir beim Studium immer mehr aufgefallen, doch tritt gerade Deine künstlerische Individualität in diesem Werke besonders rein hervor. Es ist sonderbar, die abgebrauchten Ausdrücke „real" und „ideal" von Musik zu brauchen, und doch weiß ich Dir kein anderes Epitheton beizulegen als die Idealität Deiner Inventionen und ihrer künstlerischen Entwicklung. Nicht minder sonderbar mag es Dir erscheinen, wenn ich sage: Ich fürchte mich fast vor dem ersten Hören, denn in meiner Phantasie hat sich bereits ein so festes Tonbild von dem Ganzen festgesetzt, welches schwer erreicht werden wird. Ich wollte, ich könnte die Symphonie ganz allein hören, im Dunkeln, und fange an, König Ludwigs Sonderbarkeiten zu verstehen. Alle die dummen, alltäglichen Menschen, von denen man im Konzertsaal umgeben ist und von denen im günstigsten Falle 50 Sinn und künstlerische Empfindung genug haben, um ein solches Werk in seinem Kern beim ersten Hören zu erfassen - von Verstehen gar nicht zu reden -, das alles verstimmt mich schon im voraus; ich hoffe jedoch, daß die musikalische Masse hier genügend musikalischen Instinkt hat, um zu begreifen, daß da oben auf dem Orchester etwas Großartiges vorgeht. Auf die Introduktionen des ersten

30 O. Gottlieb-Billroth: Billroth und Brahms im Briefwechsel. S. 224.

und letzten Satzes würde ich das größte Gewicht bei den Proben legen; so klar sie sind, wenn man die darauffolgenden Sätze kennt, so sind sie doch am schwersten von allen Teilen des Werkes zu erfassen; es darf da kein Zweifel in Ton und Rhythmus sein …

Ich kann nur sagen: Der Herr erleuchte die Herde, welche am nächsten Sonntag sich in dem Musikvereinssaal versammelt.[31]

Eduard Hanslick, der krank war und noch nicht wußte, ob er der Aufführung überhaupt würde beiwohnen können, erhielt von Billroth, der seinem wirklichen Verständnis für Brahms' Werk nicht ganz zu Unrecht mißtraute, schon eine ausführliche Würdigung der Probe: „Obgleich es in dem großen leeren Saale furchtbar hallte, war doch die Wirkung der Symphonie eine großartige. Von irgendeiner Unklarheit über die Form kann wohl bei aller Kühnheit der Gestaltung nicht die Rede sein, auch nicht beim ersten Satz, der wie ein gewaltiger Sturmwind daherbraust. Mir sind die Motive des ersten Satzes trotz aller Energie und Leidenschaft nicht sympathisch; sie sind rythmisch sehr langatmig und harmonisch von allzu herbem Trotz, wenn auch wieder von aufregendster Sehnsucht; es ist eine Art Faustouvertüre. Der ganze erste Satz ist mehr eine Einleitung zum Ganzen. Der zweite Satz E-Dur, den ich Dir vorspielte, wird von diesem Orchester nicht fein genug gespielt, als daß der Hörer zu der klaren himmelblauen Schönheit käme, welcher diese Inventionen entsprossen sind. Der dritte Satz ist einfach, anmutig und netto schön. Der letzte Satz **überwältigend**. Bei dem Hornsolo zittern alle Herzen mit den Geigen um die Wette."[32]

Auffällig ist jedenfalls, daß gerade die beiden engsten musikalischen Vertrauten, Frau Schumann und Theodor Billroth, gleichermaßen Schwierigkeiten mit dem Kopfsatz der Symphonie hatten, und es wird verständlich, daß Musiker wie Hörer, die ihm nicht so nahestanden, noch größere Schwierigkeiten mit der Rezeption des Werkes haben mußten. Das spiegelte sich selbstverständlich in der Presse wider, und selbst was Hanslick betraf, zeigten sich Billroths Bedenken als durchaus gerechtfertigt. Entgegen allem, was zu dieser Frage geschrieben wurde, einschließlich der Karikatur, die Brahms als Akademiker auf hohem Denkmalssockel darstellte, zu seinen Füßen Hanslick, ein Weihrauchfaß schwenkend, hat sich Hanslick bei aller Freundschaft niemals blind zum bloßen Lobredner gemacht, was andererseits die Frage aufwirft, wie weit er ihn überhaupt wirklich verstanden hat, oder ob nicht gar Hanslick eigene ästhetische Theoreme in Brahms hineinprojiziert und sie damit zu Vor-Urteilen gemacht hat, von denen Brahms sehr wohl wußte, wie weit

[31] O. Gottlieb-Billroth: Billroth und Brahms im Briefwechsel. S. 225f.
[32] O. Gottlieb-Billroth: Billroth und Brahms im Briefwechsel. S. 228.

sie am Kern der Dinge vorbeigingen. Aber selbst da hat er seinen eisernen Vorsatz, sich nach der verunglückten Presseerklärung gegen den Absolutheitsanspruch der Neudeutschen Schule nie wieder öffentlich zu Fragen der Musikpolitik zu äußern, bis zuletzt konsequent durchgehalten, obwohl Hanslick ja nicht der Einzige war, der ihn für seine Parteipolitik requirierte; Kalbeck hat das mindestens in gleicher Weise getan, und leider ist vieles davon in seine Monumentalbiographie durchgeschlagen.

Man blieb nach der von Brahms selbst dirigierten Wiener Erstaufführung seiner ersten Symphonie, die auch hier wieder, seinem Wunsche entsprechend, nicht am Ende des Konzertprogramms stand, nicht bis zum Schluß, schenkte sich die noch folgende Haydn-Symphonie und traf sich stattdessen bereits zum Essen bei Billroth. In diesem Zusammenhang taucht zum ersten Male im Brahms-Umfeld der Name Carl Goldmarks auf, der im Vorjahr mit seiner Oper „Die Königin von Saba" einen sensationellen und lang anhaltenden Erfolg erzielt hatte. Die Oper wurde so populär daß der Wiener on dit ihm andichtete, er stelle sich nur noch als „Komponist der ‚Königin von Saba'" vor und habe sich dabei Antworten eingehandelt wie „und ich bin die Vorleserin der Fürstin X" oder die Frage, ob das eine sehr anstrengende Tätigkeit sei. Aber nicht deswegen ist Carl Goldmark in diesem Zusammenhang interessant, sondern weil er in der folgenden Saison das erfolgreichste symphonische Werk dieser Jahrzehnte herausbrachte, das die Brahms-Symphonien mit seinen hohen Aufführungszahlen weit in den Schatten stellte, seine Symphonie „Ländliche Hochzeit" op. 26. Das führt uns zu einem Problem, das in der Musikliteratur der achtziger Jahre heftig diskutiert wurde, die These von Carl Dahlhaus, in der Geschichte der Gattung klaffe eine Lücke zwischen der letzten Symphonie Robert Schumanns, der sogenannten „Rheinischen" (1850) und dem sogenannten „2. Zeitalter der Symphonie" mit Brahms, Bruckner, Dvořák und Čaikovskij.

Über die Grundfakten besteht weitgehendes Einverständnis. Carl Dahlhaus hat sie in seiner „Musik des 19. Jahrhunderts"[33] unter der Überschrift „Das zweite Zeitalter der Symphonie" so beschrieben:

> Die Symphonie ... geriet um die Mitte des 19. Jahrhunderts in eine Krise, als deren sichtbares Zeichen die Tatsache erscheint, daß nach Schumanns „Dritter Symphonie" (1850), die chronologisch seine letzte ist, fast zwei Jahrzehnte lang kein Werk von Rang geschrieben wurde, das die absolute, nicht durch ein Programm bestimmte Musik repräsentiert .... Um so auffälliger - und für Historiker, die in der Geschichte einer Gattung nach ungebrochener Kontinuität suchen, ge-

33 Neues Handbuch der Musikwissenschaft. Hrsg. v. C. Dahlhaus. Bd. 6. Wiesbaden 1980, S. 220.

radezu irritierend - ist die Tatsache, daß in den 70er und 80er Jahren mit den Werken von Bruckner und Brahms, Čaikovskij und Borodin, Dvořák und Franck die Symphonie in ein „zweites Zeitalter" eintrat, dessen Hinterlassenschaft heute, ein Jahrhundert später, immer noch einen großen Teil des Konzertrepertoires beherrscht.

Nun ist unbestreitbar, daß in den siebziger und achtziger Jahren des vorigen Jahrhunderts gerade die Werke entstanden sind, die neben den Symphonien Beethovens am stärksten die allgemeine Vorstellung von der Gattung prägen, unpräzise aber mutet der Sprung vom Typus der Beethoven-Symphonie auf den Brahms' Bruckners und anderer an, zumal die Stellung Schumanns dabei offen gelassen ist. Wenn die Zäsur der Gattungsgeschichte tatsächlich erst nach den vier Schumann-Symphonien läge und die Gestaltbarkeit von Werken der Gattung erst danach problematisiert worden wäre, implizierte eine derartige Darstellung zumindest, daß diese noch dem Beethoven-Typus zuzurechnen seien. Die gestalterische Problematik der nach-Beethovenschen Symphonie wäre demgemäß erst nach den Schumann-Symphonien in der Weise manifest geworden, daß die Suche nach ihrer Lösung zunächst auf längere Zeit die Gestaltung größerer zyklischer Formen fast unmöglich gemacht habe. Schumann selbst wäre von dieser Problematik demnach unberührt geblieben. Das Bewußtsein gestalterischer Probleme kann in der Tat die künstlerische Produktivität hemmen.

Die Frage ist mit rein historischer Argumentation nicht lösbar. Bevor jedoch stilanalytische und ästhetische Erörterungen, insbesondere zur Stellung Robert Schumanns, welche den Sachverhalt gewiß noch komplexer machen, mit herangezogen werden, ist zunächst doch genauer zu fragen, ob die Darstellung der historischen Fakten mit der Realität übereinstimmt, sowohl was die Abgrenzung des Beethoven'schen Typus der Symphonie nach seinem Ableben angeht, als auch was die Zäsur in der Gattungsgeschichte und vor allem die Diagnose der Erscheinung des sogenannten „zweiten Zeitalters" der Symphonie angeht. - Problematisch ist für eine Gattungsgeschichte ferner die Gleichsetzung der Symphonien, die heute das Repertoire bestimmen, mit den „Werken von Rang", solange bei der gewissen Zufälligkeit solcher Repertoirebildung nicht untersucht wurde, ob sich unter den gar nicht behandelten oder durch Novitäten vom Markt verdrängten Stücken nicht auch solche von ästhetischem Rang befinden, deren Gewinnung oder gar Rückgewinnung für das Repertoire ein ebenso lohnendes wie historisch notwendiges Unternehmen wäre.

Historiographisch fragwürdig ist überdies die Fixierung auf die Entstehungsdaten der Werke: so richtig es ist, daß Bruckner Mitte der sechziger Jahre die erste mit einer Zählung versehene, mithin als vollgültig angesehene Symphonie schrieb, die sogar 1868 aufgeführt wurde, sie blieb aber auf den Ort der Uraufführung, Linz, beschränkt und wurde erst in der Wiener Fassung von 1890/91 zwei Jahre später gedruckt; die dritte war die früheste Symphonie Bruckners, die überhaupt gedruckt wurde, und das erst 1880. Mit halbwegs nennenswerten Aufführungszahlen drangen Symphonien Bruckners, beginnend mit der siebten, erst Mitte der neunziger Jahre in den Konzertsaal. Durch Publikation allgemein zugänglich wurden sie - und das zumeist in den durch Schalk und andere bearbeiteten Versionen - erst ab 1889/90, was heißt, daß die Wirkungsgeschichte von Bruckners symphonischem Werk erst einsetzte, als das sogenannte zweite Zeitalter der Gattung bereits als abgeschlossen gelten muß.

Setzt man den Sprung in der Gattungsgeschichte der Symphonie zwischen der „Rheinischen" von Schumann und den ersten symphonischen Werken von Brahms und Bruckner an, so erscheint der Bruch größer, als er tatsächlich war. Auch Carl Dahlhaus schränkte ja ausdrücklich ein auf Werke von ästhetischem Rang. In Wirklichkeit aber bestimmten Kompositionen von Leitern stehender Orchester, zumeist also von Hofkapellen, in viel stärkerem Maße das Musikleben, als die Musikgeschichtsschreibung des 19. Jahrhunderts bislang überhaupt zur Kenntnis genommen und verarbeitet hat, mehr als hundert Symphonien konnten für die angeblich symphonielose Zeit nachgewiesen werden. Im Musikalischen Wochenblatt kann man den Weg solcher Werke durch die Hofkapellen ziemlich genau verfolgen. Die vier Symphonien von August Klughardt mögen dafür stehen oder - von der bürgerlich großstädtischen Musikpflege ausgehend - die drei Symphonien Carl Reineckes und die vier von Ferdinand Hiller; Hermann Zumpe ist darunter ebenso vetreten wie Franz Lachner, dessen acht Symphonien sämtlich zwischen Beethovens und Schumanns Tod geschrieben wurden.

Wenn wirklich, wie es die Theorie fordert, eine zeitgemäße Musikgeschichtsschreibung nicht vom komponierten Werk, sondern vom Musikleben auszugehen hat, als dessen Bestandteil auch das gestaltete Werk der zeitgenössischen Komponisten zu behandeln sei, dann kommt man nicht an der belegbaren Tatsache vorbei, daß das Musikleben im letzten Drittel des vorigen Jahrhunderts, also eben jenem zweiten Zeitalter der Symphonie, in Wirklichkeit von ganz anderen Werken beherrscht wurde als heute dafür stehen. Das Musikleben dieser Zeit war eben keineswegs geprägt von den Symphonien Bruckners, Dvořáks oder Čaikovskijs; selbst die 1., 3. und 4. Symphonie von Brahms - obwohl sofort gedruckt und als einzige allgemein verfügbar und mit nennenswerten Aufführrungszahlen nachweisbar - spielen nicht die entscheidende Rolle, sondern eine Gruppe von Werken, die mit Anton Rubinsteins „Ozean"-Symphonie C-Dur op. 42, seiner zweiten, in der sechssätzigen Fassung von 1863 einsetzt. Rubinstein legte das Werk 1880 in einer dritten Fassung vor, die erneut die Aufführungszahlen hochschnellen ließ.

Zu den Werken, die das Erscheinungsbild der Gattung im Musikleben der Zeit repräsentierten und die Vorstellung des Publikums von der Gattung prägten, gehörte neben Rubinsteins „Ozean"-Symphonie Joachim Raffs 1869 uraufgeführte 3. Symphonie F-Dur op. 163 mit dem Titel „Im Walde". Zwei weitere Erfolgsstücke erlebten 1876 ihre Uraufführung: Raffs 8. Symphonie op. 205, „Frühlingsklänge" und das vielleicht meist aufgeführte symphonische Werk der Zeit, eben Carl Goldmarks „Ländliche Hochzeit" op. 26. - An reinen Orchesterwerken spielten darüber hinaus im Musikleben eine wesentliche Rolle nur noch die 3. Streicherserenade von Robert Volkmann (1870) und Alexander Borodins „Steppenskizzen aus Mittelasien" (1880). Sämtliche Werke sind heute so völlig vergessen wie die Chor-Orchesterwerke, die das bürgerliche Musikleben der Zeit in besonderer Weise charakterisieren, Edvard Griegs „Landkennung" (1872/1909), Max Bruchs „Odysseus" op. 41 (1872) oder Albert Beckers „Selig aus Gnade" (1890).

Es fällt auf, daß alle genannten symphonischen Werke, obwohl der Programm-Musik durchaus fernstehend, charakterisierende Überschriften haben, die zwar nicht auf ein Programm hindeuten, aber auf naturhaft lyrisierende Stimmungsbilder; dies betrifft auch die beiden nicht im eigentlichen Sinne symphonischen Orchesterwerke, Borodins „Steppenskizzen" und die 3. Volkmann-Serenade mit ihrem stark folkloristischen ungarischen Kolorit. Der Zug zur Idylle ist bei allen Stücken, besonders bei Goldmarks „Ländlicher Hochzeit", ganz eindeutig und ist am ehesten wohl der Genre-Malerei vergleichbar. Damit stehen sie sämtlich in klarem Widerspruch zu der heute gängigen Vorstellung von der gattungsspezifischen Ästhetik, nach welcher die Symphonie „zu dem Ausdruck des Großen, Feyerlichen und Erhabenen vorzüglich geschickt" sei, wie schon Johann Abraham Peter Schulz in Sulzers „Allgemeiner Theorie der schönen Künste"[34] definiert hatte, wo auch von der „Würde der Symphonie" die Rede ist.

Wenn aber gerade solche Werke besonders publikumswirksam waren und entsprechend häufig aufgeführt wurden, muß man einräumen, daß die zeitgenössische Vorstellung über den Charakter der Gattung klar in die Gegenrichtung dessen ging, was heute die Ideologie der Symphonie

34 Artikel „Symphonie". Bd. 4, S. 478; Leipzig [2]1794, ND Hildesheim 1967.

ausmacht. Da hat mithin ein grundlegender Geschmackswandel Platz gegriffen, der einerseits erklären mag, warum die seinerzeit als gattungstypisch verstandenen Stücke so vollständig aus diesem Repertoire verdrängt wurden, andererseits aber auch ein Hinweis darauf sein könnte, wieso die Zeit die 3. Symphonie von Brahms mit ihrem so gar nicht apotheotischen, still verklingenden Schluß, der zudem das Mottomotiv des Kopfsatzes ist, als seine „Eroica" mißverstehen konnte, denn allein die Numerierung wie bei Beethovens 3. Symphonie kann doch schwerlich zu einer derartigen Charakterisierung Anlaß gegeben haben.

Brahms' 1. Symphonie trat also in Konkurrenz zu ganz anderen Werken, als wir uns heute vorstellen und das mag zumindest teilweise erklären, warum Orchester und Publikum sich anfangs so schwer mit ihr taten. Seine bereits im Zusammenhang mit der komplizierten Entstehungsgeschichte seines 1. Klavierkonzerts gebildete Überzeugung, die moderne Symphonie müsse „ganz anders aussehen" als der Prägnanz-Typus Beethovens, war ja nicht nur eine Absage an einen die Musikgeschichte des 19. Jahrhunderts dominierenden Formtypus, sondern zugleich an dessen Ideologisierung, wie sie die Neudeutsche Schule, in diesem Falle Wagner selbst, betrieb. Man nahm Beethovens Texteinfügung im Finale seiner 9. Symphonie nach dem Zitat der drei voraufgegangenen rein instrumentalen Sätze, „O Freunde, nicht diese Töne, sondern laßt uns angenehmere und freudenvollere anstimmen" wörtlich und übertrug sie auf den Typus seiner mittleren Instrumentalwerke. Abgelöst von den anderen Experimenten des späten Beethoven mit der Gestaltung großer Formen, ließ sich dies interpretieren als eine Überwindung des bisherigen Typus. Das Problem der Symphonik nach Beethoven gewann - weil verengt von der Form auf die mit ihr verbundene Gattung - eine Schein-Legitimation zur Überschreitung der Gattungsgrenzen, weil diese von Beethoven selbst vorgenommen worden sei.

Das Jahr 1877 begann, wie das voraufgehende geendet hatte, mit weiteren Initiativen zur Durchsetzung der 1. Symphonie. Leipzig war dafür sicher nach Wien die wichtigste Schlüsselstellung, was nicht nur ihm bewußt war, und so kam zu der Aufführung im Gewandhaus am 18. Januar 1877, die er selbst dirigierte, dazu noch die Haydn-Variationen, mit denen er seinerzeit das schwierige Leipziger Publikum für sich eingenommen hatte, der gesamte Brahms-Kreis angereist, Clara Schumann, der künftige Verleger des Werks, Fritz Simrock, Theodor Wilhelm Engelmann aus Utrecht, der Vorkämpfer für die Ausbreitung des Brahmsschen Werkes in den Niederlanden, der einer Leipziger Verlegerfamilie entstammte, Jugendfreund „Ise" Grimm, Theodor Kirchner, Joseph Joachim, Julius Stockhausen, Hermann Deiters, die Leipziger Freunde mit Philipp Spitta, dem Ehepaar von Herzogenberg, Frau von Holstein, mit welcher er in den alten Schumann-Kreis überging, Freges, die Schwestern List, Clara Schumanns Schulfreundinnen, als Offizieller des Gewandhaus-Vorstandes war Konsul Dr. Limburger ohnehin zugegen, und man wetteiferte darin, dem Ereignis und dem Besuch des Freundes einen glänzenden gesellschaftlichen Rahmen zu geben. Die Neudeutschen, in den Richard-Wagner-Vereinen straff organisiert und publizistisch omnipotent, hatten also nicht nur zu verkraften, daß ihr Kunstdogma von der „wahren" Beethoven-Nachfolge öffentlich in Zweifel gezogen wurde, sondern auch daß es um Brahms ebenfalls einen Kreis ihm wohlgesonnener Persönlichkeiten des öffentlichen Musiklebens gab. In den Signalen für die musikalische Welt sprach daher Eduard Bernsdorff ganz offen polemisch von einem „wohlorganisierten Brahms-Parteitage", der die Leipziger Erstaufführung der 1. Symphonie und (am 20. Januar) des Klavierquartetts c-Moll mit Brahms am Klavier nun wahrhaftig nicht waren. Aber man hatte den Fehdehandschuh aufgenommen und die öffentlichen Auseinandersetzungen mit durchaus kriegerischer Phraseologie begannen. Sinnigerweise warf man dem Brahms-Kreis genau das vor, was man selbst in so starkem Maße praktizierte. - Am 23. Januar 1877 führte er seine 1. Symphonie in Breslau vor, dann war für ihn die Konzertsaison beendet und er kehrte nach Wien zurück.

Es hieß nun sich zu entscheiden, ob er das Angebot aus Düsseldorf annehmen solle oder nicht. Dort ging es nicht nur um die Nachfolge des seit zwanzig Jahren amtierenden Julius Tausch. Die Preußische Rheinprovinz wurde von Koblenz aus verwaltet. Darunter gab es noch die staatliche Verwaltungsebene der Regierungsbezirke; und eine solche Bezirksregierung mit einem Regierungspräsidenten an der Spitze verwaltete von Düsseldorf aus den preußischen Niederrhein. Naturgemäß hatte ein solcher Regierungspräsident, und sei es überwiegend durch seine Persönlichkeit, eine starke Stellung in der Stadt, in der residierte und nahm kraft seines Amtes Einfluß auf die Kommunalpolitik, der über seine jeweiligen Verwaltungsaufgaben hinausging. Das war zu Robert Schumanns Zeiten nicht anders gewesen, die Schumanns pflegten vertrauten gesellschaftlichen Umgang mit dem Regierungspräsidenten. Nun war die Stadt Düsseldorf nicht nur generös genug gewesen, Schumann in der Zeit seiner Amtsunfähigkeit wegen Krankheit das Gehalt weiterzuzahlen, wozu sie wohl nicht verpflichtet gewesen wäre, sondern Julius Tausch war auch nur als Statthalter eingesetzt worden, ein Zustand, der jetzt schon über zwei Jahrzehnte andauerte. Rein vertragsrechtlich ging es also um die Nachfolge Robert Schumanns, als musikliebende Kreise jetzt darüber nachdachten, dem Musikleben des Verwaltungssitzes der

Bezirksregierung durch Berufung einer bekannten Persönlichkeit mit größerer Ausstrahlung mehr künstlerischen Glanz zu verleihen. Insofern lag also nahe, an Brahms zu denken. Kehrseite der Medaille: wer immer berufen wurde, mußte konsequenterweise Tausch vom Pult verdrängen, der nun, wenn auch glanzlos und ohne Höhepunkte, seit über zwanzig Jahren das öffentliche Düsseldorfer Musikleben repräsentierte und allein wegen dieses Verdienstes über eine treue Anhängerschaft verfügte, die man sich zum Feinde machen mußte, wenn man das städtische Musikleben aktivieren wollte. Das war nun keine Konstellation, die Brahms seiner Herkunft und seinen Voraussetzungen nach förmlich zu begeistern geeignet war.

Der Düsseldorfer Regierungspräsident Bitter hatte aber nicht nur seinen Einfluß auf die innerstädtische Kulturpolitik geltend gemacht, sondern auch bei der preußischen Regierung in Berlin und dort wohl mehr oder weniger die Zusage zur Gründung einer Art von Musikhochschule in Düsseldorf erreicht, die im Falle seiner Zusage Brahms unterstellt werden sollte. Er konnte nicht wissen, daß die Leitung einer derartigen Einrichtung, die ihn noch mehr gebunden hätte als das städtische Musikdirektoren-Amt ohnehin getan hätte, zwar eine erhebliche Aufwertung dieses Amtes bedeutete, aber für Brahms, der sich zeitlebens so wenig mit Unterricht abgegeben hatte, eher auf der Seite der Ablehnungsgründe zu Buche schlug. Clara Schumann, eingedenk ihrer Erfahrungen mit dem Amt des Regierungspräsidenten, strich die positiven Seiten des Amtes heraus und riet eher zu seiner Annahme, obwohl gerade ihre eigenen Verhandlungen zur Übernahme einer Professur an der Musikhochschule Berlin, deren Direktor Joseph Joachim war, an der Honorarfrage der Konzertausfall-Garantie gescheitert waren. Brahms war hin- und hergerissen, das viel zu niedrige Gehalt Tauschs, der auf Einnahmen aus weiteren Chorleitungen und Unterricht angewiesen geblieben war, schreckte ihn ebenso ab wie die komplizierte dienstrechtliche Stellung der Musiker, die nicht nur weisungsgebunden gegenüber dem Musikdirektor, sondern auch gegenüber der Stadtverwaltung waren, womit Konflikte mit einem selbstbewußteren Leiter als Tausch einer war, geradezu vorprogrammiert waren. Eher private Gründe mochte er gegenüber Düsseldorf nicht äußern, nannte sie aber im Wiener Feundeskreis: so störte den spröden Hanseaten der etwas plump vertrauliche rheinische Umgangston, und in der Großstadt Wien konnte er unbehelligt als Unverheirateter leben, in dem vergleichsweise kleinen Düsseldorf werde ein alternder Junggeselle auf gesellschaftlichem Parkett dagegen zur Karikatur. Abschrecken mußte ihn zudem das Bekanntwerden eines Flugblatts im Dezember 1876, „Appell an die Gerechtigkeit unserer Bürger und deren Vertretung" zugunsten Tauschs, das ungute Erinnerungen an die Querelen gegen Robert Schumann wachrief. Von den in Frage kommenden Chorvereinigungen war nur eine in der städtischen Findungskommission vertreten, und ausgerechnet von ihr war den Stadtverordneten eine von sämtlichen Mitgliedern unterschriebene Petition gegen Brahms unterbreitet worden. Unter Hinweis auf das Niederrheinische Musikfest 1875 in Aachen wurde Brahms auch direkt und persönlich angegriffen: „Als Dirigenten kennen wir Brahms soweit, als er sein Schicksalslied auf dem letzten Musikfeste dirigierte, und daß er nirgends eine Stelle auf längere Zeit behalten hat, weil ihm die künstlerische Freiheit für seine Kompositionen erforderlich war. Die Aussicht ist keine unwahrscheinliche, daß Brahms unter den geschilderten Verhältnissen, die sich für ihn, wenn er trotz allem die Stellung annehmen sollte, insoweit günstiger gestalten, als er sich für etwa den vierfachen Gehalt zu einem Viertel der Tätigkeit verpflichten müßte, höchstens ein bis zwei Jahre darin verbleiben würde." Am Heiligabend schrieb er daher an Regierungspräsident Bitter: „Es wird Ihnen schwerlich unerwartet kommen, wenn ich bekenne, daß meine Bedenken gegen die Musikdirektorenstelle dort ungemein gesteigert sind .... Ich kenne Tausch nur als tüchtigen, sehr begabten Künstler, nicht seine Leistungen als Direktor. Es mag sein, daß man Ursache hatte und hat, damit unzufrieden zu sein. Es mag also sein, daß Sie und andere Wenige das Rechte wollen. Da wären aber die Betreffenden wenig zu loben, die dem so lange zusahen. - Mir kann es nicht einfallen, jemand verdrängen zu wollen, den so viele mit so viel Recht halten zu müssen glauben.- ... Ich unterschätze so schöne Teilnahme nicht - aber dieser Brief muß abgehen, sieht er gleich einer Absage aufs Haar gleich."[35]

Das konnte man in der Tat kaum anders sehen. Bei so vielen offenen Fragen und ungelösten Problemen ist im Grunde unverständlich, wie zwei so versierte Verwaltungsjuristen wie Regierungspräsident Bitter und Regierungsdirektor Dr. Steinmetz darauf verfallen konnten, den völlig unrealistischen Termin des Amtsantritts am 1. Januar 1877 ins Auge zu fassen. Leitgedanke war allem Anschein nach die Verbesserung der Düsseldorfer Musikzustände um beinahe jeden Preis und zum frühestmöglichen Termin. Zu dem Tage aber war kaum eines der anstehenden Probleme gelöst. Hauptbindernisse blieben schließlich Julius Tausch und die geplante Musikhochschule, deren Leitung Brahms so wenig übernehmen wie er Tausch beiseite schieben wollte. Er selbst scheint schließlich eine Übergangszeit von vier Jahren ins Spiel gebracht zu ha-

[35] Zitiert nach M. Kalbeck: J. Brahms. Bd. 3, S. 124ff.

ben, in der sich die Frage der Musikhochschule entschieden hätte und für die Beendigung des Vertragsverhältnisses mit Julius Tausch eine anständige Lösung hätte finden lassen, ohne daß man Brahms dessen Verdrängung überlassen hätte. Es wurden Briefe hin und her gewechselt, ohne daß in den Dingen ein Fortschritt erkennbar gewesen wäre. Frau Schumann intervenierte noch einmal mit der Nachricht, daß der Schuletat der Bergischen Bezirksregierung für die Gründung einer Musikhochschule in Düsseldorf gar nicht hinreiche, Berlin die Bereitstellung von zentralen Mitteln jedoch davon abhängig mache, daß Brahms deren Leitung übernehmen werde. Das war gewiß als Beruhigungspille gemeint, wenn Brahms die Übernahme der Leitung nicht wolle, werde es eben ein Problem weniger, nämlich keine Musikhochschule, geben. Aber man stelle sich vor, Brahms hätte die Musikdirektorenstelle angenommen mit dem ungelösten Problem Tausch im Rücken und dem Odium belastet, er habe verhindert, daß Düsseldorf neben der Kunstakademie auch Sitz einer aus Zentralmitteln gegründeten Musikhochschule geworden wäre, einfach weil er deren Leitung und die daran gekoppelte Gründung ausgeschlagen hätte. Die negativen Folgen dieses Junctims für ihn hatte er durchaus realistisch erkannt. Schließlich glaubte man in Düsseldorf, ihm eine Frist von acht Tagen für die Annahme des Angebots setzen zu sollen, und damit war die eigentlich schon im Dezember 1876 erfolgte Absage unvermeidlich. Der letzte Brief an Dr. Steinmetz ist nicht einmal mehr genau datiert, in dem Brahms ganz klar darstellt: „Es ist doch Tausch nicht verantwortlich zu machen, wenn er mit ein bis zwei Proben und fremden Kräften nicht viel Sonderliches leistet. Dazu der große Saal und das verwöhnte und - streitlustige Publikum! ... Ich habe immer gesagt, daß ich an Hochschule und Tausch nicht vorbei könne. Jetzt ist mir erst recht klar, wie nötig diese Bedenken waren, und wie anders, hätten sie früher beseitigt werden können."[36] Musikhistorisch gesehen, war es wohl für beide Teile die richtige Lösung.

Der Brief, in dem er Clara Schumann die erfolgte Absage an Düsseldorf kurz und knapp mitteilte, enthält en passant zwei Aussagen, die für die Brahms-Interpretation höchst aufschlußreich sind: „In Breslau war es sehr schön. Die Einleitung zum Finale so, wie ich will, das heißt anders als in Leipzig; leider lasse ich gar solche Hauptsachen immer so hingehen." Erst die Aufführung der Symphonie mit einem Provinzorchester hatte also ganz seinen Vorstellungen entsprochen, diejenige mit einem Spitzenorchester in Leipzig, die auch Frau Schumann gerade so ergriffen hatte, war hingegen anders verlaufen als ihm vorgeschwebt hatte, und er

[36] Zitiert nach M. Kalbeck: J. Brahms. Bd. 3, S. 130.

hatte es laufen lassen, statt dem Orchester seine Konzeption als Urheber des Werks zu vermitteln, was ja im Umgang mit einem Spitzenorchester nicht immer zum Vorteil einer Aufführung sein muß. Aber es macht auch deutlich, wie wenig ausgeprägt sein Selbstbehauptungswille doch noch war, lieber ließ er eine von ihm selbst geleitete Aufführung eines eigenen Werkes in eine Richtung laufen, die nicht seinen Vorstellungen entsprach.

Der Brief enthält aber noch eine andere wie beiläufig hingeschriebene Mitteilung: obwohl die Aufführung der Symphonie nur teilweise seinem Willen entsprochen hatte: „In Leipzig war's aber doch am schönsten - das macht nicht etwa meine schöne Wirtin, sondern vor allem daß Du da warst!"[37] Brahms hatte schließlich, wenn auch erst nach einigem Zögern, die Einladung Elisabet von Herzogenbergs angenommen, während seines Leipziger Aufenthalts bei dem jungen Paar in der Humboldtstraße zu logieren. Die kluge und gebildete schöne Frau und ihr komponierender Mann waren nicht zuletzt durch diesen Besuch als glänzende Gastgeber zu einem der strahlendsten Mittelpunkte des gesellschaftlichen Umfelds im Leipziger Musikleben geworden. Damit war sein Verhältnis zu ihr, deren Unterrichtung er einst abgebrochen hatte, als er ihrem Charme und Liebreiz zu erliegen glaubte, auf eine neue Ebene gehoben, er konnte sich ihres Verständnisses und ihrer Seelenfreundschaft erfreuen, ohne sie als Frau fürchten zu müssen. Aber im gleichen Atemzug, in dem er Clara Schumann dies andeutete, meinte er zugleich, ihr sagen zu müssen, der Aufenthalt in Leipzig sei ihm ihretwegen so besonders wert gewesen.

In der Korrespondenz um den Düsseldorfer Posten spielte die Frage eine entscheidende Rolle, daß er nicht mehr die Absicht habe, eine dauernde Partnerschaft einzugehen, die früher eine wesentliche Triebfeder gewesen war, sich um eine derartige Stellung zu bemühen. Das Verhältnis zu Elisabet von Herzogenberg konnte er nach den in ihrem Hause verbrachten Leipziger Tagen als geklärt betrachten. Damit war augenscheinlich eine Art Stabilisierung seines inneren Gleichgewichts verbunden, etwas nicht mehr zu begehren, was sich als unerreichbar erwiesen hatte. Zwischen den beiden ersten Symphonien meldete sich mit Macht der Lyriker in Brahms, einerseits Ausgleich zwischen den beiden großformatigen zyklischen Werken einer als besonders anspruchsvoll geltenden Gattung, andererseits Ausdrucksbedürfnis seiner Persönlichkeit, wie so viele seiner Lieder. Im Frühjahr 1877 entstand eine Fülle von Liedern, die er relativ schnell, noch im selben Jahr, in den Druck

[37] Clara Schumann - Johannes Brahms. Briefe. Bd. 2, S. 89.

gab, die neun Lieder op. 69, vier op. 70, fünf op. 71, sowie ebenfalls fünf op. 72, insgesamt also fast zwei Dutzend Stücke. Sie liegen fast alle im Ausdruck nahe beieinander, obwohl sie sehr unterschiedlichen literarischen Quellen entstammen, und keines dieser Lieder hat den Bekanntheitsgrad und die Beliebtheit anderer Brahms-Lieder erreicht, was über ihren ästhetischen Rang zunächst einmal gar nichts sagt, eher daß ihnen eine gewisse Sprödigkeit und Sperrigkeit gemeinsam ist. Die wiederum stehen sicher im Verhältnis zu ihrem Grundtenor, der besonders deutlich herauskommt an dem ersten dieser Lieder, „Klage“, einer Übersetzung aus dem Böhmischen von Joseph Wenzig. Vielleicht hat er es sogar gerade darum an den Anfang dieser Liedergruppe gestellt, obwohl eine solche Vermutung sich naturgemäß nicht beweisen läßt:

Ach, mir fehlt, ist nicht da,
Was mich einst süß beglückt;
Ach, mir fehlt, nicht ist da,
Was mich erfreut!

Was mich einst süß beglückt,
Ist wie die Well' entrückt.

Es ging ihm wie dem Sänger von Goethes „Serenade“, (op. 70 Nr. 3):

Liebliches Kind!
Kannst du mir sagen,
Sagen warum
Zärtliche Seelen
Einsam und stumm
Immer sich quälen,
Selbst sich betrüben,
Und ihr Vergnügen
Immer nur ahnen
Da, wo sie nicht sind;
Kannst du mir's sagen,
Liebliches Kind?

Sei es nun, daß Brahms sich gerade auf diese etwas spröden und sperrigen Lieder besonders viel zugute hielt, oder daß es bei ihm selbst eine gewisse Unsicherheit gegenüber dieser Gruppe von Liedern gab, an deren rascher Veröffentlichung ihm ganz gegen seine sonstige Gewohnheit soviel lag, jedenfalls übergab er sie vor der forcierten Drucklegung vertrauten Freunden mit der Bitte um ihr Urteil. Theodor Billroth, dem stets das Beste gut genug war, wenn es um Brahms ging, packte die ihm überlassenen Manuskripte in den Koffer und fuhr mit ihnen nach Berlin, um sie sich von Amalie Joachim vorsingen zu lassen, nicht bedenkend, daß er damit Eifersüchteleien im Brahms-Kreis weckte, weil er sie hatte, der älteste und vertrauteste musikalische Freund, eben Joseph Joachim, verheiratet mit einer der bedeutendsten Sängerinnen der Zeit, aber nur auf diese Weise eingeweiht wurde. Auch Verleger Simrock erfuhr durch Billroths Tendenz, das noch Unerhörte möglichst vollkommen zu hören, von der Existenz der Lieder. Brahms hatte sie ihm schon Anfang April angekündigt.[38] Nach Billroths Besuch schrieb er dann an den Verleger: „Billroth hatte ja einige Proben mit, so sind die andern auch, nur noch viel schöner! Namentlich habe ich eine expresse Sammlung Mädchenlieder, wo für allen und jeden Umstand (nur nicht für den bekannten ‚andern'!) aufs lieblichste gesorgt ist. Sogar ein Mädchenfluch ist dabei."[39] Den Titelvorschlag „Mädchenlieder" ließ er allerdings später wieder fallen. Seine Hoffnung, daß der „‚Mädchenfluch' sich gleich dem Wiegenlied desselben begabten Komponisten rasch den Weg in alle Salons und Kämmerleins bahnen wird",[40] erwies sich als trügerisch. Billroth bedankte sich bei Brahms mit einem langen, schwärmerischen und verständnisvollen Brief.[41] Dann gingen die Manuskripte an Clara Schumann, allerdings auf einem bezeichnenden Umweg: zunächst schickte er sie nämlich an Elisabet von Herzogenberg. Obgleich sie wohl die eigentliche Adressatin dieser Lieder war, blieb die Rangfolge des Briefes nach der Leipziger Erstaufführung der 1. Symphonie erhalten, die verständnisvolle Frau von Herzogenberg als erste, aber als wichtigste nach wie vor Frau Schumann. Noch am selben Tag wie die Sendung an Elisabet von Herzogenberg kam nämlich die briefliche Aufforderung hinterher, sie „lieber heut als morgen an Frau Schumann" zu schicken.[42] Zunächst antwortete jedoch nicht Elisabet, sondern Heinrich von Herzogenberg und erzählte, wie man Julius Röntgen hinzugeholt und viele Stunden mit den neuen Liedern zugebracht habe und erhob durchaus kritische Einwände gegen Tempobezeichnungen in op. 71 Nr. 3, die wohl auch eigene Bedenken des Urhebers trafen, denn er hatte bereits daran geändert gehabt und tat es nach dieser Kritik erneut.[43] Frau von Herzogenberg schrieb erst einige Tage später von Berlin aus, wo sie bei Clara Schumann wieder auf die Lieder traf und man gemeinsam Brahms' 44. Geburtstag feierte. Der Brief läßt erkennen, wie sehr selbst eine so hoch gebildete Frau in den engen gesellschaftlichen Moralvorstellungen des viktorianischen Zeitalters befangen war und Anstoß nahm an der Vertonung des Textes, in dem der junge Mann die Nacht bei seinem Mädchen

38 Vgl. Briefwechsel Bd. 10, S. 25ff.
39 Briefwechsel Bd. 10, S. 28f.
40 Briefwechsel Bd. 10, S. 36.
41 O. Gottlieb-Billroth: Billroth und Brahms im Briefwechsel. S. 235ff.
42 Briefwechsel Bd. 1, S. 19-21.
43 Briefwechsel Bd. 1, S. 21-25.

verbringt, jede Strophe endet mit der rhetorischen Frage „Willst Du, daß ich geh?“ „Da Sie durchaus wissen wollten, was uns nicht gefiele, sag’ ich’s Ihnen, weil ich eine unglückliche Liebe für Wahrheiten habe: den Tambour mag ich nicht, ‚nicht ist da‘ (Nr. 1 glaub’ ich) [op. 69 Nr. 1] und ‚Willst du, daß ich geh‘ [op. 71 Nr. 4]. Letzteres ist mir ganz unsympathisch, schon den Worten nach. Solche Vorwürfe verträgt man eigentlich nur in volkstümlicher Behandlung ... aber dieses hat einen unangenehmen Stich. - Nun nehmen Sie mir meine Geschwätzigkeit nicht übel. Drüben schläft Frau Schumann, und die Lieder auf ihrem Flügel, sonst schrieb ich noch ein paar Bögen über sie - wie gut, daß Ihnen das erspart bleibt.“[44] Brahms hat diesen moralischen Bedenken natürlich nicht nachgegeben, über Generalbaß und Moral soll man eben nach einem leicht abgewandelten Grundsatz Beethovens nicht diskutieren.

Aber er hat den moralinsauren Einwand der sonst so klugen Freundin nicht vergessen und subtile Rache genommen, nicht ohne sich vorher zu vergewissern, ob sie auch Spaß verstehe, und seine Rüge in ein besonderes Kompliment „verpackt“. Im Herbst hatte er Daumers „O schöne Nacht“ vertont, das erst 1884 mit anderen Stücken in op. 92 erschien und in die „anstößige“ Zeile mündete: „Der Knabe schleicht zu seiner Liebsten sacht - O schöne Nacht!“ Brahms unterbrach an dieser Stelle die für Elisabet von Herzogenberg bestimmte Kopie und schrieb quer über das Blatt: „Halt lieber Johannes, was machst du! Von solchen Sachen darf man höchstens im ‚Volkston‘ reden, den hast du leider wieder vergessen! Nur ein Bauer darf fragen, ob er bleiben darf oder gehen soll - du bist leider kein Bauer! Kränke nicht das holde Haupt, von gold’ner Pracht umflossen - mach’s kurz, sage einfach nochmals:“ und dann fuhr er im Liedtext fort: „o schöne Nacht“.[45] Übrigens waren dies nicht die einzigen Brahms-Lieder, die der Zeit als nicht jugendfrei galten. Umstritten war aus den Daumer-Liedern op. 57 zumindest auch das letzte, „Unbewegte laue Luft“, in welchem es heißt: „... im Gemüte schwillt heißere Begierde mir, aber in den Adern quillt Leben und verlangt nach Leben.“ und das in die unverhohlene Aufforderung mündet: „Komm, o komm, damit wir uns himmlisches Genüge geben!“- Clara Schumann hatte übrigens noch vor Ankunft der Herzogenbergs noch rigoroser geurteilt, sie wollte gleich acht der übersandten Lieder vor dem Druck ausgeschieden wissen: „Die Lieder, die ich Deines Namens nicht würdig finde, sind gerade ein Heft, ich meine, lieber 2 Hefte alle bedeutend, als

[44] Briefwechsel Bd. 1, S. 26f.
[45] Briefwechsel Bd. 1, S. 28f.

drei mit untergelaufenem Unbedeutendem."[46] Wie man sieht, ließ er sich aber in die Entscheidung über die Herausgabe von Werken nicht mehr hineinreden, nicht einmal von den vertrautesten Menschen, und habe sich deren Urteil auch noch so oft bewährt. Andererseits muß man bei Frau Schumann konstatieren, daß mit der fortschreitenden Individualisierung von Brahms' Stil und Formsprache ihre spontane Sympathie nicht mehr immer mithielt, wie man ja an ihrem erst langsam wachsenden Verständnis für die 1. Symphonie bereits deutlich sehen konnte.

In anderen Bereichen auch des ganz praktischen Lebens versicherte er sich nach wie vor ihres Rates, so jetzt mit der Verwaltung seines Geldes. Die Abkühlung seines Verhältnisses zu Hermann Levi hatte für ihn eine Seitenkonsequenz, die ihn zunehmend genierte, denn dessen Bruder in Mannheim, der sich Wilhelm Lindeck nannte, hatte er die Verwaltung seines Vermögens übertragen. Der Bruch mit dem einen Bruder machte den Verkehr mit dem anderen problematisch. Ob die Unterstellung höherer Verzinsung als banküblich aufgrund spekulativer Geschäfte zutraf, oder jetzt für den aus anderen Gründen vorgenommenen Wechsel vorgeschoben wurden, ist letztlich unerheblich. Clara Schumann hatte in dieser Frage schon vorher einmal Paul Mendelssohns Rat eingeholt, der auch zum Wechsel auf eine Bank und zur Anlage in festverzinslichen Staatspapieren riet. In Wien verwahrte Arthur Faber, der Ehemann von Bertha Porubszky, sein Geld. Diese „Privatwirtschaft" mußte jetzt ein Ende finden, nachdem er für die 1. Symphonie einschließlich vierhändigem Klavierauszug, der ihm wegen der Verbreitung des Werkes so wichtig war, daß er ihn selbst machte, das exorbitante Honorar von 15 000 Goldmark erhalten hatte, nach heutiger Kaufkraft umgerechnet also jedenfalls mehr als eine Viertel Million DM. Clara Schumann übernahm es, Simrock zum Zurückhalten des Honorars für Symphonie und Lieder zu veranlassen, bis die Vermögensverwaltung und -anlage geklärt war.[47]

Den Plan einer Reise an den Niederrhein ließ Brahms wieder fallen, ein ziemlich untrügliches Zeichen dafür, daß sich ein neues großes Werk ankündigte. Die Lieder waren bereits Ende April versandt worden, er blieb aber noch den ganzen Mai in Wien und genoß den Frühling im Prater, allerdings weniger der Lieder wegen, wie allenthalben zu lesen, denn die waren ja längst fertig und an die Freunde verschickt, sondern wohl schon weil er mit der Konzeption eines neuen Werkes von größerem Format beschäftigt war, das gut zur Frühlingsstimmung in dieser

[46] Clara Schumann - Johannes Brahms. Briefe. Bd. 2, S. 98.
[47] Clara Schumann - Johannes Brahms. Briefe. Bd. 2, S. 99f.

großen Parkanlage paßte. Das behagte ihm sichtlich, und so fiel in einem Brief an Simrock beiläufig der Satz „Ich gehe nicht wieder weit vom Prater weg.“ Dann aber vertrieb ihn das kontinentale Klima Wiens mit seinen heißen, stickigen Sommern doch aufs Land, wie nahezu alle Wiener, die sich das leisten konnten. Karl Kupelwieser, der Sohn des aus der Schubert-Biographie bekannten Malers Leopold Kupelwieser, und seine bildnerisch begabte Frau Bertha, eine geborene Wittgenstein, hatten sich in Pörtschach am Wörthersee ein Haus gebaut, und ihr Schwager, der Jurist Franz, mit Anna Wittgenstein verheiratet, hatte es ihnen nachgetan. Aus dem Umfeld der weitverzweigten Familie Wittgenstein, die zum engsten Brahms-Kreis in Wien zählte, mag die Anregung gekommen sein, sich ebenfalls an diesem größten der Kärntner Seen mit seiner herrlichen Landschaft für den Sommer niederzulassen. Auch der Hausherr des dortigen Schlosses, Baron von Pausinger, gehörte zu seinem weiteren Wiener Umfeld, er hatte also reichlich Gelegenheit, sich die Vorzüge dieses Sommeraufenthalts rühmen zu lassen, und folgte schließlich diesen vielfachen Empfehlungen. Was er dann vorfand, übertraf seine Erwartungen derart, daß, wie er an Ernst Frank schrieb, „das herrliche Bad im Stande ist, mich nicht wieder nach Baden kommen zu lassen.“[48] Der Reiz des neuen Sommeraufenthalts übertraf selbst die Vorzüge des vertrauten Baden-Baden. An Otto Dessoff, den anderen Kollegen, dessen Nähe in Baden-Baden er missen mußte, richtete er den Rat: „Für künftigen Sommer empfehle ich Euch die hiesige Gegend! Ich meinerseits gehe auch im Sommer künftig nicht ohne besonderen Grund aus Österreich hinaus.“[49]

Arthur und Bertha Faber berichtete er besonders ausführlich: „Die Fahrt hierher ist reizend und der Aussichtswagen etwas ganz Ideales! Ich machte die Reise gescheit, übernachtete in St. Michael. Die übrigen Pausen in Bruck, Leoben usw. sind nur angenehm. Pörtschach liegt allerliebst, und ich fand eine niedliche, wie es scheint, angenehme Wohnung im Schloß! Das kannst Du im allgemeinen so erzählen, das imponiert. Nebenbei aber sage ich, daß ich eben zwei kleine Zimmer der Hausmeisterwohnung habe, mein Flügel würde die Treppe nicht heraufgehen, auch wohl die Wand sprengen. Zum Glück hat Dr. Kupelwieser aus Wien hier eine Villa und einen Stutzflügel. Den haben wir sofort ins Zimmer gestellt und mein Flügel kommt in die Villa.“[50] Die Wiener Verbindungen waren also durchaus von Vorteil, es gab häufig Einladun-

48 Briefe von Brahms an Ernst Frank. Hrsg. v. A. Einstein. Zeitschrift für Musikwissenschaft 4(1922), S. 399.
49 Briefwechsel Bd. 16, S..158.
50 Zitiert nach M. Kalbeck: J. Brahms. Bd. 3, S. 150.

gen zum Essen in den Häusern der Bekannten, Segelpartien und Kutschfahrten mit dem Schloßherrn gehörten neben dem geringen Preis für die Wohnung zu den Annehmlichkeiten, weniger schon, daß die sowohl den bildenden Künsten wie der Musik zugetane Schloßherrin ihn häufig zum Vierhändigspiel bat, das er ohnedies nicht sehr schätzte. Er fühlte sich durch diese gesellschaftlichen Verpflichtungen zunehmend eingeengt, zumal die Baronin es sich angelegen sein ließ, alle seine Lieblingsplätze und -spazierwege in Aquarellen festzuhalten. Er sah sich in seinen intensivsten Arbeitsphasen, den langen Spaziergängen, ausgekundschaftet und belauscht.

Iwan Knorr, damals ein junger Komponist, der in Charkow lebte, hat uns einen sehr anschaulichen Bericht hinterlassen, wie er Brahms in Pörtschach besuchte, nachdem er ihm eine seiner Kompositionen zur Beurteilung vorgelegt hatte. Er ist zugleich ein Hinweis darauf, wie Brahms junge Musiker zwar nicht eigentlich unterrichtete, dazu fehlte ihm die Geduld, aber gleichwohl beriet und sich darauf beschränkte, im Hintergrund die Fäden zu ziehen. Knorr wurde auf seine Empfehlung Theorielehrer am Hoch'schen Konservatorium, später sogar dessen Direktor und hatte damit eine der Schlüsselpositionen in der musikalischen Berufsausbildung inne. Brahms hatte weitere Arbeiten von ihm angefordert, und Knorr hatte die nächste sich bietende Gelegenheit benutzt, ihn persönlich aufzusuchen.

> Ich kam Ende August 1877 gegen sieben Uhr morgens an einem prachtvollen Tage in Pörtschach an. Brahms hatte mir geschrieben, er habe für mich ein Zimmer im Gasthaus Werzer bestellt, er selber wohne im „Schloß", ein Dienstmädchen fragte mich, ob ich der „Herr von Knorr" sei, den der „Herr von Brahms" schon seit einigen Tagen erwarte, und hieß mich dann bei ihm eintreten. Als ich meinte, daß ein Viertel vor acht Uhr morgens doch keine Visitenzeit wäre, erwiderte sie, das mache nichts, „Er" habe längst im See gebadet und Kaffee getrunken, jetzt schreibe er was und pfeife immer dabei. Mir war es zumute, wie bei einem Besuch beim Zahnarzt. Auf einmal stand ich in einem Zimmer einem untersetzten, bartlosen Manne gegenüber, dessen volles Haar an den Schläfen leicht ergraut war. Er gab mir nicht nur die Hand, sondern schlang einen Arm um mich und steckte mir eine Zigarre mit einem kategorischen „Rauchen!" in den Mund. Ich bat ihn um Ratschläge in betreff meines Stückes. Er sagte fast unwirsch: „Ach was, Sie wollen, was Sie können, da braucht Ihnen kein anderer dreinzureden." Ich sagte ihm darauf, daß ich unterdessen Gelegenheit gehabt hätte, das Stück zu hören, und daß mich manche Klangwirkung arg enttäuscht hätte. Er lachte laut auf und meinte: „Sie, junger Mann, scheinen mir noch nicht viel erlebt zu haben, Sie müßten sonst wissen, daß es gewöhnlich anders kommt im Leben, als man sich einbildet." Als ich die Absicht äußerte, in einer der Variationen eine gewisse Stelle den Violoncellen und Bratschen anstatt den Holzbläsern, zu geben, schmunzelte er höchst vergnüglich: „Ich weiß schon! Das ist, wo das zweite Fagott mit Tatata einsetzt." Er sang die Stelle, und ich gewann die Überzeugung,

welche durch die weitere Unterredung bestätigt wurde, daß er das Stück Note für Note auswendig wußte, es besser kannte als ich selber.

„Nun will Sie aber mal dem Wüllner verstellen", sagte er, nachdem wir uns über die Variationen ausgesprochen hatten, „der wohnt auch hier. Im Gasthause ist übrigens kein Platz, Sie bleiben bei uns, es ist schon alles abgemacht." Brahms war der Gast einer Münchener Familie, deren Name mir entfallen ist. Wir gingen über den Hof; aus dem Hauptgebäude hörte man einen hohen Sopran. Brahms ließ plötzlich ein wüstes Geheul ertönen. Gleich darauf erschien die Sängerin ziemlich verstört und gekränkt am Fenster. „Seien Sie gut, Kind!" sagte Brahms, „ich habe nur drei Töne, und wo die hinpassen, da müssen sie heraus! Ich schreibe Ihnen auch ein paar schöne, neue Lieder!" - Vor Tische lernte ich dann Wüllner kennen, der mir erzählte, daß ihm Brahms mehrfach meine Variationen vorgespielt habe, während er in der Partitur nachgelesen haben. Bei Tische war die Rede von Vornamen, und man fragte Wüllner, wie er mit Vornamen hieße. Ehe er noch antworten konnte, schrie Brahms: „Franz heißt die Canaille!"[51]

Am andern Tage machten wir uns selbdritt auf, um den Dobratsch zu besteigen. Brahms war froh wie ein Kind, trieb die ausgelassensten Späße und neckte mich, den er immer seinen Benjamin nannte, wo er nur konnte, in liebenswürdigster Weise. Ernsthaft aber riet er mir, die Variationen vierhändig zu arrangieren, er wollte sie alsdann mit Frau Schumann Simrock vorspielen, um ihn für den Verlag zu gewinnen. Meine ukrainische Einsamkeit sollte ich verlassen und nach Wien kommen, eine Stellung könne er mir zwar nicht anbieten (er selbst habe keine!), es würde sich aber schon alles nach Wunsch machen. Später empfahl mich Brahms nach Straßburg an Stockhausen, und 1883 kam ich durch seine Vermittlung als Professor an das Hochsche Konservatorium in Frankfurt. Dort sah ich Brahms öfter bei Frau Schumann, so nah aber wie in Pörtschach bin ich ihm nicht wieder gekommen.[52]

Brahms fand derartigen Gefallen am Reiz der Kärntner Seenlandschaft, daß er auch in den beiden folgenden Sommern nach Pörtschach zurückkehrte. Sämtliche Werke dieser drei Sommer sind gekennzeichnet durch ein eigenartiges Flair des Hellen, Lichten, Melodiösen, das man anderswo in seinem Werk sonst nicht wiederfindet. Er selbst charakterisierte diesen offenbaren Zusammenhang von Landschaft und Werk in einem Brief an Eduard Hanslick so: „Da fliegen die Melodien, daß man sich hüten muß, keine zu treten."[53] Im ersten der Pörtschacher Sommer war das Hauptwerk neben der mit besonderer Sorgfalt hergestellten vierhändigen Klavierfassung der 1. Symphonie, die ihn wider Erwarten viel Zeit kostete, die Konzeption und Ausarbeitung der 2. Symphonie. Es war schon mehrfach auf das merkwürdige Phänomen hinzuweisen, daß Brahms zwei gleichartige Werke kurz hintereinander schrieb. Meist ist dann das frühere spontaner, unmittelbarer, das spätere das „gearbeite-

51 Zitat aus Schillers „Räubern".

52 Zitiert nach M. Kalbeck: J. Brahms. Bd. 3, S. 152ff.

53 Zitiert nach A.v. Ehrmann: Johannes Brahms. Leipzig 1933, S. 287.

tere“, künstlichere. Noch bevor die 1. Symphonie überhaupt in den Druck gegangen war und er die Bearbeitung für Klavier zu vier Händen fertig hatte, begann er bereits mit der Ausarbeitung seiner zweiten Symphonie. Es ist, als habe sich Brahms mit dem konsequent geführten Nachweis der Gestaltbarkeit von Symphonien nach Beethoven ohne epigonenhafte Nachahmung zugleich die Freiheit errungen, unbekümmerter um Abgrenzung und stilistische Identität zu komponieren. Nach dem langen Ringen um die endgültige Gestalt der 1. entstand die 2. Symphonie, Ausdruck des vom Zwang der Identitätsfindung befreiten Schaffens, in wenigen Monaten, in ihrer Heiterkeit geprägt von ihrem Entstehungsort in dem milden Klima des idyllischen Wörthersees als Kontrast zu der wilden Urlandschaft der Steilküste Rügens.

Die 2. Symphonie ist Brahms’ Pastorale und zu diesem Bild paßt auch der Anklang des Seitenthemas im Kopfsatz (T. 82ff) an seine populärste Melodie, das berühmte „Wiegenlied“ „Gut’n Abend, gut’ Nacht“ aus op. 49. Man muß schon sehr genau hinhören und sogar hinschauen, um Brahms’ gestalterische Konsequenz hinter der Kärntner Melodienseligkeit zu gewahren; der Wohlklang und die leichtere Eingängigkeit der D-Dur-Symphonie stehen der Konsequenz der Ersten in nichts nach. Schon das Einleitungsmotiv der Bässe, das zunächst wie ein bloßer Vorspann aussieht und in der strahlenden Bläsermelodie des Kopfthemas wie in dem jubelnden Seitenthema untergeht, verbirgt eher, daß es eigentlich die konstruktive Basis des ganzen Satzes ist. Es führt zwar zur Dominante A, weil aber zugleich das Hauptthema in den Hörnern einsetzt, erhält das Ganze etwas Schwebendes, da die Haupttonart erst einmal als Quartsext-Akkord eintritt. Das Baßmotiv, steigernd eine Terz höher sequenziert, trennt auch Vorder- und Nachsatz des Hauptthemas, ist aber überlappend in die Kadenz des Vordersatzes eingebettet, sodaß sich zwar regelmäßige Viertaktigkeit ergibt, diese aber doppeldeutig ist, je nachdem, ob man vom Bläsereinsatz oder dem Mottomotiv des Basses ausgeht. Das entspricht dem Charakter des Quartsext-Akkordes, sodaß das Hauptthema, obwohl nur in Tonika und Dominante verharrend,

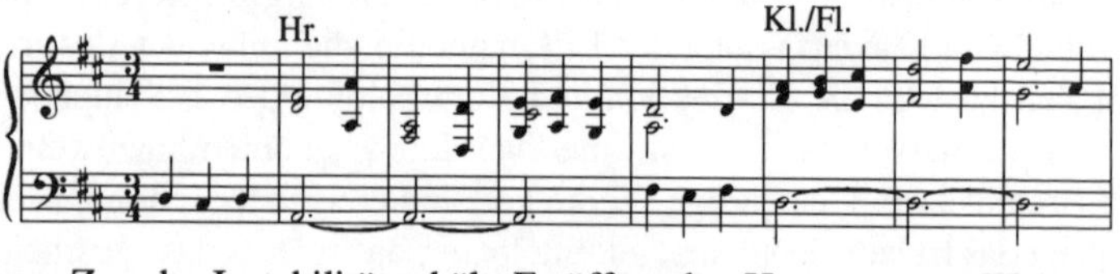

einen Zug der Instabilität erhält. Es öffnet den Hauptsatz zur Weiterentwicklung also in ganz anderer Weise als die c-Moll-Symphonie mit ihrer erst schrittweise sich entfaltenden Thematik, aber in einer recht ähnlichen Wirkung, was die Formbildung angeht. Der ganze Vorgang wiederholt sich dann noch einmal mit dem Mottomotiv im Baß auf der Mollparallele der Grundtonart und dem Vordersatz der Melodie auf der Subdominant-Parallele, während der Nachsatz über liegenbleibendem Orgelpunkt auf der Dominante über die Doppeldominante zur Dominante führt. Noch während der Kadenz beginnt (T. 21) die Schlußgruppe mit der Verarbeitung des Mottomotivs, das, hemiolisch umrhythmisiert und bis zur Oktave erweitert, nach unten geführt wird, bis die Bewegung in einem Paukenwirbel pianissimo auf d zum Stillstand kommt. Posaunen und Tuba schließen eine Akkordfolge von Septnonakkord der Wechseldominante und Quartsextakkord der Molldominante in Gegenbewegung und wieder Septnonakkord der Wechseldominante an, die von Flöte und Oboe mit dem Mottomotiv vom Anfang beantwortet wird. Auch dieser Vorgang wird wiederholt mit Paukenwirbel, Akkordgeschiebe, diesmal in Parallelführung, und Mottomotiv und kommt auf dem isolierten Pizzicato-A des Basses völlig zur Ruhe (T. 40). Was dann wie eine Wiederholung des Mottomotivs auf der Dominante in der Vergrößerung als einkomponiertes Ritardando aussieht (T. 42), ist zugleich Eröffnung eines neuen Formabschnitts mit einer Variante des Hauptthemas, die eingeleitet wird von dem variierten Mottomotiv auf der Dominante (T. 44); diese Streichervariante des Themas wird von den Bläsern aufgenommen (T. 48). Anschließend wird das Mottomotiv verselbständigt und weiterentwickelt (T. 52) und ab T. 59 kontrapunktiert mit einer diminuierten Variante seiner Abwandlung von T. 21, es wird also sozusagen mit sich selbst kontrapunktiert, im Baß eine Stufe höher sequenziert (T. 61), eine weitere wieder in der Oberstimme (T. 63), schließlich in T. 64 beschleunigt und dann in einer Schlußgruppe eingeebnet und abgebaut. Was bei der Klang- und Melodienseligkeit dieses Kärntner Sommerstücks nicht primär hörbar wird, ist die Konsequenz, mit der sich die Form des Stücks in der „entwickelnden Variation" entfaltet.

Das macht auch nicht Halt am Ende des Hauptsatzes, denn der in T. 82 beginnende Seitensatz klingt ja nicht nur an das berühmte Wiegenlied aus op. 49 an, sondern ist nichts als eine weitere Abwandlung der Variante des Kopfthemas aus T. 42 und wird auch wieder mit dem Mottomotiv vom Anfang des Satzes eingeleitet. Die in üppigen Wohlklang verpackte thematische Substanzgemeinschaft und mit ihr die gedankliche Arbeit sind in der 2.

Symphonie also um nichts geringer als in der so ganz anderes gearteten ersten. Wie sagte Friedrich Wilhelm Marpurg von derartigen Melodien: „Solche Gesänge ... waren, es, woran Lully drey Tage hintereinander arbeitete. Seine Freunde fanden ihn oft in seinem Cabinette in vollem Schweiße und hinter solchen Melodien her, die ein jeder ohne einen Meister erlernen konnte. Solche Werke sind Meisterstücke der Kunst. Sie kosten Mühe, aber das muß man ihnen desto weniger ansehen."[54] Ebenmaß und Simplizität der Klassik sind ja auch nicht Ausdruck der Einfalt, sondern erworbene Eigenschaften eines Künstlers. Daß Brahms zu einem derartigen Ergebnis seiner konsequenten gedanklichen Arbeit der Gestaltung kam, zeigt, daß er nun die volle Meisterschaft erreicht hatte. Er beherrschte die Gesetze künstlerischer Gestaltung und war ihnen nicht länger unterworfen.

Nach seiner für Variationszyklen aufgestellten Devise, nicht über ein Thema zu „wühlen", sondern Neues aus ihm zu gestalten, ist die Exposition mit dem Hauptsatz und dem aus ihm entwickelten Seitensatz aber noch nicht vollständig, denn obwohl der letztere mit dem Charakter der Sanglichkeit und auf der Dominantebene dem eher der Kategorie des Erhabenen zuzurechnenden Hauptthemen-Komplex gegenübertritt, sind Haupt- und Seitensatz einander doch sehr ähnlich. Brahms entwickelte daher das Mottomotiv in der Ausgestaltung von T. 21 zu einer neuen Charaktervariation weiter (T. 118), die mit ihren punktierten Staccato-Sprüngen („Ben marcato") über zwei Oktaven und den hemiolischen Bildungen den Charakter des Heroisch-Marschartigen ins Spiel bringt, kein drittes Thema im Sinne Anton Bruckners, sondern eben eine Charaktervariation, die Mottomotiv und Seitensatz zu einem neuen Gebilde verschmilzt. Die entwickelnde Variation bestimmt hier also tatsächlich die Formbildung. Das Mottomotiv bildet sogar noch eine weitere Variante aus unter Diminuierung auf Achtel und Sechzehntel, deren Sequenzfolge a'-cis" d"-fis"-gis"-h' durch doppelte Heterolepsis raumgreifend nach oben und unten gebrochen wird a'-cis"-d'-fis"-gis-h", schließlich eine Dezime umfaßt und daraus den klanglichen Höhepunkt der Exposition in T. 134 ansteuert. Die Schlußgruppe des Hauptsatzes (T. 33-39), dort demontierend und beruhigend eingesetzt, leitet auch die der gesamten Exposition ein (T. 136), zunächst alternierend in Baß und Violine I, dann in eine steigernde Sequenz und überschwengliche Gegenbewegung zum Baß übergehend, also genau das Gegenteil dessen auslösend, was sie am Ende des Hauptsatzes bewirkt. Mit 123 : 179 Takten ist

[54] Friedrich Wilhelm Marpurg: Historisch-Kritische Beyträge. Bd. 1, Berlin 1754. ND. Hildesheim 1970, S. 19f.

die Durchführung auch in dieser Symphonie wieder um ein Drittel kürzer als die Exposition. Es ist also wieder das Streben nach einem von Beethoven unabhängigen Formtypus erkennbar, auch wenn die klangliche Oberfläche dem zu widersprechen scheint.

Auch der langsame Satz in H-Dur ist eher auf Verschleierung und Vielgliedrigkeit der Form angelegt. Das Thema liegt in den Celli mit einer Gegenstimme im Fagott, seine rhythmische Kontur wird jedoch durch die Synkopierungen in Horn, Bratsche und Kontrabaß ebenso verunklart wie die Harmonik durch den Orgelpunkt Fis; die Violinen nehmen das Thema verkürzt noch einmal auf und wenden es zur Dominante. Das Horn beginnt in T. 17 mit neuer Motivik, die sogleich im Quintabstand von den Oboen imitiert wird. Zwei weitere Einsätze (T. 22 und 24 m.A.) in Flöten und Celli verstärken den Eindruck einer Fugenexposition und tragen wie im Kopfsatz ein Element der Verarbeitung bereits in die Themenaufstellung. Ein Rückgriff auf das Anfangsthema schließt diese erste Themengruppe ab, die in sich schon dreigliedrige a-b-a-Form hat. - Im Mittelteil (T. 33ff) treibt Brahms die Verschleierung des Rhythmus durch antizipierende Synkopierung noch einen Schritt weiter, indem er den 4/4-Takt in 12/8 überführt und die Vorwegnahme ins Thema selbst verlegt, welches dadurch den Charakter des unbeschwert Schwebenden erhält. Nicht zuletzt daher, aber auch wegen der tonartlichen Disposition könnte es sich ebenso um einen Seitensatz nach dem Sonatenprinzip handeln: dreiteilige Liedform eines langsamen Satzes und Sonatenprinzip beginnen sich zu durchdringen. Brahms läßt aber mit T. 45 ein weiteres Thema folgen, das er anschließend von den Streichern in die Holzbläser verlegt, von einer Gegenstimme umspielen läßt, verkürzt, variiert; kurz: nach der Überlagerung mit der Folge von Haupt- und Seitensatz einer Sonatenexposition wird hier die Assoziation eines Durchführungsteils beinahe zwingend. In demselben Maße, wie das Sonatenprinzip des Kopfsatzes thematisch, satztechnisch und tonal überlagert wird von dem der entwickelnden Variation, kann das solchermaßen erweiterte Sonatenprinzip auf die anderen Sätze, hier auf die dreiteilige Liedform des langsamen Satzes, übergreifen.

Der dritte Satz ist der kürzeste des ganzen Werkes und kehrt vom Typus des Scherzos, der ja keine Form, sondern ein Satzcharakter ist, scheinbar zum Menuett der klassischen Symphonie zurück; scheinbar, denn so einfach geht es bei Brahms ja nicht zu. Der für den Typus recht langsame Satz (quasi Andantino) mit der deutlichen Akzentuierung der leichten dritten Taktzeit übernimmt zugleich ein Element des Ländlers wie viele der Brahms-Walzer. Der Akzent auf der letzten unbetonten Taktzeit ist gleichzeitig verbindendes Moment zum schnellen Mittelteil mit dem Charakter eines Modetanzes der Zeit, des Galopps, allerdings künstlerisch überhöht durch das rasante Tempo, aber auch durch das bei diesem Tempo virtuose Alternieren der Instrumentengruppen. Kurz nimmt Brahms den ersten Teil noch einmal auf, um dann in ein 3/8-Presto wieder mit ausgeprägtem Tanzcharakter überzuleiten, in welchem der „Peitschenschlag“-Rhythmus mit kurzer und langer Folgenote, den wir aus Dvořáks Slawischen Tänzen und vielen anderen Werken tschechischen Nationalcharakters kennen, dominiert. Brahms' Scherzo ist also eine Art Suite aus verschiedenen Tanzcharakteren.

Das Finale ist wieder ein nachdrückliches Bekenntnis zur geschlossenen Form, denn sein Kopfthema ist gebildet aus einer Zusammenziehung des Mottomotivs und einer Variante des Hauptthemas aus dem Kopfsatz,

Substanzgemeinschaft also zwischen den Außensätzen, die ganz direkt aufeinander bezogen sind. Als wolle er wenigstens klanglich vermeiden, was der Satz thematisch sicher präsentiert, den strahlenden Schluß, schreibt er piano und „sotto voce“ vor. Sobald die bis dahin nur in den Streichern piano vorgetragene Schlußgruppe mit den Holzbläsern oktaviert und verdoppelt wird, macht er sogar den daraus resultierenden Zuwachs an Klangvolumen durch die Vorschrift pianissimo wett. Er baut diese Themenexposition wie im ersten Satz sogar noch ab mit dem Dominant-Septakkord des terzverwandten F-Dur, einem Sturz durch zwei Oktaven und der eigentlich redundanten Vorschrift „diminuendo“ mit zusätzlicher Decrescendo-Gabel bis hin zu einer Generalpause, bevor er in Gegenbewegung von der Contra- bis zur dreigestrichenen Oktave den Dominant-Septakkord der Haupttonart auf die Tuttiwiederholung des Hauptthemas zustürzen läßt, wobei er das Thema noch „durchschießt“ mit Figuren in der dreigestrichenen Oktave, den Charakter des Strahlenden noch vermehrend. Mit T. 80 führt Brahms einen veritablen Seitensatz ein, auch durchführungsartige Formelemente kommen vor. Überlagerung unterschiedlicher Formelemente auch hier.

Nie hat Brahms unbekümmerter um das Problem der Abgrenzung gegen die Beethoven-Tradition komponiert als in dieser seiner 2. Symphonie, ein Jahr nach der Begründung eines nicht durch Beethoven personaltypisch besetzten Gestaltungsprinzips in seiner Ersten, und nie ist er dabei dem Formtypus Beethovens so nahe gekommen. - Als müsse er sich dafür rechtfertigen, gingen, kaum daß das Werk fertig war, die Ironisierung und Camouflage los, die gerade das in Abrede zu stellen versuchten, was das Werk so unüberhörbar kennzeichnet, seine heitere Unbeschwertheit. So „warnte“ er den potentiellen Verleger des neuen Werkes: „Die neue Sinfonie ist so melancholisch, daß Sie es nicht aushalten. Ich habe noch nie etwas so Trauriges, Molliges geschrieben: die Partitur muß mit Trauerrand erscheinen.“[55] Insbesondere war er bemüht, die so rasch nach der Ersten geschriebene 2. Symphonie herunterzuspielen. So schrieb er an Julius Otto Grimm: „Erwarte nur nichts Besondres! Nichts als ein klein unschuldiges Stück.“[56] Gegenüber Elisabet von Herzogenberg stellte er sogar die Gattungsbezeichnung, wenn auch nur hinsichtlich der Schreibweise in Frage: „Die neue ist aber wirklich keine Symphonie, sondern bloß eine Sinfonie, und ich brauche sie Ihnen auch nicht vorher vorzuspielen. Sie brauchen sich nur hinzusetzen, abwechselnd die Füßchen auf beiden Pedalen, und den fmoll-Akkord eine Zeitlang anzuschlagen, abwechselnd unten und oben, ff und pp - dann kriegen Sie allmählich das deutlichste Bild von der ‚neuen‘“[57] Eine Aufführung in München, wo die Erste durchgefallen war, lehnte er rundweg ab: „Diese würde übrigens bei Euch noch weniger jemandem Spaß machen als die vorige.“[58]

An den verständnisvollen journalistischen Vorkämpfer für sein Werk, Adolph Schubring, schrieb er ähnlich wie an Frau von Herzogenberg: „... eine ganz unschuldige, heitere, kleine; erwarte nichts und trommle vier Wochen vorher nichts als Berlioz, Liszt und Wagner, dann wird Dir die zarte Liebenswürdigkeit sehr wohltun.“[59] Daß es die Leichtigkeit des Werkes war, die ihm Kopfschmerzen bereitete, weil sie verbarg, wieviel gestalterische Gedankenarbeit dahintersteckte, wird aus einem Brief an Simrock deutlich, der sich bemühte, auch diese neue Symphonie für sein Haus zu erwerben: „Sie wird jedenfalls gehörig durchfallen, und die Leute werden meinen, diesmal hätte ich mir's leicht gemacht. Aber Ihnen rate ich, vorsichtig zu sein!“[60] Selbst nach der Uraufführung setzte er die Camouflage noch fort, zwar räumte er ein: „Das Orchester hier hat mit einer Wollust geübt und mich gelobt, wie es mir noch nicht passiert ist!“ Aber dann kommt wieder die Mär vom traurigen Charakter der Neuen: „Aber Sie müssen an die Partitur einen Trauerrand wenden, daß

[55] Briefwechsel Bd. 10, S. 56f.
[56] Briefwechsel Bd. 4, S. 128.
[57] Briefwechsel Bd. 1, S. 32.
[58] Briefwechsel Bd. 7, S. 200f, an Hermann Levi.
[59] Briefwechsel Bd. 8, S. 230.
[60] Briefwechsel Bd. 10, S. 55.

sie auch äußerlich ihre Melancholie zeigt!"[61] Sogar die Wiener Philharmoniker wurden in diese Ironie einbezogen, obwohl sie das Werk wärmstens aufgenommen und ihm gegenüber das auch zu Ausdruck gebracht hatten, schrieb er an Frau von Herzogenberg: „Hier spielen die Musiker meine Neue mit Flor um den Arm, weil's gar so lamentabel klingt; sie wird auch mit Trauerrand gedruckt."[62] Nur im Verkehr mit Billroth beließ er es bei einer leichten Koketterie, die zwar nicht ausdrücklich in Abrede stellte, was so offenkundig war, sondern lediglich Nichtwissen vorgab: „Ob ich etwa eine hübsche Sinfonie habe, weiß ich nicht; ich muß einmal gescheite Leute fragen."[63] Billroth verstand den Wink mit dem Zaunpfahl und antwortete: „Das ist ja lauter blauer Himmel, Quellenrieseln, Sonnenschein und kühler grüner Schatten! Am Wörther See muß es doch schön sein!"[64]

An sich hätte Brahms auch die 2. Symphonie lieber erst einmal in einer kleineren Stadt getestet, das Orchester der Musikhochschule Berlin stand zur Debatte, ein Test mit dem Studentenorchester wäre relativ unverbindlich und vor allem nicht notwendigerweise öffentlich gewesen. Mit Otto Dessoff in Karlsruhe hatte er Verbindung deswegen aufgenommen, auch an Breslau gedacht. Aber alles zerschlug sich, und so fanden die beiden ersten Aufführungen da statt, wo er sie eigentlich unbedingt hatte vermeiden wollen, in Wien und Leipzig. Die Uraufführung im Jahresabschluß-Konzert der Philharmoniker unter Hans Richter im großen Musikvereinssaal gestaltete sich zu einem seiner größten Triumphe. - Ziemlich abrupt muß Brahms schließlich Pörtschach verlassen haben, ganz so, wie er es Billroth geschrieben hatte, um „gescheite Leute" zu befragen über den Wert des neuen Werks, um sich von kompetenten Freunden versichern zu lassen, daß er erreicht, was er gewollte hatte. Das konnte er erfahrungsgemäß nirgends so konzentriert haben wie in Baden-Baden. Clara Schumann hatte es trotz Aufgabe ihres Hauses wieder zum Sommeraufenthalt gewählt und eigentlich mit seinem Kommen schon zu ihrem Geburtstag gerechnet, er traf aber erst am 17. September ein. Die vertrauten und orchestererfahrenen Freunde Otto Dessoff (Karlsruhe) und Ernst Frank (Mannheim) waren in erreichbarer Nähe. Was er mitbrachte, war ein ausgearbeitetes Manuskript des ersten Satzes und ein teilweise fertiges Finale, während die Binnensätze noch nicht zur abgeschlossenen Form gekommen waren. In Baden-Baden wurde das Werk endgültig fertiggestellt und aufführungsbereit gemacht.

61 Briefwechsel Bd. 10, S. 65.
62 Briefwechsel Bd. 1, S. 41.
63 Billroth und Brahms im Briefwechsel. S. 246.
64 Billroth und Brahms im Briefwechsel. S. 251.

Frau Schumann ließ sich von dem leichteren Charakter der 2. Symphonie gefangen nehmen und gab ihr eindeutig den Vorzug vor der Ersten, was nicht ausschloß, daß sie eigentlich wenigstens anfänglich auch die Neue mißdeutete. In einem Brief an Hermann Levi lesen wir: „Brahms ist guter Stimmung, sehr entzückt von seinem Sommeraufenthalt, und hat, im Kopfe wenigstens, eine neue Symphonie in D-dur fertig - den ersten Satz hat er aufgeschrieben - ganz elegischen Charakters."[65] Einige Tage später spielte er ihr die fertig ausformulierten Teile am Klavier vor, und sie hielt darüber im Tagebuch fest: „Johannes kam heute Abend und spielte mir den ersten Satz seiner 2. Symphonie D-dur vor, der mich hochentzückte. Ich finde ihn in der Erfindung bedeutender als den ersten Satz der 1. Symphonie ... Auch vom letzten hörte ich einen Theil und bin ganz voller Freude darüber. Mit dieser Symphonie wird er auch beim Publikum durchschlagenderen Erfolg haben als mit der ersten, so sehr diese auch die Musiker hinreißt durch ihre Genialität und wunderbare Arbeit."[66]

Vielleicht wird man angesichts dieser Einschätzung die Frage stellen müssen, wie weit die 58jährige die Ausbildung einer eigenen personalstilistischen Identität bei Brahms noch mitvollzogen und verstanden hat, oder ob sie ihn nicht immer noch aus der Perspektive einer Schumann-Schule gesehen hat, wie immer man diese zu jener Zeit definiert haben mag. - Deprimiert durch die Nachrichten über den Gesundheitszustand des Sohnes Felix, dessen literarischer Karriere Brahms wohl keine allzu günstige Prognose gestellt hatte, und vertrieben von dem frühherbstlichen Wetter, war sie schließlich abgereist, von Brahms bis Baden-Oos begleitet, von wo er zurückkehrte, um die neue Symphonie zu Ende zu bringen. - Sie hatte sich darauf gefreut, in diesem Konzertwinter mehrfach sein d-Moll-Konzert zu spielen, das ihr inzwischen sehr „an's Herz gewachsen" war, aber sie mußte bald einsehen, daß dessen kraftvolle Klavieristik durch vieles Üben ihr Rheuma wieder so verschlimmerte, daß sie nicht nur darauf verzichten mußte, sondern keine Briefe mehr schreiben konnte und sogar gezwungen war, eine bereits begonnene Schweiz-Tournee abzubrechen.

Der befreundete Kapellmeister Ernst Frank in Mannheim hatte Hermann Götzens unvollendet hinterlassene zweite Oper „Francesca da Rimini" nach Dante, zum Opernlibretto verkürzt vom Komponisten selbst unter Abweichung von Dantes Stoff, nach den Skizzen des Komponisten zu Ende instrumentiert. Die Uraufführung war Brahms einen Abstecher

65 B. Litzmann: Clara Schumann. Bd. 3, S. 363.
66 B. Litzmann: Clara Schumann. Bd. 3, S. 364f.

nach Mannheim wert, zumal er dort außer den an der Oper Beteiligten auch noch Max Bruch und Franz von Holstein traf. Die Oper war ein Mißerfolg, was Brahms vorhergesehen und die Vollendung der Partitur abgelehnt hatte. Zu sehr war er sich seiner stilistischen Identität bewußt, um jetzt sozusagen mit fremder Feder zu schreiben und sie seinem Stil anzuverwandeln, darüber hinaus hinderte ihn der Respekt vor dem Anfang Dezember 1876 gestorbenen Komponisten. Merkwürdigerweise hielt ihn der prognostizierte Mißerfog von Götzens hinterlassener zweiter Oper aber nicht davon ab, mit Joseph Viktor Widmann andere Opernpläne für sich selbst zu erörtern. Wer weiß, wie Brahms' Biographie verlaufen wäre, hätte Widmann damals einen seinen Ansprüchen genügenden Stoff parat gehabt, denn in der Euphorie der Pörtschacher Sommer hätte er sich vielleicht tatsächlich an das Experiment einer Oper gewagt. - Interessant an Widmanns Bericht über die damals geführten Gespräche ist zumindest, daß Brahms die Durchkomposition der ganzen Handlung kategorisch ablehnte, stattdessen die Musik auf die emotionalen Höhepunkte des Stoffes beschränken wollte. Das komme sowohl der Dramaturgie zugute, die sich freier und ohne Rücksicht auf die Musik entfalten könne und diese nicht über die notwendigen Handlungsdialoge hinweg durchgeführt werden müsse, sondern sich auf die ausdrucksstarken Szenen beschränken und diese wirklich ausleben könne. Widmann blieb diesem Opernverständnis gegenüber skeptisch und bemerkte zutreffend: „Damit war in aller Deutlichkeit ausgesprochen, daß Brahms für das Verhältnis von Text und Musik in der Oper Wünsche hegte, die der Entwicklung, welche die moderne Oper durch Wagner genommen hatte, und demgemäß auch der Geschmacksrichtung eines heutigen Publikums diametral entgegengesetzt waren."[67]

Bis Ende Oktober blieb Brahms noch in Baden-Baden, um die Symphonie endgültig zu Papier zu bringen; er muß also tatsächlich mit einer weitgehend fertigen Konzeption bereits angekommen sein, sonst wäre eine so rasche Niederschrift kaum verständlich. Ende Oktober war er wieder in Wien und tat zum ersten Mal, was er fortan zur Gewohnheit machte, in dem Klaviersalon Friedrich Ehrbars einem geladenen Kreis treuer Freunde ein neues Werk zusammen mit Ignaz Brüll an zwei Klavieren vorzuführen. Der heute völlig vergessene Komponist von Opern, Symphonien, vielen Klavierstücken, zwei Klavierkonzerten und einem Violinkonzert, der gerade mit seiner Oper „Das goldene Kreuz" seinen größten Erfolg gehabt hatte, an den er mit seinen späteren Opern nicht mehr anzuknüpfen vermochte, galt als der beste Partitur- und Prima-vi-

[67] J.V. Widmann: J. Brahms in Erinnerungen. S. 37f.

sta-Spieler Wiens, dazu mußte der Schüler Julius Epsteins natürlich ein glänzender Pianist sein. Alle diese Eigenschaften machten ihn für Brahms besonders schätzenswert, denn bei ihm konnte er Einsicht in die innere Struktur seiner Werke voraussetzen und verständnisvolles Mitmusizieren erwarten.

Welche Bedeutung man dem Erscheinen einer neuen Symphonie von Brahms inzwischen beimaß, mag der Umstand beleuchten, daß bereits von den Proben Berichte an Verleger Simrock gingen. Der Haydn-Biograph und Archivar der Gesellschaft der Musikfreunde, C.F. Pohl, der wie auch andere Freunde bereits den Proben beiwohnte, berichtete von der ersten, die noch überwiegend der Überprüfung des handschriftlich kopierten Stimmenmaterials diente: „Von Brahms' neuer Symphonie war Montag die erste (Korrektur-) Probe, heute ist die zweite. Das Werk ist herrlich und wird raschen Eingang finden. Der dritte Satz hat sein Dacapo schon in der Tasche." Nach den weiteren Proben, aber noch vor der Aufführung ging ein weiterer Bericht nach Berlin: „Donnerstag war 2. Probe, gestern Generalprobe. Richter gab sich Mühe beim Einstudieren und wird auch heute dirigieren. Es ist ein prachtvolles Werk, das Brahms der Welt schenkt und zudem so recht zugänglich. Jeder Satz ist Gold, und alle vier zusammen bilden in sich ein notwendiges Ganzes. Leben und Kraft sprudelt überall, dabei Gemütstiefe und Lieblichkeit. Das kann man nur auf dem Lande, mitten in der Natur komponieren. Den Erfolg bei der Aufführung, die in einer halben Stunde stattfindet, werde ich in wenig Worten hier anfügen." Das geschah denn auch: „Vorüber! Musterhafte Ausführung, wärmste Aufnahme. 3. Satz (Allegretto) da capo, wiederholte Hervorrufe ... Nur Adagio nicht dem tiefen Gehalt entsprechend gewürdigt, es bleibt aber doch der musikalisch wertvollste Satz."[68] Es gab heftigen Beifall, damaligem Usus gemäß nach jedem Satz, er wurde gerufen, zeigte sich aber nicht, sondern blieb auf seinem Galerieplatz sitzen, ganz Hanseat und jedem öffentlichen Spektakel um seine Person abhold, wofür man allerdings in Wien, wo man seine Sympathie (und die Antipathie auch) deutlich zu artikulieren pflegte, wenig Verständnis aufbrachte. Hanslick sagte das in seiner Rezension in der Neuen freien Presse vom 3. Januar 1878 sogar klipp und klar, gab im Übrigen seiner Freude darüber Ausdruck, daß Brahms sich nach „dem Pathos faustischer Seelenkämpfe" in seiner 1. Symphonie nun in der zweiten der „frühlingsblühenden Erde wieder zuwandte." Er hob ausdrücklich den Anteil Hans Richters an diesem Erfolg hervor, der das Werk „mit einer liebevollen Ausdauer studiert und in einer Vollen-

[68] Zitiert nach M. Kalbeck: J. Brahms. Bd. 3, S. 179.

dung zu Gehör gebracht, die ihm zur höchsten Ehre gereichen".

Wie gut Brahms daran getan hatte, wenn schon eine Aufführung unter seiner Leitung in einer kleineren Stadt aus Termingründen nicht möglich gewesen war und die ersten Aufführungen eines Werkes, für das eine Aufführungstradition ja erst noch geschaffen werden mußte, in die damaligen Musikzentren Wien und Leipzig vergeben werden mußten, wenigstens die Uraufführung dem erfahrenen Orchesterleiter Hans Richter zu überlassen, der Proben einfach ansetzen konnte, zeigte die Leipziger Erstaufführung im Neujahrskonzert 1878 des Gewandhaus-Orchesters unter seiner eigenen Leitung. Nach der Uraufführung war er nämlich mit dem nur handschriftlich existierenden Stimmenmaterial im Gepäck im Nachtzug nach Leipzig gefahren, dort am Silvestervormittag um 12 Uhr angekommen und gleich in die Probe gehastet. Eine zusätzliche Probe, wie Richter sie mit den Wiener Philharmonikern für nötig gehalten hatte, mochte er in seiner Bescheidenheit vom Gewandhaus-Orchester, auch einem der Spitzenensembles der Zeit, nicht fordern. Was dann geschah, ist einem privaten Bericht der verständnisvollen Freundin Elisabet von Herzogenberg an Bertha Faber-Porubszki deutlicher zu entnehmen als offiziellen Rezensionen, umso mehr, als selbst die mit Brahms' Tonsprache vertraute Frau aufgrund der Aufführung das Verhältnis der beiden Symphonien völlig falsch einschätzte. So kam sie zu dem Urteil: „Die 2. Symphonie ist entschieden viel heiklicher als die erste, und Brahms war gleich darauf gefaßt, daß sie schlechter gehen würde, ob er sich aber so wenig erwartet hatte, bezweifle ich." Man darf dabei nicht vergessen, daß er selbst sie ja auch noch mit keinem Orchester erarbeitet und dirigiert hatte. So passierte denn: „Die Posaunen bliesen im ersten Satz grausam falsch, anfangs einen geradezu unverständlichen Akkord, im zweiten Satz kamen die Hörner heraus, aber mit einer ruhigen Handbewegung von Brahms wurden sie wieder ins Geleise gebracht ... ich höre jetzt von allen Seiten warmes Lob über die Symphonie und bemerke, daß ich die äußeren Beifallsbezeugungen hier immer unterschätze, den süddeutschen Maßstab immer noch nicht los werdend. Über die Persönlichkeit Brahms' wird nach wie vor viel getratscht und losgezogen; er ist den Leuten nicht höflich, nicht flach, nicht weltläufig und nicht langweilig genug, sie möchten lauter Hiller haben oder interessante Charakterköpfe wie Rubinstein. Sein Spiel im Konzert hat auch sehr mißfallen, und jeder Backfisch nimmt sich heraus, seine Technik zu kritisieren."[69] Das Leipziger Publikum war eben stark klassizistisch orientiert, die Neuheit von Brahms' Symphoniekonzeption stieß auf starke

[69] Zitiert nach M. Kalbeck: J. Brahms. Bd. 3, S. 181f.

Vorbehalte. Und es favorisierte die pianistische Brillanz eines Anton Rubinstein, gegen die Brahms so wenig Chancen hatte wie selbst die gebürtige Leipzigerin Clara Schumann mit ihrem Rückhalt in der Leipziger Gesellschaft. Das d-Moll-Konzert und sein Urheber wurden nach wie vor allenfalls toleriert.

Während der Leipziger Proben- und Konzerttage logierte Brahms wieder bei Heinrich und Elisabet von Herzogenberg, die er mit seiner Ironisierung des Charakters seiner 2. Symphonie so sehr in die Irre zu führen versucht hatte. Wie sehr er damit ihre musikalischen Fähigkeiten unterschätzt und welch phänomenales musikalisches Gedächtnis sie hatte, bewies sie ihm mehr beiläufig, indem sie ihm nach Anhören von Probe und Konzert und allenfalls dem ein oder anderen Blick in die handschriftliche Partitur den ersten Satz am Klavier vorspielte. Nach einem weiteren Anhören des Werks am 6. März 1878 in Dresden schrieb sie ihre Klavierimprovisation sogar nieder und Clara Schumann nannte das Ergebnis „einen ganz anständigen Klavierauszug".

Gleich am übernächsten Tag nach der Leipziger Erstaufführung seiner Zweiten ging Brahms auf Tournee zur Durchsetzung seiner Symphonien. Zunächst fuhr er nach Hamburg, wo er am 18. Januar 1878 „auf vielfachen Wunsch wiederholt" seine 1. Symphonie dirigierte, die dort bereits 1877 unter Bernuth erklungen war. Am 27. gab es in Bremen die lokale Erstaufführung der Ersten und er dirigierte sein Schicksalslied, außerdem sang Amalie Joachim Brahms-Lieder. Dann fuhr er nach Holland und dirigierte am 26. Januar in Utrecht wieder die 1. Symphonie und spielte einen Klavierpart in einer vollständigen Aufführung seiner „Neuen Liebeslieder"-Walzer. Am 4. und 8. Februar führte er in Amsterdam die neue Symphonie auf, beim zweiten Mal ergänzt um einige Brahms-Lieder. Dazu machte er noch einen Abstecher nach Den Haag, wo die Symphonie am 6. Februar auf dem Programm stand. Die Unsicherheit von Leipzig war inzwischen gewichen, er wußte jetzt ganz genau, wie er den Orchestern seine Auffassung zu vermitteln hatte. Welch überwältigenden Eindruck das neue Werk in seiner eigenen Interpretation machte, können wir einem Bericht der Pianistin Emma Engelmann-Brandes an Clara Schumann entnehmen: „Reizend war es, Verhulst[70] zu beobachten und im Verkehr mit Brahms zu sehen. Bei der ersten Probe der D-Dur soll er wie ein Kind geweint haben; und in Felix meritis, wo wir zu Probe und Aufführung waren, lief er in seiner Glück-

70 Niederländischer Dirigent und Komponist. Nach Stationen in Leipzig (Euterpe) auf Empfehlung Mendelssohns in Rotterdam seit 1860 Dirigent der „Diligentia". Konzerte in Den Haag.

seligkeit während der Symphonie auf eine fremde Dame zu, drückte ihr die Hände mit den Worten: ,Vergessen Sie nie das Glück, diese Musik zu hören!' Man sah ihm aber auch an, wie lieb er Brahms hat; eine Braut konnte nicht inniger und zärtlicher sein, als Verhulst es mit ihm war, und in seinen Worten war er immer so warm und sich selbst vergessend, daß man merkte, wie gern er sich vor einem solchen Meister demütigte und beugte. Es hatte etwas Rührendes." Und über ihren eigenen Eindruck von der 2. Symphonie schreibt sie: „... diese himmlischen Klänge der D-dur, die Einem von den ersten Takten in's Herz dringen ..."[71] Das „Ruhmesgemüse" der zeitüblichen Lorbeerkränze ließ er, wie das Musikalische Wochenblatt mißbilligend meldete, achtlos im Orchester liegen. - Auf der Rückreise machte er in Köln Station, wo er mit Clara Schumann, die dort gerade auf ihrer Tournee gastierte und bei Deichmanns wohnte, zusammentraf.[72] Am 15. Februar 1878 war er wieder in Wien zurück, wo er noch am 21. März bei Hellmesberger mit dem Klavierpart seines op. 60 auftrat.

Um der Kontinuität der Darstellung der Einführung seiner 2. Symphonie ins Musikleben willen wurde hier auf die ersten Wochen des Jahres 1878 vorgegriffen. Es bleibt daher noch eine folgenreiche Episode aus dem Dezember 1877 nachzutragen. Brahms hatte am 28. November in Budapest konzertiert und auf der Rückreise den Umweg über Prag gemacht. Auslöser war die Tatsache, daß er vom österreichischem Unterrichts-Ministerium in eine Kommission zur Vergabe von staatlichen Stipendien an zwar talentierte, aber mittellose Künstler berufen worden war. In diesem Zusammenhang waren ihm besonders originelle Einsendungen eines Prager Musikers aufgefallen, die ihn auf eine ungewöhnlich starke Begabung hatten schließen lassen. Er hatte sich daher entschlossen, den jungen Musiker einmal aufzusuchen, um mehr von seinen Arbeiten und Lebensumständen kennenzulernen, weil ihm auch die mehrfach erreichte Vergabe eines Stipendiums zur Förderung einer solchen Begabung nicht auszureichen schien. Der Musiker hieß Antonín Dvořák und fristete ein kümmerliches Dasein mit seiner Familie als Organist der St. Adalbertskirche. Ohne das Stipendium wäre er wohl schlicht verhungert. Er sah in der winzigen Wohnung ganze Stapel unveröffentlichter Notenmanuskripte, die er bei diesem Gelegenheitsbesuch gar nicht durchgehen konnte, von der Oper über Orchesterwerke und Kammermusik bis zu Liedern und Klavierstücken. Zunächst veranlaßte Brahms Simrock, die Einsendung, für die Dvořák gerade das Sti-

[71] B. Litzmann: Clara Schumann. Bd. 3, S. 368.
[72] B. Litzmann: Clara Schumann. Bd. 3, S. 367.

pendium erhalten hatte und die er daher am besten kannte, „Mährische Duette", in Verlag zu nehmen. Auf nachdrückliche Befürwortung von Brahms nahm er auch noch „Slawische Tänze" an, bis heute die populärsten Stücke von Dvořák, für den Verleger auf lange Sicht eines seiner lukrativsten Geschäfte und ein guter Beweis für Brahms' sicheren Instinkt, was die Produktion eines noch völlig unbekannten Komponisten anging. Aber er blieb dabei nicht stehen, denn ihm war klar, daß ihm zuliebe aufgenommene Verlagsartikel noch keinen Zugang zum Musikalienmarkt bedeuteten, solange der Name des Komponisten so völlig unbekannt war. So stiftete er befreundete Dirigenten und Primarien von Kammermusik-Vereinigungen an, Dvořák-Werke in ihr Programm aufzunehmen und damit die Repertoirebildung vorzubereiten, die Voraussetzung dafür war, daß Noten von ihm abgesetzt werden konnten und Verlage weitere Werke in ihr Sortiment aufnahmen. Hans Richter ging er gleich im Zusammenhang mit der Uraufführung seiner 2. Symphonie darum an, Bülow, Dessoff, Bernhard Scholz in Breslau, den Sänger Georg Henschel wies er auf die Lieder hin und die Quartettprimarien Hellmesberger und Joachim auf die Kammermusik.

Dabei war Brahms keineswegs blind für die Schwächen von Dvořáks Arbeit, den die große Fülle der ihm zuströmenden Einfälle dazu verführte, flüchtiger zu schreiben als der mit seinen Einfällen haushaltende Brahms, der sie erst niederschrieb, wenn er mit ihnen ausgiebig „spazieren gegangen" war, das heißt, sie gedanklich verarbeitet hatte. Charakteristisch dafür ist ein Brief, den er an Dvořák richtete, nachdem dieser ihn bei einem Besuch verpaßt hatte. Brahms bedauerte das sehr und schrieb weiter: „So sage ich auch heute nur, daß die Beschäftigung mit Ihren Sachen mir die größte Freude macht, daß ich aber auch viel darum gäbe, könnte ich mit Ihnen plaudern [= raten, gegebenenfalls auch kritisieren] über Einzelnes. Sie schreiben einigermaßen flüchtig. Wenn Sie jedoch die vielen fehlenden Kreuze, bs und Auflösungszeichen nachtragen, so sehen Sie vielleicht auch die Noten selbst, die Stimmführung usw. bisweilen etwas scharf an. - Verzeihen Sie recht sehr, einem Manne wie Ihnen gegenüber in sochen Sachen ist es sehr anmaßend, solche Wünsche zu äußern! Ich nehme sie denn auch, wie sie sind, sehr dankbar entgegen, und die Widmung des Quartetts würde ich als eine mir widerfahrene Ehre empfinden."[73] Für ihm vorgelegte Werke bat er gleich um Vollmacht, sie Simrock weiterzugeben und falls er den nicht dafür interessieren könne, dies bei anderen Musikverlagen zu versuchen. Er hatte eben auch für andere stets die praktischen Konsequenzen für das Mu-

[73] M. Kalbeck: J. Brahms. Bd. 3, S. 156.

sikerdasein im Auge. Daß er während Dvořáks Amerika-Aufenthalt für ihn sogar Korrekturen las, weiß nur jemand zu würdigen, der selbst Notenkorrekturen gelesen hat.

Brahms' Weigerung, seine 2. Symphonie in München zu dirigieren, weil dort schon die erste nicht angenommen worden sei, hatte übrigens noch eine beinahe absurde Konsequenz: Levi hatte seinen Hinweis auf den Durchfall der Ersten nämlich so gedeutet, er wolle erst diese quasi rehabilitiert sehen, bevor er die neue in München vorstellte. Er hatte daher die Erste auf das Programm des 3. Akademiekonzerts gesetzt, um den Weg für die Erstaufführung der Zweiten freizumachen. Die Rechnung ging aber vorhersehbarerweise nicht auf. Ob die Aufführung wirklich, wie Kalbeck angibt,[74] so viel schlechter gewesen ist als die von Brahms selbst geleitete Erstaufführung, oder nicht vielmehr das Urteil des Musikpolitikers gegen den „abtrünnigen", Wagner dirigierenden Levi ihm die Feder geführt hat, kann dahingestellt bleiben. Der Unwille des Publikums, ein abgelehntes Werk gleich in der nächsten Saison wieder vorgesetzt zu bekommen, würde jedenfalls schon an sich ausreichen zu erklären, wie es dazu kam, daß sie beim zweiten Male noch „durcher fiel", um den Kalauer Hans von Bülows zu zitieren. München blieb ein schwieriges Pflaster für Brahms, sei es daß die Presse Richard Strauß' erste Münchener Saison genüßlich als „garantiert Brahms-frei" diagnostizierte oder 1909 das 1. Brahms-Fest wegen der Mitwirkung des Tonkünstler-Orchesters als „rotes" in der Presse diffamiert wurde, Hofoperndirektor Felix Mottl und Repräsentanten des Münchener Bürgertums sich demonstrativ aus dem vorbereitenden Festausschuß zurückzogen und in München selbst ganze 25 Abonnements für das Fest verkauft werden konnten.[75]

Am 8. April 1878 brach Brahms zu seiner ersten Italienreise auf. Theodor Billroth hatte ihn dazu veranlaßt und sich darauf gefreut, den Freund in Italien „einzuführen", wie er Clara Schumann schrieb. Tatsächlich aber bestanden zwischen den beiden gravierende Differenzen hinsichtlich der zu besuchenden antiken Stätten, und Brahms wäre lieber in Rom geblieben und hätte danach die Toscana und Oberitalien aufgesucht. Bis Rom fuhr Carl Goldmark mit ihnen, der zur Vorbereitung einer Produktion seiner „Königin von Saba" dorthin reiste, dann aber erfahren mußte, daß diese aufgegeben worden war und erst im folgenden Jahr realisiert wurde. Billroth aber hatte andere Vorstellungen,

74 M. Kalbeck: J. Brahms. Bd. 3, S. 115.

75 Vgl. „März" 3(1909), Bd. 2, S. 493; W. Riezler: München und J. Brahms. Frankfurter Zeitung 28.9.1909.

und da er unternommen hatte, dem Freund sein Italien-Bild zu vermitteln, „den richtigen Begriff von Italien“, wie er überzeugt war, ging es gleich nach Neapel und Sizilien weiter. Diese auf ihn gerichtete Unduldsamkeit des kundigen Italien-Reisenden Billroth ertragen zu müssen, statt diese Erfahrungen selbst er-fahren zu können, war ein völlig neues Erlebnis für ihn, das ihm mehr Toleranz abforderte, als er eigentlich aufzubringen bereit gewesen wäre.

In Palermo traf man mit Felix Schumann, Brahms' Patensohn, zusammen. Er war tuberkulosekrank, und da es Heilmittel gegen diese Krankheit damals noch nicht gab, konnte man die Kranken, die über entsprechende finanzielle Mittel verfügten, allenfalls vor den Unbilden eines mitteleuropäischen Winters in Sicherheit bringen, indem man sie in Zonen milderen und ausgeglicheneren Klimas brachte. Viel Hoffnung hatte Clara Schumann auf eine Genesung ihres jüngsten Sohne ohnehin nicht mehr, denn in ihrem Geburtstagbrief an Brahms schrieb sie: „Daß Ihr Felix noch gesehen habt, war mir sehr lieb, aber Du schreibst mir nicht, was Billroth eigentlich von dem Zustand denkt, was er für die Zukunft räth? Felix schreibt auch nichts davon und so muß ich mir das Schlimmste denken! bitte, lieber Johannes, sage mir Billroths Meinung **offen**. Ich habe ja längst auf jede Hoffnung resignirt; ich thue eben für ihn, was ich kann - weiter geht meine Macht nicht!“[76] Die Sorge um Felix bedrückte sie verständlicherweise umso mehr, als sie gerade selbst vor der Entscheidung über ihren letzten Lebensabschnitt stand. Das explodierende Berlin war ihr als Wohnsitz seit langem zuwider. Jetzt hatte ihr Joachim Raff angeboten, eine Klavierklasse am Hoch'schen Konservatorium Frankfurt/Main zu übernehmen; zwar mochte sie den ehemaligen Privatsekretär Liszts weder persönlich, noch musikalisch sehr. Aber die angebotenen Bedingungen waren äußerst günstig, Raff ein zuvorkommender Kollege und Direktor der Hochschule, dessen weitreichenden Verbindungen es binnen kurzem gelang, einen angesehenen Lehrkörper zusammen zu bringen, der auch keineswegs auf eine bestimmte musikalische Richtung festgelegt war. Die Stadt förderte seine Bemühungen um bedeutende Künstler mit Nachdruck, so riet Brahms dringend zur Annahme und eine komfortable Wohnung im damaligen Neubaugebiet Westend, in der Myliusstr. 32, war ebenfalls bald gefunden. So fiel die Entscheidung für das verkehrsgünstiger gelegene Frankfurt mit seinen vielfältigen Möglichkeiten noch relativ rasch und nun einsetzende Bemühungen, sie doch in Berlin zu halten, kamen zu spät.

Billroth hatte ihr wegen Felix bereits selbst geschrieben. Als Arzt

[76] B. Litzmann: Clara Schumann. Bd. 3, S. 373.

wußte er natürlich genau, daß die einzige Chance zum Überleben in einer Verkapselung der Herde bestand, die jedoch jederzeit wieder aufbrechen konnte. Was sagt man einer in tausend Kilometern Entfernung bangenden Mutter, die man selbst so verehrt, in einem solchen Falle? Daß es langfristig durchaus eine Überlebenschance gebe, sofern die Jugendkraft eines erst Heranwachsenden sich als stärker erweise und über die Krankheit obsiege. Genau das tat Billroth, und selbstverständlich läßt sich ein solcher Brief auch negativ interpretieren: mittelfristig gibt es keine Heilungschance und ein von Krankheit bereits geschwächter Körper wird voraussichtlich auch nicht mehr genügend Widerstandskräfte mobilisieren können. - Ein ungeschminkteres Bild der Situation vermitteln denn wohl auch Brahms' Aufzeichnungen. Offenbar hatte Felix seinem Patenonkel einiges aus seiner neuesten literarischen Produktion gezeigt und dieser schrieb sich in die Kladde, die er immer mit sich führte, um literarische Texte festzuhalten, die ihn so interessierten, daß sie vielleicht eines Tages zur Vertonung führten, ein Gedicht Felix Schumanns ab:

Den Becher des Elends, den übervollen,
Hielt ich zum Himmel empor und flehte:
Nur einen Tropfen träufle der Wonne,
Nur einen Tropfen träufle der Seligkeit
Gieße herab in den Kelch, den bittern!

Da fiel, sternschnuppenartig zu schau'n,
Ein Tropfen herab, Erfüllung verheißend
All den Wünschen, die ich gehegt.
Doch wehe, der Becher lief über, mit ihm
Rann wieder der Tropfen des himmlischen Taus.
O armes, betrogenes Menschenherz!

Brahms hat sogar Ort (Palermo) und Datum dieser Niederschrift vermerkt. Das war freilich ein Text, den man lesen, aber nicht singen konnte. Er hat ihn daher nicht vertont, an Frau Schumann schrieb er ihn nach der Rückkehr von Pörtschach aus mit dem Zusatz, solche Texte seien „für Musik doch nicht geeignet."

Nach drei Wochen traf man auf der Rückreise in Rom, für das sich Brahms bei allen gesehenen Schönheiten doch mehr Zeit und Muße gewünscht hätte, wieder auf Carl Goldmark, den er beneidete, weil er als Folge der geplatzten Opernproduktion volle drei Wochen Zeit für die vatikanischen Museen und die Sehenswürdigkeiten der Antike gehabt hatte. Das Billroth nicht merken zu lassen, wird ihn einige Überwindung gekostet haben. Auch mit dem Musikforscher Gustav Nottebohm traf man zusammen; Brahms hatte inzwischen für den so gar nicht wienerischen, etwas kauzigen Sauerländer eine tief empfundene Sympathie entwickelt. Der hatte in der vergangenen Zeit sein Quellenstudium verlagert auf die Frage nach dem Ausschank des besten und wohlfeilsten Weins, sodaß es ein feucht-fröhliches Treffen geworden sein dürfte. Es wurde auch ein Besuch bei dem in Rom hängen gebliebenen Bekannten aus Jugendtagen, H. Wichmann gemacht, der darüber eine Erzählung veröffentlichte.[77] Seine Haushälterin bereitete Köstlichkeiten aus der italienischen Küche zu und es wurde dazu reichlich Wein getrunken. Billroth schwärmte, dies sei der Wein, den Horaz getrunken habe, während Brahms, der gern damit kokettierte, in seinem Alter keine Oper und keine Heirat mehr wagen zu wollen, ins Sinnieren kam, eigentlich hätte ihm doch eine Frau, die solche Speisen zubereiten könne, gut zu Gesicht gestanden. In der brühwarm vorgenommenen Übersetzung war daraus wohl geworden, er wolle sie heiraten und Musiker, wo sie doch wie alle Italiener den ganzen Tag singe, sei er auch noch. Darauf habe die Haushälterin pathetisch geantwortet, sie sei Römerin, geboren wo dereinst der Vesta-Tempel gestanden habe, und sie werde niemals einen Barbaren heiraten.

Selbstzeugnisse von dieser Kultur- und Bildungsreise, die ihn so beeindruckt hatte, sucht man übrigens vergebens. Erst von der Rückreise, auf der man in Florenz und Venedig Station machte, wandte er sich ironisch an Fritz Simrock: „Dies ist der letzte von den Grüßen. Hoffentlich haben Sie die früheren, schöneren, längeren Berichte gut bewahrt und gern gelesen!“[78] Die hatte es freilich nie gegeben, und diese Postkarte diente eigentlich nur der Anzeige seiner Rückkehr und des geplanten Sommeraufenthalts in Pörtschach. Dort angekommen setzte er sogar noch eins drauf: „Von Italien kann ich nun nicht mehr erzählen, aber die ‚Reisebriefe‘ können Sie drucken.“[79] Es gab sie selbstverständlich gar nicht und Simrock wußte das auch, das Einzige, was dann noch darüber aus seiner Feder floß, bezog sich aufs Wetter: „Venedig, Florenz, Rom u.a.m. sahe ich im herrlichsten Frühling - es waren zauberhafte Tage!“ Das war's, ein Satz noch zu der „schauderhaften“ Kirchenmusik in Italien, dann war er schon wieder beim Geschäftsmäßigen, den Korrekturfahnen zu Partitur und vierhändiger Klavierfassung der 2. Symphonie, die er seiner Gewohnheit gemäß „exemplarmäßig“ gebunden wünschte, also nicht in einzelnen losen Fahnen. So ließen sie sich leichter handhaben und es konnte nicht so leicht ein Blatt verloren gehen.

[77] H. Wichmann: Frohes und Ernstes aus meinem Leben. Leipzig 1898.
[78] Briefwechsel Bd. 10, S. 72.
[79] A.v. Ehrmann: J. Brahms. Leipzig 1933, S, 277.

An sich hatte er wohl nur vorgehabt, den Weg über Pörtschach zu nehmen, um dort wieder ein Sommerquartier vorzubereiten, war dann aber gleich da geblieben. Aber er hatte sich trotz der vielen Vorteile und der extrem günstigen Miete nicht wieder in der Hausmeisterwohnung des Schlosses einquartiert. Die vielen gesellschaftlichen Verpflichtungen und die Vereinnahmung durch die kunstbeflissene Dame des Hauses waren ihm zuviel geworden, er fühlte sich eingeengt und nichts war ihm für die produktivste Zeit des Jahres mehr zuwider. Es muß ihm schon sehr gefallen haben am Wörthersee, denn er nahm das Achtfache an Miete in Kauf, um wieder dort zu wohnen, diesmal schräg gegenüber dem Schlosse im Hause des Kaufmanns Rapatz. Ein Steg führte neben dem Haus direkt in den See und wurde von Brahms tatsächlich in früher Morgenstunde benutzt, wobei es ihn wenig störte, daß der Steg eigentlich zum Schloß gehörte und für das Segelboot des Barons eingerichtet worden war, denn von den Einheimischen kam damals noch niemand auf die Idee, im See zu baden. Brahms hatte gleich vier Zimmer gemietet, die an sich für sieben Logiergäste eingerichtet waren, bewohnte aber nur die inneren, die äußeren zur Isolierung gegen die Umwelt nutzend. Er muß sich also im ersten Pörtschacher Jahr doch stark beeinträchtigt gefühlt haben. Die Tochter des damaligen Hausbesitzers hat Alfred von Ehrmann erzählt, daß die Baronin gelegentlich vom Schloß herübergekommen sei und mit herrischer Stimme seinen Namen gerufen habe. Aber wenn er nicht gestört sein wollte, überhörte er selbst das geflissentlich und stellte sich taub.

Diesmal wurde der Sommeraufenthalt auf unliebsame Weise unterbrochen durch eine Ladung zur Zeugenaussage vor Gericht in Klagenfurt. Die war selbstverständlich zunächst nach Wien gegangen, wo sein Statthalter für die Zeit seiner Abwesenheit, Arthur Faber, die Weiterleitung zu Kärntens Verwaltungssitz veranlaßt hatte. Auslöser war eine Ausgabe „Ungarischer Tänze“, ediert von Kuhé beim Verlag André in Offenbach. Simrock witterte einen Eingriff in seine Verlagsrechte an den von Brahms herausgegebenen und wollte dagegen klagen. Brahms jedoch riet zur Vorsicht, ein Prozeß sei nur sinnvoll, wenn sich nachweisen lasse, daß Kuhé seine Sammlung und deren Reihenfolge benutzt habe.[80] Im Folgenden präzisierte er sein Vorgehen bei den Tänzen, die er für volkläufige Musik hielt, für welche „im allgemeinen der Vergleich mit Volksliedsammlungen naheliegt.“ Er selbst habe erst „die Sachen hinterher genauer kennengelernt, auch in den ungrischen Ausgaben.“ Das heißt, er hatte sich erst nach oder allenfalls während der Bearbei-

80 Briefwechsel Bd. 9, S. 216.

tung der Sätze Belege für die von ihm benutzten Tänze gesucht und sie, auch die ungarischen Ausgaben, als eine Art Volksliedsammlung angesehen. „Wie bei diesen wäre über Nachmachen zu urteilen.“

Nachdem Brahms die Kuhé-Sammlung von André hatte einsehen und mit seinen Vorlagen vergleichen können, riet er umso mehr zu Vorsicht, denn er hatte sich überzeugt, „daß er die nötigen Vorlagen präsentieren kann.“ Das veranlaßte ihn zu der Frage, „Ob es ihnen nicht mehr schadet, wenn André hernach gewinnt“ Vor allem hatte er mittlerweile diagnostiziert, daß Kuhé „absichtlich mehr diese [ungarischen Ausgaben] kopiert als meine. Von mir nimmt er nur die Reihenfolge.“[81] Wo er eine Vorlage nicht gefunden hatte, war Kuhé in der Tat so vorsichtig gewesen, entsprechende Teile einfach wegzulassen, weil er nicht sicher sein konnte, ob sie nicht eigene Zusätze von Brahms waren. Der aber konnte die Vorlagen sämtlich präsentieren bis auf „Nr. 3 erster Teil und 7, [die] habe ich nicht gedruckt gesehen, ich hatte sie mit manchen anderen seinerzeit von Reményi gehört und behalten“, was ihn umso mehr in der Annahme bestärken mußte, es handele sich um volkläufige Melodien. So schrieb er in einem weiteren Brief warnend: „Nehmen Sie doch rasch Ihre Klage zurück - der Mann war vorsichtig und ist gerüstet ... Wo er keine ungrische Vorlage zeigen kann, läßt er weg! ... Ich bin versichert, zu dem, was bei K[uhé] fehlt, ... auch noch Vorlagen schaffen zu können. Unter solchen Umständen aber ist wohl eine Klage unmöglich! André ist ein sehr ängstlicher Mann, vielleicht läßt er mit sich reden. Mein Vergleich mit Volksliedersammlungen (der überhaupt für den Schund sich nicht gehört) gilt jetzt gar nicht, da Kuhé ganz augenscheinlich mich meidet, wo er meint, ich weide auf eigener Weide ... Vielleicht finde ich mehr, dann schicke ich, damit sie sehen, daß Kuhé noch besser häte suchen und aufschreiben können.“[82]

Mit anderen Worten: Brahms war dezidiert der Meinung, der Vorwurf, den man Kuhé wirklich machen könne, sei der schlampiger Quellenforschung; hätte er da sorgfältiger recherchiert, hätte er auch noch die Stücke finden können, die man mangels Vorlage weggelassen hatte, vielleicht weil er sie tatsächlich für original von Brahms stammend hielt. Aber der Vorwurf einer Verletzung von Urheberrechten, die nach damaligem Recht ganz beim Verleger lagen, ließ sich daraus nur schwer ableiten. Simrock hatte aber nicht auf Brahms' wohlbedachten Rat gehört und doch gegen André geklagt. Darauf bezog sich die Zeugenvorladung nach Wien bzw. jetzt Klagenfurt im Rahmen internationaler Rechtshilfe,

81 Briefwechsel Bd. 9, S. 218.
82 Briefwechsel Bd. 9, S. 219ff.

da Brahms ja für den in Berlin angestrengten Prozeß seinen ständigen Wohnsitz im Ausland hatte. - Nachdem die Geschichte aber publik geworden war, meldeten nun plötzlich auch Verleger der von Brahms benutzten Vorlagen aus Ungarn Ansprüche an. Er riet auch hier zu vorsichtigem Nachgeben: „Wäre ich nun die Hauptperson in der Geschichte mit Roszavölgyi, so würde ich ihm vermutlich recht vornehm und höflich schreiben und - falls sein Vorschlag sonst annehmbar - sein teilweises Recht anerkennen und mich mit ihm vergleichen … R. hat doch auf sehr weniges sich zu berufen. Das meiste ist eigentlich Volksmelodie und erst später zu Komponisten und Verleger gekommen."[83] Brahms selbst hatte eben stets nur Anspruch darauf erhoben, volkläufige Stücke durch seinen Satz in die Sphäre der Kunstmusik gehoben zu haben. Daß sie in dieser Fassung so populär und, nicht zuletzt durch die davon gemachten Bearbeitungen, durch sie erst wurde die Sache dann wirklich brisant, zu einem Bombengeschäft für Simrock würden, hatten weder Brahms, noch die Budapester Verleger vorhergesehen, denen er seine Bearbeitung 1867 angeboten hatte, nachdem er mit dem Konzertvortrag einzelner Stücke daraus dort so großen Erfolg gehabt hatte. Damals war man nicht interessiert gewesen, jetzt wollte man sich an den Erfolg anhängen; aber Simrock seinerseits gedachte nicht, mit anderen zu teilen.

Einige Zeit später eröffnete der Musikjournalist Wilhelm Tappert einen Neben-Kriegsschauplatz: Brahms hatte stets darauf bestanden klarzustellen, daß nur der Satz der Ungarischen Tänze von ihm stamme. Infolgedessen stand sein Name nicht über dem Titel, sondern darunter mit dem eindeutigen Hinweis „gesetzt von Johannes Brahms". So stand es auch auf dem bibliographisch maßgebenden Innentitel. Angesichts des ungeheuren Erfolgs der Sammlung und des zunehmenden internationalen Rufs des Komponisten hatte Simrock jedoch eigenmächtig den Außentitel auf dem Umschlag verändert in „Johannes Brahms. Ungarische Tänze", wie ja noch bis heute zumeist zitiert wird. Das war verkaufspsychologisch geschickt, denn es förderte den Umsatz Brahmsscher Werke, weil der Außentitel ins Auge sprang und nur der in den Auslagen der Sortimenter zu sehen war, wie ja andererseits der Name des immer bekannter werdenden Komponisten, der die Tänze in die Kunstsphäre überführt hatte, einen Kaufanreiz bot. Aber rechtlich war es zumindest fragwürdig. Tappert benutzte nun Simrocks Geschäftstrick zu Angriffen auf Brahms, der mit dieser Titelgestaltung die Urheberschaft an den Tänzen usurpiert habe, obwohl dem keineswegs so war. Simrocks offensive Verkaufsstrategie hatte mithin für Brahms Folgen, die er

[83] Briefwechsel Bd. 9, S. 223f.

nicht hatte abschätzen können, sie hat aber langfristig dazu geführt, daß er im allgemeinen Bewußtsein der Musikwelt als Urheber der Ungarischen Tänze gilt, der zu sein er nie für sich in Anspruch genommen hatte.

Simrocks Geschäftstüchtigkeit und Uneinsichtigkeit hatten ihn nun in eine Situation gebracht, die ihm ganz und gar nicht recht war. Als ihm die gerichtliche Vorladung ins Haus flatterte, ging ein etwas rat- und hilfloser Brief an den Verleger, dem gegenüber er sich zu Loyalität verpflichtet fühlte, obwohl er gegen seinen Rat gehandelt hatte: „Schreiben Sie mir doch rasch, wie, wieso, wiewas ich mich benehmen soll, wie und was, ich aussagen oder schriftlich von mir geben soll! Die verfluchten Ungrischen! Hätte ich damals eine Ahnung von ihrem Effekt und diesen Folgen gehabt, ich hätte sie und Sie gar leicht gegen Nachmachen schützen können."[84] Simrock hatte Brahms sogar veranlaßt, einen Aufsatz für eine Musikzeitschrift zu entwerfen; er tat es unter der Prätention eines Wiener Korrespondenten, besann sich dann aber eines besseren und ließ es beim unvollständigen Entwurf bewenden.[85]

Erfreulicher und rein privaten Charakters war eine andere Unterbrechung seines Kärntner Sommeraufenthalts; er besuchte Frau Schumann, die in Bad Gastein zur Kur weilte. Im Gegensatz zu ihm, der sich das geschenkt hatte, obwohl seine 2. Symphonie dort aufgeführt wurde, war sie auf dem Niederrheinischen Musikfest in Düsseldorf gewesen, vornehmlich um alte Freunde wiederzutreffen. Das Fest selbst hatte sie stark enttäuscht, nachdem wegen der Nationaltrauer über den Untergang des Passagierschiffs „Großer Kurfürst" mit vielen Toten und des Attentats von Nobiling auf Kaiser Wilhelm I. ohnehin keine rechte Feststimmung aufgekommen war. In ihrem Tagebuch hielt sie fest: „erst Brahms' 2. Symphonie, von Joachim sehr schön einstudirt, löste das Publicum von seinem Drucke und die befreiten Herzen machten sich Luft in ganz unbeschreiblichem Enthusiasmus. Ich habe einen solchen Jubel bei einer Orchestercomposition selten erlebt, nur einmal bei Roberts 1. und 4. Symphonie ... Ich hatte ein Gefühl von Glück, daß ich das erlebt, wie ich es kaum beschreiben könnte, und wie viel dachte ich an meinen Robert, der Brahms solche Erfolge vorausgesagt." Aber ihre langjährige Erfahrung mit dem Musikleben hatte sie auch kritisch gemacht und ließ sie die strukturellen Veränderungen des deutschen Musiklebens deutlich erkennen: „Die Feste haben sich überhaupt überlebt, seit man in jeder größeren Stadt große Chöre und Orchester und große

84 Briefwechsel Bd. 10, S. 78f.
85 Text bei M. Kalbeck: J. Brahms. Bd. 3, S. 114f.

Säle hat, und durch Eisenbahnen alles so leicht erreicht. Das war damals, als die Feste ins Leben traten, ganz anders, da konnte Einer ein ganzes Leben durchleben, ehe er einmal ein großes Oratorium hören konnte, Mancher konnte es nie."[86] Brahms hatte ihr zuvor eine ganze Anzahl neuer Lieder geschickt, zu denen sie in zwei ausführlichen Briefen Stellung genommen hatte. Mit ihr zusammen reiste er nach Berchtesgaden, wo man mit Simrocks zusammentraf. Auf der Rückfahrt machte er noch in Salzburg Station, um Joachims zu besuchen. Anfang August war er zurück in Pörtschach. Herzogenbergs hatten ihren Sommeraufenthalt in seiner Nähe gesucht, jedoch eingedenk seines Ruhebedürfnisses während seiner produktiven Zeit und seiner Abschirmung auch gegenüber vertrauten Freunden hatten sie es vorgezogen, in Arnoldstein südlich von Villach zu bleiben. So konnte man sich besuchen, ohne ihm jedoch durch permanente Nähe auf die Nerven zu gehen.

An neuen Werken förderte der zweite Pörtschacher Sommer überwiegend Lieder, kurze Klavierstücke und Wiederaufnahmen zutage. Das könnte nach der raschen Aufeinanderfolge der beiden ersten Symphonien eine schöpferische Atempause vor dem Ansatz zu einem weiteren großdimensionierten Werk gewesen sein und hat Kalbeck zu der Spekulation verführt, die ersten Entwürfe des 2. Klavierkonzerts B-Dur in diese Zeit zu verlegen, doch gibt es dafür keinerlei Beleg und es scheint mir von der Vorstellung geprägt, kleine Formen bedürften weniger kompositorischer Arbeit und Konzentration als große. Wie lange Brahms gelegentlich zwischen erstem Einfall und Realisation eines Werkes verstreichen ließ, dafür ist gerade der zweite Kärntner Sommer ein gutes Beispiel. Aber an das 2. Klavierkonzert sollte man in diesem Zusammenhang mangels Beweises doch noch nicht denken.

Die reifsten Früchte des Pörtschacher Sommers 1878 sind die beiden Motetten op. 74. „Hier ist die Erfüllung alter Formen mit neuem Geiste in bewunderungswürdiger Weise vollzogen,"[87] urteilte schon Hermann Deiters unmittelbar nach ihrer Veröffentlichung, und in verschiedenen Varianten sind sich alle Autoren einig in diesem Urteil. Dabei gehen beide Stücke auf die Phase der Erarbeitung des kontrapunktischen Satzes in seiner Entwicklung zurück. Selten sind wir so genau über die Entstehung eines Werkes unterrichtet wie bei der zweiten Motette. Der Text ist weihnachtlichen Charakters und von einer Sendung zum Weihnachtsfest schreibt denn auch Brahms am 30. Dezember 1860 aus Hamburg an Clara Schumann: „Ich wollte Dir auch etwas Geistliches beigelegt ha-

[86] B. Litzmann: Clara Schumann. Bd. 3, S. 377.
[87] H. Deiters: J. Brahms. Bd. 1, S. 350. Leipzig 1880.

ben, eine neue Motette, aber wie das bei mir geht, ich kam nicht zum Entschluß. - Weihnachtsabend schrieb ich sie aber doch ins Reine ab und dachte an Dich dabei."[88]

Daß es sich dabei um die zweite Motette aus op. 74 gehandelt haben muß, geht aus ihrer Antwort hervor, als sie das neue Stück doch noch erhalten hatte. Dort heißt es: „Den Choral habe ich zurückbehalten." und in ihrer Besprechung bezeichnete sie ihn als „sehr künstlich aus der Affaire gezogen, schön aber kann ich ein solches Chaos von aufeinanderfolgenden Harmonien nicht finden."[89] Vielleicht hat das Unverständnis, mit dem Frau Schumann dem Stück gegenüberstand, ihre massive Kritik, ihn dann veranlaßt, das neue Werk vorerst zurückzuhalten. Erst fast ein Jahrzehnt später, als Max Bruch Ende Februar 1869 von der Uraufführung seines „Rorate coeli" berichtete, antwortete ihm Brahms: „Kennen Sie denn die alte herrliche Melodie zum Rorate coeli? Ich habe gelegentlich eine ältere (mir liebere) deutsche Übersetzung in Motetten- und Variationenform gesetzt."[90] Es verging dann aber immer noch mehr als ein halbes Jahrzehnt, bevor er die Choralmotette zusammen mit der „Warum?"-Motette herausgab. Danach ist die Darstellung Kalbecks, Brahms habe die Melodie 1863/64 in Corners Großem katholischem Gesangbuch gefunden und dann die Choralvariationen geschrieben, zu korrigieren. Sie kommt in dieser Sammlung gar nicht vor, er hat sie vermutlich aus Meisters „Katholischem deutschen Kirchenlied" entnommen. Er hat sich dann im Sommer 1877 erneut mit dem Werk auseinandergesetzt, es einer letzten Überarbeitung unterzogen und Franz Wüllner, dem Freund mit der großen Chorerfahrung, gezeigt: „Da ich Dich doch einmal daran habe riechen lassen, so schicke ich hier die Motette. - Längst wollte ich Dir etwas für Deinen Chor schreiben; jetzt kommt's leider nach Torschluß - wenn die M[otette] überhaupt des Singens lohnt."[91] Nach Torschluß kam das Stück für Wüllner insofern, als er eben seine Stellung in München aufgegeben hatte, eine Testaufführung daher wohl nicht so leicht zu haben war, wie Brahms gehofft haben mag. Daß es sich bei der Sendung an Wüllner um eben diese Motette gehandelt haben muß, geht aus dem Antwortbrief klar hervor.

Der Text „O Heiland, reiß die Himmel auf" ist eine versifizierte Übersetzung des Introitus „Rorate coeli desuper" vom vierten Adventssonntag. Wie bei der ersten Motette aus op. 29 handelt es sich um eine Choralmotette, freilich ist der Choral ganz anders behandelt als dort,

88 Clara Schumann - Johannes Brahms. Briefe. Bd. 1, S. 346.
89 Clara Schumann - Johannes Brahms. Briefe. Bd. 1, S. 372.
90 Briefwechsel Bd. 3, S. 96.
91 Briefwechsel Bd. 15, S. 79.

nämlich in einer Folge von fünf Variationen. Brahms paßt den Satz jeweils dem Charakter des Textes der fünf Strophen an, läßt jedoch die eigentliche Choralmelodie, welche lediglich durch die Stimmen wandert, beinahe gänzlich unangetastet.

Der Versus I in einfachem Choralrhythmus ist nicht viel mehr als ein schlichter Kantionalsatz. Die Melodie liegt im Sopran und wird zu Beginn von Tenor und Baß vorausimitiert, nach dem Sopraneinsatz folgt noch der Alt imitierend nach. Durch Vorausimitation in Tenor und Alt wird auch jeweils der Raum zwischen dem Ende einer Choralzeile und dem Beginn der nächsten überbrückt. - Die zweite Strophe ist wesentlich bewegter. Geblieben ist die Vorausimitaton der ersten Choralzeile, aber sie erfolgt in doppelt so schneller Bewegung, und diese Viertelbewegung bestimmt auch im Folgenden in der Kontrapunktik den Charakter der Strophe, während die Melodie in ihrer ruhigen Bewegung in Halben unverändert darüber liegt.

In der dritten Strophe wird die Melodie, welche nun im Tenor liegt, zum ersten Male leicht verändert, freilich etwas äußerlich, indem jede Melodiezeile am Schluß gedehnt und durch Triolengänge erweitert wird. Die Bildlichkeit älterer Musik wird bemüht mit der Anabasis zu den Worten „aus der Erden spring“ (Sopran T. 54f) oder dem ähnlich vorstellungsgebundenen Anfang der Strophe „O Erd’ schlag aus!“ - Am stärksten geht die vierte Strophe auf den Charakter des Textes ein: „Hie leiden wir die größte Not“. Die Melodie liegt diesmal im Baß; obwohl sie noch im wesentlichen bestehen bleibt, gehen die Veränderungen hier an die Substanz, indem sie teilweise an den übrigen Satz angeglichen wird. Die schleppende Viertelbewegung des Adagio-Tempos, die Vorhalte auf der schweren Taktzeit, die engräumige Tonbewegung und die daraus resultierende stärkere Chromatik sind sämtlich ausdrucksbedingt und sprechen durch musikalische Mittel von der „größten Not“, in der sich die Menschen befinden, die des Erlösers harren.

In der fünften und letzten Strophe entfernt sich die Melodie am weitesten von ihrer Urform; hier freilich bricht auch die Kontrapunktik als tragendes Element am stärksten durch. Es ist ein Rahmensatz, wie ihn Brahms damals häufig schrieb, wenn der Baß konsequent im Verhältnis der Gegenbewegung zur Melodiestimme steht und die Innenstimmen diesen konstruktiven Rahmen ausfüllen. - Der kanonischen Führung der Außenstimmen in der letzten Strophe schließt Brahms dann noch einen strengen Doppelkanon in der Gegenbewegung auf das Wort Amen an, durch dessen Akkordgeschiebe, mit dem Frau Schumann sich zunächst anfreunden mochte, er der Motette einen wirkungsvollen und monumentalen Abschluß gibt. Es besteht kaum einen Zweifel, daß diese Motette gegen die erste künstlerisch abfällt. Stünde sie nicht unmittelbar neben einem so dominanten Werk, wäre sie wohl nicht so weithin vergessen worden, denn sicherlich gehört auch sie noch zu Brahms' bedeutenderen Leistungen im Bereich der geistlichen a-cappella-Musik.

In dem umfangreichen Brahmsschen Motettenschaffen ist die „Warum?"-Motette die einzige, in der er wirklich dem vielberufenen und in der Literatur immer wieder als sein Vorbild beschworenen Typus der Motette Bachs folgt, von der gleichfalls mehrsätzigen Vertonung des 51. Psalms in op. 29 gilt das ja nur bedingt. Mit ihrem Luther-Choral am Schluß steht sie auch der Motette als Form gottesdienstlicher Kunst am nächsten unter seinen geistlichen Chorwerken.

Wie bei der Sonate der erste der eigentliche Sonatensatz ist, so ist auch in dieser Motette der erste Teil der musikalisch und gedanklich entscheidende. Mit der zweimaligen Frage des gequälten Menschen nach dem Sinn des Leids und aller irdischen Schmerzen beginnt und schließt er, sie hat er auch noch zwischen die einzelnen Klagen des Hiob-Textes (Hiob III,20-23) eingeschoben: Warum? Musikalisch wird sie damit zum Mittel der Gliederung; aber so, wie er sie behandelt, ist sie mehr als das, ein fragender Aufschrei zuerst und eine resignierende Klage beim zweiten Male. Seltsam offen bleibt diese zweite Frage, an welcher die hellen Sopranstimmen nie beteiligt sind, wie das mehrfach bei Brahms als Ausdruck des Schmerzes der Fall ist. Vielleicht ist es dieser dunkle Klangcharakter, verstärkt dadurch, daß der Leitton nicht zur Tonika geführt wird, sondern zur Quinte herunterspringt, was das schmerzvoll resignierte, beinahe gestische Zurücksinken dieser musikalischen Frage vom ersten Augenblick an so eindringlich macht.

Das Hauptthema des ersten Satzes bildet eine so enge Symbiose zum Text, daß man es für eine Nachzeichnung der Sprachmelodie halten könnte. Es setzt bereits auf der letzten Silbe der zweiten Warum-Frage ein und ergänzt sozusagen deren fehlenden Leittonschritt zur Tonika. Dem mit dem Sprachakzent nicht übereinstimmenden rhythmischen Akzent mit der ersten Silbe des „Warum" auf der schweren Taktzeit wirkt Brahms entgegen durch den gleichfalls akzentuierenden höheren Melodieton auf der betonten zweiten Silbe. Der größte Sprung erfolgt auf das den Sinnakzent tragende Wort „Licht", aber es ist eine verminderte Quinte aufwärts, ein Saltus duriusculus im Sinne der musikalischen Rhetorik des 17. und 18. Jahrhunderts, ein ungewöhnlicher Sprung zur Markierung insbesondere emotional negativ besetzter Begriffe, denn dem „betrübten Herzen" ist das Licht einer trügerischen Hoffnung nur noch Vermehrung seiner Schmerzen. Mit den engen Melodieschritten am Schluß des Themas schließlich ist das Gequältsein der „Mühseligen" durch ein von Brahms immer wieder eingesetztes Ausdrucksmittel dargestellt.

Ein geradezu extremes Beispiel engräumiger melodischer Fortschreitungen als musikalischer Ausdruck des Gequältseins ist das dem Thema folgende und dem nächsten Einsatz entgegengestellte Kontrasubjekt. Den „betrübten Herzen“ ist eben „das Leben“ zur Qual geworden. Und diese beiden Begriffe verbindet Brahms durch solch beklemmende Stimmführung, die durch den zweiten Themeneinsatz noch intensiviert wird. Man möchte diese Linien und ihre Kombination als stringenten Fall einer den Sinngehalt des Textes deutenden musikalischen Interpretation darstellen. Leider hat die Sache einen gravierenden Haken: nach der heutigen Quellenlage müssen wir davon ausgehen, daß dieser Extremfall textbezogener thematischer Erfindung und satztechnischer Kombination mit einem ebensolchen Kontrasubjekt eine Kontrafaktur ist. Fugenthema und Kontrasubjekt stehen nämlich bereits als Agnus Dei in der ganz frühen Missa Canonica, von der entgegen früheren Informationen doch eine Abschrift in den Vereinigten Staaten den Zweiten Weltkrieg überdauert hat. Sie wurde erst im Zusammenhang seines 150. Geburtstages 1983 bekannt.

Brahms hat den Agnus-Dei-Satz der Kanonmesse eine Terz tiefer transponiert und verdichtet durch Verkürzung der Notenwerte auf die Hälfte sowie Streichung von Pausen, textbedingte Kürzung des Kontrasubjekts am Anfang und Erweiterung am Ende. Ein Problem ist die Textverteilung in der Kanonmesse: der verminderte Sprung fällt dort auf „Agnus **Dei**“ und hat dort selbstredend als rhetorische Figur keinen Sinn; die engen Schritte des Kontrasubjekts liegen zwar ähnlich ausdrucksbetont auf „miserere nobis“, doch war Brahms wegen des geringen Textumfangs genötigt, anschließend das Wort „miserere“ zweimal zu wiederholen, jedoch ohne das „nobis“, was natürlich einem liturgischen Text, der nicht zur Disposition eines Komponisten steht, Gewalt angetan ist. Man ist also einen Augenblick lang versucht, den Motettentext für den zu dieser Komposition gehörigen originalen zu halten, den Messetext für den kontrafizierten, weil eindeutig schlechter angepaßten, doch darf sich der Wissenschaftler eine derartige Spekulation gegen die Eindeutigkeit der Quellenlage nicht erlauben. Umso bewunderungswürdiger ist, in welchem Ausmaß Brahms 1878 diesen Satz aus seiner Jugend verdichtet und zum musikalischen Ausdrucksträger von solch intensiver Prägung gemacht hat. - Geblieben ist aus dem Agnus-Dei-Satz die reale Beantwortung des Themas, die nach der vorgenommenen Terztransposition in der Motette nicht mehr in f-Moll einsetzt, und bis a-Moll reicht, sondern beginnend mit d-Moll bei einem überzähligen, aber unvollständigen Einsatz im Sopran nach fis-Moll führt.

Nach der Zwischenschaltung des zweimaligen „Warum“ beginnt der weniger ausgeprägt polyphone mittlere Abschnitt, der in sich wiederum dreifach gegliedert ist und im Wesentlichen das gleich Thema dreimal abhandelt. Wenn dessen Kopf zu Beginn jedes Durchgangs kurz imitiert wird, so geschieht dies beim ersten und dritten Teil mit Bevorzugung des Quartintervalls, der erste Einsatz wird von Ober- und Unterquart förmlich eingekreist. - Nach dem erneuten zweimaligen „Warum“ wird auf das Hauptthema zurückgegriffen, das allerdings jetzt in raschere Bewegung im 3/4-Takt überführt wird. Auf Tonika und Unterquart auftretend, wird es jedoch nicht weiter kontrapunktisch verarbeitet, sondern im Unisono zweier Stimmen (zuerst Sopran und Tenor, dann Alt und Baß) vorgetragen, worauf ein stärker harmonisch bestimmter Nachsatz folgt, dessen aufwärts gerichtete Chromatik der fallenden und resigniert absinkenden Tendenz des ersten Abschnitts entgegengerichtet ist. Noch einmal steht am Ende des ersten Satzes die Frage nach dem Sinn des menschlichen Leids, und am Schluß bleibt sie so unbeantwortet und offen wie am Anfang, weil auch jetzt der Leitton nicht in die Tonika überführt wird.

Der zweite Satz über Klagelieder Jeremias III,41 ist der älteste der Motette, denn er basiert auf dem Benedictus, aus dem der Plan einer kanonischen Gesamtvertonung des Meßordinariums entwickelt wurde. Er hat aus dieser Phase noch die Besetzung mit zwei Sopranen, Alt und Tenor. Es handelt sich um einen vierstimmigen Gruppenkanon, dessen Thema nach einem halben Takt auf der Unterquart imitiert wird. Im Abstand eines Taktes wird dann dieser zweistimmige Kanon noch einmal auf der Unterquint imitiert. Die beiden Bässe treten erst in der Motettenfassung hinzu, nachdem alle Stimmen zum zweiten Male den Kanon begonnen haben, der damit in eine freiere Führung aufgelöst wird, mögen die beiden Bässe einander auch zunächst einen Takt lang imitieren und sich dabei an den Kanon anlehnen. Das ständige F (erst im Sopran, dann im Baß) in den letzten vier Takten drückt, wie auch sonst öfter bei Brahms, das unerschütterliche Vertrauen in die Hilfe Gottes aus, der im Text dieses Satzes angerufen wird. Obwohl es sich auch bei diesem Satz um eine Kontrafaktur handelt, ist sein Verhältnis zum Charakter des Textes ebenfalls eng. Die Geste der zum Himmel aufgehobenen betenden Hände ist durch die Anabasis sogar anschaulich gemacht.

Der dritte Teil aus dem Jacobus-Brief III,20-23 geht „im vorigen Zeitmaß“ des zweiten mit Wechsel zum 6/4-Takt weiter und greift musikalisch zurück auf den Schluß des zweiten. Wie kaum ein anderes Stück verbindet daher dieser dritte Satz die ganz frühe Schaffenszeit der Kanonstudien mit seiner späteren Satztechnik. Darauf weisen die ersten beiden Teile des Satzes hin, der erste dadurch, daß sich in ihm die Bewegung der Unterstimme verselbständigt und den Zusammenhalt des Stückes durch die Einheitlichkeit der Bewegung sichert ganz in der Weise, wie das später in dem letzten der Chöre aus op. 104 geschieht. Die stetige, durch die einzelnen Stimmen laufende Achtelbewegung unter der viergliedrigen Melodie zwingt den ganzen Teil zur Einheit zusammen. - In einem zweiten Abschnitt wird der Chor aufgespalten, aber es sind nicht mehr die Frauen- gegen die Männerstimmen gesetzt, sondern erster Sopran, Alt und zweiter Baß, sowie zweiter Sopran, Tenor und erster Baß werden jeweils zusammengefaßt und mit diesen beiden Gruppen ein scheinbar doppelchöriger Satz gestaltet, wie er zum tragenden Prinzip der doppelchörigen späten Motetten wurde. Gerade dieser Satz aber mündet in die Wiederaufnahme des Kanons aus dem zweiten Satz, sodaß in besonderer Weise diese Motette als die Mitte des Brahmsschen Werkes für Chor gelten kann. - Vielleicht ist mit dieser Wiederaufnahme zugleich beabsichtigt, eine gedankliche Verbindung zu dem Jeremias-Text des zweiten Satzes herzustellen. Wenn es dort heißt: „Lasset uns unser Herz samt den Händen aufheben zu Gott im Himmel", so ergänzt der Schluß des folgenden Satzes mit dem musikalischen Rückgriff: „denn der Herr ist barmherzig und ein Erbarmer."

Ganz nach dem Vorbild Bachs schließt Brahms seine wohl bedeutendste Motette mit einer Strophe eines Luther-Chorals. Aber nicht nur diese Tatsache, sondern vor allem die Art des scheinpolyphonen Kantionalsatzes, wie wir ihn aus den Bach-Kantaten und Passionen kennen, beschwört diese Assoziation. Dennoch ist der Schlußchoral dieser Brahms-Motette keine bloße Stilkopie, denn namentlich in der Harmonik zeigt er unverkennbar die Handschrift eines Komponisten aus dem späten 19. Jahrhundert. Aber auch im Satz treten Einzelzüge auf (vgl. etwa T. 5), die in dieser Weise bei Bach undenkbar sind. Für das Brahmssche Chorwerk hat diese Motette eine ähnliche Bedeutung wie das Deutsche Requiem für sein Gesamtschaffen. Sie ist gleichsam der Brennpunkt, in dem sich die verschiedenen Entwicklungszüge seines Schaffens von den frühen Studienjahren bis in die Reifezeit hinein in einmaliger und schlechthin vollkommener Weise vereinigen. Einflüsse der älteren Vokalmusik verbinden sich mit der rationalistischen Formstrenge modernen Denkens, dem das romantische Ausdrucksstreben, das von dem schmerzlichen Pessimismus des Menschen Brahms und der Frage des Menschen aus der Spätsphäre einer Kultur nach dem Sinn des Leidens handelt, bereits wieder suspekt geworden ist, zu einer einzigartigen Synthese. Es ist sicher die bedeutendste Motette, die seit Bach geschrieben wurde.

Programmatisch ist für diese selbstverständlich in alten (C-) Schlüsseln notierten Motetten die Widmung an Philipp Spitta, den für Brahms so aufgeschlossenen Bach-Biographen, so sehr, daß sie ihn fast schon wieder reute[92] und er Spitta etwas weniger Verfängliches widmen wollte. Sie blieb im Grunde nur stehen, weil die Ausgabe bereits gestochen war. Sie ist aber eigentlich auch mehr als eine Verneigung vor dem Bach-Forscher, dem Wiederentdecker Buxtehudes und Herausgeber der Werkausgabe von Schütz: sie ist ein Bekenntnis zu diesen alten Traditionen der Musik. Was die Musikforschung wiederentdeckte und in modernen Ausgaben zugänglich machte, wurde hier bereits wieder schöpferisch wirksam und fruchtbar umgesetzt.

Noch vor dem 9. Juli 1878 ging die Partitur an Billroth, damit sie in Wien kopiert werden konnte.[93] Drei Wochen später schickte er das Opus an Otto Dessoff, dessen musikalische Einfälle er zuvor einmal als nicht ausgereift bezeichnet hatte und dem er nun mit der ihm eigenen Mischung aus halbironischer Skepsis und festem Selbstbewußtsein gegenüber dem eigenen Schaffen seine Komposition als besondere, weil schöpferische Art der Kritik zusandte: „Ich lege eine Kleinigkeit bei, an der vielleicht - meine Bibelkenntnis zu loben ist. Zudem predigt es wohl besser als m[eine] Worte. Ich bin viel spazieren gegangen damit!“[94] Da Brahms jedoch um baldige Rücksendung bat, muß man wohl annehmen, daß er das Werk noch nicht ganz aus der Hand geben mochte. Daß dem so war, zeigt der Briefwechsel mit Elisabet von Herzogenberg, wenn es gerade mit dieser, von Brahms so verehrten Frau zu einer bedauerlichen Verstimmung kam, weil sie ohne sein Einverständnis die neue Motette zum Studium mitgenommen hatte. Am 15. August 1878 schrieb sie aus Arnoldstein einen ihrer liebenswertesten Briefe an Brahms:

> Lieber freundlicher Freund!
> Wissen Sie, mit der Motette verhält es sich so: Als Sie uns gnädigst erlaubten, die lieben Lieder mit hierherzunehmen, da sagte ich halblaut vor mich hin: „Und die Motette auch“, und da Sie nichts darauf erwiderten, sah ich's als eine stillschweigende Zustimmung an und ließ sie in den Notenpack mit hineingleiten. Aber sie war in guter Hut, und nachdem wir sie nun sehr gründlich geliebkost haben, erhalten Sie sie wohlbehalten hiermit wieder. Seien Sie nicht böse, um Gottenswillen! Ich bin ganz allein an dem Diebstahl schuld, hatte mir aber wirklich eingebildet, Sie drückten mit Bewußtsein ein Auge zu. Warum? Warum? sollten Sie mir auch dies unvergleichliche Vergnügen nicht vergunnen![95]

92 Briefwechsel Bd. 10, S. 86.
93 Billroth und Brahms im Briefwechsel. S. 268.
94 Briefwechsel Bd. 16, S. 184.
95 Briefwechsel Bd. 1, S. 71.

Schon Anfang Juli hatte er die Motetten dem Verleger Simrock angeboten: „Ich denke wohl 2 ganz überaus vortreffliche - herrliche - Motetten für Chor herauszugeben. Wollen Sie die etwa riskieren? Da es immerhin arme geistliche Geschöpfe sind, so denke ich mir, 500 Taler sollten sie sich als Almosen erbetteln. Sie sind (ich denke: besser als sonstiges Derartiges von mir) aber auch recht praktisch und wirkungsvoll. Die eine ist schwieriger, dafür aber sind mehrere kleine Nummern darin, die vortrefflich allein gesungen werden können in Kirche und Konzert. - Nun aber: wenn Sie überhaupt (vielleicht für das eigene Seelenheil) so etwas tun wollen, dann möchte ich gern vorher einige Stimmen drucken lassen, um mir die Geschichte vorsingen lassen zu können."[96] Ob es zu einer solchen Probeaufführung gekommen ist, wissen wir nicht; die Uraufführung der „Warum"-Motette fand im Dezember 1878 im 2. Gesellschaftskonzert in Wien unter Eduard Kremser statt, die der Choralvariationen erst am 30. Januar 1880 unter Julius Spengel in Hamburg.

Im Juli 1878 kündigte Brahms seinem Verleger eine Sammlung von Vokalduetten an, denen er die an die Motetten anschließende Opuszahl 75 gab. Ursprünglich war von fünf Stücken die Rede, wirklich herausgegeben hat er dann aber nur vier, von dem doch nicht veröffentlichten Stück kennen wir nicht einmal den Text. Von der Tendenz zum Dialoglied schon in seinen frühesten Liedern war bereits die Rede. Sie führte ihn konsequenterweise zum Duett, von welcher Gattung in den Opera 20, 28, 61 und 66 bereits sechzehn Stücke vorlagen, als er sich 1877 erneut dieser Gattung zuwandte. Herders ganz als Dialog gestaltete grausige „Edward"-Ballade hatte ihn schon als jungen Menschen so fasziniert, daß er sie in op. 10 als textlose Klavierballade gestaltete. Jetzt griff er sie erneut auf für eine tiefe Frauenstimme der Mutter, die ihren Sohn zum Vatermord angestiftet hat, und eine hohe Männerstimme des jungen Sohnes, der die Tat begangen hat, sie aber im Dialog mit der Mutter zunächst verschleiert, er habe seinen Geier, dann sein Rotroß erschlagen, bis die grausame Wahrheit ans Licht kommt über die Tötung des Vaters, die ihn schon so bitter reut, daß er zur Sühne die Heimat, Haus und Hof, Weib und Kind verlassen, dem Verfall und der Armut preisgeben will, der Mutter aber als Anstifterin des Vatermordes Fluch und Höllenfeuer hinterlassend.

Diese von Herder aus dem Englischen in die deutsche Literatur eingeführte Ballade zeigt besonders exemplarisch die Spannung dieser im Prinzip zur erzählenden Dichtung gehörenden Gattung, die durch Einführung der wörtlichen Rede ein Element des Dramatischen in sich auf-

96 Briefwechsel Bd. 10, S. 79f.

nehmen kann. Hier liegt nun der seltene Sonderfall vor, daß ein ganzes Werk als Dialog angelegt ist. Die Herausforderung, eine solche Sonderform als Lied zu gestalten, dürfte das sein, was Brahms an der Ballade so gereizt hat, daß er sie gleich zweimal und in so unterschiedlicher Form musikalisch gestaltet hat. In diesen Zusammenhang gehört wahrscheinlich auch seine Erwägung, die Vertonung des Textes für Chor und Orchester zu bearbeiten, nachdem Robert Schumann mit so großen Besetzungen von Balladen experimentiert hatte. Ob das bei einem reinen Dialog zwischen zwei Personen wirklich eine glückliche Idee gewesen wäre, kann dahingestellt bleiben, da er den Plan aufgegeben hat, nachdem Otto Dessoff davon abgeraten hatte.

Die Vertonung der „Edward"-Ballade ist eine der wenigen auf Steigerung hin angelegten Formen in Brahms' Schaffen, allerdings ist das ja ausdrücklich vom Text vorgegeben. Das Stück beginnt im Pianissimo mit leeren vierfachen Oktaven, die von der Halben Note im Baß über Achtel in der Mittellage bis zu Sechzehnteln in der rechten Hand immer bewegter werden, vielleicht Ausdruck des rasenden Pulsschlags eines Menschen, der sich nach der Herkunft des Blutes am Schwert des Sohnes erkundigt, obwohl er als Anstifter das grausige Faktum des Vatermords zumindest ahnen müßte. Die ganze erste Strophe hindurch behält Brahms diesen Orgelpunkt auf der Dominante bei, eine gänzlich andere Verwendung dieses Stilmittels, als wir sie bislang beobachten konnten, wo er stets affirmativ eingesetzt war für Glaubensfestigkeit oder Vertrauen in Gottes Wort. Der Orgelpunkt der Dominante hat hier etwas Destabilisierendes, weil er die gesamte Melodienfolge als Quartsextakkord denunziert, der seinem Wesen nach instabil ist. Es ist das ostinate Fragen dessen, der das Resultat kennt oder zumindest ahnt und dessen Frage im Grunde geheuchelt ist. Ein Lehrstück Brahmsscher Textbehandlung und Melodiebildung ist die Vertonung der ersten Strophe, die sich zunächst mit Quartauftakt im Rahmen einer Terz, das heißt auch im Quartsextakkord, bewegt, der durch den Orgelpunkt bereits vorgegeben ist. Die Anrufung des Namens mit der Rufterz wird zum Gegenpol. Die Wiederholung der fragenden ersten Zeile wird intensiviert, in dem sie vom Blut am Schwert auf die psychische Befindlichkeit des Mörders überspringt. Brahms nimmt das musikalisch auf, indem er die Melodie nur um eine Sekunde nach oben erweitert, aber der Akzent, der über dem beibehaltenen Dominant-Orgelpunkt nun zur Subdominante springt, also auch harmonisch akzentuiert, liegt auf dem Reizwort „Blut", erweitert die bisherige überwiegend schrittweise Melodieführung in zwei Quartsprüngen abwärts und setzt die psychische Befindlichkeit „traurig" in eine Katabasis gestisch resignierend um. Brahms ist auf dem Höhepunkt seiner Fähigkeit, durch geringfügige Variantenbildung psychische Valeurs musikalisch erfahrbar zu machen.

Auch die zweite Strophe, die Gegenstrophe des Sohnes, behält den Dominant-Orgelpunkt als Moment der Vereinheitlichung und der Klarstellung bei, daß wir uns im Bereich der Epik befinden, daß Dialog zwar ein Element, jedoch eines der Erzählung ist. Aber er ist in charakteristischer Weise verändert, erscheint nicht mehr in klaren Halbenoten, sondern von Pausen unterbrochen in nachschlagenden Achteln, stockend als Kennzeichen eines „stolpernden" Herzschlags des Täters, der die Wahrheit kennt, davon ausgehen muß, daß sein Gegenüber sie zumindest ahnt und sie doch zu verschleiern sucht. Die Stimmlagen von Alt und Tenor als Träger von Strophe und Gegenstrophe sind überdies nicht nur durch den Stimmcharakter von Frauen- und Männerstimme dargestellt, sondern auch durch die tonale Funktion: die Mutter mit der Tonika (in Quartsext-Lage), der Sohn durch die Dominante.

Die dritte Strophe enthält eine Tatsachenfeststellung: die Mutter entlarvt die erste Ausflucht des Sohnes, der Orgelpunkt verschwindet, es bleibt die aufgeregte, aber ausharmonisierte Sechzehntel-Begleitung und die Worte der Mutter werden vom Klavier oktavierend unterstrichen. Mit der vierten Strophe, die ja eine weitere Ausflucht des Sohnes vor der Wahrheit enthält, tauchen dann auch die pausenunterbrochenen, nachschlagenden Achtel im Baß wieder auf, der Orgelpunkt allerdings ist nur noch auf die ersten Takte beschränkt und hat auch zur Tonika gewechselt. Die Mutter schlägt ihm in der folgenden Strophe dem Sohn auch diese Ausflucht aus der Hand, musikalisch ist sie daher der zweiten entsprechend angelegt.

Die entscheidende Strophe mit dem Eingeständnis des Vatermordes ist von Brahms dagegen anders angegangen worden, der Erregung entsprechend ist die Stimmlage höher gelegt, die Begleitung vollständig ausharmonisiert worden, vereinheitlichend hat Brahms jedoch den Grundduktus der Melodie und das Nachschlagen der Begleitung beibehalten; er vertont eben nicht eine fortschreitende dramatische Handlung, sondern einen strophisch gegliederten Erzähltext. Die Haltung der Mutter hat sich durch das Geständnis ja nicht geändert, sie hat es schon wenigstens geahnt, infolgedessen bleibt ihre Grundmelodie erhalten, auch der Orgelpunkt tritt wieder auf, aber er ist jetzt Bestandteil eines tonal instabilen verminderten Septakkords geworden. Der Sohn antwortet erneut mit dem nachschlagenden Orgelpunkt im Baß, die rechte Hand der Begleitung terzt seine Melodie in nachklappenden Triolen aus. Die Schilderung der furchtbaren Folgen der grausigen Tat sind ein Moment resignierender Ruhe und setzen daher keine neuen musikalischen Mittel ein. Der letzte Höhepunkt der Ballade aber ist der Fluch auf die so scheinheilig fragende Mutter als Anstifterin des Vatermords und wird dementsprechend von Brahms musikalisch zu dem Geständnis parallelisiert, nur die nachschlagenden Achtel der Begleitung werden verändert zu wuchtigen Akkordschlägen, denn hier geht es nicht mehr um ein reumütiges Geständnis, vor dem er sich gedrückt hatte, sondern die aktive Wendung gegen die Anstifterin. - Die relativ ausführliche Analyse des vielleicht wichtigsten Stücks der Sammlung möge stellvertretend belegen, mit welcher Präzision der musikalischen Textumsetzung Brahms auf dem Höhepunkt seiner Gestaltungsfähigkeit selbst eine so verhältnismäßig kleine Form baut.

Das gewichtigste Werk des zweiten Pörtschacher Sommers ist fraglos das Violinkonzert D-Dur op. 77. Daß er selbst an ein Werk dieser Gattung dachte, mag sich vielleicht in der für seine Verhältnisse ausführlichen Charakterisierung des a-Moll-Konzertes von Giovanni Battista Viotti angekündigt haben, die er kurz nach seiner Ankunft in Pörtschach auf deren Nachfrage an Clara Schumann schickte. Sie hatte das Werk im Programm des Niederrheinischen Musikfestes angekündigt gesehen, aber offensichtlich keine Vorstellung damit verbunden: „Das A moll-Konzert von Viotti ist meine ganz besondere Schwärmerei, und ich glaube, Joachim hat es auch meinetwegen gewählt! Es ist ein Prachtstück, von einer merkwürdigen Freiheit in der Erfindung; als ob er phantasiere, klingt es, und alles ist meisterhaft gedacht und gemacht ... Daß die Leute im allgemeinen die allerbesten Sachen, also Mozartsche Konzerte und obiges Viotti nicht verstehen und nicht respektieren - davon lebt unsereiner und kommt zu Ruhm. - Wenn die Leute eine Ahnung hätten, daß sie von uns tropfenweise dasselbe kriegen, was sie dort nach Herzenslust trinken können!“[97] Der früheste Beleg dafür, daß er derartiges in Arbeit hatte, ist ein Brief vom 21. August 1878 an Joseph Joachim, er „schickte Dir gern einige Violinpassagen! Die dazu gehörige Bitte brauche ich kaum auszusprechen, und es frägt sich nur, ob Du nicht so versunken in Mozart und vielleicht Joachim selbst bist,[98] daß Du dafür ein Stündchen Zeit hast.“[99] Einen Tag später war ihm dann aufgegangen, daß Joachim mit der reinen Violinstimme allein ja nicht viel anfangen konnte, wenn er nicht wußte, aus welchem Kontext sie stammte. Deshalb jagte er einen Brief hinterher: „Jetzt, wo ich ausgeschrieben habe, weiß ich doch eigentlich nicht, was Du mit der bloßen

[97] Clara Schumann - Johannes Brahms. Briefe. Bd. 2, S. 145.

[98] Brahms wußte, daß Joachim an Variationen für Violine und Orchester arbeitete, die im Februar 1881 in Berlin uraufgeführt wurden.

[99] Briefwechsel Bd. 6, S. 140.

Stimme sollst! - Ich wollte Dich natürlich bitten zu korrigieren, meinte, Du soltest nach keiner Seite eine Entschuldigung haben - weder Respekt vor der zu guten Musik, noch die Ausrede, die Partitur lohne der Mühe nicht. Nun bin ich zufrieden, wenn Du ein Wort sagst, und vielleicht einige hineinschreibst: schwer, unbequem, unmöglich usw. - Die ganze Geschichte hat vier Sätze; vom letzten schreib ich den Anfang - damit mir gleich die ungeschickten Figuren verboten werden!"[100]

Wenn am 21. August bereits drei Sätze und der Anfang eines vierten versandfertig vorlagen, wird wenig wahrscheinlich, daß er das Werk erst im August entworfen und konzipiert haben soll. Ein Werk dieses Ausmaßes hat auch Brahms auf dem Höhepunkt seiner Gestaltungsfähigkeit kaum in drei Wochen von der ersten Idee an so weit fertig machen können, daß er es dem erfahrenen Violinisten Joachim zur Begutachtung vorlegen konnte. Joseph Joachim reagierte erst einmal mit einer gewissen Ratlosigkeit, weil er ohne Partitur die ihm zugesandte Violinstimme kaum beurteilen konnte, sich den musikalischen Zusammenhang vorstellen sollte, ohne das Werk zu kennen. Selbst hinsichtlich der violintechnischen Probleme stand er vor Rätseln, weil eben manches, was sich spieltechnisch im Studium durchaus bewältigen ließ, in der Stress-Situation einer öffentlichen Aufführung vor tausend Menschen denn doch nicht so herauskommt, wie man es sich vorgestellt hat. Ihm wäre wohler gewesen, wenn man im persönlichen Gespräch, wenn nicht noch während des beiderseitigen Urlaubs, dann vielleicht in Baden-Baden oder bei Rudolf von Beckerath in Rüdesheim die Aspekte hätte besprechen können.

Mitte Oktober war erstmals von einer Probeaufführung mit dem Hochschul-Orchester in Berlin die Rede; wegen des Ferienbeginns hätte die allerdings bis zum 21. Dezember bereits durchgeführt sein müssen. Die Uraufführung hatte Joachim für das Neujahrskonzert im Gewandhaus Leipzig geplant. Am 23. Oktober stellte Brahms jedoch von einer Konzertreise nach Breslau aus, wo er seine Alt-Rhapsodie und die 2. Symphonie dirigiert und in einer Kammermusik-Soiree den Klavierpart seines Quartetts op. 26 gespielt hatte, auf einer offenen Postkarte an Joachim den in Aussicht genommenen Termin der Uraufführung wieder in Frage: „Bestimmtes kann ich den Augenblick nicht sagen, zumal ich doch über Adagio und Scherzo gestolpert bin."[101] Das heißt, er hatte die geplante viersätzige symphonische Anlage des Werkes aufgegeben und die aufeinander bezogenen Binnensätze verworfen. Das ist umso er-

100 Briefwechsel Bd. 6, S. 140f.
101 Briefwechsel Bd. 6, S. 146.

staunlicher, als er drei Wochen zuvor vom 26. bis 28. September 1878 aus Anlaß des fünfzigjährigen Bestehens der Philharmonischen Gesellschaft in Hamburg, wo er ebenfalls die 2. Symphonie dirigiert hatte, mit Joseph Joachim zusammengetroffen war, der dort mit Carl Bargheer Spohrs Doppelkonzert h-Moll aufgeführt hatte. Dabei haben die Freunde offenbar noch über die viersätzige Version gesprochen, denn Joachim erfuhr ja erst durch die Postkarte von Brahms' Entschluß, die Binnensätze aufzugeben und durch einen neuen Mittelsatz zu ersetzen.

Im November machte Brahms die Konfusion vollständig, indem er Joachim seine Mitwirkung und die Uraufführung des nun dreisätzigen Violinkonzerts für eine Österreich- und Ungarn-Tournee anbot, welche dieser zugunsten der geplanten Uraufführung im Leipziger Neujahrskonzert verschoben hatte:

> Ich wollte Dir nämlich meine Finger anbieten für Deine Konzerte hier, dagegen mein Konzert für Violine gern noch für mich behalten. Zu ersterem habe ich mich durchaus nicht entschließen können, ich schäme und ärgere mich deshalb.
>
> Gar zu sehr habe ich meine Abneigung gegen alles Konzertieren anwachsen lassen und gar zu sehr mich daran gewöhnt, nur mir vorzuspielen. Nun aber ist es mir ein ganz trostloser Gedanke, daß Du Dich in hiesigen Landen herumtreiben sollst und ich ganz stumm danebenstehen. Da könnte denn nur mein Konzert helfen, das wir hier, in Pest oder Prag musizieren könnten und wäre nicht Deine Reise, so hätte ich das Konzert jedenfalls einstweilen liegen lassen, ich halte es - doch usw. Eine Stimme habe ich schön schreiben lassen und möchte Dir die Partitur dazu schicken, damit Du mir ehrlich sagen kannst - ob das denn Gastfreundschaft heißt! Die Mitelsätze sind gefallen - natürlich waren es die besten! Ein armes Adagio aber lasse ich dazu schreiben.
>
> Den Leipzigern schenken wir wohl besser das Vergnügen, hier können wir's schließlich noch am Klavier überlegen.[102]

Mit anderen Worten: das Konzert in der neuen dreisätzigen Fassung war fertig, aber er mochte damit noch nicht an die Öffentlichkeit gehen, wollte es lieber noch in Ruhe und ohne Aufführungsdruck in Wien mit Joachim am Klavier kritisch durchgehen und dann die Uraufführung in Budapest oder Prag vonstatten gehen lassen anstelle des pressegesättigten Leipzig, wo sie jedenfalls mehr Aufmerksamkeit gefunden hätte. Eine Uraufführung in Prag oder Pest wäre weniger spektakulär und verbindlich gewesen. Die Probeaufführung in einer kleineren Stadt, bevor er mit einem neuen Werk in die Musikzentren ging, blieb mithin auch noch nach dem durchschlagenden Erfolg der 2. Symphonie mit den Wiener Philharmonikern eine Konstante seines Denkens.

Das blieb auch noch so, nachdem er praktisch Zeitpunkt und Ort der Uraufführung des Violinkonzerts Joachim anheimgegeben hatte: „In

102 Briefwechsel Bd. 6, S. 147.

Pest wär's eigentlich lustig! Sehr recht ist mir auch, wenn wir es hier gemütlich am Klavier betrachteten und Du es ganz gelegentlich probierst. Kurz, mache was Du willst."[103] Für den Fall, daß Joachim an dem ursprünglichen Uraufführungs-Termin zu Neujahr 1879 in Leipzig festhalten wolle, kündigte Brahms seinen Besuch vorher in Berlin an, um das Werk mit ihm in seiner Wohnung am Klavier im Einzelnen zu besprechen. Erst am 15. Dezember kam Joachim von einer Tournee nach Holland zurück; zwei Wochen vor der geplanten Uraufführung war also noch immer alles in der Schwebe. Nun aber stellte Joachim die Dinge klar: er habe zu keinem Zeitpunkt mit Brahms als Klavierpartner seiner Ungarn-Tournee gerechnet, aber „es ist gar lieb von Dir, Dich nun gar mit einer Art von Kater zu plagen und in Deinen viel gescheiteren tagtäglichen Vorhaben zu beunruhigen. Gestehen will ich immerhin, daß ich auf Dein Violinkonzert als eine Art idealen Lohn für das mir eigentlich unleidliche und im Interesse meiner unmündigen Würmer unternommene Konzertkutschieren hoffte, ja weiterhin bekennen, daß ich in dem Nichtzustandekommen des mir lieben Gedankens mit Deinem Konzert (...), eine Art von Strafe des Schicksals dafür erblickte, daß ich einst in Wien lässig nachgiebig genug ... war, und auf Dein Klavierkonzert für den Redoutensaal verzichtete. Denn alle Schuld rächt sich für tiefer fühlende Menschen auch äußerlich immer einmal ...- Nun wäre es ja unverdient glücklich, wenn ich doch die Freude haben sollte, Dein Stück mit Orchester zu spielen."[104] Er machte auch gleich einen heute etwas abenteuerlich anmutenden, ganz auf ihn zugeschnittenen Programmvorschlag, ein typisches Mischprogramm, das eigentlich für ein Musikzentrum nicht mehr angemessen war: 1. Beethoven-Violinkonzert, 2. Gesang, 3. zwei Sätze aus Bachs Solosonate C-Dur, 4. Joachims Kleist-Ouvertüre, 5. Brahms' Violinkonzert. Eine rasche Entscheidung war jetzt allerdings dringend erforderlich, nicht zuletzt mit Rücksicht auf Joachims Klavierpartner bei der geplanten Ungarn-Tournee.

Selbst am 17. Dezember, also nur zwei Wochen vor der geplanten Uraufführung, ließ Brahms die Entscheidung immer noch offen, ihm wäre sie in Pest immer noch lieber gewesen. Nur in einem Punkte widersprach er entschieden: Das Violinkonzert von „Beethoven dürfte wohl nicht vor meinem kommen - natürlich nur, weil beide aus D dur gehen. Vielleicht umgekehrt - aber es ist viel D dur - und nicht viel anders." Joachim hatte die musikhistorische Dimension des Brahms-Konzerts also durchaus erkannt, aber Brahms konnte sein Werk eben nicht nach

103 Briefwechsel Bd. 6, S. 148.
104 Briefwechsel Bd. 6, S. 149f.

dem Beethovens durchgehen lassen. Auch von Leipzig wurde er weiter gedrängt, obwohl er dort schon abgesagt hatte. Er überließ also tatsächlich die Entscheidung Joachim: „Gerichtet habe ich mich darauf, im Falle Du willst. Ich schrieb schon, daß ich dann einige Tage früher nach Berlin komme, damit wir am Klavier probieren können. Solltest Du für Leipzig sein, so wäre es mir lieb, dies so schnell wie möglich zu wissen."[105]

Erst am 19. Dezember 1878 fiel die endgültige Entscheidung und zwar durch Joseph Joachim: „Ich will es riskieren, wenn Du recht nachsichtig sein willst, es am 1ten in Leipzig zu spielen: es sind wirklich ungewohnte Schwierigkeiten darin."[106] Dabei hatte er selbst noch am 28. ein Konzert in Berlin mit dem dort noch nie gespielten a-Moll-Konzert von Viotti, Brahms' Alt-Rhapsodie, von seiner Frau gesungen, seiner Kleist-Ouvertüre, Beethovens „Ah perfido"-Szene und seinem eigenen Violinkonzert in Ungarischer Weise am Schluß. Postwendend signalisierte Brahms sein Kommen: „Das sind am 28ten ja lauter Sachen, die ich leidenschaftlich gern höre - selbst meine Rhapsodie, wenn Deine Frau sie singt. Ich werde also wohl dabei sein."[107] Am ersten Weihnachtstag fuhr Brahms nach Berlin; aber es bleibt das Faktum, daß für die Vorbereitung der Uraufführung einschließlich der notwendigen Proben mit dem Gewandhaus-Orchester und der Reise nach Leipzig nur noch drei Tage blieben.

Das kann der Einführung und Durchsetzung des Konzerts in Leipzig nicht gerade förderlich gewesen sein. Man braucht gar nicht, wie Kalbeck das tat,[108] darüber zu spekulieren, ob Joachim an dem Tage indisponiert gewesen sei. Das Stück war für den Solisten wie für das Publikum zu ungewöhnlich, als daß man es unter dieser Terminhetze bei den Hörern hätte durchsetzen können; das hätte allenfalls gut gehen können, wenn Joachim das Werk wirklich souverän bewältigt gehabt hätte. Aber dafür war eben die Zeit zu kurz gewesen. Außerdem hat man es, wie übrigens alle Brahms-Konzerte, für zu symphonisch gehalten. Es gab dem Solisten für den Geschmack der Zeit zu wenig Gelegenheit zu glänzen. Dem großen Geiger Pablo de Sarasate wird der Ausspruch nachgesagt, man möge ihn doch nicht für so geschmacklos halten, mit der Geige in der Hand dazustehen und zuzuhören, wie die Oboe die einzige Melodie des Stücks vortrage. Er spielte das Werk nie. Es ist übrigens ein Vorurteil der Brahms-Literatur, das Violinkonzert, an dessen Entstehung

105 Briefwechsel Bd. 6, S. S. 151.
106 Briefwechsel Bd. 6, S. 152.
107 Briefwechsel Bd. 6, S. 152.
108 M. Kalbeck: J. Brahms. Bd. 3, S. 212.

der Widmungsträger Joachim so starken Anteil hatte, sei in der Folgezeit sozusagen **sein** Stück gewesen. Er hat es mit Sicherheit in England durchgesetzt und von dort aus verbreitete sich sein Ruf. Aber der Geiger, der es am häufigsten öffentlich vorgetragen hat, war Hugo Heermann aus Frankfurt/Main. Brahms' Tendenz, vor der Uraufführung noch einen Abstecher nach dort zu machen,[109] galt wahrscheinlich sogar ihm und Joachims Beharren auf dem von Brahms ungeliebten frühen Termin der Uraufführung vielleicht unausgesprochen dem Wunsch, genau dies zu hintertreiben. In der Zahl der Aufführungen zu Brahms' Lebzeiten folgt ihm, noch weit vor Joachim, Gabriele Wietrowetz (1826-1927), die in diesem Zusammenhang in der Literatur überhaupt nicht genannt wird, und selbst der Historiker des Violinspiels, Boris Schwarz, der noch ihr Schüler gewesen war, wußte gar nicht, daß sie es überhaupt gespielt hat. Erst dann folgen Joseph Joachim und zwei Geiger der nächsten Generation gleichauf: Marie Röger-Soldat und Karl Hallir.

Jedenfalls wurde das herrliche und so offensichtlich von der Schönheit und Wärme Kärntens durchströmte Werk - auch wenn es nur teilweise dort entstanden ist - bei der Uraufführung lediglich mit gedämpftem Interesse aufgenommen, wofür man wohl nicht einmal das Publikum schelten kann, denn nicht nur hatte der Solist das Werk noch nicht ganz bewältigt, sondern auch Brahms war sicht- und hörbar nervös und sei es um der beinahe albernen Geschichte willen, daß er durch einen Besuch gehindert worden war, sich rechtzeitig zum Konzert umzukleiden und zum Frack mit einer grauen Straßenanzugshose auf dem Podium erschien. Zu allem Überfluß hatte er bereits die Hosenträger abgeknöpft gehabt und in der Auftrittsnervosität versäumt, sie wieder zu befestigen, sodaß ihm das Hemd aus der rutschenden Hose quoll, auch nicht gerade eine ideale Voraussetzung, Konzentration, Ruhe und Sicherheit ins Orchester auszustrahlen. Kurz: mangelnde Vorausplanung und Kurzatmigkeit des Anberaumens der Uraufführung rächten sich. Aber es war Brahms nicht entgangen: „Vor allen Dingen … wollen die Musiker immer mehr Dich hören als meine Noten spielen. Sie sehen immer seitwärts am Pult vorbei; sehr fatal, aber begreiflich."[110] Brahms hat dann doch noch getan, wozu vor der Uraufführung keine Zeit mehr geblieben war, nämlich die Violinstimme, aber auch nur die, an Hugo Heermann nach Frankfurt zu schicken, um auch seinen Rat zur Spielbarkeit und gegebenenfalls deren Erleichterung einzuholen.[111] Wirklich

109 Briefwechsel Bd. 6, S. 151.
110 Briefwechsel Bd. 6, S. 154.
111 Vgl. Briefwechsel Bd. 6, S. 153.

durchgesetzt hat sich das Werk nach Aufführungen in Budapest und Wien, sowie mit Joachims England-Tournee, wo er vom zweiten Konzert an die Solopartie auswendig spielte, das Werk also wirklich beherrschte.

Unüberhörbar ist die Nähe des Violinkonzerts zu der ein Jahr zuvor, ebenfalls in Pörtschach entstandenen 2. Symphonie. Das betrifft einmal die melodienselige Heiterkeit aller Werke der drei Kärntner Sommer, geht aber weiter mit der gleichen Tonart D-Dur, dem gleichen Grundmetrum der Kopfsätze und der Dreiklangs-Betontheit der Hauptthemen. Das gilt insbesondere für das achttaktige Mottothema, das unisono von Fagott und tiefen Streichern, zu denen im vierten Takt die Hörner treten, vorgetragen wird. Es bewegt sich, den Durchgangsvorhalt vor der Quinte ausgenommen, ausschließlich im Dreiklang der Haupttonart D-Dur; erst mit der Dominantkadenz tritt der erste Akkord auf. Der Nachsatz (T. 9-17) ist in beinahe allen Bezügen Kontrast zu diesem Tonikabezogenen Motto, er besteht ausschließlich in schrittweiser Bewegung einer Oberstimme (Oboe in der zweigestrichenen Oktave), wird von den Streichern ausharmonisiert, steht an sich in der Parallele der Subdominante e-Moll, wird aber von den Streichern trugschlüssig in C-Dur begleitet, das entschieden zur Haupttonart quersteht, auch wenn man es als terzverwandt zum A-Dur-Schluß des Mottos deuten könnte. In diesem Spannungsverhältnis der Janusköpfigkeit des Nachsatzes ist insbesondere die Modulationsfähigkeit für die weitere Entwicklung des Satzes angelegt. Es folgt ein weiterer Unisono-Abschnitt, nun des ganzen Orchesters und über drei Oktaven reichend, der metrisch (in T. 17) mit der Dominantkadenz des Nachsatzes verschränkt ist und B als Neapolitaner zu A-Dur ins Spiel bringt, das über F-Dur zur terzverwandten Haupttonart zurückgeführt wird, dreimal kadenziert Brahms mit diesem Abschnitt, zuletzt mit der Vollkadenz der Haupttonart, und leitet damit über in die Wiederholung des Mottothemas, nun im vollen Orchester, ausharmonisiert und in strahlendem Fortissimo (T. 27ff) und mündet ein in die doppelt beschleunigte, auf einen Takt kontrahierte Weiterentwicklung des Mottos, das in T. 41 abrupt auf der Dominante endet und mit jähem Dynamikwechsel ein weiteres lyrisches Themengebilde in Horn und Oboe freisetzt (T. 42), das im Folgenden weiterentwickelt wird. Die Kadenz erfolgt im dreifachen Pianissimo nach Fis-Dur und wird in den Holzbläsern gefolgt von einem Unisono-Gebilde (T. 61), das vielleicht bereits auf das Kopfthema der 3. Symphonie vorausweist. Es folgt dann noch eine Überleitung zum Seitensatz, die in konsequenter Gegenbewegung nur noch das Ziel verfolgt, dessen Tonart A-Dur mit Leitton von oben und unten zu befestigen. Die Vielfalt dieses Hauptthemen-Komplexes ist mithin ebenso entwicklungsträchtig wie eigentlich für Brahms atypisch und erinnert an sein Wort zu Hanslick, in Kärnten flögen die Melodien nur so herum, daß man sich hüten müsse, keine zu zertreten.

Der Seitensatz mit einem stark rhythmisch markierten, harmonisch bestimmten Thema (T. 78) steht in der Mollvariante d-Moll und kontrastiert im Charakter stark zu den eher lyrisch-elegischen Teilen des Hauptthemas. Er gipfelt auf der Subdominante g-Moll und löst sich auf in eine stark motorisch bestimmte Überleitung, der harmonisch der Dominantsept-Akkord zugrunde liegt, der in den d-Moll-Akkord zurückleitet. Anders als die meisten klassischen Solokonzerte, die erst die gesamte Exposition im Orchester abwickeln und das Solo sozusagen als deren Wiederholung einführen, setzt Brahms es bereits unmittelbar nach dem Themenkopf des Seitensatzes und der zu ihm hinführenden Überleitung ein, ebenfalls in d-Moll, das von den tiefen Hörnern und mit einem Paukenwirbel pianissimo als eine Art Orgelpunkt befestigt wird, von dem scharf akzentuierten Kopfmotiv des Seitensatzes zunächst unterbrochen, dann steigernd nach oben sequenziert. Das Solo greift in seinem Violinkonzert also bereits in die Weiterentwicklung des Seitensatzes ein. Eine thematische Gegenstimme in der Oboe, anschließend in der Klarinette, immer noch über dem fortwirkenden Orgelpunkt D und den Akkordbrechungen der Solovioline erweist sich ab T. 112 als abgeleitet aus dem Mottothema, das in T. 120 auch wieder in seiner Originalgestalt und -tonart auftritt, von einem Kranz violinistischen Figurenwerks überstrahlt Die Technik der thematischen Weiterentwicklung des motivischen Materials bereits in der Exposition ist also aus den Symphonien in das Violinkonzert durchgeschlagen, das zwar dem selben Formtypus folgt, aber zugleich noch einer anderen Dynamik unterliegt.

Das zunächst lediglich figurative Solo kadenziert (T. 128-135) über der in den Streichern pianissimo grundierenden Dominante, bevor es, beginnend mit T. 136 selbst in das thematische Geschehen mit dem Mottothema eingreift; der Nachsatz folgt ab T. 152 in den begleitenden Streichern. In T. 246 tritt der Seitensatz, ebenfalls ins Solo verlegt, wieder auf, diesmal in a-Moll. Ein wenig kommt also wieder das Prinzip des klassischen Solokonzerts zum Vorschein, das Solo gleichsam als Wiederholung der Exposition einzuführen, es ist jedoch von der personaltypischen Tendenz zur Variantenbildung überlagert. Das hat auch im Solokonzert wiederum die Folge, daß die Durchführung (ab T. 272) mit nur 109 Takten das kürzeste Formglied ist. Auch sie wird übrigens eingeleitet durch das Mottothema, diesmal in F-Dur, das also eine Art von Signalfunktion hat für das Erscheinen eines neuen Abschnitts der Formbildung. Das gilt naturgemäß besonders für die Reprise, in der es gleich ausharmonisiert im Fortissimo in den Bläsern erscheint, dominiert von den Hörnern und strahlend überhöht durch die Oktavierung in der Flöte. Dabei erscheint der Seitensatz, der in der Wiederholung der Exposition in die Molldominante versetzt worden war, wieder in der Mollvariante der Tonika.

Der sangliche langsame Mittelsatz steht in F-Dur, das, bezogen auf den Seitensatz, als dessen Tonikaparallele näher verwandt erscheint, als es von der Haupttonart gesehen ist. Er hat dreiteilige Liedform mit einem Mittelteil, der weniger als halb so lang ist wie die Außenteile und seine Herleitung aus deren Oboenmelodie nicht verleugnet. Er ist der Ersatz für die von Brahms verworfenen beiden Binnensätze des Symphoniezyklus. - Am weitesten kommt der Spielfreude eines Melodieinstrument-Konzerts das Schlußrondo entgegen. Anders als das Klavier, das als Klangkörper eigener Art dem Orchester gegenübertritt und ihm Widerpart ist, verträgt das Melodieinstrument-Konzert weniger gravierende Dialektik, steht dem lieto fine, dem fröhlichen Kehraus näher, was auch schon in der Wahl der weniger stringenten Rondoform zum Ausdruck kommt, die zudem noch „con alcuna licenze", mit einer gewissen Freiheit gehandhabt wird, so wenn dem zweiten Couplet (T. 220) statt des fälligen Refrains gleich als drittes eine transponierte Wiederholung des ersten folgt (T. 250), und das nicht auf der Dominante, sondern der Wechseldominante E-Dur. Die Technik der entwickelnden Variation, die seine Kompositionstechnik in dieser Zeit sonst so stark beherrscht und auch in dem kompositorisch gewichtigeren Kopfsatz dominiert, zeigt sich in diesem auf den Virtuosen berechneten, elegant-spielerischen Finale erst in der Coda (T. 222), was man gewiß als eine personalstilistische Eigenart sehen darf, denn für Brahms ist die Coda eben weniger auf das fulminante Finale zielende Beschleunigung der Abläufe, sondern Ort der Konzentration, der Verdichtung und Zusammenfassung.

Noch ist einer physiognomischen Veränderung zu gedenken, die Brahms erst in diesem zweiten Kärntner Sommer 1878 an sich vornahm: er ließ sich einen Vollbart stehen, erst im 46. Lebensjahr, obwohl ihn die vorherrschende Tradition überwiegend mit dem Rauschebart sieht und bildlich darstellt. Es war übrigens nicht der erste Anlauf, sich ein nach damaligen Maßstäben männlicheres Image zuzulegen: im August 1866 hatte er das schon einmal versucht, damit aber den entschiedenen Widerstand Clara Schumanns hervorgerufen: „Die Feinheit seines Gesichts ist ganz verloren dadurch."[112] Jetzt war er zur Jubelfeier der Philharmonischen Konzerte in Hamburg, die in ihm verständlicherweise alte Ani-

[112] B. Litzmann: Clara Schumann. Bd. 3, S. 194.

mositäten über die ihm entgangene Leitung wachrief, zum ersten Male mit der neuen Gesichtszierde aufgetreten, die „den Charakter seines Gesichts fast bis zur Unkenntlichkeit veränderte" und alte Freunde verstörte, weil nun nicht mehr „der feste, energische Mund dem Antlitz noch besonderen Ausdruck verlieh."[113]

Das war aber nicht die einzige Überraschung, die er seiner Vaterstadt in diesem Zusammenhang bot. Eigentlich hatte er gar nicht hinfahren wollen; zu tief saß bei ihm immer noch der Stachel des, wie er es verstand, zweimaligen Übergangen-worden-seins bei der Besetzung der Leitung der Hamburger Konzerte, und das nach den Wiener Erfahrungen mit der Singakademie und den Gesellschaftskonzerten, sowie der Ablehnung, die Leitung des Düsseldorfer Musiklebens zu übernehmen. Er sah seine Teilnahme an dem Fest als eine Art Jubelfeier erlittener eigener Niederlagen. Selbst die Gelegenheit, das im Entstehen begriffene Violinkonzert mit Joachim in direktem persönlichem Kontakt zu bereden, vermochte ihn nicht zu reizen. Den Ausschlag scheint Hanslick gegeben zu haben, der ihm dieserhalb nach Pörtschach geschrieben hatte. Zwar murrte er in seiner Antwort noch: „Du hast mir schon einmal öffentlich Anstandslehre erteilt," als er in seiner Rezension Brahms' Weigerung kritisiert hatte, sich für den Beifall nach der Uraufführung seiner 2. Symphonie zu bedanken. Er blieb bei seiner Meinung, „daß es an den Hamburgern liegt, wenn ich bei ihrem Feste nicht erscheine. Artigkeit und Dankbarkeit habe ich keine Gelegenheit zu beweisen, im Gegenteil wäre einige Grobheit am Platz - wenn ich Zeit und Lust hätte, mir damit die Laune zu verderben." Angeblich sei ihm von Hamburg kein Honorar für die Aufführung der 2. Symphonie geboten worden. „Damit bin ich armer Komponist doch bedenklich taxiert ... Also bitte ich diesmal um Nachsicht für meinen ohnedies lädierten Ruf als artiger Mann. Wegen der Symphonie bitte ich freilich nicht um Nachsicht - aber ich fürchte, wenn nicht Joachim, wie ich wünsche, die Direktion angetragen wird, gibt's eine miserable Aufführung."[114]

Er ist dann doch noch gefahren, buchstäblich einen Tag vor dem Beginn des Festes. Da man seine Empfindlichkeiten kannte, trug man ihm selbst die Leitung seiner Symphonie an. Eduard Hanslick, der als Korrespondent der Wiener Neuen freien Presse angereist war, berichtete darüber: „Brahms, mit Orchestertusch und Lorbeerkränzen empfangen, dirigierte selbst. Joachim spielte im Orchester die erste Violine. Am Schluß der Symphonie warfen die Damen vom Chor aus und aus den

113 F. May: J. Brahms. Bd. 2, S. 191.
114 M. Kalbeck: J. Brahms, Bd. 3, S. 221.

vorderen Sitzreihen Brahms ihre Blumensträußchen zu; er stand da, wie es in seinem Wiegenlied heißt, ‚mit Rosen bedeckt, mit Näglein besteckt'."[115] Sein Kommen und die Aufführung wurden zu einem beispiellosen Triumph für ihn. Es war aber auch der ganze norddeutsche Brahms-Kreis gekommen, die ehemaligen Mitglieder seines Hamburger Frauenchors, sein Lehrer Eduard Marxsen, die Witwe des Vaters mit ihrem Sohn, der treue Avé-Lallement, der seinerzeit versucht hatte, ihn als Dirigenten in Hamburg durchzusetzen, Karl Graedener, den es im Gegensatz zu ihm nicht in Wien gehalten hatte, ehemalige Kollegen des Vaters, die Musiker, mit denen er seine frühen Werke gespielt hatte, John Böie, Carl Bargheer, jetzt selbst Konzertmeister in Hamburg, dazu die Freunde Joseph und Amalie Joachim, die auch als Solisten mitwirkten, Clara Schumann, Carl Reinthaler, Klaus Groth, Julius Otto Grimm, ferner bekannte Persönlichkeiten des öffentlichen Musiklebens wie die Komponisten Theodor Kirchner, Friedrich von Flotow, Niels W. Gade, Gewandhaus-Kapellmeister Carl Reinecke. Das Jubiläum hatte fast schon den Charakter eines Brahms-Festes.

Wie tief dennoch in Brahms der Groll saß, daß er nicht in seiner Vaterstadt hatte heimisch werden können, offenbarte eine Szene beim offiziellen Abschlußbankett im Hamburger Hof. Der Petri-Organist Karl Armbrust, mit dessen Vater der junge Brahms zusammengearbeitet hatte, war ausersehen worden, den Toast auf ihn auszubringen und tat das angesichts der offenbaren Huldigungen seiner Geburtsstadt an den heimgekehrten Komponisten, die er als Widerlegung des von Goethe zum Sprichwort präzisierten Wortes aus dem Matthäus-Evangelium interpretierte, daß der Prophet nichts in seinem Vaterlande gelte: „Nemo propheta in patria". Da wandte sich Brahms „tiefernst" zu dem rechts neben ihm sitzenden Klaus Groth: „Das exemplifiziert man hier auf mich. Zweimal hat man die offene Directorstelle der Philharmonischen Gesellschaft mit einem Fremden besetzt, mich übergangen. Hätte man mich zu rechter Zeit gewählt, so wäre ich ein ordentlicher bürgerlicher Mensch geworden, hätte mich verheirathen können und gelebt wie Andere. Jetzt bin ich ein Vagabonde."[116]

Wie so oft, so lag auch hier das Tragische seines Lebensgefühls nahe beim Lächerlichen, in diesem Falle seiner jungen und attraktiven Tischdame zur Linken. Brahms soll Max Kalbeck erzählt haben, wie er, animiert von ihrem Liebreiz und der allgemeinen Hochstimmung, Mittelpunkt der Feier zu sein, gerade angesetzt habe, ihr Artigkeiten, die man

115 Zitiert nach M. Kalbeck: J. Brahms. Bd. 3, S. 222.
116 Klaus Groth: Erinnerungen an J. Brahms. Die Gegenwart Bd. 52(1897) S. 297.

auch als verklausulierten, wie das nun einmal in persönlichen Dingen seine Art war, Heiratsantrag hätte verstehen können. Just in diesem Augenblick begann die junge Frau in den höchsten Tönen zu schwärmen von jemandem, den Brahms partout nicht ausstehen konnte. Dieser Mangel an Menschenkenntnis und die Vermutung, daß es bei ihr Neigungen in diese Richtung gebe, ließen ihm das Wort im Halse stecken bleiben und bewahrten ihn vor einer Torheit aus beginnendem Gefühl des Alterns. -[117] Übrigens nahm er nicht nur die Gelegenheit wahr, mit Joachim das Violinkonzert durchzusprechen, sondern führte den ersten Satz auch Frau Schumann vor, nur diesen, denn die beiden Binnensätze gab er ja zugunsten des neuen Adagios auf.

Der Anfang des Jahres 1879 stand ganz im Zeichen des Violinkonzerts: nach der Uraufführung am 1. Januar in Leipzig fuhren Brahms und Joachim zunächst über Wien nach Budapest, wo sie am 8. Januar das Werk gemeinsam wiederholten, während Brahms in Wien am 14. Januar das Dirigieren Hellmesberger überließ. Der Erfolg zeigte bereits steigende Tendenz. - Am 14. Februar erschütterte der Tod Felix Schumanns die nun fast sechzigjährige Clara Schumann. Sie hatte in den zurückliegenden Monaten besonders viel Schlimmes zu verkraften gehabt. Nach dem unbeschwerten Treffen mit Brahms im Sommer 1878 und dem gemeinsamen Besuch bei Simrocks mußte sie nach München, um dem Maler Franz Lenbach für das Porträt zu sitzen, das so deutlich zeigt, welches Leuchten immer noch von dem Antlitz der Neunundfünfzigjährigen ausging. Dort hatte sie die Nachricht erhalten, daß sich der Gesundheitszustand des jüngsten Sohnes so rapide verschlechtert habe, daß der sich zu seinen nächsten erreichbaren Verwandten, dem Witwer seiner Schwester Julie geflüchtet hatte. Sie ließ ihn aus Italien, wohin er mit der Hoffnung auf Heilung geschickt worden war, sofort zu sich kommen, ohne daß noch Aussicht auf Genesung bestand. Sie selbst war gleich nach der Ankunft in München von einer Neuralgie in den Armen befallen worden, die so schmerzhaft war und sich über mehrere Wochen hinzog, daß man zu dem einzigen wirksamen Schmerzmittel der Zeit greifen mußte, Morphium. Schließlich war sie mit Felix nach Baden-Baden gefahren, wo er sich im milden Klima des südlichen Schwarzwaldes etwas erholte; sie konnte wenigstens wieder mit dem Klavierspiel beginnen.

Dann aber kam ein Kälteeinbruch und sie floh mit Felix nach Frankfurt, wo sie, nicht zuletzt auf entschiedenes Zureden von Brahms, soweit ich sehe, als erste Frau überhaupt, eine Meisterklasse am Dr. Hochschen

[117] Nach M. Kalbeck: J. Brahms. Bd. 3, S. 223.

Konservatorium übernommen hatte und das im 60. Lebensjahr. Aber die angemietete Wohnung in der Myliusstraße 32 im Frankfurter Westend war noch nicht bezugsfertig, sie mußte im Hotel übernachten, während die älteste Tochter Marie den Umzug von Berlin organisierte. Doch für Felix war das Großstadtklima unzuträglich, ein Lungenflügel war schon außer Funktion, daher brachte sie ihn vorübergehend in eine Spezialklinik für Lungenkrankheiten in Falkenstein, nördlich von Frankfurt im Taunus gelegen, damit er wenigstens im Rahmen der damaligen Möglichkeiten medizinisch betreut werden konnte. Nachdem sie bereits zwei ihrer Kinder durch Tod verloren hatte, kann man sich vorstellen, in welcher Stimmung sie an die Konzertvorbereitungen für den Winter ging, zunächst das Hamburger Musikfest, zumal die Schmerzen in den Armen immer noch nicht völlig abgeklungen waren. Über das Treffen mit Brahms und den anderen Freunden in Hamburg wurde schon berichtet. Unter Aufbietung aller ihrer Willenskräfte hatte sie sogar ihren Auftritt zum Erfolg gemacht.

Gleich im Anschluß daran war sie nach Frankfurt zurückgefahren, wo Marie inzwischen die Wohnung gemütlich hergerichtet hatte. Aber Felix war bettlägerig und wurde von Eugenie betreut, während Clara unterrichtete und damit den Unterhalt der Familie sicherte. Gleich am ersten Tag hatte sie sechs Schüler, die sie beinahe zur Verzweiflung brachten über das unzureichende Niveau, auf das sie aufbauen sollte. Felix, von dem Arzt in Falkenstein als unheilbar aufgegeben, vertrug das ständige Klavierspielen in ihrer Wohnung nicht und war inzwischen von der Unrast unheilbar Kranker erfaßt, wollte nur weg, hielt es aber im Grunde nirgends aus. Das war die Atmosphäre, in der das Konservatorium des 50. Jahrestages ihres ersten öffentlichen Auftretens in einem Konzert gedachte. Man hatte sie von ihrer Wohnung abgeholt, Schülerinnen des Konservatoriums bestreuten ihren Weg mit Blumen, ihren Sessel hatte man ebenfalls mit Blumen bekränzt, Raff hielt eine herzliche Rede und Lehrkräfte der Hochschule führten Werke von ihr auf.

Am 24. Oktober fand im Gewandhaus Leipzig die große offizielle Feier zu ihrem fünfzigjährigen Künstlerjubiläum statt, der sie sich angesichts der Verhältnisse lieber entzogen hätte. Sie wurde zu einem vielbeschriebenen Triumph für sie, indem man sie feierte und mit Blumen überschüttete. Das Ganze wurde sinnfälligerweise und ihrer Stellung im Musikleben entsprechend ausschließlich mit Werken Robert Schumanns bestritten. - Zwischendurch fuhr sie immer wieder von Frankfurt zu einzelnen Auftritten und erlebte bei der Rückkehr den fortschreitenden Verfall des Sohnes umso handgreiflicher. Es widerstrebte ihr verständlicherweise, Weihnachten in dieser gedrückten Stimmung unter dem geschmückten Baum zu feiern, sie tat es mit Rücksicht auf Felix trotzdem, wohl wissend, daß es sein letztes Weihnachten sein werde, mit der bangen Frage im Hinterkopf, ob der Sohn das wohl auch wisse. - Im Januar 1879, sie hatte der Uraufführung von Brahms' Violinkonzert am Neujahrstag in Leipzig beigewohnt, mußte sie wieder auf Konzertreise, nicht ganze Tourneen wie früher, sondern mehr Einzelengagements, so in Basel, Zürich und Freiburg. Am 14. Februar 1879 absolvierte sie eine lange zuvor eingegangene Konzertverpflichtung in den Frankfurter Museumskonzerten. „Mein Herz blutete, als ich Felix gute Nacht sagte, ins Concert gehend. Der Contrast war so schrecklich! ich sah das ganze Concert hindurch nur ihn, seine abgemagerte Gestalt, seinen erloschenen Blick, ach und seine Atemnoth - es war entsetzlich! und dennoch spielte ich ganz glücklich, ohne eine verunglückte Note!“[118] Das war die ungeheure Selbstdisziplin dieser ungewöhnlichen Frau, eingegangene Verpflichtungen ohne Rücksicht auf eigene Befindlichkeiten einzulösen, schließlich kamen hundert Menschen ihretwegen. Deren Erwartungen wollte sie nicht enttäuschen. In der übernächsten Nacht starb Felix, und natürlich machte sie sich nachträglich im Tagebuch Selbstvorwürfe, daß sie so kurz vor seinem Tode weggegangen sei. Aber niemand konnte vorhersagen, wie nahe der Tod wirklich sei. Und auch das ist bezeichnend: Felix starb nach entsetzlichem Todeskampf in den Armen seiner ältesten Schwester Marie. Sie hatte die letzten Stunden allein auf sich genommen, um die überreizten Nerven der Mutter zu schonen, auch dies ja ein erschütterndes Beispiel für die Disziplin und Selbstdisziplin der Frauen untereinander.

Brahms hatte wie alle Freunde die Nachricht schon erwartet und war trotzdem betroffen, als sie dann schließlich eintraf. Er reagierte sofort mit einem langen, verständnisvollen Brief, der aber auch zeigt, wie richtig er die häuslichen Verhältnisse der Freundin einschätzte: „An Eugenie, die so sehr an ihm hing, würde ich mit besonderer Sorge denken, - aber es will mich beruhigen, daß Ihr beisammen seid, gemeinsam tragt und um einander sorgt. Ich wünschte dort zu sein; denn so lange ich auch am Papier säße und schreibe - mir wäre doch leichter und wohler, wenn ich stumm bei Euch säße.“[119] Das tat er dann drei Wochen später und versuchte, Frau Schumann über die ersten Wochen hinwegzuhelfen, indem er mit ihr Probleme der Schumann-Gesamtausgabe durchging und seinerseits Breitkopf & Härtel die nächsten Werke dazu ankündigte. Außerdem hatte er die Rohfassung des Klavierauszugs zum Violinkonzert

118 B. Litzmann: Clara Schumann. Bd. 3, S. 396.
119 B. Litzmann: Clara Schumann. Bd. 3, S. 397.

mitgebracht, was ermöglichte, es auch mit Hugo Heermann am Klavier durchzugehen und ihm die Kenntnis des Werks über die ihm seinerzeit bereits zugesandte Solostimme hinaus zu vermitteln. Er unterbrach den Aufenthalt in Frankfurt nur für einen kurzen Abstecher nach Köln, um dort eine Teilaufführung des Deutschen Requiems zu dirigieren, insbesondere aber um eine Fassung seines Gesangs aus Fingal aus op. 17 für gemischten Chor und Orchester, die er auf Veranlassung Ferdinand Hillers hergestellt hatte, auszuprobieren. Das Klangergebnis war jedoch so unbefriedigend, daß er die Absicht, sie zu veröffentlichen, fallen und sie in der Versenkung verschwinden ließ. „Ich habe oft genug auf das Arrangieren geschimpft, warum lasse ich mich denn dazu verführen"[120] klagte er Simrock gegenüber, dem er die Ausgabe fatalerweise bereits angekündigt hatte.

Zwei außergewöhnliche Ehrungen wurden Brahms Anfang 1879 zuteil: im März verlieh ihm die Philosophische Fakultät der Schlesischen Friedrich-Wilhelms-Universität Breslau ihren Doktortitel honoris causa. Damit war das Problem des verfallenen, weil nicht persönlich in Empfang genommenen Dr. mus. von Cambridge erledigt, er konnte nun selbst einen Titel führen und tat das auf seinen Visitenkarten auch. Musikhistorisch wichtiger war, daß ihm Leipzig mit erster Priorität die Stelle des Thomaskantors nach dem Tode des Amtsinhabers Friedrich Richter anbot, die durch viele berühmte Vorgänger geprägte bedeutendste kirchenmusikalische Stelle Mitteldeutschlands, die einst Komponisten vom Range Johann Hermann Scheins und Johann Sebastian Bachs innegehabt hatten. Die feste Anstellung, unter deren Ausbleiben er, wie das Hamburger Musikfest gerade erst gezeigt hatte, so gelitten hat, daß dies geradezu traumatischen Charakter für ihn hatte, konnte ihn wohl nicht mehr reizen, denn inzwischen war er ein wohlhabender Mann, der seine Verwandten, auch die zweite Frau seines Vaters und deren Sohn aus erster Ehe mit großzügigen Geldgeschenken unterstützen konnte. Was lag näher in dieser Situation, als sich bei Elisabet von Herzogenberg vor Ort nach den Umständen des Amtes zu erkundigen.

Für sie wäre es „verlockend" gewesen,

> Ihnen die Stelle doch recht verlockend zu schildern, wenn man Sie danach herkriegen könnte, aber leider Gottes denken Sie wahrscheinlich gar nicht mehr daran. - Die Thomaner könnten unter anderer Leitung als der altersschwachen des verstorbenen Dirigenten gewiß wieder sehr Tüchtiges leisten; Schablone und Lässigkeit haben zuletzt im Übermaß geherrscht, und es konnte einen kaum reizen, in die Samstagsmotette zu gehen. Aber einer, der eigene Kraft in das gute und gesunde Material fließen ließe, könnte gewiß viel daraus machen: alle Gele-

[120] Briefwechsel Bd. 10, S. 133; vgl. auch S. 109.

genheit zu wirklich guten Aufführungen ist geboten, z.B. unbeschränkte Freiheit im Abhalten von Orchesterproben, von der Richter gar keinen Gebrauch machte.

Wie ein schöner Traum schwebt uns die Möglichkeit, Sie hier als Mitmenschen zu haben, leider nur vor, wir können nicht recht denken, daß Sie's annehmen, obwohl die Stelle so manchen Vorzug hat. Aber wo bliebe die schöne sommerliche Freiheit und Muße, das liebe Pörtschach mit seinem See, aus dessen Wellen die D dur-Symphonien und Violinkonzerte emporsteigen, schön wie nur ja das Schaumgeborene, - nein, wir können uns Sie doch nicht hier vorstellen, so sehr wir uns und Leipzig wünschten, daß Sie reinigend wie ein Gewitter hineinführen.[121]

Brahms hat in der Tat die Annahme dieses Rufes nicht mehr ernsthaft in Erwägung gezogen. Er amüsierte sich aber königlich über die Anfrage des Bürgermeisters wegen seines „dissoluten Lebenswandels", schließlich handelte es sich um ein kirchliches Amt, das nicht nur bürgerlichen Maßstäben unterlag. Er vermutete die Ursache der Leipziger Besorgnisse dieserhalb in seiner Angewohnheit, wenn er als Frühaufsteher eher als andere abends eine gesellige Runde verließ, dies mit der ironischen Bemerkung zu tun, er gehe jetzt noch in eines der stadtbekannten Wiener Amüsierlokale. Ebenso ironisch kommentierte er das gegenüber Simrock, da die Anfrage aus Leipzig, der Geburtsstadt Wagners, kam: „Jetzt habe ich mir angewöhnt, stattdessen zu sagen: ich gehe in den Wagner-Verein; hoffentlich rehabilitiert mich das."[122]

Im April dirigierte Brahms in Bremen sein Deutsches Requiem, fuhr anschließend kurz nach Hamburg und dann über Berlin zurück nach Wien, von wo er fünf Wochen abwesend war. Am 23. Mai reiste er zum dritten Male zum Sommeraufenthalt in Pörtschach. Die Erfahrungen mit den ersten Aufführungen des Violinkonzerts und die Besprechungen darüber mit Joachim und Heermann waren in dessen endgültige Fassung einzuarbeiten, die letzten Entscheidungen für den Druck zu treffen. Das erforderte mehr Zeit als bei früheren Werken, der Sommer ging darüber hin. Auch die übrigen Werke dieses dritten Pörtschacher Sommers hängen in unterschiedlicher Weise mit dem vorhergegangenen zusammen. Dazu gehört in erster Linie die Violinsonate G-Dur op. 78, die sogenannte „Regenlied"-Sonate; sie war nicht sein erstes Werk in dieser Gattung, wir wissen sogar von einer Violinsonate, die er auf seine erste Konzerttournee mitgenommen hatte. Sie ist später verschollen, wurde sogar von ihm selbst noch gesucht, kam aber niemals mehr zum Vorschein. So blieb die erste Cellosonate e-Moll op. 38 bis in die Zeit der reifen Werke hinein seine einzige Duosonate für ein Melodieinstrument und Klavier und zeigt ja zur Genüge die Probleme, die er anfänglich mit

121 Briefwechsel Bd. 1, S. 98f.
122 Briefwechsel Bd. 10, S. 116.

den beiden ideell gleichwertigen, aber klanglich so unterschiedlichen Instrumenten hatte. - Der Hauptthemen-Komplex der Violinsonate beginnt stark dreiklangsbetont mit Tonika, Subdominante, Tonika und Dominante, die durch eine zweifache schrittweise Bewegung aufwärts im Raum einer Oktave kontrapostiert wird. Aufhorchen läßt der Nachsatz, der eine schrittweise aufgefüllte Sexte abwärts terzweise sequenziert auf h", g" und e", wobei die Begleitung diese Kette noch um c" erweitert (verschleiert durch den vorgreifenden Einsatz auf e"). Der Kontrast von raumgreifender springender und schrittweiser Motivik, akkordischer und in Gegenbewegung aufgelöster Begleitung, sowie dem vorgezeichneten 6/4-, dem überlagernden 3/2- und 12/8-Takt und zwischen synchroner und alternierender Bewegung häufen bereits in den ersten 29 Takten vor der Dominantkadenz außerordentlich viel konfliktträchtiges Entwicklungsmaterial auf, und doch ist das Ganze, wie in allen Werken der drei Pörtschacher Sommer, so in Wohlklang gebettet, daß man die dahinter stehende intensive kompositorische Arbeit beim Hören gar nicht gewahr wird, sie erschließt sich erst bei der Analyse. Auffällig ist auch die Weise, wie Brahms den Anfangsrhythmus in der Überleitung zum Seitensatz isoliert, in der Oberstimme um eine Quarte abwärts, in der Mittelstimme dagegen jeweils eine Stufe höher sequenziert. Der Rhythmus wird somit zu einem Motiv eigener Prägung mit hohem Wiedererkennungswert, aber er wird in eine Sequenzfolge von herausragenden Intervallen strukturell gebunden. So frei improvisatorisch Soloinstrument und Begleitung hier miteinander umgehen, so konsequent sind sie strukturell aufeinander bezogen.

Der letzte Satz stellt mit seinem Thema klar, woher der Rhythmus, der schon das Kopfmotiv des ersten Satzes bestimmt hatte, ursprünglich stammt, aus den „Regenliedern“ op. 59 Nr. 3 und 4. Damit sind nicht nur die Außensätze motivisch aufeinander bezogen, sondern Brahms macht auch mit dem textlosen Zitat zweier seiner bekanntesten Lieder deutlich, wie nahe für ihn die Duosonate für Melodieinstrument und Begleitung dem Sololied steht: ausdruckserfüllte Lyrik für zwei Instrumente. Nach diesem Zitat im Finale und dem daraus abgeleiteten Hauptthema des Kopfsatzes leitet sich auch die Bezeichnung des Werkes als „Regenlied-Sonate“ her. - Danach ist es nicht mehr schwierig, auch den Mittelsatz in Es-Dur mit seinem schwebenden und das Grundmetrum verschleiernden Rhythmus als eine Art dreiteiliges Lied von romantischer Grundhaltung zu charakterisieren, das lediglich hinsichtlich seiner musikalischen Elemente kontrastiert zu den durch gemeinsame rhythmische Faktur vereinheitlichten Außensätzen.

In den drei Pörtschacher Sommern ist auch eine Reihe von charakteristischen kleineren Klavierstücken entstanden; trotz seiner jetzt erreichten Meisterschaft der Formbeherrschung hat er ja nach seinem Opus 5 nie wieder auf die Gattung der großen Klaviersonate zurückgegriffen. Als op. 76 faßte er acht Stücke zusammen, in einem Heft zwei Capriccios und zwei Intermezzi, im zweiten Heft ein Capriccio, zwei Intermezzi und ein abschließendes Capriccio, das er zeitweilig aus der Druckfassung wieder herausnehmen wollte; aber Clara Schumann plädierte für seine Beibehaltung oder eher für die Auslassung von Nr. 6. Sie schrieb Brahms bereits im November 1878 eine verständnisvolle Stellungnahme zu den Stücken, obwohl sie gerade zu verdauen gehabt hatte, daß gerade er nicht zur Feier ihres fünfzigjährigen Künstlerjubiläums nach Leipzig gekommen war. In ihrer Würdigung der Stücke klingt auch der Grund für ihren Vorbehalt gegen das A-Dur-Intermezzo an: „zwar reizend, aber sehr Chopinsch"[123] Das erste Stück ist möglicherweise älter als die anderen. Brahms schickte es Frau Schumann zum Geburtstag, angeblich bereits 1871. Da ihr Dank jedoch in einem Brief vom 6. Juli 1877 steht,[124] scheint dieses Datum fraglich, denn man muß sich fragen, warum sie darauf erst sechs Jahre später eingegangen sein soll. Sie nennt es nicht ohne Grund „furchtbar schwer, aber so wundervoll, so innig und schwermütig, daß mir beim Spielen immer ganz wonnig und wehmütig ums Herz wird." Ob das erste Stück wirklich soviel früher entstanden ist, muß dahingestellt bleiben; Kalbeck[125] nimmt jedoch ohne Begründung eine frühere Entstehung der Nummern 3 und 4 an. Vielleicht hängt bei der Unüberprüfbarkeit dieser Angaben die ganze Gruppe aber auch enger zusammen.

Kalbeck zog aus der schon von Clara Schumann diagnostizierten stilistischen Nähe zu Chopin den Schluß, daß die kurzen Klavierstücke op. 76 aus seiner Mitarbeit an der Chopin- und der Schumann-Gesamtausgabe heraus erwachsen seien. Auch das ist aus den Quellen nicht belegbar, es ist gewiß nicht auszuschließen, auch wenn man konstatieren muß, daß die Klavieristik der Stücke echt brahmsisch ist, und Chopin und Schumann waren nun einmal die Leitbilder des romantischen kleinen Klavierstücks. Als „furchtbar schwer" hatte selbst Frau Schumann, die mit dem romantischen Klaviersatz weiß Gott vertraut war, schon das erste Stück bezeichnet, und auch für das gesamte Opus kam ihr nach ernsthaftem Studium als erstes in den Sinn: „einige davon kann ich jetzt ordentlich, sie sind nämlich wirklich meist recht schwer." Vielleicht ist

[123] Clara Schumann - Johannes Brahms. Briefe. Bd. 2, S. 157.
[124] Clara Schumann - Johannes Brahms. Briefe. Bd. 2, S. 115.
[125] M. Kalbeck: J. Brahms. Bd. 3, S. 193.

das der Grund dafür, daß sie so relativ selten gespielt werden, noch am ehesten das Capriccio h-Moll Nr. 2 und das Intermezzo a-Moll Nr. 7. Wer sagt uns aber, daß Brahms, der in der Violinsonate op. 78 experimentierte mit der Umsetzung von Lyrik in reine Instrumentalmusik in einer Weise, die erst im letzten Satz den semantischen Bezug des Kopfthemas entschlüsselt, dies nicht auch schon in den Klavierstücken getan habe, etwa in der verschleierten Rhythmik des A-Dur-Intermezzo (Nr. 6) auf den Hemiolenwalzer Nr. 17 aus den „Liebeslieder"-Walzern zurückgegriffen habe. Vielleicht haben wir seine Hinwendung zum kleinen lyrischen Klavierstück nur noch nicht auf die Möglichkeit einer Deutung aus seiner eigenen Entwicklung ohne Einfluß von außen befragt.

So schwer es die filigranen Charakterstücke trotz ihrer relativen Kürze bei Pianisten wie Publikum bis heute gehabt haben sich zu behaupten, so klar sind die beiden Rhapsodien op. 79 ihre Favoriten, seine wohl klavieristisch wirkungsvollsten Stücke, insbesondere die in g-Moll dürfte sein bekanntestes Klavierstück sein. Als er sie zum ersten Male öffentlich spielte, ließ er die beiden Stücke noch als Capricen ankündigen; das hat er noch vor dem Druck geändert, doch auch die dann gewählte Bezeichnung „Rhapsodie" ist nicht unproblematisch für die formal so straff organisierten Stücke, die nichts eigentlich Rhapsodisches haben. Man könnte im Gegenteil in ihnen schon allein von den Dimensionen her, welche die der Stücke op. 76 um ein Mehrfaches übertreffen, eher die Sonatenhauptsätze für Klavier sehen, die er zu dieser Zeit eben nicht mehr geschrieben hat. Nie wieder ist er so nahe bei seiner frühen personaltypischen Klavieristik gewesen mit ihrer Vollgriffigkeit und den vielen Sextenparallelen wie in diesen bravourösen Pörtschacher Werken.

Schon die Themenbildung ist so straff organisiert wie in den frühen Klaviersonaten, ohne das spätere Entstehungsdatum zu verleugnen. Am sinnfälligsten werden die Unterschiede vielleicht an der g-Moll-Rhapsodie. Das Kopfthema ist klassisch ebenmäßig zweiteilig mit einem Vordersatz, der gleich darauf höher sequenziert wird mit nach oben gerichteter Dreiklangsbewegung und einem überwiegend abwärts gerichteten Nachsatz. Das Stück ist in g-Moll notiert, der d-Klang des Auftakts ist jedoch ohne Terz; ob Dur oder Moll bleibt mithin zunächst offen, jedoch hört man ihn nach dem Folgenden als dominantisch. Der erste vollstimmige Akkord ist aber nicht die Tonika, sondern die Subdominant-Parallele Es-Dur. Die anschließende Höhersequenzierung bringt dann C-Dur und F-Dur als Wechseldominante des ersten Akkords ins Spiel. Der Abgesang schreitet von dort über C- nach G-Dur fort. Die erste Kadenz endet folglich auf der Durtonika, die jedoch ausschließlich über Dominantschritte erreicht wird. Spätestens nachdem der ganze Vorgang eine Terz höher wiederholt worden ist (T. 5ff mit Auftakt) von G- über A- und E- nach H-Dur, hat das Ohr jedoch jeden tonalen Bezug verloren, ungeachtet dessen, daß wir es mit Brahms' eingängigsten und klangorientiertesten Stücken zu tun haben. Man erkennt, woran er kompositionstechnisch in dieser Zeit dachte, in welcher er alles Erreichbare erreicht hatte. Man kann Tonalität eben nicht nur durch Alteration und dreifache Leitton-Beziehung auflösen wie in Wagners vielbeschworenem Tristan-Akkord, sondern gleichsam von innen heraus durch Aneinanderreihung von dominantischen Schritten.

Damit ist das harmonische Vexierbild aber keineswegs beendet, denn von der Dominante H-Dur schreitet Brahms logischerweise zu e-Moll fort in einen neuen Motivkomplex (T. 9ff m.A.) auf der Basis einer G-Tonalität mit der Mollsubdominante c-Moll, der Dominante D-Dur und einer Kadenz zur Wechseldominante von G, A-Dur. In diesem Verlauf tritt zum ersten Male g-Moll als Durchgangsakkord auf. Mit der Basis A-Dur leitet Brahms dann folgerichtig zu einem Seitensatz in d-Moll über. Nach einem die Grundtonart aussparenden Hauptsatz fast ausschließlich mit Durakkorden ist der Seitensatz auf der Molldominante beinahe zu einer Notwendigkeit geworden, macht aber offenbar, daß die Ordnung des Sonaten-Hauptsatzes, die der Formbildung des Stückes so deutlich zugrunde liegt, für Brahms nur noch eine nachgeordnete Bedeutung hat. Er verfügt aufgrund der motivischen Weiterentwicklung des Materials frei über die Tonalität. - Die Wiederholung der „Exposition" macht die Assoziation an einen Sonaten-Hauptsatz trotz des Titels Rhapsodie zur Gewißheit. Die freie Verfügung über die Tonalität in der Exposition entgegen den Traditionen der Form hat zur Folge, daß in der Durchführung die Modulation nicht im Vordergrund der Arbeit steht, sondern die formentwickelnde Variation der Motivik: während in der Exposition der leittönige Auftakt und die Sequenzierung nach oben das Thema bildeten, werden in der Durchführung der Schritt vom Auftakt zum Taktschwerpunkt ebenso wie die Sequenzierung nach unten geführt, was zur Folge hat, daß der Satz sich über die subdominantische Seite weiterentwickelt bis in die enharmonische Verwechslung von as- nach gis-Moll. Die Reprise befestigt erstmals mit Eintritt des Seitensatzes die eigentliche Grundtonart des ganzen Stücks, g-Moll, wobei deren Verlagerung auf das Wiederauftreten des zweiten Themenkomplexes einerseits die Einlösung eines Anspruchs der Sonatenform ist, da sie sich auf die letzten achtzehn Takte beschränkt, aber andererseits auch beweist, wie nebensächlich die Haupttonart und ihr Umfeld für Brahms bei der Gestaltung seiner Formen geworden ist.

Als Arabeske sei noch auf die Frage der Widmungen der Pörtschacher Werke verwiesen, die Brahms in die Bredouille brachte. Das begann mit den Motetten und Philipp Spitta; die Widmung an den Bach-Biographen erschien ihm im Nachhinein zu anmaßend und demonstrativ; er wollte sie daher noch während des Druckes rückgängig machen. Aber Joseph Joachim hatte Spitta bereits davon erzählt, und die Rücknahme einer beabsichtigten Ehrung wäre nun vollends ein Affront gewesen; es blieb also dabei. Die Duette op. 75 waren ursprünglich Elisabet von Herzogenberg zugedacht gewesen. Aber vielleicht mit Rücksicht auf ihre Empfindlichkeit gegenüber Texten änderte er seine Absicht und widmete sie dem befreundeten Kunsthistoriker Julius Allgeyer. Die Widmung des Violinkonzerts an Joachim, den einzigen, dem er zweimal diese Auszeichnung zukommen ließ, verstand sich mehr oder weniger von selbst. Frau von Herzogenberg hatte daher auf die Widmung der Violinsonate gehofft, die sie schon 1878 anläßlich eines Besuchs bei Joachim kennengelernt hatte. Aber Brahms ließ sie ohne Widmung und eignete ihr die beiden Rhapsodien zu.

Hatte er seiner Abneigung gegen öffentliche Auftritte, auch mit dem alten Freund Joachim, noch im November 1878 freien Lauf gelassen und lieber das Violinkonzert, das er eigentlich noch nicht aus der Hand hatte geben wollen, aufführen lassen als selbst zu spielen, so hatte die Zusammenarbeit mit ihm an den beiden Violinwerken ihn offenbar wieder auf den Geschmack gebracht, zumal Joachims Impresario und Begleiter Ignaz Kugel ihm die Landschaft Siebenbürgens mit leuchtenden Farben geschildert hatte. So schrieb er denn noch von Pörtschach aus an Joachim: „Ich fange denn auch nicht wieder von meinem ruinierten Klavierspiel an, oder daß es besser wäre, Du schriebst in der Zeit Deine Variationen fertig - laß mich nur wissen, wenn Du meinst, daß das Abenteuer statthat, damit ich doch meine Finger ein wenig spazieren führe."[126] Daß es in der Beurteilung solcher Konzerttourneen gleichwohl gravierende Unterschiede zwischen den beiden Freunden gab, vertraute er dem Verleger Simrock an: „Nach Siebenbürgen möchte ich wohl mit Joachim. Aber leider sind all dergleichen Konzerttourneen doch ein zweifelhaftes Vergnügen. Wir, das heißt immer ich und mein etwaiger Kollege, haben gar zu verschiedene Absichten. Ich will behaglich reisen, neues Land und Leute sehen und mir das Reiseziel lustig verdienen. Joachim aber oder wenn's [der Sänger Georg] Henschel wäre, will jeden Tag Konzert haben, nichts sehen und nur verdienen. So lasse ich's besser."[127]

[126] Briefwechsel Bd. 6, S. 177.
[127] Briefwechsel Bd. 10, S. 126.

Die Neugier, vielleicht auch die Einsicht, daß er ohne den gefragten Geiger wohl nie hinkommen würde, siegten aber doch: am 12. September 1879 brachen die beiden auf, konzertierten zunächst in Budapest, am 15. in Temesvar, wo die örtlichen Kräfte ausreichten, auch das Violinkonzert mit Brahms als Dirigent zu machen, dann ging es nach Kronstadt und Hermannstadt jeweils mit demselben, einem typischen Mischprogramm lediglich mit zwei Capriccios für Klavier von Brahms, ebenso in Klausenburg, wo beide zu Ehrenmitgliedern des Konservatoriums ernannt wurden. Am 27. September waren sie zurück in Wien. - Bereits in Pörtschach hatte Brahms übrigens Gelegenheit gehabt, die junge, überaus begabte Geigerin Marie Soldat kennenzulernen, die sich unter dem Namen Röger-Soldat als Solistin wie als Primaria eines Damen-Streichquartetts große Verdienste um die Verbreitung seines Werkes erworben hat.

In Wien wurde gleich zweimal in der Hofoper unter Brahms' Leitung das Deutsche Requiem aufgeführt. Ort der Aufführung und Ausführende machen deutlich, daß das Werk und sein Schöpfer sich nun auch in Wien durchgesetzt hatten. Das war aber immer noch nicht überall so. Wie lange der Widerstand andauerte und wie intensiv er immer noch war, mögen zwei Begebenheiten schlagartig beleuchten: 1874 wurde in Dresden eine bereits angekündigte Aufführung am Palmsonntag wieder abgesetzt, da sie „dem Componisten eine unverdiente Berücksichtigung zutheil werden" ließe.[128] Und als die besonders konservative Berliner Singakademie das Werk 1886, also immerhin zwanzig Jahre nach der Uraufführung und damit zu einer Zeit, als selbst seine 4. Symphonie bereits uraufgeführt worden war, erstmals herausbrachte, schrieb der Rezensent Theodor Krause in der Deutschen Rundschau über das Deutsche Requiem: „Mehr als in anderen Werken macht sich der schädliche Einfluß geltend welchen eine Zeit lang Liszt auf den Componisten ausübte. Er ist noch nicht völlig geschwunden."[129] Hemmungsloser ist Musikgeschichte wohl selten verfälscht worden.

Knapp drei Wochen später spielte er mit Joseph Hellmesberger in einer von dessen Quartettsoireen seine Violinsonate op. 78, die Uraufführung hatte bereits am 8. November in Bonn mit dem Ehepaar Robert Heckmann und Marie Heckmann-Hertig stattgefunden. Anfang Dezember war er schon wieder in Budapest und spielte in einer Kammermusik-Veranstaltung den Klavierpart seines Quartetts op. 60, zwei Tage später dirigierte er seine 2. Symphonie und spielte das d-Moll-Klavierkonzert

128 Musikalisches Wochenblatt 5(1874), S. 182.
129 Jg. 12(1886), Bd. 47, S. 466.

unter Leitung von Alexander Erkel, was einerseits für die Regeneration seines Klavierspiels spricht, die er der Siebenbürgen-Tournee mit Joachim zuliebe vorgenommen hatte, andererseits bleibt verwunderlich, daß er auch nach so langer Podiumserfahrung das Risiko einging, in ein und demselben Konzert als Dirigent und Pianist aufzutreten und das mit einem so anstrengenden Werk. - Gleich nach Weihnachten fuhr er zu Clara Schumann nach Frankfurt und verbrachte den Jahreswechsel bei ihr.

Das Jahr 1880 begann gleich wieder mit Konzertverpflichtungen, am 3. Januar dirigierte er in Hannover sein Deutsches Requiem, an 13. dasselbe Werk und die 2. Symphonie in Köln, wo er wegen Erkrankung Ferdinand Hillers auch die Leitung des übrigen Programms übernahm und in einer Quartettveranstaltung mitwirkte. Auf der Durchreise besuchte er den alten Jugendfreund Julius Otto Grimm, der als Universitäts-Musikdirektor in Münster wirkte. Anschließend ging es nach Krefeld, wo am 20. Januar ein veritables Brahms-Fest stattfand mit der 2. Symphonie, Alt-Rhapsodie, Triumphlied und den beiden Rhapsodien op. 79, wahrscheinlich deren Uraufführung. Gleich am nächsten Abend fand in Bonn die erste Probe statt für die Aufführung des 1. Klavierkonzerts und der 2. Symphonie, dasselbe Gewaltprogramm dann schon wieder am 24. Januar in Hannover, er hielt also keineswegs mit seinen Kräften Haus. Über Leipzig, wo er eine Stippvisite bei den Herzogenbergs machte, kehrte er nach Wien zurück. Dort dirigierte er am 3. Februar sein von Joseph Joachim gespieltes Violinkonzert und ging anschließend mit ihm erneut auf Konzertreise nach Krakau und Lemberg, dann nach Prag, wo er ein wahres Mammutprogramm, darin von Brahms drei Ungarische Tänze, die Violinsonate und die beiden Rhapsodien op. 79, absolvierte und Dvořák besucht wurde. Aber damit war seine Konzerttätigkeit für diese Saison noch keineswegs beendet, es standen im Gegenteil noch besonders weite und strapaziöse Reisen an.

In Krefeld, wo Brahms zum ersten Male aufgetreten war, konzentrierte sich bald ein Kreis besonders treuer Freunde um den Bankier Rudolf von der Leyen. Vermittler des Kontakts war der mit ihm verschwägerte Brahms-Freund Rudolf von Beckerath aus Rüdesheim gewesen, ein vorzüglicher Dilettant auf der Geige, der vermögend genug war, seinem Hobby auf einer Stradivari nachgehen zu können. Auch er war zu dem Konzert in Krefeld gekommen, und seine geigerischen Fähigkeiten versetzten ihn in die Lage, mit Brahms dessen neue Violinsonate zu spielen. Rudolf von der Leyen, seinerseits ein versierter Klavierspieler, hat seine Begegnungen mit Brahms in Erinnerungen[130] festgehalten und erzählt in ergötzlicher Weise von diesem ersten Besuch in seinem Hause. Da Brahms sich liebend gerne an der frischen Luft bewegte, hatte man einen ausgiebigen Spaziergang im Schnee gemacht. Als es dann zu einer Abendgesellschaft im Hause seiner Gastgeber ging, stellte sich heraus, daß bei dem Spaziergang seine Schuhe ziemlich in Mitleidenschaft gezogen worden waren, er aber seiner Gewohnheit nach nicht einmal ein zweites Paar zum Wechseln mit auf die Tournee genommen hatte. Er mußte also den ganzen Abend in der Gesellschaft in geliehenen Pantoffeln herumlaufen und drückte sich, um dies tunlichst zu kaschieren, vorwiegend im Schatten der Möbel herum. Nach dem Essen brachte ihm das Krefelder Orchester ein Ständchen und unter den Klängen eines Marsches zog die ganze Gesellschaft, Brahms mit einem Notenpult in der Hand vorweg, in Weinlaune durch alle Räume des palaisartigen von der Leyen-Hauses. - Als die Gesellschaft sich schließlich auflöste und die Gäste sich in die zeitüblichen schweren Paletots zwängten, wettete Brahms scherzhaft, daß es ihm gelingen werde, sie alle wieder heraufzuholen, sprach's, setzte sich an den Flügel und spielte Walzer, was er wohl hinreißend konnte, und genoß den Triumph, daß binnen kurzem alle Gäste wieder hereintraten und ihm damit ungewollt bestätigten, welche Macht er mit seiner Musik ausüben konnte, Menschen von ihrem geplanten Verhalten abzubringen und seinem Spiel zuzuhören.

Immer wieder fällt auf, wie unrationell und kräftezehrend Brahms selbst noch in dieser Zeit seine Konzertreisen organisierte. Der erfahrenere und rationaler planende Joachim achtete schärfstens darauf, daß nach der Anreise wenigstens zwischen den einzelnen Tourneeorten keine großen Reisewege zu absolvieren waren, während Brahms innerhalb weniger Wochen gleich zweimal nach Budapest anreiste und sich in dieser Saison 1879/80 zwischen Krefeld und Krakau, Königsberg und Hermannstadt buchstäblich kreuz und quer durch Europa hetzen ließ, was auch angesichts des bereits entwickelten Eisenbahn-Wesens an sich schon eine Strapaze war, zumal alle diese Reisen im Winter stattfanden. - Er war im April 1880 schon wieder auf Reisen zwischen weit voneinander entfernten Zielorten: am 10. April Konzert in Schwerin, wieder mit der 2. Symphonie und dem 1. Klavierkonzert, dazu diesmal noch dem Schicksalslied, als Solovortrag einer der Rhapsodien op. 79 und einigen Ungarischen Tänzen. Dann ging es mit demselben Programm, allerdings ohne das Chorstück, nach Königsberg. Anschließend traf er mit Joachim in Hannover zusammen, fuhr dann zu seiner Familie

130 Johannes Brahms als Mensch und Künstler. Leipzig 1909.

nach Hamburg und machte unterwegs noch einen Abstecher nach Bremen zu Carl Reinthaler.

Am 26. April fuhr er zu Clara Schumann nach Frankfurt; immer wieder ging es bei diesen häufigen Besuchen um Probleme der Schumann-Gesamtausgabe, für die er ein Ausmaß an Geduld und Überzeugungsarbeit aufwenden mußte, wie er sie bei anderen Fragen und Beteiligten gewiß nicht aufgebracht hätte. Beide wollten anschließend zum Schumann-Fest nach Bonn, mit dem die Einweihung des Grabmals gefeiert werden sollte, zu dem mit dem für Brahms so unbefriedigend verlaufenen von 1873 das Geld gesammelt worden war. An sich war es schon für den Herbst 1879 geplant gewesen, aber Adolph Donndorf hatte das Denkmal nicht rechtzeitig fertig bekommen, um es vor Wintereinbruch sicher aufstellen zu können. So blieb in Bonn genügend Zeit, das alte Intrigenkarussell wieder in Gang zu setzen, das bereits im Vorfeld des Festes von 1873 den Schumann-Kreis entzweit hatte: Als Publikumsmagneten hatte man wieder auf Joachim nicht verzichten mögen, als Dirigenten, versteht sich; er sollte sich nach den Vorstellungen des Vorbereitungskomitees mit dem Bonner Musikdirektor Joseph Wilhelm von Wasielewski in die Leitung der Konzerte teilen. Brahms sollte wieder außen vor bleiben und auf die Leitung einer Freiluft-Musik am Grabe beschränkt werden. Problem an der Sache war überdies, daß Clara Schumann und der ganze Schumann-Kreis auf Wasielewski nicht gut zu sprechen waren. Brahms hatte also einigen Grund, sich erneut brüskiert zu fühlen, weil man ihn auf eine bloße Akzidenzmusik abgedrängt hatte. Er reiste aber trotzdem an, er konnte die beabsichtigte Zurücksetzung mittlerweile gelassen ertragen; sie fiel auf die Urheber zurück. Da aber kam der Zufall zu Hilfe, Wasielewski erkrankte an Grippe und Brahms sprang als Dirigent für ihn ein, dirigierte sein von Joachim gespieltes Violinkonzert und leitete auch die Aufführungen von Schumanns letzter Symphonie, der Rheinischen, und des „Requiems für Mignon", während Joachim wie vorgesehen, die „Manfred"-Musik leitete. Nur dem hatte er zuvor anvertraut, wie sehr ihm die Bonner Planung gegen den Strich gegangen war. Selbst die Aufführung seines Violinkonzerts als einzigen nicht von Robert Schumann stammenden Stücks auf einem diesem gewidmeten Fest mißfiel ihm und diese Mißstimmung schlug wohl auf die Gestaltung des Klavierparts in Schumanns Klavierquartett Es-Dur durch. Was man Brahms in Bonn zugedacht hatte, war die Leitung des Schlaflieds aus „Das Paradies und die Peri", das gespielt werden sollte, als die Hülle des Denkmals fiel. Da der Text aber für einen katholischen Friedhof nicht fromm genug war, hatte man ihn gebeten, es für Bläser zu arrangieren, und so den Text eliminiert, den nur die genauen Kenner von

Schumanns Werk sich ergänzen konnten.

Nach dem Fest kam Brahms noch mit zum Sommersitz der Familie Deichmann in dem herrlichen, dem Drachenfels direkt gegenüber gelegenen Landhaus, wo 1853 seine wirkliche Auseinandersetzung mit Schumann begonnen hatte, und musizierte dort mit seinen Gastgebern aus der neuen Sammlung Ungarischer Tänze, die er im Frühjahr fertiggestellt hatte. Anschließend kehrte er nach Frankfurt zurück, um bei Frau Schumann seinen Geburtstag zu feiern. Sie hatte geglaubt, ihm aus diesem Anlaß eine Feier schuldig zu sein und daher eine große Gesellschaft zusammengebeten. Das aber mißfiel ihm höchlich, aus rein privatem Anlaß so viele Menschen um sich zu haben. So blieb der wohlmeinenden Gastgeberin nichts übrig, als den meisten Geladenen wieder abzusagen, und seinen Geburtstag nach seinem Wunsche in kleinem Kreise zu feiern. Seine Mißstimmung legte sich erst, als Stockhausen Lieder von ihm sang, die er selbst am Klavier begleitete.

Kalbeck berichtet[131] in diesem Zusammenhang eine beinahe tragikomische Geschichte, die ein Licht auf Brahms' Naivität in Dingen des praktischen Lebens wirft. Er hatte zu seinem Geburtstag von Frau Schumann und anderen Freunden eine ziemliche Menge türkischen Tabaks geschenkt bekommen. Sein Plan, mit Kalbeck zusammen nach Wien zurückzufahren und in dessen Gepäck einen Teil des Tabaks zu verstauen, um die Freimenge zu erhöhen, ließ sich nicht durchführen. Er mußte alleine fahren, wollte aber gleichwohl den fälligen Zoll bei der Wiedereinreise nach Österreich sparen. Sinnigerweise stopfte er den Tabak in einen Strumpf, bis der prall und fest in seinem Koffer lag, in dem naiven Aberglauben, ihn damit dem wachsamen Auge des Zolls entzogen zu haben. Es geschah, was kommen mußte: der auffällig gefüllte Strumpf erregte erst recht dessen Neugier, der Vorsatz zu schmuggeln war evident, so wurde nicht nur der gesamte so trickreich versteckte Tabak konfisziert, sondern er hatte auch noch 60 Gulden Strafe zu zahlen, was ihn bei seiner Knauserigkeit besonders hart angekommen sein dürfte.

In den Sommeraufenthalt ging Brahms diesmal später als sonst. Pörtschach war ihm trotz des Sees, des angenehmen Klimas und der Vorsichtsmaßnahme, gleich am See zu wohnen und die Nebenräume zur Isolierung gegen Störungen mitzumieten, verleidet worden. Man hatte seine Gewohnheiten ausgekundschaftet, verlegte ihm bei Spaziergängen, die für ihn konzentrierteste geistige Arbeit bedeuteten, den Weg mit Autogrammwünschen und Poesiealbums, ja es hatte sich sogar einge-

[131] Bd. 3, S. 245.

bürgert, wenn er - vermeintlich abgeschirmt durch die leeren Nebenzimmer - Klavier spielte, dem von Booten auf dem See aus zuzuhören und ihn auf diese Indiskretion auch noch durch kräftiges Beifallklatschen unüberhörbar hinzuweisen. - In Bad Ischl im Salzkammergut, wo ohnehin die Wiener Prominenz bis hin zur Kaiserfamilie die Sommermonate verbrachte, herrschten andere Maßstäbe und Konventionen. Ein Komponist war da eine gesellschaftliche Randerscheinung, gleichgültig wie bedeutend er sein mochte. Verkehrte Welt, aber in dem Modebad Ischl konnte er leichter seine Ruhe haben und unbehelligter seiner Wege gehen als in dem idyllischen Pörtschach. Zwar hatten wohlmeinende Freunde ihn gewarnt, er werde dort halb Wien antreffen, aber er hatte darauf in entwaffnender Logik nur geantwortet, das ganze störe ihn ja auch nicht. - Da traf es sich gut, daß Ignaz Brülls Eltern in Ischl ein Haus besaßen, von dem aus er sich als Quartiermacher betätigen konnte. Er muß präzise Instruktionen gehabt oder Brahms' Wünsche genau gekannt haben, denn er mietete für ihn im damals noch nicht eingemeindeten Ortsteil Steinbruch, direkt an der Ischl, einem Nebenfluß der Traun, vier Zimmer, zwei wiederum der Isolierung dienend, und, nach den Pörtschacher Erfahrungen wichtig, zwei Zugängen. Nahte also auf der ein ganzes Stück einsehbaren Straße unerwünschter Besuch, konnte er sich dem immer noch durch schleunige Flucht durch den Nebenausgang entziehen. Dafür mußte er in Kauf nehmen, daß im Salzkammergut das Wetter nicht so stabil und freundlich war wie in Kärnten. Von brütender Hitze bis zu dem nicht enden wollenden berüchtigten Salzburger „Schnürlregen" hat er alles mitbekommen, einmal sogar frühsommerlichen Schnee. Seine Mahlzeiten nahm er meistens im Hotel Elisabeth ein, wo sein Platz so sehr zum Stammplatz wurde, daß man nach seinem Tode sein Bild darüber anbrachte, oder in der Post, wo auch Clara Schumann bei einem Besuch abstieg.

Die anhaltende Tendenz, zwei Werke gleicher Gattung unmittelbar nacheinander zu komponieren, bestätigte sich im Jahre 1880 gleich doppelt: bereits im Frühling wandte er sich erneut dem Klaviertrio zu und entwarf gleich zwei Werke dieser Gattung, allerdings nur die Kopfsätze, einen in C-, den anderen in Es-Dur. Beide müssen zu einem gewissen Abschluß gekommen sein, denn sie spielten in der Korrespondenz eine Rolle, er hat sie wohl auch Frau Schumann vorgespielt. Dann aber verschwinden sie aus dem Blickfeld und nur eines, das in C-Dur, hat er weiterverfolgt, das in Es-Dur hingegen nicht zu Ende komponiert, sondern vernichtet. In Ischl dann entstanden zwei andere Zwillingswerke, die beiden Konzertouvertüren op. 80 und 81.

Auffällig ist die Themenbildung im Kopfsatz des C-Dur-Trios, das er später durch die übrigen Sätze ergänzte und als op. 87 herausgab. Das Thema  besteht nämlich aus einer Zwangsfolge gleicher Schritte, deren konstruktiver Charakter durch die Inversion der ersten beiden Töne und die Heterolepsis (statt f wird f' eingeführt) verschleiert wird. Es handelt sich um die Terzenkette e'-c-a-f-d-h-g, die zunächst unisono von den Streichern exponiert und dann durch den Klaviereinsatz um zwei weitere Terzen ergänzt wird. Daß hier nichts hineininterpretiert wurde, sondern das Modell einer sämtliche Tonstufen der Leiter umfassenden Terzenkette tatsächlich konstruktive Grundlage des Kopfthemas ist, enthüllt Brahms gleich zweimal in der Durchführung, wenn er den Themenkopf in der Tonart des Neapolitaners zitiert und die in ihm vorkommenden Stufen as-f-des-b ergänzt um ges-es-c-as 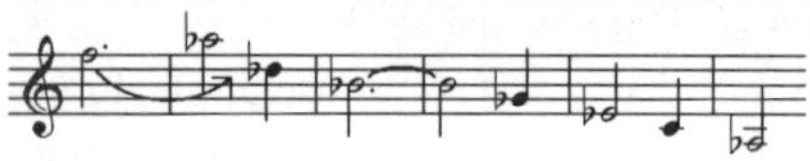 (T. 165-170) und diese Zwangsfolge gleicher Schritte nach der Diminution des Themenkopfes in T. 222-225  von dessen Gestalt abkoppelt und verselbständigt.

In diesem Zusammenhang sei daran erinnert, daß Brahms in den Pörtschacher Klavierstücken erstmalig Terzfolgen als konstruktive Grundlage von Sequenzen eingesetzt hatte. Daß dies jetzt in gehäuftem Umfang auftritt, kann man vielleicht eines Tages in Verbindung bringen mit seinen Arbeiten an der Schumann-Gesamtausgabe; Schumann hatte mehrfach Sequenzfolgen durch eine solche konstruktive Basis abgesichert. Heute ist dies beim derzeitigen unzureichenden Erkenntnisstand über Schumanns Stil und personalspezifische Kompositionstechniken noch Spekulation. Fest steht jedoch, daß Schumann mit seinem Griff nach der Gestaltbarkeit großer Formen ab 1841 zunehmend die Notwendigkeit gesehen hat, insbesondere Sequenzfolgen satztechnisch zu legitimieren durch herausgehobene Baßgänge, Leiterausschnitte im Quintrahmen etwa oder Quartgänge. Mindestens im ersten Satz seines 2. Klaviertrios F-Dur op. 80 treten dabei auch Terzenketten als strukturbildendes und sequenzregulierendes Element auf. Aber über Schumanns Satztechnik und deren mögliche Rezeption bei Brahms, geschweige denn vielleicht sogar ihre Ableitung aus Schumanns Schubert-Rezeption wissen wir heute noch viel zu wenig, als daß diese isolierte Beobachtung über die Spekulation hinaus auch nur zur wissenschaftlichen Hypothese gemacht werden dürfte. Im Gegenteil: es sei gewarnt davor, derartige Modelle ohne weiteres in Zusammenhang mit solchen Feststellungen zu bringen, ohne sehr genau hinzusehen: so ließe sich aus dem Presto-Thema des Mittelsatzes des Streichquintetts F-Dur op. 88 mit Leichtigkeit so etwas konstruieren, doch handelt es sich dabei um eine harmonisch bedingte Folge, wie sie in den frühen Klavierwerken häufig auftritt, hat also mit den kompositorischen Problemen des Fünfzigjährigen gar nichts zu tun.

Terzenfolgen im linearen Verlauf von Werken gehören so sehr zur Stiltypik wie die Terzen- und Sextenparallelen zum Klangbild seiner Harmonik. Sie finden sich in unterschiedlicher Weise schon im ersten Trio des ältesten seiner erhaltenen Instrumentalwerke, des Scherzos op. 4 (T. 189). Im Finale der Fis-Moll-Sonate op. 2 (T. 223) treten sie als Brechung eines Sept-Non-Akkords auf, im ersten Satz der C-Dur-Sonate op. 1 als Folge von Sequenzen (T. 43 und 80ff). Sie sind in dreiklangsbetonter Musik geradezu unvermeidbar, wenn Akkorde als Strukturmodelle einer Sequenzfolge zugrundeliegen. Im Andante der f-Moll-Sonate op. 5 tritt eine Folge von fünf Terzen gleicher Bewegungsrichtung zwar thematisch auf; aber auch sie ist ein Sekundärprodukt und gehört in das Kapitel hervorragender Gestaltqualität als Folgeerscheinung harmonisch-satztechnischer Zwangskopplungen, die systembedingt sind, denn sie wird verursacht durch eine Harmoniefolge Tonika-Tonikaparallele-Subdominante-Subdominantparallele-Dominantsextakkord. Derartige Erscheinungen sind also nicht personalstilistisch signifikant, sondern treten unter den gleichen Bedingungen überall auf, beim jungen Brahms allenfalls häufiger wegen seiner Vorliebe für Terz-Sext-Kopplungen.

Der Hauptertrag des ersten Ischler Sommers sind die beiden Ouvertüren op. 80/81. Sie sind so sehr Doppelwerke in dem Sinne wie die beiden Klavierquartette op. 25/26, zwei Aspekte einer noch nicht bearbeiteten Gattung, daß nicht einmal mit Sicherheit festgestellt werden konnte, von welcher der Ansatz zu einer Annäherung ausging. Einer Äußerung gegenüber Theodor Billroth kann man vielleicht entnehmen, daß der Dank an die Universität Breslau für den verliehenen Ehrendoktor der Auslöser gewesen ist: „Die ‚Akademische‘ hat mich noch zu einer zweiten Ouvertüre verführt, die ich nur eine ‚Dramatische‘ zu nennen weiß - was mir wieder nicht gefällt. Früher gefiel mir bloß meine Musik nicht, jetzt auch die Titel nicht.“[132] Die Einlassung zeigt aber zugleich seine Unsicherheit in der Charakterisierung des neuen Stücks, sodaß sich eine Zuspitzung auf ein bestimmtes Theaterstück, auf das sich diese Ouvertüre beziehen sollte, eigentlich schon von vornherein verbietet, obwohl sie gelegentlich versucht worden ist.

[132] Billroth und Brahms im Briefwechsel, S. 303.

Die Akademische Festouvertüre ist eine Geste des Dankes an die Universität Breslau, wo auch die Uraufführung stattfand, ob zur einhelligen Begeisterung der Professoren, mag dahingestellt sein. Sie ist daher eine echte Gelegenheitsmusik in dem Sinne wie etwa im 18. Jahrhundert das meiste, was überhaupt komponiert wurde, Auftrags- und auf eine bestimmte Gelegenheit bezogene Musik war, was den ästhetischen Rang dieser Werke in keinster Weise tangierte. Scholz und mit ihm gewiß weitere Honoratioren der Breslauer Universität hatten von ihm als dem „artis musicae severioris in Germania nunc princeps", wie sie ihn in der Ernennungsurkunde tituliert hatten, dem jetzt in der ernsteren Musik in Deutschland an erster Stelle Stehenden, etwas feierlich Großes im Sinne der Gründerzeit erwartet: „Willst Du uns nicht eine Doktor-Symphonie für Breslau schreiben? Einen feierlichen Gesang erwarten wir mindestens."[133], mahnte er an. Aber Brahms, der die Universität nicht von ihrer förmlichen, auf Dignität der Wissenschaft bedachten Seite kannte, sondern von dem studentischen Leben und Brauchtum in Göttingen und ohne den Hintergrund eines ernsthaften Studiums, ging von gebräuchlichen Studentenliedern aus. Das heißt aber auch, daß er sich dem verklärten Bild des deutschen Studententums der Gründerjahre anschloß, welches die von oben verfügte Reichsgründung von 1871 als erreichtes Ziel der politischen Jugend der Befreiungskriege und der Romantik, den demokratischen, von der sprachlich-kulturellen Identität geprägten Nationalstaat, mißverstand und die Studentenbünde, gegen die sich die Karlsbader Beschlüsse gerichtet hatten, von der romantisch-politischen Opposition ins nationale Pathos überführt hatte. - Man halte nur dagegen, in welch scharfer Weise der junge Robert Schumann, kaum daß er sein Studium in Leipzig aufgenommen hatte, den Widerspruch zwischen der Realität studentischen Lebens und seinem politisch moralischen Anspruch kritisch analysiert hatte, um zu sehen, in welch gefährlicher Weise Brahms hier dem Selbstverständnis der Gründerzeit aufgesessen ist, vergleichbar nur dem Triumphlied op. 55. In dieser unkritischen Verflechtung in den Zeitgeist liegt das Problem der Akademischen Festouvertüre, nicht in ihrem ästhetischen Rang.

Damit soll nicht verkannt werden, daß die Verkettung damals allgemein bekannter Liedzitate, wie zumeist Fremdzitate in anderem musikalischem Kontext, ihre Probleme hat. Damit sie ihren Wiedererkennungswert behalten, dürfen sie nicht zur Grundlage neuer musikalischer Gestaltung werden, sondern müssen in hinreichender Länge und Deutlichkeit, eben als Zitate, eingesetzt werden, ohne durch die Beliebigkeit

133 Briefwechsel Bd. 3, S. 224.

Abb. 18. Zweite Strophe des Wiegenlieds „Gut'n Abend" für Clara Schumann.

Abb. 19. Bertha Faber-Porubszki, Widmungsträgerin des Wiegenliedes.

Abb. 20. Brahms' Wohnung, Durchgang zum Arbeitszimmer.

Abb. 21. Brahms' Wohnzimmer.

Abb. 22. Brahms' Schreibtisch.

Abb. 23. Autographe Partitur des Streichquartetts c-Moll op.51 Nr. 1.

Abb. 24-26. Willy v. Beckerath: Bewegungsstudien des dirigierenden Brahms.

Abb. 25.

Abb. 26.

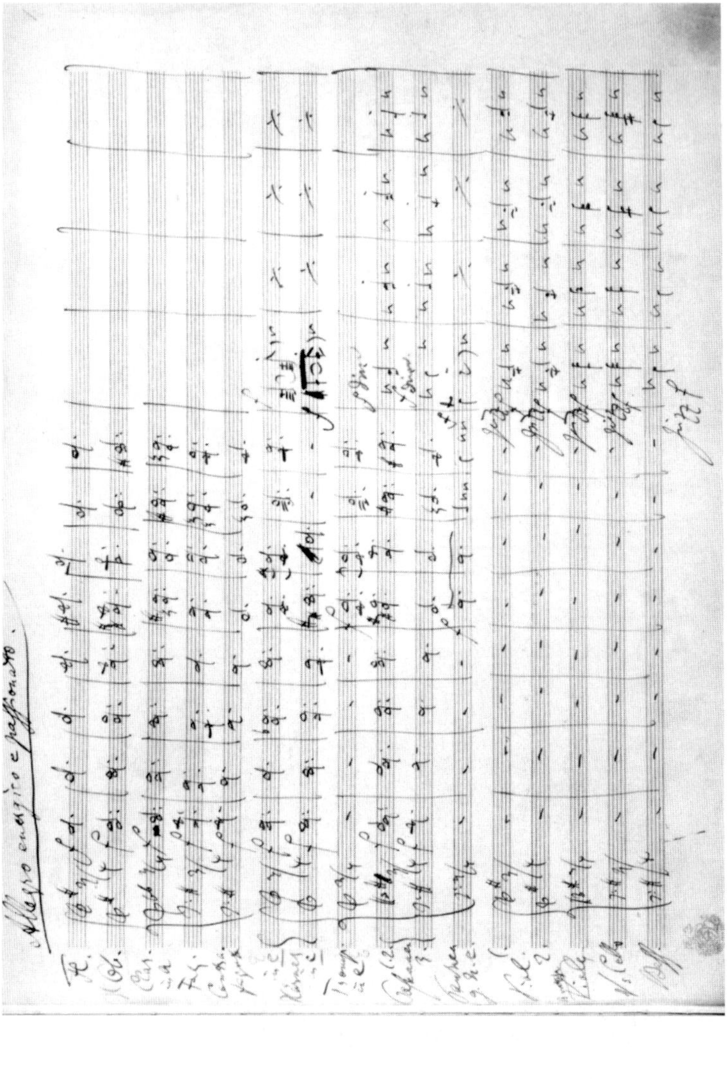

Abb. 27. 4. Symphonie e-Moll op. 98. Beginn des Finales.

Abb. 28. Brahms im alten Burgtheater.
Ausschnitt aus einem Gemälde von Gustav Klimt.

Abb. 29. Hanslick, Brahms und Billroth in einer Theaterpause.
Zeichnung von A.F.Seligmann.

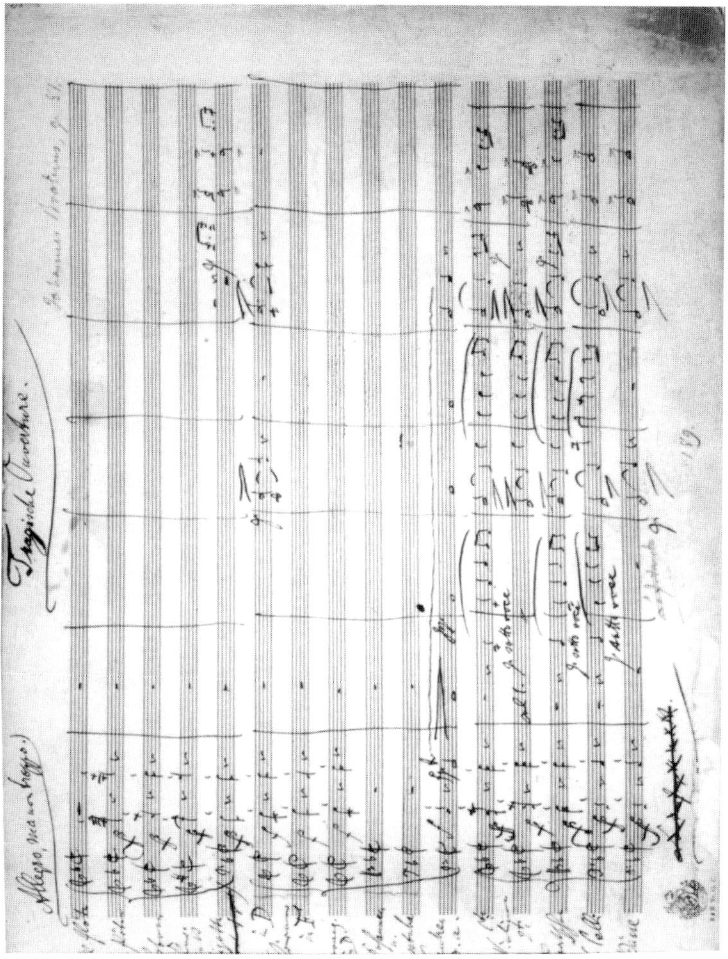

Abb. 30. Tragische Ouvertüre op.81. Titelblatt der autographen Partitur.

Abb. 31. Elisabet von Herzogenberg.

Abb. 32. Clara Schumann in Alter von 74 Jahren.

Abb. 33. Schluß der „Vier ernsten Gesänge“ op. 121 mit dem Hohen Lied der Liebe.

ihrer Verwendung zum bloßen Potpourri zu degenerieren. Es galt also, klar den damals verbreiteten Typus der Potpourri-Ouvertüre zu vermeiden. Brahms hat das Problem auf beinahe geniale Weise gelöst und damit dem Werk im Gegensatz zu so manchem zeittypischen das Überleben gesichert. Wie schon bei den vom Begriff her scheinbar formale Freizügigkeit suggerierenden Rhapsodien op. 79 gezeigt wurde, so liegt auch der Akademischen Festouvertüre das Sonatenprinzip zugrunde. Die Liedzitate sind in unterschiedlicher Weise darin eingebaut, das erste als echtes Zitat im Hauptsatz: „Wir hatten gebauet ein stattliches Haus“ (T. 69), heute bekannter mit dem Text „Ich hab’ mich ergeben“, mit einer Melodie, deren Urheber unbekannt und die im frühen 19. Jahrhundert erstmalig belegbar ist. Der Refrain des Liedes „Alles schweige! Jeder neige ernsten Tönen nun sein Ohr“ dagegen wird transitorischer Bestandteil der Sonatenform. „Hör, ich sing’ das Lied der Lieder, hört es, meine deutschen Brüder, hall’ es wieder, froher Chor“ ist als Seitensatz (T. 129) behandelt und wird zunächst auf der Dominante eingeführt und in der Reprise regelgerecht auf der Tonika wiederholt. Auch in den Seitensatz wird jedoch wie in den Hauptsatz ein Studentenlied als Zitat eingeführt, der sogenannte „Fuchsenritt“, „Was kommt dort von der Höh’“, ein Ritual studentischer Geselligkeit, zu dem man, rittlings auf Stühlen sitzend, auf diesen durch den Raum galoppierte. Damit hat Brahms den Ton des National-Pathetischen der beiden ersten Lieder verlassen, nähert sich der bierseligen Ausgelassenheit und löste damit die Frage aus, ob das denn der Ouvertüre zu einem akademischen Festakt angemessen sei. Jedenfalls tangierte er damit empfindlich das Selbstbewußtsein einiger Professoren. Den „Fuchsenritt“ als Dank für die Verleihung der Ehrendoktor-Würde einer renommierten Universität hatte man in Breslau bestimmt nicht erwartet.

Erst nach Ablauf der eigentlichen Sonatenform führt Brahms als viertes Lied das berühmte „Gaudeamus igitur“ in Gestalt einer Coda ein und stilisiert es zu einer bombastischen Apotheose hoch. Zumindest muß die Frage erlaubt sein, ob diese studentische Form von „Freut euch des Lebens“, auch wenn sie einen lateinischen Text zur Grundlage hat - schließlich gab es auch Hoffmanns „Struwwelpeter“ und Heines „Loreley“ als Studentenulk in lateinischen Versionen -, wirklich tragfähig genug sei für eine derartig pathetische Apotheose. Hat sich Brahms wirklich klargemacht, was er da so pathetisch hinausposaunte: „post molestam senectutem nos habebit humus“, die jugendlich übermütige Verachtung der Beschwerden des Alters, nach denen „uns die Erde haben wird“? Rührt nicht die bombastische Feierlichkeit dieses krönenden Abschlusses an die Grenzen des Komischen? Hat er ihn etwa ironisch so überhöht? Zumindest hat er außer im Triumphlied nie so unreflektiert dem Zeitgeist gehuldigt.

Die andere Ouvertüre mit der Opuszahl 81, von der wir nicht genau wissen, ob sie auch chronologisch die zweite war, hat Brahms definitiv als „Tragische" bezeichnet. Aber die geschilderte Unsicherheit in der Charakterisierung des Werkes macht Spekulationen Kalbecks schon im Kern unwahrscheinlich, sie auf ein ganz bestimmtes dramatisches Werk zu beziehen, selbstverständlich Goethes „Faust".[134] Danach habe Burgtheater-Intendant Franz von Dingelstedt über Jahre hinweg den Plan verfolgt, den „Faust" als Gesamtwerk auf dem Theater darzustellen, möglichst in der von ihm geleiteten Hofoper. Er habe auch das Projekt verfolgt, diesen Gesamt-„Faust" in Wagners Bayreuther Festspielhaus aufzuführen, das ja durch die Kosmologie von Wagners „Ring" für Theatereignisse dieser Dimension praedestiniert sei und die meiste Zeit des Jahres leerstehe. Nun hing sein Ruf als Theaterleiter ja nicht zuletzt an der zyklischen Aufführung der Historiendramen Shakespeares in seiner Weimarer Intendantenzeit. Aber daß ein derartig erfahrener Theaterleiter ernstlich den Plan verfolgt haben sollte, diesen Bayreuther „Faust" in Wagners Heiligtum mit Inzidenzmusik von Brahms zu realisieren, warum er diesen nach Kalbecks Darstellung durch einen Mittelsmann habe angehen lassen, entbehrt denn doch jeder Wahrscheinlichkeit. Brahms im Theater Wagners, dessen These von der kunsthistorischen Notwendigkeit der Entwicklung zum Gesamtkunstwerk Lügen strafend, da ist doch wohl wieder der Musikpolitiker Kalbeck am Werk, der für Brahms Ansprüche geltend machte, welche dieser selbst nie erhoben hätte. Es heißt, den „kosmopolitischen Nachtwächter", wie Gegner Dingelstedt nach einem seiner bekanntesten literarischen Produkte gern nannten, denn doch für in einer Weise naiv zu halten, die ihn nun wirklich herabzusetzen geeignet ist.

Natürlich zerschlugen sich Pläne, das Bayreuther Festspielhaus als Sprechbühne zu nutzen, schon wegen der konträren Konzeption für dieses Theater. Wenn Dingelstedt tatsächlich die Idee verfolgt haben sollte, seinen Gesamt-„Faust" mit Inzidenzmusik von Brahms herauszubringen, hätte er das ja an seinem eigenen Hause ungestört realisieren können, zumal wenn er ohnehin auf Haus und Bühne der Hofoper zurückgreifen konnte. Nein, die Tragische Ouvertüre als Relikt einer Gesamt-„Faust"-Konzeption auszugeben, ist wohl der Versuch Kalbecks, Brahms in einem Gebiet, das er nie betreten hat, wenigstens dem Anspruch nach mit dem Theatromanen Wagner auf eine Ebene zu stellen.

[134] M. Kalbeck: J. Brahms. Bd. 3, S. 257.

Anders als die Akademische Festouvertüre hat die Tragische nicht mit dem Formproblem der Integration von Zitaten zu tun. Sie basiert, wie nicht anders zu erwarten, auf dem dialektischen Sonatenhauptsatz-Prinzip, deutlicher jedoch als op. 80 auf dem Bewußtseinsstand des kompositionstechnisch mit dem Kopfsatz der 2. Symphonie Erreichten. Das heißt nichts anderes, als daß stärker als in dem Schwesterwerk das Prinzip der formentwickelnden Variation das Sonatenprinzip überlagert. Sicher hat Brahms sich für das Sprechtheater interessiert, es gibt sogar ein Bild, das ihn mit anderen Prominenten der Wiener Kulturszene im Burgtheater zeigt. Hanslick verwies in seiner Besprechung der Ouvertüre auf Hamlet als mögliche Modellvorstellung, obwohl Brahms ihm ausdrücklich versichert hatte, kein spezielles Leitbild gehabt zu haben. Auch über ihn konnte Kalbeck mithin triumphieren, als er auch noch die Binnensätze der 3. Symphonie mit Goethes Faust in Verbindung brachte und Brahms ihm vertraulich diese Zusammenhänge bestätigt haben soll,[135] was in eklatantem Widerspruch zur Aussage des zumindest nicht weniger glaubhaften Hanslick steht.

Im Sommer 1880 erschien auch eine weitere Sammlung Ungarischer Tänze, elf Stücke umfassend, aufgeteilt auf zwei Hefte. Schon als er dem Verleger die erste Sammlung übergab, hatte Brahms ihm die Möglichkeit einer Fortsetzung angedeutet. Die beiden Konzertreisen nach Ungarn müssen dann dazu beigetragen haben, die mehr als ein Jahrzehnt alte Absicht endlich in die Tat umzusetzen. Der Titel enthält auch nach dem Prozeß die selbe Formulierung „gesetzt von“ ohne Opuszahl. Brahms erhob Urheberansprüche mithin wieder nur auf den vierhändigen Klaviersatz. Und doch ist die Lage anders als bei den ersten beiden Heften, bei denen er volkläufige Musik aufgegriffen und für seine Dokumentation die im Bewußtsein der Öffentlichkeit nicht mehr bekannten eigentlichen Urheber ermittelt hatte. Möglicherweise handelte es sich bei den Tänzen, die in der zurückliegenden Saison in seinen Programmen auftauchten, um Nummern aus den damals noch nicht veröffentlichten Heften drei und vier. Vorgeblich weil sein Kopist „gerade nichts Besseres zu tun“ gehabt habe, „hat er ein Dutzend ungrischer Tänze geschrieben. Wenn uns diese nun etwa gefallen sollten, schreibe ich dann ein paar grobe Worte Vorwort? Hier ist nämlich manches ganz meine Erfindung.“[136] Was darin nun aber wirklich ihn zum Urheber hat, wurde nie preisgegeben. Wir haben dazu nur das Zeugnis Joachims, der Kalbeck auf Anfrage mitteilte: „Nr. 11, 14, 16 halte ich für ureigenste

[135] M. Kalbeck: J. Brahms. Bd. 3, S. 258.
[136] Briefwechsel Bd. 10, S. 144.

Brahmse."[137] Ob die dafür angeführte Begründung stichhaltig ist, mag dahingestellt bleiben, er „fügte diese auf Wunsch des Verlegers ein, um besser gegen Nachdruck seiner Bearbeitung zu schützen." Ignaz Brüll soll die Bezeichnung der von Brahms selbst stammenden Stücke ebenfalls bestätigt haben.

Aber Brahms hat nicht nur eigene Stücke in die nur „gesetzte" Sammlung volkläufiger Tanzmelodien eingeschleust, sondern die Stichvorlage zeigt deutlich, daß er noch bis in die Drucklegung hinein am Satz und an Einzelheiten gefeilt hat. Wie eigentlich bei allen derartigen Doppelwerken, so ist auch die zweite Sammlung Ungarischer Tänze, mehr als ein Jahrzehnt nach der ersten herausgegeben, „gearbeiteter", mit gesteigertem künstlerischem Anspruch auftretend, bewußter und reflektierter gestaltet. Nur muß das bei einer Sammlung populärer Tänze, die für den Konzertsaal bearbeitet wurden, nicht unbedingt von Vorteil sein. Die Tänze der zweiten Sammlung haben nicht an Popularität und Wiedererkennungswert der ersten anknüpfen können.

Der Aufenthalt in Ischl brachte für ihn noch eine aufregende Begebenheit mit sich: er mußte plötzlich Gehörstrübungen feststellen und geriet darüber in Panik, das Schicksal Beethovens vor Augen. Er telegraphierte Theodor Billroth und eilte nach Wien, wo ihn der ärztliche Freund schon vom Bahnhof abholte und zu einem Ohrenspezialisten begleitete, den er bereits alarmiert hatte. Zum Glück stellte sich die Erkrankung als harmloser Katarrh heraus, verursacht von dem besonders verregneten Ischler Frühsommer. Er konnte also beruhigt in den Ischler Dauerregen zurückkehren; Ärger gab es trotzdem für ihn noch um die glimpflich verlaufene Episode, denn die Presse hatte Wind bekommen von seiner plötzlichen Wien-Reise und meldete eine schwere Erkrankung. Er war eben eine Persönlichkeit der Zeitgeschichte geworden.

Anfang September 1880 fuhr Brahms bis Altaussee der aus Italien kommenden Clara Schumann entgegen; sie kam dann in Begleitung ihrer Tochter Marie mit nach Ischl und reiste am folgenden Tag nach Berchtesgaden weiter, wo Brahms sie seinerseits zu ihrem Geburtstag besuchte und ihr zusammen mit Joachim, Herzogenbergs und anderen Freunden die beiden Ouvertüren und die beiden Triosätze vorspielte. Das in Es-Dur war demnach zu diesem Zeitpunkt noch nicht aufgegeben worden. Ende September kehrte er nach Wien zurück. Am 18. November spielte er mit dem Hellmesberger-Quartett den Klavierpart seines op. 60. Anfang Dezember reiste er nach Berlin, um einer Aufführung des Deutschen Requiems beizuwohnen, die Joachim dort mit dem Hoch-

[137] M. Kalbeck: J. Brahms. Bd. 1, S. 66.

schulchor und -orchester veranstaltete. Eigentlicher Auslöser dieses Besuches war die Möglichkeit einer unverbindlichen Probeaufführung der beiden Ouvertüren mit dem Hochschulorchester.

Joachim hatte Brahms aber schon im Sommer aus einem höchst persönlichen Grund gedrängt, nach Berlin zu kommen, um seine private Situation mit seinem engsten und ältesten Freund einmal in Ruhe besprechen zu können. Brahms wußte so gut wie alle Freunde der Joachims und inzwischen auch Außenstehende, daß es in der Ehe des Künstlerpaares kriselte. Er hatte es wohl auch an mahnender Einflußnahme nicht fehlen lassen, damit aber offensichtlich nichts erreicht. Joachim war von beinahe krankhafter Eifersucht, die schon bald nach der Eheschließung zu unbegründeten Verdächtigungen geführt hatte. Jetzt war eine Scheidung wohl unvermeidbar geworden, und Joachim setzte bei dem Berliner Besuch alles daran, Brahms bei dem anstehenden Gerichtsverfahren, das nach dem Verschuldensprinzip ablief, auf seine Seite zu ziehen. Aber der kannte die Schwäche seines Freundes zur Genüge und ergriff zu dessen Verblüffung offen Partei für die verdächtigte Frau. Natürlich ließ sich Joachim nicht von seiner Einstellung abbringen, und so wäre es um ein Haar schon vor den geplanten Proben zum Bruch zwischen den beiden alten Freunden gekommen. Möglicherweise hat Fritz Simrock ihn im letzten Augenblick abgewendet. Jedenfalls schrieb Brahms ihm: „Es hing an einem Haar und wir wären links und rechts auseinander, aber nicht in die Probe gegangen! Ihnen war ich hernach sehr dankbar. Ich habe nicht viel Hoffen, aber haben und behalten Sie doch guten Willen, und sehen Sie ihn für einen Kranken an, der vorsichtige und nachsichtige Behandlung gebraucht, aber auch verdient. Ziehen Sie sich soweit wie möglich zurück und hoffen, es möge noch eine erträgliche Wendung nehmen. Ich weiß freilich nicht, wie er aus dem Lügennetz herauskommen soll.“[138] Da er nun einmal so eindeutig klargestellt hatte, wessen Partei er in dem so unerquicklichen Streit ergriff, sah Brahms keinen Anlaß, dies nicht auch Amalie Joachim deutlich zu sagen. Was er nicht vorhergesehen hatte, war, daß sie diesen Brief sozusagen als Rettungsanker ergriff und ohne ihn zu informieren zu ihren Gunsten in den Scheidungsprozeß einführte. Dieser Verrat, wie Joachim ihn sah, zerrüttete nun allerdings das Verhältnis der beiden Freunde auf Jahre hinaus.

Als Gestalt der Zeitgeschichte wurde Brahms zunehmend Gegenstand publizistischer Bemühungen, die über Werk- und Aufführungsbesprechungen hinausgingen und, dem Zeitalter des Historismus entsprechend,

[138] M. Kalbeck: J. Brahms. Bd. 3, S. 263.

seine historische Erscheinung wie alles Zeitgenössische aus seinen Voraussetzungen und seinem Werdegang zu erklären versuchten. Das hatte noch mehr journalistisch-feuilletonistischen als wissenschaftlichen Charakter wie der Artikel im Dezemberheft 1874 von Westermanns Illustrirten Deutschen Monatsheften der Musikschriftstellerin Marie Lipsius, die unter dem Pseudonym La Mara publizierte und immerhin mit einem Brief Eduard Marxsens über seinen Unterricht aufwartete, eine erste Darstellung, wie alles angefangen habe. Max Kalbeck, der schon in Breslau ins Brahms-Umfeld gestoßen war, der seit seiner Übersiedlung nach Wien dort beinahe täglich Umgang mit ihm hatte und teilweise bei Sommeraufenthalten und als Pressekorrespondent bei auswärtigen Musikfesten Augen- und Ohrenzeuge wurde, hatte rasch die Chance begriffen, die sich ihm da bot, Historie sozusagen im Prozeß ihres Entstehens dokumentieren zu können. Über ein Vierteljahrhundert hat er systematisch seine achtbändige Monumentalbiographie vorbereitet, ohne jemals sich der Selbstkritik zu stellen, daß er ja in diesem historischen Prozeß als Handelnder und Mitgestaltender Partei war, deren Intentionen und Ziele die Perspektive bestimmten, aus denen er Brahms erlebte und darstellte. Er war für ihn kein Objekt verstehender Geschichte, sondern Agierender und Reagierender in einem Prozeß, in welchem er selbst mitwirkte, Ziele verfolgte, selbst wenn er sie als Brahms' ureigenste Interessen verstand. Aber er war es eben, der sie definierte und sein Handeln dem entsprechend interpretierte.

Brahms war dieses Interesse an seiner Person und an seinen Wurzeln, die hinter sich zu lassen und weiterzuentwickeln ihm eigentliches Lebensziel geworden war, derartig suspekt, daß er sich ihm verweigerte, damit aber ungewollt manches sanktionierte, was andere weniger aus den Quellen herausanalysierten als hineininterpretierten. Das zeigte sich in eklatanter Weise, als der von Brahms hoch geschätzte Gymnasialdirektor und am Historismus wie am altphilologischen Quellenbegriff orientierte Hermann Deiters, immerhin der Mann, der die fünfbändige Beethoven-Biographie Alexander Wheelock Thayers erst zu dem wissenschaftlichen Rang geführt hatte, der ihr zukommt, Material für eine Brahms-Studie zu sammeln begann aus dem historischen Mißverständnis, höchste Authentizität sei dadurch zu erreichen, daß man die handelnden Personen selbst befrage. Unberücksichtigt blieb dabei, daß kein Mensch sich selbst gegenüber objektiv sein kann, sondern im Gegenteil bestrebt ist, sein subjektives Selbstverständnis zu vermitteln. Brahms lehnte auch dem geschätzten Freunde die Mitwirkung bei dieser Spurensuche ab, verschleierte manches vorsätzlich und ließ erkennen, daß ihn der Zeitbegriff so wenig interessiere, daß er sogar relativ kurz zurückliegende Ereignisse wie die Breslauer Ehrenpromotion in eine unbestimmte, jedenfalls weiter zurückliegende Vergangenheit verschob. So antwortete er Hermann Deiters:

> Ich weiß wirklich durchaus keine Daten und Jahreszahlen, die mich angehen; hier aber kann ich natürlich auch nicht versuchen, in alten Briefen etc. nachzusehen. - Vortrefflich fände ich es, wenn jeder Künstler, groß oder klein, ernstlich vertrauliche Mitteilungen machen möchte - ich komme nicht dazu, aber es ist schade! Was nun aber La Mara etc. von mir zu erzählen wissen - das weiß ich nicht zu schätzen und sehe nicht ein, wozu es öfter erzählt wird ... Ich weiß ja auch, daß es für Ihren Zweck nötig ist, nur kann ich mit dem besten Willen auch Ihre einzelnen Fragen nicht beantworten. Außer: J.B., geboren 1834 zu Altona den 7. März (nicht wie öfter angegeben, 7. Mai 33 zu Hamburg), so lese ich oft zu meinem Pläsier, und das Eingeklammerte ist richtig. - Mein Vater ist leider gestorben (nach 1870, als Beweis meiner Unfähigkeit zu antworten)! Dr. bin ich von Breslau geworden (vor 2 oder 3 Jahren!) Vorher (mehrere Jahre) wurde mir der Titel in Cambridge verliehen. Von Parlaments wegen muß man in solchem Fall sich dort persönlich einige Feierlichkeit antun lassen - ich war lieber unhöflich, und so unterblieb's. - Die Geschichten mit der c- und a moll-Sonate[139] können meinethalben beide wahr sein. Dazu gehört viel jugendlicher Übermut, und habe ich öfter Stärkeres verübt. - Der hübsche Garten in Bonn heißt aber wohl Ermenkeil? Könnt's nicht auch Kley gewesen sein?[140] Aber Ermenkeil oder Kley, Detmold oder Bückeburg - wenn ich Ihnen nicht was sehr Schönes und Ernsthaftes erzähle, kommen mir meine Noten doch immer noch interessanter vor.[141]

Der langsam, aber kontinuierlich sich steigernde der ersten und der rasche Erfolg der 2. Symphonie hatten die argumentative Frontstellung Wagners im Verhältnis gegenüber Brahms zugespitzt, weil sie den offenbaren Gegenbeweis zu Wagners Theoremen darstellten, nach Beethoven sei die Komposition von Symphonien ein Anachronismus und die Entwicklung der Musikgeschichte habe notwendigerweise in seine Idee des Gesamtkunstwerks münden müssen. Seine Angriffe richteten sich deswegen allein gegen Brahms, weil die anderen bedeutenden Symphoniker der zweiten Hälfte des 19. Jahrhunderts, Bruckner ebenso wie Dvořák oder Čaikovskij, die heute das Bild von der Symphonik dieser Zeit bestimmen, damals im Musikleben noch nicht präsent waren. Wagner hatte Beethovens eigene Texteinfügung nach dem Zitat der drei ersten, rein instrumentalen Sätze im Finale der 9. Symphonie: „O Freunde, nicht diese Töne, sondern laßt uns angenehmere anstimmen

139 Brahms hatte Beethovens Kreutzer-Sonate für Violine und Klavier (a-Moll) vom Blatt einen Halbton höher transponiert, als auf der Tournee mit Eduard Reményi ein Klavier zu tief stand. La Mara hatte dasselbe von der c-Moll-Sonate op. 30 berichtet.
140 In der Ermekeilstraße hatten Brahms und Deiters sich kennengelernt; Brahms war sich nicht mehr sicher, ob die erste Begegnung dort oder im Hotel Kley in der Koblenzer Straße stattgefunden hatte.
141 Briefwechsel Bd. 3, S. 124f.

und freundenvollere“ von der Einleitung zur Vertonung der Freuden-Ode Schillers abgelöst und wörtlich genommen. So konnte er sie ohne Rücksicht auf andere Formexperimente des späten Beethoven in der Gestaltung großer Formen als Überwindung des bisherigen Typus interpretieren und das Problem der Symphonie nach Beethoven gewann - weil verengt von der Form auf eine damit verbundene Gattung - eine (Schein-) Legitimation zur Überschreitung der Gattungsgrenzen durch Beethoven selbst.

Wagner formulierte diese These 1849 in mehreren Varianten in dem Manifest „Das Kunstwerk der Zukunft“, indem er der psychologisch begründeten, auf den Schluß hin orientierten Formbildung des mittleren Beethoven jede fortgeltende Berechtigung absprach und seinen Hohn ausgoß über „das gedankenlose Heer der Nachahmer, die aus gloriosem Dur-Jubel nach ausgestandenen Moll-Beschwerden sich unaufhörliche Siegesfeste bereiten.“, ohne damit ästhetisch befriedigen zu können, am wenigsten „den Meister selbst, der in seinen Werken die Weltgeschichte der Musik zu schreiben berufen war.“[142] Dazu hatte er vorher „das Wesen der Tonkunst“ definiert, sich „aus seiner bodenlosen Tiefe, mit aller unverlorenen Fülle seiner ungemessenen Fähigkeit, sich zur Erlösung am Sonnenlichte der allgemeinsamen, einen Kunst der Zukunft auf[zu]schwingen, und diesen Aufschwung sollte sie von dem Boden aus nehmen, der der Boden aller rein menschlichen Kunst ist; der plastischen Leibesbewegung, dargestellt im musikalischen Rhythmus. Der harmonisirte Tanz ist die Basis der modernen Symphonie.“[143] In diesem Sinne wurde die 7. Symphonie Beethovens zum letzten legitimierten Werk reiner Instrumentalmusik, die „seligste That in Tönen gleichsam idealisch verkörperte Leibeswegung“ und mit jenem so oft ohne Verständnis der damit verbundenen Implikationen wiederholten Schlagwort zur „Apotheose des Tanzes“.[144] Für die 8. Symphonie und das Spätwerk Beethovens war kein Platz in diesem musikalischen Weltbild Wagners.

Die Bindung an die Körpersprache des Tanzes befähigt die Instrumentalmusik nach der Vorstellung Wagners, ausgehend von der „unendlichen Sehnsucht“, die er aus der Kunstanschauung E.Th.A. Hoffmanns über das Wesen der Romantik[145] übernommen hatte, wenigstens zu einem „bestimmten Ausdruck“ und enthebt sie damit des Vorwurfs der Willkür. Die unendliche Sehnsucht bedürfe jedoch zu ihrer Erlösung der

142 R. Wagner: Das Kunstwerk der Zukunft. Ges. Schriften. Bd. 3, S. 93.
143 R. Wagner: Das Kunstwerk der Zukunft. Ges. Schriften. Bd. 3, S. 90.
144 R. Wagner: Das Kunstwerk der Zukunft. Ges. Schriften. Bd. 3, S. 94.
145 E.Th.A. Hoffmann: Beethovens Instrumentalmusik. Musikalische Novellen und Aufsätze. Hrsg. v. E. Istel. Regensburg (1919). S. 61.

Konkretisierung: „Dieser Gegenstand kann, dem Charakter unendlichen Sehnens gemäß, nur ein endlich, sinnlich und sittlich genau sich darstellender sein. An einem solchen Gegenstande findet jedoch die absolute Musik ihre ganz bestimmten Gränzen; ... sie ist, in ihrer unendlichsten Steigerung, doch immer nur Gefühl; sie tritt im Geleite der sittlichen That, nicht aber als That selbst ein, ... ihr fehlt der moralische Wille."[146]

Dieser pseudo-ontologischen Begriffsbestimmung, die das musikalische Kunstwerk von der bewußten geistigen Gestaltung auf das bloße Gefühl ohne Gegenstand reduziert, zog Wagner sogleich einen ebenso fragwürdigen historischen Boden unter mit seiner Deutung von Beethovens 5. Symphonie: der Komponist habe hier lediglich „vermocht, den Ausdruck einer Musik bis **fast** zum moralischen Entschlusse zu steigern, dennoch aber nicht ihn selbst auszusprechen."[147] Selbst Beethoven habe dieses Wagnis nicht noch einmal auf sich genommen, und so folgt in dieser monomanen teleologischen Musikgeschichte auf seine 5. Symphonie und die „Apotheose des Tanzes" gleich Beethovens Aufbruch zu ganz neuen Ufern. „er mußte und wollte in der neuen Welt landen, denn nach ihr nur hatte er die Fahrt unternommen. Rüstig warf er den Anker aus, und dieser Anker war das Wort ... Die letzte Symphonie Beethovens ist die Erlösung [!] der Musik aus ihrem eigensten Elemente heraus zur allgemeinen Kunst. Sie ist das menschliche Evangelium [!] der Kunst der Zukunft. Auf sie ist kein Fortschritt möglich." Nicht möglich daher ist auch, „fort und fort Symphonien und ähnliche Stücke zu schreiben, ohne im Mindesten auf den Gedanken zu gerathen, daß die letzte Symphonie bereits geschrieben sei." Die Gattungsüberschreitung in Beethovens Neunter erscheint somit einerseits ein folgerichtiger Schritt, andererseits aber auch „einmalige, durchaus unwiederholbare Thatsache,"[148] und das „moderne Konzertpublikum, welches der Kunstsymphonie gegenüber sich warm und befriedigt anstellt, lügt und heuchelt."

Als Lösung der „kunstweltgeschichtlichen Aufgabe" sah Wagner seine Idee des Gesamtkunstwerks. Danach habe die reine Instrumentalmusik ihre historische Legitimation verloren. Mit geradezu lutherischem Sprachgestus bemühte er für sein „Evangelium der Kunst der Zukunft" die gesamte Pseudo-Religiosität zeitgenössischer Kunstanschauung: „Macht, was Ihr wollt; seht neben Beethoven ganz hinweg, tappt nach Mozart, umgürtet euch mit Sebastian Bach! schreibt Symphonieen mit

146 R. Wagner: Das Kunstwerk der Zukunft. Ges. Schriften. Bd. 3, S. 93.
147 R. Wagner: A.a.O. S. 93.
148 R. Wagner: A.a.O. S. 98.

und ohne Gesang, schreibt Messen, Oratorien, diese geschlechtslosen Opernembryonen! - macht Lieder ohne Worte, Opern ohne Text-: Ihr bringt nichts zu Stande, was wahres Leben in sich habe. Denn seht. - Euch fehlt der Glaube!"[149] Der Glaube an das allein seligmachende Gesamtkunstwerk Wagnerscher Prägung oder an die literarisch und das heißt ja letztlich: von der Begrifflichkeit des Wortes gesteuerte Symphonische Dichtung Liszts wurde zur einzig wirklich wahren Beethoven-Nachfolge, hat damit in heute nicht mehr vorstellbarer Weise die musikalische Publizistik beherrscht und wirkt mit dieser Ideologisierung der musikalischen Produktion bis heute nach. Als eine von vielen Stimmen sei Joseph Rubinstein zitiert mit dem klaren Anspruch: „daß im Gegensatz zu jenen Epigonen Beethoven's [Brahms] der echte Geist der symphonischen Musik in dem Wagner'schen Musik-Drama allein noch fortlebe."[150]

Als nun Brahms unüberhörbar mit symphonischen Werken von ästhetischem Rang hervortrat, sahen die Neudeutschen sicher nicht zu Unrecht ihren Monopolanspruch auf die „wahre" Beethoven-Nachfolge in Gefahr und reagierten mit ausufernder Polemik. So schrieb Wagner 1879 in der Schrift „Über das Dichten und Komponieren":

> Komponirt, komponirt, wenn euch eben gar nichts einfällt! Wozu heißt es „komponiren" - zusammenstellen - wenn auch noch Erfindung dazu nöthig sein sollte? Aber je langweiliger ihr seid, desto abstechender wählt die Maske: das amüsiert wieder! Ich kenne berühmte Komponisten, die ihr bei Konzert-Maskeraden heute in der Larve des Bänkelsängers („an alle meine Leiden"), morgen mit der Halleluja-Perücke Händel's,[151] ein anderes Mal als jüdischen Czardas-Aufspieler,[152] und dann wieder als grundgediegenen Symphonisten in eine Numero Zehn verkleidet antreffen könnt. Ihr lacht: das habt ihr leicht, ihr witzigen Zuschauer! Aber Jene selbst sind dabei so ernst, ja streng, daß einer von ihnen ganz besonders zum ersten Musik-Prinzen unserer Zeit diplomirt werden mußte,[153] damit euch das Lachen verwiesen wäre. Vielleicht aber lacht ihr gerade wieder darüber? Dieser ernste Musikprinz würde euch nämlich von vornherein sehr langweilig erschienen sein, wenn ihr Schlauen nicht eben dahintergekommen wäret, daß etwas gar nicht so besonders Würdiges unter der Maske stecke, sondern Jemand ganz eures Gleichen, mit dem ihr nun wieder Maske spielen könnt, indem ihr euch anstellt, als ob ihr ihn bewundert, was euch nun wieder amüsiert, wenn

149 R. Wagner: A.a.O. S. 101.
150 J. Rubinstein: Symphonie und Drama. Bayreuther Blätter 4(1881,II). S. 54.
151 Anspielung auf das Triumphlied op. 55.
152 Anspielung auf die Ungarischen Tänze.
153 Anspielung auf den Text der Breslauer Doktorurkunde, in der Brahms als „ars musicae severioris ... nunc princeps" bezeichnet wurde. Obwohl die Formulierung eindeutig auf die Satztechnik abzielt, wurde von der Neudeutschen Schule unterstellt, damit sei der Musikdramatik Wagners der ernste Charakter der Kunst abgesprochen worden.

ihr gewahrt, daß er sich die Miene giebt als glaube er euch.

Genau betrachtet liegt der Witz nicht in der Musik, sondern in dem Vorgeben des Komponisten, wirklich gut zu komponieren ... Als man Mendelssohn frug, was er von Berlioz' Musik halte, antwortete er: „ein Jeder komponirt so gut er kann."... Im Betracht des Falles ... dürfte sich von Mendelssohn die **kaltblütige Unbesonnenheit** herschreiben, mit welcher seine Nachfolger sich an jede Art Komponiren machten ...; sie konnten nicht anders, als auch das größte mit ruhigem Gleichmuthe in das Bett ihres kleinen Talents zu zwingen. Gewiß war ihre Absicht hierbei, immer nur etwas Gutes zu schaffen; nur erging es ihnen umgekehrt wie Mephistopheles, welcher stets das Böse wollte und doch das Gute schuf. Gewiß wollte Jeder von ihnen einmal eine wirklich wahre **Melodie** zu Stande bringen, solch eine Beethoven'sche **Gestalt**, wie sie mit allen Gliedern eines lebendigen Leibes vor uns zu stehen scheint. Aber, was half da alle ars musicae severioris[154] ja selbst musicae jocosae,[155] wenn die Gestalt selbst durchaus sich nicht zeigen, viel weniger noch komponiren lassen wollte! Nun sieht aber Alles, was wir da aufgeschrieben finden, Beethoven's Musik-Gestalten wiederum so sehr ähnlich, daß sie oft wie geradezu kopirt erschienen: und doch will selbst das allerkünstlichst Zusammengestellte nicht im Entferntesten etwa solch eine Wirkung verursachen, wie das für die Kunst so gar nichts sagende, ja fast lächerlich unbedeutende , womit in jedem Konzert ein bis dahin noch so sehr gelangweiltes Publikum plötzlich aus der Lethargie zur Extase erweckt wird! ...

Mendelssohn's großes Wort: „Jeder komponirt so gut er kann" - gilt als weise Norm, welche im Grunde auch nie überschritten wird. Die Schuld beginnt erst dann, wann man besser komponieren will, als man kann, da dieß nicht füglich angeht, so verstellt man sich wenigstens so, als könnte man es; dieß ist die Maske. Auch das schadet noch nicht viel; schlimm wird es erst, wann viele Leute - Vorsteher u.dgl. - durch die Maske wirklich getäuscht werden, und etwa Hamburger Festbankette und Breslauer Diplome hieraus hervorgehen; denn die Täuschung ist nur dadurch zu ermöglichen, daß man die Leute glauben macht, man komponire besser als Andere, welche wirklich gut komponieren.[156]

Soweit das öffentlich geäußerte Urteil Wagners über das, was er selbst die „ethische Seite" von Brahms' Arbeit nannte, das eben deswegen so unersprießlich ist, weil die Diffamierungen offensichtlich ausgelöst sind davon, daß Brahms so eindeutig seine Theoreme und seine Voraussagen über die künftige Entwicklung der Musik widerlegt hatte. Seine früheren Äußerungen hatten wenigstens noch erkennen lassen, daß er das handwerkliche Können von Brahms respektiere, seine Frontalangriffe auf den Symphoniker Brahms, der sich augenscheinlich mit diesen Werken im Musikleben durchsetzte, denen Wagner jede Existenzberechtigung ab-

154 Zitat aus der Breslauer Doktorurkunde.

155 Anspielung auf die Akademische Festouvertüre.

156 R. Wagner: Über das Dichten und Komponieren. Ges. Schriften. Bd. 10, S. 148ff.

sprach, ging jedoch über das zersetzende Urteil zu seinem Künstlertum hinaus auf die Frage seiner Themen und Einfälle überhaupt: „Im Ganzen wäre wohl zu rathen, daß verschiedene Komponisten diese ‚Richtung' einschlügen: mir selbst ist sie zwar wenig ersprießlich, denn ich kann durchaus gar nichts komponiren, wenn mir nichts ‚einfällt', und vielleicht befinden sich die Meisten besser dabei, wenn sie Einfälle nicht erst abwarten ... Ein junger Musiker, dem ich auch einmal das Abwarten von Einfällen anrieth, warf mir skeptisch ein, woher er denn wissen könnte, daß der Einfall, den er etwa unter Umständen hätte, sein eigener sei. Der hier ausgedrückte Zweifel mag dem absoluten Instrumental-Komponisten ankommen: unseren großen Symphonisten der ‚Jetztzeit' wäre sogar anzurathen, den Zweifel im Betreff des Eigenthumes ihrer etwaigen Einfälle sofort recht gründlich in Gewißheit zu verwandeln, ehe dieß andere thun."[157]

In seiner Schrift „Über das Dirigiren" hatte sich Wagner über Robert Schumanns messianische Voraussagen zu Brahms' künftiger Entwicklung lustig gemacht und ihn unbedenklich einer Schumannschen Schule, so wenig diese überhaupt definiert war, eingereiht, was ihm allerdings auch nicht weiter hinderlich war, denn er begriff sie ausschließlich als „eigenthümliche Enthaltsamkeitsschule" und als „musikalischen Mäßigkeitsverein". Dann aber wurde er deutlich: „Die ‚Liebeslieder-Walzer' des heiligen Johannes, so albern sich schon der Titel ausnimmt, könnten noch in die Kategorie der Übungen der unteren Grade gesetzt werden: die inbrünstige Sehnsucht nach der ‚Oper' jedoch, in welche schließlich alle religiöse Andacht der Enthaltsamen sich verliert, zeichnet unverkennbar die höheren und höchsten Grade aus. Könnte es hier ein einziges Mal zu einer glücklichen Umarmung der ‚Oper' kommen, so stünde zu vermuthen, daß die ganze Schule gesprengt wäre. Nur daß dieß nie gelingen will, hält die Schule noch zusammen."[158] Dem Theatromanen Wagner war die Hinwendung zur Symphonie, die Brahms sich ja schwer genug gemacht hatte, nicht anders vorstellbar, denn als Kompensation seiner Unfähigkeit zur Oper.

Fraglos auf den tragischen Kopfsatz der 1. Symphonie von Brahms zielte Wagner in „Über die Anwendung der Musik auf das Drama":

> Es ging und geht in unseren Symphonien und dergleichen jetzt weltschmerzlich und katastrophös her; wir sind düster und grimmig, dann wieder muthig und kühn, wir sehnen uns nach der Verwirklichung von Jugendträumen; dämonische Hindernisse belästigen uns, wir brüten, rasen wohl auch: da wird endlich dem Weltschmerz der Zahn ausgerissen; nun lachen wir und zeigen humoristisch die

157 R. Wagner: Über das Dichten und Komponieren. Ges. Schriften Bd. 10, S. 172.
158 R. Wagner: Über das Dirigieren. Ges. Schriften. Bd. 8, S. 322.

gewonnene Weltzahnlücke, tüchtig, derb, bieder, ungarisch oder schottisch, - leider für Andere langweilig. Ernstlich betrachtet: wir können nicht glauben, daß der Instrumentalmusik durch die Schöpfungen ihrer neuesten Meister eine gedeihliche Zukunft gewonnen worden ist; vor Allem aber dürfte es für uns schädlich werden, wenn wir diese Werke gedankenlos der Hinterlassenschaft Beethoven's anreihen, da wir im Gegentheile dazu angeleitet werden sollten, das gänzlich Un-Beethoven'sche in ihnen uns zu vergegenwärtigen, was allerdings im Betreff der Unähnlichkeit mit dem Beethoven'schen Geiste, trotz der auch hier uns begegnenden Beethoven'schen Themen, nicht allzuschwer fallen dürfte.

Auf dieser Basis machte er deutlich, wie weit er und die Neudeutsche Schule bereit gewesen wären, Brahms zu tolerieren:

Die hier gemeinten Symphonien-Kompositionen unserer neuesten - sagen wir: romantisch-klassischen - Schule, unterscheidet [!] sich von den Wildlingen der sogenannten Programm-Musik, außer dadurch, daß sie uns selbst programmbedürftig erscheinen, besonders auch durch die gewisse zähe Melodik, welche ihnen aus der von ihren Schöpfern bisher still gepflegten sogenannten „Kammermusik" zugeführt wird. In die „Kammer" hatte man sich nämlich zurückgezogen; leider aber nicht in das traute Stübchen, in welchem Beethoven athemlos lauschenden wenigen Freunden alles das Unsägliche mittheilte, was er hier nur verstanden wissen durfte, nicht aber dort in der weiten Saalhalle, wo er in großen plastischen Zügen zum Volke, zur ganzen Menschheit sprechen zu müssen glaubte: in dieser weihevollen „Kammer" war es bald still geworden; denn die sogenannten „letzten" Quartette und Sonaten des Meisters mußte man so hören, wie man sie spielte, nämlich schlecht und am Besten - gar nicht, bis denn hierfür von gewissen verpönten Exzedenten Rath geschafft wurde und man erfuhr, was jene Kammermusik eigentlich sage. Jene aber hatten **ihre** Kammer bereits in den Konzertsaal verlegt: was vorher zu Quintetten und dergleichen hergerichtet gewesen war, wurde nun als Symphonie servirt: kleinliches Melodien-Häcksel, mit Heu vermischtem vorgetrunkenem Thee zu vergleichen, von dem niemand weiß, was er schlürft, aber unter der Firma „Ächt" endlich für den vermeintlichen Genuß von Weltschmerz zubereitet.[159]

Ich bin kein Musiker, und empfinde dieß sofort, wenn man mir eine berühmte Komposition dieses oder jenes unserer jetzt gefeierten Meister der Musik vorführt, und ich eben die Musik darin gar nicht gewahr werden kann. Offenbar handelt es sich hier um ein Gebrechen, mit dem ich behaftet bin, und welches mich unfähig macht, an dem Fortschritt unserer Musik theilzunehmen.

Nach der Völkerwanderung blieben „von Sophokles und Aischylos nur wenige, dagegen von Euripides die meisten Tragödien erhalten; demnach unserer Nachwelt gegen etwa neun Brahms'sche Symphonien höchstens zwei Beethoven'sche übrig bleiben möchten; denn die Abschreiber gingen immer mit dem Fortschritt."[160]

159 R. Wagner: Über die Anwendung der Musik auf das Drama. Ges. Schriften. Bd. 10, S. 182f.

160 R. Wagner: Offenes Schreiben an Herrn Friedrich Schön in Worms. Ges. Schriften. Bd. 10, S. 292f.

Wagners These von der ideell an die ganze Menschheit gerichteten Symphonie im Gegensatz zu der auf den privaten Charakter begrenzten Kammermusik hat nicht nur die Gattung weiter ideologisiert, sondern wurde in der darauf fußenden Literatur noch weitergesponnen. In Paul Bekkers Schrift „Die Sinfonie von Beethoven bis Mahler" wurde 1918 Wagners idealistische Idee von der ganzen Menschheit als Adressat der Symphonie Beethovens platt marxistisch umgebogen in ihre prinzipiell massenhafte Rezeption durch das bürgerliche Publikum. - Über die Geschichtsklitterung, die in der Prämisse Bekkers steckt, Beethoven „wollte durch die Instrumentalmusik zu einer Masse sprechen",[161] braucht man angesichts der Sozialstruktur des Wiener Musiklebens wie seiner eigenen Anschauung von der idealen Orchestergröße für die Aufführung seiner Werke mit maximal 60 Musikern, sowie auch der Räume, in denen ihre Uraufführungen stattfanden, man denke nur an den „Eroica-Saal" im Palais Lobkowitz, eigentlich kein Wort mehr zu verlieren.

Das bürgerliche Massenpublikum ist eine soziologisierende Vorstellung um 1900 gewesen und ist insofern eine unangemessene Kategorie der Rezeptionsgeschichte, wurde aber von Bekker noch erweitert auf die Vorstellung einer in die Werkgestalt eingreifenden Rezeption der Masse: „Dieses Bild … der Hörerschaft [das heißt des als Masse vorhandenen bürgerlichen Publikums] ist ein zeugendes Element dabei. Erst die besondere Vorstellung, die sich der Komponist von der Hörerschaft macht, bestimmt die Gestaltung des Werkes ….Die Aufführung einer Sinfonie [ist] danach gleich bedeutend mit einer musikalischen Volksversammlung, … in der ein durch die Musik zum Ausdruck gelangendes **Gemein**gefühl … tätig wird."[162] Daraus folgt die Konsequenz: „Beethoven komponiert nicht eine neue Musik, sondern eine neue Hörerschaft."[163] Bekker bestreitet schließlich der Symphonie den Kunstcharakter schlechthin und setzt an seine Stelle „die besondere Art und das Maß der Kraft, Gemeinschaften zu bilden, … also eine Fähigkeit, aus der chaotischen Publikumsmasse ein einheitliches, bestimmt individualisiertes Wesen zu schaffen, das sich im Augenblick des Hörens … als unteilbare, von gleichen Empfindungen bewegte, gleichen Zielen zustrebende Einheit erkennt."[164] Entscheidend ist mithin nicht der ästhetische Rang eines symphonischen Werks, sondern „erst die **gesellschaftsbildende** Fähigkeit des Kunstwerks bestimmt seine Bedeutung und seinen Wert … Hier berührt es sich mit den Zielen der Religion, deren Verheißung in

161 P. Bekker: Die Sinfonie von Beethoven bis Mahler. Berlin 1918, S. 12.
162 P. Bekker: A.a.O. S. 14f.
163 P. Bekker: A.a.O. S. 16.
164 P. Bekker: A.a.O. S. 17.

der Zusammenfassung und Steigerung der Einzelwesen zur ‚Gemeinschaft der Heiligen' gipfelt. Diese gesellschaftsbildende Kraft des Kunstwerks ist es, die uns den Maßstab der historischen Bewertung gibt."[165] Ideologisierung durch Emotionalisierung als Ziel und Zweck der Symphonie, deren weltliches Publikum an die Stelle der kirchlichen religiösen Gefühlsgemeinschaft treten soll: weiter kann man die Ideologisierung einer Kunstgattung wohl nicht treiben. Daß dieses Konzept die Anschlußthese vom nicht-öffentlichen, privaten Charakter der Kammermusik nach sich zieht, versteht sich von selbst.

Nun segelt die hier auszugsweise zitierte Schrift von Paul Bekker eigentlich unter falscher Flagge, denn nicht „Die Sinfonie von Beethoven bis Mahler" ist ihr Gegenstand, sondern einzig die durch keinerlei Stilanalyse oder anderweitige Beweisführung abgesicherte These, erst mit der Symphonik Mahlers werde der Anspruch derjenigen Beethovens eingelöst. Die „wahre" Nachfolge Beethovens werde demnach über das Gesamtkunstwerk Wagners hinaus erst wieder in Mahlers Symphonien manifest. Abgesehen von der zeitbedingten musikpolitischen Frage nach der „wahren" Nachfolge Beethovens, die nichts mit analysegestützter musikwissenschaftlicher Stil- und Ideengeschichte zu tun hat, sind wohl methodologische Zweifel erlaubt, ob eine derartig ideologisierte soziologisierende Schein-Argumentation rückwärts auf das anwendbar ist, was sie ja gerade geflissentlich umgeht, daß nämlich im letzten Drittel des 19. Jahrhunderts wieder eine Produktion von Symphonien hohen ästhetischen Ranges vorhanden ist, die heute unser Musikleben in so entscheidender Weise prägt, in der Zeit selbst jedoch zunächst mit nennenswerten Aufführungszahlen lediglich an den Brahms-Symphonien manifest wurde, während Bruckner höchst selten und dann in den verstümmelten gekürzten Fassungen aufgeführt wurde. Seine 7. Symphonie war das erste seiner Werke, das von vornherein eine breitere Resonanz fand.

Es liegt auf der Hand, daß die Thesen, zum Teil unter ausdrücklicher Berufung auf Paul Bekker, mit erstaunlicher Beharrlichkeit in der Darstellung der Musikgeschichte des 19. Jahrhunderts vertreten werden. In der neuesten umfangreichen Musikgeschichte dieser Zeit von Carl Dahlhaus[166] werden eindeutig Positionen aus Ideologie und Phraseologie der Neudeutschen fortgeschrieben. Auf der Grundlage der Vorstellung von einer in Werkcharakter und -gestaltung eingreifenden Rezeption wurden

165 P. Bekker: A.a.O. S. 18.

166 C. Dahlhaus: Die Musik des 19. Jahrhunderts. Neues Handbuch der Musikwissenschaft. Bd. 6. 1980.

sie von Dahlhaus sogar noch dahingehend weiterentwickelt, „daß sich die Brahmsschen Symphonien ... nicht an eine als Masse versammelte Öffentlichkeit, sondern primär an den isolierten Einzelnen wenden (an das in Gefühle und Gedanken verlorene Subjekt), daß sie also ... wahrgenommen werden, als wären sie Kammermusik, ist unverkennbar, ... denn man kann das Publikum, von dem der Erfolg getragen wird, im Sinne von David Riesman als ‚lonely crowd' beschreiben: Eine Brahms-Symphonie ist geradezu der musikalische Ausdruck des Sachverhalts, daß in einer Menge, die sich durchaus als solche fühlt, dennoch jeder mit sich allein ist."[167]

Das Phänomen Bruckner wird in dieser Argumentation damit umgangen, daß ihm eine „natürliche Monumentalität" zugeschrieben wird, was immer man darunter verstehen soll, denn selbstverständlich ist der Riesenbau seiner Symphonien nicht durch schiere Naivität so geworden, weil er aus der Logik der Entwicklung gar nicht anders habe ausfallen können. Weder kann man das Problem der Gestaltung großer Formen in der zweiten Hälfte des 19. Jahrhunderts einfach auf das Phänomen der Monumentalität einschränken und um der Chimäre einer Wahrung der Beethoven-Tradition willen die gesamte Kammermusik ausgrenzen, noch ist grundsätzlich beweisbar, daß das gleiche Publikum, möglicherweise sogar in ein und demselben Konzert, eine Symphonie von Brahms prinzipiell anders rezipiere als eine solche von Bruckner. Es handelt sich folglich um nichts als eine Scheinargumentation in Fortführung ideologischer Setzungen aus dem Umfeld der Neudeutschen Schule und ihrer Ästhetik, deren Anspruch mit einem historischen Fundament untermauert werden sollte. Abgesehen davon, daß ja schon bei Beethoven selbst und bei Schubert ebenso die Probleme der Gestaltung großer Formen und deren historisch-gestalterische Legitimation an der Kammermusik mindestens ebenso deutlich wurden, in den Formexperimenten vielleicht manchmal noch evidenter als in der Symphonik.

Merkwürdigerweise hat die ganze Auseinandersetzung, die nun schon über ein Jahrhundert fortdauert, sich stets und ausschließlich auf den Komplex der musikalischen Formbildung beschränkt. Carl Dahlhaus hat das offenbar auch als Defizit gesehen und 1974 versucht, ihr eine zweite stilanalytische Ebene einzufügen in „Zur Problemgeschichte des Komponierens".[168] Einigkeit besteht zunächst noch darüber, daß die Bildung großer zyklischer Formen nach Beethoven weitgehend bestimmt ist

[167] C. Dahlhaus: Die Musik des 19. Jahrhunderts. S. 222.
[168] In: Zwischen Romantik und Moderne. Berliner Musikwissenschaftliche Arbeiten. Bd. 7. München 1974. S. 40f.

durch Versuche, sie zu legitimieren aus musikalischen Strukturelementen, die unterhalb der Ebene von Motiv und Thema liegen. Sieht man einmal von der historischen Unschärfe ab, daß diese auch schon beim späten Beethoven und in starkem Maße bei Schubert zu diagnostizieren sind und ja unstreitig große Formen von säkularar Bedeutung ermöglicht haben, so fällt auf, daß Dahlhaus einen „Widerspruch zwischen der Kürze der musikalischen Gedanken und der Monumentalität der Formentwürfe“[169] behauptet, der ja dann mindestens an Beethovens 5. Symphonie bereits manifest wurde. Schwer nachvollziehbar und durch seine Skizzenarbeit eigentlich auch nicht bestätigt ist dann die zweite These, daß bei Beethoven die „Formidee gleichzeitig mit dem Detailgedanken entsteht; dagegen im späteren 19. Jahrhundert ... musikalische Form sich primär präsentiert ... als Konsequenz aus thematischen Gedanken.“[170]

Schönbergs Prinzip der „entwickelnden Variation“, deren starke Ausprägung bei Brahms, an dem es ja schließlich herausgearbeitet wurde, unbestritten ist, führt ihn dann jedoch wieder in altbekannte Positionen zurück: „Die Brahmssche Symphonik wurzelt in kammermusikalischen Voraussetzungen.“[171] Die Themenverarbeitung in den Symphonien des mittleren Beethoven „ist eine Vorform oder sogar der Prototyp der ‚unendlichen Melodie‘, die [Wagner] selbst im Musikdrama realisierte.“[172] Die Argumentation führt also auch hier rasch in die ideologische Sackgasse der „wahren“ Beethoven-Nachfolge, die ihrem Wesen nach ahistorisch ist. Es scheint mir daher notwendig, ganz davon loszukommen und Brahms' Überzeugung, „Wenn man nach Beethoven Symphonien komponieren will, so müssen sie ganz anders aussehen“ wörtlicher zu nehmen. Richtig ist, daß Brahms' Formgestaltung stark von der Jeweiligkeit des motivischen Materials abhängt, was dazu führt, daß er nur vier Werke dieser Gattung vorlegte und zudem keinen eigenen Symphonietypus ausbildete im Gegensatz zu Bruckner, der von der sogenannten „0.“ bis zur 9. Symphonie im Prinzip nach einem Typus gestaltete und daher auf eine wesentlich größere Zahl von symphonischen Werken kam. Aber der Unterschied liegt nicht darin, daß seine Konzeption spezifisch symphonisch, diejenige von Brahms hingegen ihrem Wesen nach kammermusikalisch gewesen sei. Insbesondere Kalbeck hat zu der schiefen Schlachtordnung auch in der Brahms-Forschung ein gerüttelt Maß beigetragen in der Abwehr des Anspruchs der Neu-

169 A.a.O. S. 40.
170 A.a.O. S. 41.
171 A.a.O. S. 49; vgl. S. 46.
172 A.a.O. S. 53.

deutschen auf die „wahre“ Beethoven-Nachfolge, die er seinerseits für Brahms reklamierte unter Vernachlässigung der Tatsache, daß dieser selbst für sich beanspruchte, einen eigenen Weg gesucht und gefunden zu haben, der nicht in die Sackgassen des Klassizismus und des Epigonentums führte.

Wie sehr diese Diskussion, in der man als zeitgenössischer Rezensent und Publizist einfach Stellung beziehen mußte, die Perspektiven der Wahrnehmung verschieben konnte, läßt sich deutlich belegen an den Rezensionen des Wiener Kritikers Ludwig Speidel,[173] denn es gehörte große Standfestigkeit dazu, sich nicht von den Indoktrinationsversuchen der publizistisch überlegenen Neudeutschen beeinflussen zu lassen. Welche historisch-biographischen Fakten immer den Wandel der Einstellung Speidels zu Brahms motiviert haben, ganz deutlich wird, insbesondere beim Vergleich älterer Rezensionen mit jüngeren zu denselben Brahms-Werken, wie er immer stärker in den Sog der Phraseologie und der Denkklischees der neudeutsch orientierten Presse geriet. Hatte er 1867 Brahms noch heftig verteidigt[174] gegen die unqualifizierte Charakterisierung seiner Frühwerke als „epileptische“ Musik, so reihte er ihn 1889 unbedenklich in die klassizistische Mendelssohn-Nachfolge ein,[175] 1893 schließlich nahm er Wagners Wort von der „Enthaltsamkeitskirche“ als Epitheton der angeblichen Schumann-Schule auf[176] und führte Brahms' Wiener Erfolge auf „die heimliche Propaganda pietistischer Konventikel“ zurück, bedenkenlos Erfahrungen seiner schwäbischen Heimat auf die gänzlich anderen kultursoziologischen Verhältnisse Wiens übertragend. Die fraglos berechtigte Kritik an der mangelhaft vorbereiteten Erstaufführung der 4. Symphonie wurde von ihm als Psychoterror der Wiener Brahminen dargestellt: „das Wohlgefallen an der Musik von Brahms wird dem Publikum als eine Pflicht auf die Seele gebunden. Sie **soll** gefallen lautete der kategorische Imperativ. Das läßt man sich einfach nicht bieten, und die häufig angestellten Versuche, das Publikum in die Begeisterung für Brahms hineinzuhetzen, sind bisher ohne Erfolg geblieben. Man duldet keine Schreckensherrschaft in Sachen des Geschmacks.“[177]

Ganz klar werden publizistische Positionen Wagners aufgenommen: „er hat sich in der Sehnsucht nach dramatischer Tätigkeit lange verzehrt,

[173] Ch. Pinter: Ludwig Speidel als Musikkritiker. Mschr. Diss. Wien 1949.
[174] Rezension vom 9.4.1867. Pinter A.a.O.
[175] Rezension vom 13.12.1889.
[176] Rezension vom 9.5.1893.
[177] Rezension vom 20.1.1887.

und es ist der große Gram seines Lebens geblieben."[178] Später machte er sich auch die These von Brahms' kammermusikalischer Begrenzung zu eigen.[179] Daraus folgt in demselben Artikel mit bester neudeutscher Logik: „gegen die symphonischen Weltideen Beethovens gehalten, äußern Brahms' Symphonien nur die Privatgedanken und Privatmeinungen eines geistvollen Mannes." Geradezu neurotische Züge nahm letztlich Speidels ebenfalls auf Äußerungen Wagners fußende Reminiszenzen-Jagd an: „An fremden Gedanken wird Brahms immer produktiv."[180] Er wird immer erst „lebendig und warm, wenn dem Komponisten ein fremder Gedanke unter die Finger läuft."[181] Daraus schließt er in pseudologischer Deduktion: „Über sich selbst, über die Tragweite seiner Gedanken ist er sich nicht immer klar",[182] und das sagt er von einem der selbstkritischsten Künstler der Zeit. Das ging schließlich so weit, daß er die Tonartenfolge der vier Brahms-Symphonien (c-D-F-e) in Beziehung setzte zum Finalthema von Mozarts Jupiter-Symphonie.[183] Den Höhepunkt dieser unsachlichen Campagne bildete schließlich die bekannte Karikatur von Th. Zasche aus dem „Figaro" von 1890, in der Brahms als Heiliger Johannes auf hohem Denkmalssockel stehend in liturgischem Gewand mit Palmwedel und Bibel unter dem Arm dargestellt wird, von Eduard Hanslick im Meistersingergewand - Wagner hatte ursprünglich die Figur des Beckmesser Hans Lick benannt - beweihräuchert. Daß damit die tatsächlichen Verhältnisse publizistisch ins Gegenteil verkehrt wurden, liegt auf der Hand.

Gleich zu Beginn des Jahres 1881 reiste Brahms nach Breslau, um dort die Akademische Festouvertüre uraufzuführen und auch die Tragische vorzutragen, deren Uraufführung bereits am 20. Dezember 1880 in Wien unter Hans Richter stattgefunden hatte. Er raffte sich später sogar auf, der Universität, vertreten durch ihren Rektor, ein Prachtexemplar des Druckes zu dedizieren. Im Übrigen enthielt das ganz von Brahms geleitete Breslauer Konzert eine der D-Dur-Suiten von Bach, eine Händel-Arie, drei Brahms-Lieder und die 8. Symphonie von Beethoven. Zwei Tage danach spielte er noch in einer Kammermusik-Veranstaltung den Klavierpart seines Horn-Trios und die beiden neuen Rhapsodien für Klavier. Am 7. Januar fuhr er nach Leipzig weiter, wo er wieder die beiden Ouvertüren - er charakterisierte sie in Anspielung auf den Titel eines

178 Artikel zum 60. Geburtstag von Brahms. 9.5.1893.
179 Gedenkartikel vom 6.4.1897.
180 Rezension vom 8.11.1893.
181 Rezension vom 16.12.1885.
182 Rezension vom 3.1.1878.
183 Artikel zum 60. Geburtstag am 9.5.1893.

Theaterstücks „die eine lacht, die andere weint" - dirigierte. Anschließend ging es weiter nach Münster, wo er wieder die Ouvertüren brachte, dazu noch das Schicksalslied. Drei Tage später dirigierte er in Krefeld, diesmal nur die Akademische Festouvertüre, wieder das Schicksalslied, und begleitete Richard Barth als Solisten seines Violinkonzerts. Beide gingen dann mit dem Werk auf Holland-Tournee, nachdem Brahms am folgenden Tag in Krefeld noch den Klavierpart in seinem f-Moll-Quintett gespielt hatte.

Am 31. Januar 1881 begann in Amsterdam die Tournee durch die Niederlande mit den beiden Ouvertüren, dem Violinkonzert, außerdem spielte er sein d-Moll-Konzert und kleinere Klavierstücke. Mit dem selben Programm konzertierte er in Den Haag und Haarlem. Er traf auch mit seinem glühenden Verehrer Leander Schlegel zusammen, der Max Kalbeck folgende Anekdote erzählte: er habe Brahms nach einer Probe ein eigenes Klavierstück „heruntergejagt", worauf Brahms überschwenglich das Klavier lobte, sich aber zu dem vorgetragenen Stück mit keiner Silbe äußerte. Kalbeck erzählte die Geschichte Richard Barth, der seinerseits Zeuge einer anderen Variante geworden war. Ein bekannter Kollege hatte Brahms ein gesamtes Oratorium am Klavier vorgespielt. Am Ende rief Brahms aus: „Donnerwetter, wo haben Sie das famose Notenpapier her? Das muß ich auch haben."[184] - Damit war der Konzertwinter für diesmal, ungewöhnlich früh, zu Ende. Brahms kehrte Mitte Februar nach Wien zurück, wo ihn die Gesellschaft der Musikfreunde inzwischen zum Direktionsmitglied ernannt hatte. Es folgten noch zwei Auftritte mehr gesellschaftlichen Charakters. Am 6. März sollte im Sonntagskonzert der Philharmoniker die Akademische Festouvertüre für Wien erstaufgeführt werden. Das stieß aber auf Schwierigkeiten, weil zwei der darin zitierten Lieder als zu nationalpatriotisch noch immer verboten waren und man Studentendemonstrationen im Zusammenhang damit befürchtete. Aus diesem Grund wurde auch eine Ehrung für den Stuttgarter Kunsthistoriker Wilhelm Lübke im Hause Theodor Billroths um eine Woche verschoben, ein „Gemütlicher Brahmsabend unter Leitung von Dr. J. Brahms" mit einem Riesenprogramm, das sämtliche Vokalquartette, beide Sammlungen „Liebeslieder"-Walzer mit Brahms und Hans Richter, dem neu berufenen Direktor der Hofoper, am Klavier umfaßte, dazu noch die Klavierstücke op. 76, die Rhapsodien op. 79 und - mit Joseph Hellmesberger - die Violinsonate op. 78. Eine Woche später spielte er noch einmal mit Hans Richter in einem Wohltätigkeitskonzert zugunsten des Pensionsfonds des Hofopern-Orchesters

[184] M. Kalbeck: J. Brahms. Bd. 3, S. 264f.

seine „Liebeslieder“-Walzer op. 52.

Am 25. März brach er zusammen mit Theodor Billroth, dem Wiener Jura-Professor Adolph Exner und Gustav Nottebohm zu seiner zweiten Italien-Reise auf, die zunächst über Venedig und Florenz, wo Nottebohm bereits hängenblieb und sich fortan bei den abendlichen Convivien im Bierhaus Gause gefallen lassen mußte, daß man über ihn sang: „Ein alter Cyprer [Wein] macht' ihn dort der Weiterreise ledig“, und Pisa führte. Weiter ging es dann über Orvieto nach Rom, für das man sich nach den gemachten Erfahrungen diesmal eine ganze Woche Zeit nahm. Dann fuhr man weiter über Neapel nach Messina; Taormina und Syrakus wurden besucht, dann Agrigent und schließlich wieder Palermo. Dann fuhr man über Neapel zurück nach Rom, wo die Freunde ihn verließen und er allein noch eine knappe Woche Aufenthalt nahm und schließlich über Siena, Orvieto, Florenz und Pisa zurückkehrte nach Wien, wo er an seinem Geburtstag wieder eintraf. Er hatte für diese Reise nicht nur mehr Muße durchgesetzt und soviel Italienisch gelernt, um sich einigermaßen verständigen zu können, sondern schrieb Frau Schumann auch einen förmlichen Schwärmbrief über die gesehenen Schönheiten,[185] hatte aber in Florenz Gelegenheit, sich darüber aufzuregen, daß die Vollkommenheit von Rossinis Barbier von Sevilla einen Nachahmer nicht davon abgehalten hatte, das Libretto noch einmal zu vertonen.

Den ersten Frühling hatte er, wie er an Simrock schrieb, in Sizilien erlebt, den zweiten in Rom und freute sich nun auf den dritten in Wien. Er blieb auch für den Sommer in der Nähe, in Preßbaum, im Wienerwald an der Westbahn, der Fernzugstrecke nach Westen, kurz vor Wien gelegen. Möglicherweise hatten ihm Regen und Überschwemmungen des Sommers 1880 Bad Ischl verleidet, vielleicht waren es die vielen Freunde und Bekannten aus Wien, die in der Nähe den Sommer verbrachten, Julius Epstein, Anton Door, Ernst Frank, mehrere Mitglieder der Familie Wittgenstein, was ihn nach Preßbaum zog, vielleicht auch nur die schnelle Erreichbarkeit Wiens. So brachte er mit Joseph Viktor Widmann mehrere Tage dort zu und besuchte mit ihm Theater.

Am 4. Januar 1880 war der Maler Anselm Feuerbach gestorben, an dessen Weg und Schaffen er in vielfältiger Weise Anteil genommen hatte. Er war ihm schon in den Baden-Badener Sommern früh begegnet und Brahms muß wohl in der strengen Bildarchitektur des Malers verwandte Seiten gespürt haben. Bei seiner Berufung an die Wiener Kunstakademie soll Brahms seine Hand im Spiel gehabt haben, und er führte

185 Clara Schumann - Johannes Brahms. Briefe. Bd. 2, S. 235ff.

ihn auch in seinen Freundeskreis ein, wo man, etwa im Bierhaus Gause in der Johannesgasse, abends den Überdruck konzentrierter schöpferischer oder zumindest geistiger Arbeit des Tages abreagierte durch Ironie und lose Reden. Da wird das erwähnte Spottlied auf den Musikhistoriker Gustav Nottebohm gesungen worden sein, der um eines feurig-schweren Cyprer-Weins willen alle Kunst Italiens fahren ließ und gleich am Anfang der Reise hängen blieb. Da wurde Brahms' ewiger brauner Paletot ebenso zur Zielscheibe des Spotts wie seine unmodische Kleidung oder seine Gewohnheit, die Hosen so hoch zu ziehen, daß sie unten „Hochwasser" anzeigten, und als der Schneider dem Rechnung trug und überlange Hosenbeine nähte, schnitt Brahms sie einfach unten ab: Das führte zu der Diskussion, man könne eigentlich seine Sachen nicht ausgerechnet in einem Gewandhaus (Leipzig) aufführen. Abends beim Bier schwand die Bedeutung des Einzelnen, machte man sich untereinander gleich, und vielleicht kennzeichnet nichts so eindeutig den ungezwungenen, wenig konventionellen Umgangston, wie wenn etwa der Kritiker Julius Bauer das Wort von Brahms als dem größten „Schimpfoniker der Welt" in Umlauf brachte. Der amüsierte sich königlich darüber, aber der wohlmeinend eingeführte Feuerbach fühlte sich von dem lockeren Umgangston abgestoßen und wurde umso mehr dessen Zielscheibe. Er verließ die Wiener Akademie ebenso bald wie den Künstlerkreis um Brahms.

Feuerbachs Tod scheint Brahms sehr nahe gegangen zu sein; jedenfalls verhielt er sich merkwürdig, zumindest für eine Zeit, in der noch feste Formen und Konventionen gesellschaftlichen Umgangs galten, war es eigentlich ein unentschuldbares Versäumnis, daß er auf die Todesnachricht gar nicht reagierte. Da könnte der so oft beobachtete Zug wieder sichtbar werden, daß er selbst erst zeitlichen Abstand zu gewinnen suchte von der Erschütterung des unmittelbaren Ereignisses. Aber vielleicht stand auch schon der Gedanke dahinter, dem Künstler und Freund eine musikalische Totenklage zum Gedächtnis zu widmen. Erst nachdem diese Absicht verwirklicht war, wandte er sich an die Stiefmutter des Verstorbenen, die so viel für ihn und die Durchsetzung seines Werkes getan hatte, und schrieb ihr volle zwei Jahre nach seinem Tod:

> Erlauben Sie, daß ich ohne weitere Vorrede Ihnen eine Bitte vortrage. Ich habe in der letzten Zeit das Gedicht „Nänie" von Schiller für Chor und Orchester komponiert. Gar oft mußte ich, wenn mir die schönen Worte durch den Sinn gingen, Ihrer und Ihres Sohnes gedenken, und ich empfand unwillkürlich den Wunsch, meine Musik seinem Gedächtnis zu widmen. Damit dies ein äußeres Zeichen habe, erlaube ich mir die Frage, ob ich das Stück, falls ich es veröffentliche, Ihnen zueignen darf.
>
> Es ist möglich, daß Sie dies nicht wünschen, ja daß Sie nicht gerade gerne an

mich erinnert sind? Denn u.a. haben Sie zu einer Zeit, in der Ihnen gewiß viele Zeichen der Teilnahme wurden, von mir kein Wort gehört. Und doch werden wenige herzlicher Ihrer gedacht haben, und gewiß wenige Ihren herrlichen Sohn ernstlicher verehren als ich. Falls mir Ihr Wohlwollen ein wenig erhalten blieb, und falls es Ihnen kein unangenehmer Gedanke ist, Ihren und den Namen Ihres Sohnes in der angedeuteten Weise mit dem meinen verbunden zu sehen, bitte ich um ein Wort der Einwilligung.[186]

Auch das ist für Brahms bezeichnend, daß er den Namen des verehrten Malers, dessen künstlerische Größe er erkannt hatte, nicht offen über ein eigenes Werk setzte. An Fritz Simrock schrieb er darüber: „Ich wollte das Stück eigentlich dem Andenken Anselm Feuerbachs widmen; verschleiere das, indem ich seine Mutter nenne ... Nun hätte ich gern ein paar Lorbeerreiser angebracht. Wenn es sich einrichten ließe, wäre es gar hübsch, wenn der Lorbeer etwas den Namen Feuerbach anginge - doch nicht auffallend."[187]- Man sollte die Sorgfalt nicht übersehen, mit welcher er sich um die Ausgestaltung von Ausgaben seiner Werke kümmerte, später wurde die Ausführung des Lorbeers durch den Graphiker sogar noch einmal bemängelt.[188] Bezeichnend für seinen Charakter scheint mir auch die Einschränkung „doch nicht auffallend" zu sein, die Scheu vor der großen Aufmachung, die auch später wieder eine Rolle spielte, als es um bildliche Entwürfe Max Klingers zu Titelblättern für Brahmssche Werke ging. -

Den Namen Feuerbachs nicht offen zu nennen, scheint mir fast, als sei es für Brahms der Preisgabe eines Stücks seines eigenen künstlerischen Bekenntnisses gleichgekommen, hätte er vor aller Welt offenbar werden lassen, daß sein Werk eine ganz persönliche Totenklage für den verlorenen Freund sei, geschaffen aus dessen Geist und gestaltet aus dem gemeinsamen künstlerischen Bekenntnis mit den Worten Schillers.

Als „naenia" oder „nenia" wurden im alten Rom die Klagelieder bezeichnet, die von bezahlten Klageweibern gesungen wurden. Brahms schrieb das Wort zunächst mit „e", ließ dies aber später in „Naenie" ändern, weil ihm die andere Schreibweise zu „Berlinisch" erschien. - Schiller nahm diesen Brauch der Klagelieder auf und schrieb seine Dichtung, die freilich nicht an einen bestimmten Menschen gebunden ist, als Klage über die Sterblichkeit auch des Schönen, die an drei Beispielen aus der Welt der antiken griechischen Mythologie, Euridike, Adonis und Achill dargestellt wird. Brahms hat die Dichtung Schillers

186 Süddeutsche Monatshefte. März 1907; hier zitiert nach M. Kalbeck: J. Brahms. Bd. 3, S. 295.
187 Briefwechsel Bd. 14, S. 333.
188 Briefwechsel Bd. 14, S. 337.

durch die Beziehung, die er seiner Komposition auf Anselm Feuerbach gab, wieder vom Allgemeinen ins Persönliche gewendet, nicht in dem Sinne, daß diese Nänie seine persönliche Totenklage um den befreundeten Künstler sei, sondern dem Künstlertum des großen Malers wird in ihr ein Denkmal gesetzt.

Angesichts der Formstrenge der Kunst Feuerbachs versteht sich von selbst, daß Brahms besonders nach Klarheit der Form und Gestaltung strebte in einem Werk, das seinem Gedenken gewidmet sein sollte. Aus den Distichen Schillers ist ein solches Ebenmaß der Form nicht unmittelbar abzuleiten. So nahm er seine Abteilung der Dichtung nach inhaltlichen Gesichtspunkten vor, indem er die ersten vier, die Klage um den Tod des Schönen und Vollkommenen samt den Beispielen aus der antiken Mythologie, zu einem Abschnitt zusammenfaßte. Der zweite Abschnitt, der nur zwei Distichen umfaßt, ist die Klage der Götter um die Vergänglichkeit des Schönen, während der letzte Teil, der musikalisch auf den Anfang zurückgreift und nur noch ein einziges Distichon enthält, den Trost ausspricht, daß nur über die Vergänglichkeit des Schönen und Vollkommenen ein Klagelied angestimmt werde, während das „Gemeine klanglos" ersterbe.

Unverkennbar ist der Einfluß des selbstgeschaffenen Vorbilds im Schicksalslied op. 54 auf die musikalische Gestaltung des Anfangs der Nänie. Schon Kalbeck machte aufmerksam auf die Parallelität des Bläseranfangs und auf das Vorausgehen einer einzelnen Vokalstimme vor dem ganzen Chor. Das ist unbestritten; ebenso unübersehbar ist jedoch auch, daß mehr als ein Jahrzehnt zwischen der Entstehung der beiden Werke liegt. Der großbogigen Bläsermelodie in der Einleitung zum Schicksalslied steht die motivische Kleingliedrigkeit, die stärkere kontrapunktische Verarbeitung in der Nänie gegenüber, und die vorausgehende Einzelstimme ist der Beginn einer Fugenexposition. Es ist also die Tendenz zur motivischen und formalen Konzentration, welche die Nänie von dem älteren Vorbild unterscheidet.

Die Vertonung eines Textes, der die Unentrinnbarkeit und Unausweichlichkeit des Todes zum Gegenstand hat, als Fuge entspricht der Semantik von Brahms' Formsprache. Auffällig ist jedoch das Thema dieser Fuge, enthält es doch gleich zwei gebrochene Dreiklänge, im Sekundabstand sequenziert, und damit gleich zweimal hintereinander ein Element, das man im Interesse der kontrapunktischen Verarbeitungsmöglichkeiten eines Fugenthemas tunlichst vermeidet, weil es die Ausbildung von Gegenstimmen und Engführungen zu stark determiniert. Das hat Brahms natürlich auch gesehen; die ausgefallene Themenbildung muß also bestimmt sein von seinen Ausarbeitungs- und Entwicklungsabsichten, denn selbstverständlich hat er wie jeder Komponist das Thema dieser Fuge auf seine Entwicklungsmöglichkeiten wie Umkehrungen und Engführungen u.a. untersucht.

Die Gegenstimme zum zweiten Themeneintritt, mehr aus harmonisch bedingten Floskeln bestehend als echter Kontrapunkt, macht denn auch das Problematische eines derartigen Fugenthemas hinreichend deutlich. Daß Brahms mit diesem Thema anderes im Sinne hatte als eine normale Fugenexposition, erweist sich, wenn er schon den dritten und vierten Themeneintritt (T. 33) als Engführung ad minimam anlegt, die strengste überhaupt mögliche Form einer Engführung, bei welcher der Comes schon mit der zweiten Note des Dux einsetzt. Was hier bereits auftritt,

bevor die Exposition überhaupt erfolgt ist, hat ganz klar wieder seinen Grund in dem Ausdrucksmoment, daß eben keine stringentere Gesetzmäßigkeit denkbar ist als eine derartige Kopplung zweier Stimmen, wie Leben und Tod. Nun enthüllt sich der systemimmanente Ausdruckscharakter einer solchen Themenbildung: die Terzenfolge der beiden ineinandergeschobenen Themeneinsätze wird beinahe penetrant hörbar und ergibt eine Zwangsfolge nicht nur sämtlicher Tonstufen der Leiter, sondern sogar noch darüber hinaus: insgesamt neun Terzen treten in gleicher Bewegungsrichtung hintereinander auf.

Damit wird zweierlei klar: 1. neben der Fuge als Ausdrucksmittel für die eherne Gesetzmäßigkeit des Todes auch des Schönen und Vollkommenen setzt Brahms als weiteres im gleichen Sinne die Zwangsfolge gleicher Intervalle ein, die nacheinander sämtliche Stufen der Leiter umfaßt, und 2. macht die Abfolge der Terzen im Satzverlauf klar, daß im Anfang der Nänie das lineare Experiment mit einer solchen Zwangsfolge gleicher Intervalle aus dem Kopfsatz des Trios C-Dur auf die Vertikale, also von der Thematik auf die Satztechnik ausgeweitet worden ist, und man sollte auch registrieren, daß dieses Experiment an einem Chorwerk vorgenommen wurde.

Mit einer zweiten, weniger dichten Fugendurchführung beginnt das zweite Distichon. Der Kopf des Hauptthemas, diesmal im Baß, wird im ersten Takt ausfiguriert. Wieder erfolgen der zweite und dritte Themeneinsatz (Sopran und Alt) bereits in Engführung; die vierte Stimme setzt zwar in Gegenbewegung zum Themenkopf ein, ist aber an den Themendurchgängen nicht beteiligt, sodaß sich die zweite Durchführung auf zwölf Takte beschränkt, auf die sechs Takte folgen mit dem durch Textwiederholung auf eine entsprechende Silbenzahl gebrachten zweiten Pentameter. - Ohne daß eigentlich ein ganz neuer Teil beginnt, ist das nächste Distichon musikalisch herausgehoben als F-Dur-Episode mit dem in sich geschlossenen Bild vom Tode der leiblichen Schönheit, personifiziert in der Gestalt des Adonis, dessen Tod auch Aphrodite nicht verhindern konnte, als ein Eber ihn auf der Jagd verletzt hatte. Auch in dieser besonders lieblichen Episode ist der Aufbau der ersten beiden Abschnitte beibehalten: sie besteht aus einem quasi-imitatorischen, eigentlich mehr antiphonischen Anfangsglied mit der für Brahms typischen Gruppierung des Chorklangs in Frauen- und Männerstimmen, dem ein volles vierstimmiges und homophones nachfolgt.

Das vierte Distichon, das Bild des am skäischen Tor fallenden Achill beschreibend, das den ersten Teil abschließt, ist mit nur acht Takten (dazu die Orchesterkadenz) musikalisch am kürzesten behandelt. Es nimmt, wie schon die Adonis-Episode, tonartlich mit seinem fis-Moll eine Eigenstellung ein. Damit steht das Achilles-Distichon musikalisch fast dem folgenden Fis-Dur-Teil näher, obwohl es noch eindeutig zum ersten gerechnet werden muß, denn erst danach beginnt mit Tempo-, Takt- und Tonartwechsel wirklich ein neuer Teil. Man könnte auch die thematisch zusammenhängenden ersten beiden Distichen mit der Orchestereinleitung als einen ersten Teil ansprechen, während die beiden Episoden in F-Dur und fis-Moll einen, freilich heterogenen eigenen Teil für sich bildeten, die erstere mehr dem voraufgehenden, die letztere dem folgenden Teil zuneigend. Das entspräche wohl der Tonartendisposition besser und bedeutete auch, daß die Distichen des Textes in regelmäßiger Verteilung zu je zwei der Vertonung zugrundegelegt wurden.

Mit dem Wechsel von Tonart, Takt und Tempo beginnt ein völlig neuer Gedanke. Nachdem Schiller an drei Bildern die Unausweichlichkeit des Todes auch der Schönheit dargelegt hat, die selbst die Götter nicht aufhalten können, wendet er sich nun zur Klage der Gottheiten um den Tod des Vollkommenen. Brahms verbindet die Vorstellung der dem Meer entsteigenden und um den toten Sohn klagenden Thetis mit dem gleichen Fis-Dur, das schon Hermann Goetz bei seiner früheren Vertonung der Nänie Schillers (op. 10; 1874) angeschlagen hatte. Es ist wohl vor allem dieses Thema gewesen, dessen Kopf - wie so häufig bei Brahms - das Emporsteigen aus dem Meer ins Tonräumliche bei strenger Gegenbewegung des Basses umsetzt, was Kalbeck die Vermutung aussprechen ließ, erst die erneute Berührung mit dem klassischen Boden Italiens und der Sonne des Mittelmeeres auf seiner zweiten Italienreise 1881 habe das schon im Sommer zuvor begonnene Werk reifen lassen.

Und wenn Brahms nur diese eine klassisch-schöne, weitgeschwungene Melodie geschrieben hätte, wäre der Vorwurf der Kleingliedrigkeit seiner Thematik widerlegt; möglich daß sie tatsächlich eine Frucht der Italien-Reise ist. Hingewiesen sei aber auch darauf, wie er die Worte „... daß die Schönheit vergeht“ ohne Orchesterbegleitung nur mit dem reinen Klang der menschlichen Stimmen als Ausdruck der tiefsten Trauer versieht.

Es ist, als ob sich Brahms von diesem Bild nicht losreißen könne: so sparsam er bisher mit Wort- und Satzwiederholungen war, hier wiederholt er mit geringen Abweichungen den ganzen ersten Abschnitt dieses Mittelteils, sodaß er in sich wieder eine geschlossene Bogenform bildet. Aber nicht nur das klassische Ebenmaß der Form dürfte dabei eine Rolle gespielt haben, sondern ebenso die klassische Schönheit der Thetis-Melodie, denn sie erscheint bei der Wiederholung mit dem zweiten Distichon; wiederholt wird also die Klage selbst, nicht auch die Hinleitung zu ihr. Wie sehr diese Erwägung in der Konsequenz des Textes liegt, ist offenkundig.

Mit der gekürzten Wiederholung der Orchestereinleitung zum Gesamtwerk kündigt sich der Schlußteil an, in dem noch einmal die Klagemelodie über die Vergänglichkeit des Schönen das Bild beherrscht, jetzt aber in versöhnlichem Sinne, denn „auch ein Klaglied zu sein im Mund der Geliebten, ist herrlich.“ Auch das Prinzip der fugierten Einsätze ist noch vorhanden, es wird allerdings nur noch an zwei Stimmen durchgeführt (Sopran und Baß), während die Innenstimmen bereits vorher, den Schluß des Themas imitierend, einsetzen und damit noch ein Prinzip der Fugenkomposition erfüllen, daß jede Einführung einer neuen Stimme eine thematisch wesentliche Funktion haben solle. - Schiller schloß seine Nänie mit dem Pentameter „denn das Gemeine geht klanglos zum Orkus hinab“. Damit kann man eine Vertonung nicht schließen und so fügt Brahms noch einmal den voraufgehenden Hexameter an: „ein Klaglied zu sein im Mund der Geliebten ist herrlich“; er hat also nicht, wie häufig zu lesen war, die letzten beiden Zeilen vertauscht. Vielleicht darf man diese Wiederholung zurückführen auf den Einfluß des selbstgeschaffenen Vorbilds des Schicksalsliedes, das Verlangen, über den Dichter hinaus etwas auszusagen, die Hoffnung noch über den Tod hinaus darzustellen.

Als Simrock Brahms Anfang 1881 eine gerade erschienene Biographie Anselm Feuerbachs sandte, fügte er dem Dank hinzu: „Etwas ahnungsvoller Engel sind Sie wieder, denn ich schreibe gerade etwas, das ihn angehen soll.“[189] Das Werk, wohl bald nach dem Tode des Malers in der Konzeption begonnen und im Sommer 1880 in Ischl zunächst liegengelassen wie auch das mit ähnlichen thematischen Problemen beschäftigte C-Dur-Trio op. 87, war damals mithin wohl noch nicht fertig. Nach der zweiten Italien-Reise griff er in Preßbaum den Plan wieder auf und scheint ihn wenig später nach dem Hinweis an Simrock auch abgeschlossen zu haben, denn einen Monat danach kündigte er dem Verleger bereits das fertige Werk an[190] und auch an den so chorerfahrenen Franz Wüllner ging noch im September 1881 die Nachricht von der Fertigstellung;[191] sicher mit dem Hintergedanken einer zumindest probeweisen Aufführung durch den befreundeten Dirigenten, sodaß als Datum des Abschlusses der Nänie wohl der Anfang September gelten kann.

Weniger vergrübelt als andere Chorwerke tauchte Brahms seine Vertonung von Schillers Klagelied über die Vergänglichkeit des Schönen in ein mildes Licht, ohne jedoch die Gefahr der Sentimentalisierung des Todes auch nur zu streifen. Völlig zu Recht urteilte Kalbeck: „das Gedicht gewann an sinnlichem Reiz, was es an Prägnanz der Dialektik verlor.“[192] Vielleicht darf man seine Licht sogar tatsächlich mit den Eindrücken der zweiten Italien-Reise im Frühling zuschreiben.

Ebenfalls in den Preßbaumer Sommer 1881 gehört ein weiteres großes Werk, das schon 1880 in Ischl begonnen worden war, das 2. Klavierkonzert B-Dur op. 83, während die beiden begonnenen Klaviertrios weiter liegen blieben. Kalbeck möchte die Anfänge des Konzerts noch weiter zurückdatieren auf das Frühjahr 1878[193] und deklariert die Idee dazu als ein Geburtstagsgeschenk, das er sich selbst gemacht habe als Reminiszenz aus seiner ersten Italien-Reise. Es gibt jedoch dafür so wenig einen Beleg wie für eine andere Behauptung, das Scherzo sei ursprünglich für das Violinkonzert op. 77 entworfen und später in das Klavierkonzert integriert worden. So sparsam Brahms mit seinen Einfällen umging, das ist bloße Spekulation. Da er bereits am 11. Juli 1881 das fertige Werk zur Kopiatur auf dem Wege über Theodor Billroth schickte,[194] müssen die in Ischl entstandenen Vorarbeiten relativ weit fortgeschritten gewesen sein. Für eine noch weiter zurückreichende Entstehungsgeschichte des Werks ist jedoch kein Nachweis zu führen.

Das Konzert beginnt mit einem unbegleiteten Hornruf, der Naturlaute

189 Briefwechsel Bd. 10, S. 181.
190 Briefwechsel Bd. 10, S. 184.
191 Briefwechsel Bd. 15, S. 97.
192 M. Kalbeck: J. Brahms. Bd. 3, S. 291f.
193 M. Kalbeck: J. Brahms. Bd. 3, S. 189.
194 Billroth und Brahms im Briefwechsel. S. 311.

assoziiert und an die Werke der drei Pörtschacher Sommer erinnert, welchen Gedanken man rasch relativieren muß, denn es gibt keinen ernstzunehmenden Hinweis darauf, daß das Konzert zeitlich damit zusammenhängt, und wenn ihm im verregneten und überschwemmten Ischl des Sommers 1880 solche Ideen kamen, wird man mit desto größerer Vorsicht den geliebten und sicher nicht ganz zu Unrecht angezogenen Zusammenhang zwischen der Kärntner Landschaft und den darin entstandenen Werken zu gebrauchen haben. Es handelt sich noch nicht um ein Thema, geht aber über das vielzitierte Mottomotiv bei Brahms hinaus, es ist ein Thema in statu nascendi, das sogleich vom Soloinstrument in einem Echo aufgenommen wird, womit auch das Klavier in einer Weise eingeführt wird, die an Beethovens G-Dur-Konzert erinnert, mit den wie unentschlossen und improvisiert angeschlagenen Akkorden, die plötzlich durch die angeschlossene Kadenz zu einer „Gestalt" und zu einem metrisch geformten Thema zusammenschießen. Bei Brahms ist es zunächst noch weniger, ein Spiel mit dem Tonika-Dreiklang, der klavieristisch durch vier Oktaven erweitert wird und dann erst die Verfestigung des zweiten und dritten Motivs vom Horn übernimmt. Erst jetzt kann das Horn, immer noch unbegleitet, den Vordersatz durch den Nachsatz abrunden und mit der Öffnung zur Dominante eine fest umrissene Themengestalt ausbilden. Dann erst setzen die Holzbläser ausharmonisiert ein und entwickeln den Nachsatz fort, was die Streicher mit einer Variante aufgreifen und nach b-Moll wenden. Nach nur vier Takten im Orchester übernimmt bereits wieder für 18 Takte das Soloinstrument die Führung, indem es die Orchestepisode klavieristisch mit Brahmsscher Vollgriffigkeit weiterentwickelt. Von den 28 ersten Takten ist das Orchester mithin nur an sechs beteiligt, ein tiefgreifendes Abweichen von der tradierten Formbildung, die Themen zunächst im Orchester zu exponieren, bevor mit der Wiederholung der Exposition das Soloinstrument eingeführt wird.

Erst mit T. 29 setzt die Orchesterexposition ein. Das zunächst vom Solohorn vorgestellte Thema wird aber nur drei Takte lang übernommen, dann spaltet Brahms bereits den letzten Takt ab und entwickelt ihn isoliert weiter, die Technik der formentwickelnden Variation schlägt also deutlich in die Gattung des Konzerts durch. Mit lediglich 19 Takten, davon acht bereits zur Überleitung gehörend, ist die Orchesterexposition des Hauptthemas erstaunlich kurz, der Seitensatz auf der Dominantparallele d-Moll, allerdings mit Leitton von oben und unten (T. 49), verweist das Thema wieder nachdrücklich auf die Dominanttonart F-Dur, wird allerdings vom Orchester vorgestellt. Ihm ist von der tonalen Anlage her auch noch ein stark akzentuierter und staccatierter weiterer Gedanke zuzurechnen (T. 56), der ab T. 61 einen kontrastierenden Nachsatz erhält, welcher überleitet in den nächsten Klaviersatz (T. 68). Der gesamten Tuttiexposition, im klassischen Konzert und vielen nachfolgenden Träger der gesamten Darstellung der Themen im Sinne des Sonatensatzes, billigt Brahms ganze 39 Takte zu, dann tritt bereits wieder das Solo ein. Es ist also auffällig, wie kleingliedrig Brahms in seinem zweiten Klavierkonzert den Wechsel zwischen Solo und Tutti gestaltet, das doch früher zumeist Träger der gesamten Sonatenexposition war. Der Klavierteil ab T. 68 vertritt sozusagen die Wiederholung der Exposition mit der sonst hier erst erfolgenden Einführung des Soloinstruments. Das Kopfthema wird aber nicht einfach rekapituliert, sondern befindet sich in einem ständigen Prozeß der Weiterentwicklung, der in T. 118 auf der Wechseldominante endet. Anschließend greift Brahms auf der Tonart des Neapolitaners den Seitensatz wieder auf, der im klassischen Konzert zur Beschleunigung auf den Soloeinsatz hin hier häufig erst überhaupt eingeführt wurde. Mit einer chromatischen Leiter abwärts schließt die Exposition in T. 188.

Die Durchführung ist mit 72 Takten wie meist bei Brahms kürzer angelegt, weil die Weiterentwicklung des thematischen Materials in der Exposition bereits so ausgeprägt war. Der erste Abschnitt kadenziert nach einer enharmonischen Verwechslung in T. 213 auf Fis-Dur. Der direkt anschließende zweite, in diesem tonalen Bereich verharrend, entwickelt die Überleitung vom Ende der Exposition weiter, während der dritte (T. 238) mit dem Kopfthema wieder in die Haupttonart zurückleitet. Die Reprise beginnt mit T. 260, verzichtet jedoch auf die typische schrittweise Entfaltung des Themenkopfs, weil sie nach dessen intensiver variativer Entwicklung jetzt keine Funktion mehr hätte.

Nach dem eher lyrischen Mottomotiv des Anfangs, den das vokale Timbre des Horns noch verstärkt, und dem ebenso ausgeprägt lyrischen Charakter des Nachsatzes zum Seitenthema konnte Brahms schlecht den langsamen Satz, wie in der Konzertform üblich, unmittelbar anschließen. Er entschloß sich daher, an zweiter Stelle ein Scherzo einzufügen. Diese für die Gattung Konzert ungewöhnliche Erweiterung zur Viersätzigkeit mit zwei durch Kontrast aufeinander bezogenen Binnensätzen nähert sein 2. Klavierkonzert naturgemäß dem Symphonietypus an und hat nicht nur zu der Spekulation geführt, es handele sich dabei um das aus dem ursprünglichen Konzept des Violinkonzerts eliminierte Stück. Man muß aber daran erinnern, daß er dort die beiden aufeinander bezogenen Binnensätze entfernt hatte und zur konventionellen Dreisätzigkeit zurückgekehrt war. Die vier Sätze des Klavierkonzerts B-Dur verstärkten aber zugleich die Assoziation an die Symphonie und trugen daher viel zur Charakterisierung des Werkes als einer Symphonie mit Klavier, wohl sogar als eines Konzerts gegen das Klavier bei, was, nebenbei bemerkt, ja auch vom Violinkonzert behauptet wurde. Dabei wird aber geflissentlich übersehen, wie intensiv er im Kopfsatz bemüht gewesen war, das Soloinstrument in den Prozeß der Formbildung zu integrieren, was nicht zuletzt in dessen Kleingliedrigkeit und früher Einführung des Solos zum Ausdruck kommt. Mangels klarer Anschauungen über den Zusammenhang zwischen Themen- und Formbildung in seinen Symphonien blieb hingegen unerörtert, welche Gestaltungsmittel aus diesen in das Konzert durchgeschlagen sind.

Das Scherzo steht in der Dominantparallele d-Moll und ist von Brahms nur brieflich als solches bezeichnet worden, im Druck fehlt die Kennzeichnung des Typus, es handelt sich auch eher um ein Stück düsteren Charakters, auch hier eröffnet vom Soloinstrument. Für diesen Satztypus gibt es allerdings kein Vorbild in der Gattung Konzert. Die Vollgriffigkeit seines Klaviersatzes mit vielen Sextenparallelen in Oktavkopplung kennzeichnet den Klang. Erst ab T. 16 mit Auftakt übernimmt das Orchester das Thema, doch das Klavier fährt bereits nach drei Takten erneut dazwischen mit dem Thema auf der Dominante, vom Hörer als eine Art Engführung in einer Fugenexposition erlebt, was auch nicht gerade dem Scherzo-Charakter entspricht, aber klarstellt, daß die formentwickelnde Variation satztechnisch wie thematisch den Verlauf auch dieses Satzes bestimmt. Mit T. 42 tritt, zunächst unisono in den hohen Streichern, „tranquillo e dolce" ein zweites Thema in der Molldominante auf, das wiederum sogleich vom Soloinstrument übernommen wird. Das Sonatenprinzip schlägt also auch in das Scherzo durch. Andererseits erscheint in T. 188 ein mit 97 Takten sogar relativ umfangreicher Abschnitt in der Durvariante der Tonika, der durchaus als Trio verstanden werden kann. Der Satz nimmt eine Mittelstellung zwischen Sonatensatz-Anlage und dem klassischen Scherzotypus ein und stellt damit vielleicht auch die Ausnahmesituation dieses Satztypus in einem Solokonzert klar.

Mit dem langsamen Satz kehrt Brahms wieder zur Haupttonart zurück, sodaß alle Sätze des klassischen Solokonzerts ungewöhnlicherweise in der selben Tonart stehen, nur das aus der Tradition fallende Scherzo weicht davon ab und begründet damit im Nachhinein auch von dieser Seite seine Existenz. Der langsame Satz in dreiteiliger Liedform weist ebenfalls eine Besonderheit auf, indem Brahms mit der langen Cellokantilene sozusagen ein zweites Soloinstrument einführt, obwohl das Konzertmeister-Solo bei ihm sonst nur eine ganz geringe Rolle spielt; der langsame Satz der 1. Symphonie ist das andere Beispiel für sein Vorkommen. Die triolische Diminution des Themas in der Oberstimme des Klaviers gegen den Baß in Achtelbewegung verleiht dem Satz über die kompositorische Variantenbildung hinaus ein Moment des Improvisatorischen als Kontrast zu den festgefügten thematischen Partien. - Das Finale ist wie in allen Brahms-Konzerten eine Verschmelzung von Rondo und Sonatenprinzip, wobei das letztere hier vielleicht noch stärker als sonst hervorsticht. Gleich das erste Couplet (T. 65) fällt durch die dominantische Tonart und den zum Refrainthema gegensätzlichen lyrischen Charakter auf, dem in T. 89 ein weiterer Themenkomplex ähnlichen Charakters folgt, ein dritter, ins Variative, Kolorierte sich verlierend, und die Wiederholung des ersten dieser drei neuen Themen machen das erste Couplet besonders gewichtig und geben ihm etwas von einem Sonaten-Seitensatz. Entsprechend hat der 2. Refrain mit seiner starken Tendenz zu thematischer Verarbeitung und Weiterentwicklung viel von der Durchführung eines Sonatensatzes. Dem entspricht auch, daß das 1. Couplet in T. 309 transponiert wieder aufgenommen wird und so die Doppelfunktion von Sonatenreprise und Rondocouplet erfüllt.

Wie immer wenn Brahms sich darüber im Klaren war, etwas Bedeutendes geschaffen zu haben, begann sogleich nach der Vollendung des Werkes das ironisierende Herunterspielen. So kündigte er Elisabet von Herzogenberg das für ein Konzert ungewöhnlich ausladende Stück, die oberdeutsche Wiederholung des unbestimmten Artikels nachahmend, mit den Worten an: „Erzählen will ich, daß ich ein ganz ein kleines Klavierkonzert geschrieben habe mit einem ganz einem kleinen zarten Scherzo. Es geht aus dem B dur - ich muß leider fürchten, diese, sonst gute Milch gebende Euter zu oft und stark in Anspruch genommen zu haben.“[195] Die letztere Bemerkung zielt wohl darauf ab, daß sowohl alle Sätze des Konzerts mit Ausnahme des für die Gattung atypischen Scherzos in derselben Tonart stehen, als auch auf die relativ häufige Verwendung dieser Tonart in seinem Schaffen (opp. 18, 24, 56, 67). Als er das umfangreiche Manuskript an Billroth schickte - nicht die Entwürfe, wie gelegentlich behauptet, was ja ganz gegen seine Gewohnheit gewesen wäre -, nannte er es „ein paar kleine Klavierstücke“.[196] Billroth hatte übrigens für die Streichung des Scherzos plädiert, aber Brahms hatte abgewinkt, weil er den Kontrast zwischen Kopf- und langsamem Satz brauchte.[197] Gegenüber Franz Wüllner verquickte er ironisch Länge und Bedeutung des Stücks: „Es kann sich wirklich mit jedem messen! ich

195 Briefwechsel Bd. 1, S. 154.
196 Billroth und Brahms im Briefwechsel. S. 311.
197 Vgl. Billroth und Brahms im Briefwechsel. S. 314.

glaube, es ist das längste -!"[198] Dann aber setzte er sich mit einer Vehemenz ohnegleichen dafür ein, das Konzert ins Musikleben zu bringen.

Wegen des anhaltend schönen Wetters blieb Brahms bis Anfang Oktober in Preßbaum, dann drängte es ihn, das Klavierkonzert zu hören und die Realität mit seiner Vorstellung zur Deckung zu bringen. Hans von Bülow war inzwischen zum Intendanten des Meiniger Hoforchesters berufen worden und machte es binnen kurzem nicht nur zu einem Eliteensemble, sondern zum ersten europäischen Tourneeorchester, denn das kleine Meiningen konnte soviel Orchestermusik gar nicht aufnehmen. Er hatte Brahms angeboten, mit diesem Orchester der Extraklasse seine neuen Werke in aller Ruhe intensiv zu studieren, ohne daß ein Konzert die notwendige Konsequenz war. Ein bißchen Eigennutz war natürlich auch dabei, denn auf diese Weise lernte Bülow, der als Dirigent eines Reiseorchesters auf Novitäten besonders bedacht sein mußte, jedenfalls neue Brahms-Werke früher kennen als alle anderen Kapellmeister und erwarb sich wenigstens ein moralisches Anrecht, auch die Uraufführung zu leiten. Bevor Brahms damit auf Reisen ging, führte er das neue Werk mit Ignaz Brüll an zwei Flügeln in Ehrbars Klavierhandlung seinen Wiener Freunden vor.

Mit dem 2. Klavierkonzert machte Brahms zum ersten Male von dem Angebot des Freundes Gebrauch; er selbst spielte den Solopart. Zuvor aber machte er noch Station in Frankfurt, um Frau Schumann das neue Werk vorzuweisen. Dann ging es nach Meinigen, wo er gleich auch die beiden Ouvertüren und seine Serenade op. 16 dirigierte. Der Herzog und seine Gemahlin, Freifrau von Heldburg, ein höchst kunstsinniges Paar, empfingen ihn als ihresgleichen. Mehrfach spielte er für sie im kleinen Kreise und empfing bei der Abreise vom Herzog das Comturkreuz des Hausordens, das freilich in Wien in einen Schuhkarton in seinem Wäscheschrank zu den anderen Orden wanderte nach dem Motto „Orden sind mir wurscht; aber haben will ich sie." Die Handschrift zeigt deutlich, wie intensiv an dem Werk nachträglich noch gearbeitet und gefeilt worden ist. Sie hatte übrigens ein merkwürdiges Schicksal, das die Gefährdung von Kulturgut unter den Diktaturen der dreißiger Jahre demonstriert: die autographe Partitur war erst einmal bei Simrock geblieben und wurde diesem abgekauft von Freunden des Pianisten Robert Freund, der sich wie kein anderer neben Brahms große Verdienste um die Durchsetzung des Werks erworben hatte, und diesem zum Geschenk gemacht. Als er dann in die Vereinigten Staaten emigrieren mußte, trennte er das Deckblatt ab und gab die Partitur bei der Ausreise als ei-

198 Briefwechsel Bd. 15, S. 97.

genes Manuskript aus, sonst hätte man ihm gewiß die Ausfuhr nicht gestattet. Von seiner Erbin wurde es nach dem 2. Weltkrieg der Staats- und Universitätsbibliothek Hamburg verkauft, wo es heute aufbewahrt wird.

Als dic Mcinigcr Tcstaufführung nach Vornahmc so mancher Retusche zu seiner Zufriedenheit ausgefallen war, kehrte Brahms nach Wien zurück, um seine Wintertournee vorzubereiten. Dazu ließ er sich eine Solostimme von der Ausgabe für zwei Klaviere machen, die zunächst herauskam, denn „die einzige Orchesterpartitur ist beständig mir voraus bei den betreffenden Kapellmeistern, und ‚ganz ohne allem' möchte es doch etwas liederlich werden."[199] Die Uraufführung fand am 9. November 1881 in Budapest statt mit Brahms am Klavier und Erkel am Pult; außerdem dirigierte er noch seine Akademische Festouvertüre und die 1. Symphonie und führte in einer Kammermusik-Veranstaltung des Quartetts Krancsevics zwei Tage später noch die Regenlied-Sonate und die Rhapsodien op. 79 vor. Dann ging es weiter nach Stuttgart, wo er das Werk am 22. November mit dem Hofmusikdirektor Max Seifritz als Dirigent brachte und in dem reinen Brahms-Programm die Akademische Festouvertüre und die 1. Symphonie dirigierte, trat dazu auch noch solistisch hervor mit einer der Rhapsodien, Ungarischen Tänzen, sowie als Liedbegleiter für Marie Schröder-Hanfstaengl.

Dann kehrte er, nun zu einem öffentlichen Konzert, mit dem Werk nach Meiningen zurück, wo ebenfalls die Akademische Festouvertüre und die 1. Symphonie das Programm abrundeten. Am 6. Dezember spielte er das Konzert in Zürich mit Hegar als Dirigent neben der Uraufführung der Nänie und führte außerdem die Akademische Festouvertüre und die 2. Symphonie auf. Am 11. Dezember gastierte er mit Volkland als Dirigent mit beiden neuen Werken, Klavierkonzert und Nänie, in Basel und führte auch noch die Tragische Ouvertüre und die 1. Symphonie auf. Drei Tage später absolvierte er dasselbe Programm in Straßburg. Es fällt auf, daß alle diese Programme reine Brahms-Programme waren und er stets neben dem kräftezehrenden Klavierkonzert auch noch mit unterschiedlichen Werken als Dirigent, einige Male dazu noch als Liedbegleiter und Solopianist auftrat, eine Strapaze ohnegleichen. Es folgten noch Aufführungen des Konzertes in Baden-Baden und Breslau (dort auch die Akademische Festouvertüre), bevor er völlig erschöpft nach Wien zurückkehrte.

Doch die Ruhepause über den Heiligabend war zu kurz, die Überforderung seiner Kräfte durch die rasche Folge der Auftritte zu groß, man

[199] Briefwechsel Bd. 10, S. 193; daß er nicht ganz ohne Gedächtnisstütze reisen mochte, drückte er mit einer Wiener Redensart aus.

muß ja auch noch die enorm langen Reisewege einrechnen, die er immer noch in Kauf nahm, so hier Wien-Meiningen-Budapest-Stuttgart-Meiningen-Zürich/Basel-Straßburg-Breslau-Wien. So trat ein, was geschehen mußte, als er am 2. Weihnachtstag das Konzert unter Hans Richter in Wien aufführte, war er wie ausgebrannt und ausgerechnet hier nicht auf der Höhe seiner Klavieristik.

Trotzdem ging es gleich nach Weihnachten weiter mit einer Aufführung des Konzerts und der Rhapsodien im Neujahrskonzert des Leipziger Gewandhauses. Zwei Tage später war er bereits in Hamburg, wo er das Konzert spielte und die Tragische Ouvertüre dirigierte, dann fuhr er nach Berlin und traf mit Bülow und den Meiningern zusammen. Man brachte dort beide Klavierkonzerte: am 8. Januar 1882 spielte Brahms sein 2. Konzert, Bülow dirigierte, am folgenden Abend trug Bülow seinerseits das 1. Konzert vor und verzichtete dabei auf einen Dirigenten. Das Experiment wurde in Hamburg wiederholt, hier sogar noch gedrängter: am 14. Januar spielte Brahms abends das 2. Konzert, am nächsten Morgen Bülow das erste. Da sich aber ein Reiseorchester große Abstände zwischen den Auftritten nicht leisten konnte, lag dazwischen noch am 13. Januar ein Konzert in Kiel mit Brahms und seinem op. 83.

Von Hamburg aus fuhr Brahms alleine weiter und präsentierte sein Konzert in Münster als Benefiz für seinen alten Freund Julius Otto Grimm. Dann ging es sogleich weiter in die Niederlande, wo er das Konzert in Utrecht (21. Januar), Den Haag (24.), Rotterdam (26.), Amsterdam (27.) und Arnheim (30.) spielte, nicht ohne daß weitere Werke hinzugekommen wären. Die Rückkehr nach Wien in den ersten Februartagen galt wohl einem Klavierabend, den Hans von Bülow dort mit einem reinen Brahms-Programm gab. Mitte Februar war er schon wieder bei Clara Schumann in Frankfurt und spielte dort ebenfalls das Klavierkonzert, ebenso anschließend in Dresden mit Franz Wüllner, außerdem dirigierte er die Nänie, sowie zwei Tage später in einem zu seinen Ehren veranstalteten Abend des Dresdner Tonkünstler-Vereins die Serenade op. 16 und die „Warum?"-Motette. Nie hat sich Brahms mit solcher Vehemenz und bis zur völligen Erschöpfung für die Einführung eines neuen Werkes eingesetzt. In den beiden folgenden Konzertwintern hat er das übrigens fortgesetzt mit Aufführungen im Januar 1883 in Bonn, Krefeld, Koblenz, Köln, Hannover, Schwerin und Oldenburg, dazu auf dem Niederrheinischen Musikfest. Im Januar 1884 ging es dann mit dem Konzert nach Wiesbaden, Elberfeld, Amsterdam, wo er mit Julius Röntgen die Rollen tauschte: er dirigierte, während Röntgen als erster außer ihm selbst den Klavierpart spielte; dann folgte noch Essen. Im November 1884 schloß sich der Kreis und er kehrte mit dem Konzert an den Ort der Uraufführung zurück, indem er es in Budapest zum zweiten Male spielte. Nach Julius Röntgen scheint Eugen d'Albert der erste fremde Pianist gewesen zu sein, der das Werk spielte (am 25. Februar 1887 in Meiningen mit Brahms am Pult), er hat es auch in die Neue Welt gebracht. Er hat es dann in den 90er Jahren oft gespielt, daneben ist Robert Freund häufig damit nachweisbar, später auch Emil Paur. - Noch hatte Brahms am 7. April 1882 in Hamburg das Deutsche Requiem zu dirigieren; dann war für ihn die Konzertsaison zu Ende, eine überaus strapaziöse, aber auch äußerst erfolgreiche. Sie machte so recht deutlich, wie groß seine Akzeptanz und seine Verankerung im öffentlichen Musikleben waren, insbesondere auch durch die Tatsache, wie viele der absolvierten Konzerte reine oder zumindest überwiegende Brahms-Programme hatten. Nachdem er vom Lied und solistischen Klavierstück über so unterschiedliche Kammermusik-Besetzungen und Chorwerke stark differenten Genres bis zum reinen Orchesterstück, drei Konzerten und zwei Symphonien verschiedenartige Gattungen bedacht hatte, war dies unter dem fortdauernden Primat der Mischprogramme ohne Probleme machbar und nur eine Frage der Ehrung für einen zeitgenössischen Komponisten.

Mitte Mai 1882 bezog er wieder sein Ischler Sommerquartier. Und da er wegen des hektischen Konzertwinters seinen gewohnten Jahresrhythmus, den Sommer zu Neukonzeption und -komposition, den Winter überwiegend zu editorischen Arbeiten und Korrekturen zu nutzen, diesmal hatte unterbrechen müssen, ging der zweite Ischler Sommer überwiegend für derartige Maßnahmen hin, alle Aufführungen des 2. Klavierkonzerts waren ja bislang aus dem Manuskript erfolgt. Dafür wurde die einzige Partitur benötigt, sodaß im Druck erst einmal nur die Ausgabe für zwei Klaviere erscheinen konnte. Die Vergabe des Werks an einen Verlag entbehrt nicht grotesker Züge, denn Brahms hatte es C.F. Peters zugedacht. Er hatte ja schon immer eine Schwäche für das Welthaus mit den solide gemachten preiswerten Ausgaben gehabt. Nun hatte er für Peters die von Friedrich Chrysander entdeckten Kammerduette von Händel ediert und dabei versucht, für den am Rande des Existenzminimums werkelnden hochverdienten Händel-Forscher ein namhaftes Honorar durchzusetzen, hatte sich jedoch belehren lassen müssen, daß dafür aus dem Verkauf der unbekannten Stücke keine Deckung zu erzielen war. Das Konzert war daher als eine Art Kompensation gedacht. Das aber hatte Simrock auf den Plan gerufen, der eigens von Berlin nach Preßbaum anreiste, um Brahms von seiner Absicht abzubringen, weil er sein Image als **der** Brahms-Verleger in Gefahr sah. Auch das wirft ein Schlaglicht auf seine Stellung im öffentlichen Musikleben: er war, modern gesprochen, zum Markenartikel geworden, der das Prestige eines Verlagshauses als Wirtschaftsunternehmen so prägte, daß Simrock es nicht zulassen zu können glaubte, eines der großen repräsentativen Werke in einem anderen Verlag erscheinen zu sehen, mögen da auch noch so viele Emotionen bei Fritz Simrock im Spiel gewesen sein. Die Höhe seiner Honorare bestimmte ohnehin Brahms selbst. Aber er fühlte sich Simrock denn doch so verpflichtet, daß er ihm das Klavierkonzert überließ, nicht ohne ihn wegen der nun einmal nicht aus schierem Altruismus erfolgenden hohen Investitionen in sein Schaffen wiederholt anzufrozzeln. Die Widmung galt „Seinem theuren Freunde und Lehrer Eduard Marxsen", der im Juli 1881 75 Jahre alt geworden war. Brahms entschloß sich jedoch zu der Widmung erst im Zuge der Editionsarbeiten in Ischl, sodaß sie auf der Erstausgabe für zwei Klaviere noch fehlt. - Der Verlag Peters wurde dann mit der Nänie entschädigt, die Simrock verschmerzen zu können glaubte.

Es scheint, als ob nach der intensiven Auseinandersetzung mit den großen zyklischen Gattungen Symphonie und Konzert der Lyriker in Brahms sein Recht gefordert habe, und so stellte er in dem zweiten Ischler Sommer drei Hefte Lieder zusammen, von denen einiges vielleicht noch auf den Pörtschacher Sommer 1878 zurückweist, anderes bereits 1881 in Preßbaum entstanden sein mag. Der Beweis ist bei den lyrischen Kleinformen, die zudem immer durch die Beschäftigung mit einem Text und die Zufälligkeit der Begegnung mit ihm bestimmt sind, meist besonders schwer zu führen und auf sekundäre Quellen angewiesen. Wie oft mag aber ein Text, der zunächst keinen Anreiz zur Vertonung geboten hatte, erst nach einiger Zeit und der Erinnerung an ihn aus anderem Zusammenhang zu einer Komposition geführt haben. Ein führbarer Beweis über erste Kontakte mit einem Text oder einem Dichter muß daher keineswegs immer auch den Zeitpunkt der Vertonung bedeuten.

Jedenfalls sind unter den insgesamt 17 Liedern, die er im Sommer 1882 komponiert und/oder druckfertig gemacht hat, einige seiner bekanntesten und besten. An den fünf Liedern, die er als op. 84 zusammenfaßte, fällt auf, daß es sich wieder um Dialoglieder handelt mit Strophe und Gegenstrophe zwischen Mutter und Tochter bzw. einem jungen Manne und einem Mädchen. Am kunstvollsten und zugleich treffendsten im Charakter ist das beliebte „Vergebliche Ständchen" (Nr. 4), ein Niederrheinischer Volkslied-Text, den er wieder der Sammlung von Kretzschmar und Zuccalmaglio entnommen hatte ungeachtet aller Kritik, die inzwischen daran von der wissenschaftlichen Volkslied-Forschung geübt wurde. Der Reiz der Vertonung besteht darin, daß Brahms sie aus einem einzigen Motiv gestaltet hat, das sowohl die neckische Bitte des Mannes um Einlaß wiedergeben kann als auch die schnippische Abweisung durch das Mädchen mit dem selben Gruß, mit dem er sich hatte anbiedern wollen. In dreifacher Sequenzierung abwärts verwendet Brahms das Motiv auf die erste Zeile entsprechend dem Sprachfall. Das Drängen des jungen Mannes wird mit einer Erweiterung des Ambitus und Höhersequenzierung umgesetzt von der Septime über die Oktave bis zur None. Sein Drängen wird dann etwas kleinlauter abwärts sequenziert. Das Mädchen antwortet in der zweiten Strophe im gleichen Tonfall, wobei der Rat der Mutter, ließe sie ihn ein, sei es mit ihren Heiratschancen vorbei, auf die Melodiespitze gelegt wird. In der dritten Strophe appelliert er an ihr Mitleid wegen der kalten Witterung draußen, von Brahms in klägliches Moll versetzt. Aber sie kehrt zum Anfangston, nun fast spöttisch, zurück: wenn das Wetter schon ausreiche, seine Liebe erkalten zu lassen, möge er getrost wieder nach Hause gehen. Die formentwikkelnde Variation aus einem einzigen motivischen Kern hat auch ins Lied Einzug gehalten und eine psychisch glaubhafte Umsetzung des Textes hervorgebracht.

In der Sammlung op. 85 gehört das letzte, „In Waldeseinsamkeit" nach Karl Lemcke zu Brahms' eindringlichsten und bekanntesten Liedern. Anders als die kleingliedrige Entwicklungsmotivik des zuvor besprochenen Liedes hat dieses ausgesprochen große Melodiebögen. Den zur ersten Zeilenhälfte darf man wohl nach dem Auftakt als Katabasis ansprechen: „Ich saß zu deinen Füßen"; die Musik setzt diese Situation bildräumlich um. Die Begriffe „Windesatmen" und „Sehnen", vom Dichter parallelisiert als durch die Baumwipfel ziehend, werden von Brahms auch mit dem selben Motiv umgesetzt, und da Sehnen als emotionale Regung des lyrischen Ichs über den bloßen Naturlaut hinausgeht, wird das Motiv hier höhersequenziert. Die zweite Strophe im terzverwandten D-Dur ist belebter, der Dichter bewegt sich, handelt, sein Verhältnis zum Du wird erkennbar. Das erfordert eine andere Melodie und rechtfertigt die Wiederholung der letzten Zeile einen Halbton tiefer, eine gewisse Beruhigung signalisierend, welche das lyrische Ich in der Berührung des Anderen findet. Die dritte Strophe führt zur Naturlyrik und damit zur Melodie der ersten zurück. Die Katabasis der ersten Melodiezeile paßt jetzt auf den Sonnenuntergang, dann aber verträgt sich der Text nicht mit der Intensivierung der Vertonung aus der ersten Strophe, der Dichter lauscht dem Gesang einer fernen Nachtigall. Brahms rezitiert den Text fast nur noch, dreimal das „ferne" wiederholend im Wechsel zwischen H-Dur und H-Moll, das dritte Mal in das terzverwandte D-Dur wechselnd und damit den Zusammenhang mit der Mittelstrophe herstellend; auch das Lauschen auf die ferne Nachtigall gehört zu der

Ruhe und dem Frieden, zu welchem das lyrische Ich in dieser Strophe gefunden hat.

Die Sammlung op. 86 enthält das schon zu seinen Lebzeiten meistgesungene Lied, die „Feldeinsamkeit“ auf einen Text von Hermann Allmers. Selten findet man seine vollgriffige Klavieristik mit den vielen Sextenparallelen in einem Lied vertreten. Aber es sind noch andere Topoi seiner Textbehandlung zu beobachten: der Orgelpunkt der Tonika, sogar noch oktaviert im Baß und durch konstante Rhythmik noch eindringlicher, beschwört das friedliche Bild des ruhig im Gras liegenden und in den Himmel schauenden Dichters. - Die zweite Strophe führt die Naturidylle zunächst noch weiter und Brahms übernimmt den Anfang der Melodie aus der ersten Strophe. Dann aber werden die vorüberziehenden Wolken Träumen verglichen, die aber sind etwas Irreales und Brahms behandelt das Wort auch so, indem er den Baß chromatisch nach oben führt, über es-Moll - As-Dur - b-Moll kehrt er nach F-Dur zurück. Lemcke führt das naturlyrische Bild des im Grase liegenden und in den Himmel schauenden Menschen weiter zur Reflexion über dessen Weite und Ruhe und die ewige Seligkeit. Davor aber steht notwendigerweise der Gedanke an den eigenen Tod: „mir ist's, als ob ich längst gestorben bin.“ Hier spart er die Harmonisierung völlig aus und läßt lediglich die Melodiefortschreitungen in dreifacher Oktavierung - so weit das Klavier reicht - in der Begleitung mitlaufen. Er hatte zuvor auf der Dominante kadenziert; gleich das erste Intervall der dritten Zeile mit dem Todesgedanken weckt mit dem engräumigen Schritt c-des beklemmende Assoziationen, ein Topos, den er vielfach verwendete, man denke nur an die „Warum?“-Motette. Dabei ist mit dem „mir ist's, als ob“ ja der Charakter des Scheinbaren klargestellt und der Todesgedanke noch gar nicht ausgesprochen. Da die dritte Zeile nicht ausharmonisiert ist, perseveriert der C-Dur-Akkord der Halbkadenz, und die Terzfolge des-b-g fügt sich ihr als Bestandteil eines verminderten Sept-Non-Akkords ein; die in der Melodiefolge nicht enthaltenen Stufen e-c sind also schon vor Beginn der Passage präsent, umso mehr als die Verkürzung des verminderten Sept-Non-Akkords um die beiden unteren Stufen ja zu unseren gängigsten Hörerfahrungen gehört. Das Unterbrechen der Zwangsfolge erlaubt Brahms, die weiteren Terzen sequenzartig mit einem Halbtonschritt anzuschließen: as-f-des, wobei jetzt nicht nur das engräumige ges-as den Ausdruck prägt, sondern eigentlich steht die ganze Folge in einem solchen Verhältnis zu dem c-e-g der letzten Ausharmonisierung. Der Neapolitanische Sextakkord des-f-as bringt jedoch nicht nur die Subdominante ins Spiel, sondern legitimiert auch h als Zielton der ganzen Kette, den Leitton zur Zwischentonart C-Dur, auf welche der ganze Vorgang harmonisch bezogen ist. Das H nach der vollständigen Terzenkette des-b-g-(e-c)-as-f-des macht aber deutlich: auch hier wird die verminderte Terz von unserem Gehör in die Zwangsfolge integriert. Die Hörpsychologie sagt eben etwas Anderes als die Akustik.

Allein diese Beispiele zeigen zur Genüge, wie differenziert Brahms seine Texte behandelte, wie intensiv er psychische Valeurs der Texte, und seien sie noch so unterschwellig, aufnimmt. Die „Feldeinsamkeit" macht darüber hinaus deutlich, wie stark kompositorisch gestalterische Probleme, die ihn beschäftigten, selbst in die kleine lyrische Form des Liedes durchschlugen, das Lied also völlig mit seiner Entwicklung Schritt hält. Die Zwangsfolge gleicher Intervalle durch alle Tonstufen, mit welcher er zuerst in dem liegengebliebenen Klaviertrio C-Dur experimentiert hatte, kehrte in ganz anderem Kontext in der Nänie wieder und nun auch im Lied. Sie macht klar, daß es ihm im Grunde wieder um den Zusammenhang von Horizontale und Vertikale ging, von melodischer Linie und Satztechnik. Nänie und Feldeinsamkeit, so sehr sie das Phänomen der Zwangsfolge von unterschiedlichen Aspekten aus angehen, geben uns aber auch einen Hinweis darauf, mit welchen Konnotationen er sie versah: übermenschliche Gesetzmäßigkeit, Endzeit und letztlich Tod, und es ist interessant, daß sie in der Nänie im Zusammenhang mit einer Fuge auftritt, die für ihn ähnlichen Ausdruckswert hatte.

Ebenfalls im zweiten Ischler Sommer 1882 wurden die fehlenden Sätze des 3. Klaviertrios C-Dur ergänzt, von dessen neuartigen kompositorischen Problemen im Kopfsatz ja schon mehrfach die Rede war. Den anderen Kopfsatz eines Trios in Es-Dur hat er dagegen fallen lassen und das Werk nicht vollendet. Schon im Juli hatte er das vervollständigte Werk an Billroth geschickt, um es nach Kenntnisnahme an den Kopisten Hlavacek weiterzugeben. Wenig später muß er es auch an Frau Schumann geschickt haben, die in Bad Gastein zur Kur weilte. Sie schrieb ihm am 1. August geradezu überschwenglich darüber: „Welch ein prachtvolles Werk ist das wieder! Wie vieles entzückt mich darin, und wie sehnsüchtig bin ich, es ordentlich zu hören. Jeder Satz ist mir lieb, wie herrlich die Durchführungen, wie blättert sich da immer ein Motiv aus dem andern, eine Figur aus der andern. - Wie reizend ist das Scherzo, dann das Andante mit dem anmutigen Thema, das eigentümlich klingen muß in der Lage der doppelten Oktaven, ganz volkstümlich! Wie frisch der letzte Satz und so interessant in seinen kunstvollen Kombinationen!"[200] Das hinderte sie hingegen nicht, einige entschiedene Ausstellungen an dem Werk zu machen, insbesondere erschien ihr das

200 Clara Schumann - Johannes Brahms. Briefe. Bd. 2, S. 258.

Trio im Scherzo „nicht bedeutend genug, ... zu wenig anmutig und [es] klingt mehr gemacht, als empfunden."

Er hatte sie aber auch neugierig gemacht, daß er „noch anderes geschaffen, das besser" sei. Dabei handelte es sich offenkundig um das Streichquintett F-Dur, eine Besetzung, die in seiner Kammermusik bisher nicht vorkam, denn eine frühere Fassung des Klavierquintetts op. 34 lediglich für Streicher hatte er ja als unbefriedigend verworfen. Es ist, wie ja auch schon bei den Werken der ersten Reifezeit zu beobachten, als ob er nach den Werken satztechnischer und formgestalterischer Experimente und neuer Methoden hier unbekümmerter und unreflektierter komponiert habe. Der Kopfsatz ist voller Wohlklang und Sextenseligkeit, das Thema von klassischem Ebenmaß, Vorder- und Nachsatz je zweigliedrig, der Nachsatz mündet, das einzige Motiv sequenzierend, in die Dominante und gibt den Weg frei für die oktavierte, geradezu jubelnde Wiederholung des Themas, das jedoch nicht mehr zur Dominante führt, sondern zu deren Parallele a-Moll. Es schließt sich eine Variante des Themenkopfs im terzverwandten D-Dur an, die sogleich, wie mit dem ganzen Hauptthema geschehen, oktaviert wird. Insoweit wiederholt sich der Vorgang aus der Themenaufstellung, dann aber beschleunigt er die innere Bewegung, spaltet das Schlußmotiv ab und steigert es in eine Variante des Themenkopfs hinein. Der Wohlklang und die Sextenseligkeit dürfen nicht darüber hinwegtäuschen, daß die Technik der formentwickelnden Variation kompromißlos fortgeführt wird. - In Gegensatz zu dem ruhig in Sekundschritten bewegten lyrischen Kopfthema stellt Brahms ab T. 22 eine kontrastive Ableitung daraus mit scharf pointierten, staccatierten punktierten Achtel- und Sechzehntelsprüngen: nicht nur die Weiterentwicklung des Materials, sondern auch die Kontrastbildung werden in den Hauptthemen-Komplex hinein verlegt. Dafür kann dann der Seitensatz (T. 46) mit einem dem Hauptsatz im Charakter verwandten, in der ersten Bratsche liegenden, wiederum lyrischen Thema eingesetzt werden. Abweichend vom üblichen Bauprinzip des Sonaten-Hauptsatzes steht das zweite Thema im terzverwandten A-Dur, was Brahms offenbar dem zyklischen Aufbau des Ganzen zuliebe tat, denn der langsame Mittelsatz steht in cis-Moll.

Das 1. Streichquintett op. 88 weist auch die Besonderheit auf, daß es entgegen der kammermusikalischen Tradition nur drei Sätze hat. Für den Mittelsatz griff Brahms sogar tief zurück auf sehr früh entstandene, aber nicht veröffentlichte Einzelstücke und fügte sie jetzt in ein zyklisches Werk ein. Der erste Teil des langsamen Satzes ist eine Sarabande, die ursprünglich in a-Moll stand und im Frühjahr 1854 komponiert wurde. Möglicherweise hat er sie sogar im November 1855 in dem Konzert in

Danzig gespielt, mit dem Clara Schumann und Joseph Joachim ihm die Tür zum öffentlichen Konzertleben zu öffnen versuchten. Der schnellere Mittelteil des Satzes ist eine von zwei Gavotten, die wohl in derselben frühen Zeit entstanden und ursprünglich mit anderen Tanzsätzen, darunter vielleicht auch die Sarabande, zu einer Suite komplettiert werden sollten. Die wurde aber nie fertig und es ist heute eine Frage der Spekulation, welche der erst lange nach seinem Tode aus dem Nachlaß veröffentlichten Einzelstücke möglicherweise zu der geplanten Suite hatten zusammengefaßt werden sollen. Die schnelleren Teile des langsamen Satzes vertreten mit ihrem Kontrast zugleich auch den im Werk fehlenden Charakter des Scherzos, dessen formale Anlage mit zwei Trios man in der Abfolge zweier verschiedener Tanzcharaktere kontrastierenden Tempos, wenn man will, ebenfalls erkennen kann. Bei einem so vielschichtigen Mittelsatz war eben kein Raum mehr für ein eigenes Scherzo.

Der Finalsatz beginnt nach zwei Akkordschlägen (Tonika-Dominante) einstimmig in der ersten Viola mit einem Intervall-Vexierbild: einer schrittweise aufgefüllten Auftaktquarte aufwärts zur Tonika wird eine ebensolche in Gegenbewegung nachgeschaltet mit dem Leitton als Ziel, die beiden Akkordschläge vom Anfang sind also im Themenkopf wieder abgebildet. Es folgt eine Kadenz und dann wie beim klassischen „Dreischritt" a a A wieder die Quarte aufwärts, nun mit einer zur Sexte vergrößerten Gegenbewegung, beim dritten Ansatz wird der Ambitus zur Oktave erweitert und zwei Quarten in Gegenbewegung angeschlossen. Das ganze Thema besteht mithin aus einem einzigen Motiv und seinen Abwandlungen. Die Akkordschläge vom Anfang, nun in der Folge Dominante-Tonika, bereiten den Einsatz der zweiten Violine mit der Quintbeantwortung des Themas vor. Anschließend bringt die erste Violine das Thema wie in einer Fugenexposition wieder auf der Tonika, gefolgt von der zweiten Bratsche und dem Cello in Oktaven auf der Dominante. Nach dieser fugenähnlichen Exposition wird die Motivik im Sinne des Sonatenprinzips weiter verarbeitet. Anders als bei früheren Finalsätzen mit Sonatenrondo-Anlage experimentiert Brahms hier mit der Verbindung von Fuge und Sonatenprinzip, übrigens auch in diesem Schlußsatz mit einer A-Dur-Enklave. Die satzübergreifende Tonalitätsanordnung war ihm wichtig genug dazu.

Bei seinen Budapest-Aufenthalten hatte Brahms in dem Professor an der Hochschule für Bodenkultur, Ladislaus Wagner, einem versierten Kammermusik-Spieler, und seiner bezaubernden Frau, deren Haus ein Mittelpunkt der musikalischen Budapester Gesellschaft war, einen besonderen Verehrer seiner Kunst gefunden. Der hatte sein Landhaus in

Altaussee, das ihm für die Ansprüche seiner zweiwöchentlich stattfindenden Musikabende zu klein geworden war, durch eine geräumige Villa mit einem gut gelungenen Musik- und mehreren Fremdenzimmern zur Unterbringung von Gästen ersetzt, sodaß er jetzt Musikliebhaber in relativ großer Zahl einladen konnte. Er lud also auch Brahms ein, dem musikalischen Hause sozusagen die höheren Weihen zu geben, und Brahms nahm gerne an, weil Altaussee von Ischl aus leicht erreichbar war und er gewiß sein konnte, gute Musiker zur Ausführung seiner Werke vorzufinden. Er reiste also mit beiden neuen Werken an. Für die erste Violine stand mit Ludwig Straus aus London, der als Geiger wie als Quartettprimarius einen guten Namen hatte und dort seinen Urlaub zu verbringen pflegte, sogar ein renommierter Künstler zur Verfügung. Ladislaus Wagner selbst spielte die zweite Violine, der Wiener Rechtsanwalt und dilettierende Musikschriftsteller Alois Mayer, in dessen Haus Brahms verkehrte, die Bratsche und Finanzrat Rudolf Lutz, obwohl ebenfalls Dilettant, ein gesuchter Kammermusik-Partner, das Cello. Ein erfahrenes und miteinander vertrautes Quartett war also vorhanden, fehlte nur noch ein zweiter Bratscher, um das Quintett spielen zu können. Es zeugt für das Können damaliger Dilettanten, daß sich in Moritz von Kaiserfeld, einem Offizier und versierten Kammermusik-Spieler, ein Partner fand, der das Risiko einging, aus der handschriftlichen Stimme auf der ihm eigentlich fremden Bratsche das hoch professionelle Stück vom Blatt zu spielen und dies auch noch in Anwesenheit von Brahms und zu dessen Zufriedenheit. Er soll die ganze Zeit Zigarre schmauchend und Spielanweisungen gebend im Zimmer auf- und abgegangen sein.

Ignaz Brüll war mit nach Altaussee gekommen und gab Brahms damit Gelegenheit, das ebenfalls mitgebrachte C-Dur-Trio als von diesem stammend auszugeben, was die mit Brahms und seinem Stil vertrauten Beteiligten natürlich rasch durchschauten. Die Freude, Zeuge noch einer weiteren Probeaufführung eines neuen Werkes zu werden, war nun umso größer. Brahms müssen diese Testaufführungen gefallen haben, denn er stimmte zu, die neuen Werke in einem Hauskonzert zu präsentieren, und da Wagners gewöhnt waren, ein großes Haus zu führen, wurde alles eingeladen, was an Musikinteressierten im weiteren Umkreis seinen Sommeraufenthalt hatte. Ignaz Brüll und seine reizende Braut, von deren Glück Kalbeck behauptete, Brahms habe es in dem Quintett widergespiegelt, waren eh da. Carl Goldmark war aus Gmunden gekommen, Ilka Horowitz-Barnay, Elisabeth Seeburg geborene von Salomon, die mit ihrer Schwester schon zu Brahms' frühesten Verehrerinnen in Leipzig gehört hatte, sogar der fast achtzigjährige Johann Vesque von

Püttlingen, zuletzt hoher Beamter im österreichischen Außenministerium, einer jener hoch gebildeten Angehörigen des österreichischen Beamtenadels, der auch als Komponist hervorgetreten war, seinerzeit die Uraufführung von Robert Schumanns Das Paradies und die Peri gerettet hatte, indem er für einen ausgefallenen Solisten eingesprungen war und die Partie vom Blatt gesungen hatte, ein illustrer Kreis also, der das private Hauskonzert fast schon zu einer halböffentlichen Uraufführung machte. Die wirkliche öffentliche Uraufführung beider Werke fand auch schon am 29. Dezember 1882 im 5. Kammermusik-Abend der Museumsgesellschaft in Frankfurt statt mit dem erweiterten Heermann-Quartett bzw. mit Brahms am Klavier und Valentin Müller, dem Cellisten des Quartetts.

Gleich nach dem Sommeraufenthalt in Ischl bereitete Brahms seine dritte Italien-Reise mit Theodor Billroth vor, diesmal im Spätsommer. Er hätte wohl lieber Fritz Simrock als dritten Reisegefährten dabei gehabt. In einem Brief an ihn wird etwas sichtbar von der unterschiedlichen Temperamentslage des Arztes und des Musikers: „Möchten Sie nicht mit Billroth und mir eine kleine lustige Bummeltour durch Norditalien machen? Wir möchten uns **vor** dem 15ten September in Luzern („Schwan") treffen, durch den Gotthard an die Seen und dann so etwa die Linie nach Venedig abgrasen, also Bergamo, Brescia, usw. besehen, auch Mailand, Genua, auch Piacenza, Bologna, Florenz lohnt. Ich bin immer für langsam und wenig, und Billroth mehr für schnell und viel, Sie können also die schönste Mitte halten. - Wir haben die Tour schon lange vor, und endlich fiel uns ein, daß ja ein dritter lustiger Gefährte sehr hübsch wäre."[201]

Am 8. September brach er zunächst nach Luzern auf, um wie verabredet Billroth zu treffen, dann ging es gemeinsam ins Tessin. Am 13. besuchte man Frau Schumann zu ihrem Geburtstag in Bellagio. Sie fuhr zwei Tage danach mit ihren Töchtern direkt nach Venedig, während die beiden Freunde über Mailand, Bergamo, Brescia und Vicenza nach dort reisten, wo man am 19. September wieder zusammentraf und gemeinsam die Kunstschätze der Lagunenstadt genoß. Ein geplanter Besuch in Verona fiel buchstäblich ins (Hoch-)Wasser. Da gleichzeitig ähnliche Nachrichten aus Ischl kamen, wo das Hochwasser so schlimm war, daß man nur mit Kähnen die überfluteten Straßen passieren konnte, war Grund genug für Brahms, schon jetzt über einen anderen Sommeraufenthalt für das nächste Jahr nachzudenken. Am 1. Oktober war er zurück in Wien, und als Nachklang der gemeinsamen Reise veranstaltete Bill-

[201] Briefwechsel Bd. 10., S. 222.

roth in seinem Hause ebenfalls eine private Aufführung der beiden neuen Kammermusik-Werke, wieder mit dem Komponisten selbst am Klavier.

Dann aber galt es Abschied zu nehmen von einem seiner vertrautesten Freunde, dem Musikgelehrten Gustav Nottebohm. Die beiden Musikkorrespondenten Ludwig Speidel und Max Kalbeck waren auf der Rückreise von den Bayreuther Festspielen in Salzburg mit ihm zusammengetroffen und hatten ihn erschreckend verändert, offensichtlich schwer krank gefunden. Brahms war noch vor Antritt der Italien-Reise über den verschlechterten Gesundheitszustand des Freundes informiert worden. In Wien erhielt er nun die Nachricht, daß Nottebohm todkrank in Graz im Krankenhaus liege. Er fuhr also hin, tröstete den Schwerkranken und blieb bis zu seinem Tode am 29. Oktober bei ihm. Als sich dann herausstellte, daß der Gelehrte völlig mittellos verstorben war, übernahm Brahms die gesamten Pflege- und Beerdigungskosten. Dann kehrte er nach Wien zurück.

Es drängte ihn, ein weiteres Werk, an dem er bis zuletzt gearbeitet hatte, zumindest in einer Testaufführung zu hören, und es fällt auf, daß er sich in so kurzer Zeit zum zweiten Male mit einem Chorwerk beschäftigte. Der experimentelle Charakter der Nänie wurde ja dargelegt; er war also offensichtlich zu seiner Jugenderfahrung zurückgekehrt, neue Kompositionstechniken erst am Chorsatz auszuprobieren. Thema ist wieder die Unausweichlichkeit des von übermenschlichen Kräften bestimmten Schicksals, dargestellt im „Gesang der Parzen“ aus dem vierten Akt von Goethes „Iphigenie auf Tauris“. Kalbeck berichtet,[202] daß Brahms zur Komposition des Textes angeregt worden sei von der eindrucksvollen Darstellung der Iphigenie durch die große Schauspielerin Charlotte Wolter im Wiener Burgtheater. Ihre klangvolle und ausdrucksstarke Stimme rief in Kalbeck die Assoziation hervor, der Chor der antiken Tragödie sei „zu neuem Leben wieder erstanden in dieser Einzigen.“ Fraglich dagegen scheint mir, wie weit derartige Vorstellungen vom tragischen Chor des antiken Theaters auch bei Brahms von Bedeutung gewesen sind, wenn Kalbeck annimmt, Brahms habe aus der Rezitation des Liedes durch die Wolter diesen Chor herausgehört und versucht, die Worte Iphigenies wieder in einen solchen zurückzuverwandeln. Nicht nur verstößt er damit gegen seine eigene, kurz vorher vertretene Auffassung, Brahms hätte das Lied niemals vertont, wenn er es aus dem Zusammenhang des Goetheschen Dramas heraus verstanden hätte, „denn er hätte sich sagen müssen, daß das Gedicht allzu eng mit

202 M. Kalbeck: J. Brahms. Bd. 3, S. 355ff.

dem Schauspiel verknüpft sei, um es ohne empfindlichen Schaden seinem Zusammenhang entreißen zu können." Daß Brahms gerade nach einem solchen Text griff, hat wohl nicht mit derartigen mehr äußerlich dramaturgischen Vorstellungen zu tun, sondern liegt an seiner starken Affinität zu dem Gedanken einer unlösbaren Bindung des Menschen an eine über ihm stehende Schicksalsmacht, was ja nicht ausschließt, daß die Darstellung Charlotte Wolters ihm die Eindringlichkeit dieses Textes bewußt gemacht hat.

Als Elisabet von Herzogenberg ihn fragte, ob er nicht einmal wieder ein größeres Chorwerk angreifen wolle, wehrte er ab, weil er nicht über geeignete Texte zu einem solchen Vorhaben verfüge. Und als sie die Sendung einer eben vollendeten Psalmvertonung Heinrich von Herzogenbergs zum Anlaß nahm, ihn nachdrücklich auf die Bibel als Textquelle, insbesondere das Buch Hiob, hinzuweisen, aus dem er selbst ja den Text der „Warum?"-Motette entnommen hatte, lehnte er auch das ab, diese Texte seien ihm nicht „heidnisch" genug, er habe sich jetzt den Koran gekauft. Seine offensichtlichen Ausflüchte signalisierten wohl schon, daß eine Entscheidung in Wirklichkeit längst gefallen war und er bereits an dem Parzenlied arbeitete, das er ihr dann nach dem Abschluß zuschickte. Man braucht also nicht erst zum Schicksalslied, zu dem die Verwandtschaft ja auf der Hand liegt, hinüberzusehen, um zu spüren, was Brahms zur Vertonung gerade dieses Textes angeregt hat.

Den Parzengesang hat Brahms wohl auch im Sommer 1882 in Ischl geschrieben, ihn aber im Gegensatz zu Trio und Quintett, mit denen er noch während des Sommeraufenthalts Probeaufführungen veranstaltete, nicht definitiv abgeschlossen. Er ist vielleicht auch noch auf der Italien-Reise mit ihm „spazieren" gegangen. Endgültig beendet wurde er wohl nach der Rückkehr, denn am 11. Oktober erhielt Simrock den ironischen Hinweis: „den Parzengesang können Sie aber gewiß billiger bei Härtel und Hiller kaufen!"[203] Ferdinand Hiller hatte seine Vertonung des Textes bei Breitkopf & Härtel verlegt. Die Widmung galt dem kunstsinnigen Herzog Georg II. von Sachsen-Meiningen, der nicht nur die stilbildende deutsche Sprechbühne begründet und unterhalten hatte, sondern nun auch unter Hans von Bülow das Maßstäbe setzende Reise- und Tourneeorchester, bei dem Brahms neue Werke auf höchstem Niveau, aber dennoch ohne notwendigerweise daraus folgende Konsequenz einer öffentlichen Aufführung, probieren konnte.

Nänie und Parzenlied, in zwei aufeinander folgenden Jahren entstanden, was an den Opuszahlen nicht so ohne weiteres deutlich wird, zeigen

203 Briefwechsel Bd. 10, S. 224.

also wieder das Phänomen zweier Werke gleicher Gattung in engem zeitlichem Zusammenhang. Meist war dann das erste das unmittelbarere, das nachfolgende das „gearbeitetere", bewußter gestaltete, was gelegentlich auf Kosten der Spontaneität ging. Im Verhältnis der Opera 82 und 89 (Nänie und Parzengesang) verkehrt sich dieses Verhältnis jedoch partiell ins Gegenteil: hier ist das spätere Werk in einer Art musikalischen Al-fresco-Stils gestaltet, während die Nänie mit Techniken der Fuge wie Engführung und mit einer kunstvoll gefügten Intervallfolge arbeitete. Die musikalischen Mittel, namentlich der sonst bei Brahms so anpassungsfähige und differenzierte Rhythmus, sind vergleichsweise einfach, fast rudimentär und so dem beherrschenden Ausdruckswillen untergeordnet.

Während die Sprache für den metrischen Bau des Parzengesangs nur das starre Schema des vierhebigen Daktylus mit Hauptbetonung auf der zweiten Hebung kennt, stehen der musikalischen Textbehandlung mehr und differenziertere Möglichkeiten der Umsetzung zu Gebote, ohne daß deswegen die metrische Struktur der Dichtung angetastet zu werden brauchte. - Brahms hat jedoch ganz darauf verzichtet. Seine Vertonung ist durch und durch beherrscht von einem bloß skandierenden Rhythmus aus einer Viertelnote und zwei Achteln. Bei der Konsequenz, mit der das durchgehalten wird, kann kein Zweifel daran bestehen, daß hier der Komponist den starren Rhythmus als Ausdrucksmittel ganz in dem Sinne einsetzt, wie er es in der Nänie mit der Satztechnik und der Zwangsfolge gleicher Intervalle tat. Auch die semantische Konnotation ist dieselbe, die übermenschliche Gesetzmäßigkeit des menschlichen Schicksals. Der Verzicht auf rhythmische Ausdifferenzierung erfolgt eindeutig zu dem Zweck, die psychische Dynamik des Vertonung zu steigern. Wenn man Nänie und Gesang der Parzen im Zusammenhang sieht, wird erst richtig deutlich, wie Brahms damit experimentierte, musikalisch-gestalterische und ausdrucksbestimmte Gesetzmäßigkeit miteinander zu kombinieren. Daß dies wieder an zwei Chorwerken geschieht, zeigt zum einen, wie sehr ihm diese Gattung aus den Erfahrungen seiner frühen Jahre zum bevorzugten Experimentierfeld geworden war, zum anderen, daß wir es in dieser Zeit wieder mit einer Phase kompositorischer Neuorientierung zu tun haben.

Die unterschiedlichen Urteile über den ästhetischen Wert oder Unwert des Parzengesangs sind weitgehend davon bestimmt, wie der betreffende Autor sich als Hörer von dieser gewollten rhythmischen Gleichförmigkeit des Werkes beeindrucken ließ. Taucht schon bei Robert Schumann gelegentlich die Gefahr auf, daß die rhythmische Gleichartigkeit vom bewußten Gestaltungsprinzip, wie etwa in seiner Frühlingssymphonie, zur Monotonie wird, so ist diese Gefahr im Parzenlied ungleich größer. Das Ausdrucksmittel des durchgehend gleichen Rhythmus als musikalisches Symbol einer urgesetzlichen, übermenschlichen Ordnung, die sich als willkürliches Schicksal darstellt, verkehrt sich durch seine Allgegenwart, seine Penetranz, die es für den Hörer nach den ersten Takten seines Ablaufs zu einem Bewegungsschematismus degradiert, ins Gegenteil: das Übergewicht dieses einzelnen Gestaltungsmittels nivelliert die anderen Möglichkeiten und bewirkt mit seinen maschinenähnlichen Bewegungsmechanismen eher Ausdrucksmangel.

Weitere Momente der Gleichförmigkeit tun ein Übriges: Die bei Brahms häufige Aufspaltung des Chores in die zwei Gruppen der Frauen- gegenüber den Männerstimmen wird ebenfalls verhältnismäßig starr eingesetzt, wobei wiederum der antiphonische Wechselgesang zwischen beiden Stimmgruppen, die ja stets die jeweils andere wiederholen, zugleich eine Wiederholung des Textes verlangt. Selbst da aber, wo Brahms diese Gleichförmigkeit durchbricht, bleibt meist dem Hörer das daktylische Grundmotiv mitbewußt, mag es auch in der Augmentation mit einer Halbe- und zwei Viertelnoten oder durch die schärfere Akzentuierung mit zwei Sechzehnteln für die Senkungen faktisch Abwandlungen erfahren. Hier liegt also eindeutig eine Schwäche des Werkes, die auch durch die Interpretation nicht oder nur sehr bedingt kompensiert werden kann. In dem Chorstück nach Ossian op. 17 Nr. 4, das auch in anderer Hinsicht als Vorform des Parzengesangs gelten kann, hat Brahms dem daktylischen Rhythmus übrigens eine ganz ähnliche Bedeutung gegeben.

Schwierigkeiten macht der kritischen Würdigung des Werkes auch die vorletzte Strophe (Es wenden die Herrscher), um die es in der Brahms-Literatur Auseinandersetzungen gegeben hat. Sie begannen eigentlich bereits im engsten Kreis der Freunde und wurden erst durch ein groteskes Mißverständnis problematisch: Gustav Ophüls hatte seinerzeit einen Aufsatz veröffentlicht, der sich mit dieser Strophe auseinandersetzte. Darin und in Brahms' Antwortbrief ist die Rede von der **fünften** Strophe des Parzenlieds.[204] Brahms hatte jedoch abweichend vom Original, wohl aus Gründen des musikalischen formalen Gleichgewichts, die vierte Strophe Goethes geteilt; seine fünfte Strophe ist daher in Brahms' Vertonung zur sechsten geworden. Als nun Kalbeck das Werk besprach[205] und sich dabei auf den Brief an Ophüls bezog, behielt er im Gegensatz zu diesem die Brahmssche Zählung bei und änderte den Text

204 G. Ophüls: Erinnerungen an J. Brahms. Berlin 1921. S. 54.
205 M. Kalbeck: J. Brahms. Bd. 3, S. 360f.

des Briefes sinngemäß, machte also seinen Text wieder schlüssig. An dieses Mißverständnis knüpften sich einige Spekulationen, bevor klar wurde, daß alle Autoren trotz des scheinbaren Widerspruchs stets die gleiche Stelle gemeint hatten.

Warum nun wurde gerade diese Strophe so zum Gegenstand von Diskussionen? - Nachdem in der Textvorlage bisher vom Zorn der Götter die Rede war, der sich gegen ihre verstoßenen früheren Günstlinge richtet, wird in dieser Strophe das furchtbare Geschick der Gestürzten auf ihre Nachkommen und ganze Geschlechter übertragen. Das düstere Schicksal der Einzelnen erfährt mithin eine Ausweitung, die Tragik ihres Geschicks eine weitere Verschärfung. - Nachdem Brahms gerade zuvor noch einmal erinnert hatte: „Es fürchte die Götter das Menschengeschlecht" und die lastende Schwere des Anfangs mit seinen stampfenden Daktylen wiederholt hatte, nahm er nun das begleitende Orchester ganz weg, wechselte vom geraden Takt mit seinen unerbittlichen Daktylen zu einem fließenden 3/4, gab der weitgeschwungenen a-cappella-Kantilene die Vortragsbezeichnung „sehr weich und gebunden" und wandte sich vom d-Moll zu dessen Dur-Variante.

Gerade der Gedanke der düstersten Tragik, des Betroffenseins auch anderer als des aus der Gunst der Götter Verstoßenen, wird also von Brahms mit einer weich fließenden Melodie versehen und harmonisch im weniger schwer lastenden Dur vertont. Nun sind wir heute über solche ästhetisch -psychologisierenden Vorstellungen, wie man sie namentlich im späteren 19. Jahrhundert so einseitig verfolgte - die Reaktion der zeitgenössischen Rezeption dieser Stelle zeigt es zur Genüge -, es müßten Gedanken der Trauer und Tragik allemal ihre musikalische Entsprechung im Moll finden, längst hinaus. Dennoch hat der Hörer auch heute noch angesichts des Kontextes und des bisherigen Verlaufs des Stücks ein gewisses Gefühl der Inkongruenz zwischen Text und Vertonung. Wenn Kalbeck nun argumentiert, Brahms sei mit seinem op. 89 immer weiter in die Antike eingedrungen, sodaß sein Chor der Schicksalsgöttinnen „mit Goethes Iphigenie und ihrer zum Christentum neigenden Ethik … nichts mehr gemein"[206] habe, muß solche Argumentation immerhin überraschen, biegt doch gerade Brahms - jedenfalls in weit stärkerem Maße als Goethe - die Tragik der griechischen Mythologie um. Er war sich selbst dessen sehr bewußt, wenn er an Billroth schrieb: „Daß das Lied aus Iphigenie ist, möchte ich auf dem Titel verschweigen. Ich höre schon Speidel sagen, das sei nicht die Goethe'sche Iphigenie, und

[206] M. Kalbeck: J. Brahms. Bd. 3, S. 361.

allerdings ist das Parzenlied nicht Iphigenie.“[207] Er betonte jedoch, daß er stets das ganze literarische Werk bei der Arbeit an seiner Vertonung im Auge gehabt habe.

Ob nun Brahms bei der Vertonung der fraglichen Strophe nur die Liebe gesehen habe, vor deren Wiederaufflammen die Götter sich fürchteten, und daher ihren Haß auch auf die Nachkommen ihrer verstoßenen Lieblinge ausdehnten,[208] wobei offen bleibt, wieso dies eine Projektion der Iphigenie-Tragik in die Welt des Christentums sein soll, oder Walter Niemann Brahms' Interpretation unter ausdrücklichem Hinweis auf das Schicksalslied als „nicht antik“[209] bezeichnet, die Gegensätzlichkeit der Argumente zeigt, daß die Brahms-Literatur gegenüber seinem gestalterischen Umgang mit dem Text in Erklärungsnotstand geraten ist. Mehrfach findet man diese Strophe auch als von Mitleid mit den Verstoßenen geprägt interpretiert und damit tatsächlich in die Nähe christlicher Vorstellungen gerückt. Ophüls hatte in dem erwähnten Aufsatz die Behandlung der fraglichen Strophe als Ausdruck der Wehmut angesichts des Unabänderlichen interpretiert und provozierte damit eine der wenigen Stellungnahmen Brahms' zu eigenen Werken: „Über den fünften Vers des Parzenliedes höre ich öfter philosophieren. Ich meine, dem arglosen Zuhörer müßte beim bloßen Eintritt des Dur das Herz weich und das Auge feucht werden; da erst faßt ihn der Menschheit ganzer Jammer an. Zum Schluß des ‚Saul‘ von Händel steht ein ganzes Requiem mit Trauermarsch, meines Erinnerns alles in Dur.“[210]

Nichts also von Mitleid und Wehmut oder Liebe! Brahms hatte den Text offenbar doch von seiner Tragik her erfaßt und suchte über die bereits eingesetzten Darstellungsmittel hinaus nach einer weiteren Steigerung des Ausdrucks. Diese war beabsichtigt und keineswegs eine Milderung der Tragik. Der Vergleich freilich mit Händels Saul - diesem Beispiel ließen sich mühelos weitere anfügen - hinkt. Da liegt dann auch der Angelpunkt der ganzen Frage: Selbstverständlich kann auch Dur-Melodik den Ausdruck der Trauer und der Tragik annehmen. Aber der hier vorherrschende düster-tragische Mollgrund, verstärkt durch die besprochenen weiteren Ausdrucksmittel, bewirkt, daß sich der Dur-Teil als Aufhellung davon abhebt. Das ist ein psychischer Vorgang, der sich zwangsläufig einstellt. Die Frage, ob die von Brahms beabsichtigte Steigerung des Ausdrucks sich beim Hörer tatsächlich einstellt, ist daher kaum positiv zu beantworten, wenn selbst ein in der musikalischen Af-

207 Billroth und Brahms im Briefwechsel. S. 337.
208 So G. Ernest: J. Brahms. Berlin 1930. S. 262.
209 W. Niemann: J. Brahms, Berlin [14]1933. S. 371ff; vgl. dazu S. 314.
210 G. Ophüls: Erinnerungen an J. Brahms. S. 54.

fektgestaltung so erfahrener Musikologe wie der Bach-Biograph Philipp Spitta eine unmotivierte Diskrepanz zwischen Dichtung und Vertonung diagnostizierte. In der Brahms-Literatur ist schon früh darauf hingewiesen worden,[211] hier löse sich die Musik in nicht nachvollziehbarer Weise von der Textvorlage. Brahms scheint in der Tat in dem selbstgeschaffenen Vorbild des Schicksalslieds op. 54 befangen zu sein. Wie dort, so versucht er auch hier eine psychische Aufhellung des Schlusses, eine Befreiung vom Druck solch tragischer Vorstellungen.

Doch auch der Schluß des Werkes ist in mehrfacher Hinsicht problematisch. An sich müßte die Strophe „Es wenden ..." den Schluß bilden, will man das Parzenlied als solches vertonen, denn das darauffolgende „So sangen die Parzen" dient ja offenbar der Einordnung des der Gattung Lyrik zugehörigen Gesangs der Parzen in das Drama. Das Lied ist zu Ende, jetzt spricht wieder Iphigenie. Goethe kehrte jedoch damit noch nicht von den Daktylen des Liedes zum Blankvers des Dramas zurück, sondern behielt den vierhebigen Daktylus bei. Damit wird die Vermutung nahegelegt, es handele sich eigentlich um das Lied ihrer Amme vom Gesang der Parzen, das Iphigenie hier wiederhole. Nicht nur die Autorität des Goethe-Forschers Düntzer urteilte so, auch Billroth knüpfte Spekulationen an die Frage, wie sich wohl Goethe das Ammenlied musikalisch vorgestellt habe und ob er sich „unter ‚Amme' wohl nur die personifizierte alternde und schon mehr reflektierende Volksphantasie gedacht."[212]

Zu der Frage Ammen- oder Parzenlied zog Kalbeck die Prosafassung der Iphigenie von 1781 heran und wies darauf hin, daß „in der Prosafassung ... das eigentliche Lied der Parzen in Anführungszeichen gesetzt und danach ein Absatz eingeschaltet" sei.[213] Ganz so eindeutig, wie Kalbeck glauben machen wollte, ist die Sache aber nicht, wenn man die anderen Quellen zu Goethes Drama vergleicht.[214] Aus der Synopse ergibt sich, daß angesichts der Vielzahl der Vorlagen das Problem nicht anhand einer einzigen und vielleicht überhaupt nicht philologisch gelöst werden kann. Trotzdem ist das Lied wohl als solches der Parzen und nicht der Amme von Goethe konzipiert und die Rückkehr zum Blankvers in der letzten Strophe vielleicht nur vermieden, um nicht am Aktschluß auf engstem Raum zwei so unterschiedliche Versmaße zu haben, deshalb wurde der Akt mit dem lyrischen vierhebigen Daktylus ge-

211 So von F. May: J. Brahms.(deutsch ^{2}1911). S. 225 und in einschlägigen Konzertführern.

212 Billroth und Brahms im Briefwechsel. S. 233.

213 M. Kalbeck: J. Brahms. Bd. 3, S. 355ff.

214 Vgl. dazu S. Kross: Die Chorwerke von J. Brahms. S. 399.

schlossen.

Dieses Vorgehen des Dichters berechtigt aber kaum den Komponisten, nun seinerseits diese Schlußstrophe, welche das Lied in das Drama integriert, mitzuvertonen. - Spekulationen über die Absichten, die einen Künstler bei der Gestaltung seines Werkes geleitet haben mögen, sind schon deswegen gefährlich, weil sie rationales und reflektiertes Vorgehen beim Schaffensprozeß unterstellen, das man aber nicht notwendigerweise voraussetzen kann. Dennoch sei hier eine Vermutung geäußert, die letztlich schon in der Darlegung Kalbecks (s.o.) vorgebildet ist, daß nämlich die Einbeziehung der letzten Strophe sich erst während der Arbeit an dem Werk als künstlerisch notwendig erwiesen haben könnte, nachdem Brahms die Schlußstrophe des eigentlichen Parzenliedes in engerem Sinne in die Dur-Variante versetzt und sie damit auch ihrer Schlußfunktion beraubt hatte. Er mußte daher in Kauf nehmen, daß die Wendung von den „Verbannten", dem „Alten in nächtlichen Höhlen", die er nun zur Rückleitung in die Ausgangstonart und Abrundung der geschlossenen musikalischen Form benötigte, bereits verbraucht war. Unverständlich aber bleibt, daß seine Komposition einen Bezug zu den Atriden erhielt, den das eigentliche Parzenlied nicht kennt.

Auch im formalen Aufbau ist das Werk weniger straff organisiert und minder konzentriert als vergleichbare Kompositionen. Es ist gelegentlich versucht worden, ein Formschema für das Werk aufzustellen,[215] doch ergeben sich dabei Formglieder von höchst unterschiedlicher Größe und verschiedenem Gewicht. Auf eine neunzehntaktige Einleitung, in der das wichtigste thematische Material des Werkes vorgestellt wird, folgt die erste Strophe mit 12 Takten in der für Brahms so typischen Alternatim-Technik zwischen Frauen- und Männerstimmen, der noch sich vier Takte Wiederholung aus der instrumentalen Einleitung, rhythmisch um einen halben Takt verschoben, anschließen. - Die Wiederholung macht den ersten Abschnitt bereits zu einer geschlossenen Form mit einheitlicher Thematik. Mit der wiederum 12 Takte umfassenden zweiten Strophe beginnt ein neuer Abschnitt, der zwar von der selben Motivik beherrscht wird, jedoch insofern eine Steigerung darstellt, als die Melodik aus den tieferen in höhere Regionen steigt, während gleichzeitig die rhythmischen Werte des daktylischen Rhythmus zum Teil verdoppelt werden. An einer kleinen Eigentümlichkeit läßt sich übrigens der Einfluß des Schicksalsliedes auf das Parzenlied zeigen: man vergleiche nur dort die Stelle „von Klippe zu Klippe geworfen" mit dem verwandten „auf Klippen und Wolken" im Parzenlied. Der zweiten Strophe ist gleich

[215] So a b a c a bei Karl Geiringer: J. Brahms. Stuttgart 1956. S. 339.

die dritte mit 24 Takten angeschlossen; sie bilden auch motivisch eine Einheit.

Die wiederum zwölftaktige vierte Strophe, in der die Alternatim-Technik der Chorgruppen mit imitatorischen Einsätzen kombiniert wird, löst sich bereits von der Hauptmotivik, bleibt dieser aber noch durch die rhythmische Gleichartigkeit verbunden. Die fünfte Strophe weicht noch einen Schritt weiter vom Vorherigen ab, wenn sie das d-Moll verläßt und nach cis-Moll moduliert. Der daktylische Grundrhythmus bleibt dagegen immer noch beherrschend und verliert lediglich in den letzten vier Takten an Wirkung. Diese vier Takte, um welche die fünfte Strophe gegenüber den meist zwölftaktigen vorhergehenden erweitert ist, bilden eine seltsame Ausnahme. Textlich die letzte Zeile der Strophe wiederholend, knüpft Brahms an die Vorstellung „ein leichtes Gewölke“ eine fast tonmalerische Musik mit gebrochenen cis-Moll-Akkorden in Sopran und Tenor bei pianissimo ausgehaltenen Holzbläsern, wobei der Quartsext-Akkord den Charakter des schwerelos Schwebenden noch verstärkt. Fraglich bleibt die innere Berechtigung der so bevorzugten musikalischen Ausdeutung eines einzelnen, für das Ganze keineswegs wesentlichen dichterischen Bildes, zumal sie Brahms' sonstigem Stil nicht entspricht. In einem Werk wie dem Parzengesang muß eine solche isolierte Tonmalerei umso unmotivierter erscheinen, als die damit verbundene Lösung von der musikalischen Strenge des Vorhergehenden aus der Textvorlage nicht begründbar ist.

Mit der Rückkehr zu Text und motivischem Material des Anfangs folgt wieder ein auf diesen bezogener Teil, in dem auch wieder der daktylische Rhythmus in leicht veränderter Form die Vorherrschaft übernimmt. Nach vier Takten instrumentaler Einleitung bringt Brahms wieder die erste Strophe, nur daß jetzt nach der ersten Zeile, wohl um Monotonie zu vermeiden, das Alternieren zwischen den Stimmgruppen aufgegeben wird, wodurch sich dieser Teil auf acht Takte verkürzt, denen zur Wiederherstellung des formalen Gleichgewichts vier Takte instrumentaler Überleitung zu der schon besprochenen sechsten Strophe angefügt werden.

Die Allgegenwart des daktylischen Grundrhythmus wird vom Hörer selbst noch aus relativ weit davon entfernten weiterentwickelnden Formen herausgehört. - Mit der letzten Strophe, deren textliche Probleme bereits erörtert wurden, nahm Brahms der geschlossenen Form zuliebe einen Gedanken in anderer Form wieder auf, der ihn schon bei der Arbeit am Schicksalslied beschäftigt hatte: während das Orchester das Eigentliche, das nicht Gesprochene, sagt, rezitiert der Chor mehr als er singt im Pianissimo, melodielos und unisono die letzte Strophe, die mithin nur bedingt als Wiederholung im musikalisch formalen Sinne anzusehen ist, wenngleich das motivische Material des Anfangs sie beherrscht. - Zusammenfassend wird man wohl nicht um die Feststellung herumkommen, daß der Gesang der Parzen zu Brahms' schwächeren Werke gehört. Die Begeisterung, die er bei einem Teil seiner Freunde hervorrief, vermögen wir heute kaum noch zu teilen. Nach einer ihn besonders beeindruckenden Aufführung in Krefeld schenkte er das Autograph dem dortigen Singverein.[216] Es befindet sich heute im Stadtarchiv Krefeld.

Für die Testaufführung des Werkes hatte er Basel und Robert Volkland ausgewählt, den er von Leipzig her kannte und der ihm durch eine mustergültige Aufführung der Nänie aufgefallen war. Sie muß derartig zu seiner Befriedigung ausgefallen sein, daß er der sofortigen Uraufführung zustimmte. Er dirigierte sie selbst, nachdem er zuvor schon seine 2. Symphonie aufgeführt hatte. Die Resonanz war so, daß das Werk am 7. Januar 1883 in einem Benefizkonzert, dessen Einnahmen Volkland zuflossen, wiederholt werden konnte. Ähnlich ging es in Zürich, wo es am 17. Dezember 1882 aufgeführt und gleich am nächsten Abend, beidemale unter Brahms' Leitung, wiederholt wurde. Auch in Straßburg, wo Brahms außer dem neuen Werk noch die Nänie, die Tragische Ouvertüre und die Haydn-Variationen dirigierte, war der Erfolg groß. Ursprünglich war für dieses Konzert geplant gewesen, daß Amalie Joachim aus den Liedern op. 85 und 86 singen sollte; sie mußte aber im letzten Augenblick absagen.

Damit war jedoch seines Konzertierens in dieser Saison noch nicht genug. Zunächst fuhr er unangemeldet zu Frau Schumann nach Frankfurt und war gerührt, sie mit dem Geiger Koning und dem Cellisten Müller beim Studium seines neuen Klaviertrios anzutreffen. Er blieb über Weihnachten bei ihr, und erst dann wurde ihm klar, was er damit angerichtet hatte, denn seit anderthalb Jahrzehnten war es zur Gewohnheit geworden, das Fest bei Arthur und Bertha Faber zu feiern, seit Jahren mit Gustav Nottebohm. Nun der gestorben und Faber selbst ziemlich krank gewesen war, erschien auch Brahms nicht mehr, was einen ebenso langen wie lahmen und gewundenen Entschuldigungsbrief erforderlich machte mit Hinweis auf die nächste Generation in Gestalt von Eusebius Mandyczewski, dem Leiter eines Frauenchors im Hause Bertha Faber-Porubszkis, den sie nach dem Vorbild des Hamburger Frauenchors unterhielt.

216 Vgl. G. Ophüls: Erinnerungen an J. Brahms. S. 51; R.v.d. Leyen: J. Brahms. S. 27.

Dank Brahms' anhaltend guter Stimmung, die ja nicht immer vorauszusetzen war, verliefen die Feiertage in der Familie Schumann harmonisch. Zwar wurde auch am Heiligen Abend und am 1. Feiertag an den neuen Kammermusik-Werken mit dem Heermann-Quartett geprobt, um deren erfolgreiche Uraufführung zu sichern, aber der Genuß an den neuen Stücken erhöhte nur die Festtagsfreude. Am 29. Dezember 1882 fand dann die öffentliche Uraufführung in Frankfurt statt. Nach dem melodien- und harmonieseligen Quintett hatte es das Trio beim Publikum ebenso wie schon bei Frau Schumann schwerer; namentlich der erste Satz bereitete der Rezeption Schwierigkeiten, er ist eben auch der experimentellste Satz, der bisher von Brahms vorlag. In ihrem Tagebuch hielt sie von dem Trio fest: „so sehr ich bei Einzelheiten schwärme, so habe ich vom Ganzen keinen befriedigenden Eindruck, außer vom Andante, was wundervoll ist. Schade doch, daß er zuweilen nicht mehr feilt, flaue Stellen herauswirft."[217] Danach wird man fragen müssen, ob sie die ersten Merkmale seines Spätstils als solche überhaupt erkannt und gewürdigt hat. Mangel an Konsequenz der Ausarbeitung wird man den späteren Werken jedenfalls kaum nachsagen können. Nicht umsonst war ja er selbst mit dem Trio und dem dann verworfenen Schwesterwerk nicht zurande gekommen.

Harsche Kritik übte sie in diesem Zusammenhang an seinem Klavierspiel: „Leider nur spielt Brahms immer schrecklicher - es ist nichts mehr als ein Schlagen, Stoßen, Grabbeln!" - Der Zufall fügte es, daß sie kaum einen Monat zuvor aus Anlaß des Konzerts einer heute völlig vergessenen Pianistin, das sie angehört hatte, sich zu Reflexionen über ihr Ideal des Klavierspiels herausgefordert gefühlt hatte: Beide Dokumente gegeneinanderzuhalten, sagt einiges Interessante zu beider Klavieristik aus: „Leider muß ich sagen, daß sie mir ganz den Eindruck der Kunstreiterin macht, vor allem ist sie mir kalt und unmusikalisch erschienen, im Vortrag ist nichts vermittelt, sondern ein fortwährender Wechsel von Ritardandos und Prestos. In Kunststücken ist ihre Technik und Sicherheit eminent, auch in der Geläufigkeit, aber sobald die Passagen ein edleres Gepräge tragen, wie z.B. in Schumann, sind sie ganz unvollkommen. - Sie gehört ganz in die Schule des Pedal-Gerassel oder Verschiebungsgefühls ... Solch ein Spiel gefällt nun den Leuten, die junge Generation ahmt es nach und wo bleibt das schöne Clavierspiel? Wer bemüht sich nun, dem Clavier einen edlen Klang abzugewinnen, wer macht es sich zur Aufgabe, den Intentionen des Componisten gerecht zu werden? Wer charakterisirt? wo ist die Pietät, die Compositionen getreu so giebt, wie

[217] B. Litzmann: Clara Schumann. Bd. 3, S. 441.

sie gedacht sind? ... Das sind die Früchte des Liszt'schen Virtuosenthums. Die Fehler ahmen sie nach, die Genialität fehlt ihnen. **Vor** Liszt wurde gespielt, **nach** Liszt gehauen und gesäuselt! Er hat den Verfall des Clavierspiels auf dem Gewissen."[218]

Obwohl Brahms für seine Verhältnisse über die Feiertage aufgeräumter Laune gewesen und das Fest einigermaßen harmonisch verlaufen war, notierte sie bei seiner Abreise in ihrem Tagebuch am Morgen nach der Uraufführung der Opera 87 und 88: „Wir hatten entschieden das Gefühl, daß er sich diese Woche behaglich bei uns gefühlt, aber wir hatten auch das Empfinden des gänzlich äußerlichen Verkehrs."[219] Das Thema beschäftigte sie noch lange, denn fast drei Wochen später vertraute sie dem Tagebuch an: „Nachmittags von traurigen Gedanken heimgesucht über Brahms. Wie vereinsamt muß sich ein Mensch fühlen, der mit seinen ältesten und besten Freunden keine innere Berührung mehr findet."[220] Andererseits soll auch Brahms über die zunehmende Entfremdung zwischen Frau Schumann und ihm geklagt haben, suchte den Grund aber nicht bei sich oder in ihrem wechselseitigen Verhältnis, sondern vornehmlich bei den Töchtern: „Ja, wenn man mit ihr allein zu tun hätte! Aber die Weiber um sie herum!"[221]

218 B. Litzmann: Clara Schumann. Bd. 3, S. 438.
219 B. Litzmann: Clara Schumann. Bd. 3, S. 441.
220 B. Litzmann: Clara Schumann. Bd. 3, S. 442.
221 M. Kalbeck: J. Brahms. Bd. 3, S. 374.

Das symphonische Jahrzehnt
2. Dritte und vierte Symphonie

Nur wenige Tage war Brahms um den Jahreswechsel 1882/83 in Wien, dann begann der zweite Teil der Gewalttournee zur Durchsetzung des 2. Klavierkonzerts in Bonn (mit Joseph Wilhelm von Wasielewski; auch die Nänie wurde aufgeführt). Auf der Durchreise unterbrach er die Fahrt kurz in Frankfurt bei Frau Schumann. Die Tournee wurde bereits im Zusammenhang mit dem Klavierkonzert geschildert. Ihr Höhepunkt wurde die Aufführung in Krefeld. „Ich freue mich auf keine Stadt und keinen Chor so sehr, wie auf Ihren."[1] schrieb er an Rudolf von der Leyen. Vor dem kammermusikalischen Können der Beckeraths und von der Leyens hatte er zuvor so hohen Respekt gewonnen, daß er konstatierte: „Donnerwetter, hier muß man sich ja zusammennehmen und **schön** spielen."[2] Angesichts der Kritik an seinem Klavierspiel aus der letzten Zeit hat diese Selbstermahnung möglicherweise Früchte getragen. Jedenfalls wurde das Konzert, von August Grüters präzise vorbereitet, ein so großer Erfolg, daß der Parzengesang unmittelbar wiederholt werden mußte und Brahms die Tränen in den Augen standen. Das Programm enthielt ferner noch aus dem Deutschen Requiem den Satz mit dem Sopransolo, gesungen von Antonie Kufferath, einer Schülerin Stockhausens und Tochter des Brüsseler Konservatoriumsdirektors Ferdinand Kufferath. Auch sie machte großen Eindruck auf ihn und war später eine verständnisvolle Sängerin seiner Lieder. Im Anschluß an das Konzert wurde Brahms noch mit einer weiteren Stockhausen-Schülerin bekannt gemacht: Hermine Spies. Sie sang ihm aus seinen neuesten Liedveröffentlichungen das „Vergebliche Ständchen" vor, und ihre Natürlichkeit und die Echtheit ihres Ausdrucks veranlaßten ihn zu der nicht ganz astreinen Bemerkung: „Die läßt ihn nachher doch herein."[3] Keine andere Sängerin sang ihm seine Lieder so nach seinem Gusto wie Hermine Spies. - Über die weiteren Stationen der Tournee wurde bereits berichtet. In Köln übrigens wurde der Parzengesang mit Rücksicht auf Ferdinand Hillers Vertonung des selben Textes nicht aufgeführt. - In Meiningen erhielten Brahms und der ohnehin gesundheitlich angegriffene Bülow

[1] R. v.d. Leyen: Brahms als Mensch und Freund. S. 25.
[2] A.a.O. S. 24.
[3] M. Kalbeck: J. Brahms. Bd. 3, S. 375.

die Nachricht vom Tode Wagners, die man dem letzteren im Hinblick auf seinen Zustand bis dahin verheimlicht hatte. Ob sie wirklich bei Bülow einen derartigen Zusammenbruch auslöste, wie Kalbeck schildert,[4] kann hier dahingestellt bleiben. Brahms jedenfalls, der ungeachtet aller Schmähungen Wagners Kunst neidlos anerkannte, schickte einen großen Lorbeerkranz zur Beerdigung nach Bayreuth, konnte es jedoch der neudeutschen Camarilla auch damit wieder nicht recht machen. Da in Meiningen unter den obwaltenden Umständen an die Aufführung eines neuen Stückes nicht zu denken war, obwohl er es dem Herzog gewidmet hatte und der es tatsächlich gerne gehört hätte, fuhr Brahms zunächst nach Wien zurück, wo der Parzengesang trotz guter Vorbereitung durch Wilhelm Gericke nur geteilte Aufnahme fand. Andererseits klagte man in Wien, von Brahms vernachlässigt zu werden, weil alle Uraufführungen der letzten Werke in der Provinz stattgefunden hätten. Das von Heermann in Frankfurt und Köln produzierte Quintett kam in Wien erst am 15. Februar 1883 mit Hellmesberger heraus, das Trio mit Ignaz Brüll am Klavier noch einen Monat später. Am 23. Februar 1883 begleitete er Gustav Walter bei einer Reihe seiner Lieder.

Die seinerzeit nicht zustandegekommene Erstaufführung des Gesangs der Parzen in Meiningen wurde am 2. April nachgeholt und das Programm ergänzt durch die beiden Ouvertüren, die Haydn-Variationen und die 2. Symphonie, von Franz Mannstädt, der während Bülows Krankheit die Hofkapelle leitete, einstudiert. Gleich anschließend fuhr Brahms nach Hamburg, wo er dem Leiter des Caecilien-Vereins, den er sehr schätzte, seine Mitwirkung in einem großen Brahms-Konzert im Konventgarten zugesagt hatte, um auch dort das Parzenlied mit dem Chor, den er für den besten in Hamburg hielt, zu präsentieren. Spengel berichtete über das Konzert: „Unser Programm begann mit dem B-dur-Clavierconcert, von Brahms vorgetragen. Ich erinnere mich nicht, ein so völliges Versinken in Musik bei öffentlichem Musicieren jemals erlebt zu haben, wie bei diesem Zusammenwirken mit dem glühenden Meister. Der Chor sang noch die Motette ‚Warum ist das Licht gegeben‘ und eine Reihe von Volksliedern und Chorgesängen. Dazwischen spielte Brahms die Rhapsodieen op. 79, und als Zugabe einen ungarischen Tanz. Am Schluss des Programms stand die Akademische Festouverture, von Brahms dirigirt. Nach dem Concert vereinigten sich die männlichen Mitglieder des Chors und sämmtliche angesehenen Musiker Hamburgs mit uns im Hamburger Hof. Der Verleger Simrock war dabei und mit ihm als einzige Dame seine Tochter. Es wurden im Ausklang einer

4 M. Kalbeck: J. Brahms. Bd. 3, S. 377.

rechten Musikfeststimmung viele Trinksprüche ausgebracht und Verbrüderungen geschlossen. Der Organist Armbrust sprach die Hoffnung aus, den Componisten so vieler schöner Liebeslieder im nächsten Jahr an der Seite einer holden Gattin wiederzusehen, worauf Brahms mit den Schlussworten des Parzenliedes entgegnete: ‚Denkt Kinder und Enkel! und schüttelt das Haupt.'"[5] Die Saison endete mit einer von ihm dirigierten Aufführung des Deutschen Requiems in Schwerin am 8. April 1883, dann fuhr er nach Wien zurück und feierte im Kreise der Freunde seinen 50. Geburtstag.

Bad Ischl war ihm als Sommersitz wegen des vielen Wassers von oben und unten erst einmal verleidet worden. Da traf es sich gut, daß Victor von Schnitzler ihn eingeladen hatte, auf dem Niederrheinischen Musikfest, es war das 60. und wurde daher mit besonderem Aufwand in Köln gefeiert, sein Klavierkonzert zu spielen und die 2. Symphonie zu dirigieren. Außerdem fand später in Koblenz ein Musikfest statt, an dem er aktiv teilnehmen wollte. Darum verzichtete er auf Erwägungen, wieder an den Zürich-See zu gehen und blieb in der Nähe. Im Mai hielt der Allgemeine Deutsche Musikverein in Leipzig ein dem Tode Richard Wagners gewidmetes Musikfest ab, auf welchem auch der Parzengesang aufgeführt werden sollte. Das musikalische Umfeld, in das er gestellt werden sollte, u.a. Liszts Entfesselter Prometheus und Raffs Liebesfee, behagte ihm jedoch so wenig, daß er auf eine Teilnahme verzichtete. Um das nicht allzu öffentlich bekannt werden zu lassen, lancierte er mit Hanslicks Hilfe eine Pressenotiz, er sei zur Teilnahme an den Kölner und Leipziger Musikfesten abgereist, eine gezielte Desinformation mit dem Zweck, seine wahren Absichten zu verschleiern, von ihm ironisch kommentiert: „Es braucht ja nicht immer **alles** wahr zu sein - der Abwechslung wegen."[6] Arthur Nikisch hatte den Parzengesang sorgfältig einstudiert, und Adolph Brodsky, im Jahr zuvor an das Leipziger Konservatorium berufener Geiger, hatte das Violinkonzert durchaus zu Herzogenbergs Zufriedenheit gespielt. - Auf dem Kölner Musikfest hatte er außer dem eigenen Triumph die Befriedigung gehabt, der jungen Geigerin Marie Soldat, von deren Fähigkeiten er sich in Pörtschach hatte überzeugen können, zu einem Karrieresprung zu verhelfen. Als der vorgesehene Soloviolinist August Wilhelmj im letzten Augenblick absagte, hatte Brahms sie an dessen Stelle empfohlen.

Nach dem Niederrheinischen Musikfest in Köln traf sich der Krefelder Freundeskreis der von der Leyens und von Beckeraths in deren herr-

[5] H. Reimann: J. Brahms. Berlin o.J. S. 97.
[6] M. Kalbeck: J. Brahms. Bd. 3, S. 480.

schaftlichem Haus am Bad Godesberger Kurpark. Mit von der Partie waren weitere Musiker wie Freund Bernhard Scholz, der nach dem Tode Raffs auf Brahms' Empfehlung gerade Direktor des Hoch'schen Konservatoriums in Frankfurt am Main geworden war. Auch an solchen Dingen wird sichtbar, wie weit Brahms' Einfluß im deutschen Musikleben mittlerweile reichte. - Rudolf von Beckerath besaß ein Weingut mit einer der besten Rheingauer Lagen, dem Rüdesheimer Berg, und residierte in Wiesbaden, so war der Ort für den Sommeraufenthalt rasch gefunden, und daß Hermine Spies sich nach dem Tode ihres Vaters dort aufhielt, wird der Wahl auch nicht gerade abträglich gewesen sein. Nach Baden-Baden war Wiesbaden der gesuchteste Sommeraufenthalt der großen Gesellschaft des 19. Jahrhunderts, der die Vorzüge eines Kurbades mit dem weltstädtischen Flair und seiner Kultur verband. Bekkeraths Ortskenntnisse und Verbindungen ließen rasch eine geeignete Sommerwohnung finden auf halber Höhe des Nerobergs mit einem sagenhaften Blick über die Stadt und das Rheingau. Weil das Haus für einen Maler gebaut worden war, hatte Brahms durch die Fensterwand des Ateliers sogar einen besonders guten Ausblick, und, was ihm nach den Ischler Erfahrungen besonders wichtig war, das Grundstück hatte bergseitig einen Hinterausgang, durch den er entweichen konnte, wenn von unten, der Stadtseite, unerwünschter Besuch, frühzeitig erkennbar, nahte. Die Vorzüge dieses Sommerdomizils, das diejenigen von Baden-Baden mit denen Ischls verband, lagen also auf der Hand.

Daß Brahms die Anwesenheit von Hermine Spies besonders gefiel, blieb auch den Freunden nicht verborgen, aber eine Heiratsabsicht daraus zu machen, wie Kalbeck das tat, erscheint doch stark übertrieben. Hauptbeweisstück dafür ist ein Widmungsexemplar des Liedes „Das rheinische Mädchen" (Dort in den Weiden), op. 97 Nr. 4, für Frau von Bewitz, die Vermieterin des Wiesbadener Sommerdomizils mit dem Zusatz: „Gruß an Herma! Von der es wünscht, fröhlich und ernstlich gesungen und gelebt zu werden." Aber der Brief und das Widmungsexemplar stammen vom 16. April 1885, liegen also zwei Jahre nach den Ereignissen. Und daß Brahms sich selbst mit dem „schönsten Bursch am ganzen Rhein" gemeint haben könnte, für „den sie sagt: Übers Jahr ist Fest, hab ich, mein Lieber, auch ein Nest", ist ebenso unwahrscheinlich wie unerklärt blieb, warum der inzwischen Zweiundfünfzigjährige diese angebliche Liebeswerbung ausgerechnet seiner damaligen Vermieterin geschickt haben sollte, anstatt der Umworbenen.[7]

Daß Brahms an der ebenso anmutigen wie temperamentvollen

[7] Vgl. A.v. Ehrmann: J. Brahms. S. 340f.

sechsundzwanzigjährigen Sängerin, die ihm auch auf seine ironischen Bemerkungen keine Antwort schuldig blieb, mehr als fachlichen Gefallen fand, war offensichtlich und äußerte sich schon in den vielen Spitz- (oder Kose-?)namen, die er für sie erfand: er nannte sie Herma oder rheinisch Herminchen oder „Hermione ohne o". Eigentlich verstand er nicht, wie jemand so Begabtes, Junges, Hübsches und Temperamentvolles ohne feste Bindung durchs Leben ging, was er als das größte Defizit des seinen ansah. Er sonnte sich einfach in ihrer Nähe, aber allenfalls vorübergehend konnte ihm aus dem Bewußtsein kommen, daß er fast doppelt so alt war wie sie. - Doch die Freunde leisteten seiner Neigung Vorschub; „Johannestrieb" nannten sie seine Vorliebe ebenso wie ihre Erwiderung. Und der Anzüglichkeiten gab es genug: so hatte man sie als seine Tischdame plaziert und er brachte einen Toast aus auf ihren gar nicht vorhandenen Schwiegervater, vielleicht nur weil er sich ausmalte, wie gut man es mit einer solchen Schwiegertochter habe. Das scheint ihr nun doch für einen Augenblick die Sprache verschlagen zu haben, denn man konnte bei Brahms, insbesondere beim jetzt doch zunehmend alternden, nie ganz sicher sein, wie er etwas gemeint habe, was er trocken glossierte: „jetzt denkt sie nach, ob der Brahms noch einen Vater hat." Aber der Klatsch, selbst der wohlmeinende, machte aus der Zuneigung des alternden Komponisten zu der begabten jungen Sängerin, schon weil sie auf dem Konzertpodium im Blickfeld hunderter von Augenpaaren stand, eine Affäre. So fühlte sie sich bemüßigt, in Wien mit einem Brief an Marie Fellinger, die mit ihrer Familie zum engsten Brahms-Kreis gehörte, klarzustellen: „Aber er hat kein Herze. Was Sie da von Brahms in Bezug auf mich schreiben, das ist ein Irrtum ... Nein, das ist ganz gewiß ein Irrtum! Er mag mich ja ganz gut leiden, denn ich singe seine Lieder nicht schlechter als andere und ich bin ja auch ein mit fünf gesunden Sinnen ausgestattetes Geschöpf. Aber - daß er mir gehört, das muß ich von mir abwälzen. Nein, die Verantwortung nehme ich gar nicht auf mich. Ich wüßte mich ja gar nicht dabei zu benehmen ... Er weiß gar nicht, wie innerlich klein ich mich ihm gegenüber fühle; ich kann dann nur Unsinn mit ihm treiben, und er versteht das auch. Er weiß ja doch mit seinem durchdringenden Blick alles zu erforschen."[8] Zu der wachsenden Distanz, die Clara Schumann in dieser Zeit beklagte, kam also zunehmend das Bewußtsein seiner Umgebung, es mit einem ganz Großen im Reiche der Musik zu tun zu haben, das den Umgang mit ihm erschwerte und seiner inneren Vereinsamung weiter Vorschub leistete.

Da die Vermieterin darüber Buch geführt hat, sind wir für den Wies-

[8] Zit. nach A.v. Ehrmann: J. Brahms. S. 343.

badener Sommer 1883 genauer als sonst informiert über Besucher, sowie die mit ihnen und Beckeraths gespielte Musik, wie den Besuch Julius Stockhausens oder Theodor Wilhelm Engelmanns aus Utrecht mit seiner Frau, der Pianistin Emma Brandes. Im Juli unterbrach Brahms seinen Sommeraufenthalt für drei Tage zur Teilnahme an dem Koblenzer Musikfest, auf welchem er seine Alt-Rhapsodie dirigierte, natürlich mit Hermine Spies als Solistin. Bei dieser Gelegenheit fand dann die überfällige Aussprache mit Joseph Joachim statt, die man in der Tat früher hätte führen sollen, denn der Freund hatte wohl Augen und Ohren verschlossen (und der schweigsame Brahms wahrscheinlich den Mund) davor, daß Brahms Partei ergriff für die augenscheinlich entgegen den Tatsachen der Untreue bezichtigte und damit als Künstlerin für die moralisierende Öffentlichkeit diskreditierte Frau Amalie. Daß Brahms dies auch schriftlich getan und sie in ihrer Beweisnot den Brief ohne sein Wissen prozeßentscheidend in das Scheidungsverfahren eingeführt hatte, mußte ihn bloßstellen und hatte notwendigerweise auch auf seine Stellung in der Öffentlichkeit und als Hochschul-Direktor Auswirkungen gehabt. Es wäre jetzt nicht soviel Porzellan zu kitten gewesen, hätten alle Beteiligten früher und offener ihre Position klargelegt. Joachim kam noch mit nach Wiesbaden, und den dortigen Freunden fiel auf, wie sehr Brahms bemüht war, das alte Verhältnis wieder herzustellen, Joachim aus seiner Abwehrhaltung dagegen noch nicht ganz herausfand.

Während die beiden ersten Symphonien in zwei aufeinanderfolgenden Jahren entstanden, liegen zwischen ihnen und der Dritten, der Hauptfrucht des Wiesbadener Sommers 1883, sechs Jahre, an sich keine ungewöhnlich lange Zeit, aber sie enthält unterschiedliche Chorwerke, ein untrüglicher Hinweis auf weiterführende satztechnische Studien, wie sie außerdem im ersten Satz des Klaviertrios op. 87 auftreten. Sie vornehmlich an Chorstücken zu entwickeln, gehörte längst zu seinen eingeschliffenen Gewohnheiten. Dennoch steht die Dritte gestalterisch der 2. Symphonie näher, als es zunächst den Anschein hat. Das gilt schon für die Prägung durch einen bestimmten Ausdruckscharakter. Sie ist von einer Stimmung der Innigkeit, wie sie seinem „Johannestrieb" entsprang, und dem milden Klima der Landschaft geprägt, in welcher sie entstand. Sie hat aber zugleich einen Unterton der Resignation, wie er aus den noch zu besprechenden Liedern hervorgeht, die er im Frühjahr 1883 um seinen 50. Geburtstag herum geschrieben hatte. Und der hat es der neuen Symphonie schwer gemacht, sich in der Gunst des Publikums und noch mehr der Dirigenten neben der strahlenden Zweiten zu behaupten.

Wie diese beginnt die 3. Symphonie mit einer knappen Einleitung, die lediglich auf das Hauptthema hinzuführen scheint und von der erst nachträglich deutlich wird, daß sie - wie diejenige der 2.- die eigentlich form- und themenbildende Kraft des ganzen Werkes ist. Doch das in der

Oberstimme liegende Mottomotiv f"-as"-f''' wird anschließend, dem Hörer zumindest beim erstmaligen Hören kaum bewußt, als Baß Träger des eigentlichen Hauptthemas (T. 3-6). Dieses findet sich vorgebildet in Schumanns Rheinischer Symphonie Es-Dur op. 97 im ersten Satz am Ende der Durchführung als Reduktionsform des Hauptthemas (T. 449ff). Selbstverständlich ist der Beweis prinzipiell nicht führbar, daß dies für Brahms die Erfindungs- und Insprirationsquelle gewesen sein könnte; vielleicht ist das Motiv dort auch zu peripher. Trotzdem ist der Gedanke reizvoll, Brahms könne dieses unscheinbare Reduktionsmotiv zur Keimzelle einer ganzen Symphonie gemacht haben. Die Verwendung des Mottomotivs als Baß und Harmonieträger seiner 3. Symphonie, welche wieder das kompositorische Problem der Bindung von Baß und Thema aufscheinen läßt, bedingt jedenfalls dessen merkwürdiges Irisieren zwischen Dur und Moll, was eigentlich nur beweist, wie nahe beieinander die Gestaltungsprobleme der beiden großen spätromantischen Symphoniker Brahms und Bruckner lagen. - Wieder in die Oberstimme zurückverlegt, schließt das Motiv auch den ersten Themenkomplex ab (T. 21-23), es eröffnet ihn also nicht nur, zwingt das Thema zum taktweisen Wechsel zwischen Dur und Moll, bindet es zugleich in bestimmte Fortschreitungen und grenzt es nach hinten ab. Es ist also im Grunde eine neue Variante seines alten kompositorischen Grundproblems der Bindung von Horizontale und Vertikale. Dazwischen liegen bereits verschiedene Abwandlungen, Sequenzierung mit Transposition in relativ entfernte Tonarten (Des- und Ges-Dur), Abspaltung und Gegenbewegung. Der Seitensatz mit seiner sanglichen Melodie, welche zunächst in den Klarinetten auftritt, steht im terzverwandten A-Dur. Mit nur 71 Takten ist schon die Exposition ungewöhnlich knapp gehalten. Das gilt erst recht für die Durchführung mit nur knapp 50 Takten. Der Seitensatz erscheint in der Reprise in D-Dur. An allen Nahtstellen der Form taucht das Mottomotiv wieder auf. In der Durchführung entwickelt es sogar einmal eigene thematische Konturen mit der melancholischen Hornmelodie der Takte 101ff, und wenn diese anschließend eine kleine Terz höher sequenziert wird, ist auch dies aus dem Mottomotiv begründet.

Die von dem Mottomotiv bestimmte Dur-Moll-Parallelität des Kopfsatzes wirkt in die Binnensätze fort: der langsame zweite steht in C-Dur, der scherzoähnliche dritte in c-Moll. Aber das Mottomotiv tritt auch selbst auf: eine Variante schließt das Hauptthema des langsamen Satzes, von den Streichern verdeutlichend wiederholt. Nachdem diese, Vorder- und Nachsatz gleichermaßen beendend, schon achtmal erklungen ist, läßt Brahms in T. 20/21 erkennen, woraus sie entwickelt wurde, und schließt mit dem Mottomotiv (des ersten Satzes!) den ersten Themenkomplex des zweiten Satzes ab. Die schwerblütige Heiterkeit seiner 2. Symphonie, ergänzt um einen Zug der Resignation, den man vielleicht der Situation des Wiesbadener Sommers 1883 zuschreiben darf, strahlt der langsame Satz aus.

Der dritte Satz gewinnt seinen aparten Reiz aus der wechselnden Kombination anapästischer und daktylischer Motive, indem die punktierten Sechzehntel abwechselnd auf- und volltaktig einsetzen. Nur der analytischen Betrachtung, aber wohl kaum dem Höreindruck erschließt sich, daß die in Bewegung aufgelöste akkordische Begleitung wiederum aus dem Mottomotiv abgeleitet ist, das mithin auch in den scherzohaften Satz hineinschlägt. - Die Überdehnung der ersten Folge Anapäst-Daktylus wird im Nachsatz aufgehoben und ermöglicht Brahms ein feinsinniges Spiel mit eng verwandten Varianten des so einfachen Grundmotivs.

Was bei den ersten beiden Symphonien noch nicht so sehr auffiel, wird bei der dritten offenkundig: die beiden Binnensätze halten den heiter-resignierten Zug geistreichen Formenspiels des ersten Satzes durch, ohne eigentlich Kontrastwirkung zu diesem zu entfalten. Die Kürze der beiden Binnensätze hat außerdem zur Folge, daß sie eigentlich nur zusammengenommen ein Gegengewicht zu Kopfsatz und Finale bilden. Kalbeck hat die These aufgestellt,[9] aber wie so häufig durch nichts belegt, bei den Binnensätzen handele es sich um Teile einer durch Goethes „Faust" angeregten Musik, sie läßt sich jedoch weder analytisch, noch anderweitig quellenmäßig belegen. - Nach der Dur-Moll-Polarität der Konzeption des Werkes ist f-Moll als Tonart des Schlußsatzes vage vorgezeichnet, steht aber im Widerspruch zu der von Beethoven vorgeprägten Moll-Dur-Entwicklung der Gattungstypik, ein weiteres Indiz, wie sehr Vergleiche mit dessen Symphonietypus an der Sache vorbeigehen. Das Kopfthema (T. 1-4) ist mit seiner a b a - Gliederung in sich geschlossen, wenig zur Weiterentwicklung auffordernd, zumal es mit der Dominante beginnt und schließt. Nach weiteren vier Takten, die im Gegensatz zu der schrittweisen Bewegung des Themenkopfs durch Sprünge charakterisiert sind, wird der Themenkopf in den Holzbläsern wiederholt

[9] M. Kalbeck: J. Brahms. Bd. 3, S. 258.

und mit einer sequenzierten Umkehrung des Kopfmotivs geschlossen. Die Schlußgruppe des Hauptsatzes (T. 20 m.A.) bezieht sich deutlich zurück auf den langsamen Satz (vgl. dort T. 41). Der Seitensatz hingegen ist aus dem Hauptthema des Scherzos abgeleitet. Derartig enge thematische Verknüpfungen zwischen dem Finale und den gegensätzlichen Satztypen der Binnensätze aber stehen ihrer Natur nach der Kontrastbildung entgegen, die zur Erhaltung der notwendigen Formspannung erforderlich ist. Und wie um zu unterstreichen, daß seinem Werke eine andere Formkonzeption zugrunde liegt als durch die Gattungstypik vorgezeichnet ist, läßt Brahms das ganze Werk in das Mottomotiv des Kopfsatzes und dessen vollständiges Hauptthema auslaufen, im Pianissimo und in einer merkwürdig entrhythmisierten Gestalt. - Dieser stille, resignierte Schluß ist es, der das Werk, namentlich am Ende eines Konzerts, zum gestalterischen Risiko für Dirigenten macht, weil es nicht mit seiner Dynamik sich in der Bewegungsexplosion des Applauses entlädt, sondern zu Besinnlichkeit und Nachdenklichkeit anregt. Aber es ist ein starkes Bekenntnis des Formgestalters Brahms zur Geschlossenheit der zyklischen Form, zu ihrer Entwicklung aus einheitlicher motivischer Substanz, zur Legitimation musikalischer Formbildung aus den Elementen ihrer Gestaltungsmittel.

Brahms hat die entstehende neue Symphonie auch in Wiesbaden sorgfältig abgeschirmt, selbst gegen die engste Umgebung wie den Musikschriftsteller Louis Ehlert, der sich seit der Niederlegung seiner öffentlichen Ämter nach Wiesbaden zurückgezogen hatte und mit und bei dem Brahms nach dem Mittagessen meist seinen schwarzen Kaffee trank, oder Beckeraths, wo er oft den Sonntagabend verbrachte. Einzig Franz Wüllner, der ihn Ende August besuchte, ließ er Einblick in Teile des schon in recht fortgeschrittenem Stadium befindlichen Werkes nehmen. Erst als er die Bearbeitung für zwei Klaviere fertig und in Wien mehrfach in Ehrbars Klaviersalon mit Ignaz Brüll geladenen Freunden vorgespielt hatte, er sich damit hatte überzeugen können, daß Intention und Realisation zur Deckung gebracht waren, ging diese Version auch nach Wiesbaden mit einer Art von Entschuldigungsbrief: „Ich habe die Symphonie den Freunden öfter mit Brüll vorgespielt - es war mir jedesmal leid, daß Bescheidenheit oder was sonst, mich so zurückhaltend sein läßt - ich hätte sie ja dort und Ihnen auch spielen können.“[10] Er hatte dann aber doch die eingespielte Prozedur und die vertrautere Umgebung, sowie Ignaz Brüll als Klavierpartner vorgezogen, um sie desto sicherer in seinen Erfahrungshorizont einordnen zu können.

[10] M. Kalbeck: J. Brahms. Bd. 3, S. 384

Bei keiner anderen Brahms-Symphonie hat sich seit ihrer Uraufführung ein derartig grundsätzlicher Wandel ihrer Einschätzung vollzogen wie bei seiner Dritten. Unmittelbar nachdem sie am 2. Dezember 1883 im Wiener Musikvereins-Saal im 2. Philharmonischen Konzert unter Hans Richter herausgekommen war, wurde ihr von dem Dirigenten und auch von Eduard Hanslick der problematische Vergleich angehängt, sie sei Brahms' „Eroica", der natürlich auf Beethovens Es-Dur-Symphonie abzielte, womit Brahms wiederum gegen seinen erklärten Willen mit dem Beethoven-Typus in Verbindung gebracht wurde. Genauer besehen haben die beiden Werke kaum Gemeinsames über die Zufälligkeit hinaus, daß sie beide an dritter Stelle im symphonischen Werk ihrer Urheber stehen. Kalbeck versuchte,[11] die Symphonie mit der Germania des Niederwald-Denkmals oberhalb von Rüdesheim und der hinter seiner Errichtung stehenden Ideologie in Verbindung zu bringen. Tatsache ist, daß dieses Denkmal im Sommer 1883 in Anwesenheit des Kaisers eingeweiht wurde und daß der glühende Bismarck-Verehrer Brahms sich nicht entgehen ließ, dieses Spektakel bei Rudolf von Beckerath in Rüdesheim mitzuerleben. Dieses Ereignis mit dem Konzept der Symphonie zu verquicken, heißt aber, Brahms' Musik inhalts-ästhetische Motive in neudeutscher Manier zu unterstellen, und geht obendrein völlig am Charakter des Werkes vorbei. Ob nun Prometheus - Napoléon Bonaparte, wie bei Beethovens Eroica oder Germania spielt dann keine Rolle mehr, wenn der Charakter des Werks so grundlegend verkannt wird.

Da die 4. Symphonie aus noch zu erörternden Gründen sich nur sehr langsam und schwer durchsetzen konnte, blieb die Dritte lange Zeit die meistgespielte Brahms-Symphonie. Warum die Wertschätzung dann umschlug und sie in der Akzeptanz bei Publikum, Orchester und nicht zuletzt Dirigenten zum Schlußlicht seiner vier Symphonien wurde, was die Aufführungszahl angeht, hängt wohl mit Charakter und Struktur des Werkes zusammen, dessen still in den Anfang zurücklaufender Schluß uns die damals gezogenen Vergleiche mit Beethovens Eroica heute so unverständlich macht. Es gab eine ganze Serie von Aufführungen, bevor das Werk im Druck herauskam; Brahms hatte zunächst nur die Violinstimmen stechen lassen, von denen die meisten benötigt wurden, und nach den Erfahrungen der frühen Aufführungen daran immer wieder geändert. Das führte dazu, daß die 3. Symphonie das vielleicht meistkorrigierte Werk von Brahms ist und der Verlag sich gezwungen sah, ein Fehlerverzeichnis nachzuliefern, weil nicht alle nachträglichen Korrekturen in den Partiturdruck übertragen worden waren, ohne daß damit alle

[11] M. Kalbeck: J. Brahms. Bd. 3, S. 384.

Zweifelsfragen geklärt gewesen wären.

Die Vehemenz, mit der das angeblich Heroische und Nationale dieser Symphonie gerade auch von Vertretern der Brahms-Linie gegenüber der überwiegend neudeutsch dominierten Presse herausgestellt wurde, mag auch seinen Grund darin gehabt haben, daß sein Name in die nationalitätenpolitische Diskussion der Zeit hineingezogen wurde. Daß nach Wagners Tod der bedeutendste deutsche Komponist, der mit seinen Symphonien und anderen großen Chor- und Orchesterwerken sich zunehmend an die breite Öffentlichkeit wendete und nicht mehr in die Ecke des Kammermusikers und Liedlyrikers ausgegrenzt werden konnte, seinen Wohnsitz im Ausland in Wien hatte, paßte nationalistischen Kreisen nicht ins Konzept. Es gab Forderungen, seinen Wohnsitz ins Reich zu verlegen. Andererseits hatte die „kleindeutsche Lösung" der Reichsgründung unter preußischer Führung und mit Ausschluß Österreichs Konsequenzen für die österreichische Politik, insbesondere die Kulturpolitik gehabt, die sich dazu mit immer lauter werdenden Autonomieforderungen insbesondere der Tschechen und Ungarn auseinanderzusetzen hatte. Da paßte ein inzwischen weltbekannter Komponist mit reichsdeutscher Staatsangehörigkeit, der aus seiner Bismarck-Begeisterung kein Hehl machte, auch manchen österreichischen Nationalisten nicht mehr in die kulturpolitische Situation. Vielleicht nicht einmal zu Unrecht vermutete man in Brahms' Umgebung den Absender anonymer Aufforderungen, sich im Reich niederzulassen, trotz des daher stammenden Poststempels, in Wirklichkeit in Wien.

Diese Auseinandersetzungen hingen gewiß auch mit der Unfähigkeit und Unwilligkeit des Wiener Musiklebens zusammen, Größe und künstlerische Bedeutung Anton Bruckners zu erkennen und ihn mit entsprechenden Aufführungen zu integrieren. Es ist sicher kein Ruhmesblatt der Wiener Philharmoniker, daß sie die ihnen vorgelegten Werke Bruckners als unspielbar ablehnten. Als es dann doch endlich zu einer Uraufführung kommen sollte, der 3. Symphonie, stand kein Dirigent zur Verfügung, und es ergab sich die unwürdige Szene, daß der in praktischem Umgang mit einem großen Orchester, noch dazu einem so berühmten, das seine Sachen bisher als unspielbar abgelehnt hatte, völlig unerfahrene und so wenig Autorität ausstrahlende Bruckner völlig hilflos vor dem großen Apparat stand, den er kompositorisch so perfekt beherrschte, und in seiner Bescheidenheit auf die Frage, wann es denn nun endlich beginne, ein verwirrtes „Bitte nach Ihnen" stammelte. Diese unglückselige Uraufführung von Bruckners 3. Symphonie am 16. Dezember 1877 war aber das Einzige, was Brahms von Bruckner kennen konnte und worauf sich daher notwendigerweise sein Urteil stützte. Dabei war das, was Bruckner damals in Wien präsentierte, diejenige Fassung seiner Wagner gewidmeten 3. Symphonie, in welche er Themenzitate des verehrten Bayreuther Meisters verwoben hatte. Jedermann wußte in Wien um diese Zusammenhänge, und die Montagetechnik der Wagner-Zitate war ja auch unüberhörbar. Sie war und ist ein ästhetisches Problem, weil hier Erinnerungsmotive aus ihrem musikdramatischen Zusammenhang gerissen und zu frei verfügbarer „absoluter" Musik hypostasiert in einen fremden Kontext verpflanzt worden waren, wo sie Fremdkörper blieben. Bruckner hat diese Zitate denn auch später wieder getilgt, weil das Fremdzitat eben in Werke „absoluter" Musik nicht integrierbar ist; die Zitatfassung ist aus dem Musikleben völlig verschwunden.

Die Uraufführung wurde zu einem unbeschreiblichen Skandal, und am Ende stand Bruckner praktisch allein mit dem Orchester im leeren Musikvereins-Saal. Brahms hatte seine beiden ersten Symphonien damals bereits vollendet und befand sich in der Experimentierphase vor der Komposition seiner Dritten. Da mag ihm nicht nur die in der Bruckner-Symphonie zum Ausdruck kommende Wagner-Devotion zuwider gewesen sein. Nach seinem mit vielen Rückschlägen und konsequenter Durchdringung der Gestaltungsprobleme errungenen Weg zur Gestaltbarkeit großer orchestraler Formen durfte man von ihm Verständnis für die Zitate in einem symphonischen Werk wohl nicht erwarten. Daß er sich vom Widerstand des Orchesters und den unwürdigen Umständen der Bruckner-Uraufführung nicht zu seinem negativen Urteil hätte bestimmen lassen, darf man getrost unterstellen.

Zu ernstlich und lange hatte sich Brahms mit dem Problem der nach-Beethovenschen Symphonie auseinandergesetzt, nach Lösungen gesucht, um dieses Experiment mit Anleihen bei der Musikdramatik akzeptieren zu können; er reagierte erbost mit dem Wort vom „Bruckner-Schwindel", das sogleich zum musikpolitischen Kampfmittel umgeschmolzen wurde, obwohl es so nun wieder auch nicht gemeint war. Vielmehr hatte er den untauglichen Versuch im Auge gehabt, das Problem der Existenzberechtigung und Gestaltung von Symphonien nach Beethoven durch Zitate aus dem Werk Wagners zu bewältigen, der ja gerade Anspruch darauf erhob, die eigentliche und einzig legitime Nachfolge Beethovens in seinem Gesamtkunstwerk realisiert zu haben. Andererseits wurde in Wien kolportiert, Bruckner habe nach der Uraufführung von Brahms' 3. Symphonie, die nun so gar nichts Heroisch-Monumentales hat, vielleicht aber gerade darum von seinem in dieser Frage sicher ungebetenen Anhang abwehrend zu seiner Eroica hochstilisiert wurde, vor seinen Schülern ausgespien und das kommentiert: „Da habt's Euren Brahms". Auf den Wahrheitsgehalt solcher Berichte kommt es übrigens gar nicht an, denn sie waren ja nichts als musikpolitische Kampfmittel, ersonnen um zu treffen und zu verletzen.

Nun wird man mit gewisser Berechtigung fragen dürfen, warum Anton Bruckner auf dem Bewußtseinsstand seiner 4. und 5. Symphonie diese Fassung seiner Dritten überhaupt noch aufgeführt hat, zumal er selbst ja die Wagner-Zitate aus ihr eliminiert hat. Hätte Brahms insbesondere Bruckners 5. Symphonie gekannt, wäre sein Urteil mit ziemlicher Sicherheit anders ausgefallen und hätte er gesehen, wie nahe beieinander im Grunde die gestalterischen Probleme der spätromantischen Symphonie lagen. Aber gerade diese Symphonie wurde zu beider Lebzeiten niemals in Wien aufgeführt, selbst Bruckner hatte nie Gelegenheit, sie zu hören. - Es gab fraglos gewichtige Gründe, Bruckner in das von der Vaterfigur Brahms dominierte Wiener Musikleben zu integrieren, nur nicht den, daß der hanseatische Brahms Reichsdeutscher und somit Ausländer, Bruckner hingegen gebürtiger Österreicher war. Immerhin kam es bei der Uraufführung seiner 3. Symphonie in Wien zu Brahms-feindlichen Störversuchen.

Nicht genau datierbar, vielleicht lag es um diese Zeit auch schon ein oder zwei Jahre zurück, ist ein anderes Zusammentreffen mit einem jungen Komponisten: Brahms hatte am Klavier gesessen und durch die Gardine gesehen, daß sich jemand an seinem Türgriff zu schaffen machte. Er ging also zur Tür und öffnete; es war Hugo Wolf, der den Türgriff geküßt hatte, und Brahms brauchte einige Mühe, bis es ihm gelang, diesen merkwürdigen Verehrer zunächst einmal in die Wohnung zu bugsieren. Kalbeck gibt die folgenden Äußerungen als wörtliches Zitat von Brahms wieder, allerdings ohne Quellenangabe: „An den Kompositionen, die er mitbrachte, war nicht viel. Ich ging alles genau mit ihm durch und machte ihn auf manches aufmerksam. Einiges Talent war ja vorhanden, aber er nahm die Sache gar zu leicht. Ich sagte ihm dann ganz ernsthaft, woran es ihm fehlte, empfahl ihm kontrapunktische Studien und wies ihn an Nottebohm. Da hatte er genug und kam nicht wieder. Nun speit er Gift und Galle." Und nach einem anderen Gewährsmann erzählt er, Hugo Wolf sei mit rotem Kopfe von seinem Besuch zurückgekommen, sei außer sich gewesen und habe Brahms' Worte so wiedergegeben: „Sie müssen erst was lernen, dann wird es sich zeigen, ob Sie Begabung haben."[12]

So spärlich diese Nachrichten hinsichtlich ihrer musikalischen Substanz auch sind, sie reichen aus um festzustellen, wo die beiden spätro-

[12] M. Kalbeck: J. Brahms. Bd. 3, S. 411.

mantischen Liedlyriker aneinander vorbeigeredet haben: Hugo Wolf ging von der zeitgenössischen Deklamation aus und setzte sie musikalisch um, wie Vergleiche seiner Vertonungen mit den ältesten Sprachaufnahmen damaliger Bühnensprache aus der Tradition des Meininger Hoftheaters klar erweisen. Brahms aber blieb Zeit seines Lebens beim Primat der Musik, in dieser Zeit des Wandels zu seinem Spätstil vielleicht noch besonders; solche Experimente zeigen das ganz deutlich, wie er sie in der Feldeinsamkeit unternommen hatte. Insofern war sein Rat, erst einmal satztechnische Studien zu betreiben, konsequent und konnte nach seinen Prämissen gar nicht anders ausfallen, ging an der Realität der Vertonungen Wolfs aber schlicht vorbei, weil er deren Bedeutung aufgrund seines Erfahrungshorizonts nicht erkannte. Wer neue Wege sucht, kann dabei eben nicht immer auf die Verläßlichkeit des Rates und der Erfahrung Älterer rechnen, und die können neue Wege nicht unbedingt und in ihrer künftigen Bedeutung erkennen, selbst wenn das Ergebnis vom Standpunkt der Musikgeschichte eher bedauerlich ist.

So war das Resultat in diesem Falle, nachdem Hugo Wolf ab 1885 Musikreferent des Wiener Salonblattes geworden war, das namentlich in österreichischen Adelskreisen rege Beachtung fand, daß er über Brahms förmlich geiferte, typische Reaktion eines Unverstandenen, als der Wolf sich gegenüber Brahms ja durchaus zu Recht fühlen mußte. - Nun ist es aber gewiß nicht allein so gewesen, daß Hugo Wolf in seinen Rezensionen seine anti-Brahmsschen Ressentiments auslebte, sondern ein Rezensent braucht ja auch ein Publikum, das seine Kritiken aufnimmt. Ein Musik- und Theaterreferent, der die Stimmung seiner Leserschaft nicht trifft, wird als auflagenschädigend relativ schnell abgehalftert. Das ist bei Hugo Wolf sicher nicht anders gewesen. Brahms jedenfalls erzählte mit grimmigem Vergnügen die Geschichte von der augenscheinlich adeligen Dame, die vor ihm die breite Treppe zum großen Musikvereins-Saal hinaufschritt und an ihren Bediensteten die Frage richtete, wann denn voraussichtlich die Brahms-Symphonie beginne, und die Antwort erhielt, dies sei gegen 2 Uhr zu erwarten, worauf sie umgehend den Befehl erteilte: „Also, Jean, Punkt zwei Uhr meinen Wagen!“[13]

Mit seinem alten Hamburger Lehrer Eduard Marxsen verband Brahms ein besonderes Verhältnis. Noch bis in die Arbeiten am Deutschen Requiem hatte er ihn um Rat gefragt, längst war das Lehrer-Schüler-Verhältnis dem vertraulichen Du gewichen, und inzwischen erkannte Marxsen die Meisterschaft seines ehemaligen Schülers an und wollte ihm sogar seinen handschriftlichen Nachlaß vermachen. Aber

[13] M. Kalbeck: J. Brahms. Bd. 3, S. 411.

Brahms konnte ihn überzeugen, daß der in einer öffentlichen Bibliothek besser aufgehoben sei. Er wurde dann jedoch mit dem Mobiliar verramscht. Nun nahte aber im November der Tag, an dem vor 50 Jahren Marxsens op. 1 erschienen war. Allzuviel war dem nicht mehr gefolgt, aber Brahms wußte, daß in seinem Schreibtisch viele ungedruckte Werke, vor allem Variationen, lagen, darunter sein Opus Magnum, 100 Variationen über ein Volkslied. Brahms bat sich das Manuskript aus und ließ es anläßlich des Jubiläums auf seine Kosten bei Simrock drucken.

Das militante Zischen von Brahms-Gegnern, das bei der Uraufführung der 3. Symphonie am 2. Dezember nach dem Abebben des Beifalls - damals noch üblich nach jedem gefallenden Satz - begann, tat der günstigen Aufnahme des neuen Werks jedoch keinen Abbruch. Brahms hatte der Uraufführung mit gemischten Gefühlen entgegengesehen, weil er die immerhin vier Proben, die Hans Richter mit dem neuen Werk abgehalten hatte, für nicht ausreichend hielt. Er hatte mit seiner Kritik auch nicht hinter dem Berge gehalten, und es hatte die Stimmung sicher nicht verbessert, daß er einem prominenten Orchestermitglied ungeniert bescheinigt hatte, die Philharmoniker führten seine Sachen bewußt schlecht auf, weil sie ihn nicht möchten. Aber Richter war eben ein Dirigent, der gerade in einer derartigen Situation, die auch ganz ins Fiasko hätte führen können, Ausführende und Publikum mitzureißen verstand, und so wurde diese Uraufführung zu einem von Brahms' größten Triumphen. Zu welchen Folgen die gesellschaftlichen Konventionen der Zeit selbst aus solchem Anlaß führen konnten, zeigte sich, als Arthur Faber mit dem Anführer der Anti-Brahms-Claque heftig aneinandergeriet und besonnene Bekannte auf beiden Seiten ihre liebe Not hatten, das als Konsequenz unausweichlich erscheinende Duell zu verhindern. Nach dem Konzert traf man sich dann bei Fabers zu einem Festmahl, an dem außer dem Brahms-Kreis auch Simrock und Dvořák teilnahmen, dessen sechs Wochen zuvor in Prag uraufgeführtes Violinkonzert in demselben Programm seine Wiener Premiere hatte. Das Hin und Her um die Uraufführung macht verständlich, warum Brahms es sich angelegen sein ließ, das neue Werk, wenn auch nicht mehr mit solcher Hektik wie das 2. Klavierkonzert, selbst ins Musikleben einzuführen und eine Aufführungstradition zu begründen, zumal enge Freunde, die mit seinem Schaffen vertraut waren, der Symphonie merkwürdige inhaltliche Deutungen unterlegten. Kalbeck hatte sie mit der martialischen Germania des Niederwald-Denkmals assoziiert, Joachim dachte insbesondere beim letzten Satz an Hero und Leander, Elisabet von Herzogenberg an eine Naturidylle und Eduard Hanslick an das Naturschauspiel eines Gewitters, nach welchem sich das Meer wieder beruhigt.

Einer privaten Veränderung in dieser Zeit ist noch zu gedenken: Brahms' Stiefmutter gab ihre Hamburger Wohnung auf und zog zu ihrem Sohn in das damals noch nicht eingemeindete Pinneberg. Nun hatte bis dahin seine Bibliothek noch immer in der elterlichen Wohnung gestanden, sie mußte nunmehr von dort weggebracht werden und kam zu einem Teil an den Musikgelehrten und Händel-Forscher Friedrich Chrysander, der in dem ebenfalls noch nicht eingemeindeten Bergedorf lebte, und zum anderen in seine Wohnung nach Wien.

Gleich die erste Aufführung der neuen Symphonie außerhalb Wiens zwang Brahms jedoch zu allerhand diplomatischen Verrenkungen. Er hatte sie Franz Wüllner zugesagt, der in dieser Saison die Konzerte der Berliner Philharmoniker leitete, aber auch Joseph Joachim mit seinem Hochschul-Orchester. Nun wollte verständlicherweise jeder die Berliner Erstaufführung herausbringen und Brahms selbst als deren Dirigenten haben. Joachim lockte sogar damit, das Violinkonzert zu spielen, falls Brahms selbst komme. Auf ihn war besondere Rücksicht zu nehmen, nachdem das gestörte Verhältnis im Sommer 1883 mühsam gekittet worden war. Man verständigte sich schließlich auf folgenden Kompromiß: Joachim erhielt das Recht der Berliner Erstaufführung am 4. Januar 1884, aber ohne daß Brahms dabei anwesend war. Dafür erschien er in Wüllners 1. Abonnement-Concert mit den auf 80 Mitwirkende verstärkten Berliner Philharmonikern am 28. Januar selbst, spielte sein Klavierkonzert d-Moll unter Wüllners Leitung und dirigierte nach der Pause seine 3. Symphonie, die übrigens bezeichnenderweise nicht am Ende des Programms stand, sondern auf sie folgten noch ein Schumann-Lied, „Am stillen Herd" aus Wagners Meistersingern, gesungen von Emil Götze, und zum Schluß Sylphentanz und Rakoczy-Marsch aus Fausts Verdammung von Berlioz.

Der Anstandsabstand von zwei Wochen zwischen den beiden Berliner Aufführungen ermöglichte Brahms noch, in der Zwischenzeit nach Wiesbaden zu fahren und das vor den dortigen Freunden so sorgfältig abgeschirmte Werk nun auch an seinem Entstehungsort vorzuführen, übrigens zusammen mit dem 2. Klavierkonzert unter Louis Lüstner. Auch hier war das Orchester zu diesem Zweck verstärkt worden auf 60 Mitwirkende, vielleicht auch ein Fingerzeig auf die historischen Besetzungsverhältnisse für die heute so gefragten originalgetreuen Orchesterstärken. Um die Wiedergutmachung an den Wiesbadener Freunden zu komplettieren, wirkte er noch in der Hauptversammlung des Vereins der Künstler und Kunstfreunde, die ihm zu Ehren als reiner Brahms-Abend veranstaltet wurde, mit und spielte in seinem g-Moll-Quartett und im C-Dur-Trio, führte die Gesänge für Frauenchor, Hörner und Harfe auf und begleitete Hermine Spies zum Gesang von Liedern. Am nächsten Morgen wurden dann Symphonie und 2. Klavierkonzert noch einmal als Benefizkonzert des Orchesters wiederholt, wobei Hans von Bülow zuhörte. Daß man zwei so kurz vorher bereits gespielte große Brahms-Werke in einem Benefizkonzert wiederholte, sagt übrigens mehr über seine Akzeptanz im Musikleben aus als die Rezeptionsforschung über die Presserezensionen, denn hier ging es um möglichst hohe Einnahmen, und dazu mußte man eben Werke mit großer Resonanz im Publikum wählen, sonst wären die zahlenden Gäste nicht in so großer Zahl gekommen. - Ein Schatten freilich lag über dieser Wiesbadener Woche der Freundschaft: Louis Ehlert, mit und bei dem er so oft seinen Kaffee getrunken hatte, war in einem vorhergehenden Konzert plötzlich zusammengebrochen und wenig später gestorben.

Frau Schumann war zu der Aufführung der Symphonie nach Wiesbaden gekommen; auf der Fahrt nach Berlin machte Brahms auch noch kurz in Frankfurt bei ihr Station. Auch in Berlin, wo die neue Symphonie ebenfalls ein großer Erfolg wurde, gab es einen Beweis für seine inzwischen fortgeschrittene Breitenresonanz, die teilweise in direktem Gegensatz zu derjenigen in der Presse stand, denn die Philharmoniker hatten die neue Symphonie, sowie die beiden Ouvertüren auf das Programm ihres am nächsten Tage stattfindenden Populären Symphoniekonzerts gesetzt, alle drei Werke unter seiner Leitung. Solche Breitenwirkung konnte damals zeitgenössische Musik entfalten.

Am 1. Februar 1884 begann er dann mit einer sehr gedrängten Tournee zur Durchsetzung der 3. Symphonie und Bildung einer Aufführungstradition in Meiningen, wo er sie gemäß Bülows Holzhammerpädagogik zur Popularisierung von Neuem und Ungewohntem allein zweimal an einem Abend (3. Februar) dirigierte. Dann folgte Leipzig (7. Februar), wo Hermine Spies auch von Brahms orchestrierte Schubert- und originale Brahms-Lieder sang. Am 12. Februar machte er sie in Köln, nun mit dem seinerzeit ausgesparten Parzengesang, weiter am 14. in Düsseldorf, in Barmen (16.), Krefeld (18.), Elberfeld (23.), wo er auch das 2. Klavierkonzert spielte, sowie den Gesang der Parzen, die Alt-Rhapsodie und die Akademische Festouvertüre dirigierte und Hermine Spies Lieder sang. In Amsterdam tauschte er die Rolle mit Julius Röntgen: der spielte das 2. Klavierkonzert und Brahms dirigierte dies, die 3. Symphonie und die Tragische Ouvertüre. In Essen dirigierte er am 2. März das Deutsche Requiem, den Gesang der Parzen und spielte den 2. und 3. Satz des Klavierkonzerts. Drei Tage später spielte er in Dresden wie in Berlin das 1. Klavierkonzert und dirigierte den Schlußchor des Rinaldo und die Alt-Rhapsodie mit Hermine Spies. Anschließend besuchte er Beckeraths in

Wiesbaden und dirigierte am 14. März in Frankfurt die Symphonie. Am 16. gab es dort noch eine Brahms-Matinee, in welcher das Streichquintett op. 88 gespielt wurde und er den Klavierpart des 3. Klavierquartetts vortrug sowie die „Liebeslieder"-Walzer begleitete. Dann fuhr er zurück nach Wien.

Eine Kurzreise nach Budapest beendete den Konzertwinter. Mit Rudolf von der Leyen traf er sich am 9. Mai 1884 in Trient, um mit ihm seine vierte Italien-Reise zu unternehmen. Zuerst blieben die beiden einige Tage am Garda-See und machten von da aus kürzere Ausflüge, dann ging es nach Turin und Genua, zum Schluß nach Mailand. Beide Reisenden waren eingeladen von Herzog Georg III. von Sachsen-Meiningen und seiner zweiten Gemahlin, Freifrau von Heldburg, früher unter dem Namen Ellen Franz eine bekannte Schauspielerin, zu einem Aufenthalt in deren Sommerresidenz Villa Carlotta in Cadenabbia. Dort spielte Brahms mit von der Leyen dem Herzogspaar die vierhändige Klavierfassung der 3. Symphonie vor, was wiederum ein Licht auf dessen Können als Klavierpartner wirft, wenn man daran denkt, daß Brahms sonst eigentlich nur Ignaz Brüll in dieser Funktion akzeptierte. Rudolf von der Leyen reiste allein nach Mailand zurück, während Brahms noch als Gast des Herzogspaares in der Villa Carlotta blieb. Ende Mai trat er dann von Como aus mit von der Leyen die Rückreise an.

Sie führte ihn unmittelbar nach Düsseldorf zum 61. Niederrheinischen Musikfest, auf welchem er am 2. Juni seine 3. Symphonie und einen Tag später den Gesang der Parzen dirigierte. Schon bei Brahms' Kölner Konzert im Februar war für jedermann sichtbar gewesen, daß Ferdinand Hillers Tage gezählt waren. Tatsächlich bot man Brahms nach dessen Ausscheiden die Stelle an, aber er lehnte ab mit einem für ihn bezeichnenden Brief an Viktor von Schnitzler, in welchem es heißt: „Ich bin zu lange ohne eine derartige Stellung gewesen, habe mich wohl zu sehr an eine ganz andere Lebensführung gewöhnt, als daß ich nicht einesteils gleichgültiger geworden sein sollte gegen vieles, für das ich an solchem Platze das lebhafteste Interesse haben müßte, andernteils ungeübt und ungewandt in Sachen geworden wäre, die mit Routine und Leichtigkeit behandelt sein wollen. - Wie sehr habe ich mir früher solche Tätigkeit gewünscht, die nicht nur dem schaffenden Künstler wünschenswert, ja nötig ist, sondern die ihm auch als Menschen erst die rechte, richtige Existenz ermöglicht. So denke ich etwa an meine Vaterstadt Hamburg, wo seit der Zeit, daß ich meine, mitzählen zu dürfen, mehrere Male - mein Name gar nicht in Betracht kam."[14]

Das Niederrheinische Musikfest stand ganz im Zeichen des bevorstehenden Amtswechsels in Köln in der Nachfolge Hillers. Man war dort jedenfalls so klug gewesen, alles daran zu setzen, die Frage vor dem Fest zu klären, ohne verhindern zu können, daß sie doch zum Hauptthema aller Kulissengespräche wurde. Daß Brahms die Nachfolge bereits abgelehnt hatte, wurde spätestens auf dem Fest publik, und die Hinweise auf die immer noch nicht verwundene vermeintliche Zurücksetzung in Hamburg machen ja auch nur Sinn, wenn sie bekannt wurden. Aber er hatte sich damit nicht begnügt, sondern im Hintergrund die Fäden gezogen für die Berufung Franz Wüllners. Auch die war zum Fest bereits entschieden. Über diese Einflußnahme wurde natürlich umso mehr geredet. Beim Abschlußbankett trat er daher sozusagen die Flucht nach vorne an, wozu ihm der Usus willkommene Gelegenheit bot, daß der Festdirigent die erste Rede halten durfte. Er würdigte daher in warmherzigen Worten die Verdienste Hillers, schlug eine gemeinsame Grußadresse aller Anwesenden an ihn vor und würdigte dann mit ebensolchem Nachdruck die künstlerischen und menschlichen Vorzüge Franz Wüllners, in einen Toast auf diesen mündend. Nicht bedacht hatte er bei diesen Elogen auf Kölner Dirigenten ganz offenbar die ständige Rivalität der beiden rheinischen Großstädte um die Vormachtstellung im Rheinland. In Düsseldorf die Kölner Musikdirektoren so überschwenglich gelobt zu hören, war sicher nicht nach jedermanns Geschmack und hat ihm im Rheinland ohne Frage nicht nur Freunde gemacht.

Mit der Wahl seines Sommeraufenthalts war Brahms diesmal ungewöhnlich lange unentschlossen und zögerlich. Kalbeck bringt das in Verbindung mit Liedern, die ihn damals beschäftigten, aber die Ursache kann dies doch wohl nicht gewesen sein, schließlich hat er auch anderenorts als in Wien Lieder geschrieben. Beckeraths hatten versucht, ihn wieder nach Wiesbaden zu locken, aber er machte keine Anstalten, darauf einzugehen. Weil er lieber in der Nähe Wiens bleiben wollte, ließ er sich vielmehr von Bekannten Vorschläge machen, ohne indes zu einer Entscheidung zu kommen. Noch Mitte Juni 1884 unternahm er mit Kalbeck einen Ausflug nach Mödling, das dieser ihm vorgeschlagen hatte. Unter allerhand Diskussionen über den musikhistorisch bedeutsamen Boden, auf dem man sich befand, unter anderem mit der Entstehungsgeschichte von Beethoven Missa Solemnis, und Spekulationen über einen Zusammenhang der Höldrichs-Mühle und derjenigen von Schuberts Müller-Liedern wurde schließlich der Anlaß des Herkommens vergessen

[14] M. Kalbeck: J. Brahms, Bd. 3, S. 419.

und die in Aussicht genommene Wohnung gar nicht erst angesehen. Aber Kalbeck muß mit Ludwig Speidel über die Frage der Müller-Lieder Schuberts und die Höldrichs-Mühle gesprochen haben, denn der machte ein Feuilleton daraus. Brahms war darüber äußerst ungehalten, daß die beiden literarisch ambitionierten Journalisten aus seinem Kreis persönliche Gespräche publizistisch verwerteten.

Schließlich fiel die Wahl auf Mürzzuschlag in der Steiermark an der Semmering-Bahn, wohin der Archivar der Gesellschaft der Musikfreunde, Eusebius Mandyczewski, Brahms gebracht hatte. Die letzte von mehreren inspizierten Wohnungen hatte es ihm angetan, sie hatte hohe, stuckverzierte Räume, deren mittleren er wieder zum Arbeiten benutzte, die äußeren zur Isolierung gegen die Außenwelt. In einem anderen Flügel des geräumigen Patrizierhauses, in dem sich später das Amtsgericht befand, wohnte eine klavierspielende Wiener Dame und Brahms feixte, als er eines Tages Zeuge wurde, wie zwei Damen verzaubert ihrem Klavierspiel zuhörten: „Hörst Du, Brahms spielt!" Er nannte sie fortan seine Doppelgängerin.[15] Überhaupt scheint er sich unter den Honoratioren des kleinen Ortes recht wohl gefühlt zu haben, auf deren Umgang er anders als in Ischl oder Wiesbaden angewiesen war.

Einer der Hauptvorteile Mürzzuschlags war seine relative Nähe zu Wien, die ihn schon zur Wahl des noch näher gelegenen Preßbaum bestimmt hatte, zumal die Semmering-Bahn nicht nur eine bautechnische Meisterleistung der Zeit, sondern auch eine der landschaftlich reizvollsten Bahnstrecken war. Er animierte daher Wiener Freunde zu Besuchen und fuhr auch selbst mehrfach hin, die schöne Bahnfahrt genießend. Daß er dabei mit seinen Gästen allerhand Schabernack trieb, sei am Rande festgehalten, gehört aber auch zu seinem Bild. So speiste er einmal mit einer ganzen Runde von Freunden zu Mittag; als es aber ans Bezahlen ging, erklärte der Wirt, es sei ihm eine solche Ehre, so bedeutende Leute unter seinem bescheidenen Dach zu haben, daß er kein Entgelt für die Bewirtung annehmen könne. Daß es sich dabei um ein abgekartetes Spiel mit Brahms handelte, bedarf keiner Erwähnung. Die Vorteile dieses Sommeraufenthalts lagen so auf der Hand, daß er ihn auch im folgenden Sommer wieder aufsuchte. Das aber hatte zur Folge, daß in der Erinnerung der Besucher die Jahre, auf die sich ihre Erinnerungen bezogen, nicht immer klar zu trennen sind. Die dadurch entstandene biographische Unschärfe ist freilich nicht so sehr von Gewicht, weil er in beiden Sommern in Mürzzuschlag an demselben Werk arbeitete, seiner 4. Symphonie, deren erste beiden Sätze wohl dem Sommer 1884 zuzurech-

[15] A.v. Ehrmann: J. Brahms, S. 356.

nen sind. Daß sie nicht darüber hinaus gedieh, mag ihren kompositorischen Problemen anzulasten sein, hängt aber vielleicht auch nur ganz banal damit zusammen, daß er erst Ende Juni in den Sommeraufenthalt aufbrach.

Der verlief nicht ohne einige Aufregungen: zunächst erschütterte ein Erdbeben die Gegend und verursachte gerade bei dem in den Hang hineingebauten Gebäudekomplex, in dem Brahms residierte, derartige Schäden, daß er zwei Wochen ins Gasthaus übersiedeln mußte, bis seine Wohnung wieder benutzbar gemacht worden war. Ein späteres Nachbeben versetzte zwar die Einwohner in Panik, ließ ihn selbst aber ziemlich kalt. Dann brach in einem gewerblich genutzten Teil des weitläufigen Gebäudekomplexes ein Feuer in einer Zimmermanns-Werkstatt aus. Brahms zögerte keinen Augenblick mit anzufassen, um Materialvorräte und Geräte zu bergen und zu löschen, damals ja nur mit einer Eimerkette möglich. Immerhin nötigte er durch sein Vorbild untätige Gaffer, sich ebenfalls an den Rettungsarbeiten zu beteiligen. Bevor man das Feuer unter Kontrolle bekam, entstand noch eine kritische Situation, in der es auch auf den Flügel überzugreifen drohte, in dem Brahms wohnte. Man wies ihn darauf hin, daß es jetzt an der Zeit sei, seine eigenen Sachen in Sicherheit zu bringen. Aber nach kurzem Überlegen entschied er sich, weiter beim Löschen zu helfen. Richard Fellinger, gerade aus Wien bei ihm zu Gast, entwand ihm schließlich seinen Wohnungsschlüssel und brachte wenigstens sein Arbeitsmaterial der Symphonie in Sicherheit. Als die Gefahr schließlich gebannt war, zur Rede gestellt, warum er so leichtfertig mit seinen Dingen umgegangen sei, meinte er nur lakonisch, die armen Handwerkersleute hätte der Verlust ihrer Habe und ihrer Existenzgrundlage doch ganz anders getroffen als ihn.

Mit Dr. Richard Fellinger fällt in diesem Zusammenhang der Name einer Familie, die sich um Brahms in mehreren Generationen Verdienste erworben hat. Das Ehepaar Richard und Maria Fellinger gab dem Alternden und Vereinsamenden die Geborgenheit häuslicher Atmosphäre. Richard Fellinger beriet ihn in finanziellen und Rechtsfragen wie seinem Testament. Maria Fellinger porträtierte und modellierte ihn und gab später einen wichtigen Band photographischer Dokumente seines Lebens heraus. Der ältere ihrer beiden Söhne, Richard, publizierte seine Erinnerungen an ihn. Seine Enkelin Imogen hat als Musikwissenschaftlerin in zahlreichen Publikationen die Erkenntnis seiner Biographie und seines Stils entscheidend vorangetrieben. Brahms hatte Fellingers eingeladen, in Mürzzuschlag der Erarbeitung des Violinkonzerts mit Marie Soldat beizuwohnen, die er nachdrücklich förderte und die es in zahlreichen Konzerten gespielt und sich auch mit ihrem Streichquartett große Verdienste um die Ausbreitung seines Werkes erworben hat.

Am 16. Oktober 1884 kehrte er nach Wien zurück und bereitete die Konzerte des Winters vor. Er begann am 24. November in Budapest mit dem 2. Klavierkonzert und dem Meininger Orchester unter Leitung des wieder genesenen Hans von Bülow. Dann schlossen sich zwei Konzerte mit den Meiningern in Wien an. Zunächst spielte am 25. November Hans von Bülow Brahms' 1. Klavierkonzert, ohne Dirigent, wie es seine Art war, während Brahms seine 3. Symphonie dirigierte. Dann ging die Tournee der Meininger weiter nach Graz, wo Brahms das 2. Klavierkonzert selbst spielte, ebenso in Wien am 2. Dezember, während Bülow dirigierte. Brahms hatte also wohl seine eigene Ansicht über Bülows Manier, Konzerte dieses Zuschnitts als Solist vom Klavier aus zu leiten. Die Wiener konnten aber interessante Vergleiche ziehen zwischen den als Pianisten wie als Dirigenten so unterschiedlichen Musikern mit demselben Ausnahmeorchester und beiden Klavierkonzerten. Daß man einen derartigen Wettstreit auf Wiener Pflaster riskieren konnte, wo man die Ehre der heimischen Philharmoniker, denen schon damals musizieren über probieren ging, hochzuhalten hatte gegen ein hoch effizientes, homogenisiertes Reiseorchester aus einer reichsdeutschen Provinzstadt und den Pultstar der Zeit, macht aber noch etwas anderes deutlich: die langjährige Erfahrung mit nahezu allen mitteleuropäischen Orchestern von Rang, wenn auch nur mit eigenen Werken, hatte Brahms zu einem durchsetzungsfähigen und wirkungssicheren Dirigenten gemacht.

Was immer Analysen des Presseechos seiner Auftritte ergeben, sie müßten durch derartige Fakten ergänzt werden. So meinte es die Berliner Presse gar nicht besonders gut mit ihm. Aber eine solche Dokumentation bedarf einfach der Korrektur. Als nämlich Bülow, inzwischen Chefdirigent der Berliner Philharmoniker, wegen seiner Lungenkrankheit ausfiel und man einen zugkräftigen Namen brauchte, um das wirtschaftlich noch keineswegs konsolidierte Orchester heil durch die Übergangszeit bis zum Wiederauftreten Bülows zu steuern, dachte Hermann Wolff, der Berliner Konzertagent, der nahezu alle Spitzenkünstler der Zeit unter Vertrag hatte und auch die Philharmoniker managte, in erster Linie an Brahms. Das setzt voraus, daß man ihm nicht nur zutraute, das Niveau des Orchesters während des Interregnums zu halten, sondern auch ein solcher Publikumsmagnet zu sein, daß die wirtschaftliche Situation des Orchesters in dieser Interimszeit keine Einbußen erlitte. Brahms war klug genug, diesen ehrenvollen Ruf abzulehnen, denn selbstverständlich ist es schon etwas anderes, das einmal mit einem Programm zu machen, als es eine ganze Saison mit höchst unterschiedlichem Repertoire durchzuhalten. Aber die Geschichte zeigt, wie man ihn zu dieser

Zeit als Dirigenten einschätzte, unabhängig davon, was die Tagespresse dazu schrieb.

Am 2. Dezember 1884 kam Brahms zum zweiten von insgesamt drei Konzerten mit dem Caecilien-Verein nach Hamburg. Dessen Leiter, Julius Spengel, den er so sehr schätzte, daß er ihm diese Konzerte zusagte, hatte kurz zuvor geheiratet, und seine junge Frau hat in einem schriftlichen Bericht festgehalten, wie formlos es dabei zuging.[16] Für sie war es die erste Begegnung mit ihm. Sie überliefert auch, wie ungehalten er sein konnte, daß die zahlreichen Druckfehler des Aufführungsmaterials seiner 3. Symphonie, die ihm nur zu geläufig waren, in Hamburg noch nicht berichtigt und eingetragen worden waren, was er Spengel öffentlich anlastete. Es lag ihm aber dann doch sehr daran, die deswegen erzürnte Frau des Freundes und ihn selbst wieder zu versöhnen. Das Konzert, das außer der 3. Symphonie noch die Tragische Ouvertüre, die Nänie, den ersten Satz aus dem Triumphlied, eine Motette und Chorlieder enthielt, wurde doch noch ein voller Erfolg. Er trat dann auch noch in einem Kammerkonzert mit den Klavierpartien des Quintetts f-Moll und des C-Dur-Trios auf, bevor er nach Bremen weiterfuhr. Dort spielte er wieder das 2. Klavierkonzert und dirigierte die Akademische Festouvertüre und die Alt-Rhapsodie. Er beschloß die Konzertreisen dieses Jahres in Oldenburg, ebenfalls mit dem 2. Klavierkonzert, sowie 3. Symphonie und Tragischer Ouvertüre, und kehrte dann nach Wien zurück.

Im Januar 1885 feierte der Krefelder Singverein sein fünfzigjähriges Jubiläum. Wie sehr er die Krefelder Freunde menschlich und wegen ihrer musikalischen Fähigkeiten geschätzt haben muß, erweist sich daran, daß er zu diesem Anlaß ein Gelegenheitsstück komponiert hatte, was er selbst Clara Schumann, als sie ihn zur Hochzeit ihrer Tochter Julie darum gebeten hatte, barsch abgeschlagen hatte. Er hielt das so entstandene „Tafellied“ zwar keiner eigenen Opuszahl für würdig, ließ es aber drucken und reiste zu seiner Uraufführung eigens an. Begangen wurde das Fest mit einem großen Konzert am 27. Januar 1885, in dem er seine 3. Symphonie, den ersten Satz des Triumphliedes und die neuen Chorlieder dirigierte, die dann die Opuszahl 93a erhielten. Am nächsten Tage fand die eigentliche Jubelfeier statt mit Chorsätzen und Quartetten, darunter den neuen in op. 92 zusammengefaßten, den „Liebeslieder“-Walzern op. 52 und zum Abschluß eben dem neuen Tafellied. Zwei Tage später schloß sich noch eine Kammermusik an, in welcher er den Klavierpart zum Trio op. 87, der Violinsonate op. 78 und den letzten beiden Sätzen aus op. 25 spielte. Damit war die Konzertsaison für ihn zu Ende

16 K. Hofmann: J. Brahms und Hamburg. Reinbek 1986, S. 42.

und er fuhr zurück nach Wien.

Zwischen der 3. und der 4. Symphonie stehen ausschließlich Lieder, für eine Singstimme, aber auch für wechselnde Besetzungen, neu komponierte und solche mit langer, unterschiedlicher Geschichte. Das gilt besonders für die „Zwei Gesänge für eine Altstimme mit Bratsche und Pianoforte" op. 91, die das Lied durch die aparte Begleitung in Richtung auf das kammermusikalische Ensemblestück verschoben. Das zweite dieser beiden Lieder zielte auf die bevorstehende Hochzeit Joseph Joachims und zitiert in der Viola textlos das alte Weihnachtslied „Joseph, lieber Joseph mein, hilf mir wiegen mein Kindelein". Bereits im April 1863 hatte er es dem Freunde angekündigt, als ihm das alte Lied und seine Melodie bekannt geworden waren.[17] Nach der Geburt seines Patensohnes Johannes hat er das Lied dann tatsächlich an die Joachims geschickt, die das Kind taufen lassen wollten, wobei auch Joachims oberster Dienstherr, der König von Hannover als Pate auftrat. Brahms hatte aber inzwischen das Manuskript von Joachim zurückgefordert,[18] wahrscheinlich weil es seinen Ansprüchen nicht mehr genügte. Auch Frau Schumann kannte das Stück, riet ihm jedoch in ihrem Neujahrsbrief 1865 von der Publikation ab,[19] doch wohl nicht aus ästhetischen Gründen, sondern weil sie es für zu persönlich hielt. Das scheint er beherzigt zu haben, im Brahms-Kreis allerdings gab es Abschriften. Nachweisbar ist eine im Besitz von Hermann Levi, von welcher 1878 Elisabet von Herzogenberg eine Kopie erhielt. Billroth bekam das Stück 1882 mit der Erlaubnis, sich eine Kopie fertigen zu lassen.[20] Das Lied war also die ganzen Jahre virulent. Das erste der beiden Lieder ist dagegen wohl im Sommer 1884 in Mürzzuschlag entstanden und im Billroth-Brahms-Briefwechsel zum ersten Male nachweisbar, als der Chirurg sich eine Abschrift erbat für den Fall, daß er die beiden Lieder nicht bald herausgeben werde. Das geschah dann allerdings bereits im Dezember desselben Jahres.

Nicht ganz so weit liegt die Entstehungszeit der Vokalquartette op. 92 auseinander. Das erste Stück taucht bereits 1877 im Briefwechsel mit Elisabet von Herzogenberg auf als subtile Rache für ihre etwas prüde Kritik an dem Lied op. 71 Nr. 4. Danach wäre seine Entstehung in den Sommer 1877 in Pörtschach oder Baden-Baden zu verlegen. Da die Autographen und die Abschriften, die als Stichvorlagen dienten, verschollen sind, läßt sich über die Entstehung der anderen Stücke nichts

[17] Briefwechsel Bd. 6, S. 7.
[18] Briefwechsel Bd. 6, S. 35.
[19] Clara Schumann - Johannes Brahms. Briefe. Bd. 1, S. 489.
[20] Billroth und Brahms im Briefwechsel. S. 326.

Konkretes sagen; sie sind nur als Erwähnung im Billroth-Briefwechsel, also aus sekundärer Quelle, im August 1884 nachweisbar. Es ist daher wahrscheinlich, daß sie im Sommer 1884 in Mürzzuschlag entstanden sind. Billroth sprach allerdings von fünf Stücken. Brahms muß sich also zwischen der Zusendung der Quartette zur Kopiatur an Freund Billroth und dem Druck - sie kamen im Dezember 1884 heraus - noch anders entschieden und ein Stück weggelassen haben.

Als 1897 der Trauerzug mit Brahms' sterblicher Hülle auf dem Wege zum Friedhof vor dem mit schwarzem Tuch ausgekleideten Portal des Gebäudes der Gesellschaft der Musikfreunde Halt machte, wurden Worte des Abschieds gesprochen und der Chor, den er einst selbst geleitet hatte, sang unter Richard Perger „Fahr wohl" aus den Chören op. 93a. Damit gab ihm ein Stück aus jenem Werk das letzte Geleit, mit dem der Fünfzigjährige die Gruppe seiner späten a-cappella-Werke eingeleitet hatte. Der eigentliche Schwerpunkt der späten nochmaligen Auseinandersetzung mit dem a-cappella-Chor liegt freilich mit den Opera 104 und 109/110 noch etwas später. Die Chöre op. 93a entstanden in den Sommern 1883/84 und liegen damit schon von der Biographie her zwischen den Werken seiner Reifezeit und dem späten Schaffen.

Nach seinem eigenhändigen Notizkalender hat er die Chöre im April 1883 geschrieben. Nicht schlüssig scheint mir hingegen Kalbecks Annahme,[21] das erste Lied spiele bereits ein Jahr zuvor eine Rolle im Briefwechsel mit Billroth. Brahms hatte ihm damals das „lustige rheinische Volkslied vom Fiedler" versprochen. Da dieses aber schon im Repertoire des Hamburger Frauenchores vorkommt, ist doch keineswegs gesagt, daß es sich hierbei um die Version aus op. 93a gehandelt hat. Wahrscheinlicher ist sogar, daß die erneute Beschäftigung mit dem Volkslied ihn veranlaßte, dessen Text selbst einmal zu vertonen. Es gibt mithin keinen Anlaß, Brahms eigene Datierung zu bezweifeln, zumal sowohl die Autographen als auch die Abschriften, die als Stichvorlage dienten, verschollen sind. Der früheste Briefbeleg für die Chorlieder op. 93a datiert daher erst nach ihrer Vollendung, als er sie zu Weihnachten 1883 an Elisabet von Herzogenberg sandte mit der doch wohl mehr rhetorischen Frage, ob er sie an Simrock geben solle,[22] jedenfalls mit der Bitte um Stellungnahme dazu. Daß es sich dabei wirklich um diese Lieder gehandelt hat, geht aus ihrem Antwortbrief klar hervor.

Der „Bucklichte Fiedler", der von ihm bevorzugten Volkslied-Sammlung, August Wilhelm von Zuccalmaglios (Deutsche Volkslieder

21 M. Kalbeck: J. Brahms. Bd. 3, S. 518.
22 Briefwechsel Bd. 2, S. 14.

mit ihren Originalweisen, Berlin 1840) entnommen, kam schon in den Sätzen für den HFC vor und steht auch in seinen Volksliedern von 1894. Seine dritte Auseinandersetzung mit demselben Text brachte nun eine eigene Vertonung zutage. Trotz des Volksliedtextes ist die in den Instrumentalwerken der Zeit so deutliche Tendenz zur motivischen Konzentration auch hier sichtbar und wird zum ersten Male an einem Chorwerk durchgeführt. Das ganze Lied besteht eigentlich nur aus drei dreitönigen Motiven, deren letztes man überdies als durch Gegenbewegung aus dem zweiten entstanden ableiten kann, sowie einem viertönigen absteigenden Achtelmotiv, das gleichfalls noch mit dem dritten der ersten Gruppe zusammenhängt. Der Verlauf der Komposition geht an die Grenzen dessen, was man im Sinne der Liedtradition als strophische Variation bezeichnen kann und scheut selbst vor instrumentalen Effekten nicht zurück, so wenn in der letzten Zeile der zweiten Strophe schrille leere Quinten das Schaurige der Hexennnacht ausdrücken sollen. Der Anfang der dritten Strophe übersteigert das noch, wenn er der leeren Quinte g-d' noch die beiden weiteren a' und e" zufügt zur Klangimitation des Stimmens der Geige. In den „kräftigen" Dreierrhythmus des Tanzliedes mit darunterliegender „Bordunsaite" g werden dann die beiden ersten Melodiezeilen eingespannt, die letztere mit einem bildlich verstandenen weit schwingenden Melisma auf das Wort „Rosenkranz" um drei Takte erweitert.

Das zweite dieser Chorlieder zeigt in geradezu extremer Weise, wie stark Brahms in dieser Zeit am Chorsatz mit neuen Gestaltungsmitteln experimentierte. Man kann es förmlich als Übertragung des Prinzips der formentwickelnden Variation in den Bereich der Vokalmusik bezeichnen. Er hat dieses Lied auch in einer einstimmigen Version an sehr exponierter Stelle noch einmal veröffentlicht, beide Fassungen sind wohl zeitlich nebeneinander entstanden. Es wird daher im Zusammenhang der Liedfassung ausführlich behandelt.

Wie immer, wenn Brahms in konzentrierter geistiger Arbeit neue Gestaltungsmittel entwickelt hat, folgt ihm ein Stück, das spontaner, unmittelbarer, in diesem Falle das liedhafte Element zur Geltung bringt. Das wiederholt sich in dieser Sammlung mit dem dritten der Lieder, vielleicht schon bedingt durch die Textwahl mit dem Romantiker Achim von Arnim. Echt romantisch ist der verklingende Schluß des Liedes. Was es dennoch von seinen früheren Chorliedern unterscheidet, ist einmal die verhältnismäßig komplizierte rhythmische Schichtung der Stimmen, obwohl komplementäre Rhythmen ja grundsätzlich nichts Neues bei Brahms sind. Der hauptsächliche Unterschied ist schwer präzise zu beschreiben, denn er liegt im Charakter des Stücks, dessen Herbheit es als an der Schwelle des Alterswerks stehend ausweist. Brahms' Schaffen war von jeher durch einen starken Hang zur Reflexion gekennzeichnet; die Resignation des beginnenden Alters, die sich ja schon in der Wahl dieses Textes zur Komposition ausdrückt, fügt dem noch einen Zug der Härte hinzu, der Verschlossenheit gegenüber dem seelischen Ausdruck, welche diesem Lied unverkennbar den Charakter der Sprödigkeit aufdrückt.

Das fünfte der Lieder aus op. 93a ist derselben Quelle serbischer Volkslieder entnommen wie „Das Mädchen", hat aber im Gegensatz zu diesem ein eher konservatives Gepräge, man ist versucht, es wie das vorhergehende einer früheren Schaffenszeit zuzuordnen. Altvertraute Stilmittel wie die Aufspaltung des Chorklanges und stärker kontrapunktisch-imitatorischer Satz treten mehr in Erscheinung. - Mit der „Beherzigung" nach Goethe kündigt sich beim fünfzigjährigen Brahms noch einmal das Interesse am Kanon an, das den sechzigjährigen schließlich veranlaßte, eine ganze Sammlung selbständiger Kanons herauszugeben, um dem geselligen Kanonsingen wieder Auftrieb zu geben. Während er sich aber in seinen geistlichen Chorkompositionen in den frühen Schaffensjahren mit soviel Erfolg selbständigen Kanonformen zugewandt hatte, bleibt von diesem zweiteiligen Gruppenkanon im Einklang ein eher zwiespältiger Eindruck. Zwar ist das Stück formal übersichtlich und klar, wie es dem geschliffenen Goethe-Text wohl ansteht, ebenso wie der männlich entschlossene Charakter des ersten d-Moll-Teils. Er entspricht dem Text so gut wie der sieghaft trotzige des zweiten (Dur-) Teils. Fragwürdig hingegen wird der Primat der Satztechnik über die melodische Führung, die betont „nimmér sich beugén, kräftíg sich zeigén ...". Sicher nicht nur daraus resultiert eine gewisse Steifheit, ein Zug des Hölzernen, der den Fluß des Stücks hemmt.

Die Sammlung op. 93a vereinigt Stücke, die etwas radikal Neues im Bereich seiner Chorproduktion darstellen, mit solchen, die an ältere Perioden erinnern. Die Frische der unter dem gleichen Titel erschienenen Frauenchöre stellt sich ebenso wenig wieder ein wie die Gefühlstiefe der gemischten Chöre op. 62. Ein Zug der Herbheit und Verschlossenheit liegt in ihnen, zu dem die einzelnen stark romantischen Momente seltsam kontrastieren. Motivische Straffung und Konzentration, selbst auf Kosten des früher meist so klaren Formenrepertoires, ist der neue Zug, dem einiges von dem geopfert wird, was manche der früheren Chorwerke so anziehend machte. Daß Einzeldinge aus beiden Bereichen hier unvermittelt nebeneinander stehen, zeigt, daß Brahms sich in einer Phase des stilistischen Übergangs befand, genauer: der Neuorientierung. Wieder einmal erweist sich an dieser Nahtstelle jene Eigenart seiner Entwicklung, daß nämlich gleich am Beginn des Weges das Prinzip, die Generalrichtung des Künftigen so entschieden herausgearbeitet wird, danach jedoch allerhand Seitenwege bis zu seiner endgültigen Ausprägung das Prinzip eher verschleiern.

Das unter der gleichen Opuszahl mit dem nachordnenden Zusatz b erschienene „Tafellied" ist eine echte Gelegenheitskomposition, „den Freunden in Krefeld zum 28ten Januar 1885" gewidmet. Obwohl er sich den Text bereits mit anderen, 1877 vertonten, notiert hatte, gab den Anstoß zur Komposition des gesellig-frohen Eichendorff-Liedes erst das Jubiläum des Krefelder Singvereins, der ihm durch mustergültige Aufführungen und vor allem durch Rudolf von der Leyen verbunden war. Daß er das liebenswürdige Werkchen selbst nicht als ganz vollgültig anerkannte, zeigte sich, als es um die Veröffentlichung ging und er Zweifel bekam, „schickt es sich überhaupt, den ganzen liederlichen Witz drucken zu lassen?"[23]

Das Tafellied ist eines der wenigen Werke, die etwas mit leichter Hand geschrieben sind und insofern sicher bemerkenswerter denn als vollgültiges Werk. Der Dialogcharakter des Gedichts zwischen Chorsängern und den ihnen zugetanen Damen bestimmt auch die Form der Vertonung; er kam eben Brahms mit seiner Tendenz, den Klang des gemischten Chores aufzuspalten in Gruppen, ohnehin entgegen. Im Grunde handelt es sich um ein Trinklied mit der leicht vereins-biedermeierlichen Pointe

> Jeder nippt und denkt die Seine,
> Und wer nichts Besond'res weiß:
> Nun, der trinkt ins Allgemeine,
> Frisch zu aller Schönen Preis.

Kompositorisch behandelt auf dem Bewußtseinsstand seiner gestalterischen Fähigkeiten dieser Jahre, hätte dies fraglos dem Loblied auf die Trias Wein, Weib, Gesang den angemessenen Reiz der Unmittelbarkeit genommen.

Imogen Fellinger hat einmal darauf hingewiesen, daß Brahms zwar keinen Liederzyklus im eigentlichen Sinne geschrieben habe; nicht einmal die Magelonen-Romanzen sind ja ein solcher im Sinne etwa von Schuberts Müller-Liedern, der Winterreise oder Schumanns Dichterliebe. Aber unterhalb dieser Schwelle gibt es sehr wohl Fälle, wo einzelne Lieder oder ganze Gruppen aufeinander bezogen sind.[24] Das gilt in

23 Briefwechsel Bd. 11, S. 71.

24 I. Fellinger: Cyclic tendencies in Brahms's song collections. Brahms Studies. Hrsg. v. G. Bozarth. Oxford 1990, S. 379.

besonderer Weise, und hier sogar Opus-übergreifend für die Lieder op. 94/95. - Zu op. 94 hat er Lieder der schwärzesten Resignation zusammengefaßt, die offenbar seiner damaligen Stimmungslage entsprachen. Daß „Mit vierzig Jahren der Berg erstiegen" sei und es danach nur noch immer rascher bergab gehe, bis man unversehens am Grabe stehe, entsprach einem verbreiteten Lebensgefühl der Zeit; daß das Alter durchaus auch ein lebenswerter Abschnitt des Daseins werden könne, hatte man noch nicht im Blick. Die Anrede „Verehrungswürdiger Greis" an den fünfzigjährigen Immanuel Kant wurde, unabhängig von der Frage, ob sie denn authentisch und historisch-biographisch richtig zugeordnet sei, als legitim und angemessen empfunden. Brahms hat das auch ganz persönlich für sich so gesehen und mit seinem musikalischen Vokabular umgesetzt, „drüben geht's hinab" als schicksalhafte Gesetzmäßigkeit:a-f-d-b-g-e-cis-ais-fis. Die Konnotationen der Terzenkette bestätigen sich immer deutlicher.

Das zweite Lied beschwört den verstorbenen Lebenspartner mit der Bitte, „lab mich Todesmatten mit Deiner Nähe Macht", Brahms' persönliches Trauma, daß er es nie zu einer Lebenspartnerschaft gebracht habe, die dem selbst Ermatteten Stärkung und Labe noch über den Tod hinaus gewähre. Und wieder finden wir, lediglich durch Vorhalt und die Heterolepsis in ihrer Konsequenz und semantisch besetzten Abwärtsrichtung gemildert: es-ces-as-f-(es)-d-(f)-b-ges-es und die linke Hand der Klavierbegleitung ergänzt mit Nachdruck: ces-as-f-d. Nur hier tritt die Zwangsfolge gleicher Intervalle nicht im Verlauf der Textbehandlung ein, sondern als Melodie der Kopfzeile „Steig auf, geliebter Schatten" wie eine Beschwörung des durch die unerbittliche Gesetzmäßigkeit des Todes entrissenen geliebten Menschen, den er Brahms nie gehabt hatte.

Auch das dritte Lied ist ein Nachtstück: „Mein Herz ist schwer, mein Auge wacht" und lauscht dem nächtlichen Rauschen des Windes, das von vergangener Zeit erzählt: „Wo ist das Alles, Alles hin, Leid, Lieb' und Lust und Jugendsinn?" Hier setzt Brahms ein ebenso ausdrucksstarkes Gestaltungsmittel ein, das zugleich den zweiten Aspekt des Textes umsetzt: die strenge Gegenbewegung der Klavierbegleitung ist ebenso Ausdruck der gesetzmäßigen Vergänglichkeit wie Bild der Baumwipfel, die der Wind hin und wider bewegt. Das Lied endet mit einem musikalischen Topos für Trauer und Bedrückung, der sich durch Jahrhunderte der Musikgeschichte zurückverfolgen läßt, einer Folge engräumiger Schritte. „Mein Herz ist schwer, mein Auge wacht." - Die „Sapphische Ode" gehört zu den meistgesungenen Brahms-Liedern, wieder ein Nachtstück, das den Tau, der beim nächtlichen Brechen von Rosen die Hände benetzt, in Vergleich setzt zu den Tränen bei nächtlichen Küssen, sie werden ebenso intensiver erlebt wie der Duft der Rosen. Brahms fängt die Unbestimmtheit der nächtlichen Stimmung ein, indem er die rechte Hand der Klavierbegleitung durchgängig rhythmisch um ein Achtel versetzt. Dem stellt er jedoch sogleich den Baß in desto bestimmterer Führung entgegen mit dem über sieben Takte festgehaltenen Orgelpunkt d, zu dem eine Mittelstimme von der Oktave ab- und wieder aufwärts geführt wird, vielleicht die „bewegten Äste“ darstellend, die fest im Grund wurzeln.

Das bewegendste Lied aber ist das letzte, höchst subjektiv, offensichtlich aus seiner persönlichen Stimmung heraus gewählt und vertont, dazu wohl auch bewußt ans Ende einer Reihe mit so resignierenden Texten gestellt. Das war er selbst:

Kein Haus, keine Heimat,
Kein Weib und kein Kind.
So wirb'l ich, ein Strohhalm
In Wetter und Wind.

Well' auf und Well' nieder,
Bald dort und bald hier;
Welt fragst du nach mir nicht,
Was frag' ich nach Dir.

Das entsprach so offenbar seinem Lebens- und Selbstverständnis bis hinein in die Weltverachtung, ungeachtet aller Anerkennung, die er gefunden hatte, aber auch ein Stück weit dem Kunstverständnis und Künstlerbild seiner Zeit, daß Frank Schneider - zugegebenermaßen auf der Basis marxistisch-leninistischer Kunstauffassung - nicht nur das Kapitel Brahms, sondern eine ganze Sammlung „politischer Porträts großer Komponisten“ unter dieses Motto stellte.[25] So hatte schon Caspar David Friedrich den Künstler gemalt, auf einer Anhöhe stehend, den Blick in eine noch ungewisse, ferne Zukunft gerichtet und dem (zeitgenössischen) Rezipienten den Rücken zugekehrt, wie auf dem bekannten Bild in der Hamburger Kunsthalle.

Aber es ist nicht nur die Textwahl, durch welche dieses Lied aus allem Bisherigen in Brahms' Lyrik hinausfällt, sondern vor allem die Art und Weise der Vertonung: das Vorspiel ist auf zwei leere Oktavschläge geschrumpft, das Klavier zu einer Art Schlagzeug reduziert, das nur noch die harmonischen Funktionen markiert, abgesehen von Anfang und Ende der Komposition sogar immer erst nachträglich, wenn die harmonische Fortschreitung in der Singstimme implizit bereits vollzogen ist, so auch noch die rhythmischen Verhältnisse verunklarend. Das ganze

[25] F. Schneider: Welt, was frag ich nach dir?. Leipzig 1988.

zweistrophige Lied umfaßt daher nur zweimal zehn Takte, konzentriertester Ausdruck durch Weglassen aller romantischen Ausdrucksträger, wie es Robert Schumann mit „Ich hab' im Traum geweinet" seiner „Dichterliebe" vorgemacht hatte, nur noch radikaler. Selbstverständlich ist es kein Zufall, daß ganz am Schluß einer solchen Reihe von Endzeitliedern ein derartiges Nicht-mehr-Lied, eigentlich ein Un-Lied steht und ziemlich deutlich markiert, daß hier das Ende des romantischen Ausdrucksliedes der Schumann-Nachfolge erreicht ist, allen Nachläufern bis hin zu Richard Strauss zum Trotz, während Hugo Wolf von anderen Voraussetzungen ausging.

Bei der Bewußtheit, mit der Brahms solche Dinge anging, ist weder die Stellung dieses Liedes am Ende eines Opus Zufall, noch daß er das folgende Werk mit einem Stück begann, das programmatisch eine andere Konzeption von Liedgestaltung vorstellt, die er gleichzeitig an einer Chorfassung desselben Stückes experimentell erprobt hatte. Das Lied läßt sich auf ein einziges Motiv zurückführen, das in zwei Grundformen auftritt, der eigenartigen Struktur des Textes entsprechend. Diese wiederum ist bedingt durch die Zehnsilbner des serbischen Volksliedes, denn korrekter als die Übersetzung beachtet Brahms sogar die Zäsur nach der vierten Silbe. Er setzt die Metrik des Gedichts um im 7/4-Takt, wegen des Ungewohnten in der europäischen Musikpraxis als ständiger Wechsel zwischen 3/4 und 4/4 notiert. Der wird nur einmal unterbrochen, wenn zwei 3/4-Takte und zwei 4/4 aufeinanderfolgen, sodaß im Ganzen doch der 7/4-Takt das ganze Lied hindurch gewahrt bleibt.

Obwohl das Stück so total eine förmliche Ablaufsreihe von Varianten einer Grundform bildet, das Prinzip der formentwickelnden Variation somit auf die vokale Kurzform des Liedes überträgt, insofern also ganz eindeutig vom Primat der Musik ausgeht, ist es erstaunlich, wie stark Brahms dennoch die syntaktische Struktur des Textes nachbildet. Der grundlegende Aussagesatz, in Quintlage beginnend, ist die Basis, seine Präzisierung, das Mädchen stehe an einem Berg, löst den Sextsprung und den Nonenvorhalt aus. Daß der Berg sein strahlendes Antlitz widerspiegele, ist eine Intensivierung und wird von Brahms dementsprechend eine Terz höher sequenziert, erfährt dadurch zugleich eine Aufhellung in die Durparallele. Schon in dieser Zeile ergibt sich übrigens eine Diskrepanz zwischen Text und Melodie, weil der Übersetzer die Zäsur nach der vierten Silbe überspielt hat, Brahms jedoch sie um der musikalischen Konsequenz willen brauchte. Wenn nun das Mädchen spricht, ist dies eine weitere Intensivierung und wird von Brahms um noch eine Terz nach oben sequenziert, diesmal auf die Dominante, aber noch beginnt die wörtliche Rede nicht, daher führt die Melodie nicht auf einen Spitzenton, sondern wird nach unten abgebogen. Die wörtliche Rede beginnt mit derselben Tonfolge, aber das Mädchen spricht in Sorge, Brahms setzt deswegen unmittelbar neben das dominantische Fis-Dur nun fis-Moll und führt auch noch dessen Dominante Cis-Dur ein, kadenziert aber nach Fis-Dur, um mit dieser Dominante wieder in die Grundtonart zurückzuleiten. Das Selbstgespräch behandelt Brahms auf eine höchst charakteristische Weise: instrumental wird der Anfang in der originalen Tonhöhe zitiert, während die Worte des Mädchens auf einer höheren Ebene, der Subdominante, stehen, die Begleitung aber innehält. So reflektiert ist Brahms' Textbehandlung.

Andererseits ist der Formverlauf durch die ständige Weiterentwicklung der beiden Gestalten des Grundmotivs so determiniert, daß er sich formalisieren läßt. Setzt man für die dreizeitige Form den Buchstaben a, für die vierzeitige A, ließe sich folgende Ablaufsreihe aufstellen: a+A, a'+A', a^2+A^2 / a^2+A^3, $a+a^3$, a+(A) usw. Immer weiter wird das Grund-

motiv von seiner ersten Gestalt fortentwickelt, ohne jemals den Zusammenhang mit ihr zu verlieren. Einmal ist dann der Punkt erreicht, an dem die Variantenbildung soweit fortgeschritten ist, daß in T. 10 aus der dreizeitigen Variante a^3 eine vierzeitige, hier als (A) bezeichnet, gebildet werden und so das Repertoire der zur Verfügung stehenden Motivvarianten erweitert werden kann, ohne den Grundzusammenhang zu verlassen. - Er läßt auch noch Raum, den grundlegenden Stimmungswandel musikalisch umzusetzen. Solange die Furcht vor einem alten häßlichen Freier es beherrscht, steht das Lied in h-Moll, das jedoch zum Dur aufgehellt wird bei dem Gedanken an einen frischen jungen Mann. Dann folgt ein Animato grazioso im 2/4-Takt, dessen viertaktige Periode gleichfalls noch, wenn auch nur lose, in Zusammenhang mit dem Grundmotiv steht. Viermal nacheinander wird diese viertaktige Periode abgewandelt, das Prinzip der entwickelnden Variation wird mithin über den Beginn eines neuen Formabschnitts hinaus fortgeführt. Dazu kommen noch zwei Kadenztakte. Dann wird in einem letzten, als „lebhaft" bezeichneten Abschnitt noch einmal auf den 7/4-Takt des Anfangs zurückgegriffen mit neuen Varianten des Grundmotivs. - Einerseits war mit diesem Verfahren exemplarisch klargestellt, daß sich das Prinzip der formentwickelnden Variation auch in relativ kleinen Vokalformen realisieren ließ. Nur darf dabei nicht übersehen werden, was Schönberg nicht gesehen hat, daß es bei Beethoven deduktiv in einem dialektischen Prozeß eingesetzt ist, bei Brahms hingegen induktiv. Andererseits macht es deutlich, wie weit Brahms bereit war, den Primat der Musik in der Gattung der musikalischen Lyrik zu treiben. Es ist nicht zu verhehlen, daß Hugo Wolf dem zeitgenössischen Lied die Dimension der Lyrik und im Vergleich zum späten Brahms Terrain und Gestaltungsmöglichkeiten zurückgewonnen hat. Das besprochene Lied ist ein imponierendes Stück gesetzmäßiger Gestaltung, das die Verfügungsgewalt des Urhebers über die Gestalt des Kunstwerks stark einschränkt und insofern vom romantischen Ausdruckslied wegführt, obwohl es so eng dem Text angepaßt ist. Aber es eröffnet zugleich ganz neue Möglichkeiten der musikalischen Komposition.

Es versteht sich von selbst, daß ein derartiges Stück experimenteller Kompositionstechnik nicht unmittelbar weitergeführt werden konnte. Interessant ist es als Eröffnungsstück eines neuen Opus nach dem Nichtmehr-Lied am Ende des vorhergehenden. Die weiteren Nummern des op. 95 sind im Vergleich dazu konventionell vertont. Bis auf eines sind die Autographen sämtlich verschollen, infolgedessen gibt es auch keine Anhaltspunkte für die Datierung der Lieder. Interessant ist an dem zweiten die komplementäre Begleitung. In Nr. 3 fällt insbesondere die harmonische Behandlung der parallelisierten Wendungen „kann's nicht verschmerzen und kann's nicht verwinden" auf, weil Brahms sie zwar mit derselben melodischen Floskel vertont, die zweite jedoch harmonisch in die Moll-Subdominante versetzt, wodurch sie eine andere, selbst das ursprüngliche h-Moll noch verdüsternde Färbung erhält, die zu den übrigen Strophen nicht mehr so recht passen will. Dagegen scheint Brahms das „Mädchenlied" (Nr. 6) sozusagen von der zweiten Strophe aus komponiert zu haben, die Häufung textbedingter auffälliger Intervalle wie schon die verminderte Quarte am Anfang und das starke Auftreten ausdrucksbetonter enger Schritte auf die Vorstellung, der Liebste könne am Jüngsten Tag nicht ins Paradies kommen, macht das deutlich. Dann aber mag das Mädchen selbst auch nicht dort sein: der Verzicht auf das Ewige Leben in Seligkeit, wenn der Liebste es nicht erlangt, löst diese ausdruckshafte Melodieführung aus. Das Lied verschleiert in der linken Hand der Begleitung wieder den Rhythmus durch Verschiebung um ein Achtel, dagegen läuft die rechte Hand des Klaviers fast durchgängig mit der Singstimme, wozu Brahms die Vortragsbezeichnung „einfach" setzte.

Auch unter den Liedern der beiden folgenden Sammlungen op. 96

und 97, die ebenfalls meist nicht genau zu datieren sind, sodaß auch die Reihenfolge ihrer Entstehung unklar bleibt, steht mit Friedrich Daumers „Wir wandelten“ (op. 96 Nr. 2) eines seiner bekanntesten Lieder, das mit seiner Zartheit musikalisch vermittelt, was weitgehend versäumt zu haben, jetzt, wo es für den Alternden unerreichbar geworden war, ihn mit besonderer Wehmut erfüllte. Da tauchen dann auch wieder Vortragsbezeichnungen wie „piano dolce“ auf, wenn er musikalisch schildert, wie zwei Liebende schweigend miteinander gehen und einer die Gedanken des anderen zu erraten sucht. Brahms zitiert die Melodie wortlos, wie es der im Text geschilderten Situation entspricht, in der Begleitung vorweg, und da es sich um zwei Liebende handelt, wird diese Vorwegnahme auch noch in der linken Hand des Klaviers eine Oktave tiefer imitiert und führt so mit sechs Takten zu einem ungewöhnlich langen Vorspiel. „Wir zwei zusammen“ ist mit Stimmkopplungen in Terzen ohrenfällig gemacht. Es sind neben der einschmeichelnden Melodie dieses Liebeslieds häufig solche kleinen gestalterischen Gesten, die dem Hörer meist vielleicht gar nicht ins Bewußtsein dringen, welche die innigsten, namentlich seiner späten Lieder so ohrenfällig machen. Zwar kann er nur ahnen, was der andere gedacht hat, der Sänger aber spricht aus, was ihn erfüllte: „So schön war alles, was ich dachte, so himmlisch heiter war es all.“ Und nachdem das Lied bis dahin sich in dem innigen, aber eher verhaltenen Des-Dur bewegt hat, hebt Brahms hier die tonale Basis um das ungewöhnliche Intervall einer übermäßigen Sekunde nach E-Dur an und legt um die ausgesprochenen Gedanken des einen der Liebenden eine Gloriole des Goldglanzes, obwohl es sich kompositorisch um nichts anderes handelt als eine schrittweise absteigende Sexte, die anschließend sprungweise rückgängig gemacht wird, ein Melodiemodell, das man in dieser oder umgekehrter Folge schon in mittelalterlicher einstimmiger Musik beobachten kann.

Von den Liedern op. 97, die vermutlich in den Sommern 1884/85 in Wien und Mürzzuschlag entstanden sind, wissen wir das bei einem genau; es enthält überdies wieder eine Art verschlüsselter Botschaft. Der mit Brahms befreundete niederdeutsche Dichter Klaus Groth hatte ihm das Gedicht „Komm bald“ zum Geburtstag 1885 geschickt, und es muß Brahms so angemutet haben, daß er es mehr oder weniger sofort vertonte. Er fühlte offenbar die letzte Strophe ganz aus seinem Herzen gesprochen:

Und von den Lieben,
Die mir getreu
Und mir geblieben,
Wärst du dabei!

Ich gestehe, daß die Vorstellung von seiner fortschreitenden menschlichen Vereinsamung ungeachtet aller Erfolge, die er hatte, und der Anerkennung, die er zunehmend fand, auch den Biographen, der sich an Fakten und Quellen zu halten hat, nicht unbeeindruckt läßt Er sandte diesen Text mit seiner Vertonung an Hermine Spies, obwohl er sich schon seit den Wiesbadener Sommer 1883 darüber klar geworden war, daß seine Zuneigung zu der jungen Sängerin nichts mehr bedeuten könne als einen Nachsommer, an dessen Farben man sich nicht sattsehen kann.

Der Hauptertrag der beiden Sommer 1884/85 auf der Südseite des Semmering in Mürzzuschlag ist die 4. Symphonie. Wieder brachte er selbst den Charakter des Werks mit seiner Entstehung in einer herben Landschaft in Zusammenhang: „Im Allgemeinen sind ja leider die Stücke von mir angenehmer als ich, und findet man weniger daran zu korrigieren?! Aber in hiesiger Gegend werden die Kirschen nicht süß und eßbar.“[26] schrieb er an Frau von Herzogenberg. In einem anderen Brief an Hans von Bülow befürchtete er noch konkreter, „ob sie ein weiteres Publikum kriegen wird. Ich fürchte nämlich, sie schmeckt nach dem hiesigen Klima - die Kirschen hier werden nicht süß, die würdest Du nicht essen!“[27] Als er dann, im Herbst 1885 nach Wien zurückgekehrt, das fertige Stück seiner Gewohnheit nach in Ehrbars Klaviersalon zusammen mit Ignaz Brüll an zwei Klavieren spielte, machte sich betretene Ratlosigkeit breit. Eduard Hanslick kapitulierte gerade vor dem Brahms-Werk, das seinem polemisch formulierten formalästhetischen Ansatz am nächsten kam („Der Inhalt der Musik sind ihre tönend bewegten Formen“ oder „Die Formen sind nicht leer, sondern von innen heraus gestaltender Geist“[28]) Er faßte seinen ersten Eindruck in die Worte: „Den ganzen Satz über hatte ich die Empfindung, als ob ich von zwei schrecklich geistreichen Leuten - durchgeprügelt würde.“[29] Der spätere Biograph Kalbeck bestürmte Brahms, dieses Werk nicht so aufführen zu lassen, wie es nun einmal vorlag, um seinen künstlerischen Ruf nicht zu ruinieren.[30] Clara Schumann verschlug es wie den meisten anderen Freunden, die vor der Uraufführung mit dem Werk konfrontiert wurden, vollends die Sprache. Sie, die früher so präzise und stilsicher

[26] Briefwechsel Bd. 2, S. 73.
[27] M. Kalbeck: J. Brahms. Bd. 3, S. 447.
[28] E. Hanslick: Vom Musikalisch-Schönen. Leipzig 1884, Wiesbaden [18]1975, S. 59 und 63.
[29] M. Kalbeck: J. Brahms. Bd. 3, S. 452.
[30] M. Kalbeck: J. Brahms. Bd. 3, S. 453ff.

geurteilt hatte, drückte sich um eine eindeutige Stellungnahme herum,[31] was sicher auch wieder an die Frage rührt, wie weit sie überhaupt noch in der Lage war, für sein Schaffen der späten Jahre Verständnis aufzubringen.

Elisabet von Herzogenberg, die geistreiche Freundin, die ihn vielleicht noch am besten von allen Freunden verstand, hatte das wohl auch versucht. Allein er ließ sie nicht so leicht davonkommen und provozierte sie, dennoch Farbe zu bekennen: „Meine neuliche Attacke [das Zusenden des Symphonie-Manuskripts] ist ja wohl gründlich mißlungen, und eine Sinfonie dazu."[32] Erst fast vier Wochen später wagte sie, ihre Eindrücke in Worte zu fassen, war aber ehrlich genug, einen früheren, nicht abgeschickten Brief mit beizufügen, der zwar die ganze Ratlosigkeit selbst dieser klugen Freundin offenbart, zugleich aber auch eines der geistvollsten Dokumente zur Rezeption dieser seiner letzten Symphonie ist:

> Es geht mir eigen mit dem Stück; je tiefer ich hineingucke, je mehr vertieft auch der Satz sich, je mehr Sterne tauchen auf in der dämmrigen Helle, die die leuchtenden Punkte verbirgt, je mehr einzelne Freuden habe ich, erwartete und überraschende, und umso deutlicher wird auch der durchgehende Zug, der aus der Vielheit eine Einheit macht. Man wird nicht müde, hineinzuhorchen und zu schauen auf die Fülle der über das Stück ausgestreuten geistreichen Züge, seltsamen Beleuchtungen, rhythmischer und klanglicher Natur ...; und soviel steckt darin, daß man gleichsam wie ein Entdecker und Naturforscher frohlockt, wenn man Ihnen auf alle Schliche Ihrer Schöpfung kommt! Aber da ist auch der Punkt, wo ein gewisser Zweifel anhakt, den mir selber ganz klarzumachen mir so schwer wird, geschweige denn, daß ich 'was Vernünftiges darüber vorzubringen wüßte. Es ist mir, als wenn eben diese Schöpfung zu sehr auf das Auge des Mikroskopikers berechnet wäre, als wenn nicht für jeden einfachen Liebhaber die Schönheiten alle offen dalägen, und als wäre es eine kleine Welt für die Klugen und Wissenden, an der das Volk, das im Dunkeln wandelt, nur einen schwachen Anteil haben könnte. Ich habe eine Menge Stellen erst mit den Augen entdeckt und mir gestehen müssen, daß ich sie nur mit den Ohren meines Verstandes, nicht mit den sinnlichen und gemütlichen aufgefaßt hätte, wenn mir die Augen nicht zu Hilfe gekommen wären. Schieben Sie das auf die abstrakte Art meiner Bekanntschaft mit dem Stück, das natürlich gehört sein will, um seine ganze Kraft zu offenbaren. - Mich will bedünken, daß, wenn es in der Gesamtwirkung dennoch einfach und unmittelbar erscheint, es dies gleichsam nur auf Kosten der darüber ausgebreiteten Schlinggewächse geistreicher Detailkombinationen erreichen kann, über die man hinwegsehen muß, um den Kern voll und ganz zu schmecken und zu genießen. Man ist förmlich wie auf der Jagd nach einem Brocken dieses und jenes Themas, ja, wo es einmal auch nicht steht, wittert man es und wird unruhig. Man möchte einmal die Hände falten, die Augen schließen und dumm sein dürfen, an dem Herzen des Künstlers ruhen, und nicht so rastlos

31 Clara Schumann - Johannes Brahms. Briefe. Bd. 2, S. 293.
32 Briefwechsel Bd. 2, S. 79.

von ihm in die Weite getrieben werden.[33]

Aber Brahms ließ sich nicht mehr beirren: zwar klingt gelegentlich noch Skepsis durch, was die Aufnahmefähigkeit des Publikums - auch wohlgesonnener Freunde - für die Neuartigkeit des Werkes anging. So kündigte er Clara Schumann die beabsichtigte Aufführung in Frankfurt/Main an: „... und daß Dir das vielleicht ein sehr zweifelhaftes Vergnügen ist!? ... Du aber, gehst Du in das Konzert? ... aber ich bitte Dich, sage mir ganz kurz und einfach, ob Dir die ganze Geschichte nicht zu wenig sympathisch ist?“ und dann folgen acht Frage- und vier Ausrufungszeichen;[34] die Zahl der Fragezeichen überwiegt also eindeutig. - Abgesehen von der Streichung der langsamen Einleitung, die der erste Satz ursprünglich einmal hatte, ließ er das Werk trotz der Kritik und Ratlosigkeit der Freunde unverändert. Von Hans von Bülow und ihm selbst sorgfältig einstudiert, war der Höreindruck so, daß er am 25. Oktober 1885 den Schritt in die Öffentlichkeit mit dem Werk wagte und die Uraufführung in Meiningen mit der herzoglichen Hofkapelle selbst dirigierte. Entsprechend Bülows Programmpolitik wurde die Symphonie bereits am 1. November wiederholt und erklang am 2. April 1886 zum dritten Male in derselben Saison erneut in Meiningen. Das Werk machte dann sogar die anstehende Tournee des Meininger Hoforchesters zum Triumphzug. Am 3. November führte man es in Frankfurt auf, wo es ebenfalls noch in derselben Saison wiederholt wurde, am 6. November in Essen, am 8. in Elberfeld, dann in Utrecht, Amsterdam, Den Haag, Krefeld, Köln, auch hier wurde es bereits im Februar 1886 zum zweiten Male aufgeführt. Die Erstaufführungstournee mit den Meiningern endete zunächst am 25. November in Wiesbaden. Erst nach fast einem Dutzend Aufführungen in der Provinz brachte er am 17. Januar 1886 das neue Werk nach Wien, wo das Publikum nach einer Aufführung mit den Philharmonikern unter Hans Richter ziemlich ratlos reagierte, es wurde sogar gezischt, was für Brahms in Wien ja auch nichts gar so Neues mehr war. Aber diesmal war es eben nicht nur eine zwar organisierte, aber in ihrer Zielsetzung ziemlich verschwommene nationalistisch-neudeutsche Clique, der die ganze Richtung nicht paßte. In Wiener Musikerkreisen wurde dem Hauptthema des ersten Satzes ironisierend der Text unterlegt: „Es fiel ihm wieder mal nichts ein“. Der Widerstand richtete sich also, wie schon im Kreis der engsten Wiener Freunde, bei denen man noch am ehesten Verständnis für sein Schaffen hätte erwarten können, nicht einmal gegen das großartige, aber ungewöhnliche Chaconne-Fi-

33 Briefwechsel Bd. 2, S. 85f.

34 Clara Schumann - Johannes Brahms. Briefe. Bd. 2, S. 294.

nale, diese so kompakten und konzentrierten „Variationen über kein Thema“, obwohl auch dies nach Brahms' eigenem Formverständnis wieder kein klassisches Symphonie-Finale im Sinne der Beethoven-Tradition war, sondern gegen den Kopfsatz.

Offenbar hatten die Spötter erkannt, woraus man in der Brahms-Literatur merkwürdigerweise erst relativ spät Konsequenzen zog, daß das Kopfthema der 4. Symphonie - wenn man von Oktavversetzungen einmal absieht - eine Zwangsfolge gleicher Tonschritte ist, sieben Terzen in gleicher Richtung, die alle Stufen der diatonischen Leiter umfassen und sowohl in absteigender wie in aufsteigender Folge auftreten, sodaß kein Ton mehrfach vorkommt und damit schwerpunkt-bildend wirkt, sondern ein Ton erst wieder auftreten kann, nachdem alle anderen der Leiter

erklungen sind. Er hatte also lediglich die Konsequenz gezogen aus den kompositorischen Experimenten, die ihn schon in der Nänie, dem C-Dur-Trio und in verschiedenen Liedern beschäftigt hatten. Hier aber trat die Terzenkette erstmalig thematisch und unverhüllt strukturbildend in einem zyklischen Werk auf, das stärker das Interesse des öffentlichen Musiklebens fand, als Lieder und Kammermusik dies konnten.

Zwar wird man bezweifeln dürfen, daß er diese strenge konstruktive Bindung einging, weil ihm „wieder mal nichts einfiel“, oder, wie Nietzsche es wenig später formulierte, die „Melancholie des Unvermögens“ den Charakter des Werkes bestimmte. Aber ein Symphoniethema im Sinne der klassisch-romantischen Gattungstradition ist es sicher auch nicht. Es spricht vielmehr manches dafür, daß Brahms nach Vorbereitungen in den erwähnten Werken mit dieser Symphonie kompositorisch an einen Punkt gekommen war, der ihn im Bereich streng tonaler Musik zu ähnlichen Konsequenzen führte, wie sie Schönberg wesentlich später nach dem Vorstoß in die Atonalität zog.

Auch wenn Brahms das Thema in einen Vorder- und einen Nachsatz von je vier Takten Länge gliedert, wird das Konstrukt nur scheinbar der klassischen Formsystematik eingepaßt. Während es in den führenden Streichern und jeweils auf dem Taktschwerpunkt mit Auftakt erscheint, die Metrik des klassischen Formenbaus betonend, erscheint der Vordersatz in den Holzbläsern um zwei Viertel versetzt jeweils auf den unbetonten Taktzeiten 2 und 4. Damit wird nicht nur die Präzision der Metrik des Streicherkörpers in der Weise aufgehoben wie in der Terzenkette, die dem Thema zugrundeliegt, jedes Intervall prinzipiell die gleiche Wertigkeit hat: das Thema erscheint zugleich auf betonten wie auf unbetonten Zeiten, und dieses Alternieren findet noch eine weitere Entsprechung in der harmonischen Grundierung durch Cello und Bratsche, die ersteren auf der vorderen, die letzteren auf der zweiten Takthälfte. Das Themenkonstrukt hat Konsequenzen sowohl in die Satztechnik als auch in die Rhythmik hinein.

Nachdem er diese Zusammenhänge und Konsequenzen im Vordersatz so exemplarisch ausgebildet hatte, konnte er sie im Nachsatz schrittweise lockern, zunächst indem die Holzbläser sich von der Terzenkette lösen und, noch unter Beibehaltung der Töne, sich der harmonischen Grundierung annähern. Von da an übernimmt der Baß die strukturelle Führung, während die Oberstimme ihr in konsequenter Gegenbewegung bis auf eine Oktave näherrückt, bevor die erste Oboe in T. 17-19 den Hauptsatz schließt.

Noch in die Terzenkette hinein, deswegen deren Verlegung in die erste Oboe, beginnt Brahms mit der weiterentwickelnden Variantenbildung zum Themenkonstrukt nach den Kriterien, die er in der Exposition aufgestellt hatte: das Thema, jeweils mit der Unteroktave gekoppelt, alterniert wischen den beiden Violinen, wobei der damit seinerzeit verbundene antiphonische Rechts-links-Effekt durch die moderne Orchesteraufstellung, die dem Ideal von Wagners und der Neudeutschen „Schmelzklang“ entsprang und solche satztechnisch bedingten räumlichen Klangwirkungen negiert, zunichte gemacht wird. Brahms ging aber auch in anderen Orchesterwerken ganz klar von der Aufstellung der Violinen links und rechts vom Dirigenten aus. Doch an solchen Fragen endet heute das Prinzip der historisch getreuen Aufführungspraxis. - Die Terzenkette war aber in der Exposition doppelt vorhanden, und auch in der Weiterentwicklung tritt sie nicht nur in einer Art „durchbrochener Arbeit“ in den Violinen auf, sondern, wenn auch nicht von der Dominante, sondern der Tonika ausgehend, im Baß, womit sie die tonale Basis in Richtung der subdominantischen Region verschiebt.

In manchen nach dem Sonatenprinzip gestalteten Sätzen war das Problem zu beobachten, daß der Seitensatz thematisch zu nahe beim Hauptsatz lag, sei es durch motivische Substanzgemeinschaft, oder daß der eine aus dem anderen entwickelt war, sodaß zu geringer Kontrast für so umfangreiche Sätze als Gefahr erschien. Das ist im Kopfsatz der 4. Symphonie grundsätzlich anders, weil das Konstrukt des Hauptthemas jedwedes Seitensatz-Thema zur Anbindung fordert, denn jedes nichtkonstruierte Thema steht ja schon insofern in Kontrast zu ihm. Man kann die Bedingungen abstrakt festlegen, die ein Seitensatz- zu diesem Hauptsatz-Thema erfüllen muß, das zwischen Konstrukt und „Einfall“ vermitteln soll: es muß am Anfang dreiklangsbetont sein, weil die Terzintervalle nichts anderes zulassen. Wegen der rhythmischen Gleichförmigkeit und zugleich (durch die Komplementärrythmen) Homogenität auch rhythmische Kontraste umfassen und wegen der gleichartigen und gleichgerichteten Terzsprünge Sprung- und Schrittbewegungen, sowie Auf- und Abbewegung ausgewogen repräsentieren. Diese Bedingungen alle gleichzeitig zu erfüllen, ist bestimmt ein hartes Stück Arbeit gewesen. Aber der in T. 53, überlappend mit der Kadenz des Hauptthemen-Komplexes, eintretende Seitensatz, von den Bläsern, hauptsächlich von den Hörnern getragen, erfüllt alle notwendigen Voraussetzungen und läßt sich in den bisherigen Satzverlauf integrieren, indem die Bässe ihn mit Ausschnitten aus der Terzenkette des Kopfthemas kontrapunktieren. Darum ist dieser erste Satz in seiner Formgestaltung so dicht und so konsequent. Das kann man nicht, wie schon die so hochmusikalische Elisabet von Herzogenberg konstatierte, allein beim Hören feststellen, wohl aber die logische Konsequenz der Gestaltung als ästhetische Kategorie erfahren.

Bei der extremen gestalterischen Dichte des Kopfsatzes kommt der Kontrastwirkung der Binnensätze größere Bedeutung zu, als sonst bei zyklischen Werken von Brahms zu beobachten. Der liedhafte langsame Satz schließt deutlich an die Melodiebildung aus Motivvarianten an, wie sie in dem „Mädchen" op. 95 Nr. 1 zu beobachten war. Die Terz, schrittweise nach oben und unten ausgefüllt, gibt den motivischen Kern ab, zunächst im Horn und den Holzbläsern. Wenn die motivische Entwicklung in die Streicher wandert, springt die Harmonik in das terzverwandte E-Dur, das dem Satz auch vorgezeichnet ist. E-Dur ist Dominante zu a-Moll, das wiederum Unterterz zu dem zunächst auftretenden C-Dur ist, auch fis-Moll wird erreicht und schließlich nach gis-Moll kadenziert, bevor das Horn die zweite Strophe einleitet und das Grundmotiv durch Erweiterung variiert wird; eine Studie über die Terz in motivischer und harmonischer Beziehung, nachdem das Kopfthema des ersten Satzes aus einer Zwangsfolge eben dieses Intervalls mit allen Stufen der diatonischen Leiter gebildet worden war.

Soweit war die Symphonie im ersten Sommer in Mürzzuschlag 1884 gediehen, als Brahms nach Wien zurückkehrte. Nun war dieser Sommeraufenthalt kürzer, als sonst bei Brahms gewohnt. Aber vielleicht war es nicht nur die Kürze der Zeit, sondern auch die ungewöhnlich intensive Gedankenarbeit, welche in diesen beiden Sätzen steckte, die ihn mit nur einer halben Symphonie nach Wien zurückkehren ließen. Insbesondere fehlte ein diesem gewaltigen Kopfsatz, der mit seinem Themenkonstrukt ja in gewisser Weise die Gattungstradition der klassisch-romantischen Symphonie zu einem Ende führte, ein entsprechendes Finale, denn nach diesem Kopfsatz konnte kein Finale folgen, als sei nichts geschehen, oder ließe sich so fortfahren wie gehabt. Es hatte also wohl auch innere Gründe, daß das Werk nicht in einem Zug zu Ende komponiert wurde.

Entgegen seiner Gewohnheit, über neu entstehende Werke eisernes Stillschweigen zu bewahren, man denke nur an die 3. Symphonie, deren Geheimhaltung ihn später sogar reute, hatte er von dem neuen etwas durchsickern lassen. Als er dem Verleger die Lieder, für die er ja nur drei Systeme benötigte, zum Druck übersandte, hatte er nebenbei durchblicken lassen, er benötige jetzt Notenpapier mit mehr Systemen, das heißt, er arbeite an einer Orchesterpartitur, für die er mindestens vierzehn- bis sechzehnzeiliges Papier brauchte. Das war im Brahms-Kreis ziemlich allgemein bekannt. Als dann der Konzertwinter begann und nichts von einer Uraufführung verlautete, gab es vorsichtige Nachfragen, unter anderem von Clara Schumann und Elisabet von Herzogenberg. Aber eine nur halbfertige ist eben noch keine Symphonie, und so ignorierte er einfach die Fragen, vielleicht nicht zuletzt, weil es für das Finale noch keine dem Kopfsatz adäquate Konzeption gab, es mithin noch offen war, ob er für das Werk insgesamt eine definitive Form finden werde.

Nun erschien just im Jahre 1884 der 30. Band der Bach-Gesamtausgabe. Brahms besaß sie selbst; der Detmolder Hof hatte ihm die ersten Bände geschenkt; er hatte also sein Leben lang für die weiteren Bände Folgekosten aufzubringen, die den Wert des ursprünglichen Geschenkes um ein Vielfaches übertrafen. Er war sogar penibel darauf bedacht, alle Bände vollzählig und sogleich nach ihrem Erscheinen zu bekommen, und als er einmal einen nicht sofort bekam, weil er vergessen hatte, den voraufgegangenen zu bezahlen, ließ er Heinrich von Herzogenberg bei der Bach-Gesellschaft in Leipzig intervenieren. Es ist also sehr wahrscheinlich, daß er auch diesen Band sehr genau angesehen hat. Er enthält die Kantate „Nach dir, Herr, verlanget mich“ (BWV 150), deren Echtheit oft bestritten worden ist.[35] Wann Brahms sie kennenlernte, ist weniger wichtig als eine belegte Diskussion zwischen ihm, Hans von Bülow und Siegfried Ochs, dem Begründer und Dirigenten des Philharmonischen Chores Berlin, über den Schluß dieser Bach-Kantate, der aus einer Passacaglia besteht. Brahms soll dabei Bülow in seinen Zweifeln an der Wirkung dieser Vokalpassacaglia beigepflichtet und geäußert haben: „Was meinst Du, wenn man über das selbe Thema einmal einen Symphoniesatz schriebe? Aber das ist zu klotzig, zu gerade heraus. Man

[35] Vgl. A. Dürr: Die Kantaten von J.S. Bach. Kassel 1971, S. 268ff.

müßte es irgendwie verändern.“[36] Ob er die Passacaglia Bachs erst bei dieser Gelegenheit zum ersten Male gesehen, oder sie bereits vorher gekannt hat, ist relativ unerheblich. Ihm muß aber spätestens im Zusammenhang mit dieser Diskussion die Kombinierbarkeit des bei Bach gefundenen Passacaglia-Basses mit seinem Terzenketten-Thema aus dem Kopfsatz der in Arbeit befindlichen 4. Symphonie aufgefallen sein, der ja bereits fertig war, als der Kantatenband erschien. Allerdings schrieb er keine Passacaglia mit ständiger Präsenz des Baßthemas, die ihm „zu gerade heraus“ erschienen war, sondern eine Chaconne. Dieser Fund und was er daraus machte, ermöglichten Brahms, in diesem experimentellen Werk konsequent bis zum Schluß zu bleiben.

Aber er zwang ihm auch gestalterische Konsequenzen auf: so entsprang es nicht mehr freier künstlerischer Entscheidung, den Satz nicht auf der Tonika, sondern mit der Subdominante beginnen zu lassen, sondern es ist durch die Kombination mit dem Terzenketten-Modell bedingt; dies gab die Akkordfolge vor. Das Prinzip der Chaconne mit seiner einheitlichen Gestaltungsgrundlage eines intervallisch bedingten harmonischen Modells ohne ständige Präsenz des Basses gab ihm Möglichkeiten der Formbildung an die Hand, wie er sie in dem kleinen Lied op. 95 Nr. 1 ausprobiert hatte. Daß er übrigens nicht, wie Joseph Joachim wohlmeinend in einer Einführung geschrieben hatte, die dem Publikum das Verständnis des ungewöhnlichen Satzes erleichtern helfen sollte, ein Thema mit Variationen im Sinne gehabt hatte, zeigt klar die Gliederung des Satzes in 4 + 8 + 4 und 8 + 8 = 32 Durchgänge. Das vermeintliche „Thema“ ist den Varianten nicht vorangestellt, sondern Bestandteil einer klar proportionierten und strukturierten Formbildung, es ist nicht Vorgabe, aus der etwas entwickelt wird, sondern integraler Bestandteil der Formbildung.

Schrittweise nähert er die verschiedenen Varianten des harmonisch-thematischen Grundmodells der Terzenkette aus dem ersten Satz an, bis es dann im 30. Durchgang (T. 233) in voller Gestalt selbst auftritt und im 31. Durchgang (T. 241) echt Brahmsisch als Kanon zwischen Baß und Violinen intensiviert wird. Die Stelle unmittelbar vor der Coda (32. Durchgang, T. 253) ist für Brahms' Formverständnis stets eine besonders exponierte, die einmal mehr beweist, wie weit er sich von Beethovens Formbildung entfernt hat. Bei dieser wird der Satz gegen Ende immer flächiger, werden die harmonischen Fortschreitungen immer weiträumiger. Bei Brahms hingegen wird der Satz immer dichter und kompakter, kanonische Bildungen sind gerade an dieser Stelle besonders

[36] A.v. Ehrmann: J. Brahms. S. 366.

häufig. Nicht Steigerung auf die Apotheose hin entspricht seiner Formidee, sondern Konzentration, ideelle Zusammenfassung des Satzes oder des ganzen zyklischen Werkes unmittelbar vor dem Schluß. Genau das geschieht hier: die Terzenkette, aus dem Kopfsatz ins Finale herübergenommen, aber erst im 30. Durchgang offen über das Chaconne-Modell gelegt, offenbart hier, wie weit sie bereits die Chaconne determiniert hat und wie weit in dieser letzten Symphonie von Brahms die Dominanz des musikalischen Materials bereits gegangen ist: die erst ganz am Ende des

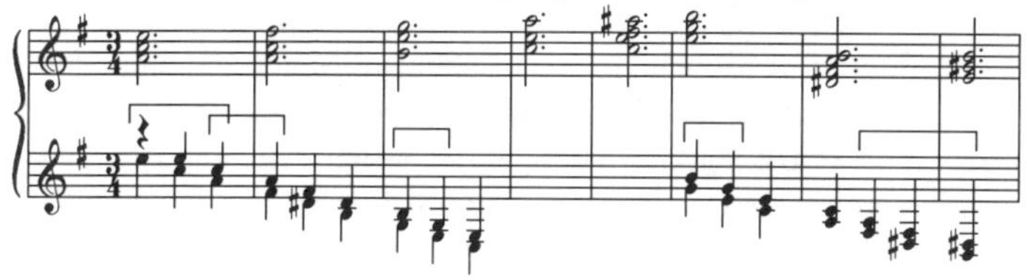

Finales real auftretende Terzenkette hat auch die vertikale Akkordschichtung bestimmt,[37] sie mit der Subdominante beginnen zu lassen, war eben keine freie künstlerische Entscheidung gewesen, und Brahms hat das mit der kanonischen Führung des 31. Durchgangs selbst klargestellt.

Die strenge Form der Chaconne, als Anregung aus der Bach-Kantate 150 gewonnen und weiterentwickelt, ermöglichte Brahms also nicht nur, bis zum Ende der einmal begonnenen Symphonie konsequent zu bleiben; sie erlaubte ihm darüber hinaus, noch einen Schritt weiter zu verfolgen, was er mit dem Konstrukt des Hauptthemas im Kopfsatz begonnen hatte, eine Musik zu schreiben, deren Verlauf sich strukturell aus dem Material regelte. Sie enthob ihn aber zunächst des Dilemmas, daß die konsequente Weiterverfolgung dieser Spur nur die Ausbildung kurzer Formen zuließ. Tatsächlich hat Brahms ja dann mit den späten Klavierstücken sich überwiegend kleinen Formen zugewendet.

Enger als in der 4. Symphonie ist das wechselseitige Bezogensein von Kopfsatz und Finale wohl nicht denkbar. Über dieser Beziehung jedoch darf das Gegensatzpaar der beiden Binnensätze nicht vergessen werden. Für den liedhaften langsamen Satz hatte sich bereits beim ersten Zugriff im Sommer 1884 im Zusammenhang mit dem ersten Satz eine Lösung gefunden, die in dessen Bereich und des Lieds op. 95 Nr. 1 lag. Für den dritten Satz konnte es wohl erst eine geben, nachdem eine schlüssige Konzeption für das Finale entwickelt worden war. Nachdem nun die gedankliche Strenge des Kopfsatzes in derjenigen des Finales

[37] Vgl. R. Klein: Die Doppelgerüsttechnik in der Passacaglia der IV. Symphonie von Brahms. Österreichische Musikzeitschrift 27(1972), S. 641.

zumindest eine kongeniale Entsprechung gefunden, sie vielleicht noch übertroffen hatte, lag es eigentlich in der Natur der Sache, daß er für den anderen Binnensatz den Typus des Scherzos in einer Weise traf, wie es ihm nur selten gelang, wenngleich es wohl zu weit geht zu sagen, es sei das einzige wirkliche Scherzo in seinem Werk.

Eine weitere Symphonie hat Brahms nicht mehr ernstlich in Angriff genommen. Nach nur vier Werken dieser Gattung in knapp einem Jahrzehnt zog er sich aus ihr wieder zurück. Im Gegensatz zu Anton Bruckner hatte er keinen Typus ausgebildet, sondern seine Formen waren an die Jeweiligkeit des ihnen zugrundeliegenden Materials gebunden. Da aber war ihm wohl zu deutlich bewußt, daß er mit seiner 4. Symphonie bereits eine Grenze markiert hatte, hinter welcher weiterzumachen wie zuvor, ihn wohl seine innere Glaubwürdigkeit gekostet hätte. Die breite Musiköffentlichkeit aber hatte auf Jahrzehnte nicht verstanden, wie sehr er die Tradition der klassisch-romantischen Symphonie zu Ende gedacht hatte.

Gerade die 4. Symphonie jedoch wurde zu seinem letzten großen musikalischen Triumph in Wien. Am 7. März 1897, weniger als vier Wochen vor seinem Tod, stand sie auf dem Programm des Philharmonischen Konzerts unter Hans Richter. Auch ohne es in seinen Konsequenzen verstanden zu haben, hatten Orchester und Publikum sich zu dem Werk bekehren lassen, und so brachen nach hervorragender Aufführung schon des so umstritten gewesenen ersten Satzes und erst recht nach dem monumentalen Chaconne-Finale wahre Beifallsstürme los, bis Brahms, der im Hintergrund der Direktionsloge verborgen gesessen hatte, sich den erschütterten Hörern zeigte, schwer von der Todeskrankheit und einem überstandenen leichten Schlaganfall gezeichnet. Sein Abschied von der Musikwelt vollzog sich also gerade mit jenem Werk, in dem er wie kein anderer zeitgenössischer Komponist die Möglichkeiten der klassisch-romantischen Musik zu ihrem Ende gedacht hatte.

Das späte Werk

Die Phase des späten Schaffens, deren stilistische Charakteristika im Einzelnen zu beschreiben sein werden, ist zunächst bestimmt durch den Rückzug aus den Gattungen Symphonie und Streichquartett, die schon von der frühesten Zeit an ein Ziel seines Schaffens gewesen waren, nach nur vier bzw. drei Werken, an welchen er deren Gestaltbarkeit in einer Weise „ganz anders als Beethoven" unter Beweis gestellt, aber auch die Grenzen dessen erreicht hatte, was mit den Mitteln seiner Zeit gestaltbar war. Er hatte eine persönliche Sicherheit über das Gewollte und Erreichte errungen, die ihn veranlaßten, dies auch gegen Bedenken und Einwände selbst des engsten Kreises der Vertrauten durchzuhalten. Das markierte ohne Frage bereits eine biographische Zäsur, das hatte es bislang in seinem Leben nicht gegeben und es trug sicher zur Vereinsamung im Alter bei, daß er davon ausgehen mußte, in seinen künstlerisch-ästhetischen Zielen nicht mehr voll verstanden zu werden. Selbst da, wo sein spätes Werk auf Akzeptanz und Zustimmung traf, war es meist eine einseitig emotionale, die nicht sah, oder vielleicht sogar verdrängte, wie weit er die Möglichkeiten tonalen Komponierens an ihre Grenzen oder zu Ende gedacht hatte. Max Regers berühmtes Wort, Brahms sei „vor allem ein riesiger Gefühlsmensch", zeigt, daß dieses Mißverständnis bis in Bereiche hinein bestand, wo man es eigentlich besser hätte wissen können.

Aber das Spätwerk ist nicht nur dadurch charakterisiert, daß er kein Streichquartett und keine Symphonie mehr in Angriff nahm, Gattungen, auf die er nach ersten Mißerfolgen über Jahre und ganze Werkgruppen so konsequent hingearbeitet hatte, sondern es ist auch positiv eine Umorientierung auf früher weniger gepflegte oder anders orientierte Werkgruppen zu konstatieren. Auffällig ist seine Hinwendung zum kleinen Klavierstück, das die späte Produktion am sichtbarsten beherrscht. Nach wenig befriedigenden Versuchen mit Violin-Klavier-Sonaten, die nicht publiziert wurden, gab es dann zwischen 1863 und 1865 mit der ersten Cellosonate op. 38 eine erste Annäherung an die Gattung der Duosonate, bei der aber auch der Griff zum Fugen-Finale, nach langem Abstand von den übrigen Sätzen entstanden, eher in eine Sackgasse führte. Erst vierzig Opusnummern und anderthalb Jahrzehnte später ging er die Gattung erneut an, diesmal von der Liedlyrik aus mit der „Regenlied"-Sonate für Violine und Klavier op. 78. - Nach der 4. Symphonie jedoch folgten in relativ kurzem Abstand fünf Duosonaten hintereinander, eine weitere mit Cello, zwei für Violine und zwei für Klarinette. In diesen Kontext wird man denn auch rücken dürfen, daß nach drei Solokonzerten als letztes Orchesterwerk ein Konzert für zwei Soloinstrumente folgte. Weniger auffällig und eher Akzentverschiebungen gegenüber der bisherigen Produktion sind hingegen die späten Chorwerke.

So bedeutsam und wichtig das Eintreten Hans von Bülows mit den Meiningern für Brahms war, es beschwor gelegentlich auch Probleme herauf. Sicher hatte er mit seinen Aufführungen sogar bei dem etwas dünkelhaften klassizistisch ausgerichteten Leipziger Publikum Brahms auch emotional durchgesetzt, wie man es dort noch nicht erlebt hatte. Aber er verstand sich selbst zunehmend als den Vollstrecker von Brahms' Wollen, nicht nur zu dessen Freude und gelegentlich sogar zu seinem Schaden. München war sicher für Brahms ein schwieriges Pflaster und blieb es bis in die Ära Richard Strauss und das dortige Brahms-Fest 1909 hinein. Aber Bülow schrieb nach einem Münchener Konzert im November 1884 an seine Frau: „Brahms ist endlich hier inthronisiert. Ein Tag meiniges hat mehr Gewicht als ein Jahrzehnt levitisches.“[1] Das war, wie die Folgezeit bewies, ebenso sehr eine Überschätzung seiner eigenen momentanen Wirkung wie eine Herabwürdigung der Bemühungen von Hermann Levi und Franz Wüllner, den er nicht einmal der Erwähnung für wert hielt. Von den anschließenden Wiener Konzerten wußte Bülow zu berichten: „Brahms ungeheuer liebenswürdig - die Wiener Musiker behaupten alle, ich habe seinen ganzen Charakter umgewandelt - seitdem ich seine Partei ergriffen, sei er um 66 2/3 Prozent humaner geworden.“[2]

Das hinderte ihn jedoch keineswegs, anläßlich der Wiener Konzerte eine Art von Plebiszit auf Brahms' Kosten zu inszenieren. Auf dem reinen Beethoven-Programm des ersten Konzerts hatte die Egmont-Ouvertüre gestanden, über deren Aufführung Ludwig Speidel im Fremdenblatt geurteilt hatte, sie sei nicht in Beethovens Geist gewesen. Das konnte Bülow als Beethoven-Interpret natürlich nicht stehen lassen, zumal die „wahre“ Beethoven-Nachfolge ja immer noch dominierendes Thema der musikalischen Journalistik war und der Neudeutsche Renegat Bülow in dieser Frage verständlicherweise eine besonders delikate Stellung einnahm. Er setzte das Werk also erneut auf das Programm des zusätzlichen (vierten) Konzerts der Meininger mit dem ausdrücklichen Zusatz „auf mehrseitiges Verlangen“. Unmittelbar vor Beginn der Aufführung

[1] Max Kalbeck: Johannes Brahms, Bd. 3, S. 488.
[2] M. Kalbeck: J. Brahms, Bd. 3, S. 488.

wandte er sich dann aber an die Hörer mit der Prätention, angesichts der schlechten Aufnahme seiner Egmont-Interpretation wolle er diese Ouvertüre lieber durch die „Akademische Festouvertüre Ihres Meisters Brahms“ ersetzen, auch das angesichts der national-österreichisch motivierten Proteste gegen die 3. Symphonie eine Form von Provokation zu Lasten von Brahms. Der Saal reagierte, wie der Demagoge Bülow vorausgesehen hatte, und forderte lautstark seinen Beethoven. Bülow hatte seine Selbstbestätigung und Brahms blieb das Nachsehen in diesem unfairen Spiel. - Auch an dem Doppelporträt der beiden Künstler, unter das Bülow die Wörter „Legislative“ und „Exekutive“ geschrieben hatte, dürfte Brahms' Freude begrenzt gewesen sein, denn anders als Bruckner, der nach wie vor über beinahe keine praktische Orchestererfahrung verfügte, hatte Brahms mit fast allen guten mitteleuropäischen Orchestern gearbeitet und bedurfte keiner fremden Instanz mehr, um seine künstlerischen Produkte im Musikleben durchzusetzen.

Der Vortrag der beiden Brahms-Klavierkonzerte durch Bülow und den Komponisten gab ebenfalls Anlaß zu allerlei mehr oder weniger passenden Vergleichen, nicht zuletzt dadurch, daß mit Eugen d'Albert ein neuer Stern am Pianistenhimmel aufgegangen war, der insbesondere mit dem 2. Brahms-Konzert brillierte. In diesem Zusammenhang wurde ein wenig scheinheilig bedauert, daß Brahms durch seine vielen anderen Verpflichtungen nicht mehr soviel zum Üben komme. Er setzte dagegen seine Meinung, darauf komme es nicht so sehr an, da könne er mit anderen zeitgenössischen Pianisten durchaus noch mithalten; das Ganze sei vielmehr eine Frage der Kontinuität des öffentlichen pianistischen Konzertierens, die er eben seit Jahren nicht mehr habe. Nach Bülows bewundertem Auftritt mit dem 1. Klavierkonzert (ohne Dirigent!) ließ Brahms den Klavierfabrikanten Bösendorfer wissen, er habe für seinen Auftritt mit dem 2. Klavierkonzert keine besonderen Wünsche hinsichtlich der Intonation des Flügels, man könne vielmehr den von Bülow benutzten im Saale stehen lassen für ihn. Nun war er ja bekannt für sein gestalterisches Spiel, zumindest wenn er gut aufgelegt war. Das muß er dabei wohl gewesen sein, denn allgemein wurde konstatiert, wie herrlich erst Bülows Spiel geklungen haben müsse, hätte er einen so gut intonierten Flügel zur Verfügung gehabt wie Brahms bei seinem Auftritt. Kein Wort über dessen pianistische Leistung, auch dies wieder ein Hinweis auf die korrekturbedürftige Aussagekraft rein rezeptionsgeschichtlicher Erhebungen.

Kalbeck berichtet noch von einem anderen Kräftemessen zwischen

Bülow und Brahms:[3] bei einer Nachfeier zu den Wiener Bülow-Konzerten im Hotel Imperial äußerte dieser, er werde gerne wieder in Wien auftreten, wenn er eine künstlerische Aufgabe sähe, die noch kein Pianist vor ihm bewältigt habe. Kalbeck meinte, da müsse er schon das gesamte Wohltemperierte Clavier spielen, nicht vermutend, daß Bülow ernstlich darauf eingehen werde. Nur Brahms wandte ein, das imponiere ihm gar nicht, er sei dazu sogar auf der Stelle und ohne besondere Vorbereitung bereit. Da das nun allzu lange gedauert hätte, verständigte man sich darauf, aus dem Kreis der Anwesenden sechs Tonarten zu nennen, und Brahms spielte die zugehörigen Praeludien und Fugen in einer Weise, daß Bülow einräumte, da bleibe ihm nur noch, die Segel zu streichen. Nur sollte man dieses pianistische Husarenstück meines Erachtens weniger unter dem Gesichtspunkt des Wettstreites der Klavierheroen sehen als unter dem Aspekt, in welchem Ausmaße Brahms Modelle historischer Satztechniken verinnerlicht hatte.

Der Berliner Rezensent Julius Grosser, der zur Uraufführung der 4. Symphonie nach Meiningen angereist war, überlieferte nicht nur Einzelheiten dazu, so, daß das gesamte Auditorium sich nach der Aufführung zu Ehren des Komponisten erhob und der Herzog sich zwei Sätze im mittlerweile leeren Saale wiederholen ließ, sondern auch einen Ausspruch Bülows, er kenne neben Wagner keinen Dirigenten, der sich so für ein Werk einsetze, das ihn interessiere, wie eben Brahms.[4] In der zeitgenössischen Presse wurde aus Bülows Engagement für Brahms jedoch leicht, dieser habe die Durchsetzung seiner Symphonien eigentlich nur dem großen Klangmagier zu verdanken. Das traf Brahms verständlicherweise an einem wunden Punkt, denn zumindest als Interpret eigener Werke genoß er inzwischen einen weitreichenden Ruf nach der Arbeit mit allen guten mitteleuropäischen Orchestern. Er war daher keineswegs blind für Bülows Schwächen und hatte auch durchaus gelegentlich dementsprechend bei ihm interveniert. So monierte er gegenüber Gustav Wendt: „Bülows Dirigieren ist immer auf den Effekt berechnet. Sobald eine neue musikalische Phrase einsetzt, läßt er eine kleine Pause machen und wechselt auch gern ein wenig das Tempo. Ich habe mir das in meinen Symphonien ernstlich verbeten; wenn ich es haben wollte, würde ich es hinschreiben.“[5]

Es gab mithin so etwas wie eine Sollbruchstelle im Verhältnis der beiden zueinander, und genau an der kam es zum Eklat. Brahms hatte

[3] M. Kalbeck: J. Brahms, Bd. 3, S. 494.
[4] M. Kalbeck: J. Brahms, Bd. 3, S. 494.
[5] Zitiert nach M. Kalbeck: J. Brahms, Bd. 3, S. 495.

nach der Uraufführung der e-Moll-Symphonie die Holland-Tournee angeregt, auf der er stets die Symphonie dirigierte, Bülow das übrige Programm. Zunächst urteilte dieser darüber, seine eigenen Anteil herausstreichend: „Der große Bär hat alle Ursache, mit uns und dem Publikum zufrieden zu sein, das ihm niemals noch den halben Enthusiasmus gezeigt. Mein Anteil war auch erklecklich."[6] So hatte er nach dem vorhergehenden Werk vermieden, noch einmal vor das Publikum zu treten, um die Forderung nach einer Wiederholung zu vermeiden, die zu Lasten von Brahms gegangen wäre, der aus gutem Grunde ein brillantes Orchesterstück, von Bülow furios dirigiert, vor der eher schwerblütigen Symphonie zu vermeiden suchte. Bülow schrieb nach einem weiteren Konzert an seine Frau: „Bär war übrigens äußerst gemütlich, kam stets in Morgenschuhen in mein Zimmer und plauderte überaus herablassend. Er ist doch übrigens in allen Stücken ein recht großer Kerl, urgesund und hyperfein zugleich."

Die von Brahms dirigierte Symphonie, die so wenig Orchesterbrillanz hatte, ging ihm aber offensichtlich zunehmend auf die Nerven: „Übrigens fängt die ‚Vierte' an zu ennuyieren, weil sie alle Programme monotonlichst färbt (besser vielleicht entfärbt)." Im Gegensatz dazu schien Brahms erst nach und nach an der Sache Freude zu bekommen. In Bülows Berichten an seine Frau liest sich das, seinen Anteil am Erfolg betonend, so: „... es gelang mir zuletzt, die Leute doch ein bißchen ins Feuer zu jagen: Die Kapelle ‚flog' - die unzähligen benachbarten Musikdirektoren schienen ‚paff' von unserer Dynamik. Der ‚Korsar' (Berlioz) ging wie aus der Pistole geschossen, auch Raffs Symphonie elektrisierte. Bär scheint die Sache je länger desto mehr Spaß zu machen." Da Bülow die Vierte inzwischen „stark satt bekommen" hatte, besann er sich dessen, daß ihm „das Hemde" näher sei als der Rock, und als Brahms in Rotterdam die Symphonie nicht selbst dirigieren mochte, leitete er sie in einer Weise, daß sie „noch nirgends unter der Höchsteigenen [Leitung] des Autors einen so grandiosen Effekt gemacht als unter der" seinen.[6] Daraus leitete er ab: „Er muß sie sich in Frankfurt am 24. einmal anhören."

Aber es kam ganz anders: während Bülow in Rotterdam, so jedenfalls sah er es, die 4. Symphonie zu einem Triumph führte, wie er deren Urheber nicht erreichbar gewesen wäre, hatte der sich bei Rudolf von der Leyen in Krefeld einige Ruhetage gegönnt und war bei der Gelegenheit aus Frankfurt gedrängt worden, nach den großen Erfolgen der Symphonie, wohlgemerkt unter seiner Leitung, diese mit dem eigenen Orchester

[6] Zitiert nach M. Kalbeck: J. Brahms, Bd. 3, S. 498f.

im Museumskonzert noch einmal vorzuführen, nachdem sie bei der dortigen Erstaufführung nur einen lauen Erfolg errungen hatte. Da er Heermann und den Frankfurtern Entgegenkommen schuldete, hatte er zugesagt unter der Kautele, daß die Meininger sie in ihrem zweiten Konzert nicht etwa auch wiederholen wollten. Daß Bülow gerade darauf brannte, konnte er nicht wissen. Offensichtlich war ihm aber die Sache nicht ganz geheuer, denn er schrieb von Krefeld aus einen ziemlich konfusen Brief an Bülow, in dem er ihn zu von der Leyens einlud und dann ganz am Schluß zu Sache kam: „Von Frankfurt fand ich Telegramme und Briefe vor, die um e-moll für das Museum bitten - falls sie nicht in Deinem 2. Konzert gemacht würde. Ich habe Dich nicht damit behelligt, da ich meine Dummheit doch auch büßen kann. Die Frankfurter sind so artig mir gegenüber, daß ich mich wohl ärgern muß, so unüberlegt und rücksichtslos gewesen zu sein! - Aber Dummheit und alles Mögliche Dein Name ist J. Br.“[7] Der gewundene Stil zeigt, wie unbehaglich ihm nachträglich geworden war. Wie sehr er damit Bülows Triumphziel vereitelt hatte, konnte er noch nicht wissen.

Bülow fühlte sich durch den Brief zutiefst getroffen und überlas dabei, daß Brahms seine Zusage nach Frankfurt ja ausdrücklich an die Bedingung geknüpft hatte, die Symphonie nur aufzuführen, wenn sie nicht auf dem Programm der Meininger stünde. Er sah nur, daß sein beabsichtigter Triumph über den Dirigenten Brahms durchkreuzt worden war. Vielleicht erschien ihm sogar seine Absicht nicht mehr so ganz fair, das würde seine Überreaktion erklären. Er nahm Brahms' Brief nämlich sogleich zum Anlaß, bei Herzog Georg II. telegraphisch in einer Weise um seine Demission nachzusuchen, welche diesem wiederum keinen Handlungsspielraum ließ, als ihr ohne Umschweife nachzugeben. In Frankfurt setzte er Beethovens 7. Symphonie statt der geplanten 4. von Brahms auf das Programm. Für diese offenbare Überreaktion hatte nun wiederum Brahms keinerlei Verständnis übrig und meinte, seinem Freunde das auch deutlich sagen zu müssen. Was in dem Brief gestanden haben mag über seine Einschätzung öffentlichen Konzertierens, kann man sich ungefähr vorstellen, wenn man an den verheerenden Brief denkt, den er seinerzeit Clara Schumann in dieser Frage geschrieben hatte. Zum Glück kam der an Frau von Bülow adressierte Brief nie an. Doch wiederholte Brahms ungeschickterweise seine Meinung und das ausgerechnet im Dank für eine Geburtstagsadresse, die Bülow mit anderen an ihn gerichtet hatte, nach Lage der Dinge doch wohl zu dem Zweck, Öl auf die Wogen zu gießen und die aufgeregte Stimmung zu

[7] M. Kalbeck: J. Brahms, Bd. 3, S. 502.

beruhigen.

Brahms hatte ihm, nun wirklich in nicht nachvollziehbarer Weise, geschrieben: „Konzerte aber, und was dazugehört, zählen bei mir nun einmal nicht zu den ernsthaften Sachen, und es wird mir schwer, mich der Konzerte des Winters anders als mit Pläsier und so obenhin zu erinnern.“ Das hatten Bülow und sein Engagement für ihn nun wirklich nicht verdient, und so antwortete er unmißverständlich: „Wenn ich tant bien que mal[8] Propaganda für die Überzeugung von der Herrlichkeit Deiner Musik mache, so geschieht's wahrhaftigen Gotts, nicht mit der unehrerbietigen Prätention, Dir Pläsier zu machen. Lediglich mir selber zum Pläsier (anderen zum Ärger, na, das gehört ja dazu) geschieht's. - Anch'io sono, zwar nicht pittore, aber egoista. Jeder eben nach seiner Manier.“[9] Da lag in der Tat das Problem. Das Spannungsverhältnis zwischen den beiden Freunden wurde dann im Januar 1887 wieder ausgeglichen, als Bülow zu einem Zyklus von Beethoven-Klavierabenden in Wien eintraf. Er fand bereits bei der Ankunft in seinem Hotelzimmer eine Visitenkarte von Brahms vor, auf welche dieser den Anfang des Terzetts aus dem zweiten Akt der Zauberflöte notiert hatte: „Soll ich dich, Teurer, nicht mehr sehen?“ Da war die eingetretene Entfremdung rasch wieder überwunden. Die Geschichte offenbart auch erschreckend Brahms' zunehmende Unfähigkeit und abnehmende Bereitschaft, andere Menschen mit ihren Eigenheiten zu respektieren, ernst zu nehmen und nicht um jeden Preis durchzusetzen, was er als Wahrheit meinte sagen zu müssen und was ja eben auch nur seine eigene subjektive Wahrheit war.

Die Saison 1885/86 war wieder besonders konzertintensiv. Nach Abschluß der Tournee mit den Meiningern in Wiesbaden am 25. November fuhr er zunächst zurück nach Wien. Im Januar 1886 spielte er dort mit Joseph Hellmesberger in einer von dessen Quartettveranstaltungen seine „Regenlied“-Sonate, fuhr Anfang Februar nach Köln, wo er beim Holländer-Quartett in einer Matinee am 7. Februar mitwirkte, mit einem reinen Brahms-Abend gefeiert wurde und am 9. Februar in einem Mammutprogramm sein Schicksalslied und die 4. Symphonie dirigierte, sowie das 1. Klavierkonzert spielte. Vier Tage später dirigierte er bereits in Mannheim die Symphonie, spielte das 2. Klavierkonzert, trat außerdem noch mit den Rhapsodien op. 79 solistisch und als Liedbegleiter hervor. Am 18. Februar 1886 dirigierte er mit dem Gewandhaus-Orchester in Leipzig die neue Symphonie, sowie das Violinkonzert mit Adolf

[8] So gut ich eben vermag.
[9] M. Kalbeck: J. Brahms, Bd. 3, S. 503.

Brodsky als Solist. Nur kurz kehrte er nach Wien zurück, war aber bereits Anfang März wieder in Frankfurt/Main bei Clara Schumann, um die Wiederaufführung der 4. Symphonie zu dirigieren, die Anlaß zu den Spannungen mit Bülow gegeben hatte. Anschließend führte er sie auch noch in Dresden auf, kehrte für zwei Wochen nach Wien zurück und fuhr dann nach Breslau, um die Symphonie dort vorzuführen. Aber Scholz war ja inzwischen - übrigens auf Brahms' Empfehlung - Direktor des Hoch'schen Konservatoriums in Frankfurt geworden, und mit seinem Nachfolger ließ er sich auf fruchtlose Auseinandersetzungen über die Einstudierung der Symphonie ein, was ihn veranlaßte, künftig Breslau auszusparen.

Am 2. April dirigierte Brahms zu Ehren des Herzogs von Meiningen an dessen Geburtstag die 4. Symphonie und die Haydn-Variationen. Dabei kam es zu einer erneuten Begegnung mit Richard Strauss, den noch Bülow als zweiten Kapellmeister nach dort geholt hatte. Strauss hat darüber berichtet, und es ist interessant zu beobachten, wie ein junger Musiker, der nicht gleich in Abwehrhaltung ging wie Hugo Wolf, auf Brahms' Ratschläge reagierte. Der war auf Strauss aufmerksam geworden durch dessen Suite für 13 Blasinstrumente, und als er in Mürzzuschlag erfuhr, daß die Uraufführung der f-Moll-Symphonie von Strauss nur kurz vor der seiner eigenen vierten terminiert war, bat er, damit bis zu seiner Ankunft zu warten; sie muß ihn also schon sehr interessiert haben. Der Herzog hatte Brahms eine Zimmerflucht im Schloß zur Verfügung gestellt, und er hatte sich die Partitur erbeten, um sie gleich nach seiner Ankunft und vor der für den Abend vorgesehenen Uraufführung durchzulesen. Der Komponist berichtete in seinen „Erinnerungen an Hans von Bülow" darüber: „Unter den Zuhörern befand sich kein Geringerer als Johannes Brahms, und ich war äußerst begierig, sein Urteil über meine Symphonie zu hören. In seiner wortkargen Art sagte er mir nur ein ‚ganz hübsch', fügte aber eine beherzigenswerte Lehre bei: ‚Junger Mann, sehen Sie sich genau die Schubertschen Tänze an und versuchen Sie sich in der Erfindung einfacher und achttaktiger Melodien.' Ich verdanke es hauptsächlich Johannes Brahms, daß ich seitdem nicht mehr verschmäht habe, eine populäre Melodie (so gering eine solche von der Schulweisheit der hohen Kritik heutzutage auch eingeschätzt werden mag, fallen sie einem doch sehr selten und nur zu guter Stunde ein) auch wirklich in meine Arbeiten aufzunehmen. Ein weiterer Vorwurf des großen Meisters: ‚Ihre Symphonie enthält zuviel thematische Spielereien. Dieses Übereinanderschachteln vieler, nur rhythmisch kontrastierender Themen auf einem Dreiklang hat gar keinen Wert', ist mir deutlich haften geblieben. Damals habe ich eingesehen, daß Kontrapunkt nur berechtigt ist, wenn eine poetische Notwendigkeit zwei oder mehrere, nicht nur rhythmisch, sondern gerade harmonisch aufs stärkste kontrastierende Themen zu vorübergehender Vereinigung zwingt."

Vor dem Hintergrund der geschilderten Vorbehalte von Brahms gegenüber Bülows Dirigier- und Aufführungsstil ist dann der Eindruck interessant, den der stark auf Bülow fixierte und von ihm beeinflußte Richard Strauss von der 4. Brahms-Symphonie gewann: „Wenige Tage darauf fand die Uraufführung der Vierten Brahmsschen Symphonie statt. Bülow hatte fabelhaft probiert, und sein Eifer und seine rührende Gewissenhaftigkeit hatten oft in seltsamem Gegensatz gestanden zu der Gleichgültigkeit, die Brahms selbst bezüglich der Dynamik und des Vortrages seiner Werke ganz offen zur Schau trug. - Das Fest wurde von der Akademischen Festouvertüre beschlossen, in der, um Brahms eine persönliche Huldigung zu bringen und um die wenigen Streicher des Meininger Orchesters nicht noch mehr zu dezimieren, Bülow die Becken und ich die große Trommel übernommen hatte, wobei sich das ergötzliche Schauspiel ergab, daß keiner von uns beiden Pausen zählen konnte."[10] Nicht uninteressant ist, daß er auch zu dieser relativ späten Zeit immer noch auf Schubert und das Studium seiner Formbildung anhand der kleinen Tänze als Muster der Formgestaltung auch großdimensionierter Werke hinwies, denn immerhin drehte es sich bei diesem Gespräch ja um eine Symphonie und das an seiner eigenen Formbildung, was später als musikalische Prosa bezeichnet wurde.

Von Meiningen aus ging Brahms wieder nach Hamburg, um mit dem Caecilien-Verein eigene Werke aufzuführen, das Schicksalslied, die 4. Symphonie und den zweiten Satz des Triumphliedes, dazu a-cappella-Lieder aus op. 42 und 62, die Julius Spengel dirigierte, sowie Sololieder. Dann wurden die Karten im Hamburger Musikleben neu gemischt durch die Gründung des Neuen Philharmonischen Orchesters unter Leitung von Hans von Bülow, der auch nach Hamburg übersiedelte, wo er sich gleich auf seine Weise einführte. Verständlicherweise rührte die Neugründung mit einem solchen Stardirigenten als bewußte Konkurrenz zur Philharmonischen Gesellschaft allerlei Animositäten auf und man sagte Bülow wohl auch, daß man in Hamburg keinen zweiten Dirigenten benötige, worauf er sofort die Fronten klarstellte: „Nein, Ihr braucht einen ersten!". Daß er damit nur Salz in vorhandene Wunden streute, ließ ihn kalt. - Das letzte Konzert dieser Saison fand am 15. April 1886 in Hannover statt, wo er wieder die 4. Symphonie dirigierte. Anschlie-

[10] In Neue freie Presse, 25.12.1909. Zitiert nach M. Kalbeck: J. Brahms, Bd. 3, S. 496ff.

ßend kehrte er nach Wien zurück.

Wenn man die ausgedehnten Konzertreisen der letzten Winter ansieht, bleibt nur die Feststellung, daß er sich nur noch relativ kurzfristig in Wien aufhielt, allerdings dann seine dortigen Verpflichtungen und Verbindungen sehr ernst nahm. Die längste zusammenhängende Zeit, die er an einem Orte zubrachte, war die produktive Phase in seinen jeweiligen Sommeraufenthalten. Falls nicht auch da Kalbeck eigene Überzeugungen, in diesem Falle politische, in ihn hineinprojiziert hat, war ihm jedoch die österreichische Politik dieser Jahre so zuwider, daß er danach trachtete, sie nicht in Österreich zu verbringen. In Wien selbst war er bei seinen vergleichsweise kurzen Aufenthalten im Winter so eingespannt, daß er über die Tagespolitik eher hinwegsehen konnte als in den Sommermonaten mit ihrer größeren Muße, die andererseits dazu nötigte, die politischen und gesellschaftlichen Vorgänge um ihn herum stärker wahrzunehmen und sich mit ihnen auseinanderzusetzen.

Brahms war ein glühender Verehrer Bismarcks und des damals noch lebenden Kaisers Wilhelm I. als Repräsentanten der deutschen Einigungspolitik. Er soll sogar einem Verein zum Ausspannen der Pferde angehört haben, einem gar nicht organisierten Kreis politisch Gleichgesinnter, die sich einig waren in der Absicht, Bismarck, sollte er denn nach Wien kommen, die Pferde vor seinem Wagen auszuspannen und diesen mit eigener Körperkraft zu ziehen, eine damals gar nicht so seltene Art, seine Verehrung zu zeigen, die auch Künstlern zuteil wurde, so etwa der „schwedischen Nachtigall" Jenny Lind. Dabei muß man natürlich berücksichtigen, daß er ursprünglich Staatsangehöriger eines reichsunmittelbaren Stadtstaates war, für den Altona Ausland war mit all den Vor- und Nachteilen, die das haben konnte. Er war als Heranwachsender von den kriegerischen Auseinandersetzungen über die politische Zugehörigkeit Schleswigs und Holsteins geprägt worden. Aber er hatte auch das Elend der ungarischen Flüchtlinge hautnah erlebt, die nach der blutigen Niederschlagung des Ungarn-Aufstands in Hamburg festsaßen in der Hoffnung auf eine günstige Gelegenheit zur Überfahrt in die Vereinigten Staaten. Da hatte er ebenso seine persönlichen Erfahrungen mit den Folgen von Österreichs damaliger Nationalitätenpolitik machen können wie mit der Provinzposse seiner Ausweisung aus dem Königreich Hannover. Aber der politische Vorteil dieser Veränderungen der Verhältnisse ließ sich eben nicht so ohne weiteres auf den Habsburger Vielvölker-Staat übertragen. Die vorsichtige Öffnungspolitik der Wiener Regierung war unter dessen Prämissen vielleicht die einzige und letzte Chance zu seiner Erhaltung. Doch die mußte eben notwendigerweise zu Lasten dessen gehen, was die Romantik als Grundlage nationaler Identität und des darauf zu errichtenden Nationalstaates gesehen hatte.

Diesmal stand Brahms' Sinn nach der imposanten Hochgebirgskulisse des Berner Oberlandes. In Hofstetten am Thuner See fand er ein passendes Domizil. Was ihn anzog, war Joseph Viktor Widmann, damals Redakteur beim „Bund“ in Bern, den er schon auf der Anreise aufsuchte. In Thun selbst hatte er einen Bekannten aus Züricher Tagen, den Oberschul-Lehrer Dr. Dieffenbacher, einen versierten Vierhändigspieler, dessen Frau bei der Quartiersuche half. Man fand das Passende bei einem Schreiner, wieder drei Zimmer, dazu eine wettergeschützte Glasveranda im damals noch nicht eingemeindeten Hofstetten. Es gefiel Brahms so, daß er auch die beiden darauffolgenden Sommer dorthin zurückkehrte. Es lag am rechten Ufer der Aare, dem „Inseli“ gegenüber, wo einst Heinrich von Kleist gelebt hatte. Das Haus und das Grundstück existieren nicht mehr, sie sind in den dreißiger Jahren der Erweiterung der Verkehrsfläche zum Opfer gefallen. Im ersten der drei Thuner Sommer war er ungewöhnlich eifrig bemüht, Freunde zum Besuch nach Thun zu locken, die Simrocks, Hanslick, Kalbeck und seine Frau, Stockhausen und Klaus Groth, neben dessen langer und hagerer Gestalt der eher kleine und gedrungene Brahms ein ergötzliches Bild abgegeben haben muß. Interessante Gäste dirigierte er gerne weiter nach Bern zu Widmann mit einem Billet d'Entree wie dem folgenden: „Herrn Widmann empfehle allerherzlichst Herrn Julius Röntgen, Kapellmeister in Amsterdam, - für die erste halbe Stunde - für die weiteren Stunden wird er selbst sich weit besser empfehlen, als es kann Ihr herzlich grüßender Johannes Brahms.“

Wurde ihm die Abgeschiedenheit Thuns lästig, kam er selbst, meist über das Wochenende, aber gelegentlich seinen Besuch auch bis in die Mitte der nächsten Woche ausdehnend, zu Widmanns nach Bern herüber oder auch zu deren Chalets in Kandersteg oder Merligen und tauschte die Bücher aus, die er sich zur Lektüre von dem befreundeten Redakteur und Schriftsteller ausgeliehen hatte. Er beteiligte sich mit den Widmanns sogar an Bergpartien, versuchte aber auch gelegentlich, die in einer Berghütte lediglich über eingeschränkte Möglichkeiten verfügende Hausfrau in milde Panik zu versetzen, indem er sich als starken Esser ankündigte, etwa mit dem verfremdeten Bibelzitat: „Und man trug ihnen Essen auf von seinem Tisch. Aber dem Brahms ward fünfmal mehr denn den anderen.“ Aus diesen häufigen Besuchen während der drei Thuner Sommer entwickelte sich eine intensive Freundschaft der beiden Männer, und die letzten drei Italienreisen, jeweils mit Widmann als Reisegefährten, wurden dabei geplant. Widmanns Stieftochter Ellen Vetter überlieferte eine ebenso gottvolle wie bezeichnende Anekdote: als er nämlich von einer Dame gefragt wurde, ob er immer viel nachdenke, bevor er komponiere, antwortete er ihr mit der entwaffnenden Gegenfrage, ob sie selbst denn immer lange nachdenke, bevor sie spreche. Das erinnert an seine Standardantwort nach seinen Einfällen, besonders der Themen langsamer Sätze: das sei ganz einfach, die bestelle eben der Verleger so. - Mit besonderem Behagen hörte er im Schänzli-Theater Operetten von Strauss zu, und als das Jungvolk bei den schwungvollen Walzern die Füße nicht ruhig halten konnte, spielte er ihm zu Hause, zum Entzücken auch der älteren Generation, stundenlang am Klavier Walzer vor.

Höchst skeptisch war Brahms, was die Dauer des Nachlebens seines Werkes anging. Er hielt die Ewigkeit, für die ein künstlerisches Werk geschaffen wurde, für überaus begrenzt, nicht nur in seinem Falle. Diese Betrachtung stellte er an, als ihm aus dem Hause Widmann eine tragikomische Todesanzeige für einen halbzahmen jungen Fuchs, den Liebling der Tochter, zugesandt wurde: „Er starb im schönsten Jünglingsalter, wird aber ausgestopft." Brahms antwortete darauf, indem er den letzten Satz aufgriff: „Ach, vielleicht sagt eine zärtliche Freundin, wenn ich einst dahin, auch: ‚Er wird eingebunden!' Und dann fängt für meine Noten die Unsterblichkeit an, wie jetzt für sein Fell und dauert - solange eben der Einband, das Material hält! ... In allergebührendster Teilnahme Ihr sehr ergebener J. Br."[11]

Selbst Franz Wüllner vermochte in dem ersten Thuner Sommer nicht, ihn zum Niederrheinischen Musikfest zu locken, auf dem seine 4. Symphonie die gewichtigste Novität war. Auch eine Einladung zur 500-Jahr-Feier der 1386 gegründeten Universität Heidelberg lehnte er ab. Ihm genügten nach dem hektischen Konzertwinter die Gespräche mit Gustav Wendt, der längere Zeit blieb, die Wochenendbesuche bei Widmanns und schließlich das Eintreffen von Hermine Spies, die zweimal auf der Durchreise in Thun Station machte und auf einen Tag blieb. Er hatte wohl von ihren Reiseplänen gewußt oder zumindest auf ihr Kommen gehofft, denn als sie erschien, lagen schon neue Lieder für sie bereit, zwei der innigsten Brahms-Lieder, „Wie Melodien zieht es" und „Immer leiser wird mein Schlummer", die er an den Anfang seines op. 105 stellte. Auch zu Widmann fuhr er mit ihr und den neuen Liedern, und daß bei dieser Gelegenheit auch manches ältere gesungen wurde, versteht sich von selbst.

Brahms hat in diesem ersten Thuner Sommer an mindestens vier Werken gleichzeitig gearbeitet, wie schon bei den beiden Trios im Jahre

[11] Nach M. Kalbeck: J. Brahms, Bd. 4, S. 8ff.

1880, von denen er dann nur das in C-Dur op. 87 zum Abschluß brachte, und von denen er zunächst nur die ersten, die Sonaten-Hauptsätze, geschrieben hatte. Es handelte sich um die 2. Cellosonate F-Dur op. 99, die 2. Violinsonate A-Dur, welche die Opuszahl 100 erhielt, das Klaviertrio c-Moll op. 101; außerdem entstanden schon Lieder, die er später mit anderen zu op. 105 bis 107 zusammenfaßte, wohl auch schon eines der Chorlieder op. 104. Darüber hinaus hat er wohl mit der 3. Violinsonate d-Moll begonnen, die aber erst im dritten Thuner Sommer zum Abschluß kam und die Opusnummer 108 erhielt. Es ist also schon auffällig, daß drei der fünf späten Duosonaten in demselben Sommer 1886 konzipiert wurden. Anfang August schickte Brahms die ersten Sätze aller vier genannten Werke, wie nun schon üblich, an Billroth nach Wien; vielleicht kann man daraus schließen, daß sie damals alle auf dem gleichen Entwicklungsstand waren: „Ein paar ‚erste Kapitel‘ - die ich - so zu meiner Aufmunterung - ins Reine schrieb!“ Aber knapp eine Woche später scheint dann bereits der Prozeß einer Ausdifferenzierung eingesetzt zu haben. Wie immer hatte Billroth, nachdem er mit den neuen Werken erste Bekanntschaft geschlossen hatte, die erhaltenen Manuskripte an den Kopisten William Kupfer weiterleiten sollen. Da der aber nur noch bis Anfang September in Wien zur Verfügung stand, sollte Billroth dafür sorgen, daß vorab die 2. Cellosonate und die 2. Violinsonate kopiert wurden.[12] Das macht nur Sinn, wenn man annimmt, daß es in Thun inzwischen zu einer zeitlichen Priorität dieser Stücke gekommen war, die vermuten ließ, daß sie zuerst zum Abschluß gebracht werden könnten, ihre Kopiatur somit vordringlich geworden war.

In kaum einem anderen Brahms-Werk ist die Klavierbegleitung der Themenaufstellung derartig flächig in bloßes akkordisches Tremulando aufgelöst als rein harmonische Grundierung. Die rhythmisch-motivische Konturlosigkeit der Begleitung macht aber den hakeligen Rhythmus des Solos erst möglich, dessen Schwerpunkt gerade auf der unbetonten Zeit des 3/4-Takts liegt und dem Hörer zunächst keine Orientierung ermöglicht, da er im Klangfeld der Begleitung keine Unterstützung zur Einordnung des Gehörten findet. Es waren wohl hauptsächlich diese rhythmischen Implikationen, die der Sonate den Ruf einhandelten, eigentlich unspielbar zu sein. Die aufspringende Quart wird stets auftaktig gehört, sodaß der Hörer unbewußt den Schwerpunkt auf das Taktende verlegt und den vierten Takt als 4/4 zurechthört. Aber die Illusion, die metrischen Verhältnisse des Themas nun endlich erfaßt zu

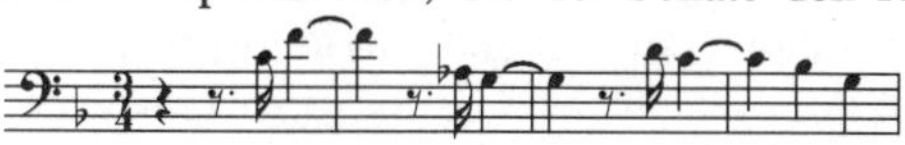

[12] Billroth und Brahms im Briefwechsel, S. 396, 398.

haben, wird gleich in den folgenden Takten wieder zerstört. In der Harmonik auffällig ist nach dem F-Dur vom Anfang der Begleitung das Auftreten von as' in dieser, als das Solo den Zentralton f' erreicht hat. Da es sogar noch eine Terz über dem Solo liegt, fällt es besonders ins Ohr, und man fühlt sich an den Anfang der 3. Symphonie in derselben Tonart erinnert. Aber es handelt sich - anders als in dieser - um einen verminderten Septakkord mit seiner dreifachen Leittonwirkung auf den Dominantakkord hin (h vor c, f vor e und as vor g), der dann auch die harmonische Folge beherrscht.

Hat sich das Ohr aber an das schein-auftaktige zweitönige Motiv gewöhnt, zieht Brahms den Auftakt um ein Viertel vor, was ebenso in Konflikt mit dem Grundmetrum steht, auch wenn der Schwerpunkt jetzt auf die zweite Taktzeit verlegt ist, und wandelt das Grundmotiv zu einer dreitönigen Fassung ab . Gegen diese gewollte Desorientierung hilft dann auch die klassische achttaktige Periodizität des Aufbaus mit seiner ebenso regelmäßigen Untergliederung in zweimal vier Takte nichts mehr. Brahms wiederholt die Eröffnungsversion des Solothemas (T. 9ff), lediglich oktavversetzt, aber statt des zu f-Moll gehörigen as im Zusammenhang des janusköpfigen verminderten Septakkords harmonisiert er den Zielton f des Solos nun mit dem terzverwandten Des-Dur, so den tonalen Rahmen der Themenexposition erweiternd. In T. 17  wandelt er das Kopfmotiv erneut ab; eine weitere Diminution tritt simultan in der Begleitung auf, die damit erstmals thematisch strukturiert wird, und es wird deutlich, wie stark diese Exposition den Stand der kompositorischen Entwicklung des späten Brahms widerspiegelt: es handelt sich um eine formalisierbare Ablaufsreihe, wie er sie in dem kleinen Lied op. 95 Nr. 1 schon einmal experimentell erprobt hatte, nun auch in die Abwandlung der Metrik und Harmonik hinein erweitert. Das Prinzip der formentwickelnden Variation hat hier sämtliche kompositorischen Parameter erfaßt und eine neue Dimension gewonnen. Spätestens hier wird klar, daß nicht die Klangwirkung des Cellos mit ihrer Spannbreite von der Bariton- bis in die Altlage hinein diese erneute Auseinandersetzung mit der Duosonate ausgelöst hat, sondern daß er seine Kompositionstechnik über den mit der 4. Symphonie erreichten Stand hinaus konsequent weiterentwickelt hatte, und nachdem diese einen Endstand in der Entwicklung der Gattung markiert hatte, er nunmehr im Bereich der Kammermusik diese Kompositionsprinzipien noch darüber hinaus vorantrieb, was mit dem

Klangvolumen des Orchesters kaum möglich gewesen wäre.

Brahms hat die 2. Cellosonate noch während des ersten Thuner Sommers mit Julius Hegar in einer Privataufführung in Bern im Hause Widmanns zum ersten Male gespielt.[13] Als er nach Wien zurückgekehrt war, bereitete er mit Robert Hausmann, dem Cellisten des Joachim-Quartetts, die Uraufführung im Hause Fellinger vor. Die beiden bestritten sie dann auch am 25. November 1886 im kleinen Saal des Musikvereins, der später den Namen Brahms-Saal erhielt. Kalbeck hat daran Spekulationen geknüpft, Hausmann habe die Entstehung der Sonate angeregt,[14] als er ihn 1884 in Mürzzuschlag aufsuchte. Doch gibt es dafür so wenig einen Beleg wie für seine andere Behauptung, das seinerzeit aus der 1. Cellosonate op. 38 ausgeschiedene Adagio habe in der zweiten fröhliche Urständ gefeiert. Eine derartige Übernahme aus einem ein Vierteljahrhundert zurückliegenden Werk in eines von so ausgeprägtem Spätstil entbehrt so ziemlich jeder Wahrscheinlichkeit und ist durch den Quellenbefund nicht gedeckt.

Nur zwei Wochen nach der Cellosonate wurde das zweite Werk dieses ersten Thuner Sommers in der Öffentlichkeit vorgestellt: Joseph Hellmesberger spielte die A-Dur-Violinsonate mit Brahms am Klavier am 2. Dezember zum ersten Male in Wien. Sie hat von Anfang an die Diskussion in eine bestimmte Richtung gedrängt, weil man im Beginn ihres Kopfthemas Anklänge an Walther von Stolzings „Preislied" aus Wagners Meistersingern heraushören wollte; böse Zungen sprachen sogar von Zitat und Plagiat. Nun hatte das ja eine ungute Tradition: schon dem langsamen Satz seiner Klaviersonate f-Moll hatte man unredliche Anleihen bei den Meistersingern nachgesagt; und wer selbst keine Einfälle hat, der muß sie eben bei anderen abkupfern. Auf diese Weise suchen sich Vorurteile selbst ihre Bestätigung. In diesem Falle schien Brahms selbst das ausgelöst zu haben, denn schließlich war seine 1. Violinsonate op. 78 ja von den „Regenliedern" angeregt. Es gab für ihn folglich einen Zusammenhang zwischen Lyrik und Instrumentalduo. - Bei Licht besehen, geht die angebliche Ähnlichkeit mit Wagners „Preislied" aber nicht über die drei ersten Töne hinaus und übersieht zudem, daß es bei Brahms so gut wie nie nur um melodische Fortschreitungen geht, sondern zumindest auch deren Anbindung an einen Baß, hier mit der aufsteigenden Quarte. Und beide zusammengesehen ergeben dann eine Kombination, die man als „gute Gestalt" im Sinne der Gestaltpsychologie definieren kann und die in der Musik vielfach auftritt, im Drei-

[13] J.V. Widmann: J. Brahms in Erinnerungen. S. 55.
[14] M. Kalbeck: J. Brahms, Bd. 4, S. 33ff.

errhythmus mit der aufsteigenden Quarte im Baß und der Subdominante, oder wie hier deren Parallele als Ziel, oder im Vierertakt mit aufsteigender Quinte und der Dominante als Ziel. Das jedoch ist bei Wagner, der ja vorgeblich kopiert wurde, gar nicht der Fall. Diese Kombination von Baß und Melodie kann im Gegenteil als stiltypisch für Brahms angesehen werden. So können Vorurteile zu falschen Schlüssen führen.

Andererseits liegt das Vorbild der Regenlied-Sonate op. 78 als Lyrik für zwei Instrumente wohl näher, als die Reminiszenzenjägerei ahnte. Der Modellcharakter von Baß- und Oberstimme dieser Art war Brahms aus seinem Werdegang heraus vertrauter als den meisten Zeitgenossen, denen eben die Jagd nach Reminiszenzen näher lag. Er hatte dafür nur Verachtung übrig: „Das dümmste Kapitel dummer Leute ist das von den Reminiszenzen." Tatsächlich kommt das Baß-Oberstimmen-Modell, das Themenkopf der Vilolinsonate A-Dur wurde, in dem Lied op. 97 Nr. 5 in verschiedenen Varianten vor. Insofern ist es auch fruchtlos, wie neuerdings geschehen, dieses Lied „Komm bald", das Klaus Groth ihm zum Geburtstag geschickt und das er für Hermine Spies komponiert hatte, mit dem Schluß: „Und von den Lieben, die mir getreu, und die mir geblieben, wärst du dabei", vom Inhaltlichen als verschlüsselte Botschaft zu interpretieren. Es handelt sich wie bei den Regenliedern, die in die Violinsonate op. 78 eingingen, auch hier wieder um einen für ihn hoch emotional besetzten Text von Klaus Groth, den er zur thematischen Grundlage seiner Violinsonate wählte und mit ihr bewies, was in dem unscheinbaren Motiv des Liedes, das zudem meist in dessen Mittelstimme auftritt, für Entwicklungsmöglichkeiten lagen, insbesondere in harmonischer Hinsicht, die der Kleinform des Liedes zu enge Grenzen setzt. Schon beim zweiten Durchgang (T. 6ff) nimmt das Kopfthema seinen Ausgang von der Subdominantparallele und wird dann in einer Neapolitanischen Wendung nach C-Dur und sogar F-Dur geführt, Tonarten, die so früh in der Formentwicklung doch schon relativ weit von der Ausgangstonart wegführen. Im dritten und vierten Durchgang (T. 11 bzw. 16) wird die Harmonik zunehmend chromatisiert, im fünften (T. 21) übernimmt erstmals die Solovioline die thematische Führung. Es handelt sich also wieder um das Prinzip der formentwickelnden Variation über ein verhältnismäßig kurzes Modell; trotz der Anlehnung an die „Regenlied"-Sonate op. 78 steht die A-Dur-Violinsonate völlig auf dem Stand der kompositorischen Entwicklung von Brahms' Spätstil. Sogar der Seitensatz ist als weiterentwickelnde Variation des Kopfthemas deutbar.

Auch das dritte der im ersten Thuner Sommer entstandenen und auch abgeschlossenen Werke, das 3. Klaviertrio c-Moll op. 101, hat Brahms noch im gleichen Jahr aus dem Manuskript uraufgeführt; die Druckvorbereitungen nahmen noch nach der Uraufführung soviel Zeit in Anspruch, daß die Stichvorlage erst mehr als einen Monat danach an Simrock ging. Auch hier gab es wohl eine Voraufführung, wahrscheinlich ebenfalls im Hause Widmann in Bern mit Friedrich und Julius Hegar als Partnern. Nach der Uraufführung in Budapest mit Jenö Hubay und David Popper, mit denen er dazu noch je einzeln die Cello- und die Violinsonate vortrug, sandte er die Manuskripte des Trios und der Violinsonate an Herzogenbergs, die inzwischen in Berlin lebten und beide Stücke nicht nur intensiv studieren, sondern sich auch mit so kompetenten Partnern wie Joseph Joachim und Robert Hausmann im Originalklang vorführen konnten. Clara Schumann muß davon gewußt haben, denn sie reagierte höchst pikiert, weil sie die neuen Stücke auch gern kennengelernt hätte und ja mit Heermann und seinen Quartettgenossen ebenso kompetente Partner für die klangliche Realisation gehabt hätte. Sie beklagte ausdrücklich, daß sie längere Zeit zum Einstudieren benötigte, weil sie im Gegensatz zu Elisabet von Herzogenberg einen Beruf ausüben und Geld verdienen mußte, dies umso mehr, als sich inzwischen herausgestellt hatte, daß Sohn Ferdinand unheilbar krank war und sie die Verpflichtung übernahm, für seine Familie zu sorgen, was der Siebenundsechzigjährigen bestimmt nicht so ganz leicht gefallen sein dürfte. Außerdem ließ ihr Gehör nach, sie war daher besonders darauf angewiesen, die Werke real zu spielen, um sie hören zu können. Sie beklagte daher auch, daß sie nicht die Muße habe, ihm so schöne Würdigungen zu schreiben wie Frau von Herzogenberg, was ihre Empfindlichkeit der gegenüber klar zeigt.

Die Verstimmung hatte schon seit Monaten geschwelt: Frau Schumann hatte ihn wohl aus ihrem Urlaub vom Obersalzberg aus nach seinen neuen Arbeiten gefragt. Daß sie ihm zu seiner 4. Symphonie, bei der ihm am Urteil wohlgesonnener Freunde besonders viel gelegen hätte, nicht ein Wort hatte sagen mögen, hatte ihn stärker und länger getroffen, als zunächst erkennbar gewesen war. Als sie ihn nun aber direkt nach seinen neuen Werken fragte, brach die Mißstimmung aus ihm heraus, und er schrieb ihr, er habe in den letzten Jahren den Eindruck gehabt, sie mit seinen Manuskripten eher belästigt zu haben. Dieser Brief ist nicht erhalten, sondern wurde, wie andere auch, vernichtet, um ein lupenreines Bild der Freundschaft der Nachwelt zu überliefern. Wir wissen von ihm lediglich, weil die Verärgerung darüber in ihrem Tagebuch nachbebte und sie dort die entscheidende Passage festhielt.[15] Postwendend hatte sie

[15] B. Litzmann: Clara Schumann, Bd. 3, S. 480.

reagiert: „So sehr es mich nun auch freut zu sehen, wie viel Neues Du wieder geschaffen, so kann es mir doch keinen Ersatz für die Werke selbst geben. Als Du, wohl in schlechter Laune, mir schriebst, Du glaubtest, Du habest mich bisweilen mit Deinen Sachen nur belästigt, hattest Du wohl vergessen, daß ich als **Künstlerin** Dir noch kein oberflächliches Urteil über Deine Sachen sagen mag, und ein solches es immerhin bleibt, solange man nicht vollständig mit der Sache vertraut ist. Das geht aber unter Umständen, wie sie etliche Male obwalteten, nicht schnell. Wenn man z.B. eine geschriebene Partitur bekömmt und so ungeübt ist im Überblick einer solchen, wie ich, so wenig sich eine Vorstellung von der Klangwirkung beim bloßen Lesen machen kann; - oder wenn Du mir eine Symphonie für 2 Klaviere übereinandergeschrieben, ohne 2. Klavier schickst, so daß ich sie nicht probieren kann, oder gar, wenn man ein Armleiden hat und sich erst die Spieler suchen muß, die es einem vorspielen. Dann, wenn Du mir in verschiedenen Schlüsseln geschriebene Gesänge schickst, was mir das Kennenlernen enorm erschwert. Dann bin ich doch auch nicht immer so Herr meiner Zeit und meiner Kräfte, daß ich mich wie Frau von Herzogenberg tagelang in so ein Werk hinein verbohre, kurz und gut, es gibt der Gründe viele, wenn meine Rückäußerungen auf Sendungen von Dir warten ließen. Ich will mit diesen Auseinandersetzungen nicht etwa entschuldigen, denn, einer Nachlässigkeit oder gar Gleichgültigkeit bin ich mir nun und nimmer Dir gegenüber bewußt, aber ganz mit Stillschweigen übergeht man einen ungerechten Vorwurf nur bei Menschen, die einem nicht näherstehen."[16]

Während sie ihr zögerliches Verhalten gegenüber seinen neuen Werken also auf überwiegend technische Probleme schob, die übrigens auch zeigen, daß ihre Professionalität sich aufs Klavieristische beschränkte und sie schon Schwierigkeiten hatte, zwei übereinander gesetzte Klaviersysteme optisch und grifftechnisch zusammenzufassen, hatte er wohl recht mit seiner Vermutung, sie erfasse Musik mehr oder weniger ausschließlich emotional und habe mit der zunehmenden Intellektualisierung seines Komponierens nicht mehr Schritt gehalten. Allerdings wird man auch einräumen müssen, daß Berthold Litzmann angesichts der Darstellung der Angelegenheit bei Kalbeck[17] mit seiner Vermutung richtig lag, Brahms' Umgebung habe nicht beruhigend und stabilisierend auf das Verhältnis der beiden Menschen eingewirkt, sondern im Gegenteil seine Animosität eher weiter aufgeheizt. Auch die Rivalität zwischen den beiden Frauen, die ihm am nächsten standen, ist aus dem Brief Clara

[16] Clara Schumann - Johannes Brahms. Briefe, Bd. 2, S. 307f.
[17] Insbesondere Bd. 3, S. 448; B. Litzmann: Clara Schumann. Bd. 3, S. 480.

Schumanns ja deutlich zu spüren. Jedenfalls blieb er ihr gegenüber in der Sache hart: obwohl sie nochmals ausdrücklich um die neuen Stücke bat, erhielt sie erst Exemplare der Drucke. Zu sehr hatte ihn wohl ihr Unverständnis gegenüber der 4. Symphonie verletzt, als daß er ihr die späteren Werke, die den dort eingeschlagenen Weg fortsetzten, bereits im Manuskript geben mochte, bevor er definitiv den Schritt in die Öffentlichkeit mit ihnen getan hatte. - Jetzt machte sich eben zunehmend der Altersunterschied bemerkbar zwischen der an ihrem Rheuma laborierenden, vierzehn Jahre älteren Frau Schumann, der leise Musik kaum noch wahrnehmbar war, dem dreiundfünfzigjährigen Brahms auf dem Höhepunkt der geistigen Durchdringung und Bewältigung seines Komponierens und nicht zuletzt der noch um vierzehn Jahre jüngeren Elisabet von Herzogenberg, die von Clara Schumann eine ganze Generation trennte und die somit schon einer anderen Rezipientenschicht zuzurechnen ist.

Hatte Brahms die Konnotationen des Pathetisch-Titanischen des Beethovenschen c-Moll tunlichst gemieden, so bestand dazu jetzt, wo er seine eigene Ton- und Formsprache voll personaltypisch ausgebildet und bis an die Grenzen des in tonaler Musik Machbaren geführt hatte, kein Grund mehr. Nicht zuletzt darauf ist wohl die hohe Akzeptanz des Klaviertrios op. 101 bei den frühen Aufführungen, unter anderem auch bei Clara Schumann, zurückzuführen. Mit wuchtigen Akkorden und Unisono-Übergängen wird die c-Moll-Es-Dur-Tonalität befestigt, aber bis heute ist in der Interpretation und Deutung des Werkes übersehen worden, wie nahe es bei der Themenarchitektur der 2. Violinsonate A-Dur mit ihrem Themenkopf-Modell steht. Es handelt sich um die Folge von der Tonika zum Subsemitonium modi, dem Leitton von unten, zur Tonikaparallele und in derselben Weise von dort zur Dominante. Er hat dies verschleiert, indem er das Grundmodell zunächst als Baß einsetzt und die Oberstimmen in Gegenbewegung dazu führt; in T. 2 werden die beiden Elemente dann vertauscht und die bereits erreichte Dominante unisono im Prinzip der Gegenbewegung befestigt. Zwei gegenläufige Modelle bilden mithin die Grundstruktur des Kopfthemas. Der Nachsatz wird aus ihrer Kombination gebildet, indem die Spitzentöne seines Motivs die Umkehrung des Grundmodells bilden: Leitton von oben (as) und absteigende Terz (g'-f'-es') mit Einmündung und harmonischer Öffnung zur Dominant-Tonart G-Dur. Das Folgende ist bereits Variantenbildung: das Motiv das Nachsatzes wird in den Streichern nach oben sequenziert über eine volle Oktave, während die Gegenstimme des Klaviers, zwar in der Einzelbewegung ebenfalls nach oben gerichtet, in der Folge nach unten fortschreitet. Das Prinzip der Gegenbewegung besteht daher sowohl zwischen Streichern und Klavier als auch in der Klangbewegung selbst. Konsequenter kann man gegensätzliche Tendenzen nicht auskomponieren. So sicher war sich Brahms der Identität seiner Ton- und Formsprache, daß er sich in der Ausdruckssphäre von Beethovens c-Moll-Idiomatik bewegen konnte, ohne sie zu gefährden. Aber das erschließt sich erst der Analyse, und so schloß die auf dem Höreindruck beruhende Rezeption das Stück bedenkenlos der Beethoven-Nachfolge an. Daß bei Brahms Thema und Baß, um deren Identität er seit seinen frühen Düsseldorfer Kanonstudien gerungen hatte, nun vollends austauschbar geworden waren, wurde nicht erkannt und infolgedessen die kompositorische Identität der beiden ersten Motivkomplexe, die sich ja lediglich durch den Stimmtausch unterscheiden, nicht verifiziert.

Auch der Seitensatz ist aus dem Baß des Kopfmotivs entwickelt: hier handelt es sich um die augmentierte reine Quarte, die anschließend in zwei Stufen mit Inversion der Intervalle wieder abwärts geführt wird. „Forte ma cantando“ schreibt er für das in Oktaven von den Streichern vorgetragene Thema vor, das seinen Charakter im dritten Durchgang (T. 46) noch einmal grundlegend verändert, wobei das Cello durch das 6/8 im regulären 3/4-Takt gleichzeitig eine weitere Variante einführt. Der ausgeprägte Charaktergegensatz von Haupt- und Seitenthema wird strukturell überbrückt durch die grundlegend gleiche Motivik. Dem entspricht, daß die Durchführung außerordentlich stark moduliert (vgl. etwa T. 88ff), bis letztlich für einen ganzen Abschnitt von 28 Takten cis-Moll vorgezeichnet wird. - In der Reprise tritt der Seitensatz statt in der Tonikaparallele in der Durtonika auf, auch insofern die Regelmäßigkeit der klassischen Sonatensatzanlage bestätigend; die Neuartigkeit erstreckt sich auf die Ausfüllung dieses Prinzips. Das Scherzo, nach dem hochpathetischen ersten Satz als Gegengewicht an zweiter Stelle stehend, ist ein Spiel mit einem einzigen Motiv und seinen Abwandlungen und Ableitungen, die späte Kompositionstechnik ist folglich nicht an bestimmte Satzcharaktere oder die Außensätze gebunden. Das gilt sogar für den liedhaften langsamen Satz und seinen Mittelteil in der Tonikaparallele. - Daß das auf den Kopfsatz bezogene Finale aus dessen Thema entwickelt wurde, versteht sich bei dem Formverständnis des späten Brahms schon

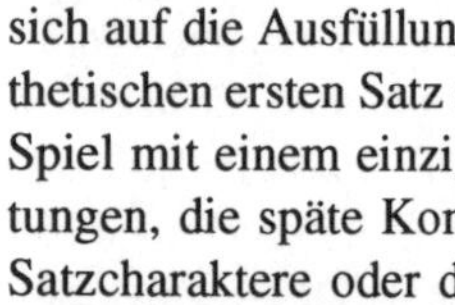

fast von selbst und entspricht der in seinen Studienjahren ausgebildeten Maxime zum Prinzip der Variation, es komme darauf an, immer wieder Neues aus vorgegebenem Material zu gestalten.

Noch bevor Brahms selbst mit zwei der Thuner Novitäten vor das Wiener Publikum trat, hatte Eugen d'Albert mit einem seiner Werke für

Furore gesorgt, dem 2. Klavierkonzert, das sein Schöpfer selbst ja schon zweimal dort gespielt hatte, bei der einigermaßen verunglückten Wiener Erstaufführung und später im Wettstreit mit Hans von Bülow. Aber erst jetzt schaffte der junge d'Albert mit seinem hinreißenden Spiel den Durchbruch. Große Mühe hatte Brahms sich gegeben, den ersten Auftritt von Hermine Spies in Wien vorzubereiten, obwohl er selbst gerade die Uraufführung seiner 2. Cellosonate vorbereitete. Er hatte dafür gesorgt, daß sie schon am Bahnhof von Angehörigen seines Kreises empfangen wurde, schicklicherweise insbesondere durch befreundete Ehefrauen. Er hatte ihr ein Bösendorfer-Instrument ins Hotelzimmer stellen und es mit Blumen schmücken lassen. Vor allem aber hatte er, für Debütantinnen in Wien unerläßlich, wo erstmals auftretende Künstler vor gar nicht so langer Zeit das Wohlwollen der Kritiker buchstäblich erkaufen oder zumindest bei ihnen antichambrieren mußten, ein Treffen mit den wichtigsten Pressereferenten arrangiert, wohlgemerkt am Vorabend seiner eigenen Uraufführung der Cellosonate. Billroth hatte dem Haushaltlosen auf seine Bitte diese gesellschaftliche Verpflichtung abgenommen und in seinen Musiksalon eingeladen. Und bei dem vielleicht berühmtesten Wiener Arzt eingeladen zu werden, war selbst für umworbene Presseleute ein Ehre. Wenn es um andere ging, konnte Brahms also ein durchaus umsichtiger Public-relations-Manager sein, obwohl er diese Seite seiner Funktion im öffentlichen Musikleben sonst völlig vernachlässigte.

Auffällig ist übrigens, daß er die neuen Werke in Bern mit den Hegars, in Wien mit Hellmesberger, in Budapest mit Hubay und Popper, die Wiener Erstaufführung des Trios mit Mitgliedern des Kölner Heckmann-Quartetts spielte. Nur Joachim spielte in diesem Zusammenhang keine Rolle, obwohl Frau Schumann sich ausdrücklich gewünscht hatte, die Violinsonate mit ihm zu hören. Er ging ihm also immer noch möglichst aus dem Weg. Selbst das Verhältnis zu Herzogenbergs hatte sich deswegen abgekühlt, nachdem Heinrich von Herzogenberg an die Musikhochschule Berlin berufen worden und sie dahin übergesiedelt waren. Brahms hatte sie noch nie in ihrem neuen Domizil besucht. Dazu kam, daß die kluge Freundin herzleidend geworden war, was sich auch auf ihr vordem so strahlendes Aussehen ausgewirkt hatte. Der stets gesunde Brahms haßte Krankheit, und es gehört zu den Widersprüchen in seinem Wesen, daß er, so er ihr konkret begegnete, eben auch rührend fürsorglich zu dem Betroffenen sein konnte, so wie er den alten Hagestolz Nottebohm bis zu seinem Tode betreut hatte. Dagegen blieb er distanziert zu Niedergang und Tod seines Bruders Fritz am 5. November 1886. Allerdings hatte er dessen Betreuung durch die Stiefmutter finanziell abgesichert.

Im Gegensatz zu den beinahe hektischen Konzertreisen der voraufgegangenen Winter blieb Brahms in der Saison 1886/87 beinahe ständig in Wien, wenn man von den beiden Konzerten in Budapest einmal absieht. Drucklegung und Korrekturen zunächst dreier der Werke des Thuner Sommers 1886 forderten eben ihren Tribut. Zwei Ehrungen wurden ihm dagegen in diesem Winter zuteil, von denen ihm die erste sicherlich mehr bedeutet haben dürfte: der Wiener Tonkünstlerverein wählte ihn zu seinem Ehrenpräsidenten. Zweifellos war Brahms der spiritus rector und Motor dieses Zusammenschlusses Wiener Musiker, der sich aus losen Anfängen seit 1879/80 auf Betreiben Anton Doors und Julius Epsteins gebildet hatte. Rund ein Dutzend Wiener Musiker traf sich Freitag abends in einem Restaurant, übrigens mit den Ehefrauen, zu Gesprächen über politische und gesellschaftliche Tagesereignisse, aber auch künstlerische und standespolitische Fragen, denn sie alle standen ja vor dem ungelösten Problem der Alterssicherung oder der für den Fall der Berufsunfähigkeit. Kaum einer konnte wie Brahms vom Ertrag seiner Werke leben. Am ehesten konnte man noch selbst einwirken auf die Frage der Nachwuchsförderung, der sich Brahms mit besonderem Engagement annahm. Bezeichnenderweise hießen Abende ohne Vorführung und Diskussion eines neuen Werks „trockene". Die ziemlich regelmäßige Teilnahme von Brahms, wenn er in Wien war, entfaltete schon für sich eine Anziehungskraft, und nachdem er die Losung ausgegeben hatte, „jeder fremde Künstler, der nach Wien kommt, soll künftig zuerst bei uns seine Visitkarte abgeben," wurde eine organisatorische Verfestigung des bis dahin zwanglosen Kreises erforderlich und man gründete im November 1885 in aller Form einen Verein mit zunächst 63 Gründungsmitgliedern, deren Zahl sich jedoch binnen kurzem verdoppelte.

Brahms kannte eine derartige Einrichtung von Köln, deren Gästebuch sich übrigens im Nachlaß Otto von Königslöws erhalten hat. Brahms hatte sich sogar eigens von Franz Wüllner die Satzung des Kölner Vorbilds ausgebeten. Er wollte also tatsächlich mitgestalten und nahm in Sitzungen durchaus kein Blatt vor den Mund, um seinen Kurs durchzusetzen. Der Pianist Theodor Leschetitzky hatte schließlich den Antrag eingebracht, Brahms die Ehrenpräsidentschaft anzutragen. Er ging jedenfalls mit gutem Beispiel voran und führte neue Werke zunächst den Wiener Kollegen vor, bevor sie noch in Druck gingen. Damit erhöhte er natürlich den Erwartungsdruck auf die anderen Mitglieder, es ihm gleichzutun. Besonders am Herzen lag ihm die Nachwuchsförderung. Vorführungen neuer Werke von jungen Kräften versäumte er so gut wie nie. Gewann er den Eindruck, hier handele es sich um ein starkes Talent, erhöhte er aus seinen Mitteln das ausgesetzte Preisgeld und nötigte

Simrock, der seinen Ruf als Brahms-Verleger nicht gefährden wollte, die Werke zu drucken. Das hinderte ihn dann allerdings nicht, wie Alexander Zemlinski, der den Preis des Tonkünstler-Vereins 1896 mit einem Klaviertrio gewann, in seinen Erinnerungen berichtete,[18] den so geförderten Preisträger anschließend zu sich zu bitten und ihm schonungslos auch die Schwächen seines Stücks vor Augen zu führen. Aber er förderte mit ebensolchem Nachdruck den sozialen Zusammenhalt der Gruppe mit Ausflügen und anderen Gemeinschaftsunternehmungen, bei denen er wieder vorneweg dabei war. Vielleicht war ihm noch von den entsprechenden Aktivitäten seines Vaters im Bewußtsein geblieben, daß bei aller notwendigen Konkurrenz nur die vertrauensvolle gegenseitige Information die wirtschaftliche Grundlage des Berufsstandes konsolidieren konnte.

Daß er, die europäische Berühmtheit, sehr wohl ein Gespür für Gefühl und Eitelkeiten auch der „kleinen" unbekannten Fachgenossen hatte und sie respektierte, zeigte sich, als das Klarinettenquintett in Wien mit großem Erfolg vom Rosé-Quartett aufgeführt worden war. Arnold Rosé, der Konzertmeister der Wiener Philharmoniker und übrigens auch des Bayreuther Festspielorchesters, hatte den auch in Wien weitgehend unbekannten Klarinettisten F. Steiner dazu engagiert. Nun spielte kurze Zeit später das Joachim-Quartett mit Richard Mühlfeld, von dem jeder wußte, daß sein ausdrucksvolles Spiel Brahms angeregt hatte, vier Werke mit Klarinette zu schreiben, das Stück ebenfalls in Wien. Bei dem anschließenden Festessen saß Mühlfeld denn auch zur Rechten von Brahms. An seiner anderen Seite aber saß zur offenen Enttäuschung einiger Damen der musikalischen Wiener Gesellschaft ein im Brahms-Kreis Unbekannter. Es war eben jener Klarinettist Steiner, Brahms hatte ihn eingeladen und an seiner Seite placiert, denn er war es ja gewesen, der das noch unbekannte Werk dem Wiener Publikum nahegebracht hatte. Brahms hatte ihm deswegen die halböffentliche Ehrung des Platzes an seiner Seite zukommen lassen. Übrigens waren sich auch Sterne erster Größe, nicht nur solche des Brahms-Umfeldes wie Bülow und Joachim, nicht zu schade, an Treffen des Tonkünstler-Vereins teilzunehmen, so einmal Liszt und Rubinstein. Im Verlaufe des Abends übte sich eine der Damen in der damals verbreiteten Unsitte des Abschneidens von Haarlocken zum Zwecke des Sammelns. Die beiden Podiumslöwen waren das gewohnt und ließen es geschehen - Eugen d'Albert soll übrigens derartige Bitten durch einen Griff in die Lockenpracht seines

[18] A. Zemlinsky: Persönliche Erinnerungen. Musikblätter des Anbruch, 4(1922), S. 69.

Pudels „erfüllt“ haben -, nur Brahms wehrte sich und wurde prompt in den Finger geschnitten, worauf er sich verärgert in ein benachbartes Café zurückzog.

Die andere Ehrung, die ihm Anfang 1887 widerfuhr, war sicher ungleich bedeutender, dürfte in seiner persönlichen Wertschätzung aber hinter der durch die Kollegen zurückgestanden haben: er wurde zum Ritter der Friedensklasse des Ordens Pour le mérite gewählt, die neben bedeutenden Wissenschaftlern auch immer Literaten wie Musiker und bildende Künstler umfaßte. Da die Zahl der Ordensmitglieder konstant war und blieb, bestand der Usus, das Kreuz nach dem Tode eines Ordensritters dem Kanzler zurückzugeben und bei der Wahl eines neuen Trägers den Namen des verstorbenen früheren Inhabers auf der Rückseite einzugravieren. Das Kreuz, das Brahms einmal besessen, aber möglicherweise nie getragen hat, weil er seine Orden in einem Schuhkarton in seinem Wäscheschrank aufzubewahren pflegte, hat jedoch die beiden Weltkriege und die Zeit bis zur Neustiftung des Ordens durch den ersten Bundespräsidenten der Bundesrepublik Deutschland, Theodor Heuss, wohl nicht überstanden.

Die für das Frühjahr 1887 geplante Italienreise mit Fritz Simrock wurde verschoben, vordergründig weil Simrock erst später abkömmlich war; das kam ihm jedoch gerade recht, weil Hermine Spies in Wien ihr zweites Konzert gab und wegen des großen Erfolges ein nicht geplantes drittes anschloß. Außerdem verpflichtete Hans Richter sie für die Matthäus-Passion im großen Musikvereins-Saal. Da konnte ihn selbst ein von Amalie Joachim in Berlin veranstaltetes reines Brahms-Konzert, etwas völlig Neues für dieses Terrain und zudem mit dem neuen Trio im Programm, nicht aus Wien herauslocken. Übel war nur, daß Herzogenbergs zugetragen wurde, er sei in Berlin gewesen, ohne Verbindung mit ihnen aufzunehmen. Das stimmte zwar nicht, war aber auch nicht geeignet, die eingetretene Entfremdung abzubauen. Zu der verschobenen Italien-Reise hatte Simrock noch Theodor Kirchner eingeladen, und nach den vorhergegangenen vier Italien-Aufenthalten konnte nunmehr Brahms den erfahrenen Reiseleiter abgeben. Man beschränkte sich auf Oberitalien. Am 25. April begann die Reise über Innsbruck nach Verona, führte dann weiter über Vicenza, Venedig, Bologna, Florenz und Pisa nach Mailand. Gleich anschließend fuhr er wieder in sein Sommerdomizil nach Thun. An sich hatte er versucht, Arthur Faber und Rudolf von der Leyen als Mitreisende nach Italien zu gewinnen, freute sich aber auch, daß Simrock den in finanzielle Bedrängnis geratenen und fast erblindeten Kirchner auf diese Weise unterstützte. Er hatte sich selbst mit 1000 Mark an einer zu seinen Gunsten veranstalteten Sammlung beteiligt und brachte unter Wiener Musikfreunden weitere Beträge bei. Zu seinem 60. Geburtstag wurde Kirchner diese Ehrengabe überreicht. - Nachdem er seinen Bruder Fritz mit Geld unterstützt hatte, stellte sich nach dessen Tod am 5. November 1886 heraus, daß er ihm zehntausend Reichsmark hinterlassen hatte, die Brahms letztlich der Stiefmutter zukommen ließ, die den Bruder zuletzt gepflegt hatte.

Billroth, der diesmal mit Hanslick und ohne Brahms nach Italien reisen mußte, gestand ihm später, daß er bei ihrem letzten Zusammensein vor seiner Abreise nach Italien plötzlich von der Vorahnung befallen worden sei, Brahms nicht mehr wiederzusehen. Tatsächlich aber war es dann Billroth, der von einer Lungenentzündung befallen wurde, wochenlang mit dem Tode rang, dann zwar wieder genas, aber nach der überstandenen schweren Krankheit nicht mehr der alte war. Brahms hatte erst in Thun von Billroths Krankheit erfahren und versuchte zunächst, über gemeinsame Bekannte Genaueres zu erfahren, über die Sängerin Nelly Lumpe, die inzwischen mit dem Gynäkologen Rudolph Chrobak verheiratet war, einem vertrauten Kollegen Billroths. An sie schrieb er: „Ich bin nicht grade ängstlicher Natur, aber bei Billroth besorgter als gewöhnlich."[19] Dazu bestand wohl auch durchaus Anlaß, weil der bei seinen vielen Interessen allzu bedenkenlos aus dem Vollen schöpfen zu können geglaubt hatte. Aber er mußte noch eine ganze Weile im ungewissen bleiben, bis sich am 12. Juni 1887 der Halbgenesene selbst wieder meldete und von seinen Todesahnungen und seinem innerlichen Abschied berichtete: „Ich habe Dir gedankt für das viele Schöne, womit Du mein Leben erfreut. Doch ich kann nicht sagen, daß ich eigentlich schon wieder im Leben recht drin wäre; denn ein Leben ohne Schaffen, ohne Arbeit ist doch eigentlich kein Leben, des Atmens Mühe wert. Doch ganz unbildlich gesprochen; es liegt mir immer noch wie ein Reif um die Brust, es ist auch noch nicht alles in Ordnung mit den Lungen; doch geht es, wenn auch langsam, täglich ein wenig besser. Nächsten Mittwoch … soll ich endlich nach St. Gilgen,[20] wo ich mich stets so glücklich fühlte, und wo ich ganz zu genesen hoffe … - Ich lag längere Zeit in einem nicht unangenehmen Halbschlummer, manchmal wohl dabei ärztlich mich beobachtend, wie die Atemzüge immer rasselnder, immer flacher wurden und mein Geist zu wandern schien. Ich weiß ganz deutlich, wie ich aus einem Deiner Lieder sprach: ‚Mir ist, als ob ich schon gestorben bin'[21] usw. Und das alles war so milde und so schön, ich schwebte und

[19] Zitiert nach M. Kalbeck: J. Brahms, Bd. 4, S. 45.
[20] Billroth hatte sich dort ein Sommerhaus gebaut.
[21] Aus der „Feldeinsamkeit" op. 86 Nr. 2.

sah die Erde und meine Freunde so ruhig und freundlich unter mir! - Mit einem Male rüttelte man mich empor; ich mußte wie ein Soldat auf Komando atmen, allerlei Zeug schlucken ... So ließ man mich über eine Woche lang nie zum festen Schlaf kommen - mein Schlaf hatte wohl eine zu große Ähnlichkeit mit seinem Zwillingsbruder."[22]- Unter der Post, die während seiner fünften Italien-Reise bereits in Thun für ihn aufgelaufen war, befand sich auch die Nachricht vom Tode des Archivars der Gesellschaft der Musikfreunde und Haydn-Biographs C. F. Pohl, den Brahms sehr geschätzt hatte, das zweite Ereignis, das ihn in diesem zweiten Thuner Sommer stark beeindruckte.

Diesmal blieb er nicht den ganzen Sommer in der Schweiz, sondern fuhr in Etappen zum Tonkünstlerfest nach Köln. Am 31. Juli 1886 war Franz Liszt gestorben und Brahms, der ja mit Recht darauf halten durfte, zu den Pianisten gezählt zu werden, auch wenn sich die hohe Kunst des Klavierspiels zunehmend in eine Richtung bewegte, die nicht die seine war, hatte voller Respekt dazu bemerkt: „Wir haben doch alle nur ein paar Finger von seinen beiden Händen". Es war daher selbstverständlich, daß das Tonkünstlerfest des von Liszt begründeten Allgemeinen deutschen Musikvereins ganz im Zeichen seines Gründers stehen mußte. Nun war Brahms' Verhältnis zur Neudeutschen Schule ja bekanntlich recht gespannt, man wollte aber geflissentlich nicht sehen, daß sich das insbesondere auf Liszts Kompositionen bezog und Brahms es in keiner Weise auf Wagner, ungeachtet seiner unqualifizierbaren öffentlichen Ausfällen gegen ihn, ausgedehnt wissen wollte. Während er also sorgfältig differenzierte, tat das die völlig von der Neudeutschen Richtung beherrschte Presse umso weniger. Franz Wüllner, der Festdirigent, hatte Brahms erfolgreich klargemacht, daß er auf diesem Liszt-Gedenkfest erscheinen müsse, wenn er nicht Gefahr laufen wolle, daß sein Fernbleiben als Mißbilligung über den Tod hinaus und als Kampfansage gegen alle Musiker gedeutet würde, die im Allgemeinen deutschen Musikverein eher eine Berufsvertretung sahen und sich nicht mehr mit den ursprünglichen ästhetischen Zielen identifizierten, zumal inzwischen auch innerhalb des Vereins ein Umdenken und ein Prozeß der Ausdifferenzierung stattgefunden hatte, der die Orthodoxen einen eigenen Liszt-Verein gründen ließ, über den die Musikgeschichte ohnedies hinweggegangen ist. Brahms hatte zwar nicht ganz zu Unrecht eingewandt, sein Erscheinen gerade auf diesem Tonkünstlerfest, nachdem er dessen Vorgänger gemieden habe, müsse so aussehen, als habe er den Tod Liszts abgewartet, bevor er an einer Veranstaltung des Vereins teilnahm. Schließlich

22 Billroth und Brahms im Briefwechsel. S. 417.

hatte er aber doch dem Drängen Wüllners nachgegeben und nicht nur seine Teilnahme zugesagt, sondern sich auch noch bereit gefunden, dem Ausschuß beizutreten, allerdings mit dafür gesorgt, daß das Fest aus dem stärker neudeutsch geprägten Leipzig in das weniger belastete Köln verlegt worden war. Im Festprogramm war er mit dem Triumphlied und dem Violinkonzert (Solist war wieder Adolph Brodsky) vertreten, beides unter Wüllners Leitung. Seine eigene Mitwirkung aber beschränkte er darauf, in einem von Wüllner geleiteten Chorkonzert, das nicht Bestandteil des offiziellen Festprogramms war, sein Klaviertrio c-Moll zu spielen; so war er auch als aktiver Künstler präsent, ohne im eigentlichen Sinne an dem Fest mitgewirkt zu haben.

Wie sauer ihn das Ganze dann doch ankam und wie unwillig er sich aus seiner Sommeridylle herausbegab, ist einem Brief an Rudolf von Beckerath zu entnehmen, in dem es heißt, er reise „sehr ungern zum Kölner Fest". Er „gedenke von Sonntag ab in Köln den Kelch des Leidens zu trinken ... Es ist bittre Not, die mich treibt!"[23] Ähnlich klingt ein Brief an Hans von Bülow: „... mit einigem Seufzen schreibe ich es hin, ich muß wohl Wüllner Wort halten und nach Köln gehen. Beim eigentlichen Feste bin ich nicht beteiligt, sondern spiele nur am Vorabend (Choraufführung der Schule) mein Trio. Auf die Musikwirtschaft freue ich mich nicht, aber auf die Rheinreise und die vielen schönen und lieben Stationen möchte ich mich freuen." Dann folgt eine Philippika auf Heinrich Zöllner, den Dirigenten des Kölner Männergesangvereins, einer rheinischen Institution, der sich nach Brahms' Verständnis an einem Heiligtum vergriffen hatte, das ihm in der Literatur am höchsten stand: „Aus Köln kommt übrigens gerade die empörendste Novität, die es geben kann: der Zöllnersche ‚Faust'. Ich habe gar keine Worte dafür, aber ich werde keine schlimmeren mehr gebrauchen gegen Gounod[24] und Boito.[25] Ein Knabe legt sich wohl Tragödien von Sophokles und Shakespeare aufs Klavierpult und paukt und heult seinen Enthusiasmus in die Höhe. Aber wie ein Verbrechen, wie eine Sünde habe ich es behandelt, als mir einmal ein blutjunger Mensch die Kerkerszene, in Partitur gesetzt, brachte; es wollte mir ein Zeugnis scheinen gegen den ganzen Menschen und Künstler. Wenn das nun ein Mann von der Unbildung und Verrücktheit Bruckners verübt hätte! Aber nein, ein ganz ordentlicher, gebildeter Mann denkt und arbeitet Jahre darüber, setzt sich jeden Tag mit dem bloßen A.... auf ein Heiligtum und besch- bearbeitet es.

[23] K. Stephenson: J. Brahms und die Familie von Beckerath. Hamburg 1979, S. 52.
[24] Wegen seiner Faust-Oper, auch wenn sie schamhaft „Margarethe" betitelt war.
[25] Wegen seiner Faust-Oper „Mefistofele".

Lächerlich ist es nicht, empörend, ganz unverzeihlich."[26] Seine Vorbehalte gegen Versuche der Vertonung wirklich großer Literatur hatten sich nicht gelegt. Im Gegenteil; aber sie machen Kalbecks Versuch umso unwahrscheinlicher, aus seiner „Tragischen Ouvertüre" einen Bestandteil aus dem angeblichen Plan einer „Faust"-Vertonung zu machen. Unreifen Knaben gestand er so etwas zu, und obwohl er sein Urteil über Anton Bruckner als Musiker wohl schon zu revidieren begonnen hatte, seine literarische Unbildung und seine religiöse Einfalt erschienen ihm weiter als schwer erträgliches Defizit eines großen Künstlers.

Die Stimmung, in der er sich auf den Weg machte, war also gewiß nicht die beste und drückt sich aus in der zögerlichen Weise, wie er die Fahrt anging und Unterbrechungen einschob, die erste schon in Bern bei Joseph Viktor Widmann, der ihm ein angenehmerer Reisegenosse in Italien gewesen wäre als der mit Vorliebe kalauernde Fritz Simrock und der halbblinde Theodor Kirchner, der über Leipziger Musikverhältnisse redete, sobald man irgendwo zur Ruhe gekommen war, und darüber hatte Brahms nach seinen reichen Erfahrungen so seine eigenen Anschauungen. - Die in Aussicht genommenen vielen Stationen am Rhein reduzierten sich dann aber von selbst, so waren Beckeraths noch in Italien. Daher blieb es bei einem Besuch Frau Schumanns in Frankfurt, auf welchem er ihr die neuen Werke vorführen wollte. Sie faßte das gleich als „ein Zeichen, daß er fühlte, er habe etwas bei mir gut zu machen."[27] So allerdings war das Angebot nicht gemeint gewesen und prompt löste seine gut gemeinte Absicht allerlei Mißverständnisse aus. Dabei muß man einrechnen, daß sie eben über Jahrzehnte gewöhnt gewesen war, nicht nur umjubelter Star der Podien gewesen zu sein, sondern auch strahlender Mittelpunkt der Salons. Mit den zunehmenden Altersbeschwerden der Achtundsechzigjährigen, der fortschreitenden Altersschwerhörigkeit und dem Rheuma, hatte das alles nachgelassen. Sie verstand daher Brahms' Bereitschaft, ihr die beiden Duosonaten und das Trio vorzuspielen, als Chance, ersatzweise ein wenig von dem alten Glanz in ihre Residenz in der Myliusstraße im Frankfurter Westend zurückzuholen, und hatte Gäste dazu eingeladen, also genau die Mischung aus Intimität und halber Öffentlichkeit, die er zutiefst haßte. Auf seinen Einspruch hatte sie dann die Gäste wieder ausladen müssen. Da er selbst jedoch ebenfalls Rücksicht zu nehmen hatte, etwa auf Kollegen vom Hoch'schen Konservatorium, die zum Teil auf seine ausdrückliche Empfehlung berufen worden waren, mußte er schließlich seine Weigerung

26 Zitiert nach M. Kalbeck: J. Brahms, Bd. 4, S. 48.
27 Tagebuch. B. Litzmann: Clara Schumann. Bd. 3, S. 490.

zurücknehmen. Und wie immer, wenn er mißgelaunt war, wirkte sich das auf sein Klavierspiel aus.

In ihrem wohl auch hier nachgetragenen Tagebuch bebte ihre Erregung nach: „Er machte uns aber viel Ungelegenheiten, weil er erst keine Damen haben wollte, da wurden denn alle Damen ausgeladen, dann auf Frau Kwasts (geb. Hiller) ernste Anfrage, erlaubte er sie wieder und nun wurden alle Damen wieder eingeladen; es blieben aber doch Einige begreiflicherweise fort. - Es war aber dann doch der 25. ein animierter Nachmittag. Brahms spielte die A-dur-Sonate mit Heermann schön, die Cello-Sonate weniger (mit Hugo Becker)... und das Trio zum Schluß war entsetzlich. Da hatte er keine Lust mehr, konnte es auch nicht ordentlich. Ich saß dabei, mir that aber das Herz weh. Wie ist es nur möglich, daß ein Componist sein eigenes Werk so maltraitirt!“[28] Es ist offensichtlich, daß ihr wechselseitiges Verständnis füreinander selbst bei einer derartigen gut gemeint gewesenen Begegnung auseinanderdriftete. Außerdem bat sie ihn bei diesem Besuch, die während ihres langen Lebens ausgetauschten Briefe einander zurückzugeben, ein merkwürdiges Verlangen, denn wie er Monate später zu diesem Thema schrieb, sie hatte ja Kinder und verantwortungsbewußte Erben, er aber nicht. Er hielt sich an ihren Wunsch, sie selbst jedoch keineswegs, womit von vornherein im Zusammenhang mit den folgenden Briefen und Besuchen für Zündstoff gesorgt war. Sie machte es ihm im Alter also nicht gerade leicht, die Freundschaft ohne Trübung bis zum Lebensende in der gewohnten Weise aufrecht zu erhalten.

Selbst die sorgfältige Regie Wüllners und Brahms' Umsicht konnten nicht verhindern, daß sein Erscheinen auf dem Kölner Tonkünstlerfest von den entschiedenen Parteigängern der Neudeutschen als eine Art Sühnegang für die seinerzeitige verunglückte „Erklärung“ gegen den Alleinvertretungs-Anspruch der Liszt-Schule auf den musikalischen Fortschritt gedeutet wurde. Aber das war ja vorhersehbar gewesen und kam insofern nicht unerwartet. Er war jedoch inzwischen im Musikleben so etabliert, daß man sich an ihn selbst nicht mehr herantraute. Da aber nichts so sehr die eigenen Reihen zusammenschließt wie ein solides Feindbild, mußte ein Ersatz her. Richard Pohl, der früher als Hoplit in Brendels Neuer Zeitschrift für Musik der entschiedenste publizistische Einpeitscher der Neudeutschen Schule gewesen war, schrieb jetzt im Musikalischen Wochenblatt: „Hanslick fühlt von Zeit zu Zeit das Bedürfnis, jemanden zu ‚erfinden‘, da er sich mit Wagner und Liszt zu stark kompromittiert hat, und aus der Sackgasse, in die er sich verrannt

[28] B. Litzmann: Clara Schumann. Bd. 3, S. 491.

hat, nicht mehr heraus kann. Diese Hanslick'schen Erfindungen haben nun zumeist das Eigentümliche, daß sie auf die Dauer nicht Stich halten. Brahms bildet natürlich eine Ausnahme."[29] Als von Hanslick kreierten „slavischen Ausläufer der Brahms-Bewegung" machte er Antonín Dvořák aus, den nun wiederum nicht Hanslick entdeckt hatte, sondern Brahms selbst. Aber so genau nahm man das bei der Partei-Journaille nicht. Pohl konnte sich sogar an seinen eigenen Stereotypen festhalten, denn nachdem von jedem neuen Brahms-Werk behauptet worden war, es sei nicht auf Anhieb und ohne weiteres verständlich, brauchte er von dem neuen Klaviertrio c-Moll nur zu sagen, es zeige ein gewisses Streben nach leichterer Verständlichkeit, nach Popularität und sei schon beim ersten Hören zu verstehen, um es „nicht zu den hervorragendsten Kammermusikwerken von Brahms"[30] rechnen zu können, womit er nach den hier dazu vorgetragenen Darlegungen hinreichend bewiesen hatte, daß er es wirklich nicht verstanden hatte.

Unmittelbar nach Abschluß des Festes verließ Brahms Köln und holte den auf der Hinreise nicht zustande gekommenen Besuch bei Rudolf und Laura von Beckerath in Rüdesheim nach. Man genoß die Tage mit viel Musik, zumal es Beckeraths gelungen war, Hermine Spies mit ihrer Schwester zu diesem so kurzfristig anberaumten und viel erfreulicheren privaten Musikfest heranzuholen, sodaß man nicht nur die neuen Kammermusik-Werke musizieren konnte, sondern auch viele Lieder, alte und neue. Es wurde das letzte Mal, daß Brahms mit dem gleichaltrigen und so gleichgesinnten Freund musizieren konnte, denn er verfiel zusehends körperlich, obwohl damals noch niemand ahnte, daß ihm nicht einmal mehr ein Jahr Lebenszeit vergönnt war.

Aber auch nach der Rückkehr nach Thun kam er nicht zur Ruhe, denn die Wohnung in der Karlsgasse 4, in der er nun schon fünfzehn Jahre lebte, war ja nicht seine, sondern er wohnte zur Untermiete bei einem Fräulein Ludovika Vogl, der auch die Möbel gehörten und die seinen kleinen Haushalt versah. Nun war sie gestorben, und er stand vor vielen Unwägbarkeiten. Selbst wenn er aus der für ihn so besonders günstig gelegenen Wohnung ausgezogen wäre und sich eigene Möbel gekauft hätte, mußte ja auch jemand her, der ihm die Wirtschaft versah. Er mußte sich also mit neuen Menschen umgeben, möglicherweise die Wohnung wechseln, sich irgendwo möbliert einmieten und dabei noch größere Abhängigkeit in Kauf nehmen, kurz er mußte grundlegende

[29] Musikalisches Wochenblatt 1887, S. 340. Zitiert nach M. Kalbeck: J. Brahms, Bd. 4, S. 52.

[30] Musikalisches Wochenblatt 18(1887), S. 365. Zitiert nach M. Kalbeck: J. Brahms, Bd. 4, S. 53.

Veränderungen seiner Lebensumstände erwarten, und nichts war ihm verhaßter als das. Nun war er unvorsichtig genug gewesen, Wiener Freunde um Hilfe bei seiner Kalamität zu bitten, was dann höchst unterschiedlich verstanden wurde; einige bemühten sich, eine geeignete Wirtschafterin für ihn zu finden, andere hatten einfach seinen Wunsch weitergegeben mit der Folge, daß eine wahre Invasion von Interessentinnen einsetzte von der Hausbesorgerin und Wirtschafterin bis zur Gesellschaftsdame. Eine Schriftstellerin bewarb sich unter Hinweis auf einen soeben fertiggestellten Orientroman. Da er ein bekannter Mann war, von dessen Betreuung man sich wer weiß was versprochen haben mag, und die Fama schnelle Flügel hat, kamen ihm sogar nach Thun Interessentinnen nachgereist, und da seine Vermieter ihn abschirmten, lauerte man ihm auf den öffentlichen Verkehrsmitteln, das heißt in diesem Falle den Dampfschiffen, auf. Inzwischen hatte sich die Situation soweit geklärt, daß er die Wohnung in der Karlsgasse 4 ganz selbst mieten wollte, die gesuchte Haushälterin sollte kostenlos die Küche, sowie das größte Zimmer mit Vorzimmer bewohnen und nach Möglichkeit die Möbel für die von ihm genutzten Räume stellen und ihm die Wirtschaft führen, wobei Wäsche extra bezahlt werden sollte. Es gab mehrfach Zusagen und Wiederabsagen, so von einer Witwe, die Anton Door ihm vorgeschlagen hatte. Auch das führte jedoch zu keiner definitiven Lösung, weil er sich wieder anders besonnen hatte. Schließlich ging an Gustav Wendt der Stoßseufzer: „Sie scheint sich sehr merkwürdige Vorstellungen von dem zu machen, was ich brauche. Meine Bedürfnisse gehen über Bettmachen und Kleiderreinigen nicht weit hinaus."[31] Die Suche nahm also einen eher chaotischen Verlauf, mit Arthur Faber wurde korrespondiert, und Maria Fellinger mußte er schließlich bekennen, er habe „die ganze Angelegenheit so liederlich wie das Komponieren"[32] gehandhabt, denn es gebe noch zwei Witwen, mit denen er Vorabsprachen, aber keine konkreten Vereinbarungen getroffen habe.

Maria Fellinger fand schließlich in Frau Coelestine Truxa die Geeignete für diese Vertrauensstellung, die Witwe eines Publizisten, die nach dessen Unfalltod mit zwei minderjährigen Söhnen plötzlich unversorgt dastand und über die Bildung und den Takt verfügte, einen so komplizierten Menschen wie Brahms zu betreuen, ohne dabei selbst in Erscheinung zu treten. Die Möbel, die sie ihm zur Verfügung stellen konnte, genügten seinen Ansprüchen, doch er konnte sich in der ersten Zeit nicht verkneifen, Zigarrenstummel oder Streichhölzer unter Möbeln

[31] Zitiert nach M. Kalbeck,: J. Brahms, Bd. 4, S. 55.
[32] Briefwechsel Bd. 7, S. 256.

zu deponieren um zu kontrollieren, ob auch gründlich sauber gemacht werde, oder er ließ absichtlich Geld liegen, um ihre Ehrlichkeit zu prüfen. Über das, was sich seiner unmittelbaren Kontrolle entzog, die Vorräte an Wein und Spirituosen im Keller, meist Geschenke von Freunden und Verehrern, führte er selbst peinlich genau Buch. Ausgerechnet da aber ergab sich ein unerklärlicher Schwund, und der häßliche Verdacht, insbesondere gegen Frau Truxas Dienstmädchen, blieb bestehen, bis die Hausmeisterin starb und sich in ihrem Gelaß eine Menge Nachschlüssel und allerhand Diebesgut fanden. Er konnte noch froh sein, daß er sie nicht wegen der Diebstähle ins Vertrauen gezogen hatte. Aber ein deftiges Trinkgeld für das zu Unrecht verdächtigte Dienstmädchen war natürlich fällig.

Ganz allgemein hielt er das Verhältnis zu seiner neuen Wirtschafterin bewußt auf Distanz, schon weil es ihm unangenehm war, andere um persönliche Dienstleistungen zu bitten oder gar sich dafür bedanken zu müssen. Anfangs hatte sie ihn unten im Hausflur erwartet, wenn er von Reisen heimkehrte, doch war ihm diese devote Aufmerksamkeit so zuwider, daß er grußlos an ihr vorbeiging, als ob er sie nicht bemerkt hätte. Oben holte er dann die Begrüßung umso herzlicher nach, wie er auch im Krankheitsfalle darauf bestand, daß seine Zimmer zurückgestellt wurden, weil die Versorgung der Kinder Vorrang habe. So beschenkte er zu Weihnachten die beiden Söhne auch stets mit altersgemäßen Kinderbüchern, die Widmann ihm aus den eingegangenen Besprechungsexemplaren beschaffen mußte. Wenn an einem Kleidungsstück etwa zu nähen oder sonst zu richten war, ließ er die betreffende Schublade offen stehen und legte das Stück absichtlich obenauf. Frau Truxa behob dann den Schaden ebenso wortlos und legte das reparierte Kleidungsstück wieder an seinen Ort.

Im Übrigen war er mit seiner Kleidung eher sorglos und unaufmerksam. Von alten Stücken trennte er sich nur schwer; den „braunen Paletot", den Elisabet von Herzogenberg spöttisch charakterisierte als sein persönliches Erkennungszeichen im Winter, muß er undenklich lange Zeit getragen haben. Gegen Neuanschaffungen sträubte er sich geradezu, und Frau Truxa mußte ihn gelegentlich beruhigen, bei einem vermeintlich neuen Stück handele es sich in Wirklichkeit um ein gewendetes altes. Hatte er sich dann aber doch einmal zu einer Neuanschaffung durchgerungen, mochte er sie nicht tragen und lief lieber weiter in den abgetragenen Vorgängern herum. Insbesondere verhaßt war ihm das lästige Anprobieren, sodaß ihm selten genug einmal etwas im landläufigen Sinne paßte. Am ärgsten trieb er es mit seinen Hosen, die er grundsätzlich so weit hochzog, daß sie unten nur noch bis zu den Knöcheln reichten. Da der Schneider diesem „Hochwasser“-Stand entgegenwirkte, indem er die nächsten Beinkleider länger anmaß, versuchte er, das auszugleichen, indem er sie hochzog, bis es nun wirklich nicht mehr weiterging, und das, was seiner Vorstellung von Bequemlichkeit entgegenstand, einfach mit der Papierschere abschnitt. Kleine Schwächen eines großen Mannes.

Hauptertrag des zweiten Thuner Sommers 1887 ist das Doppelkonzert für Violine und Cello mit Orchester op. 102. Wie stets hatte Brahms Stillschweigen über das gewahrt, was er unter der Feder hatte, sodaß über den Zeitpunkt von Konzeption und Beginn der Arbeiten nichts bekannt ist. Und wie leider ebenso üblich, gibt es auch dazu wieder nicht überprüfbare Behauptungen Kalbecks, diesmal gleich in zweifacher Hinsicht: nach seinen Darlegungen[33] war 1. das Konzert bereits auf der Italienreise zumindest konzipiert worden und 2. habe er in ihm Ideen einer 5. Symphonie verarbeitet. Die verfügbaren Quellen geben aber für derartige Spekulationen keinen Beleg. Es ist eher unwahrscheinlich, daß Brahms eine weitere Symphonie ernstlich in Angriff genommen haben soll. Nicht auszuschließen ist andererseits, daß Robert Hausmann ihn gebeten haben könnte, nach den Sonaten auch einmal ein Konzert für Cello zu schreiben. Freilich ist dann etwas anderes daraus geworden, aber das war bei dem so häufig im Rahmensatz von Thema und Baß denkenden Brahms ja auch verhältnismäßig naheliegend. Nach zwei Klavierkonzerten, die dem Orchester ein gleichermaßen vollstimmiges Klangpendant gegenüberstellten, und einem Violinkonzert hätte ein reines Solokonzert für ein Streichinstrument in Tenorlage wohl auch weniger in der Konsequenz seiner kompositorischen Entwicklung gelegen als die Zusammenfassung seiner Erfahrungen aus den Violin- und Cellosonaten op. 99/100 und die Übertragung aus dem Bereich der Kammermusik in sein letztes Orchesterwerk.

Ein konzertantes Werk für zwei Soloinstrumente, davon eines in tenoraler Lage, das mithin auch in Baßfunktion zu dem reinen Oberstimmen-Instrument auftreten kann, hat Probleme eigener Art, die schon im Klanglichen beginnen, weil das Cello ja nicht nur in hohen Lagen geführt werden kann, in den tieferen aber stets Gefahr läuft, vom großen Orchesterapparat zugedeckt zu werden. Außerdem versteht sich von selbst, daß es nicht nur und nicht einmal überwiegend in Baßfunktion zu dem anderen Soloinstrument geführt werden kann. Vivaldi ist daher einer der wenigen Komponisten geblieben, die ein Doppelkonzert für zwei Celli gewagt haben. Die meisten Doppelkonzerte der Literatur arbeiten

33 M. Kalbeck: J. Brahms, Bd. 4, S. 64.

hingegen mit zwei Oberstimmen-Instrumenten. Beim Tripelkonzert wie dem von Beethoven, das ein Klaviertrio dem Orchester gegenüberstellt, liegen die Probleme schon wieder anders, denn es knüpft an die Klangtradition des Concerto grosso mit zwei konzertierenden Klangkörpern an. Die Klangprobleme eines derartigen Doppelkonzerts schlagen daher notwendigerweise auf die Formbildung durch.

Brahms greift im Doppelkonzert a-Moll formal auf die im 2. Klavierkonzert gefundene Lösung zurück, das heißt keine eigene Soloexposition, sondern Einführung der Soli unmittelbar nach den vier Takten Orchestereröffnung und zugleich Beteiligung der Soloinstrumente, bevor noch die eigentliche Exposition der Themen im Orchester vollzogen worden ist. Das Werk beginnt unisono mit der Dominante. Allerdings fügt Brahms wie so häufig ganz zu Anfang die dissonante kleine Sept hinzu, die hier den Dominant-Septakkord suggeriert, also nicht von der Haupttonart wegführt, wie etwa am Beginn des Deutschen Requiems, sondern vielmehr gerade auf sie hin. Im zweiten Anlauf bestätigt Brahms die Dominante mit der Quinte h-e, nach e-h im ersten Takt, wieder mit einem dissonanten Zusatzton, dem langen Sextvorhalt c, der im ersten Anlauf ausgespart war. Insgesamt werden als Tonvorrat eingesetzt e-d-(c)-h-e. Die dabei von der Dominantleiter ausgesparten Töne bringt Brahms anschließend in der Gegenbewegung, jetzt ausharmonisiert: fis-gis-a. Die Triole wird von ihm zweimal je eine Stufe höhersequenziert, sodaß sich die Ausgangstöne fis-gis-a in der Augmentation ein zweites Mal ergeben, und Brahms stockt diese Sequenzfolge noch um eine weitere triolische kleine Terz auf: d-e-f. Eine derartige vierstufige Sequenzfolge  bedarf nach Brahms' Formverständnis der Legitimation im Baß. Er begründet sie mit der Quartfolge aufwärts von der Tonika zur Subdominante: a-h-c-d, setzt aber zugleich einen vielfach in Musikwerken der letzten Jahrhunderte verwendeten, besonders prägnanten Rhythmus ein: 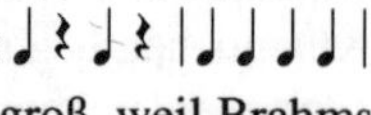 Der Aufmerksamkeitswert der Stelle ist deswegen so groß, weil Brahms mitten in der Bewegung abbricht und das Cello mit der Augmentation der letzten Oberstimmen-Triole vier Oktaven tiefer einführt . Mit diesem schroffen Registerwechsel und der rhythmischen Vergrößerung, welche die Identität beider Vorgänge kaum hörbar machen, unterstreicht er aber zugleich die strukturelle, Einheit stiftende Bedeutung des Vorgangs. Das alte Kernproblem Brahmsschen Komponierens, die

Identität von Oberstimme und Baß liegt mithin auch seinem letzten Orchesterwerk zugrunde und bestätigt die Kontinuität seines gestalterischen Denkens.

Die Soloinstrumente werden einzeln eingeführt; zunächst das Cello „in modo d'un recitativo, ma sempre in tempo" mit dem Schlußmotiv der Orchestereinleitung, wobei zunächst offen bleibt, ob dies Übernahme eines Oberstimmenmotivs ist oder Baß. Das klärt sich, wenn nach einem Aufschwung über 2 1/2 Oktaven dieses strukturelle Hauptmotiv und seine Gegenbewegung als Doppelgriffe simultan gebracht werden. Damit sind Ursprungsfassung und Umkehrung dieses Hauptmotivs als formbildend eingeführt. In der Folge variiert das Cello bereits diese beiden Versionen und kommt dabei auch auf die beiden Fassungen der Orchestereinleitung zurück. Es endet mit einer Inversion der drei Töne: d-f-e, die eine Öffnung zur Dominante mit sich bringt. In der Klarinette klingt als Vorausnahme auch bereits das Seitenthema an (T. 26ff). Doch es wird erst einmal nach fünf Takten abgebrochen, um die Solovioline einführen zu können, ebenfalls mit einem Rezitativ, zu dem nach sechs Takten das Cello hinzutritt. Beide Instrumente agieren alternierend, gleichsam dialogisierend, zum Teil auch parallel geführt, bis sie schließlich ähnlich den Takten 3 und 4 mit einem rasenden Ansturm aufwärts mit angefügter Kadenz auf die eigentliche Orchesterexposition hinführen. Beide Themenkomplexe des Sonatensatzes sind damit bereits im Vorspann angeklungen.

Die Orchesterexposition beginnt daher entgegen der Praxis des klassischen und der meisten romantischen Solokonzerte erst in T. 57 mit dem Eröffnungsmotiv, das hier, seiner Stellung im Satz gemäß, auf der Tonika erscheint und das Kopfthema simultan recto und verso (im Baß) bringt. Der Hauptsatz reicht bis T. 76, nach welchem eine Überleitungsgruppe auf den in T. 90 einsetzenden Seitensatz hinweist. Von diesem hatte Kalbeck behauptet,[34] er sei aus dem Thema des Violinkonzerts a-Moll von Viotti entwickelt, das Joachim bevorzugt spielte und das auch Brahms besonders schätzte. Der Seitensatz und mit ihm das ganze Doppelkonzert op. 102 seien durch dieses Zitat eine Art Versöhnungsgeste gegenüber dem alten Freund nach den Irritationen um dessen Scheidung. Daß Brahms bei der Konzeption des Doppelkonzerts an Joachim und seinen Quartettgenossen Robert Hausmann gedacht hat, ist bei der nun schon Jahrzehnte währenden Vertrautheit beider als selbstverständlich zu unterstellen. Die Themenstruktur des a-Moll-Konzerts von Viotti ist aber von der des Seitensatzes in Brahms' Doppelkonzert so unterschie-

[34] M. Kalbeck: J. Brahms, Bd. 4, S. 62.

den, daß ich ein Zitat für ausgeschlossen halte, es hätte aber nur einen Sinn gehabt, wenn es wirklich erkennbar wäre. Andererseits ist Brahms' Technik der formentwickelnden Variation so ausgeprägt, daß der Phänotypus vergleichbarer Werke durchaus gelegentlich durchzuschimmern scheint. Aber umso mehr muß davor gewarnt werden, nun von einzelnen Abwandlungsformen aus ihrerseits auf Reminiszenzenjagd zu gehen, sie kann nur auf Abwege führen, wenn man dabei die Grundstruktur seines Themas aus den Augen verliert.

In T. 102 tritt die aus dem Kopfthema entwickelte Schlußgruppe der Orchesterexposition ein, die in T. 112 endet und mit überlappendem Einsatz die Soloexposition des Themas anschließt. Nach einer Überleitung (T. 147ff) übernimmt das Cello den Seitensatz (T. 153). Die Überleitung der Soloexposition (T. 172 m.A.) ist von der Orchesterexposition zunächst abweichend gestaltet, diese wird dann aber noch angeschlossen, bevor in T. 206 wieder der Seitensatz auftritt und nun als eine Art Schlußgruppe fungiert. Er gewinnt daher wegen seiner besseren Eignung zur Entwicklung von Solopassagen ein gewisses Übergewicht gegenüber dem seinem Charakter nach eher orchestralen Hauptsatz, was auch in den entsprechenden Stellen der Reprise (ab T. 290) erhalten bleibt und somit die Gewichtung von Haupt- und Seitensatz zueinander verschiebt, eine Konzession an das Konzert für zwei Soloinstrumente mit einem Hauptsatz stark symphonischen Zuschnitts.

Selten hat Brahms die in seinem späten Schaffen vorwaltende Technik der Entwicklung seines thematischen Materials aus vorthematischen Gestalten so deutlich hervorgekehrt wie ausgerechnet im langsamen Satz seines Doppelkonzerts. Unisono und oktaviert stellt er sie in den Bläsern, mit Fermaten vom folgenden regelmäßigen Takt abgetrennt, voran: die Quarte aufwärts zur Tonika, von Brahms volltaktig notiert, aber als „Rufquarte" unweigerlich auftaktig gehört, und die ebenso notierte Quarte aufwärts zur Dominante. Das eigentliche Thema des Satzes beginnt in T. 3 mit der Diminution eben dieser Intervalle mit anschließender Kadenz, dem folgt eine erneute Aufwärtsbewegung als Nachsatz. Entsinnen wir uns des Kopfmotivs aus dem (Moll-) Hauptsatz, seiner absteigenden Quarte und der Einführung des Solos mit Augmentation des vorausgehenden Orchestermotivs und setzen es in Beziehung zum langsamen (Dur-) Satz mit seinen aufsteigenden Quarten, der Einführung des eigentlichen Themas als Diminution dieser vorthematischen Intervallstrukturen, dann wird wahrscheinlich, daß der Takt 4 aus dem Kopfmotiv des ersten Satzes entwickelt wurde. Die Beziehungen zwischen Haupt- und langsamem Mittelsatz sind folglich so eng, wie es dem Stand der Kompositionstechnik des späten Brahms entspricht. Das Prinzip der formentwickelnden Variation ist so durchgreifend, daß es längst nicht mehr an den Grenzen des einzelnen Satzes Halt macht, sondern auf die Gestaltung zyklischer Formen übergegriffen hat.

Das Finale hat wohl die übersichtlichste Form, ein Sonatenrondo mit dem wiederkehrenden Refrain (T. 1-69) und einem Couplet, dessen Baß aus dem Kopfmotiv des ersten Satzes entwickelt wurde. In T. 101 taucht, beginnend mit dem Cello, der Refrain wieder auf und die erste Violine macht dessen Zusammenhang mit dem Kopfthema des Hauptsatzes noch deutlicher. In T. 119 mit Auftakt tritt das zweite Couplet auf mit einem figurativ aufgelösten Mittelteil und der Wiederholung des Anfangsteils; es bildet den umfangreichsten Abschnitt des Rondos und stellt zugleich so etwas wie eine Durchführung dar. Sie wird abgelöst durch die Wiederkehr des Refrains in T. 218, die nach dem langen durchführungsartigen vorhergehenden Couplet zugleich die Funktion einer Reprise übernimmt, zumal in T. 274 das erste Couplet in transponierter Fassung auf der Durtonika erscheint und somit den Part des Seitensatzes in einer Reprise übernimmt. Das letzte Couplet (T. 297ff) tritt an die Stelle einer Coda, die wie so häufig bei Brahms noch einmal stark variativ arbeitet und angesichts der Grundkonzeption des ganzen Werks noch einmal das Beziehungsgeflecht seiner Teile untereinander deutlich macht, trotz des flächiger werdenden Satzes also wieder eher ein Element der Zusammenfassung darstellt.

Wie eng das Doppelkonzert auch ohne das hineininterpretierte angebliche Viotti-Zitat mit seinem Verhältnis zu Joseph Joachim und seinem Wunsch nach der Wiederherstellung des alten guten Verhältnisses zusammenhing, zeigte sich, als er es ihm schon im Juli von Thun aus ankündigte und eine Probe und auch die Uraufführung mit ihm und Robert Hausmann erbat: „Ich konnte nämlich derzeit den Einfällen zu einem Konzert für Violine und Violoncello nicht widerstehen, so sehr ich es mir auch immer wieder auszureden versuchte.“[35] Das selbst dem Spätwerk gegenüber noch anhaltende Mißtrauen gegenüber der eigenen Produktion spricht aus einem Brief an Joachim vom 2. September: „Ich traue meiner Partitur gar wenig und hätte sie durchaus lieber Dir als dem Kopisten geschickt. Aber, eine Probe wäre doch jedenfalls gewünscht, mein Kopist geht aber Mitte September mit der Straußschen Kapelle auf Reisen, ich mußte mich kurz entschließen - und ließ ihn schreiben.“[36] Hier ging es zwar nur um die Zusammenarbeit des Kopisten mit Johann Strauss und dessen Kapelle, welche die erwünschte Hörprobe gefähr-

[35] Briefwechsel Bd. 6, S. 215.
[36] Briefwechsel Bd. 6, S. 222.

dete. Wie stark sich die Situation hinsichtlich Aufführungsmöglichkeiten neuer Werke für ihn zum Guten gewendet hatte, zeigte sich, als es wegen der Drucklegung des Werks ernstliche Probleme gab, weil die handschriftliche Partitur zu den zahlreichen Aufführungen aus dem Manuskript ständig unterwegs war.

Gegenüber Fritz Simrock wurde er in der Frage des Zusammenhangs der Komposition mit seinem problematisch gewordenen Verhältnis zu Joachim noch deutlicher: „Dann muß ich Ihnen doch meine letzte Dummheit melden. Das ist nämlich ein Konzert für Geige **und** Cello! Namentlich meines Verhältnisses zu Joachim wegen, wollte ich immer die Geschichte aufgeben, aber es half nichts. In künstlerischen Sachen sind wir ja zum Glück immer im freundlichen Zusammenhang geblieben, ich hätte aber nicht gedacht, daß wir ja noch einmal persönlich zusammenkommen würden. Eine kurze, ihm alle Freiheit lassende Mitteilung griff er aber so erfreut und begierig auf, daß ich jetzt richtig das Stück mit ihm und Hausmann nächstens am Klavier zunächst versuchen werde. Vermutlich in Frankfurt.“[37] Nach einigem Hin und Her verständigte man sich dann auf Baden-Baden, um das neue Werk vorerst zu dritt mit Brahms am Klavier durchzugehen und in freundschaftlichem Gespräch noch allerhand Verbesserungen anzubringen, insbesondere aber, womit Brahms zunächst gar nicht gerechnet hatte, ließ sich auch eine Testaufführung mit Orchester arrangieren: „Es hat allerlei Konfusion gegeben, ehe wir uns hier [in Baden-Baden] zusammengefunden haben, wir und die Noten. (...) Vermutlich haben wir **hier** morgen oder übermorgen eine Orchesterprobe.“[38] Aber selbst die in Baden-Baden angebrachten Verbesserungen machten ihn nicht ganz sicher in seiner Beurteilung des neuen Werks, „durch schönste, brillanteste Zusätze und Änderungen in dem Konzert - das ich immer noch recht bedenklich anschaue.“ Er bat Joachim auch jetzt noch um weitere Korrekturvorschläge. „Ach, wieviel angenehmer und gescheiter ist es, für ein Instrument zu schreiben, das man durch und durch kennt - wie ich meine das Klavier zu kennen!“[39] Immerhin bekannte er, nachdem das Werk sich im Musikleben durchgesetzt hatte: „Nun denn nochmals Dank für die letzte und alle früheren Guttaten an meinem Stück, das ich wohl zärtlicher als andere ansehen werde, der schönen Erinnerungen wegen, die es mir verschafft.“[40]

Anfängliche Unsicherheit gegenüber dem neuen Werk war in

[37] Briefwechsel Bd. 11, S. 158f.
[38] Briefwechsel Bd. 11, S. 161.
[39] Briefwechsel Bd. 6, S. 225f.
[40] Briefwechsel Bd. 6, S. 231.

Brahms' Umgebung fast so verbreitet wie bei der 4. Symphonie. Nach erster Unsicherheit, wo man das Doppelkonzert probieren könne, er selbst hatte an Mannheim oder Frankfurt gedacht, hatte Joachim den Ausschlag für Baden-Baden gegeben, um die Probe zu einer Art Nachfeier für Frau Schumanns Geburtstag zu machen. Das tat ihr einerseits wohl, nachdem sie große Sorgen um ihren Sohn Ferdinand hatte, den die Schmerzen als Kriegsfolgen von 1870 zum Morphinisten gemacht hatten. Er befand sich damals in einer Entziehungskur, und die Frage seiner Verlegung in eine andere Anstalt hatte sie nicht nur viel Kraft und Nerven gekostet, sondern auch ihren Terminkalender so durcheinandergebracht, daß der schöne Plan beinahe daran gescheitert wäre. Doch die Freunde, die von ihren Nöten wußten, richteten sich danach und verschoben die Proben, um ihr das Dabeisein zu ermöglichen.

Aber beim ersten Anhören verwirrte sie das Konzert mehr, als es sie erfreute. Im Tagebuch liest sich das so: „Vormittags kam Brahms. Joachim aber ließ ihn im Stich. Brahms spielte sein Concert mit Hausmann allein ein paar Mal durch, aber es war mir unmöglich, einen Begriff zu bekommen, da Johannes so unrein spielte, daß ich nur ein furchtbares Chaos empfand bis auf wenige melodische Stellen ... Leider kommt nun noch mein entschieden krankes Gehör dazu. Ich kann seit einiger Zeit schnell aufeinander folgende Harmonien, wenn ich sie nicht kenne, nicht unterscheiden, höre oft ganz andere Töne, als gespielt werden."[41] Erst nach und nach wuchs ihr Verständnis für das Werk, und es handelte sich dabei neben ihren Gehörsschwierigkeiten ganz offensichtlich um einen Gewöhnungsprozeß. Nachdem sie es mit beiden Solisten gehört hatte, notierte sie in ihrem Tagebuch: „Abends wurde das Concert probirt und nun wurde es bei weitem klarer, und erwärmte mich ganz und gar, es ist ein ganz durch und durch originelles Werk. Morgen wollen wir es mit Orchester hören."[42] Von Brahms' schlechtem Klavierspiel als Mitursache für die Unverständlichkeit war nicht mehr die Rede. Sie verzeichnet auch den persönlichen Charakter des Stücks: „Es ist dies Concert gewissermaßen ein Versöhnungswerk - Joachim und Brahms haben sich seit Jahren zum ersten Mal wieder gesprochen." Und ihr Tagebuch hält auch das Randgeschehen dieser Probentage in Baden-Baden fest: „am Morgen beruhigendes Gespräch mit Joachim in Bezug auf seine Frau und sein Verhältniß zu ihr." Anschließend wurde das neue Werk noch einmal wiederholt: „Heute Morgen haben sie das Concert noch mal gespielt, und immer lieber wird es mir." Doch erst die Pro-

[41] B. Litzmann: Clara Schumann. Bd. 3, S. 495.
[42] B. Litzmann: Clara Schumann. Bd. 3, S. 496.

beaufführung mit Orchester vermochte sie zu überzeugen: „Das war eine unverhoffte Freude und ein großer Genuß; es ist doch eine ganz andere Sache mit Orchester. Es ist ein frisches Werk voller interessanter Motive und Durcharbeitung. Am liebsten ist mir der erste Satz, dann der letzte, das Adagio schön klingend wohl, aber nicht so recht zu Herzen gehend; interessant aber wie die anderen Sätze durch die schöne Instrumentation. Einige störende Stellen fehlen nicht, das muß man eben mit in Kauf nehmen. Er könnte sie leicht ändern, aber das wird er wohl nicht; es ist manchmal, als ob es ihm Vergnügen mache, dem Hörer es nicht zu wohl werden zu lassen."[43] Da ging es denn wohl um ihr mangelndes Verständnis für seinen Spätstil.

Aber nicht nur für Clara Schumann bedurfte es einer Zeit der Gewöhnung, bis sie mit dem Doppelkonzert „warm" wurde. Selbst Theodor Billroth stand dem Werk verständnislos gegenüber. Er hatte die Angewohnheit, alles, was ihn begeisterte, sogleich in Briefen schriftlich niederzulegen. Zum Doppelkonzert gibt es bezeichnenderweise keinen, wohl aber eine Äußerung gegenüber Hanslick, nachdem er das Werk mehrfach am Klavier vierhändig gespielt hatte: „Trostlos, langweilig, die reinste Greisenproduktion. Wären die Zigeunerlieder nicht später komponiert, ich glaubte, es sei aus mit unserem Johannes! ich kenne kein unbedeutenderes Werk unseres lieben Freundes und doch ist ihm gerade dieses Werk besonders ans Herz gewachsen, aus dem Herzen entsprungen. Unbegreifliche Menschenseele! ... am liebsten ginge ich gar nicht ins Konzert, doch das geht auch nicht!"[44] Eduard Hanslicks Rezension nach der Wiener Erstaufführung war gleichfalls zurückhaltend bis kühl. Er hielt das Stück mehr für die Frucht eines großen kombinatorischen Verstandes als eine unwiderstehliche Eingebung schöpferischer Phantasie und Empfindung; er vermißte daran die Frische und Ursprünglichkeit der Erfindung, den melodischen und rhythmischen Zauber. Nur das Andante erschien ihm als Labsal. Damit erhebt sich erneut die Frage, wie weit Hanslick, der immer wieder als sein Chefpropagandist hingestellt wird, Brahms wirklich verstanden hat. Billroth, der mit seiner Meinung nie hinter dem Berge hielt, wird ihm wohl, wenn vielleicht auch mit etwas gewählteren Worten und vorsichtiger, Ähnliches gesagt haben, wie es Hanslick geschrieben hatte. Er hatte also zunehmenden Grund, sich selbst unter langjährigen Freunden einsam und unverstanden zu fühlen; bei Billroth schob er es auf dessen psychische Veränderungen nach der überstandenen schweren Krankheit. Aber die

[43] B. Litzmann: Clara Schumann. Bd. 3, S. 496.
[44] Billroth und Brahms im Briefwechsel, S. 421.

beginnende Entfremdung ist unverkennbar, und sie war fraglos durch seinen Spätstil ausgelöst.

Von der Testaufführung des Konzerts in Baden-Baden fuhr Brahms zunächst nach Wien zurück, um seine neue alte Wohnung in Augenschein zu nehmen. Bezeichnenderweise ließ er als erstes das beste Stück ihrer Einrichtung, das Coelestine Truxa ihm in seinen Wohnraum gestellt hatte, eine zeitübliche, mit rotem Plüsch bezogene Sitzgarnitur, als zu protzig wieder hinausschaffen. Das Übrige, über dem nicht zuletzt die Damen Fellinger und Faber ihre Hand gehabt hatten, sagte ihm zu, und daß nun eine jüngere und energischere Besorgerin als die verstorbene Vermieterin entschiedener Ordnung hielt, nahm er wohlwollend zur Kenntnis. Sonst genoß er in den wenigen Tagen bis zu seiner Abreise nach Köln zur Uraufführung des Doppelkonzerts den ungewöhnlich schönen und warmen Spätherbst in Wien.

In Köln nahm er wieder, wie schon beim Tonkünstlerfest, die Gastfreundschaft Viktor von Schnitzlers in Anspruch und bedankte sich bei den Gastgebern mit einer Matinee in ihrem Salon, bei welcher er mit den Solisten des Doppelkonzerts, Joseph Joachim und Robert Hausmann, die drei Kammermusik-Werke des ersten Thuner Sommers spielte, die Violin- und die Cellosonate, sowie das c-Moll-Trio. Die Uraufführung selbst fand im ersten Gürzenich-Konzert der Saison statt und wurde von Brahms selbst dirigiert, während das übrige Programm von Franz Wüllner geleitet wurde, darunter sogar sein Gesang der Parzen, während er einfach nur „ruhig zuhören" wollte. Es handelte sich übrigens um eines der zeitüblichen Mammut-Programme, denn es umfaßte außerdem Mendelssohns Ouvertüre Meeresstille und glückliche Fahrt; Joachim und Hausmann traten ferner einzeln als Solisten hervor mit je einem Satz von Spohr und Boccherini, der Chor sang noch in einer Bearbeitung Wüllners Schuberts „Gott in der Natur" für Chor mit Orchester, und den Abschluß bildete Beethovens Symphonie c-Moll.

Der Wunsch so mancher Städte, das neue Konzert vorgeführt zu bekommen, löste wieder eine geradezu hektische Konzertreise-Tätigkeit aus, die schließlich sogar die Drucklegung des Werks behinderte, weil die handschriftliche Partitur und die Stimmen, aus denen musiziert werden mußte, ständig unterwegs waren. Lediglich die Streicherstimmen waren vorab gedruckt worden, weil das mehrfache Abschreiben zu zeitaufwendig und zu teuer geworden wäre. Franz Wüllner hatte die in Baden-Baden neu hinzugekommenen nachträglichen Veränderungen sorgfältig in die Stimmen übertragen. Eine zusätzliche Schwierigkeit bestand aber darin, daß nur Joachim und Hausmann berichtigte handschriftliche Solostimmen besaßen, beabsichtigte Aufführungen waren daher mit den

Terminkalendern der beiden Vielbeschäftigten abzustimmen. - Nach der Uraufführung war Brahms zunächst nach Wien zurückgefahren, konnte da aber nicht einmal länger in seiner neu ausgestatteten Wohnung bleiben, dann ging es zu Aufführungen des Doppelkonzerts nach Wiesbaden und Frankfurt am Main. Natürlich machte er dabei wieder Station bei Frau Schumann. Sie war in Proben und Aufführungen beider Städte zugegen. Ihr Bild von dem Stück hatte sich mittlerweile gefestigt: „Ich habe nun das Concert oft gehört, daß ich für mich ein Urteil feststellen kann. Mir scheint die Idee Cello und Violine als Soloinstrumente zusammen keine ganz glückliche ... Und da es für die Instrumente auch nicht brillant ist, ... so glaube ich nicht, daß das Concert eine Zukunft hat. Als Composition ist es höchst interessant, geistvoll ... Es ist aber nirgends ein so frischer warmer Zug als in vielen anderen seiner Sachen. Der Beifall des Publicums war getheilt."[45] Nach einer Phase, in der sie wohl geglaubt hatte, rein emotional Zugang zu dem Stück zu finden, hatten sich mithin ihre ursprünglichen Vorbehalte gegen das Werk nach mehrmaligem Anhören eher verfestigt. Die von ihr geschilderte halbherzige Aufnahme des Konzerts beim Publikum zeigt ebenso wie die Reaktionen Billroths und Hanslicks, daß sie mit ihren Vorbehalten eine verbreitete Stimmung traf.

Es bedurfte also schon eines gut fundierten Selbstbewußtseins, um an einem Werk festzuhalten, dem von allen Menschen seines engsten Umfeldes, auf deren Urteilsfähigkeit er vertrauen zu können geglaubt hatte, mit so unverhohlener Skepsis begegnet wurde. Doch er war seiner Sache so sicher, weil er mit intensiver Selbstkritik und wachem Wertbewußtsein an die Dinge heranging, zunächst an seine eigenen, aber auch an die Werke anderer. Das zeigte sich gerade in dieser Zeit. Der Verlag Breitkopf & Härtel hatte den Schubert-Kenner Brahms beauftragt, im Rahmen seiner Schubert-Gesamtausgabe die Symphonien herauszugeben. Brahms wollte zunächst die ersten sechs nicht in die Ausgabe aufnehmen, weil sie seiner Vorstellung vom künstlerischen Rang Schuberts nicht zu entsprechen schienen, beugte sich dann aber dem Argument, daß eine Ausgabe mit dem Anspruch einer Gesamtedition vollständig zu sein habe. In diesem Falle ist seine strenge Selbstkritik zweifellos über das Ziel hinausgeschossen, denn wer möchte diese Jugendsymphonien Schuberts in unserem Musikleben missen. An die Musikschriftstellerin La Mara [Marie Lipsius] schrieb er dazu: „Ähnlich geht es mir mit den nachgelassenen Werken eines Musikers. Wie eifrig bin ich allezeit solchen Spuren nachgegangen, habe sie studiert und vielfach kopiert. Wie

[45] B. Litzmann: Clara Schumann. Bd. 3, S. 500.

teuer waren mir z.B. bei Haydn und Franz Schubert diese ungezählten, überschüssigen Beweise ihres Fleißes und Genies. Immer hatte ich den Wunsch, man möchte so wertvolle und lehrreiche Schätze für größere Bibliotheken kopieren, damit sie den sich ernstlich dafür Interessierenden zugänglich seien. - Ich will nicht ausführen, mit welch anderen Empfindungen ich die geliebten Schätze dann gedruckt sehe - oder selbst noch dafür sorge, daß dies wenigstens möglichst ordentlich geschehe! Mißverstanden, mißdeutet wird hier wie dort ganz unglaublich, und ob solche Veröffentlichung nötig, gut oder überflüssig und gar schädlich ist - weiß ich nicht."[46]

Der gegenteilige Fall ereignete sich im Anschluß an die Reisen mit dem anfangs umstrittenen Doppelkonzert: Robert Schumann hatte die von ihm als zweite komponierte d-Moll-Symphonie nach der von ihm als enttäuschend empfundenen Uraufführung zurückgehalten und erst nach einer Aufführung mit dem Düsseldorfer Orchester und mit daraus resultierenden Retuschen als Nr. 4 op. 120 herausgegeben. - Nun waren die Probleme des dortigen Orchesters, die zu geringe Streicherbesetzung, aber wohl auch disziplinarische Probleme Schumanns mit seinen Musikern, bekannt, und Brahms bevorzugte daher klar die ursprüngliche Fassung des Werks. Er veranlaßte schließlich Franz Wüllner, diese Version zu publizieren und zog sich mit dem Eintreten dafür Clara Schumanns Zorn zu. Sie wachte eifersüchtig darüber, daß Schumanns letzter Wille nicht angetastet werde, auch nicht durch die inzwischen unbestreitbare Orchestererfahrung des Freundes, während sie andererseits die Unterdrückung anderer Spätwerke wie des Violinkonzerts, das sie als von der Geisteskrankheit beeinträchtigt ansah, billigte und unterstützte. Die Eigenmächtigkeit von Brahms in dieser Frage führte zu einer lang anhaltenden Verstimmung in ihrem Verhältnis.

Die Förderung und Unterstützung, die er Antonín Dvořák und anderen aufstrebenden jungen Künstlern angedeihen ließ, ist bekannt. Alexander Zemlinsky erzählt in seinen Memoiren,[47] wie Brahms ihn zu sich eingeladen hatte, nachdem er mit seiner ausdrücklichen Unterstützung den Preis des Wiener Tonkünstler-Vereins für ein Kammermusik-Werk erhalten hatte, um es kritisch mit ihm durchzugehen und dabei schonungslos Schwachstellen offenlegte. Mancher, wie Hugo Wolf, vertrug diese Prozedur nicht. - Ein junger Musiker, den er bei den Proben zum Doppelkonzert in Baden-Baden kennengelernt hatte und dessen erste

[46] La Mara [= Marie Lipsius]: Durch Musik und Leben im Dienste des Ideals. Leipzig 1917. Bd. 2, S. 109f.

[47] A. Zemlinsky: Persönliche Erinnerungen. Musikblätter des Anbruch, 4(1922), S. 69.

Kammermusikwerke Clara Schumann so anregten, daß sie sich in ihrem Alter der Beschwer unterzog, eines davon einzustudieren und öffentlich zu spielen, erinnerte sich: „Über Musik und Musiker habe ich Brahms selten sprechen hören. Aber einmal kam er unversehens auf den von ihm heiß geliebten Robert Schumann zu sprechen. Mit seiner besonders in der Erregung etwas heiseren und schnarrenden Stimme, in abgehackten Sätzen, wie es seine Art war, aber in tiefer Ergriffenheit stieß er hervor: ‚Wundervoller, himmlischer Kerl - wundervolle blaue Augen, gewöhnlich halb geschlossen - aber wenn er einen mit Liebe ansah - das war prachtvoll - und so ging's noch eine Zeitlang weiter. Höllisch scharfer Kerl konnte er übrigens auch sein', sagte er schließlich."[48]

Im Anschluß an die Konzerte in Wiesbaden und Frankfurt ging er noch nach Basel mit dem Doppelkonzert, dann trennten sich vorerst die Wege der Solisten und des Komponisten, der noch in einer Kammermusik-Soiree bei seinem Trio op. 101 mitwirkte, dasselbe drei Tage später in Zürich spielte, dazu auch noch die Violinsonate op. 100. Nicht einmal vier Wochen brachte er dann in seiner Wohnung in Wien zu, dann spielte er in Budapest ebenfalls in der Violinsonate und dem Trio. In Wien war er danach lediglich sozusagen auf der Durchreise und fuhr nach Meiningen, um dort Weihnachten zu verbringen. Damit hatte es eine eigene Bewandtnis: das Herzogspaar war höchstpersönlich in seiner Wohnung erschienen, ihn dazu und zu einem Brahms-Konzert mit der vorzüglichen Hofkapelle einzuladen. Das war unter den sozialen Bedingungen der Zeit nun freilich eine außergewöhnliche Geste der Wertschätzung eines regierenden Fürsten für einen Künstler; die menschliche Hochachtung voreinander beruhte jedoch auf Gegenseitigkeit. Allerdings hatte das Herzogspaar ihn nicht angetroffen. Daß er eine so ehrenvolle Einladung, die zudem auf gegenseitiger Sympathie beruhte, annahm, versteht sich von selbst. Dort setzte inzwischen Franz Steinbach die Brahms-Pflege Hans von Bülows mit viel Erfolg fort und erwarb sich damit, wie auch später als Nachfolger Wüllners in Köln, die hohe Anerkennung des Komponisten. Weihnachten wurde so zu einem Fest der Kunstgenüsse mit Schillers „Jungfrau von Orleans" auf der damals stilbildenden Sprechbühne Deutschlands, am 1. Weihnachtstag mit dem eigenen Konzert, in dem die Haydn-Variationen, das 2. Klavierkonzert mit Eugen d'Albert als Solisten, sowie die 3. Symphonie erklangen. Außerdem sah er im Theater Ibsens „Gespenster" und lernte bei dieser Gelegenheit deren Autor persönlich kennen, was ihn sogleich anregte, sich

48 R. Kahn: Der gute Freund. Erinnerungen. Unterhaltungsblatt der Vossischen Zeitung. Nr. 125 (7.5.1933).

alles lesend anzueignen, was von Ibsen im Buchhandel erhältlich war.

Am Tage vor Silvester traf er in Leipzig wieder mit Joseph Joachim und Robert Hausmann zusammen, um die Aufführung des Doppelkonzerts im Neujahrskonzert des Gewandhaus-Orchesters vorzubereiten. Dort konnte er nun nicht mehr in seinem gewohnten Quartier in der Humboldtstraße 6 bei Herzogenbergs absteigen, ja diese konnten nicht einmal zu der Aufführung kommen, da Heinrich von Herzogenberg schwer an Gelenkrheumatismus darniederlag, aufopferungsvoll gepflegt von seiner Frau, die wegen ihrer Herzschwäche selbst Schonung nötig gehabt hätte. In Erinnerung an vergangene gemeinsame Zeiten, musikalische Erlebnisse und Begegnungen in Leipzig schrieb sie ihm: „Wir leben jetzt von Hoffnung allein, und unser täglich Brot ist Stillhalten und Entbehren. Manchmal denke ich, es kann nie wieder werden wie einst, und dann sinkt mir der Kopf auf die Hände, und die sonst brav verhaltenen Tränen rieseln herab; denn man hätte doch noch das Zeug in sich, recht froh, recht glücklich, ja recht jung zu sein, und man möchte doch nicht, **noch** nicht abgeschlossen haben mit aller Lieblichkeit des Lebens, den Vertrag mit der grauen Sorge noch kündigen können! - Gott geb', daß wir bald bessere Tage erleben, ich fühle manchmal meine Kraft erlahmen."[49]

Ausgerechnet hier wird dann wieder etwas von Brahms' menschlichen Unzulänglichkeiten sichtbar: Krankheit stieß ihn ab, wohl nicht als solche, sondern weil der Hypersensible fürchtete, selbst psychisch zu sehr affiziert zu werden. Er dachte eher ans Nächstliegende, handfest Praktische und suchte so, seine mangelnde Anteilnahme zu kompensieren. So bemühte er sich, Herzogenbergs Sommerhaus in Berchtesgaden, die Lieseley, zu vermieten, weil er sich denken konnte, daß die Krankheit beider viel Geld kostete und nennenswertes Einkommen in dieser Zeit nicht vorhanden war. Frau von Herzogenberg ließ erkennen, daß sie selbst diese ungewöhnliche Form des Mitgefühls verstanden hatte: „Zu große Zartheit ist ein Luxusgefühl, das wir uns nicht gestatten dürfen; Kranksein kostet leider Gottes schon Geld genug."[50] Kein Wort davon, daß ihr damit ja auch die Hoffnung auf ihr Refugium genommen war.

Neben der Arbeit am Doppelkonzert vertonte Brahms elf Ungarische Liebeslieder, um die es einige Unklarheiten gibt. Die Texte der in Budapest mit Klavierbegleitung von Zoltán Nagy erschienenen Lieder hatte das Kindermädchen der mit Brahms bekannten Familie Conrat ins Deutsche übertragen, und Hausherr Hugo Conrat hatte diese Übersetzung in

[49] Briefwechsel Bd. 2, S. 169.
[50] Briefwechsel Bd. 2, S. 178.

Verse gebracht. So lernte Brahms sie kennen und war von ihnen so angetan, daß er elf von den 25 Liedern selbst vertonte. Da er so offensichtlich in Wien mit den Texten vertraut gemacht wurde, entbehrt es der Wahrscheinlichkeit, wenn Kalbeck ihre Entstehung mit der winterlichen Konzertreise nach Budapest im Dezember 1887 in Verbindung brachte.[51] Er datiert die Entstehung der Zigeunerlieder, wie Brahms die seinen dann nannte, auf den Winter 1887/88. Alles, was er dazu an Fakten beibringt, bezieht sich aber auf die ersten Aufführungen der Lieder im Frühjahr 1888 in privatem Kreise, die Bekanntheit der Lieder im weiteren Brahms-Umfeld, die doch nicht von heute auf morgen entstanden sein kann, stützt denn auch eher die Annahme, daß sie bereits im 2. Thuner Sommer 1887 geschrieben wurden, zumal ein geselliger Anlaß, auch wenn Brahms selbst daran beteiligt war, schwerlich der Auslöser zur Komposition einer so umfangreichen Sammlung gewesen sein wird. Gelegenheitswerke in diesem vordergründigen Sinne waren sie gewiß nicht.

Die Geschichte selbst, die Kalbeck gerne zum Auslöser der Vertonung der Zigeunerlieder gemacht hätte, aber ist zu aufschlußreich für sein Wiener Umfeld, als daß sie hier nicht nacherzählt werden sollte; und sie ist auch umso authentischer, als Kalbeck und seine Frau selbst daran beteiligt waren. Soziologisch interessant ist schon, daß der ehelose Komponist, der ja kein „Haus“ im gesellschaftlichen Sinne führte, also schlechterdings nicht etwa in seine möblierte Wohnung einladen konnte, schon deswegen nicht, weil deren Vor- zugleich sein Schlafzimmer war, das man zuerst passieren mußte, um in seinen Wohnraum zu gelangen, gleichwohl zum Kristallisationskern eines mehr oder weniger fest umschriebenen gesellschaftlichen Zirkels geworden war.

Obwohl die musikalische Bildung der Frauen derjenigen der Männer in der musikalischen Gesellschaft der Zeit gleichkam, sie in manchem Falle wohl gar übertraf, blieb es eine männlich dominierte Gesellschaft. So hatten denn die ebenso musikinteressierten Damen des Wiener Brahms-Kreises sich, wie in der Zeit üblich, zu einem Kaffeekränzchen zusammengeschlossen, das sich „Kipferljause“ nannte nach dem verallgemeinernden Wiener Ausdruck für Kleingebäck und einer Kaffeestunde, und abwechselnd in den Wohnungen der beteiligten Damen traf. Manche Herren holten ihre gebildeten musikalischen Frauen gar nicht so ungern ab, bis Brahms gegenüber der attraktiven Marie Brüll, die er schon von ihrer Brautzeit aus Bad Ischl kannte, das Stichwort gab: „Naja, die Kuchen und die Rosinen gönnen Sie uns Männern nicht. Unser-

[51] M. Kalbeck: J. Brahms, Bd. 4, S. 95.

eins darf sich nur sehnsüchtig die Finger schlecken." Daraufhin wurden die Ehemänner und Brahms offiziell zu den Treffen eingeladen, der Kreis erweiterte sich sogar noch um den Sänger Gustav Walter und seine Tochter Minna, sodaß sich ganz von selbst ein Gesangsquartett, gelegentlich Doppelquartett, bildete. Minna Walter, Schülerin ihres Vaters, sang Sopran, die Schwester Ignaz Brülls, Hermine Schwarz, die Altpartie, Walter selbst war ein hervorragender und gesuchter Tenor, Max Kalbeck sang den Baß; Brahms selbst oder Ignaz Brüll begleiteten am Klavier.

Daß Brahms durch diesen Kreis zur Komposition der Zigeunerlieder veranlaßt worden sei, gehört sicher zur Legendenbildung um die Rolle Kalbecks nicht nur als Biograph. Brahms hat schon vorher das häusliche Quartettsingen für eine der wichtigsten Formen des Laienmusizierens gehalten und mit den „Liebeslieder"-Walzern und den opp. 31, 64 und 92 schon vor den Zigeunerliedern op. 103 Werke dieser Besetzung vorgelegt. Aber er hat es zweifellos genossen, sie in diesem Kreis ihm besonders wohlgesonnener Menschen gesungen zu hören. Marie Brüll erinnerte sich in einem Brief an Julie Kalbeck: „Als das Herrlichste des vielen Herrlichen ist mir in Erinnerung geblieben: die erste Aufführung der ‚Zigeunerlieder'. Und das war bei uns. Ich höre es noch: ‚Schönstes Städtchen in Alföld ist Ketschkemet' und ‚Täusch mich nicht'. Ich höre Walters warmen Ton, Minnas helle Höhe, Herminens dunklen Alt und die schöne volle Stimme Ihres Mannes, der, blond und lustig, mit seinem Riesenzeigefinger taktierte. Brahms aber stand, blauäugig und prachtvoll, vor dem Quartett und hatte seine Freude an den Sängern und an sich. Letzteres hat er sich ja nicht so leicht gegönnt. Auf einmal rannte er, wie aus der Kanone geschossen, in unser Kinderzimmer, zog unser nettes, feines, bescheidenes Fräulein Witzl heraus und brachte sie ins Musikzimmer. Sie mußte sich setzen und als ‚Urheberin' der Zigeunerlieder die Quartette anhören. Fräulein Witzl, eine gebürtige Ungarin, hatte nämlich Herrn Conrat, in dessen Hause sie gewesen war, auf die Originale der Lieder aufmerksam gemacht, sie aus dem Ungarischen ins Deutsche übersetzt, und Herr Conrat bosselte dann daraus die Verse. Das hatte ich Brahms erzählt, und es ist so recht Brahms gewesen, daran zu denken und dem bescheidenen Mädchen die Ehrung zu bereiten."[52]

Die Zigeunerlieder sind, mit teilweise wechselnder Besetzung, in verschiedenen Wiener Häusern gesungen worden zum großen Entzücken aller Mitwirkenden und Hörer. Bei einer dieser privaten Aufführungen in der Wohnung Gustav Walters, in der die seit seinem ersten Wiener

52 M. Kalbeck: J. Brahms, Bd. 4, S. 94.

Aufenthalt mit Brahms verbundene Karoline Gomperz-Bettelheim die Altpartie sang, war auch Eduard Hanslick zugegen und äußerte zu dem ebenfalls als Musikjournalist tätigen Kalbeck: „So wird die Kritik zwar nicht mundtot, aber doch unschädlich gemacht.“[53] Die unmittelbare Anmutungsqualität der Lieder bezauberte alle Hörer so nachhaltig, daß der Musikjournalismus seiner Mittler- und Multiplikatorenfunktion enthoben wurde. Im März stellte Billroth, der nach der überstandenen Krise der schweren Krankheit scheinbar so weitermachte wie vorher, sie in den Mittelpunkt einer glänzenden Gesellschaft in seinem Musiksalon mit 33 Gästen. Die Lieder erregten wieder allgemeines Entzücken, nur Brahms sah das mit gemischten Gefühlen: „… für die Zigeuner nützt das nichts mehr und sie scheinen mir doch recht unpassend für Deinen schönen Raum und den schönen Kreis darin!“[54] Eine so große Gesellschaft in so glanzvollem Rahmen entsprach nicht der Vorstellung von Hausmusik, für welche er die Lieder konzipiert hatte. - Daß er selbst inzwischen zum Gegenstand der Verehrung und als solcher ganz gegen sein Naturell unnahbar geworden war, geht aus einem Brief von Hermine Spies, die mit ihrer Schwester ebenfalls auf Billroths Gesellschaft zugegen gewesen war, an Marie Fellinger hervor: „Wie lieb ist er wieder gewesen! … Wenn ich ihm nur einmal sagen könnte, wie glücklich es mich macht, daß er so gut gegen mich ist; die Courage fehlt einem halt immer, wenn man ihn sieht.“[55] Das hat sicher zu seiner Vereinsamung in den letzten Jahren beigetragen.

Eine heute schwer verständliche Komplikation ergab sich, als Simrock das Erscheinen von op. 100 zum Anlaß nahm, einen Gesamtkatalog aller bis dahin erschienenen Brahms-Drucke vorzulegen, er legte ja großen Wert darauf, als **der** Brahms-Verleger par excellence im Musikleben zu gelten. Das war ihm sogar so wichtig, daß er 1888 Breitkopf & Härtel die Rechte an den frühen Klavierwerken abkaufte, die durch Vermittlung Schumanns dort erschienen waren. Nun war Brahms notorisch empfindlich gegen „runde“ Jubiläumszahlen. Das hatte sich schon beim Deutschen Requiem gezeigt, für das er die Zahl 50 um jeden Preis als Opusnummer vermieden wissen wollte. Jetzt regte er an, wenn es denn schon ein solches Verzeichnis geben müsse, wenigstens noch einige Opuszahlen über 100 hinaus abzuwarten. Er dachte verständlicherweise an musikhistorische Werkverzeichnisse wie das Köchel-Verzeichnis oder den Beethoven-Katalog seines verstorbenen Freundes Gustav

53 M. Kalbeck: J. Brahms, Bd. 4, S. 95.
54 Billroth und Brahms im Briefwechsel, S. 425.
55 Zitiert nach M. Kalbeck: J. Brahms, Bd. 4, S. 96.

Nottebohm, und die Unangemessenheit des Anspruchs, sich mit diesen Vorbildern zu vergleichen, zumal sein Werk ja noch nicht abgeschlossen war.

Simrock seinerseits hatte gar nicht so hoch gegriffen, sondern seinen Hauslektor Robert Keller mit der Erstellung dieses Verzeichnisses ohne wissenschaftlichen Anspruch beauftragt. Der hatte offensichtlich keine Ahnung von der Anlage eines thematisch-bibliographischen Verzeichnisses und daher etwa das Incipit jeder einzelnen Variation angegeben, was insgesamt ein Riesenopus ergab, das Brahms zum Verdruß Kellers rücksichtslos zusammenstrich. Aber der Interessenkonflikt war da: Simrock hatte an sich lediglich ein Verzeichnis derjenigen gedruckten Werke im Auge gehabt, die im Musikhandel verfügbar waren, aber zumindest billigend in Kauf genommen, daß daraus unter Kellers Händen ein Riesenunternehmen geworden war, das den Vergleich mit dem Köchel-Verzeichnis geradezu herausfordern mußte. Brahms hingegen wollte diesen ihm anmaßend erscheinenden Vergleich mit einem der großen Klassiker gerade vermeiden, der Simrock seinerseits gar nicht so unrecht war, fiel doch ein Abglanz davon auf sein Haus als **den** Hauptverleger des gegen seinen Willen in den Rang eines Klassikers Gehobenen. - Nach der erheblichen Reduktion auf ein vertretbares Maß stimmte Brahms schließlich nolens volens der Publikation zu, sträubte sich aber weiterhin, Daten zur Verfügung zu stellen, die nur er geben konnte, einmal weil er dem nicht Vorschub leisten wollte, schon zu Lebzeiten als Gestalt der Musikgeschichte dargestellt zu werden, zum anderen aber auch, weil er diese Daten entweder selbst nicht kannte oder schlicht verdrängt hatte, da er auch vor sich selbst keine Person der Zeitgeschichte sein wollte. Im Verlaufe dieses Buches sind mehrfach Zeugnisse dieses mangelnden Zeitbewußtseins zitiert worden. Geschichtsbewußtsein war für ihn vor allem kritisches Wertbewußtsein, und da hatten persönliche Daten wie Geburts- und Todesjahr der Eltern keinen Platz. Eduard Hanslick mußte schließlich vermittelnd eingreifen und ihm klar machen, daß etwa Daten der Erstpublikation eines Werkes eine buchhändlerische Notwendigkeit und weder unangemessen personenbezogen waren, noch einen ungewollten historischen Anspruch darstellten.

Das „Dreikaiserjahr" 1888 mit dem Tod des von Brahms verehrten Kaisers Wilhelms I. im März und dem seines damals bereits krebskranken Sohnes, Friedrichs III., auf den und seine Prägung durch die parlamentarisch kontrollierte Monarchie nach englischem Vorbild die liberale deutsche Intelligenzschicht vergeblich ihre Hoffnungen gerichtet hatte, im Juni begann für Brahms, wie ausgeführt, mit dem Neujahrskonzert im Leipziger Gewandhaus und der dortigen Erstaufführung des Doppelkonzerts, sowie der Vorstellung des c-Moll-Trios in einem Quartettabend in Leipzig. Bei dieser Gelegenheit waren Edvard Grieg und Peter Čaikovskij anwesend, und es kam zu einer Begegnung mit diesen ausländischen Musikern. Das Treffen mit Čaikovskij, der als Symphoniker in Deutschland noch so gut wie unbekannt war, was das sogenannte „zweite Zeitalter der Symphonie" als Schimäre erscheinen läßt, weil Brahms zu dieser Zeit sich aus der Gattung bereits wieder zurückgezogen hatte, litt unter der Duplizität ihrer nahezu gleichzeitig entstandenen Violinkonzerte, das von Čaikovskij war sogar noch früher im Musikleben, und Hanslick, im öffentlichen Bewußtsein stets näher mit Brahms in Verbindung gebracht, als der Realität entsprach, hatte es als „übelriechende Musik" bezeichnet. Das war sicher kein gutes Omen für die Begegnung, zumal die Entwicklung von Brahms zu seinem Spätstil mit der Formgestaltung Čaikovskijs schlicht unvereinbar war. - Das Doppelkonzert, immer noch nur im Manuskript, überließ er derweilen anderen Händen, ohne selbst noch einzugreifen: in Berlin brachte Bülow es heraus, in London Georg Henschel mit zwei Aufführungen, und auf dem Niederrheinischen Musikfest in Aachen erklang es ebenfalls.

Čaikovskij hat über ihre Begegnung berichtet. Danach waren die Musiker zum Abendessen bei dem Gewandhaus-Konzertmeister Adolph Brodsky eingeladen, in dessen Quartettabend Brahms am nächsten Tage sein Trio op. 101 aufführen wollte. Čaikovskij war zu früh gekommen, platzte in die Probe und fühlte sich von Brahms' langen grauen Haaren und dem Bart an einen „seelensguten russischen Geistlichen" erinnert. „Eine gewisse Weichheit und sympathische Rundung der Linien, ziemlich langes, dünnes Haar, gerade freundliche Augen, ein dichter graumelierter Bart, alles das erinnert weit eher an den Typus des echten Großrussen, wie man ihn besonders oft unter Personen geistlichen Standes" trifft. Aber die Wertschätzung Brahms'scher Musik in Deutschland erschien ihm unerklärlich. Für das russische Herz habe seine Musik etwas Trockenes, Nebelhaftes und Abstoßendes, es fehle vom russischen Standpunkt aus jede melodische Empfindung. Der musikalische Gedanke werde von Brahms eigentlich nie ganz ausgesprochen; kaum sei eine melodische Phrase angedeutet, werde sie schon von allerhand harmonischen Modulationen überwuchert, als ob der Komponist sich speziell zum Ziel gesetzt habe, unverständlich und tief zu sein. Er irritiere geradezu das musikalische Gefühl, befriedige dessen Bedürfnisse nicht und scheue sich, in dem Tone zu reden, der zu Herzen geht. Wenn man Brahms höre, müsse man sich fragen: ist er tatsächlich tief, oder kokettiert er nur mit der Tiefe seiner musikalischen Erfindung, um die äußerste Armut seiner Phantasie zu kaschieren? An anderer Stelle faßte er zusammen: „Brahms hat die Hoffnungen, die Schumann und nach diesem das ganze musikalische Deutschland auf ihn setzte, nicht gerechtfertigt. Er ist einer jener Komponisten geblieben, an denen die deutsche Schule so reich ist. Er schreibt fließend, gewandt, rein, aber ohne eine Spur von selbständiger Eigenart, indem er sich in endlose Variationen klassischer Themen verliert.“[56] Das Klischee von Brahms als epigonalem Traditionalisten und Klassizisten war eben nicht nur in Deutschland virulent.

Während dieser künstlerisch und gesellschaftlich rundum erfüllten Leipziger Tage stieß auch ein junger Mann aus Kiel zu Brahms, den Klaus Groth ihm empfohlen hatte, um sein Talent auf den Prüfstand des erfahrenen Komponisten zu stellen. Es war Gustav Jenner, der Einzige, den man mit Fug und Recht als Brahms-Schüler bezeichnen kann. Brahms hatte ihn bei seiner Ankunft aufgefordert, was er ihm zur Begutachtung mitgebracht habe, in sein Hotelzimmer zu legen. Natürlich wurde ins neue Jahr hineingefeiert, Jenner auf Brahms' Veranlassung ebenfalls dazu eingeladen. Dann kam die Erstaufführung des Doppelkonzerts, noch am selben Tage die Vorbereitung der Aufführung des c-Moll-Trios mit dem anschließenden Essen bei Brodsky. Am 2. Januar fand die Kammermusik mit dem Brodsky-Quartett statt, anschließend wurde bis spät in die Nacht gefeiert, Brahms immer unermüdlich dabei. Gleichwohl bestellte er den damals zweiundzwanzigjährigen Jenner für den nächsten Morgen bereits um sieben Uhr auf sein Zimmer, wo er ihn, nach dem Frühstück behaglich eine Zigarre rauchend, vorfand, zu seinem Erstaunen genauestens im Bilde über die ihm vorgelegten Kompositionen, und das trotz der Hektik der ereignisreichen Leipziger Tage. Ein Klaviertrio und ein Frauenchor mit Orchester fanden ungeachtet der positiven Resonanz, welche die Stücke des angehenden Komponisten in seiner Heimat Kiel gefunden hatten, kritische Betrachtung. Einen Frauenchor, also vier gleiche Stimmen, mit Orchester beurteilte Brahms selbst als „sehr schwer zu machen“. Entsprechend ablehnend fiel seine Kritik aus: „Schade um das schöne Gedicht“(von Klaus Groth). Wenig besser erging es dem Trio:

> Mit vernichtender Schärfe wies Brahms mir das Unlogische des Aufbaus nach; es war, als wenn alles unter seinen Händen zerbröckelte und das Ganze in seine einzelnen Teile auseinanderfiel. Mit wachsendem Schrecken sah ich, wie schwach und lose diese zusammenhingen; ich erkannte, daß das Band, das sie zusammenhalten sollte, weniger ein innerliches als ein äusserliches war: es war nichts weiter als das Schema der Sonatenform. Das Wesen der Form begann sich mir zu enthüllen, und ich begriff mit einem Male, daß es nicht genügend sei, hier und da einen guten Einfall zu haben; daß man nicht eine Sonate geschrieben hat, wenn

[56] Nach M. Kalbeck: J. Brahms, Bd. 4, S. 84f.

man einige solcher Einfälle äußerlich durch die Form der Sonate zusammenhält, sondern daß umgekehrt die Sonatenform mit Notwendigkeit aus den Gedanken hervorgehen muß. Schon jetzt machte ich die Erfahrung, daß gerade diejenigen Stellen, von denen ich mir am meisten versprochen hatte, Brahms gar nicht zu interessieren schienen. Bei solchen schwärmerischen Stellen, wo mein Herz höher klopfte, und mein Auge gespannt und angstvoll an dem seinen hing, tadelte er mit ruhiger Kälte „schläfrige und faule" Bässe, zeigte mir schwache Melodieen, indem er mit einigen Noten andere andeutete, die sowohl logischer waren, als auch den Gedanken erst klar und kräftig heraustreten ließen, der bei meinen Harmonieen sozusagen stecken geblieben und entwickelungsunfähig geworden war. So war es mir eine schmerzliche Enttäuschung, einzusehen, daß oft, wo ich meinte, das Beste geleistet zu haben, gerade da meine Erfindungskraft gestockt hatte ... Brahms zeigte mir, wie mein Blick mit wahrhaft rührender Zärtlichkeit an unwesentlichen Dingen gehangen hatte, während das Wesentliche, worauf es ankam, unbeachtet geblieben war. Naturgemäß traten die Mängel im langsamen Satz besonders stark hervor; doch ist es leicht verständlich, wenn ich bekennen muß, daß gerade dieser Satz voll jugendlicher Schwärmerei mein Stolz war: und so fiel denn die ganze Pracht dieses geliebten Adagios als eine bittere Enttäuschung vor meinen sehenden Augen in ein leeres Nichts zusamen. Für meinen Schmerz aber, den Brahms wohl mitempfinden mochte, hatte er nur den zweifelhaften Trost: „Ein solches Adagio ist das Schwerste."

Im Scherzo hatte ich mich „originell" gebärdet. Meine Kieler Freunde und, wenn ich mich recht erinnere, sogar die Zeitungen hatten nach einer öffentlichen Aufführung die Originalität des Stücks laut gerühmt. Leider hielt auch sie nicht stand; diese Originalität verwandelte sich allgemach in einfachen Unsinn. Wir kamen merkwürdig schnell über diesen Satz hinüber, und wohlmeinend sagte Brahms: „Nicht wahr, Sie versprechen mir, so etwas nicht wieder zu schreiben."[57]

Der Umgang mit einem ratsuchenden jungen Komponisten, wie Jenner ihn schilderte, sagt fraglos auch eine Menge über Brahms' Formverständnis aus und bestätigt die Analysen und die Entwicklung seines Schaffens. Jenner hatte sich in Sicherheit gewiegt durch Brahms' joviales und kollegiales Verhalten während der Leipziger Tage und hatte jetzt das Gefühl, der Grund, auf dem er sich so sicher gewähnt hatte, breche unter seinen Füßen weg. Aber er blieb objektiv genug festzustellen: „trotz der unbarmherzig harten Beurteilung, die meine Arbeiten von ihm erfuhren, fiel nicht ein ironisches Wort, stets erschien alles durch ein vertrauenerweckendes Wohlwollen gemildert zu werden."

Es war beinahe schon Ironie des Schicksals, daß Jenner auf der Rückreise wieder mit Čaikovskij zusammentraf, dem er schon in Leipzig vorgestellt worden war. Nachdem ihm Brahms mit Nachdruck klargemacht hatte, daß es ihm an systematischen satztechnischen Studien mangele, nicht ohne einen bedenklichen Blick auf sein Alter und die Frage, ob es zum Nachholen nicht eigentlich schon zu spät sei, lag es nahe, daß der

[57] G. Jenner: Brahms als Mensch, Lehrer und Künstler. Marburg 1905, S. 6ff.

verunsicherte junge Mann nun auch Čaikovskij um seine Meinung fragte. Er legte ihm daher dieselben Kompositionen vor, die er Brahms gezeigt hatte und erinnerte sich später, was dann geschah: Čaikovskij „sprach viel mehr als Brahms, aber in weit unbestimmteren Ausdrücken. Es war viel von schöner Stimmung die Rede und allgemeinen Dingen, die sich alle mehr auf den Charakter des vorliegenden Musikstücks bezogen. Brahms dagegen packte den Bau des Stückes von Grund aus an, und mit sicherem Blick legte er die Schwächen der musikalischen Struktur bloß, so daß das Ganze schon sehr fest gefügt sein mußte, wenn es nicht jedes Haltes und Gehaltes zu entbehren scheinen und alle schönen Träume und mit ihnen alle ‚schöne Stimmung' und Begeisterung vor diesem unbarmherzigen Blick in nichts zerstieben sollte." Zwar hatte ihm Brahms gewissermaßen den Boden unter den Füßen weggezogen, aber sein Urteil begründet und einsehbar gemacht, wohingegen er bei Čaikovskij spürte: „sein Urteil hatte nichts Förderndes für mich, es war in dieser Beziehung völlig unfruchtbar und wertlos: ich konnte daraus nichts lernen .... Begreiflicherweise hatte ich öfter Neigung, mit ihm über Brahms zu sprechen, doch ich merkte, daß Brahms ihm unbehaglich war, er fühlte sich offenbar von seiner Persönlichkeit abgestoßen."[58] Damit stand für Gustav Jenner fest, daß er bei Brahms besser aufgehoben sein würde, und als er Gönner fand, die ihm Reise und Aufenthalt finanzierten, siedelte er im Frühjahr 1888 nach Wien über und wurde Brahms' einziger direkter Schüler.

Schon im Herbst 1887 hatte Brahms mit Joseph Viktor Widmann über eine weitere Italien-Reise gesprochen und korrespondiert. Er schätzte den Journalisten und gebildeten Literaten als Reisegenossen so, daß er ihn zu einer gemeinsamen Reise nach Sizilien einlud, zu der dieser jedoch noch nicht konnte. Da sie zuletzt auch über Carlo Gozzis Theaterstücke und ihre Eignung als Opernstoff gesprochen hatten, legte er Brahms nach „König Hirsch", den er schon 1877 als Opernstoff für ihn aufbereitet hatte, ein weiteres Librettokonzept nach Gozzi vor. Aber inzwischen hatte Brahms seine Opernpläne, die er immer wieder einmal ventiliert hatte, endgültig ad acta gelegt: „Habe ich Ihnen nicht von meinen schönen Prinzipien gesprochen? Dazu gehört: keine Oper und keine Heirat mehr zu versuchen." Da der Freund sich nun schon wieder seiner Opernpläne wegen, die er in klarer Erkenntnis dessen, daß Dialog und Dramatik nicht seine Sache waren, doch nie ernstlich betrieben hatte, vergebens bemüht hatte, zog er die Sache ins Ironische und münzte sie um in eine Einladung mit der Überlegung, „wieviel Geld ich spare und

[58] G. Jenner: Brahms als Mensch, Lehrer und Künstler. Marburg 1905, S. 14f.

für eine italienische Reise übrig habe - wenn ich zum Sommer nicht heirate und mir keinen Operntext kaufe."

Aber so leicht ließ Widmann sich nicht abschütteln, wollte auch ungern Reisekosten als Geschenk annehmen. In diese Hängepartie platzte Billroth mit seinem Plan einer gemeinsamen Reise nach Spanien und Ägypten, an der Widmann ebenfalls teilnehmen sollte. Aber der blieb mit seinem Wunsch, die Reisekosten nur als Honorar für ein Libretto anzunehmen, hartnäckig, bis Brahms die Diskussion beendete: „Über Einzelheiten habe ich übrigens gar nicht nachgedacht. Mir will nur die ganze Sache nicht eingehen, ich weiß nicht, warum überhaupt, und wann und wo ich da eigentlich mit Musik anfangen und aufhören soll. Es ist mir bei dieser Art Opern so, als ob sie mit etwas mehr Mühe und Sorgfalt eben einfach Schauspiele geworden wären (Von den hergebrachten Tanz-, Trink- oder Jagdliedern und den nötigen Balladen sehe ich ab.) - Robert Fuchs hat eine Oper vor, und es gefällt mir eigentlich, daß er gar nicht den ganzen Text zu Hause hat, nur die maßgebenden Stücke für die Musik!"[59] Oper als eine Erscheinung des Theaters, die nicht gut genug gemacht ist, um als Sprechtheater bestehen zu können: nein, Brahms blieb ziemlich unbeeindruckt von der zeitgenössischen Diskussion um das Musiktheater. Wenn man solche Äußerungen liest, kann man eigentlich nur froh sein, daß er klug genug war, sich nicht auf das Terrain der Musikdramatik zu begeben, für dessen Notwendigkeiten er offensichtlich so wenig Verständnis aufzubringen vermochte.

Die Reisepläne hinsichtlich Spaniens wurden schließlich aufgegeben, auch sein Lieblingswunsch, wieder nach Sizilien zu fahren und Widmann dessen Schönheiten zu zeigen. Der ungewöhnlich lang andauernde Winter dämpfte seine Reiselust ebenso wie eine Reihe bedrückender Ereignisse, zu denen man auch den Tod Kaiser Wilhelms I. rechnen darf. Noch tiefer berührte ihn das langsame Sterben Rudolf von Beckeraths. Ernst Fanck war in geistige Umnachtung verfallen und mußte in die Heilanstalt Ober-Döbling bei Wien gebracht werden, was damals eben nichts als ein Realität verdrängender Euphemismus war. Der Tod Beckeraths berührte ihn so tief, daß er es nicht über sich brachte, seiner Witwe auch nur ein paar Zeilen zu schreiben und begründete dieses Manko vor sich selbst damit, er könne zum Tod des Freundes nur Trauriges schreiben und traurig sei die hinterbliebene Witwe ohnehin genug.

Widmanns Stolz, nichts anzunehmen, was er nicht wenigstens vor sich selbst als Honorar rechtfertigen konnte, hatte zwar nicht die ganze Italien-Reise, aber zumindest die Sizilien-Pläne zu Fall gebracht, als sich

59 Briefwechsel Bd. 8, S. 72f, 77.

doch noch ein Ausweg auftat: seine Zeitschrift, der Berner „Bund“ wollte über eine Ausstellung in Bologna berichten und Widmann übernahm das Referat. Die geplante Reise war gerettet, wenn sie auch nur bis Rom führte und Sizilien nicht mehr in Frage kam. Sie begann an Brahms' 55. Geburtstag in Verona, dann wurde zunächst das Pflichtprogramm in Bologna absolviert, bevor man über Rimini, San Marino, Ancona, Loreto und Spoleto nach Rom ging. Auf der Rückreise hielten sich die beiden Freunde noch mehrere Tage in Florenz auf, bevor Brahms über Andermatt zum dritten Mal in seinen Sommersitz Thun fuhr.

Kaum waren die beiden aus Italien zurückgekehrt, lösten die ersten öffentlichen Reden des jungen Kaisers Wilhelm II. eine Meinungsverschiedenheit zwischen ihnen aus, nachdem sich Widmanns Bund kritisch über die großsprecherischen und nationalistischen Töne des neuen Kaisers ausgelassen hatte. Zwar räumte auch Brahms ein: „Als ich die kaiserliche Rede neulich las, blätterte ich still um und wünschte, es möge nicht gerade jedes Wort gesprochen oder genau wiedergegeben sein.“ Aber dann zeigte sich doch, wie stark er geprägt war von der Enttäuschung der Romantik darüber, daß trotz der Befreiung Deutschlands von der fremden Okkupation durch eine veritable Volkserhebung dem deutschen Volke das Leben in einem durch gemeinsame Sprache und Kultur definierten einheitlichen, gemeinsamen Volksstaat verwehrt geblieben war. Zumal als im Ausland Lebender hatte er die Reichsgründung von 1871 wie viele andere als späte Erfüllung dieses Volkswunsches gesehen. Schließlich hatte er in seiner Jugend an den Auseinandersetzungen um Schleswig-Holstein, dem Strom der Ungarn-Flüchtlinge und dem deutsch-österreichischen Krieg, der ihm zunächst die Rückkehr nach Wien verwehrte, hautnah erlebt, was die fortdauernde territoriale Aufsplitterung des Landes bedeutete. Nach dem raschen Tod Kaiser Friedrichs III., von dem sich die deutsche Intelligenz eine Hinwendung zur konstitutionellen Monarchie erwartet hatte - wahrscheinlich zu Unrecht -, übertrug man diese Hoffnung erst einmal auf den jungen Monarchen, sah ihm den jugendlichen Überschwang nach. Wie er nach dem Tode seines Vaters mit seiner Mutter umgesprungen war und unter welchem bestimmenden Einfluß er stand, war damals noch nicht bekannt und erkennbar. So verteidigte Brahms denn den jungen Kaiser gegen den befreundeten republikanischen Journalisten:

> Ihre Auslassung darüber bedauere ich. Aber so übt man eben Kritik über alles, was aus Deutschland kommt, die Deutschen aber gehen darin voran. Das ist in der Politik wie in der Kunst so. Wenn das Bayreuther Theater in Frankreich stände, brauchte es nicht so Großes wie die Wagnerschen Werke, damit Sie und Wendt und alle Welt hinpilgerten und sich für so ideal Gedachtes und Geschaffe-

nes begeisterten. Hätte ein Gambetta oder Garibaldi über den Elsaß gesprochen, wie jetzt der junge Kaiser, es würde sehr allgemein in den Blättern etwa so lauten: „Das sind keine Worte, das sind lebendige Flammen, die nicht zu löschen sind! Das sind Waffen, denen nicht zu widerstehen! Zurück mit dem Elsaß, nicht bloß das Recht, auch solche Begeisterung verlangt und erzwingt es."

Selbst die N[orddeutsche] Z[eitung][60] wagt es nicht, an diesen Worten zu mäkeln. Sie sind ja kein Staatsakt, auch nicht etwa vor dem Denkmal öffentlich gesprochen. Ein junger Mann von noch nicht dreißig Jahren sprach sie, das Glas Wein in der Hand. Der Wortlaut steht nicht sicher, nur der Sinn, und hinter diesem steht unter allen Umständen das ganze Volk. Das einzige Wort aber, das uns stören möchte, wir haben es nicht sprechen hören und kennen den Zusammenhang nicht genau, aber den einfachen Sinn des Satzes entstellt es nicht, nur wegwünschen möchte der feiner Empfindende das unbedachte, ja unschickliche Wort. Aber auch der N[orddeutschen] Z[eitung] kann es ja ganz unmöglich einfallen, es aufbauschen und darüber aufbrausen zu wollen.[61]

Abgesehen von der beiläufigen Äußerung über Wagner und Bayreuth, die so manches Lügen straft, was bis heute über seine Einstellung zu Wagner kolportiert wird, zeigt der Brief eigentlich nur, in welchem Maße der fünfundfünfzigjährige Brahms geprägt war von der in der deutschen Intelligenz weit verbreiteten Erwartungshaltung gegenüber dem jungen Kaiser, die gespeist wurde aus der Enttäuschung der Romantik über die partikularen Interessen Dutzender Territorialfürsten, die sie am Willen des Volkes vorbei durchgesetzt hatten. Es wäre allerdings ein gravierender Fehler, diese Verteidigung Wilhelms II., zwei Monate nach seinem Regierungsantritt geschrieben, nun zu projizieren auf seine künftige Politik, wie sie sich dann ausbildete, insbesondere auf Erscheinungen wie sein sogenanntes „persönliches Regiment" oder gar auf unser heutiges Wissen über die gespaltene Persönlichkeit des letzten Kaisers. Brahms konnte auf Zeiterscheinungen eben nur als Zeitgenosse reagieren, nicht mit dem Wissen eines späteren Historikers.

Es geht ein Zug tiefer und mitunter bitterer Resignation durch die Textvertonungen der späten Vokalwerke. Ohne die Sonderstellung der Vier ernsten Gesänge schmälern zu wollen, darf man vielleicht sagen: was sie für Brahms' gesamtes Vokalschaffen sind, das sind die fünf Chöre op. 104 im Bereich seines weltlichen Chorlieds, auf den er danach nicht mehr zurückkam. So streng ihre musikalische Form ist, so ausdrucksstark sind die Chöre und damit im Sinne der Romantik zugleich Aussprache seines eigenen Ichs. In dem letzten Stück dieses op. 104 vertont er nicht mehr Lyrik eines Dichters, da spricht der Mensch Brahms:

60 Sie galt als Sprachrohr Bismarcks.
61 Briefwechsel Bd. 8, S. 89f.

Ernst ist der Herbst, und wenn die Blätter fallen,
Sinkt auch mein Herz zu trübem Weh herab.
Sanft wird der Mensch. Er sieht die Sonne sinken,
Er denkt des Lebens wie des Jahres Schluß.
Feucht wird das Aug', doch in der Träne Blinken
Entströmt des Herzens seligster Erguß.

Dieses Herbstlied Klaus Groths scheint zugleich das älteste der Lieder aus op. 104 zu sein, denn schon im August 1886, dem ersten der drei Thuner Sommer, schickte er es zusammen mit dem für Hermine Spies komponierten „Komm bald“ op. 97 Nr. 5 an Theodor Billroth.[62] Es gehört also eng zusammen mit den beiden Duosonaten op. 99/100 und dem Trio op. 101. Noch im November desselben Jahres ging das Chorlied an Spengel nach Hamburg mit der Bemerkung, daß es eigentlich mehr für Klaus Groth bestimmt sei. Von Januar 1887 an spielt es auch eine Rolle im Briefwechsel mit den Herzogenbergs.[63] Die Vertonung von Kalbecks „Letztem Glück“ (Nr. 3) sandte er dem Textdichter im August 1888, auf den Tag genau zwei Jahre nach dem Herbstlied. Kalbeck hatte es ihm bereits 1875 als Manuskript geschenkt, woraus die Vermutung resultiert, daß es schon zu den „allerlei“ Vertonungen nach Kalbeck gehört haben könnte, von denen Brahms 1877 gesprochen haben soll.[64] Doch ist diese Angabe zu vage, als daß sie eine derartige Konkretisierung zuließe. Nachweisbar wird das Stück erst mit dem angegebenen Datum, und auch stilistische Gründe machen es unwahrscheinlich, es bereits in die Pörtschacher Sommer zu datieren. Auch das dritte dieser resignierten und des Lebens müden Stücke, „Verlorene Jugend“, dürfte der gleichen Zeit angehören, sodaß die Lieder, wie auch die beiden, vielleicht etwas früher entstandenen, Rückert-Gedichte (Nr. 1 und 2) sämtlich auf den letzten Thuner Sommer 1888 hindeuten, also in unmittelbarer zeitlicher Nachbarschaft zur Vollendung der 3. Violinsonate d-Moll op. 108 und sicherlich in mehr als einer zeitlichen zu den Fest- und Gedenksprüchen stehen, mag es sich bei den Nachtwachen dabei auch nur noch um eine letzte Überarbeitung vor der Publikation gehandelt haben. Die erste Gesamtaufführung fand im April 1889 auf einem öffentlichen Abend des Wiener Tonkünstlervereins statt, die Nummern 2 und 5 hatte Julius Spengel einige Tage vorher mit dem Hamburger Caecilien-Verein herausgebracht, einige der Chöre waren jedoch schon im Jahre 1888 privat im Hause von Arthur und Bertha Faber in Wien erklungen, wie Brahms

62 Billroth und Brahms in Briefwechsel, S. 398.
63 Vgl. Briefwechsel Bd. 2, S. 144f, 152, 157, 193 und 201ff.
64 Vgl. M. Kalbeck: J. Brahms, Bd. 3, S. 333.

Frau Schumann berichtete.[65]

Rückerts „Nachtwache" I (Leise Töne der Brust) hat Brahms zweimal für Chor komponiert, beide Male kanonisch, zuerst noch in der frühen Hamburger Zeit, wo sie in den Stimmheften des Hamburger Frauenchors vorkommt (vgl. op. 113 Nr. 10). In der Ausformung als Chorlied spielt ebenfalls der Kanon eine große Rolle, allerdings in freierer Form; es handelt sich mehr um ein Alternatim der beiden Klanggruppen der Frauen- und Männerstimmen, wobei jeder Melodieabschnitt in der anderen Stimmgruppe wiederholt wird. Zunächst erfolgt die Wiederholung auf der Untersept, dann werden die Stimmen getauscht, die Wiederholung geschieht daher auf der Obernone. Dazwischen steht ein zweiteiliges Übergangsglied, in dem der betreffende Melodieabschnitt auf der Oberquinte wiederholt wird.. Diese Kleingliedrigkeit der musikalischen Arbeit, die Kombination von antiphonischer und Kanontechnik entspricht dem in den späten Chorwerken angestrebten neuen musikalischen Formbild, das sich mit den traditionellen Formschemata nicht mehr wiedergeben läßt. - Die eigentümlich starke und eindringliche Wirkung, die von diesem Lied ausgeht, entzieht sich weitgehend der sprachlichen Darstellung, weil sie nicht auf einzelne bestimmbare Stilmittel zurückgeht. In der formalen Konzentration sind andere Chöre dem Stück überlegen, wieder andere übertreffen es an Ausdrucksgestaltung. Seine Geschlossenheit, die Einheit von Text und Vertonung nach Inhalt, Melodie und Satz machen jedoch das Lied zu einem der eindrucksvollsten unter Brahms' Chorwerken.

Der letzte Pentameter des zweiten Lieds, ebenfalls einer „Nachtwache" nach Friedrich Rückert, am Grabe gesungen, wurde der musikalische Abschied der Welt von dem, was an Brahms sterblich war: „Lösche die Lampe getrost, hülle in Frieden dich ein". Kein Stück nach dem Anfang des 51. Psalms ist so von der Allgegenwart des Themas bestimmt. Aber im Unterschied zu der frühen Motette, in der es um konstruktive Bindung ging, ist es bei der zweiten Nachtwache nur mehr ein Motiv, das Horizontale und Vertikale beherrscht, die fragende Quarte abwärts „Ruh'n sie?" von der Tonika zur Dominante und die antwortende aufwärts „sie ruh'n!" zurück zur Tonika. Dieser Hornruf beherrscht die ganze Melodie, wird gleich zu Beginn imitiert vom Tenor, dann vom ersten und schließlich vom zweiten Baß aufgenommen. In den beiden Baßstimmen bleiben er und seine Umkehrung fortlaufend gegenwärtig und bestimmen die Harmonik. Aus dem Hornruf wird in den letzten fünf Takten durch die Wiederholung des oberen Tones ein Glockenklang-

[65] Clara Schumann - Johannes Brahms. Briefe. Bd. 2, S. 341.

Motiv, im Sopran durch den fallenden Dreiklang tonmalend kontrapunktiert. Dieses zweite Stück der letzten Sammlung weltlicher Chorlieder ist nicht weniger eindrucksvoll als das erste, in den musikalischen Mitteln womöglich sogar noch stärker vereinheitlicht. Daß Brahms in einem Umfang, der die Grenzen des Möglichen streift, dem Chore gibt, was ihm erreichbar ist, macht den ästhetischen Rang dieser Stücke aus.

Eine weitere Lösung des Formproblems in den späten Chorliedern und zugleich eine der eigenwilligsten Liedschöpfungen von Brahms überhaupt ist das „Letzte Glück“ nach Max Kalbeck, dem späteren Biographen, ein Lied sozusagen ohne Melodie, oder doch wenigstens eines, dessen Melodie beinahe ständig überlagert ist, verdeckt, wie im Herbst alles gedämpfter ist, nur gelegentlich hervorbrechend. Dabei ist das Lied, dessen Oberstimme sich regellos ständig zu verändern scheint, von großer Einfachheit, denn es besteht nur aus drei verschiedenen Melodiezeilen, die - geringfügig abgewandelt - das ganze Stück durchziehen, sie gehen lediglich von einer Stimme in die andere über. Im Wechsel von vier- und fünftaktiger Phrase liegen die beiden ersten Melodiezeilen bereits im Alt, während der Sopran als eigentliche Oberstimme bei der ersten nichts als harmonische Stütze, bei der zweiten lediglich Gegenstimme ist. Die, wie so oft bei Brahms, als Gruppe zusammengefaßten Männerstimmen sind gegen die Frauenstimmen um ein Viertel verschoben, wodurch der Rhythmus etwas Gleitendes, wenig Konsistentes erhält, über dem bewegungslos die Oberstimme liegt, sodaß vom ersten Ton an der Zusammenhang von musikalischer Form und Gefühlsausdruck („Leblos gleitet Blatt um Blatt“) bis zur Vollkommenheit hergestellt ist.

Ohne daß an der musikalischen Substanz Wesentliches geändert ist, bekommt der zweite Abschnitt durch den Stimmtausch zwischen Frauen- und Männerstimmen ein völlig neues Gewicht, weil jetzt die Melodie in den Baß verlegt ist. Erst in der dritten Gruppe von 4+5 Takten übernimmt der Sopran die Melodie, schließt aber der etwas veränderten ersten Melodiezeile eine neue an, die gleich darauf vom Tenor imitierend noch einmal aufgenommen wird. Mit diesem Tenoreinsatz, der nach einem Takt von Alt und zweitem Baß kontrapunktiert wird, ist die Regelmäßigkeit von 4+5 Takten unterbrochen zugunsten stärker kontrapunktischer Arbeit. Bevor diese aber wiederum mit der neu eingeführten Melodiezeile zwischen Sopran und Tenor fortgesetzt wird, bringt noch einmal der 1. Alt, eingebettet in den vollstimmigen Satz, das erste Motiv in der Form seines ersten Auftretens, nur eine Terz tiefer und in F-Dur statt des Moll. Der Schluß endlich greift auf den Anfang des Liedes zurück, sodaß so etwas wie ein Reprisenbar aaba' entsteht. Das Lied ist also eine Art Verbindung einer der klassischen Liedformen mit Brahms' spezifischem Altersstil.

Der böhmische Volksliedtext „Verlorene Jugend" (Brausten alle Berge) erscheint in diesem Umfeld als eher schwächeres Stück. Es ist offenbar angelegt als Steigerung der Märznacht aus op. 44. Brahms benutzt in beiden gleiche Stilmittel wie den Wechsel von Dur zu Moll und den Kanon zwischen Alt und Sopran. Waren in dem relativ frühen Stück jedoch alle Stimmen daran beteiligt, was ihm neben dem Ausdruck erst das musikalisch Zwingende verlieh, so bilden hier die drei unteren Stimmen nur noch die harmonische Stütze. Daß gerade die Wendung der Naturbilder aufs Persönliche, den Gedanken an die verlorene und nicht wiederkehrende Jugend, ins Dur aufgehellt wird, ist eine schwer vermittelbare Entscheidung des Komponisten, und es ist nicht sicher, ob sie so zu deuten ist wie im Parzengesang.

Das letzte der Lieder des op. 104, Klaus Groths „Im Herbst" (Ernst ist der Herbst), legt allein aus stilistischen Erwägungen den Schluß nahe, der durch den historischen Befund bestätigt wird, daß nämlich dieses Stück das zeitlich am frühesten entstandene in dieser Sammlung später Chorlyrik ist. Es steht seinen melodischen und formalen Merkmalen wie seiner ganzen Haltung zum musikalischen Ausdruck nach der Gruppe der mittleren Chorwerke um op. 62 herum noch näher als die beiden ersten Chöre aus op. 93a.

Zu den Werken, die Brahms 1888 in Thun neu komponiert hat oder für den Druck fertig machte, gehören auch fünfzehn Lieder, die er auf die Opera 105 bis 107 verteilte. Die erste der im Druck erschienenen Sammlungen, op. 105, enthält allein drei der bekanntesten Brahms-Lieder; von einem Nachlassen der Produktivität kann mithin auch auf diesem Gebiet keine Rede sein. Die Lieder Nr. 1, 2 und 5 aus op. 105 entstanden schon 1886 im ersten der drei Thuner Sommer. Sie sind nicht nur in seinem, allerdings nicht immer zuverlässigen, Taschenkalender mit diesem Entstehungsdatum belegt, sondern auch dadurch, daß er sie schon damals zur Kopiatur an Billroth sandte.[66] Hermine Spies hat bei ihrem Besuch in Thun die beiden ersten Lieder gesungen, durch sie lernte auch Elisabet von Herzogenberg sie kennen.[67] Dagegen scheint es mir relativ weit hergeholt, daß Kalbeck den Seitensatz der Violinsonate op. 100 aus dem ersten der Lieder op. 105 als Zitat herleiten will.[68] Dieser steht in dem Violinstück in einem bestimmten Kontext, der sich her-

66 Billroth und Brahms im Briefwechsel, S. 398ff.
67 Briefwechsel Bd. 2, S. 132.
68 M. Kalbeck: J. Brahms, Bd. 4, S. 20.

leitet aus der schrittweisen Weiterentwicklung eines Themas, das in dem Lied op. 97 Nr. 5 eine Rolle spielt, das er andererseits mit dem Preislied des Walter Stolzing aus Wagners Meistersingern assoziierte. Wenn eine Melodie so unterschiedliche Deutungen ihrer Herkunft zuläßt, zeigt sich allein daran, daß es sich um relativ allgemeines Gut handelt, das erst durch die konkrete kompositorische Behandlung seine personalstilistische Färbung erhielt. Den Kopfsatz einer Duosonate gleich auf zwei verschiedene Lieder zurückführen zu wollen, heißt aber, das Prinzip der instrumentalen Lyrik für zwei Instrumente, welches im Grundsatz unstreitig ist und auch für diese Sonate gilt, überzustrapazieren. Brahms' Prinzip des Spätstils, die formentwickelnde Variation, hat logischerweise die Folge, daß die Weiterentwicklung eines Themas sich dem Phänotypus einer anderen Melodie, welche dem gleichen Umbildungsprozeß unterliegt, in bestimmter Weise annähern kann, ohne daß man deswegen von einem Zitat oder der strukturellen Übereinstimmung des jeweiligen Typus sprechen dürfte. Das ist gewiß ein Grund mit dafür, daß Brahms so allergisch gegen die assoziative Reminiszenzenjagd mancher Musikkritiker war.

Das erste der Lieder aus op. 105 ist nicht nur eines der bekanntesten Lieder von Brahms überhaupt, sondern der Text aus Klaus Groths „100 Blättern" (1854) trifft so völlig Brahms' Lyrikverständnis: „Wie Melodien zieht es mir leise durch den Sinn", der eher musikalische, noch vorsprachliche und nicht begriffliche Gedanke, den man auch optisch („wie Frühlingsblumen blüht es") und mit dem Geruchssinn („schwebt wie Duft dahin") wahrzunehmen scheint, alles bleibt fiktiv, alle Wahrnehmungen sind nur „wie" Melodien, Blumen oder Duft. Doch sobald dieses vorbegriffliche Gefühl sprachlich konkretisiert und in Begriffe gefaßt wird („doch kommt das Wort und faßt es"), schwindet die Farbigkeit des Gefühls („wie Nebelgrau erblaßt es") wie der Reiz der lyrischen Unbestimmtheit. Nur die musikalische Einkleidung des vom Wort konkretisierten Gedankens vermag, „mild aus stillem Keime", noch dem Sinn, der sich seine Sensibilität für die Valeurs vorbegrifflicher, gefühlsbestimmter lyrischer Stimmungen bewahrt hat, etwas davon erfahrbar zu machen. Das entsprach seinem Verständnis der lyrischen Gattung Lied und begründet zugleich noch einmal, warum er, selbst mit dem voll entwickelten musikalischen Können seines Spätstils, davor zurückscheute, sprachliche Kunstwerke von hohem ästhetischem Rang zu vertonen, weil er eben die Vertonung solcher Lyrik als redundant ansah.

Es ist daher besonders interessant zu sehen, wie er die Komposition eines solchen Textes anlegte, der an sich die Existenzfähigkeit sprachlicher Lyrik negiert, die er gleichwohl ist, und seine Einbettung in als solche sprachlose Musik fordert, die ihn legitimiert. Kaum ein anderes Brahms-Lied ist so von der Harmonik determiniert wie dieses, obwohl es in dieser Zeit keine Melodie gibt, die nicht ihren Gesetzen unterläge. Aber hier ziehen ja nicht Melodien durch den Sinn, sondern „es" zieht „wie" Melodien. Die beiden ersten Takte liegen harmonisch unbewegt, im Akkord verharrend, auf der Tonika; die Septime wird in ihrem gebrochenen Akkord eine Oktave aufwärts geführt und in ihm zur Tonika zurückgeleitet, aber mit vorgeschaltetem Quart- bzw. Nonvorhalt. Das heißt nach dem Urgesetz der Melodiebildung, das schon in der einstimmigen Gregorianik strukturbildend wirkt, wird der sprungweise durchmessene Tonraum anschließend ganz oder partiell schrittweise ausgefüllt: die harmonische Erscheinung des gebrochenen Akkords beginnt, sich zur Melodiegestalt zu formen. In den drei folgenden Takten setzt sich dieser Prozeß fort: über liegenden Harmonien mit gebrochenen Akkorden schreitet die Melodie mit Vorhalt und Wechselnoten über die Subdominante und die Tiefalteration von deren Terz, das terzverwandte B-Dur, das in einem Neapolitaner-Verhältnis zur Grundtonart steht, in die Tonika zurück mit den charakteristischen kleinen Schritten abwärts (gis-fis-f-e), ebenfalls einem musikalischen Ursymbol, das Wehmut, Schmerz oder Trauer ausdrückt und bei Brahms besonders häufig als Ausdrucksträger eingesetzt wird. Man denke etwa an die prägnanztypische Ausprägung in der „Warum?"-Motette aus op. 74.

Die nächste Zeile ist bestimmt von dem Bild der Frühlingsblumen und ihres Duftes, die jene noch vorbegriffliche Vorstellung assoziieren, welche „wie Melodien" dem lyrischen Ich durch den Sinn geht. Brahms reagiert sogleich auf diesen Wechsel, indem er die Melodie von der Ausfüllung harmonischer Funktionen weg konkretisiert entsprechend dem Bild, das Gegenstand des Textes ist. Aber wir befinden uns in der Gruppe seiner späten Werke, infolgedessen geschieht dies im Sinne der weiterentwickelnden Variation. - Brahms hat auch dieses Lied als variiertes Strophenlied angelegt, wiederholt jedoch die letzte Zeile der dritten Strophe, welche die Empfänglichkeit empfindsamer Sinne für diesen vorsprachlichen Gefühlsgehalt gesungener Lyrik ausdrückt, in einer langgezogenen Katabasis, jener absteigenden Melodielinie, welche die an der antiken Rhetorik ausgebildete musikalische Figurenlehre des 17./18. Jahrhunderts als Ausdruck der Trauer und der Wehmut ausgebildet hat. Er macht sie sogar besonders eindringlich, indem er sie mit einer Heterolepsis (auf die Wiederholung der Wörter „ein feuchtes Auge") sozusagen noch über ihren Endpunkt hinaus verlängert. Das alles erschließt sich letztlich nur der Stilanalyse und der musikalischen Interpretation. Aber es ist intuitiv auch für den Hörer erfahrbar durch die verstehende und einfühlende Interpretation, die mehr versteht, als sie rational durchdringt. Das hat dieses Lied zu einem der beliebtesten und meistgesungenen von Brahms gemacht.

Dasselbe gilt mutatis mutandis für das zweite der Lieder aus op. 105, Hermann Linggs „Immer leiser wird mein Schlummer", das die Sehnsucht nach einer letzten Wiederbegegnung mit einem geliebten Menschen vor dem Tod behandelt, ein typisches Spätzeitthema für Brahms. Das Lied in cis-Moll beginnt ohne Vorspiel mit einer Melodie über dem Quartsextakkord, welcher der Harmonik etwas Instabiles gibt, die nachschlagenden Rhythmen unterstreichen diesen Zug, der Schlummer ist nicht mehr tief und erholsam, sondern wird zunehmend von einem Albtraum verdrängt. Dem stehen die für Brahms personaltypischen Terz- und Sextparallelen entgegen, die harmonisch stabilisierend und vertraut wirken: der Schlummer wird zwar leiser und ungewisser, bleibt aber immer noch lustbetont. Wie hätte man diesen Schwebezustand treffender einfangen und wiedergeben können?

Die Vertonung der zweiten Strophe beginnt Brahms gleich mit der zweiten Melodiezeile: der Kummer, der „wie ein Schleier" über dem lyrischen Ich lag, wird gleichsam konkretisiert als der Traum, von dem geliebten Menschen gerufen zu werden. Aber niemand hört mehr den Ruf und öffnet dem Rufer. Bei diesem Albtraum verfremdet Brahms die Harmonik stark und geht durch Chromatisierung gleich mehrerer Töne von cis-Moll unmittelbar in die Dominante von C-Dur (wieder als Quartsext-Akkord), das er sogar noch durch die Subdominante festigt. Aber sobald wieder von der Befindlichkeit des lyrischen Ichs die Rede ist, von seinem Erwachen und bitterlichen Weinen, leitet er über deren Dur-Parallele zurück in die Ausgangstonart cis-Moll.

In der dritten Strophe zitiert er den Gedichtanfang nur noch instrumental: der immer leiser werdende Schlummer ist nur noch Erinnerung, der Text beginnt mit der zweiten Melodiezeile: der Kummer, der zunächst nur als Schleier über dem noch Schlummernden lag, wird nun wach und ganz konkret bewußt; und erst jetzt stellt sich heraus, daß es sich eigentlich um ein Frauenlied handelt: „Ja, ich werde sterben müssen, eine And're wirst du küssen, wenn ich bleich und kalt." Aber der Tod hat für den alternden Brahms nichts Erschreckendes mehr, die Sextparallelen der Begleitung werden beibehalten, nur am Schluß eine Oktave tiefer in dunklere Klangregionen verlegt. Ohne Zwischenspiel springt Brahms gleich in die letzte Strophe, wieder mit der zweiten Melodiezeile beginnend, denn der Text konkretisiert die Todesahnung zeitlich: „eh die Maienlüfte weh'n". Geradezu gestisch variiert Brahms den melodischen Duktus der Stelle, die in der ersten Strophe zunächst verbunden war mit der Befürchtung, der Geliebte könne kommen und niemand ihn mehr hören und ihm die Türe öffnen, nach oben mit dem geradezu flehenden „willst du mich noch einmal sehen?“, um dann in einen sehnsüchtig weiten Melodiebogen überzugehen: „komm, o komme bald“. Der aber ist resignierend abwärts gerichtet, denn es bleibt offen, ob Wunsch und Hoffnung noch erfüllt werden, denn schon bald könnte es zu spät sein. - Es bleibt zu bewundern, wie differenziert und subtil der späte Brahms auf seine Texte eingeht, wie ihm hier noch einmal so bedeutende, psychisch begründete romantische Lieder gelingen, obwohl seine Kompositionstechnik zu dieser Zeit eher zur rationalen Entwicklung seiner Ideen tendierte. Es wird etwas spürbar davon, warum es in dieser Phase so schwierig wurde, ihn als junger Komponist mit Werken zu überzeugen, denn was diese späten Lieder offenbaren, ist ja nicht nur von einem tiefen psychischen Einfühlungsvermögen geprägt, wie es nur eine lange und leidvolle Lebenserfahrung ausbildet, sondern zeugt zugleich von einem langen Prozeß der Entwicklung eines ihm entsprechenden künstlerischen Ausdrucks- und Gestaltungsvermögens.

Es ist ein Phänomen, daß die Musiköffentlichkeit, Hörer wie Sänger, diese düsteren, schwerblütigen Lieder des späten Brahms in solcher Breite aufgenommen hat. Freilich haben sie damit die Vorstellung von ihm einseitig verschoben, und man darf nicht vergessen, daß dieser schwermütigen und düsteren späten Chor- und Sololyrik ja die Zigeunerlieder unmittelbar vorausgingen. - Op. 105 enthält noch ein weiteres Lied mit dieser Charakteristik, das ebenfalls zu seinen bekanntesten gehört: „Auf dem Kirchhofe“ nach Rochus von Liliencron. Der Text hat Brahms wohl besonders angesprochen, entwickelt er doch einen Gedanken, der ihm sogar in die Gestaltung des Schicksalsliedes op. 54 hineingekommen war. Das Lied beschwört eine richtige Totensonntags-Stimmung, den Besuch der Gräber an einem „regenschweren und sturmbewegten“ Tage, die Grabsteine sind teilweise bereits verwittert, die Namen kaum noch zu lesen, „auf allen Gräbern fror das Wort. Gewesen.“ Und dann kommt die Wendung, um derentwillen er wohl das Gedicht vertont hat: so tot die Gräber daliegen, die Pflanzen verdorrt und erfroren sind, „auf allen Gräbern taute still: Genesen“. Breite Arpeggien peitschen in der Klaviereinleitung den Sturm übers Land, während die Singstimme erst einmal eher erzählenden Charakter hat. Die beiden ersten Strophen sind, veranlaßt durch die Parallelität der Texte, weitgehend gleich behandelt. Nur am Schluß bricht Brahms aus der Erzählhaltung des Gesangs aus und erhebt die Singstimme zu einem ausdrucksshaft, resigniert gestischen „Gewesen“, herabsinkend, aber, und das ist sicher für ihn und seine Textumsetzung symptomatisch, ohne Kadenz, offen bleibend auf der Dominante; das ist eben doch nicht das definitive Ende. Die letzte Strophe steht in der Durvariante des bislang herrschenden tragischen c-Moll; zwar ist der Begriff „Särge“ mit einer Katabasis umgesetzt, einer absteigenden Linie, denn sie wurden ja in die Erde hinabgelassen. Aber mit der Hoffnung auf das „Genesen“ tauchen die bekannten Brahms-Sexten auf und liefern einen Beitrag zur Semantik dieser melodisch-harmonischen Kopplung, die für ihn so personaltypisch ist, die Konnotationen, die ihre Verwendung offensichtlich für ihn hatte.

Es ist keineswegs so, daß alle späten Lieder auf so schwermütige Endzeit-Texte geschrieben sind, sie dominieren aber die allgemeine Vorstellung von ihnen. Gleich das erste Stück der folgenden Sammlung op. 106 spiegelt eher die Stimmung des jüngeren Brahms wieder und beschwört Eichendorff-Stimmung mit einer lauen Sommer-Mondnacht, einem rieselnden Brunnen im Garten, „so recht für verliebte Leut“. Drei Studenten bringen ihrer Angebeteten ein Ständchen. Aber das Gedicht ist eben nicht von Eichendorff, sondern von dem (Kunst-) Historiker, Zeichner, Radierer und Hobbydichter Franz Kugler. Die biedermeierlich-romantische Szene führt der Schlafenden das Bild des Geliebten vor Augen, und dann endet die Eichendorff-Idylle mit der Plattitüde: sie „lispelt: ‚vergiß nicht mein!‘“ Auch dieses gehört zu den bekanntesten Brahms-Liedern, denn er hat die Stimmung musikalisch eingefangen. Die Klavierbegleitung imitiert ein Zupfinstrument (im Text ist von einer Zither die Rede); ein breiter Melodieaufschwung über eine Oktave mit Quartauftakt malt den Berg, über dem der Mond steht, dann läßt sich auch die Melodiestimme einfangen von dem klimpernden Präludieren des Zupfinstruments. Der jugendlich frische, unbekümmerte Ton, den Brahms hier mitten zwischen den Endzeitstücken getroffen hat, springt unmittelbar über und hat das Lied zu einem der populärsten gemacht. - Das letzte Lied dieser Sammlung ist dagegen wieder von einer verbitterten Resignation mit einer Stimmung, wie sie aus Schuberts Winterreise vertraut ist. Auch hier geht es um einen Wanderer, der im Grunde ohne Ziel ist, nur seinen „Weg der Leiden“ geht, keine Heimat mehr hat und die Welt nur noch da liebt, wo einmal sein Grab sein wird.

Von den Liedern op. 107 hat keines diese hohe Popularität erreicht. Immerhin gehört die Geschichte von dem Salamander, den ein Mädchen ins Feuer wirft, nicht ahnend, daß ihm dort erst so richtig wohl ist, wobei das Feuer natürlich für die Liebe steht, noch zu den bekannteren Brahms-Liedern. Das gilt ebenso für das unbeschwerte Mädchenlied, das dem fröhlichen Zwitschern eines nestbauenden Schwalbenpaars die Frage stellt, ob es sich vom vorigen Jahr her die Treue gehalten habe, oder ob die Schwälbin wie das fragende Mädchen gerade erst zur Braut geworden sei. Brahms faßt den Text in eine dreiklangsbetonte, fröhliche Melodie, welche in der lautmalenden Klavierbegleitung ihre Entsprechung findet. Aber sie wäre nicht von Brahms, wenn die Sequenzen nicht in einen übergeordneten Intervallrahmen von der Tonika zur Quinte der Dominante eingebunden wären.

Doch das letzte dieser Lieder fällt schon wieder in die düstere Stimmung zurück. Es handelt sich um den Typus des Spinnerliedes, wie es zumindest seit Schuberts Gretchen am Spinnrad und Wagners Senta im Fliegenden Holländer zum festen Typus geworden war. Nach getaner Tagesarbeit in Feld und Stall fanden die jungen Frauen der Dorfgemeinschaft sich abends beim Spinnen zusammen, es wurde gesungen, Märchen und Sagen erzählt, Erlebnisse und Gefühle ausgetauscht, mitgefühlt und -gelitten, natürlich auch der neueste Klatsch durchgehechelt. Daher kommt das Sprichwort „Spinnen am Abend, erquickend und labend", wer nämlich schon tagsüber Zeit hatte zu spinnen, hatte nichts in Haus und Hof zu besorgen, war arm oder gebrechlich. Das Spinnen der jungen Frauen diente aber zugleich der Herstellung ihrer Aussteuer, des Brautschatzes und war ebenfalls ein freudiges Erlebnis, denn die wurde traditionsgemäß besonders schön und mit viel Liebe gestaltet und diente der Vorbereitung des Schritts ins eigene Hauswesen mit einem möglichst strammen und liebenswerten Burschen.

Beim Spinnen kam es auf die Gleichmäßigkeit des Fadens an, daher der Gesang im Dreiertakt, dessen Rhythmus den Arbeitstakt regelte. Das Spinnerlied ist ein typisches Arbeitslied und Brahms hat den Typus aufgegriffen mit vier Achteln, die mit dem Niedertreten das Spinnrad antrieben und denen, die das leichtere Wiederaufheben des Fußes begleiteten, zugleich als Auftakt zum erneuten Niedertreten. Doch das Lied steht in h-Moll, der „schwarzen Tonart", wie Beethoven sie einmal charakterisierte. Denn für eines der Mädchen, dem sich die beiden letzten Strophen zuwenden, ist die Arbeit eben nicht „erquickend und labend", es hat keinen Liebsten und keine bevorstehende Hochzeit in Aussicht. Es benötigt keinen Brautschatz, nicht nur die Arbeit daran ist sinnlos, ihm droht vielmehr das ewige Alleinsein, der Status der „alten Jungfer", des Spottobjekts der Dorfgemeinschaft, und die lebenslange Abhängigkeit von den Eltern und dem Bruder als Hoferben samt eingeheirateter Schwägerin. Da spielt eben wieder sein eigenes Schicksal als eines „Abseiters" eine Rolle, der es niemals zu einer festen Bindung gebracht hatte. Die starke Ichbeziehung, die neben der Gefühlsbetontheit eines der Kennzeichen des romantischen Liedes ist, bleibt mithin von der Liebestreu als dem ersten gedruckten Lied von Brahms bis zum letzten weltlichen Text, den er vertont hat, konstant.

Es sieht ein bißchen so aus, als habe Brahms den Sommer 1888 im Wesentlichen zum Aufarbeiten begonnener und nicht zum Abschluß gebrachter Vorhaben benutzt. Das war schon bei den Liedern so und bestätigt sich bei dem anschließenden Opus, der 3. Violinsonate d-Moll op. 108. Brahms hat sie zusammen mit der 2. Cellosonate op. 99 und der 2. Violinsonate op. 100 1886 in Thun konzipiert und die ersten Sätze aller drei Werke an Billroth zum Kopieren geschickt. Dann aber verliert sich die Spur, und von den Duosonaten wurden nur die Opera 99 und 100 fertiggestellt. Da sowohl das Autograph als auch die Abschrift, die dem Druck zugrunde gelegen hat, verschollen sind, kann man auch nicht vom Quellenbefund her argumentieren. Und wie so oft in derartigen Fällen, hat Kalbeck aus der Widmung an Hans von Bülow eine Begründung für die Verzögerung gerade dieses Werkes abzuleiten versucht und Brahms unterschoben. Belegbar ist für den Sommer 1886 lediglich der erste Satz. Ob Brahms in diesem Sommer überhaupt an dem Werk weitergearbeitet hat und wie weit er gegebenenfalls damit vorangekommen ist, bleibt einstweilen unklärbar, das heißt, ob alle folgenden Sätze oder anderenfalls welche in den Sommer 1886 oder den von 1888 zu datieren sind, muß unentschieden bleiben. Daß Brahms, wie Kalbeck argumentiert,[69] bereits bei der Konzeption mit dem schwierigen Klavierpart an Bülow gedacht und die Sonate wegen des ungeklärten Verhältnisses zu ihm zurückgelegt habe, ist durch nichts belegt und erscheint auch wenig wahrscheinlich, denn es ist kaum glaubhaft, daß er ein ernstlich begonnenes Werk aus einem solchen Grunde abgebrochen haben sollte. Im dritten Thuner Sommer 1888 jedenfalls schloß er sie ab; am 13. August ging sie an Theodor Billroth,[70] Herzogenbergs erhielten sie im Oktober[71] und gaben sie im November an Clara Schumann weiter.[72] Sie spielte sie bereits im Dezember 1888 auf einer Gesellschaft in ihrer Wohnung. Die öffentliche Uraufführung fand am 21. Dezember 1888 wieder in Budapest mit Jenö Hubay und Brahms am Klavier statt, nachdem beide sie zuvor im Hause Billroths geprobt hatten.

Selbst unter den spezifischen Lösungen von Brahms' späten Sonaten-Hauptsätzen stellt derjenige der 3. Violinsonate eine Besonderheit dar, man kann sogar die Frage stellen, ob man hier wirklich noch von Themen im Sinne des Sonatendualismus sprechen kann. Die Solovioline bewegt sich anfangs merkwürdig formelhaft im Tonikaakkord, die ei-

69 M. Kalbeck: J. Brahms, Bd. 4, S. 22.

70 Billroth und Brahms im Briefwechsel, S. 396ff.

71 Briefwechsel Bd. 2, S, 200ff.

72 Clara Schumann - Johannes Brahms. Briefe. Bd. 2, S. 362ff; vgl. auch B. Litzmann: Clara Schumann. Bd. 3, S. 511ff.

gentliche musikalische Bewegung vollzieht sich im Baß mit einem Stufengang abwärts a-g-f-e-d-(e)-c, der in seiner Gesamtheit eher die Leiter der Molldominante repräsentiert und in der rechten Hand der Begleitung unisono und daher besonders nachdrücklich, aber rhythmisch verschleiernd um ein Achtel versetzt, verstärkt wird. Akkord- und tonikabetonte Oberstimme gegen schrittweise ausgefüllte Rahmenintervalle der Molldominante im Baß, bestätigendes Unisono gegen rhythmische Verschleierung, dann ein Nachsatz, welcher die Tonikaparallele F-Dur betont und in deren Hauptakkord mit g vor a und des vor c nachdrücklich zurückleitet, jedoch dieselben Töne im folgenden Takt als g und cis notiert, die ebenso in die Tonika zurückleiten, häufen schon allerhand Konfliktstoff für künftige Entwicklungen auf. Gleich anschließend hebt Brahms die Baßlinie durch Oktavverdopplung und Austerzung noch besonders ins Bewußtsein. Die Vorhaltbildung der Takte 3/4 greift er in Takt 11 bis 13 wieder auf und verselbständigt sie: in der Violine wird der Grundton d von es und cis eingekreist, zugleich aber von as im Klavier in Frage gestellt, beides führt zur Tonart des Neapolitaners Es-Dur, die aber lediglich als instabiler Quartsext-Akkord auftritt und über die Subdominante zur Dominante A-Dur geführt wird. In verdeckter Zweistimmigkeit greift das Klavier in T. 13 die Baßlinie des Anfangs wieder auf, während in T. 16ff nun auch die Dominante a mit Leitton von oben und unten eingekreist und im Klavier B-Dur als Neapolitaner der Dominante eingeführt wird. Die Ausbildung formentwickelnder Varianten, in der Violine als solche der Motive erkennbar, hat in der Klavierbegleitung mit der Harmonik deutlich eine zweite Dimension erhalten.

Während die Mittel des Brahmsschen Spätstils weiterentwickelt wurden, ist die Anlage des Sonatensatzes mit einem zweiten Thema auf der Tonikaparallele (T. 48) strikt beibehalten. Allerdings wird man sich auch hier fragen müssen, ob man es mit einem echten Seitensatz zu tun hat, denn es handelt sich um eine Fortentwicklung der Takte 11ff und 16ff mit einer Umspielung der Dominante a-b-a-g-a-, jetzt in der Funktion einer Terz der Tonikaparallele F-Dur, und auch deren Dominante tritt auf (T. 50f) mit c-d-c-h-c. Harmonisch werden sie mit den aus dem Hauptsatz übernommenen Leittonschärfungen verbunden: e und des gegen b beziehungsweise g und as gegen h. Es besteht also kein Zweifel: der Seitensatz ist nichts als eine formentwickelnde Variante des Hauptsatzes. Das hat selbstverständlich Konsequenzen für die Durchführung. Sie wäre ja eigentlich der Ort der motivischen Verarbeitung und Entwicklung. Dieses Prinzip ist jedoch in der Exposition, insbesondere mit dem Verhältnis von Haupt- und Seitensatz, bereits verbraucht. Er hat deswegen ein ganz anderes Gestaltungsmittel gefunden: die gesamte

Durchführung verläuft über der Dominante der Grundtonart als Orgelpunkt. Da aber Haupt- und Seitensatz auf identischem Material beruhen, ist es einseitig und wird der tatsächlichen Entwicklung des Stücks nicht gerecht, wenn man sagt, die Durchführung verarbeite ausschließlich Material des Hauptsatzes. Aber dieses Mißverständnis macht deutlich, wie sehr das im Kern beibehaltene Sonatenprinzip beim späten Brahms von anderen Gestaltungsprinzipien überlagert wird und wie sehr die Deutung Brahms' als eines Traditionalisten und konservativen Klassizisten in der Beethoven-Nachfolge am Kern der Sache vorbeigeht. Geblieben ist eben nur noch das Gerüst, während die phänomenale Gestaltung längst ganz anderen Gesetzmäßigkeiten unterliegt.

Die Bezogenheit der Binnensätze aufeinander ist auch bei Brahms selten so augenfällig wie bei seiner 3. Violinsonate, denn das relativ kurze Adagio im 3/8-Takt, dessen Bewegung sich in zwei Variationsstufen beschleunigt, steht in der gleichnamigen Durtonart, also D-Dur, während das Scherzo in dessen Dominantparallele fis-Moll steht. Aber über diesen tonalen Bezug hinaus geht die motivische Verknüpfung der beiden Sätze, indem das volltaktige fallende Motiv mit Wiederholung des tieferen Tones im Scherzo wieder aufgegriffen wird, aber nun auftaktig mit der Betonung auf der ersten unteren Note. - Das Thema des Finales basiert wieder auf gegenläufigen Elementen, wenn es die harmonischen Funktionen Dominante-Tonika-Subdominantparallele-Subdominante mit vollgriffigen Akkorden herausstellt, in der Solovioline aufsteigend, im Klavier in Gegenbewegung mit den aufsteigenden Grundtönen im Baß, in der rechten Hand dagegen absteigend, wobei sich auf den Taktschwerpunkten wieder ansatzweise eine Terzenkette (a-f-d-b-g) ergibt. Auch hier sind also wieder komprimiert gegenläufige Prinzipien im Spiel, die sich im weiteren Verlauf entfalten lassen, was den Eindruck der strengen Determination der Formentwicklung des späten Brahms ausmacht.

Ebenfalls im dritten Thuner Sommer 1888 begonnen wurde eine Gruppe von doppelchörigen Motetten, das erste Mal, daß Brahms regelrecht doppelchörigen Satz schrieb, nachdem er durch die Spaltung des Chorklanges schon seit den frühen Chorwerken so häufig mit scheinbarer Doppelchörigkeit gearbeitet hatte. Dabei schwebte ihm wohl so etwas vor wie die Preußischen Festlieder (1642) von Johann Eccard, die im 19. Jahrhundert im Protestantismus fast das Ansehen und die normative Kraft des Palestrina-Stils in der katholischen Kirchenmusik genossen, besonders verständlicherweise in der Kirche der Preußischen Union. Allgemeiner wollte er den Titel dann doch schon gehalten wissen; so wurde Deutsche Fest- und Gedenksprüche erwogen und wieder verworfen, da zu leicht im politischen Sinne mißzuverstehen. Im Grunde sind die Texte für jedes Volk verwendbar bei entsprechenden Gelegenheiten wie nationalen Gedenktagen. Doch wurde auch der Zusatz des Adjektivs „Nationale" zwar diskutiert, aber ebenfalls wieder aufgegeben. Es blieb schlicht bei Fest- und Gedenksprüche. Die wieder verworfenen Titelvorschläge lassen jedoch eindeutig den Kontext erkennen, in den er diese Chöre gestellt wissen wollte, wenn auch ohne Einschränkung auf die deutsche Nation.

Es war von der Intention der Stücke daher eigentlich nur konsequent, daß der Berliner Domchor am 21. März 1933 bei dem Festakt in der Potsdamer Garnisonkirche, wo der greise Reichspräsident Hindenburg als Repräsentant eines demokratischen Staates, noch immer in der Uniform eines Kaiserlichen Feldmarschalls, und der neu ernannte Reichskanzler Hitler am Grabe Friedrichs II. von Preußen erstmals gemeinsam auftraten, was für den Nationalsozialismus solche symbolische Bedeutung hatte, daß er den „Tag von Potsdam" jährlich feierte, diese Chöre sang: „Wo ist ein so herrlich Volk, zu dem Götter also nahe sich tun als der Herr, unser Gott, sooft wir ihn anrufen?" Doch dann kommt jener Vers, dessen Mahnung an diesem Tage des Jahres 1933 überhört wurde: „Hüte dich nur und bewahre deine Seele wohl, daß du nicht vergessest der Geschichte, die deine Augen gesehen haben, und daß sie nicht aus deinem Herzen komme all' dein Leben lang." Die Geschichte aber, die das Volk Gottes gesehen hatte und die es nicht vergessen sollte, findet sich im 4. Buch Moses, Kapitel 25, wie Gottes Zorn über sein Volk hereinbrach, weil es sich von ihm abgewandt hatte, und es seine Gnade erst dadurch wiedererlangen konnte, daß es die Götzendiener aus seinen Reihen verstieß und tötete. Aus der Rückschau ist es also beinahe eine erschreckende Prophetie, daß diese Worte an dem Tag erklangen, an dem Kräfte entfesselt wurden, die einen Kontinent in Trümmer und die Welt in ein Meer von Blut und Tränen stürzten.

Im Gegensatz zu dem Zwillingswerk op. 110 hat Brahms die drei Motetten, die er zu op. 109 zusammenfügte, nicht einfach mit der Gattungsbezeichnung als Titel herausgegeben, sondern sie als nationale Feiermusiken bezeichnet, denn nur aus verlegerischer Zweckmäßigkeit blieben die Adjektive „deutsch" und „national" schließlich doch weg.[73] Daß die Stücke dann im Druck dem Hamburger Bürgermeister Petersen gewidmet wurden, führte zu der Annahme, ihre Komposition sei veranlaßt worden durch die inzwischen erfolgte Verleihung der Rechte eines Ehrenbürgers der Hansestadt, an der Bürgermeister Petersen neben Hans

[73] Vgl. Briefwechsel Bd. 11, S. 219f und 224.

von Bülow, von dem die Anregung dazu ausgegangen war, den maßgeblichen Anteil gehabt hatte. - Nun ist die Widmung der Druckausgabe als Geste des Dankes an den Bürgermeister und den Senat gedacht, die Entstehung des Werkes hat jedoch mit dieser Zweckbestimmung nichts zu tun.

An welche Anlässe Brahms wirklich bei der Vertonung dieser Sprüche gedacht hat, schrieb er im Mai 1889 an Bülow: „Es sind drei kurze hymnenartige Stücke für achtstimmigen Chor a cappella, die geradezu für nationale Fest- und Gedenktage gemeint sind, und bei denen recht gern gar ausdrücklich die Tage Leipzig, Sedan und Kaiserkrönung angegeben sein dürften. (Doch besser nicht!)“[74] Ausdrücklich ließ er in diesem Zusammenhang Bläserverstärkung zu. Daraus ergibt sich klar, welche patriotischen Gedenktage Brahms mit den Fest- und Gedenksprüchen meinte: den Tag der Völkerschlacht bei Leipzig (16.-19. Oktober 1813), den Fall der Festung Sedan (1. September 1870) und die Gefangennahme Kaiser Napoleons III., sowie die Kaiserproklamation von Versailles (18. Januar 1871). Zwei dieser Gedenktage gehören der damals neuesten Geschichte zu. Es ist ebenso zeitbedingt, daß darunter zwei Gedenktage deutscher Siege über Frankreich sind, wie es der starken Bindung von Brahms an das Nationalgefühl und das patriotische Pathos seiner Zeit entspricht, daß er die Mitwirkung von Bläsern bei der Aufführung dieser Stücke ausdrücklich zuließ, was ja augenscheinlich auf ihre Darbietung unter freiem Himmel zielte. Allerdings war der Patriotismus des „Drei-Kaiser-Jahres“ 1888 noch nicht jener säbelrasselnde Nationalismus, für den patriotische Feiern ohne Militärmusik undenkbar waren.

Gustav Ophüls[75] und nach ihm viele weitere Autoren haben op. 109 denn auch in die Nähe des Triumphliedes op. 55 gerückt und für „eine musikalische Verherrlichung der großen Ereignisse von 1870 und 1871“ (so Ophüls a.a.O.) erklärt. Demgegenüber muß aber betont werden, daß diese Chöre erst volle siebzehn Jahre nach diesen auch Brahms begeisternden Ereignissen entstanden sind und folglich in keinem unmittelbaren Zusammenhang damit stehen dürften. Eine Feiermusik für nationale Gedenktage muß ja nicht unmittelbar durch die Ereignisse, derer gedacht werden soll, angeregt sein. Schließlich hat Brahms bewußt auf eine genaue Festlegung verzichtet, sie läßt sich auch weder aus dem Text, noch der Musik direkt herleiten. Die außerdeutsche Aufführbarkeit der Stücke hätte ihn jedenfalls wie beim Triumphlied bestimmt nicht abgehalten,

74 Briefwechsel Bd. 4, S. 184.
75 G. Ophüls: Brahms-Texte. 1898, S. 484.

wenn es ihm darauf angekommen wäre, bestimmte Ereignisse musikalisch zu verherrlichen, diese auch unmißverständlich zu bezeichnen. - „Doch besser nicht!“, hatte er an Bülow geschrieben, und das kann doch wohl nur heißen, daß er eben lediglich nationale Fest- und Gedenksprüche hat schaffen wollen, bei deren Komposition er an ganz bestimmte Gedenktage gedacht haben mag, ohne daß jedoch diese Werke einer Verherrlichung konkreter Ereignisse dienen sollten, denen die betreffenden Gedenktage gewidmet waren.

Ob die Vertonung dieser Texte wirklich im 3. Thuner Sommer 1888 erfolgte, oder die Konzeption weiter zurückreicht, ist nicht belegbar. Der Versuch, sie bereits auf 1886 zurückzuversetzen, ist bloße Spekulation. In der handschriftlichen Text- und Gedichtsammlung, die er sich angelegt hatte und die aus dem Besitz der Wiener Brahms-Gesellschaft in den der Städtischen Sammlungen überging, stehen die Texte in unmittelbarer Nachbarschaft der Motetten op. 74 Nr. 1, die Beschäftigung mit ihnen muß also zumindest zurückreichen in den zweiten der Pörtschacher Sommer 1877. Der Anfang des ersten Spruches aus Psalm 22, Vers 5-6 soll sogar bis in die Zeit des Triumphliedes op. 55 selbst zurückreichen. Brahms hatte ihn geplant als Baritonsolo zwischen dessen drittem und viertem Teil. Nun wird man sicherlich keine direkte Verbindung zwischen diesem verworfenen Baritonsolo und der Motette op. 109 Nr. 1 herstellen dürfen, er hat lediglich einen Text, der ihn angerührt hatte, für den ihm jedoch die angemessene Gestaltung noch nicht gelungen war, später wieder aufgegriffen.

Wirklich belegbar sind die Motetten op. 109 erst nach ihrer Vollendung; sie spielen zum ersten Mal in dem zitierten Brief an Hans von Bülow vom 30. Mai 1889 eine Rolle, als Brahms wegen einer Aufführung der neuen Werke auf dem Hamburger Musikfest im September anfragte. Wenn eine Anmerkung Otto Gottlieb-Billroths zutrifft,[76] hat Brahms die Chöre bereits einen Monat früher mit einem Brief, aus dessen Text das freilich nicht eindeutig hervorgeht, an Billroth geschickt. Der April 1889 bezeichnet also wohl den Abschluß der Arbeit an den Spruchmotetten. Als sie dann Anfang Juni über Julius Spengel in Hamburg an Simrock gingen, sollte der in weniger als zwei Wochen den Druck der Stimmen besorgen, damit die Stücke noch vor der Sommerpause des erweiterten Caecilien-Vereins geprobt und im September im Rahmen der Hamburger Gewerbe- und Industrie-Ausstellung uraufgeführt werden konnten.

Wie kaum ein anderes von Brahms' a-cappella-Chorwerken rechnet

[76] Billroth und Brahms im Briefwechsel, S. 444.

der erste der Fest- und Gedenksprüche mit dem massiven Klang eines großen gemischten Chores; bei der Uraufführung waren 350 Sänger auf dem Podium. Daß er hier satztechnisch Neuland betrat, äußert sich wohl auch darin, daß er in jedem der drei Teile des Stücks die Doppelchörigkeit anders handhabt, sodaß dem Hörer kaum bewußt wird, wie die äußeren Teile durch die gleich thematische Substanz zusammenhängen. Unisono beginnt der 2. Chor mit einem absteigenden Dreiklangsmotiv,

zu welchem im zweiten Takt der 1. Chor hinzutritt mit einer zweitaktigen Phrase, die ihrer Substanz nach nichts ist als eine harmonisierte Ausfigurierung des Unisono-Dreiklangs vom Anfang. Der gleiche Vorgang wird anschließend mit einem aufsteigenden Dreiklangsmotiv wiederholt, darauf nochmals mit einem eine Stufe höher ansetzenden aufsteigenden Dreiklang. Anschließend bringt der 2. Chor, immer noch unisono, eine anderthalbtaktige Phrase, die sich wieder als Ausfigurierung auf ein kadenzierendes Motiv zurückführen läßt. Dann erst wird auch der 2. Chor zur Vierstimmigkeit ausgefächert, und diese Phrase bildet mit imitatorischen Einsätzen den Schluß des ersten Abschnitts.

Standen im ersten Teil die beiden Chöre im Verhältnis von prägnanter Urform und deren Ausfigurierung zueinander, so nimmt der zweite das am Schluß des ersten eingeführte Prinzip der Imitation auf, der Zusammenhang ist mithin trotz der unterschiedlichen Gestaltungsweisen vorbereitet und gewahrt. Freilich handelt es sich nicht um das Prinzip der abschnittweisen Durchimitation der älteren Motette, sondern um eine der Chöre untereinander, was Brahms zugleich Gelegenheit gibt, das Formprinzip des Parallelismus membrorum der hebräischen Psalmdichtung ins Musikalische umzusetzen. - Im Schlußteil, der von der - offenbar im Hinblick auf das archaische Notenbild gewählten - 3/2-Vorzeichnung zum 4/4-Takt übergeht, verwischt Brahms die doppelchörige „coro spezzato"-Technik zugunsten eines achtstimmigen polyphonen Satzes, doch bricht auch hier noch die bei Brahms immer wieder zu beobachtende vertikale Spaltung in Frauen- und Männerstimmen durch. Motivisch greift dieser Teil zurück auf das Material des Anfangs, komprimiert dieses jedoch. Mit der letzten Phrase wird der Satz flächiger; die beiden einzigen Imitationen liegen im 1. Chor, während der 2. mehr Begleitfunktion hat.

In der zweiten Motette verarbeitet Brahms Texte aus dem Evangelium des Lukas (11;21 und 17), greift aber gerade nicht auf die bekannten Kernsprüche zurück, sondern bewußt auf Stellen, die außer ihm so leicht niemand anders vertont hätte. Das zeigt einmal mehr, wie unorthodox er mit geistlichen Texten verfuhr, aber auch, wie genau und kritisch bewußt er die Bibel gelesen hat. So schrieb er über den Anfang der zweiten Motette an Joseph Viktor Widmann: „Haben Sie die theologische, die jesuitische Spitzfindigkeit in Nr. 2 der Sprüche nicht gemerkt? (Oder nur darüber geschwiegen.) Ich wollte schon vorher Sie immer einmal fragen, ob so etwas eigentlich erlaubt ist.“[77] Damit ist ein Problem des Sinns dieser Motette angedeutet, aber eben nur fragend: wer ist der „starke Gewappnete“? Dem Wortlaut der an dieser Stelle überlieferten Christus-Worte nach eindeutig der Teufel. Oder muß man gar aus dem ursprünglich geplanten Titelzusatz „deutsch“ oder „national“ nicht die Folgerung ziehen, daß der Komponist in diesem Zusammenhang überhaupt nicht an einen metaphysischen Bezug seines Werkes gedacht, sondern ganz konkret das Deutsche Reich, seinen Kaiser und seine politische Macht gemeint hat.

Brahms hat auch darüber, wie meistens in solchen Dingen, geschwiegen. Wenn er aber schon zu einem Bibeltext griff, ist unwahrscheinlich, daß er - zumal im Kontext einer Reihe von geistlichen Kompositionen in kirchlichem Stil - dabei nicht an den transzendentalen Bezug gedacht haben sollte. Kalbeck und alle, die ihm gefolgt sind, machten es sich hinwieder zu leicht, wenn er einfach feststellte: der „starke Gewappnete“ ist Beelzebub und Brahms hat dieses Christuswort umgedeutet.[78] Gewiß ist Beelzebub gemeint, aber Christus spricht von ihm in einem Vergleich, und den freilich kann man verabsolutieren und seiner Vergleichsfunktion entkleiden, ohne damit seine Stimmigkeit in Frage zu stellen; und genau das hat Brahms getan.

Dieser zweite der Fest- und Gedenksprüche zeigt wieder die von Brahms bevorzugte rahmenförmige Anlage mit Wiederholung des Anfangs. In der Behandlung des Doppelchores ist er einheitlicher als der erste insofern, als er beinahe ausschließlich auf Echowirkungen abstellt, also echte coro-spezzato-Technik einsetzt. Durchbrochen wird dieses Prinzip von Aussage und Echo höchstens einmal, um es zwischen den Chören zu vertauschen, oder bei den weit ausgeführten Kadenzen. Der Satz ist im ersten Teil und entsprechend der Wiederholung am Schluß

[77] Briefwechsel Bd. 8, S. 104f; J.V. Widmann: Brahms in Erinnerungen. ND 1947, S. 69.

[78] M. Kalbeck: J. Brahms, Bd. 4, S. 188f.

fast ganz schlicht homophon, kaum daß einmal Durchgangsnoten auftreten, er ist also völlig auf den reinen a-cappella-Klang abgestellt.

Anders der Mittelteil: nach einem lang ausgehaltenen „Aber“ wird das Dur zum tragischen c-Moll eingetrübt. Der Text veranlaßt eine stark polyphone Anlage der Vertonung. Der Tenor beginnt mit einem Motiv aus fallenden Terzen, dessen Fortführung bereits nach einem Takt in parallelen Sexten zwischen Sopran und Alt die Melodiestimme vorausimitiert, bevor es bei seinem eigentlichen Auftreten als Thema mit der Unterterz im Baß parallelgeführt wird. Der gleiche Vorgang wiederholt sich anschließend im 2. Chor, nur daß das Thema diesmal im Sopran liegt, der Kontrapunkt hingegen in Alt und Tenor, während der Baß nach anderthalb Takten noch einmal mit dem Thema eintritt. - Nach einer so lebendigen Stimmführung wirkt natürlich das homophone Akkordgeschiebe im Piano auf die Worte „das wird wüste“ besonders kontrastierend im Sinne des Wortausdrucks. Völlig vom Text bestimmt ist auch der folgende Abschnitt des Mittelteils, ein weiteres Beispiel, wie Text und Vertonung beim späten Brahms einander bis zur Vollkommenheit entsprechen.

Die Tonsymbolik der sich überstürzenden Einsätze, die sich in dem anderen Chor noch fortsetzt, ist unmittelbar eingängig. Und doch gelingt

es Brahms, sie noch einmal zu steigern: wieder jeweils im Abstand eines Viertels symbolisieren alle acht Stimmen das Fallen der Häuser mit einer in Achteln absteigenden Tonreihe über eine Quinte hinweg, wobei die einzelnen Einsätze, mit g beginnend, im Quintenzirkel abwärts (!) bis des gehen, während der letzte Baßeinsatz auf es erfolgt und somit die Tonalität wieder herstellt. - Mit der elementaren Wucht ihres einfachen Satzes, der unmittelbaren Eindringlichkeit ihrer musikalischen Symbolsprache und dem massiven doppelchörigen Klang ist diese Motette eine der wirkungsvollsten Chorkompositionen von Brahms.

Die Textvorlage der dritten Motette, „Wo ist ein so herrlich Volk“ (5.

Buch Mose,4,7;9) wurde häufig falsch angegeben. Als hätte er das geahnt, schrieb Brahms an Simrock: „Obwohl wir ja nicht wissen, ob wir die Chöre herausgeben, so setze ich doch hier für alle Fälle die betreffenden Bibelstellen her - die Sie Heide doch nicht finden!“[79] Auch dieser letzte der Fest- und Gedenksprüche zeigt im Grunde die Anlage der voraufgegangenen Stücke, ist aber in seiner Anlage erheblich freier. Wohl ist die dreiteilige Bogenform geblieben, aber die Wiederholung ist stark modifiziert im Einzelnen, wenn nicht mehr im Wechsel Gruppe gegen Gruppe gesetzt wird, sondern jeweils der andere Chor, und sei es in freier Kontrapunktik, mit hineingearbeitet ist. So entsteht ein Klang, welcher der vollen Achtstimmigkeit stärker angenähert ist als bei den anderen Stücken, ohne dabei aber die Grenzen der beiden Chöre zu verwischen, wie das in der ersten der Spruchmotetten streckenweise geschah. Auf eine Verdichtung des Klanges zielt auch die hier neu auftretende Technik ab, nicht mehr Aussage und Echo als in sich geschlossene Satzelemente im Wechsel der beiden Chöre einander folgen zu lassen, sondern die Einsätze ineinanderzuschachteln. Damit wird im Vergleich zu den beiden ersten Stücken gesteigerte konstruktive Dichte des musikalischen Satzes neben der größeren Klangfülle erreicht. - Vermehrte satztechnische Bindung bedeutet aber zugleich meist weniger Freiheit der Komposition und geringere Unmittelbarkeit der Wirkung.

Das zeigt gleich der Anfang des Werkes: in die erste achttaktige Phrase des 1. Chores (mit Vorausimitation im Tenor) hinein tritt bereits im ersten und zweiten Takt der 2. Chor mit einer Kontrapunktierung des Anfangsmotivs. Wiederholt dann der 2. Chor die Phrase, so sind nicht nur die Rollen vertauscht, sondern der Satz wird auch bereits verändert. - Die folgende Periode zeigt dann wieder die für Brahms typische Aufspaltung in Frauen- und Männerstimmen, sodaß die Grenzen der eigentlichen Doppelchörigkeit verwischt werden, weil die Soprane und Bässe beider Chöre je für sich gehen. Aus einer „vertikalen“ (wenigstens dem Partiturbild nach) Doppelchörigkeit bildet Brahms sozusagen eine „horizontale“ von Stimmgruppen. Das Prinzip der Verknüpfung beider Chöre miteinander wird jedoch beibehalten, indem die Bässe die Sopranmelodie auf der Unterquarte imitieren. Verknüpfung durch Imitation und so etwas, das man fast als Verhältnis Figur-Grund ansprechen könnte (vgl. T. 33ff), bestimmen weiter den Verlauf des ersten Teils.

Durch Taktwechsel ist der Mittelteil abgesetzt, in welchem der 2. Chor wenig mehr ist als harmonische Stütze, während der erste das eigentliche musikalische Geschehen trägt in Gestalt eines Kanons, der als

[79] Briefwechsel Bd. 12, S. 5.

Gestaltungsprinzip also auch noch in diese späten Chorwerke durchschlägt. Wieder ist es ein Gruppenkanon, bei dem zwei Stimmen, die einander auf der Unterquinte im Abstand eines Taktes folgen, nach drei Takten auf der Unterquart imitiert werden. Die konstruktive Bindung wird im weiteren Verlauf freier. - Der Schlußteil greift bei fortlaufendem Text musikalisch auf den Anfang zurück. Aber nur die ersten zwölf Takte werden - unter leichter Anpassung an den veränderten Text - übernommen, dann erfährt das Werk am Schluß durch eine in sieben Quarten aufwärts gerichtete Sequenzenfolge auf „Amen“ noch einmal eine Steigerung durch Konzentration. - Die drei motettischen Werke, die Brahms zu diesem op. 109 zusammengefaßt hat, stellen durch die Auseinandersetzung mit der Doppelchörigkeit einen völlig neuen Typus in seinem Chorwerk dar. Es nimmt diesen Werken nichts, wenn man sie ihres nationalen Pathos entkleidet: im Gegenteil, was diesen Stücken von der Konzeption her an Pathos eigen ist und sie unterscheidet von stärker nach innen gerichteten Werken wie der „Warum?“-Motette aus op. 74, ist immer noch meilenweit entfernt von dem oft hohlen Pathos des 19. Jahrhunderts. Sie werden den Hörer nicht mit der Ausdruckskraft der „Warum?“-Motette ergreifen und erschüttern, sie sind überpersönlicher, objektiver. Kraft ihrer musikalisch-gedanklichen Konzentration gehören sie aber zu den wesentlichsten Werken der a-cappella-Chorliteratur.

Erstmals hören wir aus dem letzten der drei Thuner Sommer von beginnenden und zunehmend sichtbar werdenden Alterserscheinungen. Er hatte wieder allerhand Besuche empfangen, so von Hanslick, Simrock, Wendt, Stockhausen und Wüllner. Klaus Groth, nun schon im 70. Lebensjahr, war einige Zeit dagewesen, und die beiden Freunde, der lange, hagere Groth, und der gedrungene, im Alter zur Korpulenz neigende Brahms, müssen Betrachtern ein etwas abstruses Bild abgegeben haben. Widmanns hatten auch Hermine Spies und ihre Schwester nach Bern eingeladen, angeblich „im Auftrag von Dr. Brahms“. Die Sängerin berichtete es hocherfreut an Maria Fellinger nach Wien mit dem burschikosen Zusatz: „Was sagste nu??? -“ Sie wußte natürlich ganz genau, daß Brahms' Interesse für sie nicht rein künstlerischer Natur war, und hatte ihre naive Freude daran gehabt. Aber sie hatte ihn immer so vor Augen gehabt, wie sie ihn in dem glücklichen Sommer 1883 in Wiesbaden erlebt hatte. Als sie erst einige Zeit nach dem Zusammentreffen im Hause Widmanns nach Wien berichtete, ließ sie etwas von ihrem Erschrecken über sein Altern erkennen: „An der Bahn kam er uns mit Widmanns entgegen, aber, liebes Herz, wie verbrannt er ist, und leider, leider, wie weiß ist er geworden! Ich war im ersten Moment so erschrocken, daß ich gar nichts sagen konnte. Wenn er nicht die herrlichen blauen Jugend-Augen hätte und das frische, liebe Wesen, er wäre ein Greis.“ Selbst wenn sie im Gegensatz zu ihm eine Verbindung auch nie nur in Erwägung gezogen hatte, an ihrer Reaktion ist erkennbar, daß er für sie doch nicht nur der väterliche Mentor gewesen war. Es wurde viel musiziert bei diesem Treffen, und obwohl man sich schon in aller Form verabschiedet hatte, war Brahms entgegen seiner Absicht noch bis zum nächsten Morgen geblieben und arbeitete dann noch die ganze Dichterliebe mit Hermine Spies durch. Sie schrieb darüber an Maria Fellinger: „Wie dankbar bin ich dann allemal meinem gütigen Geschick, das mich in seine Nähe geführt hat!“ Aber das Erschrecken saß doch wohl tiefer, denn sie ließ sich selbst von Klaus Groth und mit einer gereimten Einladung nicht noch einmal nach Thun locken. Groth charakterisierte die ihnen beiden gemeinsame Verehrung für Brahms mit den Worten: „Auch unsereinem reißen bei dem Manne die Schleusen auf, welche die alltägliche Mittelmäßigkeit zuschlämmt.“[80]

Am 12. September 1888 kehrte Brahms nach Wien zurück. Die Konzerttätigkeit dieses Winters fiel im Vergleich zu derjenigen der Vorjahre entschieden ruhiger aus. Bis zum Jahresende war es sogar lediglich ein einziger Auftritt in Budapest zur Uraufführung der 3. Violinsonate mit Jenö Hubay am 21. Dezember. Er war auch nur dazu angereist und fuhr anschließend sofort wieder nach Wien. Geprobt worden war zuvor wieder im Hause Billroths und im Beisein der engsten Freunde. Zu Weihnachten wollten Joachim und Hausmann in Wien das Doppelkonzert erstaufführen. Dazu mußte Brahms natürlich in Wien bleiben und eine Einladung des Herzogspaares von Sachsen-Meiningen, das wieder in Wien Station gemacht hatte, um ihn persönlich zu besuchen und einzuladen, die Weihnachtstage im Meininger Schloß zu feiern, ausschlagen. Das Konzert fand nur eine ziemlich flaue Aufnahme, sodaß doppelt ärgerlich für ihn war, daß er sich in Meiningen eine ihm zugedachte Aufführung des d-Moll-Klavierkonzerts mit Eugen d'Albert als Solist entgehen lassen mußte, obwohl sie ihn besonders gereizt hätte. So konnte er erst am letzten Tage des Jahres nach Meiningen fahren und dort am 3. Januar 1889 das Doppelkonzert anhören, das dafür umjubelt wurde. Anschließend fuhr er nach Frankfurt weiter, weil er Clara Schumann die 3. Violinsonate schuldig zu sein glaubte, nachdem sie sich trotz ihrer starken Rheumaschmerzen so für das Trio op. 101 eingesetzt hatte. Doch hatte sie ein geplantes Konzert zum zehnjährigen Bestehen des Hoch'schen Konservatoriums, bei dem sie es hatte spielen wollen, trotz

80 Vgl. M. Spies: Hermine Spies. Stuttgart 1894, Leipzig ^{3}1905, S. 266.

aller ihrer Disziplin absagen müssen. Andererseits hatte er versäumt, zu ihrem sechzigjährigen Künstlerjubiläum zu kommen, das mit einem reinen Schumann-Programm eine Woche nach dem Jubiläum mit einer Feier im Konservatorium begangen worden war. Wahrscheinlich hatte er Dankesbekundungen vermeiden wollen, nachdem er ihr aus diesem Anlaß 15 000 Mark geschickt hatte mit den bezeichnenden Worten: „Laß Dir also gefallen, wenn ich Dir Morgen 15 Mille (durch Zins und Zinseszinsen!) ganz ergebenst zu Füßen lege und ich bitte herzlich schreibe nur auf eine Correspondenz-Karte, daß sie dort liegen - weiter aber nichts.“[81] Der Hinweis auf Zinserträge und nicht Werkhonorare als Quelle der Gabe sollte ihr wohl die Annahme erleichtern, weil er sie als Überschuß betrachtete. Er selbst ging Festen und dem mit ihnen verbundenen Rahmen wie Festessen möglichst aus dem Wege, wäre lieber nur stiller Zuhörer gewesen, „hernach Dich und Deine Gedanken begleiten zu können, statt sie hier allein und stumm herum zu tragen. Du aber, Beste der Frauen und Künstlerinnen, freue Dich alles Schönen und Guten, das Du Morgen erlebst und denke selig an alles Schöne und Gute, das Dir und Deinem Manne so viel Liebe verschafft hat.“[82]

Brahms hatte die neue Violinsonate zuerst an Herzogenbergs geschickt, und erst als sie denen gefiel, Frau Schumann freigestellt, sie, Interesse vorausgesetzt, dort anzufordern. Sie konnte aber wegen ihrer Beschwerden, die sie für das Jubiläum niedergekämpft hatte, nicht selbst spielen. Um sie trotzdem hören zu können, hatte Tochter Elise den Geiger Koning begleiten müssen. Anfang Dezember 1888 hatte sie sich dann doch darangegeben, konnte aber nicht mehr als eine Viertelstunde hintereinander daran üben. Sie spielte die Sonate sogar mit Koning auf einer privaten Danksoiree für die erfahrenen Ehrungen vor geladenen Gästen in ihrer Wohnung. Am 2. Januar 1889 kam Brahms dann selbst und probte das Stück bei ihr mit Heermann. Am 11. Januar begleitete er ihn damit im Rahmen einer Quartettsoiree. - Mitte Januar war er zurück in Wien. Am 13. Februar 1889 trat Joachim wieder dort auf und Brahms begleitete nun auch ihn bei der 3. Violinsonate und den von ihm für Violine und Klavier bearbeiteten Ungarischen Tänzen, der Form, die am meisten zur Verbreitung der Stücke im Konzertsaal beigetragen hat. An sich war dieses Konzert nur zwischengeschoben gewesen. In einem Zyklus von Violinkonzerten, die Hans Richter dirigierte, spielte Joseph Joachim die Konzerte von Beethoven, Mendelssohn, sein eigenes und das von Brahms. Weitere Sympathien erwarb ihm in Wien der Tenor

81 B. Litzmann: Clara Schumann. Bd. 3, S. 508.
82 B. Litzmann: Clara Schumann. Bd. 3, S. 508.

Gustav Walter mit seinen Liederabenden, in denen er zunehmend Brahms-Lieder sang, in einem am 26. Januar 1889 dazu mit seiner Tochter Minna, Karoline Gomperz-Bettelheim und Ludwig Weiglein auch die Zigeunerlieder, die in privaten Zirkeln schon so großes Entzükken hervorgerufen hatten.

Anfang März 1889 wurde Joachims fünfzigjähriges Künstlerjubiläum feierlich in Berlin begangen, und spätestens die Konzerte in Wien hatten die alten Freunde wieder so nahe zueinandergebracht, daß Brahms dazu nach Berlin fuhr. Obwohl er die Nacht auf der Bahn zugebracht hatte, hielt er bei dem umfangreichen Konzertprogramm durch und hatte am nächsten Morgen schon wieder Probe. Am 4. und 7. März trat er mit den Berliner Philharmonikern gemeinsam auf, dirigierte sein von Bülow gespieltes 1. Klavierkonzert, die Ouvertüren op. 80 und 81, sowie sein Violinkonzert mit Adolph Brodsky als Solist. Der Zufall wollte es, daß just in diesen Tagen in dem Hotel, in welchem Brahms diesmal abgestiegen war, um die Uraufführung von Henrik Ibsens „Frau vom Meer" mitzuerleben, im Beisein Fontanes, Ibsens, des Schauspielers Joseph Kainz und anderer Zelebritäten Berlins sich die literarische Gruppierung „Freie Bühne" zusammenfand mit Otto Brahm als spiritus rector. Brahms kam mit Bülow und Wüllner nach dem Konzert hinzu, und Bülow, nie um ein Aperçu verlegen, machte ihn mit Otto Brahm bekannt: „Nominativ - Genitiv". Doch vermied Brahms es, den Aufruf zur Gründung der „Freien Bühne" mit zu unterzeichnen. Allerdings holte er es später nach, als Brahm zu einem Vortrag nach Wien kam und Brahms ihn mitnahm zum Essen in seinem Kreis in den Roten Igel, das Künstlerlokal unter den Tuchlauben im ehemaligen Gebäude des Musikvereins, wo er auch, von Kalbeck vermittelt, mit Gerhard Hauptmann tafelte.

Als dann aber 1891 um einen Beitrag für eine Autographenverlosung zugunsten der Freien Bühne gebeten wurde, war es mit seiner Toleranz vorbei. Bei einer ähnlichen Gelegenheit hatte er den Rätselkanon „Wann?" (WoO 29) beigesteuert und verschwiegen, daß die Auflösung des Rätsels Ludwig Uhlands

> Wann hört der Himmel endlich auf zu strafen
> Mit Albums und mit Autographen?

ergab. Jetzt wurde er deutlicher und schrieb der ungeliebten Richtung des „scheußlichen Naturalismus" ins virtuelle Album:

> Doch was hör' ich,
> Welch ein Schall
> Überbraust den Wasserfall ...,

den Anfang von Goethes Deutschem Parnaß. Dort lautet der weitere Text nämlich:

> Welch ein Lärmen, welch ein Schrei'n?
> Ist es möglich, seh' ich recht?
> Ein verwegenes Geschlecht
> Dringt ins Heiligtum herein?

Leider ist nicht bekannt, wer diese literarische Ohrfeige gewann und ob er sie als solche erkannt hat. Das Blatt ist verschollen.

Am 9. März 1889 traf Brahms in Hamburg ein, um mit dem von Bülow geleiteten Neuen Philharmonischen Orchester zu musizieren, das von dem Berliner Konzertunternehmer Hermann Wolff gemanagt wurde, der auch die Berliner Philharmoniker, Chefdirigent ebenfalls Bülow, betreute. Bülow selbst war schon auf dem Wege in die Vereinigten Staaten zu Gastkonzerten. Brahms dirigierte seine 4. Symphonie und die Akademische Festouvertüre. Im Vorgriff auf seinen 56. Geburtstag widmete ihm das Orchester eine kunstvoll in Leder gearbeitete Schreibmappe, zu der die Tochter des Konzertmeisters Carl Bargheer eine künstlerische Grußadresse gestaltet hatte. Im Übrigen diente der Besuch der Verwandtschaft. Bruder Fritz war am 5. November des Vorjahres gestorben und neben den Eltern auf dem Michaelis-Friedhof beigesetzt worden, ohne daß Brahms hatte dabei sein können. Schwester Elises Gesundheitszustand wurde zunehmend durch ihren Diabetes beeinträchtigt. Er besuchte auch Stiefmutter und -bruder in Pinneberg. Am 14. März war er wieder in Wien und ventilierte mit Billroth, dessen Schüler Barbieri, Exner und Widmann wieder das Projekt einer Sizilienreise. Er hatte sie genau so gelegt, daß man Frau Schumann, die den Sommer in Florenz verbringen wollte, auf der Durchreise hätte besuchen können. Aber aus verschiedenen Gründen kam die Reise nicht zustande.

Er kam dann Mitte April doch noch wenigstens für etwas über eine Woche nach Oberitalien, wohin ihn der Herzog von Meiningen und seine Gemahlin in ihre Sommerresidenz Villa Carlotta in Cadenabbia eingeladen hatten. Von dort aus bat er Ignaz Brüll um Erkundigungen, ob seine schon zweimal gemietete Sommerwohnung in Bad Ischl noch zu haben sei, und sie ihm gegebenenfalls zu sichern. Das war offensichtlich die Wahl des kleineren Übels, denn wie in Pörtschach vertrieb ihn der zunehmende Rummel des Fremdenverkehrs aus Thun. Der ländliche idyllische Uferweg an dem Haus, in dem er dort lebte, war verbreitert und gepflastert worden und es hatte sich herumgesprochen, welche Berühmtheit da wohnte. Jetzt konnte man sogar zu dem Haus gehen, es begaffen, einen Blick auf den berühmten Zeitgenossen erhaschen, ohne sich die Schuhe staubig zu machen. Damit war die ländliche Ruhe vorbei, der Aufenthalt dort ihm verleidet. Also ging er Mitte Mai lieber ins wenig geliebte Ischl, wo er wenigstens in Ruhe leben konnte, weil sich die öffentliche Neugier auf die Kaiserfamilie und die übrige Hocharistokratie konzentrierte.

Hier wurden für die Uraufführung und den Druck letzte Korrekturen an den Fest- und Gedenksprüchen angebracht, die sich aus den ersten Proben unter Spengel in Hamburg ergeben hatten oder die Franz Wüllner, spätestens seit der Veröffentlichung seiner „Chorübungen" der erfahrenste und prominenteste Chorleiter und -erzieher Deutschlands, anriet. Inzwischen schrieb Brahms drei weitere doppelchörige Motetten und meinte dazu Ende Dezember 1889 gegenüber Simrock von den Fest- und Gedenksprüchen: „Ich möchte aber nicht gerne, daß dies allein erschiene! Op. 110 muß zugleich da sein."[83] Er wollte also offensichtlich die beiden benachbarten Opera als geschlossene Gruppe herausgebracht wissen und unterstrich das unter anderem damit, daß er auch diese zweite Sammlung von drei Motetten zur Uraufführung an Spengel nach Hamburg vergab. Sicher hängen die beiden Opera auch hinsichtlich ihrer Entstehungszeit zusammen, doch wissen wir darüber noch weniger Genaues als bei den Fest- und Gedenksprüchen. Erwiesen ist, daß er in dem Ischler Sommer 1889 daran gearbeitet hat, denn am 13. Juni heißt es in einem Brief an Simrock: „Da ich einmal die Feder in der Hand habe, so sage ich gleich weiter: daß ich noch so ein Heft und viel bessere Motetten habe."[84] Wir stehen also wieder einmal vor dem Problem der Doppelwerke und ihrer intendierten Rangfolge.

Ganz gegen seine sonstige Gewohnheit scheint er sogar Franz Wüllner Einblick gegeben zu haben in die noch nicht abgeschlossene Komposition, denn er begleitete die Sendung von op. 109 mit folgendem Brief:

> Herzlichen Dank und noch herzlichere Bitte! Ich schicke heute die Partitur der Festsprüche und wünschte nur, Du mögest sie recht freundschaftlich streng ansehen - und dann gar mit einem zweiten ebenso machen! - Ich lasse mir nämlich auch die Stimmen zu den drei anderen Motetten stechen. (Du sahst sie in Ischl schon.) Es wäre mir eine große Freude, wenn Du auch diese (wie ich meine - besseren)Stücke singen lassen und scharf betrachten möchtest. - Du siehst aber auch daraus, daß unsere sommerlichen Gespräche nicht umsonst waren! Ich glaube, an der zweiten Sammlung wirst Du mehr Spaß haben! Wie nenne ich übrigens die drei Stücke, die ich gern zusammenließe, einfach Motetten?[85]

83 Briefwechsel Bd. 12, S. 16.
84 Briefwechsel Bd. 11, S. 223.
85 Briefwechsel Bd. 15, S. 164.

Es ist auffällig, daß den sechsundfünfzigjährigen Brahms noch einmal die ganze Unsicherheit seiner frühen Jahre gegenüber einem neuen Werk befiel. Freund Wüllner als der führende Chorerzieher der Zeit war ein Mann von bedeutendem Urteilsvermögen und sicherem Stilgefühl. Brahms hat ihn offensichtlich in Ischl direkten Einfluß auf die Ausarbeitung der neuen Chorwerke nehmen lassen. Man wird das bei seiner sonstigen Verschlossenheit bei neuen Werken nur so deuten können, daß er sich mit den Motetten op. 109/110 noch einmal ein völlig neues Gebiet der a-cappella-Literatur erschloß, eben die Doppelchörigkeit. Mit den Motetten op. 74 hatte er einem Bau den Schlußstein eingefügt, über den hinaus eine Weiterführung nicht mehr möglich war, so wenig er seine Symphonik über die Vierte hinaus zu steigern vermocht hatte. In der Gattung Motette aber zu dieser Zeit noch einmal einen neuen Anfang zu setzen und dabei Wüllner um seinen Rat zu fragen, zeigt, wie sehr ihm die Motette als Gattung ein inneres Anliegen war, für das er in unterschiedlichen Abschnitten seines Lebens um neue Ausrucks- und Gestaltungsmöglichkeiten rang. Nicht überraschend hingegen ist die Feststellung, daß wieder zwei Sammlungen gleichartiger Werke entstanden, deren zweites von vornherein auf eine Steigerung hin angelegt war, die er durch Intensivierung der musikalischen Arbeit zu erreichen suchte, obwohl damit ja gerade der Grad der Freiheit von Erfindung und Gestaltung eingeschränkt wurde.

Von den Fest- und Gedenksprüchen unterscheiden sich die Motetten op. 110 schon darin, daß nur die erste einen Bibeltext verwendet, während die beiden anderen metrisch gebundene Texte haben. Auf einem besonderen Blatt sind diese von Brahms notiert worden. Da der Text der ersten Motette sich nicht auf diesem Blatt befindet, darf man sie wohl am ehesten in die Nähe der Fest- und Gedenksprüche rücken. Nicht vertont wurde hingegen ein dritter Text in gebundener Sprache, der sich auf dem erwähnten Blatt befindet. Geiringer hat daran die Vermutung geknüpft,[86] daß Brahms den inhaltlich dem Themenkreis des op. 110 durchaus entsprechenden Text wegen der Schwierigkeit nicht vertont habe, das Frühneuhochdeutsch umzuformen. Als die Partitur von op. 109 nach der Uraufführung im November 1889 endgültig in den Stich ging, erhielt Wüllner auch die Chöre op. 110, und wenig später scheint auch Elisabet von Herzogenberg sie bekommen zu haben.[87]

Die drei Teile der ersten Motette aus Psalm 69;30, dem Zweiten Buch Moses 34,6-7 und Psalm 69,30 Schluß stellen eine fortlaufende Ent-

[86] K. Geiringer: Brahms. Stuttgart ^{2}1955, S. 317.
[87] Briefwechsel Bd. 2, S. 230.

wicklung dar, so deutlich sie auch gegeneinander abgegrenzt sind, ohne daß durch Wiederholung eines Teils eine geschlossene Form gebildet würde. - In sich wiederum zweigliedrig ist der erste Teil, dessen von Tenören und Bässen begleitete Sopranmelodie im Baß wiederkehrt, diesmal von Sopran und Alt begleitet. Deutlich ist das Bestreben, die Melodiestimme herauszuheben, indem sie von den Sopranen bzw. Bässen beider Chöre gemeinsam vorgetragen wird, während die Begleitstimmen geteilt sind und die der jeweiligen Melodiestimme benachbarte überhaupt pausiert. Charakteristisch sind die engen Intervallschritte als musikalischer Ausdruck des Elends, während die Melodiestimme in einem Oktavsprung förmlich aufschreit: „ich aber bin **elend**“ und ein saltus duriusculus, der irreguläre Sprung, auftritt bei „und mir ist **wehe**“. In diesen späten Motetten wiederholt sich also der gleiche Vorgang wie bei den früheren Motettenwerken: die Einschmelzung starker Ausdruckskraft in die zur formalen Gebundenheit tendierende a-cappella-Kunst.

Der zweite Teil mit den beiden Versen aus dem 2. Buch Moses beginnt mit der Anrufung „Herr, Herr Gott“ im 1. Chor, dann geht das Motiv in den Sopran des 2. Chores über, während die drei Begleitstimmen bereits stärker ausfiguriert sind im Vergleich zu der schlicht akkordisch gesetzten ersten Anrufung. Der ganze Mittelteil erhält einen ausgesprochen antiphonen Charakter, wobei der 2. Chor nach jeder Zeile mit der Anrufung dazwischentritt. Ihr Hauptmotiv wird zwar der Lage nach verändert, bleibt aber sonst immer gleich und wandert durch die Stimmen. - Der 1. Chor dagegen rezitiert den fortlaufenden Text in einer Art Sprechgesang, dessen Charakter Brahms durch die Vortragsbezeichnung „sotto voce“ noch unterstreicht. Aus diesem Wechsel von rezitierendem Gebet und bei aller Abwandlung in der Substanz stets gleichbleibender Anrufung lebt der Mittelteil. Die letzte Anrufung aber geht unmittelbar über in den letzten Teil, der gleich mit einer Engführung im Abstand eines halben Takts einsetzt, doch sind daran und an der weiteren Verarbeitung des Hauptthemas nur die vier Stimmen des 1. Chores beteiligt, während der zweite frei polyphon behandelt wird. Auch wenn sechs Takte später noch einmal die vier Stimmen bei veränderter Folge der Einsätze enggeführt werden, bleibt der andere Chor außerhalb des eigentlich konstruktiven musikalischen Geschehens als eine Art Hintergrund. Damit tritt der sonst als musikalisch gleichwertig behandelte 2. Chor in seiner Bedeutung zurück; anscheinend lag Brahms daran, die Kontinuität des Gebetstextes zu betonen. Die ungleiche Behandlung der beiden Chöre ist also vielleicht eine Fortführung des vorangegangenen Abschnitts mit anderen Mitteln. Auch diese Motette gehört zweifellos zu den bedeutendsten Stücken dieser Gattung im 19. Jahrhundert.

Die zweite Motette „Ach, arme Welt, du trügest mich“, ein altes Kirchenlied eines unbekannten Dichters, ist die erstaunlichste Erscheinung unter Brahms' Motetten. Eigentlich handelt es sich bei diesem nur zwanzig Takte langen Werk um eine Choral-Neuschöpfung. Unter den doppelchörigen Stücken op. 109/110 steht dieses einzige lediglich vierstimmige isoliert da. Der Satz ist schlicht akkordisch ohne alle kontrapunktischen Komplikationen, ein schlichter Kantionalsatz, wenn auch mit den reicheren Mitteln romantischer Harmonik. Wesentlichstes Moment der Komposition ist ihr Ausdrucksgehalt. Kalbeck hat ihn meines Erachtens mißdeutet, wenn er ihn interpretiert als stärker geprägt von einer stillen Liebe zu der Welt, die er „doch nicht meiden“ konnte, obwohl er erkannt hatte, daß sie nur ein Trugbild sei.[88] Dabei legt Brahms einen bedeutsamen Akzent auf den Begriff „Welt“, die hier als eine des Trugs und Scheins dargestellt wird, denn über drei aufeinanderfolgende Ganztonschritte wird innerhalb des ersten Taktes in f-Moll auf diesem Wort der akzentuierte Spitzenton d" erreicht und mit einem Sforzato in allen Stimmen noch herausgehoben, ein „passus duriusculus“ im Sinne der Figurenlehre des 17./18. Jahrhunderts, eine irreguläre Fortschreitung mit Ausdruckscharakter, der das Falsche und Trügerische betont. Ob er dieses Ausdrucksmittel aus der Lektüre der entsprechenden Schriftsteller gekannt hat, was durchaus nicht ausgeschlossen ist, oder ob er das musikalische Symbol aus der Praxis seiner intensiven Beschäftigung mit der Musik des Barock adaptiert hat, ist dabei relativ gleichgültig. Es sei nur noch hingewiesen auf die Parallelität dieser Stelle zum Schlußchoral aus Johann Sebastian Bachs Kantate „O Ewigkeit, du Donnerwort“, die eine direkte Beeinflussung nicht ausgeschlossen erscheinen läßt.

Durch Wiederholung der Schlußzeile erweitert Brahms die erste und die gleich behandelte zweite Strophe auf vier Melodiezeilen. Die letzte Strophe jedoch hat bereits in der Vorlage vier Zeilen. Brahms fängt das in besonders sinnfälliger Weise auf, indem er die erste Melodiezeile auf der Mittelzäsur teilt und der ersten Hälfte einen neuen Nachsatz anfügt. Der ursprüngliche Nachsatz dagegen wird zum neuen Vordersatz der eingeschobenen Textzeile und zur vollen Melodiezeile erweitert. Die Integration eines Texteinschubs in einen musikalischen Verlauf ist also höchst eindrucksvoll gelöst worden. - Brahms hat zunächst geschwankt, ob er die Bezeichnung Motette für alle drei Stücke, die er wegen ihres inhaltlichen Zusammenhangs gerne zusammenlassen wollte, insgesamt so belassen sollte. Der Begriff des Chorliedes wäre für das Stück vielleicht sogar eine treffendere Bezeichnung seines spezifischen Charakters

88 M. Kalbeck: J. Brahms, Bd. 4, S. 202.

gewesen.

Während die Fest- und Gedenksprüche und die erste der Motetten op. 110 Spruchmotetten über sogenannte Dicta, eben ausgewählte Bibelsprüche sind, unterscheiden sich die beiden letzten der späten Motetten von den übrigen durch metrisch gebundene Texte, sind also Choralmotetten und gehören insofern zum Spektrum der Gattung, stellen aber andere Anforderungen an den Komponisten. Die dritte Motette aus op. 110 ist tatsächlich ein zweiteiliges variiertes Strophenlied; erste und dritte Strophe sind musikalisch gleich behandelt, die abweichende zweite wird in stark erweiterter Form in der vierten wieder aufgenommen. An den Schluß einer Gruppe von Werken, wie bei vielen Doppelopera von Brahms, also erst recht bei einer Gruppe sechs gleicher Werke mit zwei unterschiedlichen Opuszahlen, pflegte Brahms im Allgemeinen ein Werk zu stellen, von dem er annehmen zu können glaubte, daß es künstlerisch in besonderer Weise in sich geschlossen und von hohem ästhetischem Rang sei. Obwohl die verhältnismäßig einfache Anlage der letzten Motette satztechnische Mittel nur in begrenztem Umfang zuläßt, ist gerade sie ein Musterbeispiel künstlerisch-formaler Konzentration, allerdings weniger satztechnischer, sondern motivischer. Mit den acht Noten der zwei Motive, welche zur Tonika auf- und absteigend die erste Melodiezeile bilden, wird der Substanz nach die gesamte Komposition bestritten. Choralartig in einfachem Kantionalsatz bringt der 1. Chor diese Melodiezeile, die nach anderthalbem Takt gleich von den beiden Männerstimmen des 2. Chores imitiert wird. In rascher Folge der Einsätze geistert ein Achtelmotiv spielerisch imitierend durch die bislang eingesetzten sechs Stimmen. Man wird in ihm eine aus Tonalitätsgründen abgewandelte Form des ersten Motivs sehen können, dies umso mehr, als ihm am Ende folgerichtig und ebenfalls zweimal imitierend die Abwärtsbewegung entgegengesetzt wird. Als ausdrucksbedingt wird man die atemlose Verstörtheit der kleingliedrigen Motivik auffassen dürfen zu dem Text „... und wissen nicht, wo aus und ein!“. Der Eintritt der Frauenstimmen des 2. Chores bezeichnet den Beginn eines neuen Abschnitts, in welchem jetzt der 2 Chor die erste Melodiezeile wieder aufnimmt. Sie wird auch wieder so motivisch aufgeschlossen wie bei ihrem ersten Auftreten.

Die zweite Strophe hat Bogenform; die ersten beiden Melodiezeilen werden am Schluß wiederholt. Die vierte Textzeile wird dazu durch Wiederholungen so erweitert, daß sie den beiden ersten an Ausdehnung entspricht. Auch diese Strophe ist entwickelt aus den beiden Grundmotiven der ersten Melodiezeile; so wird die erste Zeile in ihren Spitzentönen aus der Umkehrung des ersten Motivs gewonnen, auch das übrige motivische Material ist aus den beiden Kopfmotiven entwickelt. Das Gestaltungsprinzip der formentwickelnden Variation spielt auch in diesem seinem letzten Chorwerk mithin die entscheidende Rolle. Das war zur Zeit ihrer Entstehung nicht einsehbar, aber auch ohnedies steht diese Motette als letztes Stück einer zusammenhängenden Gruppe von sechs Werken nach seiner Praxis an exponierter Stelle: noch einmal stellte er eines seiner konzentriertesten Werke an diese Stelle einer zusammengehörigen Gruppe von Stücken einer Gattung. Am Ende von Brahms' Motettenschaffen steht also ein ebenso neuartiger Typus mit seiner Eigenwilligkeit und Einmaligkeit, er schließt diese Gattung wie andere, in denen er seine gestalterischen Möglichkeiten erprobt hatte und nie wieder darauf zurückkam, wie die Klaviersonaten, die Variationenwerke und auch die Gattung der Symphonie.

Wie stark er mittlerweile im allgemeinen öffentlichen Bewußtsein als bedeutendster Repräsentant des deutschen Musiklebens verankert war, zeigen die öffentlichen Ehrungen, die ihm mehr und mehr zuerkannt wurden. Am 23. Mai 1880 verlieh ihm der Senat der Freien und Hansestadt Hamburg die Ehrenbürgerschaft, wofür er sich erst einmal telegraphisch bei Bürgermeister Carl Petersen bedankte, der sie nach einer Anregung Bülows bei der Bürgerschaft, dem Stadtparlament, betrieben hatte. Daß er dieses Ehrenrecht nur mit Reichsgründer Bismarck und dem Strategen der Kriege von 1866 und 1870/71, Graf Moltke, teilte, erfüllte ihn mit besonderem Stolz. Im selben Monat machte ihn der Verein Beethoven-Haus in Bonn, dessen Vorsitz Joachim innehatte und der nach der Rettung von Beethovens Geburtshaus durch seine Kammermusik-Feste zu Pfingsten im noch andauernden Zeitalter der Mischprogramme stilbildend wirkte, zu seinem Ehrenmitglied, und im Juni wurde ihm in seiner Wahlheimat Österreich das Commandeurkreuz des Leopold-Ordens verliehen, was Hanslick angeregt hatte. Brahms hat es beiden Initiatoren nicht gedankt, Bülow gegenüber schwieg er und Hanslick ließ er wissen, „wenn mir eine hübsche Melodie einfällt, ist mir das lieber als ein Leopolds-Orden, und wenn sie gar eine Symphonie gelingen ließe, dies mir noch lieber ist als alle Ehrenbürgerrechte."[89]

Mit Ischl als Sommeraufenthalt hatte er sich schließlich abgefunden, wie er an Widmann schrieb: „Es ist wirklich nicht so schön wie Thun, und einen annähernd lieben Ausflug wie nach Bern gibt es nicht. Aber ich werde den ganzen Sommer keine Engländer sehen, und die wenigen Norddeutschen hier geben sich unwillkürlich Mühe, ein anderes Gesicht zu machen. Wie man von klein und groß, jung und alt willkommen ge-

[89] M. Kalbeck: J. Brahms, Bd. 4, S. 179.

heißen wird - und mancherlei - ist gar lieb und schön."[90] Aber die gewachsene Akzeptanz und Popularität hatten ihren Preis. Er wurde zunehmend belagert und bedrängt, einerseits mit Aufmerksamkeiten wie mehr oder weniger üppigen Blumenbuketts, andererseits mit Autogrammwünschen, Bitten um Protektion und ähnlichem, Hoffnungen, die er schlechterdings nicht erfüllen konnte. Der Klavierfabrikant Ludwig Bösendorfer pflegte lästigen Besuchern oder solchen, die ihm bei Spaziergängen aufgelauert hatten, gedruckte Visitenkarten in die Hand zu drücken: „Ludwig Bösendorfer ist zu seiner Erholung in Ischl." So griff schließlich auch Brahms zu einem ähnlichen Mittel und ließ sich Karten drucken:

> P.T.[91]
> Es ist mir unmöglich, alle mir zugehenden Briefe zu erwidern. So dankbar ich manche derselben empfange, so interessant mir andere sein mögen - es sind der Anforderungen zu viele, und ich bitte es zu entschuldigen, wenn ich nur hierdurch meinen Dank sage oder den Empfang bestätige.
> Hochachtungsvoll
> Johannes Brahms.

In diesem Sommer besuchte Brahms erstmals Theodor Billroth in dessen Urlaubsresidenz in St. Gilgen am Wolfgangsee, nur wenige Wochen im Jahr genutzt, aber dann in vollen Zügen genossen; Billroth war eben ein Mann, der alles ganz tat, arbeiten, aber auch in kürzester Zeit wieder regenerieren. Brahms war auch in näheres Verhältnis zu Viktor von Miller zu Aichholz getreten, es wurde eine enge und sehr persönliche Freundschaft, die auf merkwürdigen Umwegen zustande gekommen war. Viktor von Miller muß eine besonders sanfte und wohlklingende Stimme gehabt haben, und Brahms soll, als es ihm schon sehr schlecht ging und ihm bereits alles zuviel wurde, geäußert haben, sie sei beinahe die einzige Stimme, die er noch ertragen könne.[92] Sie kannten sich schon lange, Viktor von Miller war Schüler Julius Epsteins gewesen. Bei der Probe eines Kammermusik-Werkes von Brahms in dessen Wohnung hatte man Miller zum Blattumwenden für Brahms am Klavier bestimmt. Nun ist das Mit- oder gar ein bißchen Vorauslesen eines neuen Werkes aus einem vielfach verbesserten Manuskript für einen empfindsamen Laien ja wirklich nicht so ganz einfach, eine gewisse Nervosität, neben dem Urheber eines noch im wörtlichen Sinne unerhörten Werkes zu sitzen, dürfte mit ziemlicher Sicherheit ebenso dazugekommen sein wie Hochspannung und Gereiztheit beim Komponisten. Kurz: der junge Mann,

[90] Briefwechsel Bd. 8, S. 117.
[91] praemisso titulo.
[92] M. Kalbeck: J. Brahms, Bd. 4, S. 167.

nicht immer Herr der Situation, zog sich den Unmut von Brahms zu, von diesem rasch wieder vergessen. Aber Miller zog sich beschämt zurück, und erst jetzt wurde die theoretisch bereits seit Jahrzehnten bestehende Bekanntschaft wieder aufgenommen. Da er ein vorzüglicher Klavierspieler war, konnte er als Begleiter Brahms dessen 1. Violinsonate vortragen, nun mit verkehrten Fronten, denn der Komponist wendete die Blätter um und sprach sich erfreut darüber aus, wie gut er im Bereich privater Musikpflege verstanden und gespielt werde. Offenbar hatten ihm die Person Viktor von Millers und die in seinem Haus gepflegte Kammermusik so gefallen, daß er, nachdem Olga von Miller, selbst eine gute Porträtistin, ihn um ein Autograph für ihren Mann hatte bitten lassen, gleich das ganze Manuskript der Sonate op. 78 schickte mit einem ebenso ironischen wie freundschaftlichen Anschreiben:

> Von Herrn Mandyczewski höre ich, daß Sie stärkeres Papier wünschen, um Geburtstaggeschenke für Ihren Mann hineinzupacken. Ich erlaube mir zu diesem Zwecke beifolgende Probe zu übersenden. Sollte Ihnen das Format oder anderes nicht genehm sein, so stehen andere Sorten - auch von anderen Fabrikanten - zum Umtausch gern zu Diensten. Am betreffenden Festtage bitte ich, Ihrem lieben Manne auch meinerseits das Herzlichste zu sagen.[93]

Gewann er mit Olga und Viktor von Miller einen alten Bekannten erst spät zum echten Freund, so stimmte ein anderer Besuch eher wehmütig: Heinrich von Herzogenberg war nach langem qualvollen Krankenlager, aufopferungsvoll gepflegt von seiner Frau, soweit genesen, daß - dem Berliner Klima ausweichend - das Ehepaar den Winter an der Côte d'Azur und das Frühjahr in Florenz verbracht hatte. Den Plan, den Sommer in der geliebten „Lieseley", dem Sommerhaus, zu verbringen, mußten sie jedoch aufgeben und fuhren gleich in das milde Klima Baden-Badens, die Reise in Ischl unterbrechend, um Brahms aufzusuchen. Der aber war geradezu erschüttert von ihrem Aussehen, er ausgezehrt und mit Bewegungsstörungen, sie dagegen schwer herzkrank, aufgedunsen, mit stark gerötetem Gesicht und nach Luft ringend. Brahms machte der so offensichtlich schwer kranken Freundin so vieler Jahre das Autograph der beiden letzten Motetten aus op. 110 zum Geschenk.

Von Ischl aus fuhr Brahms gleich nach Hamburg, wo vom erweiterten Caecilienverein mit 350 Sängern unter Spengels Leitung die Fest- und Gedenksprüche uraufgeführt wurden und er außerdem mit dem Violinkonzert und der Alt-Rhapsodie vertreten war. Trotz der großen Besetzung kamen sie in der riesigen Ausstellungshalle übrigens nicht so recht zur Geltung, weshalb Spengel sie später in einem normalen Kon-

[93] M. Kalbeck: J. Brahms, Bd. 4, S. 168.

zert nochmals aufführte. Am Tage nach dem Musikfest zur Gewerbe- und Industrieausstellung wurde ihm das Ehrenbürgerrecht feierlich durch Bürgermeister Petersen verliehen. Der Gedanke, der ihn am meisten dabei bewegte, war übrigens, daß sein Vater das nicht mehr hatte miterleben können. Die künstlerisch gestaltete eigentliche Urkunde war nicht fertig geworden. Man schickte später den Maler, der sie geschaffen hatte, zu ihrer Überreichung eigens nach Wien. Dort kam er jedoch nicht zu Brahms' Wohnung, sondern zum „Roten Igel", wo er tatsächlich auf Brahms stieß, der mit Kalbeck auf dem Wege zum Essen war. Ausgerechnet ihn selbst fragte der im Auftrage des Hamburger Senats Gekommene nach Brahms' Wohnung, und er, der einen Autogrammjäger oder sonstigen aufdringlichen Besucher vermutete, schickte ihn seelenruhig ins oberste Stockwerk. - Die Audienz beim Kaiser, um die er nachsuchen mußte, um seinen Dank für die Verleihung des Leopoldordens abzustatten, entbehrte ebenfalls nicht absurder Züge, denn nur mühsam gelang es, ihm klarzumachen, daß er weder ohne Glacéhandschuhe zum Frack, noch zu Fuß, wie es seiner Sparsamkeit entsprach, in die Hofburg gelangen könne, und den Orden schon im Original an den Frack heften müsse, wogegen er sich mit Rücksicht auf den neuen Frack heftig sträubte.

Die Hamburger Termine hatten zur Folge, daß er erst fast eine Woche nach Clara Schumanns 70. Geburtstag in Baden-Baden eintraf, um ihr zu gratulieren und anzuregen, daß man sich jetzt im zunehmenden Alter jedesmal zu diesem Anlaß treffen solle. Er führte ihr die neuen Motetten vor und die Neufassung des H-Dur-Trios, das sie in der ursprünglichen schon so früh gespielt hatte. Auch Widmann war gekommen, nachdem Gottfried Keller die Spannungen, die wegen des kritischen Artikels zu den ersten öffentlichen Auftritten des jungen Kaisers Wilhelms II. und Brahms' brieflicher Reaktion darauf zwischen den Freunden entstanden waren, salomonisch geschlichtet hatte: Widmann habe eben aus der republikanischen Tradition der Schweiz argumentiert und der Hanseat Brahms sich erst in den imperialen Anspruch eines Kaiserreiches hineinfinden müssen, was kritische Distanz zur neuen Existenzform seines Staates ausschließe. Was ihm Frau Schumann trotz aller Mißverständnisse der letzten Zeit, insbesondere die von ihr mißbilligte Herausgabe von Schumanns d-Moll-Symphonie, immer noch bedeutete, überlieferte Widmann mit den Worten: „Wenn Sie etwas schreiben, so fragen Sie sich immer, ob eine Fraue wie die Schumann mit Wohlgefallen ihren Blick darauf könnte ruhen lassen. Und wenn Sie das bezweifeln müssen, so streichen Sie es aus."[94]

Simrocks Drang, als der Brahms-Verleger schlechthin dazustehen, hatte ihn dazu bewogen, Breitkopf & Härtel die bei ihnen verlegten Opera 1 bis 4 und 6 bis 11 abzukaufen, wahrscheinlich nicht zuletzt mit dem Hintergedanken, das mache es ihm umso schwerer, noch einmal mit einem anderen Verleger anzubandeln. Damit daß er die früheren Werke jetzt in neuen Ausgaben herausgab, brachte er Brahms jedoch in nicht geringe Verlegenheit. Ein endgültig aus der Hand gegebenes Werk war für ihn etwas Abgeschlossenes, nach dem es galt, neues Terrain zu besetzen und neue Gestaltungsmittel zu erproben. Mit der Klaviersonate und der Symphonie hatte er sich sogar ganz aus den Gattungen zurückgezogen, nachdem er den Eindruck haben konnte, das ihm gestalterisch Mögliche in ihnen gesagt zu haben. Da mußte es ihm nicht unproblematisch erscheinen, mitten in das Bild, das er von seinem derzeitigen Komponieren vermittelt wissen wollte, plötzlich fast vierzig Jahre alte Stücke, die nun wirklich dafür nicht mehr repräsentativ waren, in „Neuen Ausgaben" herausgebracht zu sehen. Aber so war eben die damalige Urheberrechts-Lage: der Verleger besaß mit dem Kauf alle Rechte an einem Werk, auch das, diese Rechte wieder zu veräußern, womit der neue Eigentümer zugleich das Recht erworben hatte, es in einer Neuausgabe herauszubringen, ohne den Urheber zu fragen, und damit gegebenenfalls auch sein Image zu verändern, denn Komponieren um 1850, als Robert Schumann noch lebte, war eben etwas anderes als um 1890, als schon der junge Richard Strauss in das öffentliche Musikleben hineindrängte.

Dementsprechend fiel sein Kommentar gegenüber Simrock aus, der wohl eine andere Reaktion erwartet hatte:

> Da soll man gratulieren!?!? Ich aber weiß kein Wort zu sagen - weil ich kein Wort verstehe. Und was ich sagen und fragen möchte, kommt mir alles unzart und zudringlich vor. Ich kann nicht dafür, wenn Sie mich so bodenlos überschätzen. Durch mein Benehmen und meine Worte habe ich gewiß nicht dazu beigetragen. Das Gegenteil kann ich doch aber nicht gerade versuchen und mir selbst vor Ihnen die ganze schöne Haut abziehen!?
>
> Ich soll „Sympathie" empfinden! Ach Gott, ja, mich rührt Ihre Sympathie, aber ich finde es über die Maßen unvernünftig, wenn Sie von Härtels Sachen kaufen - ich kann mir nicht denken, wie teuer - die ihnen beiläufig 100 L'dors gekostet haben, und die in kürzester Zeit nicht einen Schuß Pulver wert sind. Daß ich neue Sachen nicht an andere abgebe, brauche ich, unserer Erfahrung nach, nicht zu versprechen. Mein Wunsch, es zu tun, beruht, wie Sie hoffentlich glauben, auf sehr kindlichen und dazu unklaren Gefühlen.
>
> So ein klein bißchen Sympathie für den Verlag Peters müssen Sie schon erlau-

[94] J.V. Widmann: J. Brahms in Erinnerungen. Berlin 1910, S. 98.

ben.[95] Ich weiß alles, was dagegen spricht - aber Freude müßte es einem doch machen, wenn Partituren oder Liebeslieder z.B. so etwas leichter gekauft werden könnten. Auf den Galerien ist eben wirklich besseres Publikum als in den Logen …

Um Ihnen nun aber meine Sympathie, oder eigentlich mein Mitleid mit Ihrer großen Sympathie zu zeigen, möchte ich jetzt wirklich und ernstlich festsetzen, daß ich von jetzt ab kein Honorar empfange, sondern wie ich neulich vorschlug, mir jedesmal ein Guthaben angeschrieben wird, auf das ich im Notfall Anspruch erheben kann, und das mit meinem Tod einfach erlischt.

Sie kennen meine Verhältnisse (besser als ich) und wissen, daß ich auch ohne weiteres Honorar ungeniert leben kann. Das werde ich auch, soweit irgend meine, nicht Wagnersche, Art das Bedürfnis hat. Nach meinem Tode aber - sollte ich Ihnen eigentlich den ganzen Rest vermachen, damit Sie etwas aus der Härtelschen Geschichte herauskommen. Na also, ich gratuliere, aber wasche meine Hände mit Karbol und allem möglichen! - Und so, in aller Sympathie und mit ernstlichem Mitleid

Ihr herzlich ergebener J.B.

Am ersten April! Ich möchte, es wäre ein Aprilscherz![96]

Eines der ersten Werke aber, deren Rechte Simrock bei Breitkopf & Härtel erworben hatte, mochte er so nicht wieder ans Licht der Öffentlichkeit gezerrt sehen, das Trio H-Dur op. 8, das ihn denn wohl doch zu stark an seine kompositorische Krise erinnerte, die bis an die Unfähigkeit gegangen war, ein Werk zum Abschluß zu bringen, und zu den Riesendimensionen des Trios geführt hatte. Er soll schon viel früher anläßlich einer Aufführung des Stücks in Wien darin gekürzt haben.[97] Jetzt strich er das Werk durch farbige Markierungen so rigoros zusammen, daß er an Frau Schumann darüber schrieb: „Mit welcher Kinderei ich schöne Sommertage verbrachte, rätst Du nicht. Ich habe mein H dur-Trio noch einmal geschrieben und kann es Op. 108 statt Op. 8 nennen. So wüst wird es nicht mehr sein wie früher - ob aber besser?“[98] Auffällig ist, daß die Neufassung des H-Dur-Trios von 1889 nicht nur kürzer ist, sondern dem Formverständnis des späten Brahms auch dadurch Rechnung trägt, daß im Kopfsatz der gesamte Seitensatz der früheren Version ausgewechselt wurde zugunsten eines neuen, der seinem motivischen Material nach näher beim Hauptthema ist, der Idee der formentwickelnden Variation aus einem Grundgedanken mithin näher steht als das früher der Fall war.

Erst im Jahre 1890 nahm Brahms seine Konzerttätigkeit wieder auf nach genau zehn Monaten Pause. Die Hektik der Erstaufführungs-Tour-

95 Wegen dessen preisgünstigerer Ausgaben.
96 Briefwechsel Bd. 11, S. 181f.
97 M. Kalbeck: J. Brahms, Bd. 1, S. 154.
98 Clara Schumann - Johannes Brahms. Briefe. Bd. 2, S. 393.

neen früherer Jahre hatte also merklich nachgelassen. Es war beinahe schon zur Gewohnheit geworden, um den Jahreswechsel in Budapest zu konzertieren. Diesmal führte er am 10. Januar 1890 mit Jenö Hubay und David Popper, der als Solocellist der Wiener Hofoper im Hellmesberger-Quartett gespielt und als Autor des „Elfentanzes" op. 39 eines der meistgespielten Charakterstücke der Zeit vorgestellt hatte, die Neufassung seines Trios op. 8 erstmals der Öffentlichkeit vor. Am 22. Februar spielte er es auch in Wien mit Arnold Rosé und Hummer. In Köln führte er es ebenfalls auf, wohin ihn Franz Wüllner mit mustergültigen Aufführungen der neuen Motetten gelockt hatte. Zwei Auftritte in Frankfurt, einer mit seinem op. 60 und den „Liebeslieder"-Walzern op. 52, und einer eine Woche später ebenfalls mit der Neufassung des Trios op. 8, zu welchem die Proben bei Frau Schumann stattfanden, bildeten bereits den Abschluß der Saison für ihn. Ende November war er wieder in Wien.

Auch dieses Jahr wäre er gerne wieder nach Sizilien gefahren. Aber der Terminkalender Widmanns, dessen er sich wieder als Reisegefährten versichert hatte, ließ das nicht zu. So blieb es bei einer Tour durch Oberitalien. Diese seine siebente Italien-Reise ging am 3. April von Riva im Norden des Garda-Sees aus und führte über Como, Cadenabbia, Brescia, Cremona, Piacenza, Parma, Bergamo, Verona, Vicenza nach Padua und dauerte knapp drei Wochen. Widmann berichtete von ihr, daß sie in Cremona auf eine Säule des Heiligen Joachim stießen und Brahms trocken bemerkte, das gehöre sich auch, daß man in der Stadt des Geigenbaus (Joseph) Joachim eine Gedenksäule gewidmet habe.

Mitte Mai fuhr er wieder in sein vertrautes Sommerquartier nach Ischl. Hauptprodukt des Sommers 1890 ist das 2. Streichquintett G-Dur. Aber es ist zugleich evident, daß er begonnen hatte, sein Haus zu ordnen: er stellte eine Sammlung von 51 „Übungen für das Pianoforte" zusammen und redigierte 13 Kanons für Frauenstimmen, die zum Teil bis in die frühen Jahre seiner Kanonstudien zurückreichen. Darüber hinaus aber muß er liegengebliebenes Material auf Veröffentlichungsfähigkeit oder Verwendbarkeit geprüft haben mit dem Resultat, welches er an Simrock schrieb: „Viel zerrissenes Notenpapier habe ich zum Abschied von Ischl in die Traun geworfen."[99]

Das 2. Streichquintett G-Dur op. 111, wieder mit einer zweiten Viola, läßt, ganz ungewöhnlich für Brahms, die thematisch-motivischen Strukturen aus einer akkordischen Klangfläche herauswachsen, wie man es eher von Anton Bruckner kennt. Da dieses Klangband der zwei Violinen und Bratschen zwei Oktaven höher liegt als das themenführende

[99] Briefwechsel Bd. 12, S. 30.

Cello und Brahms für alle Instrumente dieselbe dynamische Bezeichnung, ein Forte, vorgezeichnet hat, ist es für das Cello einigermaßen schwierig, sich klanglich durchzusetzen und das Thema dominant erscheinen zu lassen. Kalbeck schildert ergötzlich die Szene bei den Proben für die Wiener Erstaufführung mit dem Rosé-Quartett.[100] Dessen Cellist Hummer, für seinen großen Ton bekannt, brachte die Stelle nicht so heraus, wie sie intendiert war. Auf Vorschlag des ersten Bratschers willigte Brahms schließlich brummend ein, wenigstens die Dynamik der vier Oberstimmen auf ein Mezzoforte zurückzunehmen, mit dem weiteren Vorschlag, die eine Bratsche mit dem Thema laufen zu lassen, konnte er sich nicht anfreunden. Wie nachtragend er gegenüber solchen Eingriffsversuchen in seine Arbeit sein konnte, bekam derselbe Bratschist zu spüren, als er Brahms ein anderes Mal fragte, ob er mit der Temponahme zufrieden gewesen sei, antwortete ihm Brahms: „Ja, besonders mit dem Ihren." - Auch das erweiterte Joachim-Quartett hatte zunächst seine Schwierigkeiten mit diesem Anfang, obwohl auch Hausmann über einen großen Ton verfügte. Man half sich damit, daß man die Dynamik erst ab dem zweiten Takt steigerte, im dritten zu einem Mezzoforte und erst im sechsten zum Forte kam.[101] Aber auch das war lediglich eine Notlösung, weil das Stück eben nicht auf einen leisen Anfang und eine mähliche Steigerung angelegt ist. An sich hätte man mindestens zwei Cellisten gebraucht, um die Stelle der Intention des Komponisten gemäß herauszubringen. Die ging Brahms jedoch letztlich vor, und er beließ die Stelle im Druck so, wie er sie ursprünglich niedergeschrieben hatte.

Der akkordische Klangteppich des Anfangs betont in den hohen Instrumenten die Grundtonart, während das motivtragende Cello schon im zweiten Takt zu dem instabilen Tonika-Quartsextakkord übergeht und auf dem letzten Achtel kurz die Dominante berührt, um im dritten Takt ebenso nachdrücklich die Tonika-Grundlage zu behaupten, bevor es über dessen Parallele zur Dominante geht. Die Tonikaparallele und deren Zwischendominante beherrschen auch den Nachsatz. Unmerklich geht dann die Führung ab T. 9 an die erste Violine über. Der Seitensatz, in T. 38 mit der Violine II beginnend, steht regelgerecht in der Dominante, ein etwas wehmütiges Gegenthema, das ausschließlich von der Violine I getragen, mit einem großen Anlauf eine Oktave höher auch klanglich überhöht wird. Mit nur 56 Takten ist die Exposition ungewöhnlich kurz. Die Durchführung, obwohl durch Pausen ausgedünnt, verstärkt mit ihren

[100] M. Kalbeck: J. Brahms, Bd. 4, S. 208f.
[101] Briefwechsel Bd. 6, S. 258f.

Doppelgriffen, ihren gebrochenen Akkorden und ihren Oktaven noch den eher orchestralen Eindruck der Exposition. Sie steht im terzverwandten B-Dur und greift bis nach Des-Dur aus. Mit einer enharmonischen Verwechslung leitet sie über die Zwischendominante zur Tonikaparallele in die Haupttonart zurück. Die Reprise vermeidet mit ihrem Alternieren zwischen Cello und 1. Violine die klanglichen Probleme der Darstellung des Themenkopfes aus der Exposition.

Die Binnensätze nach dem mit nur 180 Takten eher knappen Sonaten-Hauptsatz werden repräsentiert durch ein Adagio in zweiteiliger Liedform, welches das ganze subdominantische Spektrum (C-Dur/d-Moll-g-Moll) abdeckt, und dessen Thema zunächst die Violinen ausspart und in den Bratschen vorgestellt wird. Das Scherzo in g-Moll hat eher elegischen Charakter und mit un poco Allegretto für den Satz ein sehr gemäßigtes Tempo, das auch notwendig ist, um den im Gegensatz zu dem fast orchestralen Kopfsatz echt kammermusikalisch filigranen Satz zur Geltung zu bringen, man betrachte nur die Imitation des Violinaufschwungs von Takt 4/5 in der Vergrößerung im Baß, während die Violine II synkopiert und ausgeterzt von der Viola II zugleich die Gegenbewegung bringt. Gerade die Binnensätze verstärken den Eindruck der Resignation und des Alterswerks, mehr noch als die im Vergleich zu den vorhergegangenen Stücken konventionellere Sonatenform. Dazu gehört auch das Schlußrondo mit seinem Thema in Form eines Dreischritts a a A als ein lieto fine, ein fröhlicher Kehraus im Sinne Haydns. Allerhand kanonische und imitatorische Künste sind da eingebaut, eine echte Fugenexposition aber hätte dem Satz wohl mehr Gewicht gegeben als seiner Stimmung entsprach.

Kalbeck hat auch hier dem Versuch nicht widerstehen mögen, diese poetisierend zu konkretisieren und damit ja auch zu profanisieren, indem er die Entstehung des Werkes früher datiert als nach den Quellen belegbar ist, die alle auf den Ischler Sommer 1890 hindeuten. Unter Hinweis auf Schuberts C-Dur-Quintett verlegt er seine Entstehung auf das Frühjahr 1890 und lokalisiert sie in den Prater: „Aber was sich dunkel von der hellen Freude ringsum abhebt, ist die Gestalt des bewußten, erfahrenen Mannes selbst. Er erlebt einen neuen Frühling, während er dabei der Stürme des Herbstes gedenkt, er berauscht sich an der Fülle des Lebens, das er entschwinden sieht, und jauchzt der gewissen Vernichtung zu.“ Er walzt diese lyrisierende Interpretation noch weiter aus als Verbindung von Faust und Don Juan; darunter hat er es nie getan. Dann faßte er die Stimmung des Werkes in ein Schlagwort zusammen: „Herbst im Frühling, Brahms im Prater!"[102]

Selbstverständlich hat er sich diese gefühlige Interpretation, die keinerlei Stütze in irgend einer Quelle findet, von Brahms absegnen lassen und ihn nach der beschriebenen Wiener Probe des Werks direkt gefragt: „ob das Stück nicht die geheime Überschrift habe: ‚Brahms im Prater', erwiderte er vergnügt schmunzelnd ‚Getroffen' und fügte mit schelmischem Augenblinzeln hinzu: ‚Nicht wahr? Und die vielen hübschen Mädchen drin?'"[103] Spätestens der augenzwinkernde Zusatz macht klar, daß Brahms Kalbecks „Deutung" nicht ernst genommen hat, was den aber sichtlich nicht hinderte, auf die Jagd nach Anklängen und Reminiszenzen zu gehen, und da er das Gebiet so eingeengt hatte, fand er sie verständlicherweise bei Strauss und knüpft daran weitere lyrische Ergüsse, auf die einzugehen, sich heute nicht mehr lohnt.

Ein Unicum nicht nur für Brahms' Werk, sondern insgesamt für die musikhistorische Situation um 1890, ist die Sammlung von 13 Kanons für Frauenchor op. 113. Als „unschuldige, kleine, verliebte Verse, die leicht und gern von hübschen Mädchen gesungen werden sollten,"[104] charakterisierte er dem Inhaber des Verlagshauses C.F. Peters, Dr. Max Abraham, gegenüber seine Sammlung, wenn der Brief auch vornehmlich den Zweck gehabt haben dürfte, den vermutlich etwas enttäuschten Verleger, dessen immer wieder zugunsten Simrocks zurückgestellte Bemühungen um Brahms bei diesem ständige Gewissenskonflikte verursachten, weil er an sich gern die wesentlich preisgünstigeren Peters-Ausgaben zur weiteren Verbreitung seiner Werke gewünscht hätte, über diesen ziemlich heiklen und schwer verkäuflichen Verlagsartikel zu trösten. Vielleicht hat er sich auch nur über die Hausmusik-Praxis seiner Zeit Illusionen hingegeben, denn in dem bereits zitierten Brief heißt es weiter: „Ich möchte glauben, daß (namentlich das häusliche) Quartettsingen durch meine Arbeiten der Art nicht wenig wieder in Aufnahme gekommen ist. - Das Gleiche möchte ich vom Kanonsingen wünschen und denke sehr daran, daß Sie ähnliche Sammlungen älterer Meister meinem kleinen Heft folgen lassen sollten." Selbst der Vergleich mit dem hausmusikalischen Quartettsingen hinkt, denn zum Kanonsingen bedarf es in der Regel gleicher Stimmen, wenn es nicht zu mehr oder weniger empfindlichen Störungen des Satzgefüges kommen soll; op. 113 ist ja denn auch für Frauenstimmen bestimmt. Das ist eine Einschränkung, auch wenn man als selbstverständlich unterstellen kann, daß es bei

[102] M. Kalbeck: J. Brahms, Bd. 4, S. 210.
[103] M. Kalbeck: J. Brahms, Bd. 4, S. 211.
[104] Briefwechsel Bd. 14, S. 395f.

Brahms um ästhetische Kategorien ging, die erst jenseits der technischen Probleme anfangen. So hatte Franz Wüllner einmal in anderem Zusammenhang konstatiert: „Es ist gar nicht so schwer, einen Doppelkanon zu schreiben, aber das Schwere ist, einen zu schreiben, der klingt, als wäre es keiner."

Primär sind die Kanons dieser Sammlung Musizierstücke, mit leichter Hand hingeworfen; und nur dem Kenner ist eigentlich ersichtlich, wie fein geschliffen diese musikalischen Aperçus sind, den Texten vergleichbar, die ihnen zugrundeliegen. Die kunstpädagogische Absicht steht bei ihnen deutlich im Vordergrund, es ist Musik weniger zum Hören als zum Mitmachen. Mit dem Kanon als satztechnischem Problem der engstmöglichen Bindung von Melodie und Baß in deren Identität hatte sich Brahms schon in der Düsseldorfer Studienzeit intensiv auseinandergesetzt. Kanonbildungen treten in Variationsreihen als selbständige Gebilde und sonst in höchst unterschiedlichem Zusammenhang in seinem Werk auf. Was jedoch den Anstoß gab zur Herausgabe einer ganzen Sammlung mit eigener Opuszahl, kann man nur vermuten. Vielleicht ging er aus von Julius Stockhausens 1881 erschienener Gesangsschule, für die er ein Dutzend Kanons beizusteuern versprochen hatte, dann aber wegen einiger Bedenken davon abließ. Zu op. 113 präzisierte er jedoch in dem erwähnten Brief an Max Abraham, „daß dies nicht die schwierigen ‚Kanons' sind, die bei Gelegenheit der Stockhausen'schen Gesangschule in Frage kamen." Auch dies freilich war wieder eine Beschwichtigung an die Adresse des Verlegers. Konkret wurde der Plan der Sammlung wohl erst, als er glaubte, mit dem Quintett op. 111 den Schlußstein in den Bau seiner künstlerischen Produktivität gefügt zu haben und alles verfügbare Übrige auf seine Publikationsfähigkeit überprüfte und, was dem nicht standhielt, in die Traun geworfen hatte. So wenig wie die ganze Sammlung läßt sich die Entstehung der einzelnen Stücke belegen. Die Nummern 1,2,8,10,11 und 12 lassen sich bereits in den Stimmheften des Hamburger Frauenchors belegen, Nr. 2 allerdings mit einer anderen Melodie. Die Nr. 12 ist sogar mit einem genauen Datum versehen, dem 7. Mai 1863, also seinem 30. Geburtstag. Vielleicht wurde da bei einem Treffen mit den Damen des ehemaligen Frauenchores dieser Kanon gesungen. Überhaupt nicht datierbar sind die Nummern 6 und 7; Nr. 9 ist belegt auf einem „November 1870" datierten Albumblatt. Eine Sonderstellung nimmt in mehrfacher Hinsicht das letzte der Stücke ein.

Während aber die quellenmäßig nicht nachweisbaren Nummern 6 und 7 im Zusammenhang der frühen Kanons stehen, also wohl nur noch redigiert wurden, weist das ebenfalls nicht nachweisbare letzte Stück eher auf den späten Brahms, sowohl was die Durchgestaltung angeht, als auch in der Beherrschung der Ausdrucksgestaltung bei aller Strenge des musikalischen Satzes. Während die ersten drei Stücke, sowie die Nummern 5, 7, 11 und 12 Kanons im Einklang sind, schiebt das vierte Stück zwei dreistimmige Kanons ineinander, was einen stärkeren Wechsel erzeugt. Da jedoch die erste Melodiezeile dem Kinderlied „Schlaf, Kindlein schlaf" entnommen ist, führt die Notwendigkeit, sechs Zeilen mit ihr zu verbinden, doch wieder zu einer gewissen Eintönigkeit. Der sechste Kanon ist einer in Gegenbewegung auf der Unterterz, der achte einer im Einklang auf der Unterquinte. Nr. 9 ist ein Doppelkanon in der Unterquinte und zeigt, daß Brahms die Form des Kanons auch ganz bewußt in Beziehung zur Textvorlage bringt. Es handelt sich nämlich um eine Nachdichtung Friedrich Rückerts aus den „Makamen des Hariri" mit einer artistischen Sprachspielerei, einem Text, der in sich selbst zurückläuft: „**Ans Auge** der Liebsten fest mit Blicken dich **ansauge**". Brahms hat aus derselben Textquelle noch ein weiteres Epigramm kanonisch behandelt: „**Zu Rauch** muß werden der Erde Schmelz und der Himmels **Azur auch**" (WoO 30).[105] Der in sich selbst zurücklaufende Text fordert ja geradezu die Behandlung als Kanon heraus. In diesem Doppelkanon in der Gegenbewegung für vier Stimmen tut Brahms aber noch ein Übriges: er läßt das Stück mit dem Leittonschritt abwärts (Tonika-Dominante) beginnen, und da er den gleichen Schritt am Ende des Themas wiederholt, schließt das Stück wegen der Gegenbewegung mit dem umgekehrten Schritt Dominante-Tonika, sodaß die Kongruenz zwischen Musik und Text bis zur Vollkommenheit erreicht ist.

Selbst in der Miniatur des Kanons konnte es mithin bei Brahms gelegentlich zu Stücken von hohem ästhetischem Rang kommen, sowohl was die formale Umsetzung der Textvorlage anging, als auch was den Ausdruck betrifft. In noch größerem Maße als bei dem einzeln überlieferten Kanon ohne Opuszahl trifft das zu auf das letzte Stück des op. 113, und es wird wohl kein Zufall sein, daß es sich wieder um einen Text des Sprachartistikers Friedrich Rückert handelt: Brahms selbst hat diesem Stück eine Sonderstellung in seinem op. 113 eingeräumt und es von der reinen Funktionsmusik der übrigen abgehoben.[106] Es steht in dieser Sammlung wie das Passacaglia-Finale der Haydn-Variationen oder der Schluß der Neuen Liebeslieder-Walzer, und daß es sich um lauter Finali von Sammelwerken handelt, sagt gewiß auch etwas aus über sein Verständnis des Endungsproblems. Er hat in diesem Kanon ein be-

105 39. Makame. Gesamtausgabe. Abt. III, Bd. 6.
106 Vgl. Briefwechsel Bd. 6, S. 278.

rühmtes Stück aus der älteren Musikgeschichte zum Modell genommen, den Sommer-Kanon „Sumer is icumen in“, der um 1300 in der englischen Abtei Reading aufgezeichnet wurde und in der angelsächsischen Literatur daher als „Reading Rota“ bekannt ist: ein vierstimmiger Kanon im Einklang (vier Soprane) bewegt sich über einem davon unabhängigen zweistimmigen Kanon im Einklang (AA). Aber nicht genug mit diesem komplizierten Konstruktionsplan. Brahms schrieb den vierstimmigen Kanon über die erste Melodiezeile des „Leiermanns“ vom Ende der Schubertschen „Winterreise“, ein emotional hoch aufgeladenes Stück also, und er wünschte ihn sich in dem erwähnten Brief an Joachim „recht fanatisch gesungen“.[106] Das Pendeln des Unterstimmen-Kanons zwischen a und e' beschwört überdies noch die Assoziation mitschwingender Bordunsaiten der Drehleier, von der im Text Schuberts die Rede ist.

Der Schluß der Winterreise ist eine der Stellen, an denen der „späte“ Schubert an die Grenzen der Gestaltbarkeit musikalischen Ausdrucks zu seiner Zeit vorstieß. Wenn Brahms ihn als Modell eines nach einem bestimmten historischen Vorbild konstruierten Kanons entlehnte, so hat ihn dabei gewiß nicht nur die eminente kompositorische Schwierigkeit dieser Arbeit gereizt, sondern die Verbindung gerade dieses Textes („Einförmig ist der Liebe Gram“) mit dieser Melodie und ihre Einbindung in diese komplizierte Form ist um ihrer Expressivität willen vorgenommen worden. Tatsächlich hat sie durch den Einbau in das komplexe Konstruktionsgeflecht nichts verloren von ihrer beklemmend resignierten Spannung. - Eine Sammlung von Kanons herauszugeben, war Ende des 19. Jahrhunderts etwas ganz Ungewöhnliches, galt doch diese strengste aller kontrapunktischen Formen nur mehr als eine nicht ganz ernst genommene intellektuelle und daher künstliche Spielerei. Die musikalische Jugendbewegung entdeckte den Kanon neu, nun nicht mehr als ein konstruktives Formproblem, sondern als eine der einfachsten Formen gemeinschaftlichen Singens. Insofern ist Brahms' Absicht, die ihn zur Herausgabe einer solchen Sammlung veranlaßte, erfüllt worden. Zwei oder drei Stücke der Sammlung zeigen aber auch, daß der Kanon trotz seines strengen Konstruktionsprinzips eben nicht nur eine intellektuelle Spielerei oder die einfachste Form mehrstimmigen Singens zu sein braucht, sondern der Synthese von strenger Form und musikalischem Ausdruck fähig ist, also ein echtes Kunstwerk sein kann.

Noch deutlicher als die Kanons zeigt die Sammlung von „51 Übungen für Klavier“ die Tendenz des alternden Brahms, der mit dem 2. Streichquintett zunächst das Ende seiner Produktivität erreicht zu haben glaubte, zum Aufarbeiten, Sammeln und kritischen Sichten älterer Arbeiten, die er bislang nicht herausgegeben hatte. Anders als die mit einer

Opuszahl versehenen Paganini-Variationen op. 35, die als Variationenzyklus einen eigenen ästhetischen Anspruch stellen, hat er in den 51 Übungen offenbar zusammengefügt, was er an Klavieretüden, wahrscheinlich überwiegend zum eigenen Gebrauch, im Laufe seines Lebens geschrieben hatte. Dafür kommen unterschiedliche Phasen in Betracht, in welchen er seine pianistischen Fähigkeiten aufbesserte, um öffentlich als Klavierspieler klarer bestehen zu können, also etwa die Zeit nach den Detmolder Engagements, als er die Uraufführung seines Konzerts d-Moll vorbereitete und erstmals mit Klavierkonzerten, so dem in G-Dur von Beethoven, hervortrat, oder die Klavierstudien mit Carl Tausig in Wien. Auch zu anderen Gelegenheiten wird er Anlaß gehabt haben, bestimmte klavieristische Probleme zu studieren, und hat sich möglicherweise Übungsstücke dazu selbst geschrieben. Für weniger wahrscheinlich halte ich die Vermutung, es handele sich dabei um Übungsstücke aus seinem Klavierunterricht, dafür sind sie zu hakelig, und daß etwa eine der Schwestern Völckers klavieristisch überhaupt auf diesem Niveau gewesen sei, ist zu bezweifeln, schließlich hat er ihnen für schwierige Stellen seiner Werke erleichterte Versionen niedergeschrieben.

Auf die uneinheitliche und zeitlich unzusammenhängende Entstehung dieser Stücke - im Gegensatz zu op. 35 - weist auch die Tatsache hin, daß Frau Schumann wohl einige kannte im Zusammenhang ihrer geplanten Edition von Klavieretüden Carl Czernys.[107] Diese Beschäftigung mit Klavieretüden fällt übrigens ins selbe Jahr 1880 wie die Zusendung einiger Blätter davon an Elisabet von Herzogenberg.[108] Ob diese Beschäftigung mit dem Material zugleich Entstehungszeit dieser Blätter war und um welche es sich dabei handelte, ist nicht mehr zu klären. Er hat wohl auch damals mit dem Gedanken gespielt, sie zu veröffentlichen; sicher belegbar ist das aber erst für 1881/82, womit die Frage auftaucht, ob etwa neu hinzugekommene Stücke der Anlaß dazu waren.[109] Wirklich veröffentlicht hat er sie dann erst 1893. Es hat von den 51 Übungen wohl kein einheitliches Manuskript gegeben, sie nach den Einzelblättern druckfähig zusammenzuschreiben, fehlte ihm die Geduld, da mußte der Verlagslektor des Hauses Simrock, Robert Keller, heran.[110] Ein Blatt, das sich erhalten hat, trägt die Überschrift „Fantasiestücke in Callot's kühnster Manier", jenen Titel, den er im Zusammenhang seiner E.Th.A.-Hoffmann-Identifikation einmal erwogen hatte.[111] Joachim hatte ihn sei-

107 Vgl. Clara Schumann - Johannes Brahms. Briefe. Bd. 2, S. 217.
108 Vgl. Briefwechsel Bd. 1, S. 132.
109 Briefwechsel Bd. 10, S. 155, 184 und 207.
110 M. Kalbeck: J. Brahms, Bd. 4, S. 225.
111 Johannes Brahms. Thematisch-Bibliographisches Werkverzeichnis. S. 518, 109.

nerzeit davon abgebracht, weiterhin solche literarisierenden Titel zu verwenden, ein deutlicher Beweis, wie lange Brahms ihm wertvoll und verwertbar erscheinende Skizzen aufzubewahren pflegte, denn das Blatt hat ja nicht nur die Vernichtungsaktion im Spätsommer 1890 an der Traun überstanden, sondern bereits das Autodafé bei der Auflösung des elterlichen Haushalts. Es ist aber auch ein Hinweis auf die Uneinheitlichkeit der Sammlung, obwohl sich nicht beweisen läßt, ob und gegebenenfalls welche Stücke später hinzugekommen sind und wann.

Anfang Oktober 1890 war Brahms in Wien zurück, statt der früher so vielen Konzerte reiste er diesmal nur Mitte Dezember, wie beinahe schon Tradition, nach Budapest und dirigierte dort sein 2. Klavierkonzert mit Eugen d'Albert als Solist. Am 19. Januar 1891 gab er ein weiteres Konzert in Budapest, in dem er den Klavierpart seines Horntrios mit Hubay und seinem Quartett spielte; ferner wurden in dieser Kammermusik sein 3. Streichquartett und das 2. Streichquintett gespielt. Dazwischen lag für ihn, der sich allzu selbstverständlich auf seine robuste Gesundheit verlassen hatte, eine neue Erfahrung. Wien wurde damals von einer Grippe-Epidemie heimgesucht, in deren Gefolge häufig Lungenentzündungen auftraten. Brahms war ebenfalls von der Grippe befallen, erholte sich aber rasch wieder. Sei es nun, daß er die Krankheit nicht genügend auskuriert oder sich erneut infiziert hatte; diesmal war er stärker von ihr betroffen. Auch Kalbeck hatte sich infiziert, was Brahms kommentiert hatte mit der bissigen Bemerkung: „Natürlich, Sie müssen auch jeden Modenunsinn mitmachen." Beim zweiten Male hatte Brahms jedoch offenbar hohes Fieber und suchte dieses damit zu bekämpfen, daß er sich kaltes Wasser über den erhitzten Kopf goß. Die verschleppte Krankheit hatte schließlich sogar seine Reise nach Meiningen gefährdet und war auch nach seiner Rückkehr noch nicht ganz überwunden.

Das Herzogspaar von Sachsen-Meiningen hatte ihn nach dort eingeladen zu einer Theateraufführung, die eigentlich er eingefädelt hatte. Er hatte gelegentlich der morganatischen Gemahlin des Herzogs, der Frau von Heldburg, die früher unter dem Namen Ellen Franz als Schauspielerin dem Meininger Ensemble angehört hatte, Joseph Viktor Widmanns „Önone" als Reiselektüre dediziert, und sie hatte eine Produktion des Stücks auf dem damals stilprägenden Meininger Hoftheater arrangiert. In einem warmherzigen Schreiben empfahl er den Schweizer Freund dem Herzog nun auch persönlich als Gast und freute sich, „wie Sie sich der Bekanntschaft dieses ganz einzig liebenswürdigen und vortrefflichen Mannes freuen werden. Er ist eigentlich fast ganz Zeitungsschreiber geworden, aber wenn Sie ihn als solchen, wie ich, eingehender kennten, Sie würden ihn nicht blos für den liebenswerthesten seiner

Gilde halten, Sie würden auch höchste Achtung und Sympathie für solche Art Thätigkeit empfinden."[112] Insgeheim weidete er sich aber doch an der Vorstellung, welche Kompromisse der eingefleischte Republikaner als Gast eines regierenden Fürsten einzugehen habe: „Freund Widmann legt nächstens für einige Zeit den Republikaner ab und geht als ‚Gast des Herzogs' nach Meiningen, wo am 15. März seine Tragödie ‚Önone' aufgeführt wird. Er wohnt also im Schloß und geht scharwenzelnd mit Hofdamen im Hofgarten spazieren! Ich soll dabei sein - da mag er sich vor schlechten Witzen hüten!"[113] Widmann war natürlich souverän genug, das höfische Zeremoniell zu ertragen und gestand in einem Bericht im „Bund" über seinen Aufenthalt seine anfängliche Befangenheit ein, hob aber zugleich die großen Verdienste des Herzogs um die deutsche Kulturpflege hervor.

Selbstverständlich wurde bei dieser Gelegenheit auch viel Musik geboten. Franz Steinbach, der neue Leiter der Hofkapelle, führte sich bei Brahms mit dessen 1. und 4. Symphonie, der Tragischen Ouvertüre und den Haydn-Variationen so glänzend ein, daß er sich, gerührt durch die große Wirkung seiner c-Moll-Symphonie, deren Wiederholung erbat. Eine größere Auszeichnung und Bestätigung als Brahms-Dirigent und Wahrer der Orchestertradition aus der Ära Bülows konnte Steinbach nicht erhalten.

Besonderen Eindruck hinterließ außer den Aufführungen eigener Werke eines der Weber'schen Klarinettenkonzerte, das der Soloklarinettist Richard Mühlfeld blies. In einer Kammermusik hatte Brahms noch einmal Gelegenheit, ihn zu hören mit Mozarts Klarinettenquintett. Brahms selbst spielte die Neufassung seines H-Dur-Trios, und Ludwig Wüllner, der Sohn seines Freundes Franz, ein ebenso bedeutender Sänger wie Schauspieler und Rezitator, der damals an der führenden deutschen Sprechbühne in Meiningen engagiert war, sang sämtliche Magelonen-Romanzen, einer der frühesten Belege der Aufführung eines ganzen Liederzyklus, die damals noch völlig unüblich war. Besonders angetan war Brahms von der Intonationskultur und Musikalität des Klarinettisten und Kammervirtuosen Richard Mühlfeld, dessen Spiel in der Tat so ungewöhnlich war, daß der Maler Adolf Menzel nach einem Auftritt ihn als Apoll mit Lorbeerkranz skizzierte. - Auf dem Rückweg machte Brahms noch in Frankfurt Station und spielte in einer Kammermusik-Soiree den Klavierpart seiner 2. Cellosonate und des Klaviertrios op. 101. Ende März war er wieder in Wien. Die ganze Konzertsaison

[112] Briefwechsel. Neue Folge. Bd. 17, S. 104f.
[113] M. Kalbeck: J. Brahms, Bd. 4, S. 223.

1890/91 über gab es nur noch drei öffentliche Auftritte, was deutlich werden läßt, wie weit er die geradezu hektische Konzerttätigkeit früherer Jahre zurückgeschraubt hatte.

Mitte April ging eine Dankbrief an Frau von Heldburg, der aufhorchen läßt, denn er sagt, „daß es bei Ihnen wieder so lieb u. schön war wie immer u. daß man die Erinnerung an solche Tage als etwas Schönes u. Liebes mit sich weiterträgt. Ich gehe damit spazieren.“[114] Das war sein Synonym für das gedankliche Ausarbeiten von Einfällen und Plänen, und er bezog es hier ausdrücklich auf schöne Erinnerungen an die Meininger Tage und die dort gehörte Musik. In Ischl, wohin er am 11. Mai wieder aufbrach, konkretisierte er seine Gedanken auf ein Quintett, wie er es von Mozart gehört hatte, und ein weiteres Klaviertrio, beide mit Klarinette als Melodieinstrument.

Bevor er jedoch ernstlich die Ausarbeitung der Werke aufnahm, mit denen er bereits in Wien „spazieren gegangen“ war, bestellte er sein Haus auch wirtschaftlich und finanziell. Er konzipierte sein Testament in Form eines Briefes an Fritz Simrock,[115] der nicht nur sein Verleger war, sondern auch sein Vermögen, dessen Anlage und alle laufenden Finanzangelegenheiten verwaltete. Das erwies sich als äußerst zweckmäßig, nachdem zwischen den beiden Männern ja ein ausgesprochenes Vertrauensverhältnis bestand, weil das Einkommen aus den Werken und vielen Konzerten ja im Deutschen Reich erzielt wurde, Brahms aber seinen ständigen Wohnsitz im Ausland hatte. Sein Vermögen bestimmte er in diesem brieflichen Testament zu gleichen Teilen für die Musiker-Pensionsfonds in Hamburg und Wien. Da spielen also wohl noch Erfahrungen aus dem Elternhaus ebenso hinein - sein Vater hatte sich ja schon um derartige Fragen der sozialen Absicherung von Musikern bemüht - wie sein waches und kritisches Bewußtsein gegenüber den ungesicherten Lebensverhältnissen seiner Zunftkollegen. Eine Künstler-Sozialversicherung für die nicht durch öffentlich-rechtliche Arbeitsverhältnisse gesicherten Musiker ist ja erst fast hundert Jahre nach seiner letztwilligen Verfügung zugunsten solcher Stiftungen ins Leben gerufen worden. Davon sollten auf Lebenszeit vorab je 5000 Mark jährlich zur Alterssicherung der zuckerkranken Schwester und des Vetters Christian Detmering, sowie der Stiefmutter und nach deren Tod deren kränklichen Sohnes, des Uhrmachers Fritz Schnack in Pinneberg, abgezogen werden. Seine Wirtschafterin Coelestine Truxa sollte sein gesamtes Wohnzimmerinventar und ein Legat von 10.000 Mark erhalten, mit Ausnahme der Gegen-

114 Briefwechsel. Neue Folge. Bd. 17, S. 107.
115 M. Kalbeck: J. Brahms, Bd. 4, S. 228ff.

stände, die heute noch im Brahms-Gedenkzimmer in Haydns Wohnhaus in Wien stehen. Seine Bibliothek, insbesondere seine Autographen, vermachte er der Gesellschaft der Musikfreunde in Wien. Was eventuell an Ungedrucktem und Unveröffentlichtem sich in seinem Nachlaß vorfinden sollte, auch alle Briefe, insbesondere die an und von seinen Eltern, sollten vernichtet werden, soweit Briefe nicht den Absendern zurückgegeben werden konnten. Die hier verwendeten weicheren Formulierungen erlaubten später, als er das Testament durch Streichungen und Änderungen, die weder beglaubigt, noch auch durch Unterschrift autorisiert waren, selbst juristisch ungültig gemacht hatte und sein Vermögen daher entgegen seiner ausdrücklichen Verfügung nicht den Musiker-Selbsthilfe-Organisationen, sondern entfernten Verwandten zufiel, wenigstens den Teil über seine ideelle Hinterlassenschaft historisch verantwortungsbewußt umzusetzen; das heißt: seine Bibliothek und die Autographen tatsächlich bei der Gesellschaft der Musikfreunde zu archivieren und die Briefe von unschätzbarem Quellenwert für die Forschung zu retten.

Es gab noch einen anderen Grund, sich in diesen Tagen mit Testamenten und deren Konsequenzen auseinanderzusetzen: Schwester Elise, mit dem Uhrmacher Philipp Grund verheiratet gewesen, war verwitwet und hatte ihren Bruder davon in Kenntnis gesetzt, daß sie beabsichtige, die Kinder aus der ersten Ehe ihres Mannes, zu denen es wohl kein gutes Verhältnis gegeben hatte, testamentarisch nicht zu berücksichtigen, sondern den gesamten Nachlaß ihren Freundinnen zu vermachen. Brahms, der ja zur Genüge wußte, wie schwierig seine Schwester war, versuchte mit aller Vorsicht, die ihr labiler Gesundheitszustand erforderte, sie von diesem wenig klugen Vorhaben abzubringen. „Das ist nun alles ganz gut und schön, aber so recht gefallen will es mir nicht. Kommt Dir denn nicht Dein verstorbener Mann in die Gedanken, und daß er doch wohl ein etwas trauriges Gesicht dazu machen würde? Das Verhältnis zu einer Stiefmutter ist selten ein zärtliches; aber ich meine immer, Du solltest doch bedenken, daß es seine Kinder sind, und daß er doch wohl den leisen Wunsch hätte, Du möchtest einige Teilnahme für sie bewahren."[116]

Der elegisch-resignierende Ton, den man Brahms' später Kammermusik nachsagt, ist zumindest nicht neu und insofern überhaupt nicht spezifisch für das Alterswerk und den Klang des in ihnen verwendeten Rohrblattinstruments, sondern mindestens schon im Streichquintett G-Dur op. 111 deutlich manifest. So unbestreitbar die späten Klarinetten-

[116] K. Stephenson: Johannes Brahms in seiner Familie. Der Briefwechsel. Hamburg 1973, S. 274.

werke durch das Spiel Richard Mühlfelds und den Klang des Instruments in seiner Hand inspiriert worden sind, so hat es sich doch die Brahms-Interpretation zu leicht gemacht, sich mit dieser Feststellung zu begnügen, denn der Bewußtseinsstand des späten Brahms schloß ein gefälliges Komponieren nach dem Wohlklang eigentlich aus. Und das ist in der Tat so: die neuen klanglichen Möglichkeiten reizten ihn so, daß er sie in gleich vier Werken auslotete, aber selbstverständlich hat er dies von der Basis seines damaligen Komponierens aus getan. Der Hauptthemen-Komplex des Klarinettentrios a-Moll op. 114 beginnt im Cello mit einem gebrochenen a-Moll-Klang über eine Oktave aufwärts, der anschließend stufenweise abwärts ausgefüllt wird. Das Klavier bringt in Gegenbewegung lediglich einen a-Moll-Dreiklang und verharrt dann acht Takte auf dem Orgelpunkt A. Die Klarinette folgt in vier Takten Abstand mit einer Quintbeantwortung wie bei einer Fugenexposition, wandelt aber den absteigenden Teil des Themas bereits ab und beschleunigt ihn zu Triolen; eine stark verlangsamende Kadenz schließt diese erste Gruppe aus dreimal vier Takten ab; es kommt beinahe zum Stillstand. Das Klavier übernimmt sodann die Weiterführung, noch stärker beschleunigend mit Achteltriolen, die in normalen Achteln wieder aufgefangen werden. Wir haben es also mit vier rhythmischen Ebenen zu tun, Vierteln, Vierteltriolen, Achteln und Achteltriolen, der Takt wird mithin unterteilt in vier, sechs, acht und zwölf Noten. Außerdem changieren die gebrochenen Akkorde zur Terzenkette und auch das Prinzip der Gegenbewegung, schon mit dem Eintritt des Klaviers verbunden, spielt in der Weiterverarbeitung eine Rolle (vgl. etwa T. 25).

Im Seitensatz (T. 43 m.A.) wird die Kombination von gebrochenem Akkord und Terzenkette noch deutlicher, e'-c'-a-(g)f, wird sogleich diminuiert vom Klavier aufgenommen, wobei das Verhältnis von Bewegung und Gegenbewegung in Hauptsatz und Seitensatz ins Auge springt, im Klavier tritt es sogar wieder synchron auf. Rhythmisch wird das Kopfmotiv auch mit Synkopierung verwendet. Es gibt also wenig Zweifel: das Prinzip der formentwickelnden Variation, das sich bisher überwiegend im motivisch-thematischen Bereich ausgewirkt hatte, greift im Klarinettentrio auch auf die Rhythmik über, partiell auch auf die Satztechnik. Daß Brahms hier die bislang weniger ausgeprägt genutzten musikalischen Parameter in die Formentwicklung einbezogen, ja den Themenkopf eines Sonatensatzes in Form eines Fugato eingeführt hatte, muß notwendigerweise Konsequenzen für die Reprisenbildung haben, sie gerät jetzt ebenfalls ins Wanken, nachdem die Durchführung schon verhältnismäßig früh (vgl. etwa das 1. Klavierquartett g-Moll) problematisiert worden war. Die (Wieder-) Einführung des Kopfthemas in einem Sonatensatz kann nicht zweimal mit den Mitteln einer Quintbeantwortung geschehen. Also wird regulär zur Haupttonart zurückgeleitet (T. 126), jedoch das motivische Material des Hauptsatzes nicht in der Originalgestalt wiederverwendet, sondern weiterentwickelt. Damit ist eine der wesentlichsten Grundlagen des Sonatenprinzips, die Wiederkehr der Hauptthemen aus der Exposition aufgegeben zugunsten von deren Weiterentwicklung. Da der Seitensatz ohnehin eine fortentwickelnde Variante des Hauptsatzes war, verschlägt es übrigens nichts, daß dieser original wieder in der Reprise erscheint und so den Synthesecharakter des dritten Formteils im Sinne der Dialektik nachträglich bestätigt.

Wenn nun die These richtig ist, daß im Sonatenzyklus insbesondere die Außensätze aufeinander bezogen sind, muß die Erweiterung der Gestaltungsmittel des Kopfsatzes Konsequenzen auf das Finale haben. Und in der Tat fällt der motivische Zusammenhang des ersten Finalthemas mit dem Nachsatz des Kopfthemas aus dem Hauptsatz auf. Der Dreiklang aus dem Vordersatz, sowohl in der Gegenbewegung als auch der Diminution, wird mit dem Einsatz des Klaviers umso demonstrativer nachgeliefert. Die motivische Substanzgemeinschaft liegt daher auf der Hand. Aber auch die Hemiolenbildung sowohl als Element der Verzögerung (T. 15/16) wie als solches der Beschleunigung, wenn sie von der unteren Impulsebene ausgeht (vgl. T. 23/24 und 45ff mit T. 21/22), wird eingesetzt. Auch die „durchbrochene Arbeit" mit ihrem Alternieren der Stimmen (T. 19ff) und die weitere Diminution des Themas zu Achteln (T. 71), dann zu Achtelhemiolen (T. 114ff) und die Verschiebung des 3/4-Takts zum 6/8 (T. 165), auch als Konfliktrhythmus (T. 180ff), spielen eine Rolle, intensivieren mithin noch die bereits im Kopfsatz eingesetzten Gestaltungsmittel in Richtung auf die rhythmisch-metrische Komponente der formentwickelnden Variation, die wohl zuvor in keinem anderen Brahms-Werk eine derartige Rolle gespielt hatte. - Es ist daher ein völliger Fehlschluß, Brahms habe sich von dem Wohlklang des von ihm noch nicht eingesetzten Blasinstruments gefangen nehmen lassen, im Übrigen aber auf frühere Stilmittel zurückgegriffen. Der Klangzauber der Klarinette hat verdeckt, daß er keineswegs Kompromisse gemacht hat, sondern im Gegenteil in der Ausdifferenzierung seiner kompositorischen Mittel weitergegangen ist als je zuvor.

Das Quintett für Klarinette mit Streichquartett op. 115 ist im Wesentlichen gleichzeitig mit dem Trio im Sommer 1891 in Ischl entstanden, lediglich um einige Wochen früher fertig geworden, sodaß Brahms es bereits Mitte Juli zum Kopieren nach Wien geben konnte. Prinzipiell ändert das nichts daran, daß die beiden Kammermusik-Werke mit Klarinette parallele Produkte sind, wie sie bei Brahms so häufig auftraten.

Erst nach Abschluß des Trios forderte Brahms in Wien Notenpapier mit mehr Systemen für das Quintett an; das heißt aber sicher nicht, daß er damals erst mit der Arbeit an dem Werk begonnen hat, es wird sich vielmehr um die Partiturniederschrift gehandelt haben. Es ist dann erst wieder belegbar, als er es am 24. November 1891 in Meiningen mit Richard Mühlfeld, Joachim und Robert Hausmann zusammen mit zwei Meininger Musikern der üblichen Testaufführung unterzog. Die Uraufführung fand in Berlin am 12. Dezember mit Mühlfeld und dem Joachim-Quartett in der Singakademie im 3. Konzert des Quartetts statt.

Das Stück beginnt in Terz- und Sextparallelen, also mit einem typischen Brahms-Klang, in den beiden Violinen mit einer Umspielung der Töne d und fis, es bleibt daher erst einmal offen, ob es sich um ein Stück in D-Dur oder h-Moll handelt. Das wird erst klar, wenn ab T. 3 Bratsche und Cello hinzukommen und die Violinen die absteigende Linie zur Oktave ergänzen. Der Einsatz der Klarinette mit einem zu dieser stufenweisen Einleitung kontrastierenden über zwei Oktaven aufsteigenden gebrochenen Durakkord stellt die tonale Basis aber schon wieder in Frage, ein Spiel mit der Janusköpfigkeit des Dur-Moll-Systems, das wir schon von Anfang der 3. Symphonie her kennen, ebenso wie die Dominantisierung dieser scheinbaren Tonika durch Hinzufügen der kleinen Septime in T. 6. Kein Wunder also, daß dieses Spätwerk, sein letztes Kammermusik-Stück, so rasche und breite Aufnahme fand, weil es ausgeprägte personalstilistische Idiomatik verwendet. Die Klarinette nimmt das Eingangsmotiv auf und kadenziert den Hauptthemenkomplex dann mit einer über zweieinhalb Oktaven absteigenden Katabasis. Das Hauptthema ist also raumgreifender, als wir es sonst von Brahms kennen. Auffällig ist auch hier wie im Klarinettentrio die differenzierte Rhythmik: spielen die beiden Violinen in der Eröffnung mit Vierteln, Achteln und Sechzehnteln, so wird diese spielerisch-idyllische Bewegung bereits mit dem Eintritt von Bratsche und Cello durch die alternierende Synkopierung gestaut. Die Klarinette verlangsamt das Tempo entscheidend mit ihren punktierten Halben, während das Cello mit aufgeregten Sechzehnteln dazwischenfährt. Die spielerische Idylle und die personalstilistische Idiomatik des Hauptthemas, die an den früheren und mittleren Brahms erinnern, trügen also, weil sich darunter ungewöhnlich viel tonaler und rhythmischer Sprengstoff für die weitere Entwicklung verbergen; dagegen bestätigt sich der Eindruck aus dem Trio op. 114, daß Brahms die Mittel zur formentwickelnden Variation verstärkt im Bereich der rhythmischen Differenzierung sucht.

Diesen Eindruck bestätigt der Seitensatz mit seinen kurzen, auftaktigen Sechzehnteln und den staccatierten hemiolischen Achteln, die auch noch von Sechzehnteltriolen abgelöst werden, die durch die Stimmen wandern. Dagegen bleibt die Sonatenhauptsatz-Form intakter als im vorhergehenden Trio. Aber daß der Wohlklang der Klarinette und die Brahms-Idiomatik nur Vordergrund sind, strukturell jedoch die Entwicklung seiner Kompositionstechnik bis zu einem Punkt weitergetrieben wurde, über den hinaus ein weiteres Fortschreiten eigentlich nicht mehr denkbar ist, muß ebenso konstatiert werden. - Insofern ist es daher konsequent, das Finale als Variationsfolge zu gestalten, zumal echt Brahmsisch das Thema vom Baß her angelegt ist. Das Anfangsmotiv der Violine I wird von der Klarinette eine Terz höher sequenzierend imitiert, ebenso im Nachsatz, und nur dadurch der Aufbau in zwei Viertaktgruppen hergestellt, wobei der zweite Klarinetteneinsatz bereits metrisch verschränkt ist mit der zweiten Achttaktgruppe. Die Oberstimmen werden somit ganz bewußt in Konflikt gesetzt zur Baßgrundlage des Themas. Nur an ihr sind die beiden metrisch einheitlichen Gruppen erkennbar; der Vordersatz steigt im Dreiklang von der Tonika zur Dominante auf, fällt schrittweise zurück und kadenziert eine Oktave tiefer dominantisch, während der Nachsatz, die zweite Hälfte aufgreifend, zur Vollkadenz führt. Diese Identität der Binnenglieder von Vorder- und Nachsatz (abba) ist ebenso wie die höhersequenzierende Imitation der Klarinette ein Strukturelement des Themenbaus, das auf die folgende Variation hin angelegt ist. Der ganze straff organisierte Baß wird dann piano noch einmal wiederholt und zur Tonikaparallele kadenziert, während die Oberstimmen bereits variiert und diminuiert werden.

Der zweite Teil des Themas beginnt mit der Tonart des Neapolitaners und wiederholt nach acht Takten die Takte 13 bis 16, diesmal abgewandelt, um mit einer Vollkadenz auf der Tonika schließen zu können. Die Aufstellung des Themas ist also nicht nur in sich ein hoch komplexer Vorgang, der die Möglichkeiten der formentwickelnden Variation vorprägt, sondern es entspricht der Logik der Gestaltung seiner späten Sonatenhauptsätze, daß Brahms zugleich den Beginn des Prozesses der Variationsbildung bereits in die Themenaufstellung hinein vorverlegt, so wie er in den Kopfsätzen seiner Sonatenformen, beginnend mit op. 25, in immer neuen und komplexeren Entwicklungen die Funktion von Exposition und Durchführung vermengt und zunehmend einander angenähert hat. Das letzte seiner Kammermusik-Werke ist somit ein höchst eindrucksvoller Nachweis der Konsequenz in der Entwicklung seiner Formvorstellungen.

Da es mit den beiden Klarinettenwerken gleich zwei Novitäten ins Musikleben einzuführen galt, nahm auch seine Konzerttätigkeit in der Saison 1891/92 wieder zu. Noch Ende Juli 1891 schrieb er von Ischl aus an Freifrau von Heldburg:

> Ich möchte mich auf das Zudringlichste nach Meiningen einladen! Es ist aber diesmal nicht purer Egoismus. Ganz vertraulich erlaube ich mir zu erzählen, wie sehr ich für Sie gedacht und gearbeitet habe. Es ist mir (immer unter uns) nicht entgangen, wie sehr Sie dem herzogl. Kammermusikus und Musikdirektor Mühlfeld geneigt sind, ich habe oft mit Wehmut gesehen, wie mühsam und ungenügend Ihr Auge ihn an seinem Orchesterplatz zu suchen hatte. - Im letzten Winter konnte ich ihn wenigstens einmal voran hinstellen -[117] aber jetzt - ich bringe ihn in Ihre Kemmenate, er soll auf Ihrem Stuhl sitzen, Sie können ihm die Noten umwenden u. die Pausen, die ich ihm gönne, zu traulichem Gespräch benutzen! - Nebenbei ist nun Ihr M[ühlfeld] der beste Meister seines Instruments[118] u. mag ich für diese Stücke an gar keinen andern Ort denken als an Meiningen. - Einen Wunsch hätte ich in dem Fall noch, ich möchte einen vortrefflichen Cellisten dazuhaben, etwa Hrn. Hausmann aus Berlin. Wäre Ihnen dessen Kommen nicht unangenehm?[119]

Im Oktober lud er auch noch Joachim dazu ein.[120] Für die geplante Testaufführung mochte er sich also außer auf Mühlfeld nicht auf die ebenfalls vorzüglichen Mitglieder des Meininger Orchesters verlassen, da mußten die ihm vertrautesten Musiker her.

Am 20. November traf er in Meiningen ein, das Herzogspaar hatte noch ein Übriges getan und zu seiner Freude auch Rudolf von der Leyen eingeladen. Clara Schumann hatte zu ihrem großen Bedauern wegen Krankheit absagen müssen. In diesem Kreis vertrauter und verständnisvoller Menschen konnte er die neuen Werke „behaglich“ probieren und zu seiner Zufriedenheit feststellen, daß sie gut „ankamen“. Welches Opfer ihm die Freunde zu bringen bereit waren, kann man daran erkennen, daß der immerhin sechzigjährige Joachim ein Konzert in Darmstadt gehabt hatte, die Nacht durch gefahren war und bereits am nächsten Tag wieder einen Auftritt in Berlin hatte. Resultat der Proben war, daß Joachim ihn einlud, die beiden Klarinettenwerke bereits am 12. Dezember 1891 auf dem nächsten Abendveranstaltung seines Quartetts in Berlin vorzuführen und dazu erstmals eine eiserne Regel zu durchbrechen, dort ausschließlich reine Streichermusik zu spielen. Brahms konnte sich also sehr wohl von diesem Kreis alter Freunde getragen fühlen.

Tatsächlich riskierte Joachim trotz Brahms' Bedenken, die beiden neuen Klarinettenwerke an einem Abend aufs Programm zu setzen, ob-

117 Mäßig taktvolle Anspielung auf ihre Kurzsichtigkeit; er hatte die Aufführung des Weber-Konzerts angeregt.

118 Ursprünglich Geiger, hatte er sich durch Selbststudium zum Klarinettisten ausgebildet.

119 Briefwechsel. Neue Folge. Bd. 17, S. 114.

120 Briefwechsel. Neue Folge. Bd. 17, S. 116.

wohl das Stammpublikum von Anbeginn der Quartettabende Joachims an auf reine Streichermusik fixiert war, allerdings wurde noch ein Streichquartett Mozarts dazwischengeschoben. Aber die Befürchtungen dieserhalb erwiesen sich als gegenstandslos, es gab vielmehr ganz ungewöhnlichen Beifall, zu Joachims Überraschung noch mehr für das Quintett, er hatte nämlich erst das Trio für das publikumswirksamere Stück gehalten. Man hätte das ganze Werk da capo spielen können, so heftig wurde applaudiert, und da dieses nach dem Usus der Zeit nach jedem Satz geschah, hatte man sogar einen Gradmesser, welcher am besten gefallen hatte; es war der langsame, den Joachim denn auch wiederholte. Brahms schrieb darüber an Hanslick ironisch übertreibend, es wurde „so oft und so lange gespielt, wie es der Klarinettist nur aushalten konnte.“[121] Dem Konzert wohnten übrigens Hans von Bülow und der Maler Adolf von Menzel bei, wie Brahms Träger der Friedensklasse des Ordens Pour le mérite. Der skizzierte den Klarinette blasenden Mühlfeld mit einem Lorbeerkranz und der Unterschrift „Nur die Euterpe selbst konnte eine gewisse Partie in einem gewissen - - so blasen! A.M.“

Brahms selbst war allerdings nicht von Meiningen nach Berlin gefahren, sondern hatte einen Abstecher nach Hamburg unternommen, das gestörte Verhältnis seiner Schwester zu den Kindern aus der ersten Ehe ihres Mannes bereitete ihm Kopfschmerzen. Schon seit einiger Zeit überwies er ihr seine Zuschüsse zu ihrer Lebenshaltung nicht mehr selbst, sondern über Vetter Christian Detmering. Elise starb am 11. Juni 1892. Auch seiner Stiefmutter und deren Sohn in Pinneberg machte er einen Besuch. Außerdem besuchte er Probe und Abonnementskonzert Bülows mit dem Neuen Philharmonischen Orchester im Conventgarten. Zusammen mit Bülow, Theodor Kirchner und Klaus Groth war er überdies bei Bürgermeister Petersen eingeladen. Zu den Kontakten mit Bülow gehörte auch noch ein Konzert der Berliner Philharmoniker, in welchem Brahms seine Haydn-Variationen, die beiden Ouvertüren und die 4. Symphonie selbst dirigierte und das noch vor der Uraufführung der Klarinettenwerke stattfand.

Unmittelbar danach fuhr Brahms nach Wien zurück und Joachim begleitete ihn. Anlaß war eine Feierlichkeit aus Anlaß von Beethovens Geburtstag, sofern man den mit dem 16. Dezember annimmt.[122] Eduard Marxsen, Brahms' ehemaliger Lehrer, hatte ein Legat hinterlassen, das in Erinnerung an sein Studium in Wien bei Seyfried und Bocklet die

[121] M. Kalbeck: J. Brahms, Bd. 4, S. 261.

[122] Gesichert ist nur das Taufdatum; da im katholischen Rheinland in der Regel bereits unmittelbar nach der Geburt getauft wurde, ist der 17. Dezember vermutlich auch der Geburtstag.

Professoren des Wiener Konservatoriums alljährlich an diesem Tage zu einem Essen zusammenführte. Wenige Tage vor seinem Tode hatte Marxsen es noch erhöht und „auf ein Gläschen Champagner dazu" bestimmt. Brahms war regelmäßig Ehrengast dieses Essens, diesmal auch Joachim, und beide revanchierten sich damit, daß sie am Vorabend des Beethoven-Gedenkessens in einem Konzert zugunsten des Pensionsvereins des Konservatoriums die von Joachim bearbeiteten Ungarischen Tänze vortrugen. Joseph Joachim spielte darüber hinaus Max Bruchs neues (3.) Violinkonzert, und Brahms begleitete Gustav Walter bei Schubert-Liedern. - Viktor von Miller lud außerdem den Wiener Brahms-Kreis und Joachim zu einem Essen, bei dem das Rosé-Quartett das Klarinettenquintett in einem Orientierungsdurchgang spielte und Joachim die Klarinettenpartie auf der Bratsche vortrug. Brahms hatte nämlich in weiser Voraussicht, daß eine zweite Bratsche leichter zu beschaffen sein werde als eine Klarinette, diese auch für Viola ausdrucken lassen.

Noch während Joachim und das Rosé-Quartett in diesem Kreise noch einmal spielten, mußte Brahms schon wieder in den Musikverein zur Probe seines Klarinettentrios, das im Rahmen einer Hellmesberger-Quartettveranstaltung von Adalbert Syrinck, Ferdinand Hellmesberger, dem Cellisten, und Bruder Joseph dem Jüngeren und ihm in Wien erstaufgeführt werden sollte. Da Brahms ohnehin nicht gern mit dem jüngeren Hellmesberger, dem „feschen Pepi", wie man ihn in Wien nannte, und seinem Bruder musizierte, nachdem der Vater sich aus dem öffentlichen Musikleben zurückgezogen hatte, geriet diese Wiener Erstaufführung allenfalls zu einem Achtungserfolg. Böse Wiener Zungen schrieben Brahms' Unkonzentriertheit den im Weingeist vereinigten Geistern Beethovens und Marxsens zu, denn natürlich wußten alle Insider, daß Brahms vor dem Konzert von einer Gasterei zur nächsten weitergereicht worden war. Die Brüder Hellmesberger, mit denen ja noch Gustav Mahler seine Schwierigkeiten hatte, waren auch im Orchester nicht gut gelitten und galten als Drahtzieher einer betont lustlosen Aufführung von Brahms' 2. Orchesterserenade im April 1892, die wieder die schon unrühmlich bekannte antideutsche Clique gegen Brahms auf den Plan rief, sich durch Zischen bemerkbar zu machen. Aber das Publikum erkannte die so offensichtliche Provokation, und der Schuß ging sozusagen nach hinten los, denn die geplante Anti-Brahms-Demonstration schlug um in eine solche der Sympathie für den Komponisten.

Das Klarinettenquintett erlebte seine Erstaufführung in Wien mit dem Rosé-Quartett am 5. Januar 1892, und der Zufall der Tourneepläne fügte es, daß Joachim mit seinem Quartett und Richard Mühlfeld zu der Zeit ebenfalls in Wien gastierten und beide Klarinettennovitäten erneut vorführten, wieder mit Brahms selbst am Klavier beim Trio. Diesmal widerfuhr auch diesem Gerechtigkeit, und Brahms wachte bei der anschließenden Nachfeier im Roten Igel eifersüchtig darüber, daß der Wiener Klarinettist, den er zu seiner Linken postiert hatte, nicht gegenüber Mühlfeld in der öffentlichen Aufmerksamkeit zurückgesetzt wurde. - Mühlfeld und das Joachim-Quartett machten beide Klarinettenwerke gleich anschließend in England so populär, daß sie in kurzem Abstand in London mehrfach aufgeführt werden mußten. Im Sog dieser neuerlichen großen Welle der Popularität bot die Universität Cambridge Brahms zusammen mit Giuseppe Verdi erneut die Ehrenpromotion an, die jedoch nicht in absentia vollzogen werden konnte. Aber er lehnte sie auch diesmal ab und schob vor, nicht nach Cambridge kommen zu können, ohne in London einer Fülle von Verpflichtungen nachkommen zu müssen, die jedoch notwendigerweise zu Lasten der produktiven Zeit im Sommer gegangen wären. Dazu war er jedoch nach gerade wiedergewonnener Produktivität, die er bereits mit dem Streichquintett op. 111 erloschen geglaubt hatte, nicht bereit, nicht einmal um den Preis, „daß der alte Verdi mich an Jugendlichkeit und Dankbarkeit übertrifft und beschämt!?“[123] Daß er gleichzeitig mit einer weiteren Italien-Reise liebäugelte und das auch noch sagte, machte die für seine mangelnde Reisebereitschaft angeführten Gründe im Übrigen nicht gerade glaubhafter.

Durch die Hektik dieser Konzerte war ein Ereignis vorerst in den Hintergrund gerückt, das ihn nachdrücklich erschüttert hatte, der Tod Elisabet von Herzogenbergs am 7. Januar 1892 in San Remo. Sie war einem erblich bedingten Herzleiden erlegen, das sich durch die aufopfernde Pflege ihres Mannes nach seiner schweren Rheumaerkrankung verschlimmert hatte. Sie hatte sich davon nur langsam und teilweise erholt, umso weniger als Heinrich von Herzogenberg nur soweit wiederhergestellt wurde, daß er in seiner Bewegungsfähigkeit stark eingeschränkt blieb. Erst nach den Konzerten kam Brahms dazu, ihm zu schreiben: „Ich kann Ihnen nicht schreiben, so sehr ich in Gedanken bei Ihnen bin. Es ist ein vergebliches Versuchen, Ihnen aussprechen zu wollen, was mich so ganz und innig erfüllt. Und Sie werden stumm sitzen in Ihrem Schmerz, keine Worte haben und auch keine zu hören verlangen. Mit Sorge und allergrößter Teilnahme denke ich an Sie und könnte nicht aufhören zu fragen. - Sie wissen, wie unaussprechlich viel ich an Ihrer teuren Frau verloren habe, und Sie können danach ermessen,

123 Aus einem Brief an Charles Stanford; zitiert nach M. Kalbeck: J. Brahms, Bd. 4, S. 267f. Verdi war immerhin 20 Jahre älter als der damals 59jährige Brahms.

mit welchen Empfindungen ich an Sie denke, der Sie ihr verbunden waren, wie es nur Menschen sein können."[124] In einem Brief vom 2. Februar 1892 teilte Heinrich von Herzogenberg Brahms Einzelheiten der letzten Leidenszeit seiner Frau mit, wie er ihr den Tod ihrer Mutter verheimlicht hatte, um sie zu schonen, doch eine Woche nach dieser sei sie selbst gestorben.

Im März sandte er Brahms acht Klavierstücke seiner verstorbenen Frau, jedes einer ihrer Freundinnen gewidmet, die er bei Rieter-Biedermann herausgegeben hatte und von deren Existenz Brahms keine Ahnung gehabt hatte. In seinem Dankbrief aber tat er Herzogenberg etwas für den sehr Schmerzliches an: „Der Gedanke wird Ihnen jedenfalls nahe treten, den Freunden Mitteilungen aus ihren Briefen zu gönnen. In den meinen bewahre ich - vor allem eine der teuersten Erinnerungen meines Lebens, dann aber auch einen reichen Schatz von Gemüt und Geist, der freilich nur mir gehört."[125] Mit anderen Worten: er verweigerte dem Witwer die Briefe seiner Frau und sprach das Thema von sich aus an, ließ es also nicht darauf ankommen, erst darauf angesprochen zu werden. Diese abweisende Hartherzigkeit gegenüber dem noblen Heinrich von Herzogenberg ist schwer vermittelbar und allenfalls psychologisch zu erklären aus der Geschichte ihres Verhältnisses. Elisabet von Stockhausen war seine Schülerin in der ersten Wiener Zeit gewesen. Als er dann merkte, daß er dabei war, ihrer Anmut und ihrem sprühenden Verstand zu erliegen, brach er den Unterricht ab, die psychischen Mechanismen seines Traumas aus der Beziehung zu Clara Schumann hatten wieder gegriffen. Sie heiratete dann später den hoch gebildeten Dessoff-Schüler Heinrich von Herzogenberg, der sich in seiner Anerkennung der Schöpferkraft von Brahms nie beirren ließ und als Leiter einer Kompositionsklasse an der Musikhochschule Berlin so etwas wie sein verlängerter musikpädagogischer Arm wurde, der die kompositorische Brahms-Tradition weitergab, obwohl Brahms selbst außer Gustav Jenner nie einen Schüler hatte. Er hingegen ließ Heinrich von Herzogenberg bei aller Wertschätzung seiner Frau seine Mediokrität, gemessen an seinen Maßstäben, deutlich spüren.

Im Februar 1892 wurde Jules Massenets „Werther" in Wien gegeben, und der Komponist war selbst dazu angereist. Daß Brahms einer derartigen Veroperung eines Stücks erzählender Weltliteratur nicht viel abgewinnen konnte, ist bei seiner Abneigung gegen die Vertonung wirklich großer Literatur, lyrischer oder anderer Gattung, beinahe selbstverständ-

124 Briefwechsel Bd. 2, S. 258.
125 Briefwechsel Bd. 2, S. 261.

lich. Daß Max Kalbeck, der selbst ein versierter Reimeschmied war und von Mozarts Don Giovanni bis zu Smetanas Verkaufter Braut so manches Libretto ins Deutsche übertragen hatte, auch hier seine Hand im Spiel gehabt und manches darin nach seinem Verständnis re-literarisiert hatte, machte Brahms die Sache nicht sympathischer, und er bezeichnete Jules Massenet als „französischen Zuckerbäcker". Der seinerseits sah die Wiener Musik insbesondere verkörpert durch Brahms und Johann Strauss, dessen „Ritter Pazman" einige Wochen zuvor zwar die Ehre gehabt hatte, an der Hofoper aufgeführt zu werden, sich aber entgegen Brahms' Erwartungen nicht hatte durchsetzen können. Massenet erkannte zumindest zeitweilig keinen Unterschied mehr zwischen den beiden in Wien lebenden und arbeitenden Komponisten.

Bei einem Essen, das ein Wiener Zeitungsverleger zu Massenets Ehren gab und zu dem auch Brahms, Strauss und Kalbeck geladen waren, hielt Massenet eine Rede auf die Wiener Kollegen, zuerst auf Strauss, der vor Freude errötete, als der Franzose ihn den „Grand-Maître de Vienne" nannte. Dann aber kam es zu einer ergötzlichen Szene, die Kalbeck so wiedergibt: „Nun aber stieß er ein gewaltiges ‚Mäh' hervor … ‚Mais', begann Massenet wieder, ‚le grand Grand-maître de Vienne et le plus grand musicien du monde, c'est notre ami admirable Brahms.' Nun wurde Brahms rot, während Strauss' Angesicht in der Komplementärfarbe spielte, und alles über die Taktlosigkeit des sonst so gewandten und verbindlichen Parisers erstaunte. Brahms ging, mit dem Glase in der Hand, zu seinem gekränkten Freunde hin und sagte etwas, das ihn sofort zum Lachen brachte, dann verneigte er sich höflich vor Massenet und schwieg."[126]

Die Wiener Aufführung von Massenets „Werther" war übrigens der erste sichtbare Anlaß einer Entfremdung zwischen den alten Freunden Brahms und Billroth, der sich für sein Verständnis allzu sehr für die französische Literaturoper begeisterte. Noch während der laufenden Vorstellung hatte Billroth im Hotel Sacher gegenüber der Oper ein erlesenes Souper geordert und von den Theaterdienern Visitenkarten mit seiner Einladung an Brahms, Hanslicks und Kalbeck gesandt. Brahms aber zeigte sich empfindlich und nahm selbst an dem ausgeschenkten Champagner Anstoß. Zwar schluckte er seinen Unmut noch herunter. Aber in vertrautem Kreise äußerte er umso nachdrücklicher, es sei wohl Billroths überstandene Krankheit gewesen, welche ihm den Geschmack an deutscher Musik und deutschem Wein verdorben habe; früher sei das undenkbar gewesen.

[126] M. Kalbeck: J. Brahms, Bd. 4, S. 271.

Er ließ Billroth seine Verstimmung über seine vermutete Abtrünnigkeit auch noch bei späterer Gelegenheit empfindlich spüren: der war 1892 in die Kolingasse, nächst den Neubauten von Universität und Parlament - er war Mitglied des Herrenhauses - umgezogen und hatte das Haus in der Alserstraße, in dem so manches Brahms-Werk zum ersten Male erklungen war, verkauft. Auch in dem neuen Domizil versuchte er, an diese Tradition anzuknüpfen und lud Hanslick, Kalbeck und den damaligen Rektor der Universität, den mit Brahms schon lange bekannten Adolf Exner, mit Brahms zu einem Essen ein mit der Andeutung, der werde seine neuen Klavierstücke vorführen. Aber Brahms verdroß der Prunk, und er weigerte sich zu spielen. Erst nach dem Essen und einigen gemütlich verbrachten Stunden gelang es Billroth doch noch, ihn mit sanfter Gewalt an den Flügel zu lotsen. Dort blies er erst einmal die feierlichen Kerzen in den pomphaften silbernen Leuchtern aus, nicht weil die Hörer bei seiner Musik träumen sollten, sondern weil sie ihm klare gedankliche Arbeit war, die sich mit Prunk und Feierlichkeit nicht vertrug. Dann spielte er vorab ein offenbar barockes Stück, das alle Anwesenden nicht kannten und das Kalbeck zu der Frage veranlaßte, ob das nicht von Bach gewesen sei. Da aber brach es aus Brahms heraus: „Ob von Bach, von Massenet oder von mir, das ist doch alles ganz egal.“[127] Erst danach begann er, sich, Billroth und dessen anderen Gästen auch die neuen Klavierstücke vorzuspielen.

Am 5. April 1892 war Brahms im Bösendorfer-Saal unter den Hörern eines Konzertes der dreißigjährigen italienischen Altistin Alice Barbi, die auch einige Brahms-Lieder sang. Der war davon so begeistert, daß er ganz außer sich war und ins Künstlerzimmer stürmte mit den Worten: „Ich habe gar nicht gewußt, wie schön meine Lieder sind. Wenn ich jung wäre, würde ich jetzt Liebeslieder schreiben.“[128] Anschließend fuhr er zu einem Essen mit Kollegen, bei dem Brüll, Goldmark, Walter, Door, Epstein und andere auf ihn warteten. Er aber platzte in die Gesellschaft mit dem Satz: „Heute, jetzt eben, habe ich zum ersten Male meine Lieder singen hören“ und erging sich in weiteren Lobeshymnen auf die Barbi, bis Gustav Walter, plötzliches Unwohlsein vorschützend, sich anschickte zu gehen. Da erst ging Brahms auf, was er in seiner Begeisterung für ein Unrecht ihm gegenüber und allen, die sich früh für seine Liedlyrik eingesetzt hatten, angerichtet hatte. Julius Stockhausen, Amalie Joachim und Hermine Spies, nicht zuletzt Gustav Walter, hatte er einen Moment aus dem Blick verloren gehabt. Er nötigte Walter nicht

[127] M. Kalbeck: J. Brahms, Bd. 4, S. 272f.
[128] M. Kalbeck: J. Brahms, Bd. 4, S. 325f.

nur zum Bleiben und rückte seine Begeisterung für die junge Italienerin in den rechten Rahmen, sondern begleitete ihn auch anschließend, und Gustav Walter soll nie so innig Brahms gesungen haben wie an diesem Abend. Dabei hätte er Alice Barbi schon früher hören können, denn sie sang schon seit drei Jahren regelmäßig in Wien, hatte Brahms auch einen Höflichkeitsbesuch gemacht. Aber der Starkult um sie, der sich so rasch ausgebildet hatte, muß ihn wohl abgehalten haben, sich selbst früher einen Eindruck von ihrer Kunst zu verschaffen.

Alice Barbi war nicht nur eine großartige Sängerin und eine schöne Frau, sondern sie besaß auch in besonderem Maße die Gabe, die von ihr vorgetragene Lyrik durch ihren Ausdruck und ihre suggestive Gestaltungskraft zu vermitteln, was Wunder also, daß der fast sechzigjährige Brahms sich ebenfalls an ihrem Glanze erwärmte. Das wurde besonders deutlich, als sie im Dezember 1893 ihr Abschiedskonzert, wieder im Bösendorfer-Saal, gab, bevor sie sich, wie damals üblich, von öffentlichen Auftritten wegen ihrer bevorstehenden Heirat zurückzog. Ihr Klavierbegleiter war in den Ankündigungen nicht genannt. Zur allgemeinen Verblüffung trat dann Brahms selbst hinter der Sängerin aufs Podium und begleitete sie in einer Weise, wie nur er, der große Lyriker, es vermochte, wenn er gut aufgelegt war.

Auch 1892 unterblieb wieder die in Aussicht genommene Italien-Reise. Der Grund war diesmal die Internationale Musik- und Theaterausstellung in Wien. Den leidenschaftlichen Autographensammler interessierten die aus Museen und Privatsammlungen zusammengetragenen Schätze außerordentlich. Es wurden auch Autographen zum Kauf angeboten, darunter drei Bach-Kantaten, für die er sich sehr interessierte, namentlich das Autograph von „Ach Gott, wie manches Herzeleid“ (BWV 3) reizte ihn, aber den geforderten Kaufpreis war er nicht zu zahlen bereit, er bot schließlich weniger als die Hälfte der geforderten Summe, und selbst das reute ihn schon einen Tag danach und er zog sein Gebot zurück. Er hätte sich bei seiner Vermögenslage ohne weiteres leisten können, alle drei angebotenen Kantaten zum geforderten Preis von 15.000 Mark zu erwerben, aber bei der Güterabwägung siegte dann doch seine soziale Verantwortung: er unterstützte seine Familie, sogar den Sohn seiner Stiefmutter aus deren erster Ehe, seine Schwester und seinen Vetter mit erheblichen Summen, hatte Clara Schumann große Summen zugewendet und de facto gerade sein gesamtes Vermögen in seinem Testament an Hilfsorganisationen verschenkt. Er war um Hilfe für die Choleraopfer in Hamburg angegangen worden und hatte ohne zu zögern eingegriffen, als er erfuhr, daß Theodor Kirchner völlig mittellos in Hamburg gestrandet sei. Da lagen seine finanziellen Prioritäten.

Mitte Mai 1892 bezog er wieder sein gewohntes Sommerdomizil in Bad Ischl, auch darin äußert sich der fortschreitende Alterungsprozeß, daß er nun bis zum Ende dabei blieb. Dort schwelgte er zunächst in Musikgeschichte: der erste Band der Denkmäler deutscher Tonkunst mit Samuel Scheidts Tabulatura Nova, herausgegeben von Max Seiffert, war erschienen, und er begeisterte sich für das, was er da an Vermittlung der Variationskunst Sweelincks in die mitteldeutsche Orgelliteratur insbesondere im Hinblick darauf fand, was bis Bach daraus geworden war: „Eine wie große und tiefe Natur ist er selbst, und von wie hohem Interesse - Bach vor Augen - alles, was Kontrapunkt, Fuge, Choral und Variation betrifft!“[129] Ein neuer Band der Schütz-Gesamtausgabe fand ebenso sein Interesse, einer der Bach-Ausgabe war angekündigt. Als einige Zeit später die Denkmäler der Tonkunst in Österreich zu erscheinen begannen, wurde er sogar als praktischer Musiker, aber eben mit erheblicher Editionserfahrung an Couperin, Händel, Schubert, Chopin und Schumann, in die Kommission zur Herausgabe der Denkmäler berufen und hat diese Aufgabe durchaus ernst genommen. - Auch bei Simrock hatte er Anlaß sich zu bedanken für die Übersendung der Carmen-Partitur, nachdem Simrock sie für Deutschland in seinen Verlag übernommen hatte. So fühlte er sich völlig ausgelastet: „Das wird ein üppiger Sommer ... Zudem gute Bücher genug“, und dann folgt der ominöse Zusatz, „und was so der Tag bringt“. Aber für große zyklische Werke fehlte es ihm an Gestaltungsmöglichkeiten über das bisher Realisierte hinaus und damit an innerer Notwendigkeit: „Wenn Sie etwas gescheidter wären, als Sie aussehen, würden Sie begreifen, daß man in solchem Fall kein Verlangen nach neuen Sonaten und Quartetten von Brahms hat.“[130] Das scheint etwas generell in Abrede zu stellen, was so nicht gemeint war.

Tatsächlich hatte er offenbar gar kein Notenpapier mitgenommen, nicht zuletzt wohl, weil er seiner Produktivität selbst nicht traute. Abgesehen von großformatigen zyklischen Werken, gab es aber auch noch anderes; Mandyczewski sollte ihm lediglich zwei bis drei Dutzend Seiten mit 16 Systemen besorgen und zuschicken, dazu einiges Konzeptpapier; das heißt, er war mit seinen Entwürfen bereits gehörig „spazieren gegangen“, es gab nicht mehr viel zu skizzieren. Eigentlich lag es ja in der Konsequenz zumindest der beiden Klarinettenwerke, daß darüber hinaus nur noch relativ kurze Stücke möglich waren, ohne auf bereits Vorhandenes zurückgreifen zu müssen. Brahms hat die Klavierstücke

[129] Aus einem Brief an Eusebius Mandyczewski; zitiert nach M. Kalbeck: J. Brahms, Bd. 4, S. 275. Dort ist der Name in „Schein“ verlesen.
[130] Briefwechsel Bd. 12, S. 69f.

des Sommers 1892, also wohl die drei Capriccios und vier Intermezzi op. 116 und die drei Intermezzi op. 117, gegenüber Rudolf von der Leyen als „Wiegenlieder meiner Leiden" bezeichnet. Das ist wohl eine Anspielung auf das Intermezzo op. 117 Nr. 1, dem er als Motto aus Herders Volksliedern den Anfang eines „Wiegenlieds einer unglücklichen Mutter" mit dem Text „Schlaf sanft, mein Kind, schlaf und schön, mich dauert's sehr, dich weinen seh'n", voranstellte. Da die Begegnungen der beiden Freunde gut dokumentiert sind, hat Kalbeck[131] daraus schließen zu können geglaubt, diese Klavierstücke seien bereits zwei Jahre zuvor entstanden, ohne die Möglichkeit eines Gedächtnisfehlers bei von der Leyen überhaupt ins Kalkül zu ziehen. In Wirklichkeit besteht der von Kalbeck angenommene zeitliche Zusammenhang zwischen einem Brief von Brahms und einer mündlichen Präzisierung von der Leyens gar nicht. Es gibt also keinen quellenmäßig belegten Grund für die Annahme, diese Stücke seien früher, vielleicht sogar schon in den Pörtschacher Sommern, entstanden. Auch die von Kalbeck angeführten Belege aus dem Briefwechsel mit Frau Schumann beweisen nichts anderes, als daß die Freundin mehr gekannt hat, als er schließlich veröffentlichte. Es ist durch nichts belegbar, daß es sich bei den nicht näher bezeichneten Klavierstücken, die er ihr gelegentlich zugesandt hatte, überhaupt um solche aus den opp. 116/117 gehandelt haben könnte. Andererseits weist das Idiom dieser späten Klavierstücke so eindeutig auf den späten Brahms hin, daß es schwerfällt, etwas anderes anzunehmen, als daß sie tatsächlich im Sommer 1892 und im Kontext seiner letzten Werke entstanden sind.

Am 19. September 1892 kam Brahms aus Ischl nach Wien zurück, reiste aber schon am 3. Oktober weiter nach Berlin, wohin ihn Hermann Wolff eingeladen hatte, der bedeutendste Konzertagent der Zeit, der die Berliner Philharmoniker ebenso managte wie das Neue Philharmonische Orchester Hamburg, beide unter Leitung Hans von Bülows, und der nahezu alle bedeutenden Künstler der Zeit unter Vertrag hatte. Die Einladung galt der Einweihung des von ihm geschaffenen neuen Konzertsaales in Berlin, des Bechstein-Saales nach der bedeutenden Klavierfabrik, die mit die besten Konzertflügel der Zeit baute. Brahms sollte nicht nur dabei, sondern auch mit Werken bei den Feierlichkeiten präsent sein; er selbst begleitete seine 3. Violinsonate op. 108, das Joachim-Quartett spielte das B-Dur-Sextett und das Klarinettenquintett. Es blieb der einzige Auftritt bis Ende des Jahres; unmittelbar nach diesen Feierlichkeiten kehrte er nach Wien zurück.

131 M. Kalbeck: J. Brahms, Bd. 4, S. 277.

Ende Januar 1893 fuhr Brahms nach Meiningen, wo J.V. Widmanns Komödie „Jenseits von gut und böse" aufgeführt wurde. Die von ihm gestiftete Verbindung zwischen dem befreundeten Schriftsteller und der stilprägenden Bühne des deutschen Sprachraums trug also weitere Früchte. In einem Kammerkonzert spielte er selbst mit Mühlfeld und Hausmann sein Klarinettentrio und die 2. Cellosonate. Anschließend besuchte er Clara Schumann in Frankfurt, von ihr eher mit Bangen erwartet: „Brahms kommt heute. Wie ist mir bange ums Herz! Könnte man sich über all die Vorgängnisse der letztvergangenen Jahre, die mich so betrübt haben, aussprechen! Aber das ist ja unmöglich bei ihm: er wird gleich so heftig, daß man verstummt."[132] Der Besuch verlief dann aber doch harmonischer, als sie befürchtet hatte. Brahms schrieb ihr sogar nach seiner Rückkehr: „Endlich wieder zu Haus, muß ich Dir doch auch endlich sagen, mit welcher Wonne ich an meine Frankfurter Tage zurück denke; ich habe nur deswegen die Reise gemacht und wie freue ich mich jetzt des Entschlusses!"[133] Er hatte ihr auch die neuen Klavierstücke vorgespielt, und sie hatte diese sogar mitvollziehen können, ohne von Gehörstäuschungen irritiert zu werden, die sie zunehmend plagten.

Von Frankfurt war er nach Hamburg gefahren, um aus dem Nachlaß der Schwester zu nehmen, was ihm gehörte, das silberne Tintenfaß des HFC, das in Hamburg geblieben war, Handarbeiten seiner Mutter, die Ölbilder der Eltern kamen zur Stiefmutter, und was ihm an Briefen an die Eltern in die Hände fiel, wurde vernichtet. Er besuchte außer seinen Verwandten Theodor Kirchner und Julius Spengel, war auch noch einmal bei Friedchen Wagner, fühlte sich aber eher von dem scheußlichen Wetter vertrieben: „etwaige besondere Liebhaberei für die Vaterstadt und gar etwaiges Heimweh wurde durch so ächt Hamburger Wetter weggespült."[134] Es war sein letzter Besuch in Hamburg. - Anschließend reiste er noch nach Berlin und traf mit Fritz Simrock, Heinrich von Herzogenberg, Woldemar Bargiel und Marie Röger-Soldat zusammen. Am 22. Februar war er zurück in Wien. Die beiden Konzerte in Wien und Meiningen blieben die einzigen Auftritte im Konzertwinter 1892/93.

Brahms' 60. Geburtstag warf seine Schatten voraus: die Gesellschaft der Musikfreunde ließ vorfühlen, ob er bereit sei, eine Delegation zur Gratulation zu empfangen, der Wiener Tonkünstlerverein plante einen Frühlingsausflug in den Prater und ein anschließendes Festmahl für sein Ehrenmitglied. Weder in Hamburg und Berlin, noch in Krefeld wollte

[132] B. Litzmann: Clara Schumann. Bd. 3, S. 566.
[133] B. Litzmann: Clara Schumann. Bd. 3, S. 567.
[134] B. Litzmann: Clara Schumann. Bd. 3, S. 568.

man diesen Tag ungefeiert verstreichen lassen. Friedrich Hegar stellte ihm Chor und Orchester in Zürich für mehrtägige Festaufführungen zur Verfügung und erhielt darauf folgenden vielsagenden Bescheid: „Nur meine Schreibfaulheit ist schuld, daß Sie mir zuvorkamen. Ich wollte nämlich Sie und Widmann fragen, ob Sie nicht im nächsten Frühling ein wenig nach Italien wandern möchten? Wann und wohin, ist mir ganz einerlei; wenn wir nur am 7. Mai sicher tief in den Abruzzen oder sonstwo stecken, wo gewiß niemand dazu kann, wenn wir uns einiger wehmütiger Betrachtung (hoffentlich sehr lustig) hingeben."[135]

Um seinem 60. Geburtstag zu entgehen, brach er am 14. April 1893 zu seiner achten Italien-Reise auf zusammen mit Joseph Viktor Widmann, Friedrich Hegar und dem Pianisten Robert Freund; sie sollte ihn nun endlich auch wieder nach Sizilien bringen. Allerdings wurde ihm gleich zu Anfang die gesamte Reisekasse gestohlen. Er hatte beabsichtigt, von Genua aus mit dem Schiff zu fahren, um die lange und beschwerliche Bahnreise zu umgehen. Als er dann im Hafen die etwas bewegte See wahrnahm und überdies erfuhr, daß das nach Sizilien bestimmte Schiff ungarischer Herkunft war, zog er doch den beschwerlicheren Landweg vor, weil er die Ungarn nicht gerade für eine Schiffahrtsnation hielt. Man fuhr also über Pisa und Rom nach Neapel, von wo die Freunde einen Abstecher nach Sorrent machten, um dort Hanslick zu besuchen. Dann ging es mit dem Schiff nach Palermo, Ausflüge führten nach Segesta, Agrigent, Catania und Syrakus. Am 1. Mai waren sie in Taormina, dann ging es von Messina aus zurück nach Neapel. Auf dieser Fahrt kam es zu einem schweren Unfall, als Widmann beim Beladen des Schiffes von einem Kran in den Frachtraum gestoßen wurde, aber Glück im Unglück hatte, indem er nicht hinunterstürzte, sondern an dem Kran hängen blieb, sich allerdings den Knöchel brach. So verbrachte Brahms seinen Geburtstag statt, wie geplant, in Venedig, an Widmanns Krankenbett in Neapel, diesen fürsorglich betreuend, und schickte Hegar mit Freund nach Pompeji, auf das er verzichtete und dem Tage jeden Anflug von Feierlichkeit nahm.

Nun steht man nicht derartig im öffentlichen Musikleben, ohne daß die Öffentlichkeit in irgend einer Form von einem solchen „runden" Geburtstag Notiz nimmt. Zwar hatte er sich durch die Italien-Reise allen offiziellen und auch privaten Feiern, selbst seinem persönlichen Freundeskreis in Wien, entzogen, aber der Dank an den großen Musiker sollte doch auch seinen öffentlichen Ausdruck finden. Viktor von Miller hatte das Projekt einer Brahms-Stiftung zur Nachwuchsförderung lanciert.

[135] M. Kalbeck: J. Brahms, Bd. 4, S. 321.

Aber potente Spender, die ihn richtig einschätzten, wie Billroth und Nikolaus Dumba, hatten davon abgeraten. Sicher hat Brahms selbst auch mit privaten Mitteln fördernd, aber immer anonym, eingegriffen, wenn er ein Talent erkannt zu haben glaubte. Aber eine institutionalisierte Förderung, die Stipendien vergab, weil nun einmal die Mittel dafür vorhanden waren, lehnte er ab, weil sie lediglich das Mittelmaß begünstige und das Anspruchsdenken fördere. Dagegen fiel in der Gesellschaft der Musikfreunde die Idee auf fruchtbaren Boden, eine Brahms-Medaille modellieren und prägen zu lassen; der Vorschlag wurde im Präsidium einstimmig angenommen. Daß der Vorschlag von dieser Gesellschaft kam, ließ seinen Widerstand gegen die langweilige Prozedur, dem Modellierer zu „sitzen“, schmelzen. Anton Scharff, der die Medaille gestalten sollte, war ein witziger Wiener und Viktor von Miller, der Brahms beim Modellsitzen Gesellschaft leistete, tat mit seiner Sanftmut ein Übriges, ihn bei Laune zu halten. Brahms selbst erhielt die Gedenkmedaille in Gold und außerdem einige Bronzeexemplare, um sie Freunden zu verehren. Für spätere Nachprägungen nahm Scharff noch Nachbesserungen vor. Unter den Freunden galten diese Nachprägungen als das beste Profilbild.

Frühere Versuche, sein Bild in künstlerischer Weise zu verewigen, waren weniger glücklich verlaufen, ein von Simrock in den Schweizer Sommeraufenthalt geschickter Porträtist mußte gar völlig unverrichteter Dinge die Rückreise antreten. Der sanften Überredungskunst Viktor von Millers war es später gelungen, dem Bildhauer Viktor Tilgner wenigstens drei Sitzungen für eine Büste zu vermitteln. Brahms, der schließlich eingesehen hatte, daß er sich bei seiner Stellung in der Öffentlichkeit dem nicht auf Dauer entziehen konnte, stimmte schließlich unter der Bedingung zu, daß auch der Maler und Radierer Ludwig Michalek dabei seine Studien machen dürfe, so hatte er zweierlei Bedürfnisse gleichzeitig befriedigt. Da er immer erst um drei Uhr nachmittags erschien, und das im Januar 1891, waren die Lichtverhältnisse für die beiden Künstler, die im Übrigen für einen Maler anders hätten sein müssen als für einen Bildhauer, nicht die besten, und der frühe Einbruch der Dunkelheit verkürzte die Sitzungen auf ein Minimum. Kalbeck, den er zur letzten geplanten mitgenommen hatte, gelang es zwar, den Abbruch noch etwas hinauszuzögern. Aber Brahms war zu ungeduldig, um bis zum Ende durchzuhalten, und sprang von dem Podest, auf das man ihn postiert hatte. Kalbeck, der ja in Wien beinahe täglich mit ihm verkehrte, bezweifelt sogar, ob er sich Büste und Bild jemals gründlich angesehen habe. -[136] Nachdem er einmal nachgegeben hatte, konnte er sich weiteren diesbezüglichen Wünschen kaum noch verweigern, zumal wenn sie aus befreundeten Familien kamen. So hatte ein Kreis von Damen, davon allein zwei aus der Familie Wittgenstein, Anna Franz und Clara Wittgenstein, sowie weitere Damen seiner Wiener Umgebung den damals bekannten Wiener Bildhauer Karl Kundmann, den Schöpfer des Schubert-, des Grillparzer- und des Tegethoff-Denkmals, beauftragt, eine Büste zu schaffen. Sie fiel aber so aus, daß Kalbeck seinen Gipsabdruck aus seinem Blickfeld verbannte und Brahms, als er Simrock einen Abguß übersandte, selbst bereute, dem Bildhauer nicht länger zur Verfügung gestanden zu haben.[137]

Fruchtbarer verlief eine andere Begegnung mit bildender Kunst, die zu seinem 60. Geburtstag kulminierte, allerdings auch nichts mit seinem Konterfei zu tun hatte. Der Maler, Bildhauer und Graphiker Max Klinger (1858-1920) war höchst musikinteressiert und hatte sich schon mit Robert Schumann auseinandergesetzt, verehrte zutiefst Beethoven und schuf das berühmte Beethoven-Denkmal, dessen Original heute, die Idee seines Urhebers verkennend, im Gewandhaus Leipzig in einer Versenkung steht und damit den Betrachter auf eine Ebene mit dem Dargestellten bringt, während doch das Denkmal offensichtlich so konzipiert ist, daß der Betrachter zu ihm aufschauen soll. Eine Kopie hatte Klinger Max Reger geschenkt, ein farbiger Entwurf steht im Beethoven-Haus Bonn. Klinger, von dem seine Lebensgefährtin Elsa Asenijeff behauptete, sein graphisches Werk sei ohne Verständnis der Musik nicht rezipierbar, wurde schließlich Brahms neben Beethoven zum zweiten Pol seiner musikalischen Vorstellungen. Simrock hatte 1885 Kontakt zu ihm aufgenommen, um ihn zur graphischen Gestaltung von Titelblättern zu Brahms-Editionen zu veranlassen. Klinger nahm die Idee freudig auf und lieferte Entwürfe, von denen in den Originalausgaben zu den Liedern op. 96 und 97 zunächst zwei realisiert wurden.[138] Brahms, der von der Idee erst einmal sehr angetan war, fand die vorliegenden Resultate dann aber doch nicht so überzeugend, daß die Serie hätte fortgesetzt werden sollen.

Klinger ließ sich davon nicht entmutigen, sondern konzipierte weitere graphische Blätter zu Brahms-Werken, die ihn besonders affizierten, nun nicht mehr auf Außentitel beschränkt, und Simrock ließ ihm dazu Sonderausgaben stechen, die einzelne Werke wie das Schicksalslied, die

136 M. Kalbeck: J. Brahms, Bd. 4, S. 269.

137 M. Kalbeck: A.a.O.

138 K. Hofmann: Die Erstdrucke der Werke von Johannes Brahms. Tutzing 1975, S. 204ff.

Feldeinsamkeit, Alte Liebe, Kein Haus, keine Heimat und andere zu musikalisch-graphischen Gesamtkunstwerken machten. Abzüge, die Simrock bereits hatte, wurden zurückgefordert, neue kamen hinzu, insgesamt eine etwas unübersichtliche Entstehungsgeschichte. Das Ganze publizierte Klinger als „Brahms-Phantasie. 41 Stiche, Radierungen und Steinzeichnungen zu Compositionen von Johannes Brahms“ als op. 12, auch diese Zählung natürlich eine Anleihe bei der Musik. Da Klinger seine Graphiken nur in sehr kleiner Auflage herstellte und die Platten nach dem Druck abschliff, um den Wert der Blätter hoch zu halten, sind vollständige Sammlungen mit den Doppelblättern höchst selten.[139] Der Zyklus von Graphiken war Brahms zum 60. Geburtstag zugedacht, aber nicht rechtzeitig fertig geworden, sodaß er ihn erst zum Jahreswechsel 1893/94 erhielt, später auch noch eine Mappe mit den Skizzen dazu.

Nur eine Woche blieb Brahms nach seiner Rückkehr aus Italien in Wien, dann übersiedelte er wieder in seinen Sommeraufenthalt in Bad Ischl, den er nun auch nicht mehr wechselte. Den im vorigen Sommer entstandenen Klavierstücken fügte er noch zehn weitere hinzu, die er auf die Opera 118 und 119 verteilte. Es wurde deutlich sichtbar ruhiger um ihn, auch in Wien, wohin er am 28. September 1893 zurückkehrte. Das beschriebene Abschiedskonzert von Alice Barbi am 21. Dezember, in dem er zur allgemeinen Überraschung als deren nicht angekündigter Klavierbegleiter auftrat, blieb sein einziges Konzert der ganzen Saison 1893/94. Die neuen Klavierstücke waren überwiegend so intimen Charakters, daß sie sich nicht eigneten, mit gewohntem Nachdruck und der Entschiedenheit früherer Jahre in den Konzertsaal gedrängt zu werden.

Die Brahms-Literatur hat die Klavierstücke op. 116 bis 119 allzu bedenkenlos der romantischen Tradition des lyrischen Klavierstücks angefügt, wie sie insbesondere von Mendelssohn mit dem Typus des Lieds ohne Worte und Schumann geprägt worden war und zu Brahms' Lebzeiten insbesondere von Theodor Kirchner fortgeführt wurde. Aber es gibt einige Beobachtungen an ihnen, welche das als nicht unbedenklich erscheinen lassen. So zeigen die Titel der Stichvorlagen, daß Brahms in der Bezeichnung der Stücke sehr geschwankt hat. Daß nicht alle Quellen, die sich in der Sekundärliteratur nachweisen lassen, erhalten geblieben sind, macht die Sache nicht leichter. Während er für die drei Capriccios und vier Intermezzi op. 116 den übergeordneten Begriff Fantasien wählte, nahm er für die drei Stücke op. 117 den einheitlichen Begriff Intermezzi. Der aber sagt über lyrische Inhalte und Stimmungen rein gar

139 Vgl. U. Kersten: Max Klinger und die Musik. Frankfurt/Main (1993); Brahms-Phantasien. Katalog. Hrsg. v. J.Chr. Jensen. Kiel (1983).

nichts, sondern deutet lediglich an, daß es sich um relativ kurze Stücke handelt, die zwischen gewichtigeren Teilen - bei Opernakten ist das ganz evident - gespielt werden können. Bei op. 118 hat Brahms dann den Oberbegriff Fantasien für vier Intermezzi, eine Ballade und eine Romanze wieder gestrichen und durch das neutralere „Klavierstücke" ersetzt. Die Ballade ihrerseits (Nr. 3) trug ursprünglich die Bezeichnung Rhapsodie, die ihm schon bei den Klavierstücken op. 79 an sich nicht gefallen hatte, weil sie dafür zu straff organisiert waren und eigentlich des rhapsodischen Charakters entbehrten. Auch für die vier Stücke des op. 119 behielt er den neutraleren Titel bei, nicht ohne darin noch einmal schwankend geworden zu sein. Insgesamt ist jedoch die Tendenz zu neutraleren Titeln ohne inhaltliche oder stimmungsmäßige Festlegung evident.

Brahms hat aber in diese Richtung noch wesentlich deutlichere Signale gesetzt: die sechs Stücke op. 118 sind angeordnet nach der Tonartenfolge a-Moll, A-Dur, g-Moll, f-Moll, F-Dur, er setzte also zweimal je ein Stück in der gleichnamigen Moll- und Durtonart nebeneinander und ordnete sie überdies in absteigender Tonfolge. Eine solche Anordnung ist jedoch schwerlich vereinbar mit der Vorstellung lyrischer Stücke, die durch Ähnlichkeit oder Kontrast ihrer Inhalte und Stimmungen aufeinander bezogen sein können, kaum jedoch durch eine übergeordnete tonale Anordnung. Von dem letzten Stück dieser Sammlung, dem Intermezzo in es-Moll, vergißt keine Interpretation die Ähnlichkeit mit dem ersten Satz des Klarinettenquintetts op. 115 hervorzuheben. Das gilt aber natürlich nicht für die Stimmungslage, umso weniger, seit erkannt wurde, daß die späten Klarinettenwerke eben nicht nur klanglich bestimmte Elegien sind, sondern höchst konsequent weiterentwickelte Ausgestaltungen seines Spätstils. Das gilt dann selbstverständlich auch für dieses späte Klavierstück. Es stellt die kompositorischen Probleme seines Spätstils noch einmal als Miniatur dar, man braucht sich ja nur die janusköpfige Motivik des Anfangs anzusehen, die zwischen der Unterteilung in Zweier- und Dreiergruppen changiert. Der Anklang an den Anfang des gregorianischen Dies Irae aus der Totenmesse ist darin bloßer Zufall und dient lediglich dazu, das Stück in eine bestimmte emotionale Richtung des lyrischen Klavierstücks zu drängen, obwohl die so offenkundig sekundär ist, was nicht ausschließt, daß die meisten dieser späten Klavierstücke einen gewissen Endzeit-Charakter besitzen.

Wenn man sie aber einmal in Verbindung zu den kompositorischen Problemen und deren Lösung in anderen Spätwerken gebracht hat, fallen andere Erscheinungen aus diesem Kontext auf wie die rhythmische Verkürzung der ersten beiden Takte im darauffolgenden in der Ballade/Rhapsodie (Nr. 3), die mit ihrer Beschleunigung so quer steht zu der Kadenzfolge. Man erkennt dann, daß auch andere kompositorische Probleme des späten Brahms in diese Klavierminiaturen überführt wurden: das gleiche Spiel mit der rhythmischen Verkürzung und intervallischen Umformung im Intermezzo C-Dur op. 119 Nr. 3, die durch das Alternatim zwischen rechter und linker Hand entstehende Hemiolenbildung im Intermezzo e-Moll op. 119 Nr. 2 und die konstitutive Terzenkette fis-d-h-g-e-cis-a-fis-d in dem ersten Stück aus op. 119, die dann in die Austerzung der Begleitung umgeformt wird. Eine andere Studie zur chromatisch verschobenen Terzenkette in Gegenbewegung ist op. 116 Nr. 5, auch op. 116 Nr. 3 denkt in diese Richtung, während Nr. 1 wieder den hemiolischen Konflikt im Zusammenspiel beider Hände thematisiert. Diese Beobachtungen machen gleich zwei Annahmen der Brahms-Literatur fragwürdig: 1. sind diese Stücke so ausgeprägt Erzeugnisse seiner späten Gestaltungstechnik, daß ihre Rückdatierung bis in die mittlere Schaffensperiode, also etwa die Pörtschacher Sommer, quellenmäßig ohnehin nicht abgesichert, wenig wahrscheinlich wirkt, und 2. geht ihre Charakterisierung als stimmungsgezeugte lyrische Klavierstücke im Sinne dieses Genres wahrscheinlich für die meisten Stücke an den belegbaren Fakten vorbei. Das gilt sogar für die Studie über die Tonleiter in der Mittelstimme von op. 117 Nr. 1, selbst wenn sie mit dem Zitat des schottischen Wiegenlieds einer unglücklichen Mutter in diese Richtung zu deuten scheint. Man wird die Gruppe der späten Klavierstücke wohl eher zu deuten haben als kompositionstechnische Miniaturen ohne eigentlich lyrischen Charakter, wobei es wohl kein Zufall ist, daß nach dem mit op. 114/115 erreichten Stand zunächst keine großformatigen zyklischen Werke mehr möglich erschienen und der Rückzug auf die kompositorische Miniatur keine ganz freie Entscheidung des Urhebers war, sondern in der Konsequenz der Sache lag, was damals wohl nur Brahms selbst erkannt hatte.

Nach dem Tode Elisabet von Herzogenbergs trafen ihn 1894 zwei weitere Todesfälle in seinem engsten Kreis schwer: am 6. Februar starb Theodor Billroth. Der rastlos Tätige hatte Heilung von einer fiebrigen Bronchitis in dem damals österreichischen Abazzia (Opatija) gesucht. Noch im Oktober hatte er einen letzten Triumph gefeiert mit der Einweihung des von ihm durchgesetzten Neubaus der Österreichischen Gesellschaft der Ärzte, wozu er auch Brahms eingeladen hatte, der auch gekommen war. Aber das Wintersemester hatte er bereits abbrechen müssen. Er war damals fasziniert von Ideen, die in der Zeit, unter anderen von Carl Stumpf, intensiv verfolgt wurden, aufbauend auf Hermann von Helmholtz' Lehre von den Tonempfindungen und ausgehend von der elementaren Wahrnehmungs- (man sprach damals von Ton-) Psychologie, sozusagen bis zu naturwissenschaftlich fundierten Feststellungen über komplexe künstlerische Sachverhalte zu gelangen, gewissermaßen das ästhetische Urteil empirisch aus der Physiologie begründen zu können. Brahms stand dem verständlicherweise mit gehöriger Skepsis gegenüber, was sicher zur fortschreitenden Entfremdung der beiden Freunde beigetragen hat. Carl Stumpf hat übrigens später selbst erkannt, daß dieser Ansatz in einer Sackgasse endete. Darum jedenfalls drehten sich die letzten Gespräche des großen Naturwissenschaftlers und Arztes mit dem Komponisten um den Jahreswechsel 1893/94. Am 6. Februar starb Billroth bereits in seinem Urlaubsort, in dem er Heilung zu finden gehofft hatte.

Am Tage der Beerdigung kam Kalbeck zu Brahms und fand ihn ungewöhnlich mitteilsam, sichtlich um Fassung bemüht: „Es ist doch hübsch, daß mir Viele, mündlich oder schriftlich, ihr Beileid ausdrücken, als ob ich einen nahen Verwandten verloren hätte." So stark war die Kenntnis von der Freundschaft der beiden bedeutenden Männer im öffentlichen Bewußtsein Wiens verankert. „Ein Angehöriger ist ja wohl auch ein Mensch, mit dem man an die dreißig Jahre in herzlicher Übereinstimmung gelebt hat. Vor sechs Jahren, als Billroth die schwere Krankheit bekam, fiel es niemand ein, mich besonders zu benachrichtigen oder zu bedauern, und doch habe ich ihn eigentlich schon damals verloren. Ich wußte, was ich tat, als ich im Stillen von ihm Abschied nahm. Denn **der** Billroth, der noch einmal vom Totenbett aufstand, war der Alte, war mein Freund nicht mehr, kaum noch der Schatten des früheren. Jener Billroth, den wir alle kannten und liebten, hätte den Massenet'schen ‚Werther' nicht gutgeheißen oder gar schön gefunden."[140] Man wird diesen Bericht im Wesentlichen akzeptieren können, weil er in den Grundpositionen mit Äußerungen gegenüber Widmann übereinstimmt. So nahe ging ihm der Tod des Freundes, daß er erstmals auch Betrachtungen über seinen eigenen Tod anstellte, wie wünschbar doch sei, das Ende bei vollem Bewußtsein zu erleben, aber das sei selbst seinem Vater, der eine ähnlich starke Natur wie er selbst gewesen sei, nicht beschieden gewesen und werde ihm daher wohl auch nicht so ergehen.

Kaum waren Tod und Beerdigung Billroths, die ihn so aufgewühlt hatten, überstanden, hatte er schon wieder einen herben Verlust zu beklagen: Hans von Bülow starb am 12. Februar 1894 und das in einer Phase labil gewordener Kontakte zu dem exzentrischen Dirigenten und Pianisten. Der Anlaß der erneuten Entfremdung ist eher läppisch zu nen-

[140] M. Kalbeck: J. Brahms, Bd. 4, S. 338.

nen. Bülow hatte in Hamburg für die Errichtung eines Heinrich-Heine-Denkmals geworben und auch Brahms für seine Idee einzuspannen versucht, jedoch hatte der Weltmann Bülow wohl nicht mit dessen kleinbürgerlich lokalpatriotischer Reaktion gegen den Nestbeschmutzer gerechnet. Es kam also wieder zu Spannungen, und Brahms wußte nicht so recht, woran er mit Bülow war, unterließ es daher erst einmal, ihm die neuen Klavierstücke zugänglich zu machen, was Bülow wiederum verschnupfte, weil er doch schließlich der erste gewesen war, der ein Klavierwerk von Brahms öffentlich gespielt hatte. Immerhin hatte er in seinem letzten Konzert die 3. Symphonie dirigiert. Da er sie natürlich auswendig beherrschte, die Partitur aber demonstrativ geschlossen auf dem Pult liegen lassen, sodaß der in Goldprägung auf dem dunklen Einband gedruckte Name Brahms vom ganzen Saal zu sehen war; er liebte ja solche pathetischen Gesten. - Da er in Kairo gestorben war, ließ seine Witwe den einbalsamierten Leichnam nach Hamburg überführen, wo am 29. März 1894 in der Michaeliskirche eine Trauerfeier gehalten wurde. Brahms war dazu nicht erschienen, hatte jedoch den beiden Orchestern, die Bülow geleitet hatte, der Neuen Philharmonie Hamburg und den Berliner Philharmonikern, je 1000 Mark für ihre Pensionsfonds überwiesen, eine für ihn und sein Verhältnis zu Bülow gleichermaßen bezeichnende Geste, umso mehr, als er sie nicht mit seinem Namen versah, sondern lediglich die Initialen und das Datum, zu welchem die Spende erfolgte, angegeben haben wollte. Am 20. März erklang bei der Gesellschaft der Musikfreunde das Deutsche Requiem unter Leitung von Wilhelm Gericke. Brahms erschien bereits zur Generalprobe; er hatte schließlich besonderen Anlaß, dabei zu sein, es wurde das letzte Mal, daß er es hörte.

Noch einen weiteren Todesfall hatte Brahms in diesem Frühjahr 1894 zu beklagen: am 13. April verstarb der Bach-Biograph Philipp Spitta, gewiß nicht einer der engsten Freunde wie Billroth und Bülow, aber seit mehreren Jahrzehnten kenntnisreicher und kritischer musikwissenschaftlicher Begleiter seines Schaffens, dessen Bemühungen um die Wiederbelebung der evangelischen Kirchenmusik er sich so verbunden fühlte, daß er ihm die Motetten op. 74 gewidmet hatte, nicht ohne deswegen Skrupel zu bekommen, ob er nicht durch die Widmung an den Bach-Biographen für sich selbst einen unangemessen hohen Anspruch gestellt und sich zu sehr in die Nähe des Thomas-Kantors gestellt habe.

Während es um ihn erschütternd leerer wurde und er subjektiv den deutlichen Eindruck hatte, gesagt zu haben, was ihm mit seinen Mitteln zu gestalten möglich war, erscheint es wie ein Treppenwitz, daß ihm nun die Direktion der Philharmonischen Konzerte in Hamburg angetragen wurde, nachdem Bernuth von deren Leitung zurückgetreten war, die Stellung also, die er einst so heiß begehrt hatte. Unter der vermeintlichen Zurücksetzung, auch wenn sein Wunsch damals sicher unrealistisch war, hat er sein Leben lang gelitten. Seit es mit der Neuen Philharmonie unter Bülows Leitung ein Spitzenorchester in Hamburg gab, war die Bedeutung der älteren Einrichtung stark ins Hintertreffen geraten. Mit Bülows Tod war die Situation besonders unübersichtlich geworden. Er konnte also gar nicht voraussehen, auf was er sich mit einer Annahme dieses Rufes eingelassen hätte, selbst wenn man ihm die Stelle, vorgeblich „wegen seiner Kompositionstätigkeit", nur für zwei Jahre angeboten hatte. So war es ziemlich klar, wie er reagieren würde:

> Für Ihren mich hoch ehrenden Antrag sage ich meinen verbindlichsten Dank. Ich verehre ihn als einen neuen, schönen Beweis des übergroßen Wohlwollens, das Sie, meine Landsleute, mir gönnen. - So kommt es ganz von Herzen, wenn ich mein Bedauern ausspreche, ihn ablehnen zu müssen, in meinem wie im Interesse Ihrer Gesellschaft, und ich brauche wohl nicht weiter auszuführen, daß Ihre Aufforderung für mich zu spät kommt, und daß ein Intermezzo nicht das ist, was Ihre Gesellschaft braucht.
>
> Mit meinen sonstigen Arbeiten aber (wie Sie meinen) hat die Angelegenheit nichts zu tun; ich habe, im Gegenteil, eine Tätigkeit, wie die mir jetzt von Ihnen angebotene, stets für das Wünschenswerteste gehalten, neben jener, die sie nur hätte fördern können.
>
> Es ist nicht Vieles, was ich mir so lange und lebhaft gewünscht hätte s[einer] Z[ei]t - das heißt eben zur rechten Zeit! - Es hat auch lange gewährt, bis ich mich an den Gedanken gewöhnte, andere Wege gehen zu sollen.
>
> Wär's also nach meinem Wunsche gegangen, so feierte ich heute etwa ein Jubiläum bei Ihnen. Sie aber wären in dem gleichen Falle, wie eben heute, sich nach einer jüngeren tüchtigen Kraft umsehen zu müssen.[141]

Seine Genugtuung, der Gesellschaft, von der er sich in jungen Jahren zurückgesetzt fühlte, nun im Alter die Ablehnung des einst so heiß erstrebten Postens mitteilen zu können, ist deutlich spürbar, auch wenn die Gründe, die seinerzeit dazu geführt hatten, rational und nachvollziehbar sind. Er sah nur das resignierte Fazit seines Lebens: „zu spät!" und hielt sich an den Liedtext „Kein Haus, keine Heimat". Der Komponist und Leiter der Kompositionsklasse der Musikhochschule Budapest, Hans Koeßler, überlieferte aus dieser Zeit folgendes Gespräch über sein Selbstverständnis und die Einschätzung seiner Stellung in der Musikgeschichte: „Ich habe es weit genug gebracht. Man respektiert mich, meine Freunde und Gegner. Wenn man mich auch nicht liebt - man respektiert mich, und das ist die Hauptsache. Mehr verlange ich nicht. Ich weiß ganz gut, welche Stellung ich einmal in der Musikgeschichte einnehmen

141 M. Kalbeck: J. Brahms, Bd. 4, S. 345.

werde: die Stellung, die Cherubini einnahm und heute einnimmt, das ist auch mein Los, mein Schicksal."[142]

Erst am 17. Mai 1894, später als gewöhnlich, brach er auf zu seinem Sommerquartier. Bad Ischl stand inzwischen außerhalb der Diskussion. Er saß an einer Arbeit, zu welcher er die Mittel seiner Bibliothek und derjenigen der Gesellschaft der Musikfreunde brauchte und derentwegen er sogar eine Einladung des Herzogspaares von Meiningen in dessen Villa Carlotta am Comer See ablehnte: „Eine besondre u. besonders schöne Gelegenheit zum dolce far niente brauche ich zwar nicht, denn ich treibe überhaupt nichts andres u. wünsche mir noch recht viel u. behagliche Zeit es weiter treiben zu können. Es ist soviel Schönes, das dazugehört oder das ich dazu rechne - so auch die Arbeit, die ich jetzt in Ordnung bringen soll u. die die erste gescheidte ist, die ich veröffentliche! (Etwas spät, denken Sie!)" Er hätte gern mündlich mehr davon berichtet. „So sage ich nur, daß es eine Sammlung alter, schöner deutscher Lieder ist u. daß ich zwischen meinen Büchern sitzen bleiben muß, um Texte zu vergleichen u. zu ordnen, u. was sonst ist."[143]

Was Brahms damals zusammenstellte, sorgfältig mit den gedruckten Quellen auf Varianten und Doppelfassungen verglich und noch im selben Sommer im Druck herausgab, waren die sieben Hefte Deutsche Volkslieder (WoO 33) mit je sieben Stücken für eine Singstimme mit Klavierbegleitung, das siebte Heft für Vorsänger und kleinen Chor. - Nachdem er sich schon früh mit Volkslied-Sätzen beschäftigt, allein für seinen Hamburger Frauenchor mehr als ein halbes hundert geschrieben hatte, die jedoch unveröffentlicht blieben, waren Anlässe verschiedenster Art auf unterschiedlichen Lebensstufen immer wieder entstanden, sich erneut damit zu beschäftigen. Für die Kinder Robert und Clara Schumanns hatte er eine Sammlung zusammengestellt, welche die erste wurde, die er 1858, allerdings anonym, veröffentlichte. Nachdem er mit der Wiener Singakademie 1863 mit großem Erfolg eigene Volksliedsätze für Chor aufgeführt hatte, wurde er heftig gedrängt, diese zu veröffentlichen, und tat das auch mit 14 Sätzen, die er 1864 bei Rieter-Biedermann herausgab. Dann jedoch widerstand er weiteren derartigen Wünschen und räumte ein, als Heinrich von Herzogenberg eine Sammlung eigener Sätze herausgab, daß sich inzwischen sein Stilgefühl für solche Sätze gewandelt habe und er die früher herausgegebenen Chorsätze für „verwuzelt" hielt. Der stilistische Grund für dieses Urteil ist leicht auszumachen: es handelt sich überwiegend um Sätze mit mehr

142 Zitiert nach M. Kalbeck: J. Brahms, Bd. 4, S. 348.
143 Briefwechsel. Neue Folge. Bd. 17, S. 130.

oder weniger starkem Einsatz von Kunstmitteln, wie er sie bei seinen musikhistorischen Studien am deutschen Gesellschaftslied und am Madrigal kennengelernt hatte. Diese Stilmittel hielt er später für unzeit- und sachgemäß und rückte wieder davon ab, nicht ohne ausdrücklich zu bedauern, daß davon so viel in die Öffentlichkeit gelangt sei.

Wenn er sich in seiner Spätzeit erneut mit dem Volkslied auseinandersetzte und diese 49 Sätze einfachster Machart schrieb, hing das mit der inzwischen entwickelten Volksliedforschung zusammen und ihrem Begriff des historisch „echten" Volksliedes. Er aber wollte diese Kategorie nicht einseitig gelten lassen, sondern urteilte für sich selbst nach wertästhetischen Maßstäben. So geriet er immer stärker in Widerspruch zur historischen Volksliedforschung, wie sie namentlich durch Ludwig Erk und Franz Magnus Böhme repräsentiert wurde. Er beschloß endlich, sich öffentlich dagegen zu wenden mit einer „Streitschrift gegen Erk-Böhme", besann sich aber rechtzeitig, daß die öffentliche Auseinandersetzung mit Wort und Schrift seine Sache nicht war. Es kam also lediglich zu einer „Streitschrift" im übertragenen Sinne einer beispielhaften Sammlung von Volksliedern, zusammengetragen nicht nur nach dem Kriterium echter Volkläufigkeit, die sich ästhetischer Wertung entzieht. Authentiztät der Überlieferung aber war Brahms weitgehend gleichgültig, er ging von der Anmutungsqualität der Lieder aus, was konkret bedeutet, daß er die Mehrzahl seiner Lieder aus den Sammlungen Arnolds[144] und Kretzschmer-Zuccalmaglios[145] entnahm, aber insbesondere die letztere durch die historische Volksliedforschung in den Verdacht geraten war, unterschobene romantische Neuschöpfungen als Volkslieder ausgegeben zu haben. Erst 1953 wurde durch die Forschungen Walter Wioras klargestellt, daß Zuccalmaglio durchaus echte rheinisch-bergische Volkslieder gesammelt, sie jedoch partiell romantisch eingefärbt hatte.[146] So falsch, wie die rein historisch orientierte Volksliedforschung glauben machen wollte, lag Brahms denn also doch nicht. Er „argumentierte" nur auf einer ganz anderen Ebene als die historische Volksliedforschung Erks und Böhmes.

Als letztes der Volkslieder dieser Sammlung setzte Brahms jenes Lied ein, das er im langsamen Satz seiner als op. 1 publizierten Klaviersonate C-Dur verwendet hatte; er besaß ja Sinn für derartige symbolische Handlungen. Es ist übrigens ein gutes Beispiel dafür, wie Zuccal-

144 F.W. Arnold: Deutsche Volkslieder aus alter und neuer Zeit. Elberfeld 1862ff.
145 A. Kretzschmer - A.W. von Zuccalmaglio: Deutsche Volkslieder mit ihren Original-Weisen. Berlin 1838/40. ND Hildesheim 1969.
146 W. Wiora: Die rheinisch-bergischen Melodien bei Zuccalmaglio und Brahms. Alte Liedweisen in romantischer Färbung. Bad Godesberg 1953.

maglio seine Texte literarisierte; aus „Wo geht sich denn der Mond auf“, machte er „Verstohlen geht ...“ Am prinzipiellen Volksliedcharakter des Stücks änderte das sicher nichts, aber Brahms wurde vorgeworfen, er habe „unechte“ Volkslieder verwendet. - Er hatte zu seiner Absicherung noch ein Übriges getan und die Lieder zur Stellungnahme an Philipp Spitta geschickt, doch der war schon tot, als das Paket ankam; Robert Hausmann holte es ab und brachte es zu Simrock. An den schrieb Brahms, als die Sätze erschienen waren: „Ist Ihnen übrigens aufgefallen, daß ich als Komponist deutlich Adieu gesagt habe?! Das letzte der Volkslieder und dasselbe in meinem op. 1 stellen die Schlange vor, die sich in den Schwanz beißt, sagen also hübsch symbolisch - daß die Geschichte aus ist. Wenn ich nun auch für meinen Spaß einmal was schreibe - überhaupt nichts verschwöre so werde ich bestens dafür sorgen, daß die Verleger nicht verführt werden.“[147]

Das heißt, auch die sieben mal sieben Volkslieder gehörten zu den „Aufräumarbeiten“, um sein Haus zu bestellen. Es sollte nichts unerledigt liegen bleiben; der Hinweis auf die „geschlossene Form“ seines Lebenswerks in Gestalt des Wiederanschlusses an sein op. 1, dem ja in Wirklichkeit allerhand andere Werke vorhergegangen waren, macht darüber hinaus deutlich, daß er sein Lebenswerk für abgeschlossen und alles für gesagt hielt, was ihm zu sagen möglich war. Der Hinweis gegenüber Koeßler auf eine Cherubini vergleichbare Stellung in der Musikgeschichte zeigt ja ebenso klar, daß er sich auf der Wegscheide sah zwischen zwei Epochen, von denen die eine unweigerlich zu Ende war, die andere sich noch nicht klar artikuliert hatte. Er war Teilhaber beider, die eine zusammenfassend und abschließend, die andere vorbereiten helfend, auch wenn noch nicht klar erkennbar wurde, wohin sie sich entwickeln würde. Zwar schloß er die Möglichkeit, auch jetzt noch weiterzukomponieren, keineswegs aus, aber er knüpfte sie an zwei entscheidende Prämissen: 1. er werde nur noch „für seinen Spaß“ schreiben, weitere denkbare Entwicklungen seines Komponierens interessierten nur ihn. Und 2. werde er Sorge tragen, daß nichts davon mehr an die Öffentlichkeit dringe. Vielleicht ahnte er, daß die Weiterentwicklung des für den Gestaltungsprozeß Erreichten ihn in Gebiete führen würde, die nicht mehr verstehbar wären, weil das Ziel noch nicht erkennbar war.

Als Brahms noch aus Ischl diesen Brief an Simrock schrieb, stand er sozusagen bereits auf dem Sprung, nach Berchtesgaden zu fahren, um dort mit Mühlfeld ungestört neue Klarinettenwerke zu probieren. Er hatte mithin schon von der Ausnahme, die er sich eingeräumt hatte, Ge-

[147] Briefwechsel Bd. 12, S. 151.

brauch gemacht, nur „für seinen Spaß“ etwas zu schreiben. Mühlfeld hatte gerade als Soloklarinettist im Bayreuther Festspiel-Orchester mitgewirkt und nach diesen anstrengenden Wochen eine Ruhepause einlegen wollen. Aber die Ankündigung von Brahms elektrisierte ihn so, daß er sogleich nach Berchtesgaden anreiste. Franz Steinbach, der Leiter der Meininger Hofkapelle, der gerade zu Besuch bei Brahms in Ischl war, schrieb die Stimme für Mühlfeld aus und fuhr dann mit Brahms nach Berchtesgaden. Dort fanden bei Anna Franz und Prinzessin Marie von Sachsen-Meiningen die verabredeten Proben statt, und von Bad Gastein kam Freifrau von Heldburg herüber. Die Proben verliefen so zu aller Zufriedenheit, daß man Brahms das Versprechen abnahm, die Werke noch in der kommenden Wintersaison in Meiningen zu präsentieren. Er konnte also beruhigt über die Rezeption der neuen Stücke nach Wien zurückkehren.

Wie bei Klarinettentrio und -quintett hatte er um der leichteren Aufführbarkeit willen wieder eine Alternativbesetzung ins Auge gefaßt und die Darstellbarkeit mit Bratsche vorgesehen. Um die neuen Sonaten Clara Schumann vorführen zu können, hatte er sich mit Joachim bei ihr verabredet und es offen gelassen, „entweder Mühlfeld dazu [zu] laden oder eine Bratschenstimme mitzubringen - zu zwei Klarinettsonaten, die ich gern Frau Schumann hören ließe. Unsere Behaglichkeit würden die anspruchslosen Stücke nicht stören - aber es wäre schön!“[148] Nun hatte Joachim tatsächlich im November je einen Auftritt mit dem Brahms-Konzert und mit seinem Quartett in Frankfurt/Main, sodaß sich ein Treffen gut arrangieren ließ. Die Anwesenheit von Brahms hatte die Leitung der Museumskonzerte veranlaßt, das gesamte Programm um das Violinkonzert herum zu einer Brahms-Huldigung umzufunktionieren. Zu ihrer beider Freude konnte er sie, neben der greisen Freundin sitzend, entgegennehmen. Dann traf Mühlfeld ein und insgesamt viermal spielte man die neuen Klarinettensonaten in ihrer Wohnung. In einem Brief an Rosalie Leser hielt sie darüber fest: die Freude „wurde mir freilich nur stellenweise zu Theil, nur die einfachsten Combinationen konnte ich verfolgen, sobald komplicirte Harmonieen kamen, hörte ich nur ein Chaos. Sie können denken, daß mich dies wieder sehr traurig machte.“[149] An dem Konzert des Joachim-Quartetts nahm sie wegen dieser Wahrnehmungsschwierigkeiten gar nicht erst teil. Brahms jedenfalls bemühte sich sehr, seinen Aufenthalt so angenehm wie möglich für sie zu gestalten.

Selbst wenn man in Rechnung stellt, daß Frau Schumann in dieser

148 Briefwechsel Bd. 6, S. 293.

149 B. Litzmann: Clara Schumann. Bd. 3, S. 590.

letzten Zeit unter Gehörstäuschungen litt und insbesondere komplexere musikalische Vorgänge nicht mehr verarbeiten konnte, so bleibt doch die Frage, ob es nur daran und somit an ihr lag, wenn sich ihr ein Eindruck darbot, den sie nur noch als „Chaos" charakterisieren mochte. Es ist doch zumindest auch die Frage zu stellen, was es denn auf sich hat mit diesen Werken, die er noch nach dem selbst gezogenen Schlußstrich unter sein produktives Schaffen, der Intention nach nur noch für sich selbst, geschrieben hat und deren Publikation er vorab generell kategorisch ausgeschlossen, dann aber doch zugelassen hatte. War hier nicht nur Clara Schumann an die Grenze intuitiver Rezipierbarkeit gestoßen? Wenn schon die beiden voraufgegangenen Kammermusikwerke mit Klarinette deutlich gemacht hatten, daß am Äußerlichen haften bleibt, wer sie nur aus der Klanglichkeit des Instruments in der Hand Richard Mühlfelds erklären will, gilt das natürlich noch stärker für Brahms' letzte Kammermusik, die er nach dem selbst gesetzten Schlußstrich noch konzipiert hat. Bei einem so bewußt arbeitenden Menschen wie Brahms sollte Selbsttäuschung über sein fortdauerndes Gestaltungsvermögen ebenso ausscheiden wie die Anführung der puren Äußerlichkeit, daß op. 114 und 115 für die A-Klarinette, die beiden letzten Duosonaten aber für B-Klarinette geschrieben seien. Ein derartig auf lexikalische Vollständigkeit gerichtetes Denken scheint mir für Brahms unangemessen und hat ihn sicher nicht bewogen, hinter der selbst gesetzten Grenze doch noch wieder weiterzumachen. Man hat sich damit begnügt, auch diese Stücke intuitiv und vom Klanglichen her zu hören, statt auf die Neuartigkeit ihrer gestalterischen Lösungen zu achten.

So ging 1971 ein Geraune durch die Brahms-Forschung, als eine von Carl Dahlhaus betreute Dissertation es wagte, mit Analysemethoden, die an der Textkritik der Schönberg-Gesamtausgabe entwickelt worden waren, an diese Spätwerke heranzugehen.[150] Der Autor ist inzwischen mit weiteren Veröffentlichungen zu Brahms hervorgetreten. Damals aber reagierte man teilweise, als habe man den Hörern „ihren" Brahms weggenommen. Ob die These wirklich notwendig ist, Brahms habe wie die Dodekaphonie bereits mit komplementären Intervallen gearbeitet, mag dahingestellt bleiben, denn sie ist im Bereich tonaler Musik, den Brahms ja nie überschritten hat, vom System her auf Terz-Sext und Quint-Quarte beschränkt. Fest steht, daß Brahms nicht nur nach dem Prinzip der formentwickelnden Variation gearbeitet hat, die seit den Werken der ersten

150 Chr. M. Schmidt: Verfahren der motivisch-thematischen Vermittlung in der Musik von J. Brahms, dargestellt an der Klarinettensonate f-moll, op. 120,1. Berliner musikwissenschaftliche Arbeiten 2. München 1971.

Reifezeit (vgl. das Klavierquartett g-Moll op. 25) in unterschiedlichem Ausmaß seine Gestaltung bestimmt hat, sondern daß mit dem Spätwerk zunehmend intervallische Strukturen und Modelle sein kompositorisches Denken bestimmten, am exemplarischsten in der 4. Symphonie. Für die Klarinettenwerke op. 114/115 und die späten Klavierstücke wurde darauf hingewiesen. In der 2. Klarinettensonate f-Moll tritt das Terzenmodell, das in so vielfältigen Zusammenhängen bereits eine Rolle spielte - erinnert sei an die Nänie, das Klaviertrio C-Dur und manche der späten kleineren Klavierstücke - wieder auf, allerdings in ganz anderem Strukturzusammenhang: die Terzenfolge wird nicht kontinuierlich in einer Richtung exponiert, sondern als Sequenzenfolge in einem diatonisch absteigenden Quintrahmen f-des-es-c-des-b-c-a-b-(f); das heißt, sie löst Tonalität nicht auf, sondern bekräftigt sie im Gegenteil. Die formentwickelnde Variation dieses Themenmodells mit dem Einsatz der Klarinette (T. 5ff) bezieht dann die Dezime (T. 6/8) und die Sexte mit ein, was den Schluß auf Techniken der Komposition mit 12 Tönen nahezulegen scheint, aber da dies auf das eine Intervall der Terz beschränkt bleibt, ist der Schluß nicht zwingend, sondern er ist instrumentenspezifisch auf die Klarinette beschränkt und auch mit dem Begriff der Heterolepsis beschreibbar. - Aber es bleibt unbestritten, daß Brahms der Technik der Komposition mit Themenmodellen in seinen späten Werken noch einen weiteren Schritt hinzugefügt hat, der über die größer besetzten Klarinettenwerke (op. 114/115) hinausgeht. Er ist also selbst hier noch konsequent geblieben, und die Erklärung dieser seiner letzten Sonatensätze aus der Faszination durch den Wohllaut des Instruments reicht nicht hin und hätte ihn sicher nicht veranlaßt, über das so demonstrativ verkündete Ende seines Komponierens hinaus doch weiterzugehen, wenn ihm nicht ein weiterer Schritt in bislang unbetretenes Neuland vorgeschwebt hätte.

Es braucht nicht eigens betont zu werden, daß dieser Schritt Konsequenzen für die weitere Satzgestaltung hat, obwohl der Komponist am Prinzip des Sonatensatzes festhielt, was ja die Einordnung dieser Werke in die Hörgewohnheiten der Zeit erst ermöglicht hat. Es handelt sich wieder um die neuralgischen Punkte seines Formdenkens, wie sie schon bei op. 25 hervortreten, den Wiedereintritt der Reprise und die Schlußbildung. Es liegt im Charakter eines Strukturmodells begründet, daß es in dieser Weise nicht wieder auftreten kann, ohne den Sinn einer „Peroratio", einer überhöhten Bekräftigung der These nach der Antithese, zu verlieren, weil es nach dem Voraufgegangenen nur noch als Reduktion erscheinen würde. Das Problem ist mithin hier nicht neu, sondern war schon mehrfach zu beschreiben, weil es in unterschiedlicher Form immer wieder auftrat, wo Themen aus vorthematischen Strukturen gebildet wurden. Das Problem der Schlußbildung in seinem auf Konzentration und Zusammenfassung gerichteten Formdenken ist dadurch und nicht von der Themenbildung verursacht, sondern durch seine Abkehr von Beethovens finalgerichtetem Formbegriff. Selbst noch in seinem letzten Kammermusik-Werk bildet er die Coda des Kopfsatzes als strengen Kanon in Gegenbewegung zwischen Solo- und Oberstimme der Klavierbegleitung aus, mit dieser Anlehnung an Düsseldorfer Studienarbeiten seiner Jugend die Konsequenz seines kompositorischen Denkens betonend.

Um der Kontinuität der Entstehungs- und frühen Wirkungsgeschichte der beiden Klarinettensonaten willen wurde ein Ereignis zurückgestellt, an dem Brahms nach seiner Rückkehr aus Ischl nach Wien herzlich Anteil nahm, das fünfzigjährige Künstlerjubiläum des siebeneinhalb Jahre älteren Johann Strauss. Der Frühaufsteher Brahms war einer der ersten Gratulanten am 15. Oktober, an dem Strauss vor fünfzig Jahren zum ersten Male mit eigenem Orchester in Hietzing öffentlich aufgetreten war. Die Operette Jabuka hatte Premiere, im Hofopernballett „Rund um Wien“ wurde im Schlußbild sein Porträt als Apotheose gen Bühnenhimmel gehievt, eine Wiener Art der Huldigung, die sonst nur regierenden Fürsten zuteil wurde; selbst Mozart und Beethoven hatten zu solchen Szenen Musik geschrieben. Im Goldenen Saale der Gesellschaft der Musikfreunde gab es ein Festkonzert, und die Fledermaus wurde zum ersten und vorerst einzigen Male in der Hofoper gegeben. Brahms war überall dabei, nicht ohne zu bemerken, die Fledermaus habe ihm bei aller Provinzialität im Schänzli-Theater in Bern besser gefallen.

Eine Pointe, sein Verhältnis zur bildenden Kunst betreffend, soll nicht unerwähnt bleiben: in einer Frankfurter Buchhandlung hatte er von Julius Allgeyer die soeben erschienene Biographie Anselm Feuerbachs gesehen, für den er immer so nachdrücklich eingetreten war und dessen Andenken er seine Nänie gewidmet hatte. Er hatte sich das Buch gleich gekauft und in Meiningen, wo er länger geblieben war als ursprünglich beabsichtigt, und auf der endlosen spätherbstlichen Rückfahrt gelesen. Als er dann am 21. November in Wien eintraf, fand er zu seiner Überraschung ein Dedikationsexemplar vor. Darin war allerdings, einseitig aus der Perspektive des Malers, dargestellt, wie sich dessen Plan, Brahms zu porträtieren, zerschlagen hatte. Brahms hatte die Geschichte zerknirscht lediglich dem befreundeten Verleger Simrock gestanden, dem er über die Notwendigkeit von „Sitzungen“ sagte: „Im Ernste, ich kann nicht, habe einen zu großen Widerwillen dagegen und schon oft damit gute Maler beleidigt. Auch Feuerbach hat mir das doch sehr übel genommen - leider sagte ich ihm nicht aufrichtig meine Abneigung und hielt ihn immer hin."[151] Auch zu dem Verfasser des Buchs war die Verbindung abgerissen gewesen, nachdem Allgeyer sich eindeutig auf die Seite des gemeinsamen Freundes Hermann Levi geschlagen hatte, als Brahms sich diesem gegenüber auf ein kompromißloses Entweder-oder, Brahms oder Wagner, festgelegt hatte, das er bei anderen sonst nicht mit so ausschließendem Charakter betrieb. Und Brahms ergriff freudig die ausgestreckte Hand.[152]

Den Heiligen Abend verlebte Brahms, wie inzwischen schon Tradition geworden, im Hause Fellinger. Maria Fellinger verstand es immer wieder, ihre Geschenke an den Junggesellen in ein Gewand zu kleiden, das dem auf diesem Gebiete eher Empfindlichen bis Störrischen die Annahme erleichterte, ohne als Empfänger von Wohltaten dazustehen, die man eigentlich nur Familienangehörigen zukommen ließ. So hatte sie ihm einmal einen aufwendig gestalteten Klavierauszug geschenkt, wohl um seine Abneigung gegen protzig aufgemachte Notenausgaben wissend, er entpuppte sich denn auch als Zigarrenkiste. Diesmal hatte sie ihm einen Damen-Toilettentisch verehrt; Brahms fühlte sich verunsichert und glaubte an eine Verwechslung, bis ihm Fellingers bedeuteten, man sei seiner Eitelkeit auf die Schliche gekommen. Da ging ihm auf, daß er einer Camouflage der geistvollen Frau des Hauses aufgesessen war. Die Cremetöpfchen enthielten Pasteten, die Parfümflaschen hochprozentig Alkoholisches und selbst der vermeintliche Spiegel war in Wahrheit ein poliertes, höchst praktisches Kaffeetablett.

Anfang Januar 1895 kam Richard Mühlfeld nach Wien und spielte mit Brahms selbst am Klavier die beiden neuen Klarinettensonaten. Es ist für Brahms bezeichnend, daß er, der es so sehr förderte, neue Werke erst im Kollegenkreis des Tonkünstlervereins vorzustellen, dies auch noch mit den späten Kammermusik-Stücken tat. Erst danach wurden sie in zwei Konzerten des Rosé-Quartetts öffentlich gespielt, zunächst die Sonate in Es-Dur, damals auch in der Werkzählung noch der in f-Moll vorangehend, merkwürdigerweise ans Ende des Programms gesetzt, hinter sein eigenes 2. Streich- und Mozarts Klarinettenquintett. Übrigens war auch die andere Sonate hinter Brahms' Klarinettenquintett gestellt worden, obwohl sie so deutlich weniger eingängig ist als dieses. Dieserhalb hatte es offenbar Meinungsverschiedenheiten mit Rosé gegeben, der die Uraufführungen als das Wichtigste an den Konzerten ansah und sie deswegen an den Schluß gesetzt haben wollte. Nur um ihn und das Quartett nicht zu verärgern, hatte Brahms schließlich wider besseres

[151] Briefwechsel Bd. 11, S. 66.
[152] A. Orel: Johannes Brahms und Julius Allgeyer. Tutzing 1964, S. 123.

Wissen nachgegeben. Eine beinahe absurde Geschichte berichtet Kalbeck aus diesem Zusammenhang, als er Brahms bei den Vorbereitungen für diese Auftritte am Klavier übend antraf. Er tat dies mit schmerzenden, weil rauhen und aufgerissenen Fingern. In dem kontinentalen Klima Wiens, dem im Sommer jeder entfloh, der sich das irgend leisten konnte, hatte sich in diesem Winter starker Frost eingestellt. Brahms aber war darin ohne Handschuhe herumgelaufen, weil er die seinigen nicht gefunden hatte und sich nicht entschließen konnte, neue zu kaufen. Kalbeck bezeichnet sein Spiel an diesen Abenden denn auch als „unsicher und aufgeregt“[153] Er selbst gestand Joachim ein, er „empfinde doch selbst, wenn ich nicht besonders guter Laune bin, daß man gewohnt sein muß, vor Leuten zu spielen, wenn man öffentlich spielt.“[154] Joachim hatte ihn eingeladen, auf dem Kammermusikfest des Beethoven-Hauses Bonn ebenfalls die Klarinettensonaten zu spielen. Schon die lange Anreise war ihm jedoch abschreckend. Er war sichtlich müde geworden.

Andererseits war er zur Durchsetzung der Klarinettensonaten in der zweiten Hälfte der Konzertsaison 1895/95 so aktiv wie seit Jahren nicht mehr. Der Berliner Pianist Heinrich Barth spielte in Wien erstmals öffentlich einige der späten Klavierstücke, und in einem Philharmonischen Konzert erklang unter Hans Richter wieder einmal die 3. Symphonie, die das besondere Wohlgefallen der Wiener gefunden hatte. Nach der heutigen Situation ist eigentlich schwer verständlich, daß gerade diese Symphonie damals die höchsten Aufführungszahlen erreichte, während die 4. sich nur schwer durchzusetzen vermochte. Im Übrigen hatte der Tod Anton Rubinsteins Ende November 1894 erhebliche Repertoireverschiebungen in dieser Saison zur Folge, da zu seinem Gedächtnis mehr seiner Werke gespielt wurden als zuvor. Es wurde sogar diskutiert, in Bremen nach dem Vorbild Bayreuths und des Parsifals ein eigenes Theater für Rubinsteins biblische Opern zu errichten. - Kurz nach der Uraufführung der Klarinettensonaten in Wien fuhr Brahms nach Berlin, um sie auch dort in einem der Konzerte Joachims vorzustellen. Es kam dann aber nicht dazu, weil Mühlfeld wegen einer Lippenverletzung nicht auftreten konnte. Brahms ließ sich jedenfalls überreden, trotzdem zu bleiben. Joachim schob ersatzweise das G-Dur-Quintett ins Programm und Brahms wurde, obwohl wider Willen nur als Zuhörer, gefeiert. Dabei ergab sich eine auffällige Szene: einer der Fellinger-Söhne war als Berliner Student Zeuge des Konzerts und berichtet, wie Brahms, um sich dem Publikum zu zeigen, vom Parkett, wo er gesessen hatte, direkt auf das

[153] M. Kalbeck: J. Brahms, Bd. 4, S. 379.
[154] Briefwechsel Bd. 6, S. 300.

Podium gesprungen sei. Bei seinem mittlerweile nicht unerheblichen Übergewicht und angesichts seines fortgeschrittenen Alters war das ja keineswegs ganz ungefährlich und geschah zwar impulsiv, aber sicher auch demonstrativ. Der Vierzigjährige hätte wahrscheinlich die Stufen zum Podium benutzt und nicht die Direttissima gewählt.

In Leipzig am 24. Januar 1895 konnte Mühlfeld dann wieder spielen, und die Klarinettensonaten wurden wenigstens dort gespielt. Anlaß der Einladung des Gewandhauses an Brahms nach mehreren Jahren war an sich der Auftritt des Pianisten Eugen d'Albert, der eines der Brahms-Konzerte spielen sollte, sich aber bereit erklärt hatte, sie beide an einem Abend zu spielen, welchen Gewaltakt er mehrfach ausführte, wenn Brahms selbst dirigiere. Den reizte natürlich nicht nur die Interpretation der Werke zusammen mit einem so großartigen und schwungvollen Pianisten, sondern insgeheim wohl auch, daß er den Leipzigern die totale Ablehnung des ersten und die flaue Aufnahme des zweiten als eigene Borniertheit vor Augen führen konnte. - Am Vorabend seiner Auftritte hatte ihn die Direktion des Gewandhauses zu einem offiziellen Essen eingeladen, er aber zog es vor, sich bei dem Cellisten Julius Klengel, Konzertmeister des Gewandhauses und Leiter einer Celloklasse am Konservatorium, einzuladen, den er noch nie gehört hatte. Eugen d'Albert war mit von der Partie, und nach dem Essen brannten die beiden ein Feuerwerk ihrer virtuosen Fähigkeiten ab, das Brahms kommentierte: „Ich habe schon von Ihrer phänomenalen Technik gehört, aber ich hätte solche Wunderdinge auf Ihrem Instrument nicht für möglich gehalten."[155] Die inzwischen dreiundsiebzigjährige Helene von Holstein, mit Brahms vertraut seit seinem ersten Leipziger Aufenthalt, schwärmte wie ein Teenager von ihren Begegnungen und ihm: „es waren Brahms-Tage, wie ich sie nie erlebte. Endlich sind die Leipziger Schafsköpfe helle geworden im Geist und erkennen ihn."[156] Auch zu einer persönlichen Begegnung mit Max Klinger kam es bei dieser Gelegenheit; er besuchte ihn in seinem Atelier und zeigte sich besonders angetan von der Skulptur Salome, dagegen war er unsicher hinsichtlich der Bilder. - Am 3. Februar 1895 war er, voll des Lobes über die neue Einstellung der Leipziger zu ihm, zurück in Wien.

Keine zwei Wochen später saß er bereits wieder im Zug nach Frankfurt am Main. Die Leitung der Museumskonzerte hatte ihn eingeladen, die Klarinettensonaten auch dort mit Mühlfeld aufzuführen. Er muß sich durch deren vielfachen Vortrag pianistisch wieder so sicher gefühlt ha-

155 Zitiert nach M. Kalbeck: J. Brahms, Bd. 4, S. 383.
156 Zitiert nach M. Kalbeck: J. Brahms, Bd. 4, S. 385.

ben, daß er das Wagnis einging, den ganzen Abend am Klavier zu gestalten und mit den beiden Sonaten eines seiner klavieristisch anspruchsvollsten Kammermusik-Werke einzurahmen, das Klavierquartett g-Moll op. 25. Als erstes besuchte er wiederum Clara Schumann. Dort fand auch die Probe Mühlfelds mit dem Heermann-Quartett zu einer Aufführung des Klarinettenquintetts in Mannheim statt, ebenso am folgenden Tag die zum Klavierquartett. Wie in Leipzig veranlaßte seine Anwesenheit in Frankfurt noch die Aufführung weiterer Werke, so dirigierte er im Sonntagskonzert am 17. Februar seine Akademische Festouvertüre, die voraufgegangene Aufführung seiner 2. Symphonie hatte er buchstäblich verschlafen, erst nach dem zweiten Satz kam er in den Saal, aber seine Hoffnung, dies unbemerkt tun zu können, trog, und es erhob sich ein Beifallssturm, der nach der Ouvertüre nur beendet werden konnte durch Auslöschen der Saalbeleuchtung. Im 13. Opernhauskonzert wurde das Programm geändert und seine 3. Symphonie eingeschoben, wobei bemerkt werden sollte, daß es sich wieder um diese handelte.

Eigentlich war er das Reisen für diesen Winter schon gründlich leid und wollte nach Hause fahren. Es gab aber noch eine Einladung nach Meiningen zu Fidelio. Brahms verschanzte sich mit seiner Unlust hinter dem ebenfalls erwarteten Eduard Hanslick, „der bei s[einem] Alter u. nicht kräftigen Gesundheit wohl mit Recht die immerhin umständliche und weite Reise in dieser kalten Jahreszeit scheut", als er der Freifrau von Heldburg schrieb: „Mir aber ist das eigentlich sehr recht. Ich bin ohnedes mit Reisen mehr geplagt als mir lieb ist."[157] Erst als ihm Steinbach das abgewandelte Fidelio-Zitat telegraphierte: „Komm, Hoffnung, laß den letzten Stern der Hofkapelle nicht erbleichen", gab er nach und fuhr doch hin. Dazu war er jedoch gar nicht gerüstet, schließlich konnte er an dem Hofe eines regierenden Fürsten, der einem Künstler einen so hohen Orden verliehen hatte, nicht ohne diesen erscheinen. Also mußte ihm Frau Truxa schleunigst den Schuhkarton aus seinem Wäscheschrank nachschicken, in welcher er seine Orden aufbewahrte, sinnigerweise ins Meininger Schloß. Dort würden sie ja schließlich gebraucht, mag er sich in seiner manchmal allzu verkürzt praktischen Art gedacht haben.

Es gab aber noch einen Grund, länger als geplant in Mitteldeutschland zu verweilen. 1855 hatten er und Joseph Joachim in Düsseldorf mit dem damaligen Regierungsassessor von Diest musiziert, einem ausgezeichneten Dilettanten, der sogar als Stimmführer bei Niederrheinischen Musikfesten eingesetzt wurde. Er war, inzwischen längst pensioniert, zuletzt Regierungspräsident in Merseburg gewesen und hatte dort ein

[157] Briefwechsel. Neue Folge. Bd. 17, S. 135.

„Musikalisches Kränzchen“ aus hoch gebildeten Dilettanten seiner und benachbarter Behörden gebildet. Da wurde viel musiziert, darunter jedes Jahr einen Abend ausschließlich Brahms. Dieser Zirkel feierte sein zehnjähriges Bestehen, für von Diest persönlich mag im Hintergrund auch die Überlegung gestanden haben, daß es vierzig Jahre her war, seit er als junger Mann mit Brahms und Joachim gespielt hatte, ein Höhepunkt seines Lebens, denn schließlich handelte es sich um zwei der bedeutendsten Musiker der Zeit. Man wollte dieses Doppeljubiläum mit einem Brahms-Konzert begehen, in dem man nicht selbst spielte, sondern Berufsmusikern den Vortritt ließ. So rückten denn tatsächlich Brahms samt Mühlfeld und den Meininger Konzertmeistern, die unter Bram Eldering ein Quartett bildeten, an und Amalie Joachim war auch mit von der Partie. So fand aus höchst privatem Anlaß a. 21. Februar 1895 in Merseburg ein hochkarätiges Brahms-Fest statt. Am nächsten Tag fuhren Brahms und die Orchestermusiker nach Meiningen zurück, wo er noch einmal das Frankfurter Programm wiederholte, die beiden Klarinettensonaten um das Klavierquartett g-Moll gruppiert, diesmal mit den dortigen Musikern.

Ende Februar war er wieder in Wien zurück. Erst einen Monat später gingen dann die Klarinettensonaten an Simrock. Er hatte sie so lange zurückgehalten, bis Mühlfeld auf zwei Englandreisen ausgiebig aus den Manuskripten hatte spielen können, nachdem er nach Brahms’ Meinung im Vorjahr in Meiningen dafür nicht gebührend honoriert worden war. Er wäre gerne wieder nach Italien gefahren, aber der als Reisegefährte vorgesehene Widmann konnte aus gesundheitlichen Gründen nicht mitfahren, so blieb auch Brahms zu Hause. Daher konnte er stattdessen die 25-Jahr-Feier der Einweihung des neuen Gebäudes der Gesellschaft der Musikfreunde im Rahmen der Ringstraßen-Bebauung am 18. März mitfeiern und bei dieser Gelegenheit seine Akademische Festouvertüre dirigieren. Es wurde sein letzter Auftritt als Dirigent vor seinem Wiener Publikum. - Im April reisten die Berliner Philharmoniker zu drei Konzerten an. Brahms hatte zunächst von dieser Herausforderung der Wiener Philharmoniker wenig gehalten, weil sie nach seiner Meinung zu nichts als Mißverständnissen führen werde. Die Konzerte wurden dann aber doch ein großer Erfolg und Brahms revidierte insoweit seine Meinung. Vor allem beeindruckte ihn das zweite Konzert, in welchem der junge Felix Weingartner seine 2. Symphonie „ganz vortrefflich“ dirigierte; er fand die „gesunde, frische Persönlichkeit ungemein sympathisch.“[158]

[158] Briefwechsel Bd. 12, S. 169.

Eine höchst ärgerliche Geschichte hatte ihm Freund und Verleger Simrock eingebrockt, dem er die Anlage und Verwaltung seines Vermögens überlassen hatte, da die Einkünfte aus den Werken im Reichsgebiet erzielt wurden, er aber im Ausland seinen ständigen Wohnsitz hatte. Statt diese Einkünfte, wie vereinbart, mündelsicher, wenn auch zu geringerem Zinssatz anzulegen, hatte Simrock jedoch mit einem Teil des Geldes spekuliert und dabei die Kleinigkeit von 20.000 Mark verloren. Brahms nannte das zwar „seinen Bankerott", blieb aber darüber hinaus erstaunlich gelassen; er hatte wohl tatsächlich kein Verhältnis zu Geld und Vermögen. Er wußte, daß er mehr besaß, als er je würde verbrauchen können. Alles andere interessierte ihn eigentlich nicht.

Seinen 62. Geburtstag verbrachte Brahms noch in Wien, der Tonkünstlerverein feierte mit ihm in der Czarda im Prater in den Tag hinein, Viktor von Miller verehrte ihm eine Ölskizze von Feuerbach und von Mannheimer Freunden erhielt er eine photographische Nachbildung des in ihrem Besitz befindlichen Selbstporträts des noch jungen Malers. Es erinnerte ihn an seine Begegnungen mit Gottfried Keller und „wie Gottfried Keller mir öfter vom jugendlichen Feuerbach sprach, und daß er nie wieder einen so idealisch schönen Jüngling gesehen habe."[159] Einen Antrag des neuen Meininger Theaterintendanten Paul Lindau, eine Schauspielmusik zu einer geplanten Produktion von Grabbes Don Juan und Faust zu schreiben, lehnte er ab. 1. hielt er das ganze Drama für ungeeignet und 2. veranlaßte ihn die Verwendbarkeit einer derartigen Inzidenzmusik auch außerhalb des Theaters und unabhängig von dem Stück, für das sie geschrieben wurde, zu der ebenso sarkastischen wie kaum zu widerlegenden Bemerkung: „Da könnte ich ebensogut oder noch besser gleich was anderes komponieren, es brauchte ja nicht gerade ein ‚Faust' oder ‚Don Juan' oder gar eine unsinnige Verquickung beider zu sein."[160] Die Scheu, wirklich große Dichtung oder Gestalten der Weltliteratur zu musikalisieren, beherrschte ihn also auch noch im Alter.

Am 16. Mai 1895 brach er endlich zu seinem Sommeraufenthalt nach Bad Ischl auf, um die Strapazen des vergangenen Winters auszugleichen, nicht ohne daß starker Schneefall, der ihn schon in Frankfurt gestört und beinahe davon abgehalten hatte, nach Meiningen zu fahren, ihn auch noch in Ischl einholte. Am Ende des Sommers feierte man gemeinsam Hanslicks 70. Geburtstag bei Viktor von Miller in Gmunden, unter anderem mit einem Feuerwerk und mit einer Tafelmusik aus den ihm gewidmeten Walzern op. 39. Unmittelbar danach kehrte Brahms nach

159 A. Orel: J. Brahms und J. Allgeyer. Tutzing 1964, S. 126.
160 M. Kalbeck: J. Brahms, Bd. 4, S. 404.

Wien zurück. Neue Werke hatte dieser Sommer nicht gebracht, wohl aber Abwechslung durch allerhand Besuche, darunter des Kneisel-Quartetts aus Boston, das mit seinen Konzertreisen in den Vereinigten Staaten so viel zur Ausbreitung seines kammermusikalischen Schaffens beitrug.

Mit Richard von Perger war inzwischen ein neuer Leiter der Konzerte der Gesellschaft der Musikfreunde berufen worden, und er hatte Brahms sein Programm für die erste von ihm zu gestaltende Saison zur Stellungnahme zugeleitet. Da es sich um Terrain handelte, das er selbst einmal beackert hatte, ging er genauer darauf ein. Insbesondere bemängelte er nach wie vor, daß „die Wiener kaum eine Ahnung von wahrhaft großer Chormusik haben, wie sehr wenig hier Bach und Händel gekannt sind, und wie gar nicht ihre großen Vorgänger .... Den A cappella-Gesang angehend, gibt es auch diese wenigen Ausnahmen nicht, und wenn auch nicht viel Zeit dafür bleibt, so ist die Wahl dafür umso leichter, die Wirkung umso sicherer. - Schließlich wäre im allgemeinen noch zu sagen, daß Sie nicht lauter Chormusik machen können, daß Sie für Intermezzi zu sorgen haben.“[161] Ausdrücklich warnte er vor Massenets „Eva“, das den Ruf des Komponisten begründet hatte, und empfahl stattdessen das Franciscus-Oratorium des Belgiers Edgar Tinel, der ja auch mehr oder weniger der französischen Musik zuzurechnen sei. Ob der Hinweis auf Tinel mit Kufferath in Verbindung zu bringen ist, dessen Schüler er gewesen war, ist wahrscheinlich, aber nicht belegbar. Perger hatte tatsächlich Massenets Eva für die Saisoneröffnung vorgesehen gehabt, die Unterstützung von Brahms als dem Übervater des Wiener Musiklebens war ihm aber doch so wichtig, daß er es verschob und Tinels Franciscus vorzog. Er ließ sich von Brahms also nur begrenzt hineinreden und stellte die relativ neuen Werke doch beide vor. Die Crux des Wiener öffentlichen Musiklebens bestand aber nach wie vor in der engen zeitlichen und stilistischen Begrenzung des Repertoires und der Novitätensucht des Publikums ohne Rücksicht auf deren ästhetische Qualität, obwohl der Repertoirekenntnis der historische Unterbau fehlte. Bach, so pflegte Brahms zu spotten, schätzten die Wiener lediglich als Compositum in Offenbach.

Als Brahms nach Wien zurückgekehrt war, machte Richard von Perger ihm einen Antrittsbesuch, von dem er als interessante Einzelheit berichtete, daß er ihn gefragt habe, ob er auch schon bei Anton Bruckner gewesen sei. Als Perger, der mit dessen Musik nicht viel anzufangen wußte, verneinte und Brahms wohl auch etwas ungläubig ansah, weil er

161 Zitiert nach M. Kalbeck: J. Brahms, Bd. 4, S. 402.

seine ironische Art kannte, erwiderte Brahms ernsthaft: „Sie müssen baldigst zu Bruckner gehen, und ich glaube, daß es auch Ihre Sache wäre, gleich im ersten Jahre eines seiner Chorwerke aufzuführen.“[162] So kam es ausgerechnet auf diese Intervention von Brahms hin zu einer Aufführung von Bruckners Te Deum im zweiten Gesellschaftskonzert unter Pergers Leitung und später zu jenem denkwürdigen Programm, in dem zum ersten und einzigen Male zu beider Lebzeiten je ein Werk von Brahms und Bruckner in einem Konzert erklangen.

Nur eine Woche konnte Brahms nach seiner Rückkehr aus Ischl in Wien bleiben, dann reiste er zu dem „Sachsen-Meiningenschen Landes-Musikfest“ unter dem Protektorat des Landesherrn und der musikalischen Leitung von Franz Steinbach, das vom 27. bis 29. September 1895 mit fünf Konzerten, zwei Matineen und drei Abendveranstaltungen gefeiert wurde. In der ersten Matinee erklang die Klarinettensonate f-Moll zwischen zwei Beethoven-Quartetten (op. 130 und 59,3), in der zweiten umschlossen zwei Spätwerke von Brahms, das Klarinetten- und das 2. Streichquintett, das späte cis-Moll-Quartett Beethovens. Der erste Abend gehörte ganz Bachs Matthäus-Passion, das Abschlußkonzert führte die „drei großen B“ aus Bülows Glaubensbekenntnis in einem Programm zusammen: Bachs fragmentarische Kantate „Nun ist das Heil und die Kraft“ (BWV 50), die eine so unangemessen große Faszination auf das 19. Jahrhundert ausübte, Beethovens Missa Solemnis und Brahms’ Triumphlied (in umgekehrter Reihenfolge). Das zweite Abendkonzert in der Mitte des Festes war ein Mischprogramm im Sinne der Zeit mit Bachs 6. Brandenburgischem Konzert, dem Klavierkonzert Es-Dur von Beethoven und Vokalquartetten von Brahms, den Händel-Variationen op. 24, dem Doppelkonzert und der 1. Symphonie. Er sah sich damit zur Ehre der Altäre erhoben, getragen von der Zustimmung der Musiker und des Publikums, gleichrangig mit denjenigen ganz Großen der Musikgeschichte, die mit ihren Schöpfungen unser öffentliches Musikleben in besonderer Weise bestimmen.

Kalbeck druckte einen nicht näher bezeichneten zeitgenössischen Zeitungsbericht ab, der wohl die Stimmung zutreffend wiedergibt: „Der Mittelpunkt des Festes war Johannes Brahms, der bei jeder Gelegenheit enthusiastisch gefeiert wurde. Auch sonst belebte er mit seinem regsamen Geist, seinem sprudelnden Humor alle Kreise. Die dem Komponisten dargebrachten Huldigungen hatten etwas Fortreißendes, Über-

162 R.v. Perger: Vor 10 Jahren. Brahms- und Bruckner-Erinnerungen und Bekenntnisse. Die Zeit (Wien) 24.10.1906. Hier zitiert nach M. Kalbeck: J. Brahms, Bd. 4, S. 403.

wältigendes. Ich habe selten solche mächtige, wie Elementarereignisse sich entladende Ausbrüche von Begeisterung miterlebt. Die Brahmssche Kunst übte ihre ganze herzbezwingende Macht auf die Menge aus, die sich zu dem Mann und seinen Werken stellte, wie es sich gebührt. Man ließ die Verkündigungen des Genius unmittelbar auf sich wirken und leistete dann willig seinem federführenden Geiste Gefolgschaft."[163] Der Schwiegersohn Ferdinand Kufferaths, der mit der ganzen Familie zu dem Fest gekommen war und für den nicht anwesenden Kalbeck einen umfangreichen Bericht anfertigte, nannte das Meininger Fest „für Brahms eine Apotheose zu Lebzeiten" und meinte: „Man empfand den Vorzug, einen solchen Meister noch bei dessen Lebens- und Schaffenszeiten verehren und lieben zu können, und säumte nicht, seinen Gefühlen Ausdruck zu geben. Brahms war der Hauptgegenstand der allgemeinen Aufmerksamkeit geworden: wo er sich zeigte, umbrauste ihn ein Sturm begeisterter Zurufe und Beifallsbezeugungen ... Wie tief der Eindruck dieser Vorgänge auf Brahms wirkte, war für jeden ersichtlich, der ihn näher kannte. Sein ganzes Wesen schien durchdrungen von Befriedigung und Glückseligkeit. Die Mienen des sonst so kühlen Mannes, der die rauhe Seite gern nach außen kehrte, erglänzten vor Freude und sanfter Rührung. Er war weich geworden."[164] Derselbe Gewährsmann berichtet übrigens noch ein bezeichnendes Detail: Brahms war seinem ganzen Naturell nach der Zwang zum Umziehen, der sich nicht nur durch die Konzerte, sondern auch durch die Hofetikette ergab, so lästig, daß er gleich morgens im Frack herumlief, um die Kleidung nicht wechseln zu müssen.

Brahms bedankte sich für seine Verhältnisse geradezu überschwänglich und fuhr über Frankfurt zurück, um Frau Schumann wieder aufzusuchen, angesichts ihres rapide fortschreitenden Alterungsprozesses war ihm klar geworden, daß er jede Gelegenheit nutzen müsse, die großartige Frau wiederzusehen. Tatsächlich wurde dieses des letzte Mal, daß er sie sah. Ferdinand Kufferath, selbst hoch in den Siebzigern und wohl auch von der Vorahnung getrieben, daß ihm selbst nur noch wenig mehr als ein halbes Jahr gegönnt sein werde, drängte, nachdem er Brahms noch einmal gesehen hatte, nun auch die alte Freundin noch einmal zu treffen. Sein Schwiegersohn berichtete Kalbeck darüber: „Durch körperliche Leiden und die Spuren vorgerückten Alters hatten die Züge der edlen Frau etwas Verklärtes angenommen, während das Feuer ihrer schönen Augen und die ungebrochene Energie ihrer lebhaften Gebärden

163 M. Kalbeck: J. Brahms, Bd. 4, S. 408f.
164 M. Kalbeck: J. Brahms, Bd. 4, S. 410ff.

beim Sprechen für die wunderbare Erhaltung ihrer geistigen Kraft, die Frische und Tiefe ihrer Gefühle zeugten. Kufferath bewog sie, uns vorzuspielen ... Ihr Spiel, das sich so gut wie gar nicht verändert hatte, war noch immer ein Wunder von technischer Vollendung, geistsprühendem Leben, Größe der Auffassung und seelischem Ausdruck."[165] Eine Photographie, im Spätsommer im Garten ihres Hauses aufgenommen, bestätigt die Angaben Speyers und die Faszination ihrer Ausstrahlung, so wie Brahms sie in Erinnerung behielt, als er zum letzten Male von ihr Abschied nahm.

Was er bei dem Meininger Fest vermißt hatte, die Krefelder und Kölner Freunde, während der greise Kufferath mit seiner ganzen Familie angereist war, das ergab sich bei dem Züricher Musikfest zur Einweihung der neuen Tonhalle (19.-22. Oktober 1895) wie von selbst: die vertrauten Schweizer Freunde, ob aus Basel, Bern oder Winterthur versammelten sich alle, und er stand wieder im Mittelpunkt des Kreises, konnte sich von ihm getragen fühlen. In Zürich hatte man sich eine besondere Ehrung für ihn ausgedacht: das Triumphlied unter seiner Leitung sollte den neuen Musentempel einweihen, und als er dazu den Saal betrat, sah ihn von der ausgemalten Decke unter den Großen der Musik sein eigenes Porträt an, auch hier als Apotheose schon zu Lebzeiten. Erst nach Brahms kam dann Beethovens 9. Symphonie unter Hegars Leitung. Auch mit Kammermusik war er vertreten, Robert Freund spielte mit dem Joachim-Quartett das Klavierquintett f-Moll. - Als er sich von Widmann verabschiedete, fiel dessen Blick auf die Lektüre, die Brahms gerade in der Hand hielt, einen Band mit Gedichten Höltys mit der aufgeschlagenen Seite

Ihr Freunde, hänget, wenn ich gestorben bin,
Die kleine Harfe hinter dem Altare auf.

Auch das wurde, beiden natürlich nicht bewußt, ein Abschied für immer, und der Hölty-Vers erhielt eine nicht vorhersehbare persönliche Vorbedeutung.

Das Leipziger Experiment d'Alberts, beide Brahms-Konzerte nun auch in Berlin mit den Philharmonikern an einem Abend zu wiederholen, lehnte Brahms zunächst ab, weil ihm das Rahmenprogramm nicht paßte, vielleicht auch, weil er dem neuen Chefdirigenten, Arthur Nikisch, den er noch nicht abschätzen konnte, nicht ins Gehege kommen wollte. D'Albert machte es aber dann doch möglich, indem er ein Sonderkonzert arrangierte, in welchem Brahms seine beiden Konzerte,

165 M. Kalbeck: J. Brahms, Bd. 4, S. 412.

Franz Mannstädt, der sich seine Sporen als Assistent Bülows bei der Meininger Hofkapelle verdient hatte und jetzt ständiger Dirigent bei den Berliner Philharmonikern war, das übrige Programm dirigierte. Am 10. Januar 1896 fand das Konzert statt. Es wurde Brahms' letzter Auftritt als Dirigent. - Die Reise nach Berlin ermöglichte ihm zugleich noch, dem großen Maler Adolf Menzel nachträglich zum 80. Geburtstag zu gratulieren, den dieser bereits am 8. Dezember 1895 gefeiert hatte. Beide bedeutenden Künstler, vereint in der Friedensklasse des Pour le Mérite, hatten wohl ein Gespür für die Größe des anderen. Wo Menzel war, ging es meist stark alkoholisch her; einmal war Brahms, als die beiden reichlich flüssige Nahrung zu sich genommen hatten und er in einem Restaurant dem wenigstens nachträglich eine festere Grundlage unterziehen wollte, am Tisch kurz eingenickt und fand beim Aufwachen nicht nur das inzwischen servierte Essen vor, sondern auch dessen naturgetreue Wiedergabe von der Hand Menzels.[166] Kaum war damals eine schwere Kopfverletzung verheilt, die Menzel sich beim Sturz in seinem Weinkeller bei Frederik zugezogen hatte. Jetzt feierte er in seinem Hinterhaus-Atelier in der Margaretenstraße ganz allein mit dem befreundeten Komponisten seinen Geburtstag auf seine Weise nach: mit Austern und Strömen von altem Rheinwein und Champagner. Um 10 Uhr morgens hatten die beiden mit diesem Frühstück begonnen, und vor lauter Sehen und Trinken fiel Brahms erst bei Einbruch der Dunkelheit ein, daß er um 17 Uhr zu einem offiziellen Essen eingeladen war.

Erst kurz vor diesem Termin kam er zurück zu Simrock, wo er logierte, steckte den Kopf in kaltes Wasser, zog sich in Windeseile um und verschwand wieder zu dem Essen in offiziellem Kreise. Von da kam er auch noch eine Stunde später zurück als verabredet, von Simrock, Hausmann und Marie Röger-Soldat zum Abendessen erwartet. Mit den beiden befreundeten Künstlern musizierte er danach noch bis 3 Uhr nachts, auch dies offenbar eine Demonstration fortdauernder guter Gesundheit und zugleich deren Selbstbestätigung. Am nächsten Morgen von Clara Simrock darauf angesprochen, bestätigte er: „Was wollen Sie, ich habe noch nie in meinem Leben eine Mahlzeit ausgelassen und niemals einen Tropfen Medizin genommen."[167] In der öffentlichen Resonanz blieb dieser letzte Auftritt in Berlin weit hinter dem zurück, was er in Leipzig mit derselben Kombination, in Meiningen und zuletzt in Zürich erlebt hatte. Aber daß die Berliner Presse ihm teilweise feindselig gegenüber stand und das verständlicherweise auf die Dauer auch seine

166 Bericht Max Friedländers bei M. Kalbeck: J. Brahms, Bd. 4, S. 423.
167 Zitiert nach M. Kalbeck: J. Brahms, Bd. 4, S. 423f.

Wirkung auf das Publikum nicht verfehlte, hatte er gewußt. Immerhin waren die Hörer auch hier in Scharen gekommen, sicher nicht nur um der Sensation willen, und es sei daran erinnert, daß Hermann Wolff ihm mit erster Priorität die Leitung der noch keineswegs wirtschaftlich gefestigten Berliner Philharmoniker nach dem Ausfall Bülows angetragen hatte. Ihm war von den dafür Verantwortlichen also am ehesten zugetraut worden, das Orchester über die Runden zu bringen und das zahlende Publikum bei der Stange zu halten.

Arthur Nikisch hatte die 4. Symphonie auf dem Programm des 13. Gewandhaus-Konzerts und lud Brahms in Berlin ein, dieser Aufführung beizuwohnen. Er fuhr daher über Leipzig zurück und hörte dem Konzert am 16. Februar 1896 zu, das mit Ovationen für Komponisten und Dirigenten endete. In diesem Zusammenhang war mir ein Interview interessant, das der greise Artur Rubinstein, der nun wirklich mit allen bedeutenden Dirigenten der Zeit von Furtwängler und Toscanini über Bruno Walter und Klemperer bis zu der jüngeren Generation zusammengearbeitet hatte, kurz vor seinem Tode gab und in dem er als den beeindruckendsten aller dieser Dirigenten Nikisch bezeichnete. Anschließend kehrte er nach Wien zurück, wo in dieser Saison sehr viel Kammermusik von ihm erklang und eine neue Generation von Musikern ins öffentliche Musikleben trat, für die Robert Schumann bereits nur noch Geschichte war und Brahms eine Erscheinung, mit der sie aufgewachsen war. Er mußte nicht mehr im Bewußtsein des Publikums durchgesetzt werden, sondern gehörte inzwischen zum Repertoire, das man zu beherrschen hatte, wenn man dazu gehören wollte. Nur selten noch sah man Brahms in Konzerten, und dennoch war er über die Wiener Musikszene gut aus eigener Anschauung orientiert. An den Bösendorfer-Saal stieß nämlich im Obergeschoß ein Raum, der zeitweilig als Archiv genutzt worden war, zugänglich nur über eine eiserne Wendeltreppe von der Garderobe aus. Über die schlich er sich hinauf, wenn das Publikum im Saale war; oben stand ein Sessel für ihn bereit. So konnte er ungesehen Konzerten beiwohnen und, mindestens genauso wichtig für ihn, sie auch wieder verlassen, wenn er genug gehört hatte oder er ein Programm langweilig fand, ohne den sonst unvermeidlichen, wenn auch unbeabsichtigten Eclat dadurch herbeizuführen.

Im Frühjahr wurden wieder Pläne einer weiteren Italienreise ventiliert, aber nachdem sowohl Widmann als auch Fritz Simrock als in Aussicht genommene Reisegenossen absagten, war ihm das im Grunde auch nur recht, zu deutlich stand ihm die neue Erfahrung des vergangenen Winters vor Augen, daß ihm lange Reisen zuviel wurden. Nur nach Frankfurt zu fahren, lag ihm noch am Herzen, „die lieben Augen noch offen zu sehen, mit denen für mich sich - wieviel dann schließt." Aber eine gewisse Scheu hielt ihn auch davon ab, er ahnte wohl, daß der Besuch im Herbst 1895 der letzte gewesen war, und wollte Clara Schumann so in Erinnerung behalten. Am 26. März 1896 hatte sie einen Schlaganfall erlitten, was Brahms erst fast eine Woche später überhaupt erfuhr. Joseph Joachim, der engeren Kontakt zur Schumann-Familie unterhielt, vielleicht auch, weil Brahms das Regiment der Töchter mißfiel, die ihrer Mutter nicht nur den Haushalt führten, sondern sie auch abschirmten und die nur ein Zentralgestirn, eben ihre Mutter, anerkannten und daher viel an Brahms auszusetzen fanden, konnte Anfang April melden: „Gott sei Lob, es kamen heute bessere Nachrichten über Frau Schumann. Mir schwindelt beim Gedanken, sie zu verlieren, und doch hat man sich damit vertraut zu machen."[168] Brahms selbst war mit der Verarbeitung dieses Gedankens offenbar schon weiter, wenn er Joachim antwortete: „ich kann nicht traurig nennen, wovon Dein Brief dann spricht. Ich habe oft gedacht, Frau Schumann könne ihre Kinder alle und mich dazu überleben - gewünscht aber habe ich es ihr nicht. Erschrecken kann uns der Gedanke, sie zu verlieren, nicht mehr, nicht einmal mich Einsamen, dem gar zu wenig auf der Welt lebt. - Und wenn sie dann von uns gegangen ist, wird nicht unser Gesicht vor Freude leuchten, wenn wir ihrer gedenken? Der herrlichen Frau, deren wir uns ein langes Leben hindurch haben erfreuen dürfen - sie immer mehr zu lieben und zu bewundern. - So nur trauern wir um sie."[169]

Sie hatte inzwischen die Orientierung verloren; an seinen 63. Geburtstag mußte man sie erinnern, dann aber verlangte sie, ihm selbst zu schreiben. Ferdinand Schumann berichtet darüber: „Sie schrieb einige Zeilen, aber es war lauter verworrenes Zeug; die Buchstaben liefen im Zickzack." Tochter Marie wollte das ebenso rührende wie trostlose Dokument vernichten, aber Ferdinand bewog sie doch, es Brahms zuzusenden. Der wußte nun genau, wie es um sie stand, und richtete an sie die letzten, fast zärtlichen Zeilen, ohne zu wissen, ob diese sie wirklich noch erreichen würden: „‚Das Letzte das Beste' ist mir nie so schön gepredigt worden als heute, da das liebste, da Dein Gruß zum siebenten kommt! Habe tausend Dank, und möge Dir bald so herzlich Erfreuendes kommen - vor allem natürlich das köstliche Gefühl der wiederkehrenden Gesundheit." Zwar konnte man sie noch einmal im Rollstuhl in den Garten bringen, Ferdinand spielte ihr noch einmal Teile aus Schumanns Intermezzi op. 4 vor. In der Nacht zum 10. Mai erlitt sie einen weiteren

168 Briefwechsel Bd. 6, S. 302.
169 Briefwechsel Bd. 6, S. 303.

schweren Schlaganfall, von dem sie sich nicht mehr erholte. In der Nacht vom 19. auf den 20. Mai starb sie. Am 23. nahmen die Familie, die Kollegen des Hoch'schen Konservatoriums, Vertreter der Stadt und des Frankfurter Musiklebens, Joachim, Stockhausen und Herzogenberg in ihrer Wohnung von ihr Abschied, dann wurde der Sarg, es war der Samstag vor Pfingsten, nach Bonn überführt.

Brahms war am 15. Mai in seinen Sommeraufenthalt nach Ischl aufgebrochen. Das nach Wien gerichtete Telegramm mit der Todesnachricht war von dort als normaler Brief weiterbefördert worden, sodaß er es erst am Nachmittag des 22. Mai erhielt. Er fuhr sogleich los, mußte unterwegs umsteigen, um in Wels den Zug nach Passau zu erreichen, nickte aber ein, und der Schaffner vergaß, ihn zu wecken. So strandete er, statt sich im Zuge nach Deutschland zu befinden, mußte er die Nacht in Linz verbringen und erreichte erst am nächsten Morgen den Frühzug nach Frankfurt/Main. Kurz vor der Ankunft dort entnahm er einer Zeitung, daß die Beerdigung nicht, wie er angenommen hatte, in Frankfurt, sondern in Bonn stattfinden werde und daß man sie mit Rücksicht auf ihn um einen Tag verschoben habe. Endlich nach nun schon mehr als 24stündiger Reise angekommen, blieb ihm also nichts anderes übrig, als den Nachtzug nach Köln zu nehmen. Völlig übernächtigt und aufgelöst landete er schließlich am Pfingstsonntag früh, noch zu nachtschlafender Zeit, bei dem Bonner Universitäts-Musikdirektor Leonhard Wolff, der aus dem Krefelder Beckerath-von der Leyen-Umfeld stammte und mit dem er in Wiesbaden bei Beckeraths Kammermusik gespielt hatte, ein alter Vertrauter also. Wolff sollte bei den Trauerfeierlichkeiten die Musik leiten und wußte daher genau Bescheid über deren Verlauf, von dem Brahms ja noch gar nichts wußte. So konnte er trotz aller Widrigkeiten doch noch an der Beisetzung der geliebten Freundin an der Seite ihres Mannes teilnehmen, und zwar von Anfang an, nicht erst nach deren Abschluß. Dieser Eindruck, der in der Brahms-Literatur verbreitet wurde, sei dadurch entstanden, wie mir einhellig von mehreren Teilnehmern der Trauerfeier berichtet wurde, die ich noch befragen konnte, daß Brahms tränenüberströmt sich abseits, hinter Büschen verborgen, gehalten habe und erst ganz zuletzt an das offene Grab getreten sei.

Südlich von Bonn, auf der anderen Seite des Rheins, oberhalb von Bad Honnef gelegen, besaßen der Bankier Walther Weyermann und seine Frau Emmy, eine Halbschwester Rudolf von der Leyens, einen prächtigen Herrensitz mit einem sagenhaften Blick über das Rheintal und den Rolandsbogen. Der vielfach verwandtschaftlich untereinander verbundene Familienclan der von der Leyens und von Beckeraths hielt seit 1892 jeweils zu Pfingsten auf diesem Hager Hof ein privates Musikfest ab, zu dem auch Berufsmusiker aus dem Brahms-Umfeld geladen wurden, so der Konzertmeister des Meininger Hoforchesters, Bram Eldering, der Solocellist Carl Piening, sowie die - beide aus Krefeld stammenden - Dirigenten und Kammermusiker Richard Barth und Leonhard Wolff, letzter Universitäts-Musikdirektor in Bonn und gleichfalls mit dem Familienclan verwandt. - 1896 wurde dieses viertägige Musikfest unterbrochen, um an der Beerdigung Clara Schumanns teilnehmen zu können. Anschließend fuhr man zum Hager Hof zurück, und Brahms kam mit den ihm so vertrauten Freunden. Zwar hatte man ihn zu den früheren Familien-Musikfesten eingeladen, aber er war so wenig gekommen wie die Familie im Vorjahr zu dem Meiniger Musikfest, was er mit Enttäuschung zur Kenntnis genommen hatte. Zwar hatte man sich auch vorgenommen gehabt, Brahms zu spielen (das Streichquartett a-Moll), aber nicht mit dem Schwerpunkt wie in Meiningen. Das änderte sich natürlich mit seinem Hinzukommen, er selbst spielte den Klavierpart des f-Moll-Quintetts und des C-Dur-Trios, begann auch mit Barth seine 1. Violinsonate G-Dur op. 78, aber die hing für ihn zu eng mit dem tragisch frühen Tod seines Patensohnes Felix Schumann zusammen und dem Anlaß seiner Beteiligung an diesem Familien-Musikfest, er mußte abbrechen und rannte in den Garten hinaus, bis er sich wieder unter Kontrolle hatte. Später wirkte er dann noch mit bei der Neufassung seines H-Dur-Trios und dem von Schubert in B-Dur.

Nachdem die Damen sich mittags zurückgezogen hatten, rückte er mit einer Gruppe von neuen Liedern auf biblische Texte heraus, die er im Frühjahr geschrieben hatte in Erwartung der Nachricht vom Ableben Clara Schumanns, Lieder von Tod und Vergänglichkeit, aber auch von Liebe, die von bedrückender Subjektivität sind. Vor den Freunden getraute er sich, seine tiefe Betroffenheit, die er sich da von der Seele geschrieben hatte, zu offenbaren, nicht aber vor den Frauen, das entsprach nicht dem zeitüblichen Bild des Mannes, aber es zeigt vielleicht auch, daß die inneren Sperren, eine Frau in sein Inneres, in seine Gefühlswelt sehen zu lassen, immer noch ihre Wirkung hatten. Aber die Freunde waren von der Größe des Gehörten so erfüllt, daß sie Brahms den Vortrag dieses Zyklus vor dem ganzen Kreis der ihm und Clara Schumann so eng verbundenen Menschen abrangen. Er hat dann die so tief ernsten Lieder den Freunden zum ersten Male vorgetragen und sich nicht mehr der Tränen geschämt, die ihm dabei in den Bart rannen.

Zum ersten Male greifbar wurden die Vier ernsten Gesänge an seinem 63. Geburtstag, als Max Kalbeck morgens mit dem Schriftsteller Wilhelm Raabe zur Gratulation erschienen war. Brahms waren damals von einem ihm völlig unbekannten englischen Musikfreund 1000 Pfund vermacht worden, die er Künstlern in wirtschaftlicher Not zuwenden sollte, und Kalbeck hatte ihm dafür den Verfasser des Hungerpastors und der Chronik der Sperlingsgasse vorgeschlagen. Die drei verabredeten ein Komplott, unerwünschte oder aufdringliche Besucher rasch wieder loszuwerden, indem sie vorgaben, noch etwas besprechen zu müssen. Nachdem das einmal tatsächlich praktiziert und autogrammsüchtige Damen vertrieben worden waren, die erwarteten Besucher aber noch nicht eintrafen, sagte Brahms, „Wir wollen doch nicht gelogen haben. Das habe ich mir heute zum Geburtstag geschenkt. Aber nur mir. Wenn Sie den Text lesen, werden Sie begreifen, warum.“[170] Aus seinem Stehpult entnahm er einen Konvolut mit diesen Liedern und meinte, „Das kann man doch nicht drucken lassen?“ Dann trafen die Pianistin Ilona Eibenschütz, die Cellistin des Streichquartetts Röger-Soldat, später Hanslick und Dr. Fellinger ein, und Brahms schloß das Manuskript schnell wieder in seinem Stehpult weg. Den Anwesenden fiel aber auf, daß er, der sonst immer mit seiner robusten Gesundheit kokettiert hatte, entschieden die Ansicht vertrat, man solle sich mindestens einmal jährlich einer ärztlichen Vorsorgeuntersuchung unterziehen, denn „wenn man alt wird, kann man nie wissen, was los ist.“ Es scheint also bereits erste Anzeichen von Krankheit gegeben zu haben, die er wohl noch nicht ernst genug nahm, oder die vielleicht noch nicht so manifest waren, daß sie diagnostische und therapeutische Maßnahmen möglich oder erforderlich gemacht hätten.

Bereits am Tage nach seinem Geburtstag kündigte er Simrock die Lieder an, der Entschluß, sie doch zu veröffentlichen, muß also sehr bald gefaßt worden sein. Er wolle dem Verleger „eine kleine Freude machen - wie ich mir selbst zu diesem Tage eine gemacht, indem ich mir ein paar kleine Liederchen schrieb. Diese denke ich zu veröffentlichen und sie - Max Klinger zuzueignen! Daran siehst Du, daß sie nicht grade ein Spaß sind - im Gegenteil, sie sind verflucht ernsthaft und dabei so gottlos, daß die Polizei sie verbieten könnte - wenn die Worte nicht alle in der Bibel stünden.“[171] Der Brief hat noch einen merkwürdigen Nachsatz: „Eben war der Schneider da. Du magst Dich wundern, daß ein Mann in meinem Alter sich noch einen neuen Rock machen läßt!“ Der Kauf neuer Kleidung kann eigentlich nur einem Menschen sinnlos erscheinen, der zumindest eine Ahnung davon hat, daß es mit seiner Gesundheit nicht mehr zum besten steht, und der auch ein nicht mehr fernes Ende in sein Kalkül einbeziehen muß. - Der Tod Clara Schumanns und

170 M. Kalbeck: J. Brahms, Bd. 4, S. 432.
171 Briefwechsel Bd. 12, S. 195.

die Strapazen der unglückseligen Irrfahrt bis Bonn, sowie die emotionale Belastung der Beerdigung lagen da aber noch vor ihm. Auffällig ist auch, daß er Freunde geradezu bedrängte, den Sommer in seiner Nähe in Ischl zu verbringen, während er doch sonst eher unbehelligt bleiben wollte.

Der Text, der so anstößig ist, daß man ihn „polizeilich verbieten" lassen könnte, wenn er nicht in der Bibel stünde, weil er der staatstragenden Religion so diametral zuwiderläuft und von dem der Künstler sich fragen muß, ob man Worte vertonen darf, die so sehr Grundfragen des alle verbindenden Glaubens widersprechen, steht im ersten der Vier ernsten Gesänge und stammt aus Prediger Salomo 3,18-22: „Denn es gehet dem Menschen wie dem Vieh, wie dies stirbt, so stirbt er auch." Nicht nur dies, Mensch und Tier „haben einerlei Odem", und „wer weiß, ob der Geist des Menschen aufwärts fahre und der Odem des Viehes unterwärts unter die Erde? ... Denn wer will ihn dahin bringen, daß er sehe, was nach ihm geschehen wird?" Hier müßte die Gewißheit des geoffenbarten Glaubens ansetzen, aber das Lied endet mit diesem tiefen Zweifel und der Verzweiflung, nicht der künstlerisch gestalteten einer Bühnenfigur in einem dramatischen Konflikt, sondern dem existenziellen. Das rührt zweifellos an die Gestaltbarkeit von Kunst.

Der Tod alles Lebendigen ist eine unumstößliche Gesetzmäßigkeit. Dafür hat Brahms' Emblematik zwei Gestaltungsmöglichkeiten: die Passacaglia bzw. Chaconne, den Ostinatobaß und den Orgelpunkt. Hier setzt er sie beide ein, den ostinaten Baß in der ersten, den Orgelpunkt auf der Tonika in der zweiten Strophe. Die Singstimme nimmt den Baß zunächst auf, variiert ihn aber schon im zweiten Takt. Damit rückt der alte Brahmssche Topos der Identität von Melodie- und Baßstimme wieder ins Blickfeld, der schon an seinem ersten gedruckten Lied, der Liebestreu op. 3 Nr. 1 diagnostiziert wurde und in der Gruppe der letzten Lieder immer noch manifest wird. „Wie dies [das Vieh] stirbt, so stirbt er auch" legt er über dem chaconneartig fortwirkenden Baß als große Katabasis von f'' bis a an, der Hinweis auf das „Sterben wie das Vieh" ist zudem mit einem saltus duriusculus (f-cis) belegt, einem charakterisierenden Mittel der musikalischen Rhetorik, wie es im 18. Jahrhundert ungezählte Male eingesetzt wurde. Die Mittelstrophe ist eine Studie über die verschiedenen Möglichkeiten des verminderten Septakkords, der tonal in sich instabil ist, keiner Tonalität zuzuordnen und somit dem Text entsprechend: „Es fährt alles an einen Ort", der aber ist ungewiß. Wird wirklich der Mensch in den Himmel kommen, das Vieh aber zu Erde werden? Kein tonaler Schwerpunkt gibt Sänger und Hörer Gewißheit. - Im Prinzip handelt es sich bei dem Lied um variierte Strophenanlage mit der Besonderheit, daß die letzte Strophe aus den ersten beiden zusammengesetzt ist.

Das zweite Lied, ebenfalls aus Prediger Salomo (Kap. 4), nimmt Stilelemente des späten Brahms auf, die nun schon vielfach registrierte Terzenkette, und ihre Verwendung hier bestätigt ihre semantische Deutung, die anhand von Texten wie der Nänie und der Feldeinsamkeit bereits vorläufig abgeleitet wurde, nachdrücklich. Ich „sahe an alle, die Unrecht leiden unter der Sonne" belegt sie bereits, unterbrochen von einigen Durchgangsnoten, mit a-(g)-fis-d-b-g. Von da an ist sie in unterschiedlichen Ausschnitten beinahe allgegenwärtig, bis sie schließlich in einer zweifachen Katabasis von der oberen zur unteren Grenze des Stimmumfangs eingesetzt wird. „Da lobte ich die Toten, die schon gestorben waren, mehr als die Lebendigen": d-b-g-es-c-a, hier ohne verbindende Durchgangs- und Zwischentöne. Aber Brahms geht noch einen Schritt weiter und kombiniert die Terzenfolge mit dem tonal unbestimmten verminderten Septakkord, der schließlich aus der g-Moll-Tonalität des Liedes mit b und es hinausführt nach e-Moll mit h und e: „und der noch nicht ist, ist besser als alle beide" (die lebendigen und die Toten), wobei das „besser" als scheinbar diffamiert wird durch die engen Schritte ais-h-c-h, die seit Jahrhunderten in der Musik als Ausdrucks-Stilmittel für Beklemmung und Bedrängnis stehen und an dieser Stelle besonders intensiv wirken, weil für Sänger und Hörer ja das g-Moll des Liedes bis hierher deutlich im Bewußtsein nachklingt. Der noch ungeborene Mensch wird all „des Bösen nicht inne, das unter der Sonne geschieht"; und Brahms betont die beiden Schlüsselwörter mit einem saltus duriusculus, wie er härter nicht möglich ist, mit der abspringenden kleinen Septime.

Die in Terzen abspringende große Septime eröffnet das dritte Lied mit einem Text aus Jesus Sirach (41, II, 1-4) bereits: „O Tod", bezeichnenderweise mit einer Terzenkette, und indem er den Baß kanonisch folgen, also das Motiv der Einheit von Melodie und Baß wieder anklingen läßt, führt er sie sogar noch über die Melodie hinaus:h-g-e-c-a-fis, vielleicht der entschiedenste Nachweis für die semantische Besetzung dieses Tonfolge-Modells. - Daß man auch dieses noch musikalischen Verarbeitungstechniken unterwerfen kann, zeigt der Mittelteil, den Brahms zum gleichnamigen Dur aufhellt, weil der Tod als Wohltäter erscheint „dem Dürftigen, … der in allen Sorgen steckt und nichts Bessers zu hoffen, noch zu erwarten hat." Im Prinzip ist die Terzenfolge erhalten geblieben, aber Brahms ersetzt sie durch die Komplementärintervalle E-cis-A-fis-Dis. Wenn man sie jedoch einmal dem Prinzip der formentwickelnden Variation unterworfen hat, kann man dies auch mit anderen

Mitteln tun, etwa indem man jedem Terzsprung seinen Leitton voranstellt und damit das Ausdrucks-Stilmittel der Folge gleicher Intervalle um das der kleinen Schritte für Bedrängung und Beklemmung anreichert, die Vertonung der Textstelle „der in allen Sorgen steckt" gleich doppelt zum musikalischen Sinnträger macht. Brahms wiederholt den Anfang der zweiten Strophe wie schon den der ersten am Schluß noch einmal, ein klares Bekenntnis zur geschlossenen Form, aber noch weit mehr als das, denn er verdoppelt den Ausruf „O Tod" und denunziert zugleich den Tod als Wohltat, indem er ihn bei gleichen Baßintervallen (also der verfremdeten Terzenfolge) umharmonisiert und nach cis-Moll changieren läßt. Bei der Bewußtheit, mit der Brahms solche Dinge handhabte, ist insbesondere im Hinblick auf die verwendeten Strukturelemente ein Zufall ausgeschlossen. Es ist vielmehr ein Phänomen, in welchem Ausmaß es ihm in diesem Spätwerk gelingt, Strukturmomente mit ins Extrem gesteigertem, höchst subjektivem Ausdruck zu verschmelzen.

Sind die Textvorlagen der ersten drei Lieder dem Alten Testament bzw. dessen Apokryphen entnommen, so greift Brahms mit dem „Hohen Lied der Liebe" aus dem ersten Korintherbrief (13; 1-3, 12 und 13) zu einem der zentralen Texte neutestamentlicher Theologie, säkularisiert und subjektiviert ihn jedoch zugleich. Der Mensch, welcher „der Liebe nicht" hat, wie Luther übersetzte, ist bei Brahms nicht derjenige, dem die göttliche Liebe nicht zuteil geworden ist, sondern der „Abseiter" der Alt-Rhapsodie, er selbst, der sich „Kein Haus, keine Heimat" hatte schaffen können. Insofern halte ich es für fragwürdig, wenn Kalbeck argumentiert,[172] er habe den alttestamentarischen Todesliedern ein „erhebendes Auferstehungslied" als krönenden Abschluß entgegensetzen wollen. So eng die Lieder zusammenhängen und inhaltlich aufeinander bezogen sind, ein Zyklus im Sinne des Sonatenprinzips, wie Kalbeck meinte, sind sie nicht und auch nicht als solcher intendiert gewesen. Eine derartige Schlußapotheose widerspräche überdies allem, was wir über sein Formverständnis wissen. Tatsache ist, daß die alttestamentarischen Texte, die er zur Vertonung abgeschrieben hatte, in einem Heft neben anderen, unvertont gebliebenen stehen, keinen Zusammenhang haben mit dem an anderer Stelle notierten Hohen Lied der Liebe aus dem ersten Korintherbrief des Paulus. Diesen Befund scheint das Autograph des op. 121 zu stützen, das die ersten drei Lieder fortlaufend notiert, die letzte Seite freiläßt, während das vierte Lied auf andersformatigem Papier mit abweichender Linierung niedergeschrieben wurde. Es hat also

172 M. Kalbeck: J. Brahms, Bd. 4, S. 446.

offenbar eine Sonderstellung gegenüber den drei vorausgehenden, die eigentlich den Gedanken einer zyklischen Anlage auf der Basis von Tod und Altem Testament gegen Auferstehung und Neuem Testament und gar einer Analogie zum Sonatenzyklus als abwegig erscheinen läßt.

Dagegen befindet sich in seinem Nachlaß im Archiv der Gesellschaft der Musikfreunde eines der wenigen erhalten gebliebenen Skizzenblätter, das eindeutig dem Kontext des letzten Liedes zuzuordnen ist. Es enthält Instrumentierungshinweise, doch ist entgegen Kalbecks vorschnellem Urteil angesichts des fragmentarischen Charakters der Handschrift nicht zu entscheiden, ob zu einem selbständigen Instrumentalwerk oder einer Orchesterfassung des Liedes. Einzelnen Phrasen der Melodie sind Texte unterlegt, die eindeutig nicht zum ersten Korintherbrief gehören, die man vielmehr dem Gedicht Nixe im Grundquell von Gottfried Keller hat zuordnen können. Seine erste Strophe lautet:

Nun in dieser Frühlingszeit
Ist mein Herz ein klarer See,
Drin versank das letzte Leid,
Draus verflüchtigt sich das Weh.

Der Anklang an das älteste gedruckte Lied, die Liebestreu op. 3 Nr. 1, liegt auf der Hand. Er hat solche Texte von versunkener Liebe ja auch anderweitig vertont, man denke nur an das Vineta aus op. 42. Der Text läßt sich chronologisch dadurch genauer bestimmen, daß er in dem Heft mit zur Komposition als geeignet erscheinenden Gedichten steht, das er in den Pörtschacher Sommern angelegt und benutzt hat. Im Gegensatz zu anderen blieb es jedoch unvertont, nicht jede erste Anmutung muß ja zur Komposition führen. Es kann durchaus sein, daß der zündende Funke zur schlüssigen Verbindung von Wort und Ton nicht übersprang oder daß sich keine musikalisch zwingende Lösung ergab, vielleicht weil der Komponist mit dem Text nicht „fertig" geworden ist.

Es kann auch inhaltliche Gründe haben, wenn eine einmal ins Auge gefaßte Vertonung eines Textes letztlich doch nicht realisiert wird; ein solcher könnte hier vorliegen. Nun ist der Nachweis, warum eine beabsichtigte Textvertonung letztendlich unterblieben ist, wenn überhaupt, noch schwieriger zu führen als einer über die Gründe einer positiven Entscheidung, denn über die Motivation eines Menschen kann man höchstens spekulieren, aber keine schlüssigen Beweise führen, weil sie sich in den meisten Fällen naturgemäß dem entzieht. Aber in diesem Fall kann man Indizien zu einer Kette zusammenfügen, an deren Ende eine Plausibilitätsvermutung steht. - Die zweite Strophe des Gedichts redet davon, daß die Seele zur Ruhe kommt, sich in der sonnenüberfluteten ruhigen Oberfläche des Sees spiegelt, während das tiefe Wasser liebevoll umschließt, was sie einst so bedrückte. Dann aber folgt die dritte Strophe:

> Aber auf dem Grunde sprüht
> Überdies ein Quell hervor,
> Welcher heiß und perlend glüht
> Durch die stille Flut empor.

Nur an der Oberfläche, so sagt die vierte Strophe, deckt das Gewässer „den Zauber zu", während es unter dieser Oberfläche immer noch glüht. Genannt wird auch, wer heiße Glut und Zauber auslöst, eine „Nix' mit gold'nem Haar."

Die Pörtschacher Sommer waren die Zeit des tiefsten brieflichen Einverständnisses mit Elisabet von Herzogenberg, sie besuchte ihn sogar dort. Er seinerseits sprach von dem „Haupt von gold'nem Haar umflossen", wohl eher doch keine zufällige Übereinstimmung, sondern eine sprachbildliche Anleihe bei Gottfried Keller, dem die Sprache besser verfügbar war als dem schwerfälligen Norddeutschen. Er hatte sein seelisches Gleichgewicht mühsam wiedergewonnen, indem er Unterricht und Beziehungen zu seiner Schülerin abbrach. Blieb das Gedicht unvertont oder zumindest unveröffentlicht, weil er, dem verschlüsselte musikalische Botschaften in einer Komposition - man denke nur an das Wiegenlied - so geläufig waren wie die Identifikation mit Gestalten seines Werkes - es sei nur an den „Abseiter" der Alt-Rhapsodie erinnert - sich und Elisabet von Herzogenberg, die das sofort zumindest geahnt hätte, nicht eingestehen wollte, daß auf dem Grunde des tiefen Sees, der das seelische Leid umschloß, noch immer ein heißer Quell emporschoß? Das ist Spekulation und kein Beweis, aber eine, die eine hohe Plausibilität für sich hat.

Dann aber erhielte der stilistische Bruch, der mitten durch den letzten der Vier ernsten Gesänge geht, eine historisch-semantische Dimension. Der Tod Elisabet von Herzogenbergs und die abgeschlagene Bitte des Witwers um ihre Briefe hatten ihm so recht ins Bewußtsein gerufen, was ihm diese verständnisvolle Frau bedeutet hatte. Der Tod Billroths und Bülows, die erwartete Nachricht vom Ableben Clara Schumanns, vielleicht erste Krankheitssymptome und Todesahnungen hatten ihm gezeigt, wie einsam es um ihn geworden war. In dieser Stimmung sind die Vier ernsten Gesänge entstanden, ohne daß man sie auf eines dieser Ereignisse isoliert konkretisieren dürfte. - Und wenn er als gestaltender Künstler „mit Menschen- und mit Engelszungen redete, und hätte der Liebe nicht, so wär' ich ein tönend' Erz oder eine klingende Schelle."

Da ist nicht der Apostel gemeint, der von der Liebe und Gnade Gottes erfüllt sein muß, um seine Mission erfüllen zu können, sondern der Komponist, der die menschliche Liebe nicht erfahren durfte und aus seinem lyrischen Schaffen die bittere Konsequenz ziehen zu müssen glaubte, es fehle ihm an der entscheidenden Dimension des menschlichen Lebens. Damit zog er gewissermaßen die Summe seines tragischen Lebensgefühls.

Die Vertonung dieses Textes gehört wie die der drei vorhergehenden alttestamentarischen in den Kontext des Spätwerks: nahezu alle seine besprochenen Ausdrucksstilmittel finden sich auch hier, das Reden mit Menschen- und Engelszungen führt über anderthalb Oktaven, „und hätte der Liebe nicht“ wird mit der Terzenkette verbunden (f-d-b-g-es, vom Klavier ergänzt: c und as), das „tönend' Erz“ verfügt nicht über eine Melodie, sondern produziert lediglich die mechanische Abfolge eines Leiterausschnitts, und die „klingende Schelle“ vermag keinen musikalischen Sinnzusammenhang zu stiften, sondern erklingt im tonal nicht festlegbaren verminderten Septakkord.

Dann aber wechselt Brahms Tonart, Tempo und Taktart und geht vom stark wortbezogenen, formelhaften, gleichwohl aber so ungeheuer ausdrucksbestimmten Spätstil in eine Diktion über, die man eher der mittleren Schaffensphase zuordnen möchte, in ihrer Lieblichkeit vielleicht sogar konkret dem Stil der Pörtschacher Sommer mit der 2. Symphonie und dem Violinkonzert, aber auch der „Regenlied“-Sonate. Man sollte jedoch wohl nicht so weit gehen wie Kalbeck,[173] der Anklänge an „Wie bist du meine Königin“ aus op. 32 heraushören will, das tatsächlich in der Zeit entstand, als er die junge Elisabet von Stockhausen unterrichtete. Da ist dann vielleicht doch die Absicht, diesen letzten der Vier ernsten Gesänge auf Elisabet von Herzogenberg umzupolen, Beweggrund gewesen, etwas in dieses Lied hineinzuhören, was zu allgemein ist, um etwas so Weitreichendes abzusichern. Immerhin treten sogar die Sextenparallelen als personalstilistische Eigenart wieder auf. Noch aber wird eine unverständliche Ahnung beschrieben und die Erkenntnis nur verheißen.

Bevor sie erfüllt werden kann, kehrt Brahms' musikalische Textinterpretation aber noch einmal zurück zu Tonart, Rhythmus und Melos der ersten beiden Strophen: „Nun aber bleibet Glaube, Hoffnung, Liebe, diese drei“ und erinnert damit musikalisch an den „Abseiter“ der Alt-Rhapsodie: „und hätte der Liebe nicht“! Dann aber erfüllt sich die Ahnung zur Gewißheit: er kehrt zu der sextenseligen Melodie und ihrem

[173] M. Kalbeck: J. Brahms, Bd. 4, S. 452.

Rhythmus zurück, integriert sie jetzt aber in die Haupttonart, denn nun geht es nicht mehr um ein „dunkles Wort“ und stückweise Erkenntnis, sondern um Gewißheit. So eindeutig kann bei Brahms die Tonartendisposition semantisch besetzt sein, nur hat das mit dem Sonatenprinzip und seiner Synthese der Dialektik nichts zu tun, wie Kalbeck suggerieren wollte, sondern sie ist Textinterpretation und zeigt einmal mehr, wie der späte Brahms alle musikalischen Parameter in den Dienst der künstlerischen Interpretation stellte und semantisch besetzte. - Brahms, dem in so kurzer Zeit die ihm liebsten und nächststehenden Menschen hinweggerafft worden waren, der sich zunehmend vereinsamt fühlte und wohl auch die ersten Todesahnungen hatte, bekennt am Ende seines Lebens von dessen Grundlagen: „Aber die Liebe ist die größeste unter ihnen.“

Daß er die Lieder in Erwartung des Todes Clara Schumanns geschrieben hat, wissen wir von ihm selbst; daß in dem letzten, in welcher Weise immer verschlüsselt, auch an Elisabet von Herzogenberg zu denken ist, kann als wahrscheinlich gelten. Trotzdem ist sein Wort ernster zu nehmen, als dies manchmal in der Brahms-Forschung geschehen ist, daß er sich diese Lieder zu seinem 63. Geburtstag geschrieben habe, seinem letzten, auch wenn er das damals noch nicht wußte, geahnt hat er es wohl, und zu befürchten hat man es im vorgerückten Alter immer. Jedenfalls ist die phänomenale Konsequenz dieser Stücke umso mehr zu bewundern, als sie mit einer derartigen Intensität des Ausdrucks verbunden ist. So kann eben nur ein Komponist schreiben, der sein ganzes Leben und seine gesamte künstlerische Entwicklung hindurch mit einer beispiellosen Konsequenz und ständigen Reflexion des Erarbeiteten sich die Möglichkeiten und Mittel seiner Kunst zu eigen gemacht hat.

Die körperlichen und psychischen Strapazen, die für ihn mit der Beerdigung Clara Schumanns verbunden waren, die lange Irrfahrt und die seelische Belastung der pfingstlichen Musiktage auf dem Hager Hof, wo der sonst so Beherrschte beim Vortrag der Vier ernsten Gesänge seiner Erschütterung freien Lauf ließ, haben wohl die Todeskrankheit für ihn selbst und andere manifest gemacht. Kalbecks besuchten ihn nach seiner Rückkehr in Ischl und waren betroffen von den neuen Liedern, die er an seinem Geburtstage ja nur kurz hergezeigt, jedoch vor ankommenden Besuchern rasch wieder verschlossen hatte. Dann aber konnte er sie nicht schnell genug publiziert bekommen, so als könne der Entschluß dazu ihn gereuen oder als fürchte er, die Veröffentlichung gar nicht mehr zu erleben. Bereits am Tage nach seinem Geburtstag bot er sie Simrock an als „ein paar kleine Liederchen“. Hier wird zum ersten Male Max Klinger als Widmungsträger genannt und daraus gefolgert: „Daran siehst Du, daß sie nicht grade ein Spaß sind - im Gegenteil, sie sind verflucht ernsthaft ....“[174] „Kleine Liederchen“ nannte er diesen vielleicht konsequentesten Zyklus ernsthafter Lieder vom Tod und begann damit wieder die Camouflage von Dingen, die ihm mehr von seinem Inneren zu enthüllen schienen, als er sich erlauben mochte. Eine Woche später sattelte er noch in betont schnoddriger Weise drauf: ich „schicke hier wirklich die Schnadahüpfl vom 7ten Mai. Wollen wir sie drucken? ... Die Liederchen könnten Deine Stimme rosenrot machen - wenn Du nicht lieber sofort Brr sagst.“[175]

Er blieb bei dieser ironischen Charakterisierung der Lieder auch, als er an Julius Stockhausens 70. Geburtstag dachte: „Stockhausen hat am 22sten Juli seinen siebzigsten Geburtstag. Die Schnadahüpfel sind wohl bis dahin nicht erschienen; aber möchtest Du ihm nicht einen vorläufigen Abzug schicken - aber einige Tage vorher, daß er's sich in Ruhe ansehen kann. Klinger könntest Du wohl auch so ein Vorläufiges schikken?!“[176] Stockhausen war wie Joachim bei der Trauerfeier für Frau Schumann in Frankfurt, aber nicht bei der Beerdigung in Bonn zugegen gewesen, hatte die erste Vorführung der Lieder auf dem Hager Hof also nicht miterlebt. Welches Zartgefühl sich hinter der Bitte verbirgt, dem künftigen Widmungsträger ebenfalls ein Vorausexemplar zukommen zu lassen, erschließt sich nicht so ohne weiteres und wurde auch Simrock nicht mitgeteilt. Klingers Vater war nämlich gerade gestorben, ein weiterer Hinweis darauf, daß die Lieder allgemeine Todesgedanken aussprechen und nicht so einseitig an Elisabet von Herzogenberg gerichtet sind, wie Kalbeck glauben machen wollte. Er gratulierte Stockhausen telegraphisch und mit einem der im Frühjahr in Berlin gemachten photographischen Porträts, denn „ich war in Zweifel, ob ich Dir grade vor den so fröhlichen Tagen meine etwas säuerlichen Schnadahüpfln schicken sollte! Jetzt ist es mir natürlich lieb und ich höre sie im Geist von Dir singen - sie sind wirklich wie für Dich gemacht!“[177]

Weshalb er nicht persönlich zu Stockhausens Ehrentag hatte kommen können, war die Tatsache, daß die Todeskrankheit bei ihm inzwischen wirklich manifest geworden war. Sie ist an sich bereits erkennbar auf den Photographien, die nach der Beerdigung Clara Schumanns auf dem Hager Hof von Heinz von Beckerath gemacht wurden, doch hatten die rheinischen Freunde das auf sein fortgeschrittenes Alter und die Strapazen der 36-stündigen Bahnfahrt, sowie die Aufregung geschoben. Die

174 Briefwechsel Bd. 12, S. 195.
175 Briefwechsel Bd. 12, S. 196.
176 Briefwechsel Bd. 12, S. 197.
177 Briefwechsel. Neue Folge. Bd. 18, S. 173.

hatten die Symptome fraglos deutlicher hervortreten lassen. - Am 12. Juni 1896 fuhr er für zwei Tage zurück nach Wien, um an der Silberhochzeit Richard und Maria Fellingers teilzunehmen. Soweit galt er dort als zur Familie gehörig, daß er selbst zu so rein persönlichen Feiern eingeladen wurde und auch teilnahm. Den Wiener Freunden fiel sogleich auf, wie stark er sich in dem einen Monat seit seiner Abreise nach Ischl verändert hatte, seine Hautfarbe hatte sich ins gelblich Graue gewandelt, insbesondere war das Weiße seiner Augen gelb getrübt. Aber offenbar wagte niemand, ihn darauf anzusprechen. Das hatte insofern fatale Folgen, als er nach dem Tode seiner Schwester und nachdem Vetter Detmering der Hamburger Choleraepidemie zum Opfer gefallen war, sein Testament wegen des Wegfalls zweier darin Begünstigter zur Änderung hatte zurückfordern müssen. Dr. Fellinger hatte ihn wegen einer Neufassung beraten, in dem alten Testament waren gestrichen und geplante Änderungen ergänzt worden. Aber sie wurden nicht ausdrücklich autorisiert, und die beabsichtigte gesamte Neufassung unterblieb. Zwar konnte man seinen letzten Willen deutlich und in allen Einzelheiten erkennen, aber dem Ganzen mangelte die Rechtsverbindlichkeit. In der nun entstandenen Situation wagte es selbstverständlich niemand mehr, die Frage aufs Tapet zu bringen, schon gar nicht im Rahmen einer Familienfeier aus so erfreulichem Anlaß. Noch war nicht erkennbar, daß die scheinbare Gelbsucht in weniger als einem Jahr zum Tode führen würde, und als das klar wurde, war der Zeitpunkt verpaßt, ihn auf die mangelnde Rechtsförmigkeit seines Testaments hinzuweisen und eine Neufassung zu bewirken.

So fuhr er nach den zwei Wiener Tagen ungewarnt nach Ischl zurück, bis schließlich Richard Heuberger, der in der Nähe Ischls den Sommer verbrachte und ihn mehrfach besuchte, sich ein Herz faßte und ihn auf die mittlerweile auffallende Veränderung seines Aussehens ansprach, nachdem er ihn bereits Anfang Juni, also noch vor dem Wien-Besuch, wesentlich dünner geworden gefunden hatte. Am 7. Juli konnte er dann mit seinen Beobachtungen nicht mehr hinter dem Berge halten und notierte darüber in seinem Tagebuch: „Er hatte, wie schon kürzlich bei Miller in Gmunden beobachtet, das Weiße im Auge stark gelb getrübt. Ich fragte ihn beim Nachmittags-Spaziergang, es war knapp beim Bahnhof Kaltenbach an der kleinen Salzkammergutlokalbahn, ob er nicht irgendwelche Beschwerden habe, da er mir gelbsüchtig vorkomme. Er teilte mir einige Unregelmäßigkeiten mit, charakteristische Symptome, worauf ich ihm sagte, er sei krank und solle zum Arzt gehen. Da blieb er, den Hut in der Hand und mich mit merkwürdigem Blick ansehend, wie angewurzelt stehen: ‚Ich bin kein Hypochonder, beobachte mich gar nicht. Kein Mensch hat mir gesagt, daß er mich verändert finde. Ich danke Ihnen herzlich. Sie wissen, ich mag mit den Ärzten nichts zu tun haben, aber wenn es was Ernstliches ist, so heißt's dazu schauen. Aber es ist ärgerlich ... die paar Jahre, die man noch zu leben hat ... und zum Arzt gehen!' Er beruhigte sich erst, als ich ihm, der Wahrheit gemäß, sagte, daß ich selbst einmal die Gelbsucht gehabt hätte und daß ich wieder ganz gesund geworden wäre. Doch solle er lieber mit einem tüchtigen Arzt reden. Vielleicht könne ihn eine kurze Kur in Karlsbad wieder herstellen. Ich empfahl ihm Dr. Hertzka (den renommierten Direktor einer Kaltwasserheilanstalt in Ischl), falls er nicht lieber Professor Schrötter aus Wien konsultieren wollte, der in Rinnbach am Ebensee im Sommer wohnte."[178]

Am 29. Juli, also drei Wochen später, den Heuberger und Gustav Wendt wieder bei Brahms in Ischl verbrachten, berichtete dieser von seinem Besuch bei Dr. Hertzka. Im Tagebuch vermerkte Heuberger: „Er ist übrigens sehr gelb, wie das letzte Mal, ist sehr mager geworden und geht mühsam wie ein alter Mann! Seine Haut ist faltig, die Fettschichten sind offenbar sehr zurückgegangen. Er war von großer Reizbarkeit."[179] Die Krankheit war also offensichtlich in den vergangenen drei Wochen weiter fortgeschritten. Hertzka hatte ihm eine Trinkkur mit Karlsbader Wasser verordnet, ob als echte Therapie aufgrund einer Gelbsuchtsdiagnose oder als frommen Betrug, läßt sich verständlicherweise nicht entscheiden. Zumindest hatte Hertzka es für richtig gehalten, auch Prof. Leopold Schrötter heranzuziehen, der daraufhin „rein zufällig" nach Ischl herüberkam und Brahms untersuchte. Das muß ziemlich kurzfristig erfolgt sein, denn schon drei Tage nach dem ersten Gespräch über seine Krankheit richtete Brahms folgende Postkarte an Heuberger: „Höchst vergnügt mache ich Ihnen die pflichtschuldigste Mitteilung, daß Dr. Schrötter eben da war, mich aufs gründlichste untersuchte und den Ausspruch getan hat: nach Karlsbad zu gehen oder überhaupt eine stärkere Kur zu gebrauchen, läge nicht der geringste Anlaß vor! Nun danke ich Ihnen aber nochmals für Ihre freundliche Sorgfalt - dann rufen Sie aber doch ‚Hurra' mit Ihrem herzlich grüßenden J. Br."[180]

Die Freunde waren über diese Wendung der Dinge konsterniert, denn am 28. August 1896 waren Epstein, Gänsbacher und Dr. Fellinger mit Heuberger bei ihm in Ischl, und der letztere notierte darüber in seinem Tagebuch: „Er sah schrecklich elend aus. Der lange weiße Bart, das

178 R. Heuberger: Erinnerungen an Johannes Brahms. Hrsg. v. K. Hofmann. Tutzing 1971, S. 108.
179 R. Heuberger: Erinnerungen. S. 109.
180 R. Heuberger: Erinnerungen. S. 110.

dürre Gesicht, die gelben Augen, die schlotternde, magere Gestalt, auf der die Kleider hingen wie an einem Kleiderbügel, geben ein klägliches Bild. Brahms war im Verlauf der letzten Monate vom strotzenden Mann zum jämmerlichen Greis zusammengeschrumpft.“[181] Zusätzlich klagte er vorübergehend über kräftezehrende Schlaflosigkeit. Er wollte jedoch in Wien einen weiteren Arzt seines Vertrauens zu Rate ziehen, der ihm eine Kur in Karlsbad verschrieb, zu welcher er unverzüglich aufbrach.

Die offensichtliche Diskrepanz zwischen dem raschen Verfall und dem verbreiteten Optimismus klärte sich auf, als Heuberger bei seiner Rückkehr nach Wien zufällig auf dem Westbahnhof Professor Schrötter traf, der ihm unumwunden zugab, daß er die verordnete Trinkkur abgebrochen habe, weil er die Krankheit für tödlich und nicht mehr therapiefähig hielt, deswegen auch keine Scheintherapie ohne Wirkung durchführen wollte. Heuberger hörte aus den Worten Schrötters heraus, daß der keine Hoffnung mehr für ihn hatte. „Er sagte immer wieder: ‚Armer Kerl, armer Kerl!‘ Als ich meinte, Brahms hätte nach Karlsbad müssen, sagte er: ‚Für Brahms’ Krankheit gibt’s kein Karlsbad! Es ist ganz egal, wo er sein Geld ausgibt!‘“[182] Welche Diagnose Schrötter gestellt hatte, wissen wir so wenig wie wir die der anderen Ärzte kennen. Richard Fellinger hatte für Brahms’ Rückkehr einen Termin bei Prof. Toelg arrangiert. Auch der hielt seinen Zustand für ernst, doch sah er noch Heilungs- oder zumindest Besserungschancen und schickte ihn doch nach Karlsbad, hingegen waren die vorgesehenen Kurmittel so gering bemessen, daß man eher von einer Alibifunktion ausgehen kann. Toelg hatte eben vorrangig eine psychische Stabilisierung des Patienten im Sinn.

In Karlsbad übernahm ein Dr. Grünberger die Behandlung und berichtete Hanslick von einer starken Leberschwellung und einem Verschluß der Gallenwege, von dem die „bürgerliche Gelbsucht“ herrührte, die als Sprachregelung für ihn und die Öffentlichkeit herhalten mußte. An handfesten Angaben besitzen wir lediglich die über eine starke Leberschwellung, sowie den erhöhten Bilirubingehalt des Blutes, der die Gelbsucht und den Juckreiz auslöste, der ihn quälte. Dazu kommt der starke Gewichtsverlust trotz anhaltenden Heißhungers. Diese letzteren beiden Erscheinungen waren die äußerlich und auch Laien auffallenden, die am stärksten zur Veränderung seines Aussehens beitrugen. Bei den begrenzten diagnostischen Mitteln der Zeit und den spärlichen gesicherten Nachrichten über die manifesten Symptome ist heute ein Urteil über

[181] R. Heuberger: Erinnerungen. S. 111.
[182] R. Heuberger: Erinnerungen. S. 110.

den wahren Charakter der Todeskrankheit einigermaßen schwierig, zumal für den Musikhistoriker. Am plausibelsten erscheint mir die Darstellung des Wiener Internisten und Medizinhistorikers Anton Neumayer.[183] Nachdem die Gelbsucht und die Nachricht über eine Leberschwellung jahrzehntelang zu der Annahme eines Leberkarzinoms geführt hatten, glaubte Dieter Kerner,[184] eine Leberzirrhose als Todesursache diagnostizieren zu können; doch ist sie weder mit den bekannten Symptomen medizinisch vereinbar, noch läßt sie sich aus übermäßigem Alkoholgenuß begründen. Brahms galt allgemein in geselligem Kreis als eher mäßiger Trinker. Nach kritischer Sichtung aller bekannten Fakten und bislang vorgetragenen Argumente stellt Neumayer die Diagnose Pankreaskopf-Krebs, die auch erklären könnte, wieso erst im Dezember 1896 Rückenschmerzen auftraten und er trotz fortdauernden Heißhungers so stark abmagerte, sich aber, obwohl er ständig an Gewicht verlor, zeitweise dadurch täuschen ließ, daß man ihm ohne sein Wissen seine Kleidung enger nähte. In den letzten Tagen traten auch noch Magen- und Darmblutungen auf, die offenbar als Folge der nun schon seit einem Dreivierteljahr andauernden Gelbsucht gedeutet werden können. Das würde zugleich erklären, wieso Brahms eine so ausgeprägte Gelbsucht hatte, ohne daß vorher Koliken aufgetreten wären. Zu den beschriebenen Symptomen gehört auch das Auftreten von Depressionen bis hin zu Todesahnungen, bevor überhaupt diagnostizierbare Symptome auftreten. Auch dies scheint bei Brahms der Fall gewesen zu sein.

Dr. Fellinger hatte ihn nach Karlsbad begleitet. Daß keine wesentlichen therapeutischen Maßnahmen ergriffen wurden, deutete er positiv und fühlte sich subjektiv relativ wohl. Theodor Wilhelm Engelmann, der Utrechter Physiologe, seit langem mit Brahms befreundet, kam unter dem Vorwand einer Dienstfahrt nach Karlsbad angereist, von Brahms freudig begrüßt. Er bedurfte gar nicht mehr großer Untersuchungen um zu sehen, daß medizinische Hilfe nicht mehr möglich war. Hans Koeßler, Arthur Faber und Ignaz Brüll kamen für einige Tage, um ihn nicht mit seiner Krankheit allein zu lassen. Am 2. Oktober fuhr er von Karlsbad zurück nach Wien, eine Besserung hatte die Kur nicht gebracht, die Krankheit war im Gegenteil weiter fortgeschritten, so sehr daß der Karlsbader Kirchenmusikdirektor, der ihn ständig betreut hatte, bei der Bahnverwaltung erreichte, daß der Wagen, in dem er fuhr, entgegen den

183 Anton Neumayer: Musik und Medizin. Bd. 2. Wien 1989, ²1991. Brahms: S. 211.

184 D. Kerner: Wie Johannes Brahms starb. Münchner Medizinische Wochenschrift 121(1979), S. 565. Vgl. auch: O.H. Kahler: Zum Tode von J. Brahms. Münchner medizinische Wochenschrift 122(1980), S. 1199.

Vorschriften bereits geheizt wurde.

Die Wiener Freunde wußten von seinem Zustand und suchten tunlichst zu verbergen, wie entsetzt sie von der Verschlechterung seines Aussehens in den vergangenen vier Wochen waren. Kalbeck beschreibt es: „Die Kleider hingen ihm vom Leibe und schlotterten um Arme und Beine. Sein stattlicher Körper war ganz zusammengefallen, und das olympische Haupt sank müde vornüber. Das Gesicht hatte einen völlig veränderten strengen und finsteren Ausdruck und war von dunkler, schwärzlich gelber Farbe. Auch das Weiße des Auges, das wie tot ins Leere starrte, war zitronengelb, der Glanz seines klaren, seelenvollen, herzlichen Blickes erloschen. Zwischen den Augenbrauen hatte sich eine tiefe Doppelfalte eingegraben ... Bart und Haare waren wie abgestorben und an die welke Haut geleimt; seine Hände fühlten sich rauh an.“[185] Man schob die „Gelbsucht“, die lediglich hartnäckiger sei als üblich, auf die Strapazen der Reise nach Frankfurt und Bonn, was ihn dann vorübergehend zu beruhigen schien. Im Grunde war er sich jedoch wohl klar über seinen tatsächlichen Zustand. Diätvorschriften wurden nur noch pro forma erlassen, und er hielt sich auch nicht mehr daran. Allergisch reagierte er dagegen auf Versuche, seinen Zustand schönzureden oder die Wahrnehmung einer Besserung zu heucheln.

Er besuchte auch weiterhin Theater und Konzerte, ging jedoch offensichtlich den ersten Aufführungen seiner Vier ernsten Gesänge am 30. Oktober durch Felix Kraus im Tonkünstlerverein und Anton Sistermanns am 9. November im Bösendorfer-Saal aus dem Wege, hörte sie auch nicht von seinem Horchposten auf dem Dachboden aus an, er erschien auch nicht im Künstlerzimmer, obwohl er das Sistermanns ausdrücklich versprochen hatte. Er drückte sich sogar darum herum, sie mit den Sängern durchzugehen oder sie in kleinem, vertrautem Kreise anzuhören. - Aber als sie im Druck erschienen waren, schickte er, noch von Ischl aus, ein Exemplar an Marie, die älteste Tochter der Schumanns, mit einem ergreifenden Brief: „Wenn Ihnen nächstens ein Heft ‚Ernsthafte Gesänge‘ zukommt, so mißverstehen Sie diese Sendung nicht. Abgesehen von der lieben alten Gewohnheit, in solchem Fall Ihren Namen zuerst zu schreiben, gehen die Gesänge Sie auch ganz eigentlich an. Ich schrieb sie in der ersten Maiwoche; ähnliche Worte beschäftigten mich oft, schlimmere Nachrichten von Ihrer Mutter meinte ich nicht erwarten zu müssen - aber tief innen im Menschen spricht und treibt oft etwas, uns fast unbewußt, und das mag wohl bisweilen als Gedicht oder Musik ertönen. Durchspielen können Sie die Gesänge nicht, weil die Worte Ih-

185 M. Kalbeck: J. Brahms, Bd. 4, S. 478f.

nen jetzt zu ergreifend wären. Aber ich bitte, sie als ganz eigentliches Todtenopfer für Ihre geliebte Mutter anzuschauen und hinzulegen."[186]

Das letzte Weihnachtsfest feierte Brahms im vertrauten Kreis der Familie Fellinger, deren Hausarzt Dr. Fröschl auch seine medizinische Betreuung übernommen hatte. Alle Maßnahmen waren offensichtlich nur noch auf Linderung der jetzt doch vermehrt auftretenden Schmerzzustände gerichtet. Kalbeck druckte eine noch von Brahms selbst vorgenommene Zusammenstellung ab, die mit Jodbädern bis zum 24. März 1897 reicht.[187] Simrock, Deichmanns, Laura von Beckerath und Schnitzlers aus Köln versorgten ihn mit bestem Rheinwein und kleinen Flaschen Champagner, von denen er abends eine trank: „Solche Medizin lobe ich mir, die man auch in gesunden Tagen forttrinken kann. Zum Glück habe ich auch sonst keine nötig, nur Geduld." Die von seiner Umgebung nach Kräften unterstützte Autosuggestion tat ihre Wirkung. Er glaubte, auch wieder etwas zugenommen zu haben, ohne zu bemerken, daß dies lediglich ein optischer Effekt war, den Frau Truxa durch Engernähen seiner Kleidung ausgelöst hatte. Sogar Pläne für eine Reise nach Bozen und Meran, die er noch nicht kannte, wurden für das Frühjahr geschmiedet.

Joachim war im Dezember mit seinem Quartett in Wien und hatte Brahms gebeten, den Klavierpart in seinem f-Moll-Quintett selbst zu spielen, woran unter den gegebenen Umständen kein Denken mehr war. Am Silvestertag waren die Musiker zusammen mit Brahms, Ignaz Brüll, Ludwig Ganghofer und Wilhelm Singer bei Kalbecks zum Mittagessen. Am 2. Januar 1897 gab das Joachim-Quartett ein viertes, ursprünglich nicht geplantes Konzert, zu dessen Probe Brahms erwartet wurde. Er erschien aber nicht, weil ihm die Probe zum vorhergehenden Konzert mit seinem Quintett op. 111 schon zuviel geworden war. Dem Konzert hatte er nur im Künstlerzimmer gelauscht, Joachim zog ihn dann nach dem Vortrag des Quintetts widerstrebend aufs Podium. Ein Beifallssturm erhob sich unter den erschütterten Hörern, von denen vielen bewußt wurde, daß es hier um den Abschied von einem großen Manne ging.

Am 17. Januar fand das denkwürdige Gesellschaftskonzert unter Richard von Perger statt, in dem Brahms und Bruckner auf ein und demselben Programm erschienen. Brahms hatte in der Direktionsloge gesessen und trat kurz nach vorn, um den Applaus entgegenzunehmen. Das Auftauchen des Todkranken lähmte für eine Schrecksekunde die Beifallskundgebungen, bevor sie erneut losbrachen. Gegen Ende Januar

186 B. Litzmann: Clara Schumann. Bd. 3, S. 609.
187 M. Kalbeck: J. Brahms, Bd. 4, S. 485.

mußte er zunehmend Verabredungen und Einladungen wegen Schwäche absagen. Es liefen sogar schon Gerüchte über seinen Tod in Wien um. Obwohl er auffällig unsicher wurde im Straßenverkehr der Metropole, weigerte er sich, eine Droschke zu nehmen, und ging lieber wie gewohnt zu Fuß. Er machte jetzt gelegentlich Anspielungen auf seinen bevorstehenden Tod, und sei es um zu testen, wie Menschen darauf reagierten. Die aber hatten alle Mühe, solche Situationen zu überspielen. Sowohl bei Fellingers als auch bei Kalbecks kam es zu derartigen Szenen. Mitte Februar reichten die Kräfte nicht mehr zum Spazierengehen, auch das Lesen wurde ihm zu anstrengend. Am 18. Februar 1897 fand Kalbeck ihn mit einer Lähmung der linken Gesichtshälfte: „Mund und Auge sind verzogen, und er kann keine Hautmuskel bewegen. Der Arzt hat ihm eingeredet, es sei Rheumatismus, war aber ein leichter Schlaganfall.“[188] Selbst Frühstück und Abendessen ließ er jetzt meistens stehen.

Gerade als Brahms sich entschlossen hatte, nicht mehr unter Menschen zu gehen, weil er da nicht mehr hingehöre, gelang es Julie Kalbeck, ihn unter Hinweis darauf, daß sich die Folgen des Schlaganfalls zurückzubilden begännen, wieder davon abzubringen und ihn zu einem Besuch des Philharmonischen Konzerts am Abend zu bewegen. Es wurde sein letzter Konzertbesuch. Hans Richter dirigierte die 4. Symphonie in einer mustergültigen Aufführung. Brahms hatte unbemerkt im Hintergrund der Direktionsloge gesessen, mußte sich aber zeigen, um bereits nach dem ersten Satz den Beifall entgegenzunehmen. In einer Mischung aus Begeisterung und Entsetzen wiederholte sich diese Szene nach jedem weiteren Satz. Das Orchester erhob sich zu seinen Ehren. Ausgerechnet das Werk, das dem Wiener Publikum zuerst gar nicht einleuchten wollte, wurde zu seinem letzten und größten Triumph in Wien. Brahms ging anschließend noch ins Orchesterzimmer und dankte Orchester und Dirigent für die wundervolle Aufführung; das Orchester ließ ihn hochleben, bis ins Vestibül des Musikvereins hörbar.

Am 11. März war er wieder zu Tisch bei Kalbecks, konnte aber kaum noch etwas essen, sondern legte sich in Kalbecks Arbeitszimmer nieder und schlich sich schließlich aus der Gesellschaft davon, in einem falschen Mantel. Zwei Tage später besuchte er noch die Premiere von Strauss' Operette „Die Göttin der Vernunft“ im Theater an der Wien, es wurde sein letzter Auftritt in der Öffentlichkeit. Man mußte ihn im Wagen hinbringen, dabei begegnete ihm sein einziger wirklicher Schüler Gustav Jenner, dem sein Aussehen buchstäblich die Sprache verschlug. Aber schon nach dem zweiten Akt mußte er wegen Schwäche nach

188 M. Kalbeck: J. Brahms, Bd. 4, S. 503.

Hause gebracht werden. - Simrock und Richard Mühlfeld waren angereist, um ihn noch einmal zu sehen; beide waren erschüttert, Simrock rannen die Tränen übers Gesicht, als er unten im Hauseingang auf Kalbecks traf. Sie wurden aber nicht mehr vorgelassen; der Besuch der Freunde hatte Brahms zu sehr erschöpft. Am 21. März erschien Brahms noch zu einer Probe des Röger-Soldat-Quartetts im Palais Wittgenstein. Sein Erscheinen versetzte die anwesende Gesellschaft in lähmendes Entsetzen. Er setzte sich still in eine Ecke, und da niemand wagte, ihn anzureden, entstand der Eindruck eines angstvoll gemiedenen Todesbildes. Kalbeck brachte ihn nach Hause, den angebotenen Wagen hatte er abgelehnt, und Kalbeck spürte, wie er sich mit letzter Kraft heimwärtsschleppte, die Beine ihm den Dienst versagten. Er mußte sich an eine Hauswand lehnen und fing ein Gespräch über die Schönheit der Karlsbrücke an, um von seinem Schwächezustand abzulenken.

Danach ließ er sich nur noch von Faber, Fellinger oder von Miller in deren Wagen abholen und zurückbringen, nicht ohne Skrupel, daß diese Fahrzeuge ja eigentlich Geschäftszwecken dienten. Am 25. März war er zusammen mit Mandyczewski und Mühlfeld bei von Millers und konnte sich nicht trennen: „Ach, lassen Sie mich noch ein bißchen, es ist so schön hier." Es traten innere Blutungen auf, und der behandelnde Arzt benachrichtigte Fellingers, nun sei der Zeitpunkt gekommen, ihn, wie schon seit einiger Zeit vorgesehen, der besseren Pflege wegen zu sich zu holen. Aber am nächsten Tag widerrief der Arzt bereits: der Kranke sei nicht mehr transportfähig. Er stand nicht mehr auf, eine Absage an Brülls, bei denen er am 27. März zum Essen eingeladen war, wurde seine letzte schriftliche Äußerung. Coelestine Truxa hatte große Mühe, zudringliche Besucher abzuweisen, Er konnte nur noch flüstern und hatte wohl auch teilweise die Orientierung verloren, auf die Frage nach der Uhrzeit verlangte er zu wissen, ob es sich um vormittags oder nachts handele. Der Arzt, der Fragen nach dem Befinden des Sterbenden konsequent ablehnte, ließ sich soviel entlocken, daß die nächste Magen- und Darmblutung wohl das Ende bedeuten werde. Am 2. April ließ der Arzt seinen Sohn, einen jungen Assistenzarzt, als Nachwache zurück. Als Brahms nachts vor Schmerzen aufwachte, gab ihm der nachtwachende Arzt eine Morphiuminjektion. Gegen vier Uhr nachts erwachte er erneut und bekam ein Glas Rheinwein, das er mit Behagen leerte, seine letzte Lebensäußerung. Der junge Arzt mußte morgens pünktlich seinen Dienst in der Klinik antreten. So blieb Frau Truxa alleine mit ihm zurück. Gegen 8.30 Uhr trat sie an sein Bett und mußte laut schluchzen, da öffnete er noch einmal die Augen, sah sie eine Weile an und sank dann tot zurück. Eugen von Miller, den ich in den 50er Jahren noch kennengelernt habe, machte eine Photographie von dem Toten, Ludwig Michalek eine Bleistiftskizze und Karl Kundmann nahm die Totenmaske ab, bevor der Tote eingesargt wurde.

Ein Leichenbegängnis ist in Wien eine Haupt- und Staatsaktion, insbesondere bei einer Person von derartigem öffentlichem Interesse. Es wurde von der Gesellschaft der Musikfreunde für ihr Ehren- und Direktionsmitglied organisiert, die Durchführung selbstverständlich einem Unternehmen übertragen. Dies ließ Wände und Decke seines Schlaf- und Todeszimmers mit schwarzem Tuch ausschlagen, über dem Sarg wurde ein Baldachin aufgestellt, Kerzen in schweren Silberleuchtern brannten, die von ihm respektlos in einem Schuhkarton aufbewahrten aufbewahrten Orden prangten protokollgerecht auf schwarzen Samtkissen, eines trug eine goldene Leier. Man war also bei dem Unternehmen auf alle Art Zunftzeichen eingerichtet. Dieser Trauerpomp stand natürlich in beinahe groteskem Widerspruch zu der Einfachheit seines Wesens und seiner Lebensführung. Am 6. April 1897 um 14.30 Uhr setzte sich der Trauerzug von seinem Wohnhause aus in Bewegung, voraus ein berittener Standartenträger, dessen Banner von Lorbeer umwunden war, dann folgten Laternenreiter, die sechs Blumenwagen mit Kränzen und Trauergebinden geleiteten.

Dann erst folgte der gläserne, von einer Lyra bekrönte Wagen mit dem Sarg, der von den offiziellen Kränzen der Städte Hamburg und Wien bedeckt war und von Dienern der Gesellschaft der Musikfreunde und des Schriftstellervereins Concordia mit Windlichtern flankiert wurde. Dahinter schritt der unabsehbare Tauerzug mit dem Präsidium der Gesellschaft der Musikfreunde an der Spitze, Delegationen des Hamburger Senats, der Berliner Philharmoniker mit Felix Weingartner, der Berliner Akademie der Künste, sämtliche Professoren des Wiener Konservatoriums, das Böhmische Streichquartett, die Vorstände nahezu aller Wiener und auswärtiger Musikgesellschaften, so von Amsterdam, Basel, Budapest, des Leipziger Gewandhauses, der Züricher Musikgesellschaft. Für den Herzog von Meiningen und das Orchester nahmen Bram Eldering und Richard Mühlfeld teil. Marie Schumann war dabei, Hermann Wolff, Rosa Papier-Paumgartner, Hermann Graedener, der Hamburger Landsmann, der in Wien nicht hatte Fuß fassen können, Heinrich von Herzogenberg, Fritz Simrock, Antonín Dvořák, Arthur Nikisch, Feruccio Busoni, Emil Sauer, Lazzaro Uzielli und Iwan Knorr vom Hoch'schen Konservatorium und natürlich der gesamte Wiener Brahms-Kreis, Artur Faber, Max Kalbeck, Viktor von Miller, Dr. Fellinger, Ludwig Bösendorfer, Wittgensteins, der Verleger J.P. Gotthard, Adele und Eduard Strauss, Anton Door, Julius Epstein, Joseph Hellmesberger, Anton Sistermanns, Richard von Perger, Robert Fuchs, Eusebius Mandyczewski, Richard Heuberger und viele Ungenannte. Den Beschluß des Zuges bildeten die Schüler des Konservatoriums.

Der Zug durch ein Spalier von Tausenden von Wienern zog zunächst zum schwarzbeflaggten Gebäude des Musikvereins, vor dessen Hauptportal eine schwarz verkleidete Tribüne errichtet worden war. Von dieser sprachen Johann Nepomuk Fuchs und der Präsident der Gesellschaft Gedenkworte und legten Kränze nieder. Der Chor sang noch einmal das Lied „Fahr wohl“ aus op. 93a, das in dem denkwürdigen Konzert vom 17. Januar erklungen war und das damit eine merkwürdige Vorbedeutung bekam. Dann ging der Trauerzug über den Kärntner Ring, an der Oper vorbei zur evangelischen Kirche in der Dorotheergasse, wo sich das offizielle Wien mit Bürgermeister Karl Lueger und Vertreter der Kaiserlichen Behörden versammelt hatten. Der Wiener Männergesangverein sang „Der Du von dem Himmel bist“, und Pfarrer Dr. von Zimmermann hielt eine persönliche, warmherzige Trauerrede,[189] in der er Brahms einen „Hohepriester im Heiligtum des wahrhaft Schönen“ nannte und sagte: „Es hat große Künstler gegeben, die kleine Menschen waren, wie es immer große, edle Menschen gibt, die klein sind im Können. Hier war das Schönste. In Brahms waren beide groß und edel, der Mensch **und** der Künstler!“ Ausdrücklich nahm er zum Pessimismus der Vier ernsten Gesänge Stellung, er habe mit Menschen- und Engelszungen geredet, und sein Sang sei kein tönendes Erz und seine Musik keine klingende Schelle gewesen, sondern „herzerhebendes, seelenvolles Tönen, … denn er hatte der Liebe ein reiches und ein volles Maß.“

Erst gegen 17.30 Uhr langte der Zug auf dem Zentralfriedhof an. Bei zu einem schönen Vorfrühlings-Abend aufreißenden Wolken hielt Richard von Perger eine bewegte und bewegende Gedenkrede, in der von der Verpflichtung des Brahmsschen Erbes für die Hinterbliebenen und die Nachwelt die Rede war.[190] Dann wurde der Sarg zum offenen Grabe getragen, geleitet von Simrock, Fellinger, von Miller, Robert Fuchs, Mandyczewski, von Perger, Brüll, Door, Heuberger, Henschel und Kalbeck mit Fackeln in den Händen, und bestattet. Am 14. Juni wurden seine sterblichen Überreste umgebettet in das von der Stadt Wien zur Verfügung gestellte Ehrengrab, wo Brahms nun endgültig seine letzte Ruhe fand, da wo er es sich einst erträumt hatte, in der Nähe der Gräber Beethovens und Schuberts.

Überall in der Musikwelt wurde seines Todes mit Feiern und Konzer-

[189] Abgedruckt bei M. Kalbeck: J. Brahms, Bd. 4, S. 522ff.
[190] Abgedruckt bei M. Kalbeck: J. Brahms, Bd. 4, S. 524ff.

ten gedacht. Es geschah sogar eine Merkwürdigkeit: das Jahr 1897, als Gedenkjahr des 100. Geburtstages von Franz Schubert begonnen, kippte um und wurde zu einem Brahms-Jahr, in dem insbesondere seine Werke in Molltonarten, allen voran die Tragische Ouvertüre und die 1. Symphonie in der von Beethoven geprägten Schicksalstonart, in das Blickfeld rückten. Denkmäler wurden ihm errichtet in Wien, in Hamburg, in Meiningen, Pörtschach und anderswo, Gedenktafeln an den Häusern angebracht, in denen er gelebt hatte, eine Brahms-Gesellschaft gegründet, Sondernummern von Musikzeitschriften erschienen. Aber das gehört zum Kapitel der Wirkungsgeschichte, die zu komplex ist, um in diesem Zusammenhang nachgezeichnet zu werden.

Statt eines Nachwortes

Die Auseinandersetzung um Brahms' Stellung in der Musikgeschichte ist schon zu seinen Lebzeiten mit großer Heftigkeit entbrannt und seit seinem Tode unvermindert weitergeführt worden. Sie ist zu komplex und in sich widersprüchlich, als daß sie hier nachgezeichnet werden könnte.[1] Aber über den Standort der hier vorgelegten Biographie in der Geschichte der Brahms-Forschung muß schon Rechenschaft abgelegt werden. - Seit Mitte der Fünfziger Jahre des 19. Jahrhunderts, also noch vor Brahms' Eingreifen in die musikhistorische Entwicklung, Wagner seine Konzeption des Gesamtkunstwerks als „Kunstwerk der Zukunft" proklamiert hatte, war diese Position im Bewußtsein der Öffentlichkeit besetzt. Jeder, der seinen Weg in anderer Richtung suchte - und Brahms war nun einmal kein Dramatiker -, tat dies jedoch nach der Logik der von den Neudeutschen beherrschten Presse gegen den bereits präokkupierten Fortschritt. Wagner hatte aber seine Richtung zugleich als die „wahre" Beethoven-Nachfolge definiert und reine Instrumentalmusik für historisch illegitim und im Grunde nicht mehr möglich erklärt, da sie gegen den Lauf der Geschichte gerichtet sei. Die Gattung Lied war ihm überhaupt derartig suspekt, daß er das Wort nur im Diminutiv verwenden mochte. Gerade dies aber waren die Richtungen, die Brahms nach seiner Begabung und seinem Wesen vorgezeichnet waren. Wer sich danach publizistisch für Brahms und sein Schaffen einsetzen wollte, konnte dies argumentativ nur, indem er gegen den Anspruch der Neudeutschen auf die „wahre" Beethoven-Nachfolge anging und rückte ihn damit näher an die Beethoven-Tradition heran, als ihm recht sein konnte, und setzte ihn zugleich der Gefahr aus, als Klassizist und Epigone abgestempelt zu werden. Kalbecks Bemühungen, das 1. Klavierkonzert op. 15 als Gestaltung des Schicksalsgedankens darzustellen, während das Schicksal bei Beethoven lediglich „an die Pforten geklopft" habe, zeigen das Verhängnisvolle dieser historischen Einordnungsversuche ebenso deutlich wie Bülows fatales Wort von seiner 1. Symphonie als der „10. Beethovens".

Brahms war sich dessen bewußt, daß er einen gefährlichen Kurs steuern mußte zwischen der Scylla der Anti-Fortschrittlichkeit und der Charybdis des Klassizismus und Epigonentums. Er hat Jahrzehnte lang

[1] Vgl. S. Kross: Brahms' künstlerische Identität. Brahms-Kongress Wien 1983. Kongressbericht. Tutzing 1988, S. 291.

sich gegen dieses Image aufgelehnt, weil ihm die Gefahr so vor Augen stand, insbesondere in der Gattung der Symphonie als Beethoven-Epigone abgestempelt zu werden, obwohl er ganz genau wußte, wenn man „nach Beethoven noch Symphonien mache, müßten sie ganz anders aussehen“, wie er gegenüber dem Dirigenten Hermann Levi bekannte, lange bevor seine 1. Symphonie Gestalt annahm. Wirklich genutzt hat es nicht viel. Je ausgeprägter sich seine personalstilistische Identität herausbildete, desto mehr ließ diese Einvernahme nach. Da man ihn jedoch weitgehend emotional rezipierte, hörte sie nie ganz auf. Gerade die emotionale Rezeption, für die Max Regers berühmter Ausspruch stehen möge, Brahms sei vor allem „ein gewaltiger Gefühlsmensch“ gewesen, hatte jedoch eine merkwürdige Konsequenz: In der Zeit zwischen seinem Tode und dem 1. Weltkrieg bildete sich als Ableger der Jugendbewegung die Singbewegung mit ihrem Antiaffekt gegen die Professionalisierung der Musik in der zweiten Hälfte des 19. Jahrhunderts heraus, an der sicher auch Brahms seinen Anteil hatte, und gegen den Gefühlsüberschwang, der sich nun sicher nicht auf Brahms zurückführen läßt. Gleichwohl wurde er zum Kristallisationskern dieser Antihaltung mit ihren Idealen einer Gemeinschaftsmusik und des Chorsingens, die sich ausgerechnet mit der so hoch artifiziellen Kunst des Madrigals und ihrer nur Eingeweihten verständlichen Ausdrucksgestaltung identifizierte, jener „musica riservata“, die man als antiromantisch im Sinne als in ihrem Gefühlsgehalt „reservierte“ Musik mißverstand. Das Ganze war also eher ein musikhistorischer Treppenwitz, wurde aber in ein ideologiebesetztes Schlagwort umgesetzt, die deutsche Musik müsse „entbrahmst“ werden. Kammerchöre nannten sich „Madrigalchöre“, und ein Chorleiter, der bis in die fünfziger Jahre unseres Jahrhunderts hinein Brahms auf ein Programm gesetzt hätte, mußte mit Trotzreaktionen der Sänger rechnen und um seinen Anspruch, ernst genommen zu werden, fürchten.

Die Brahms-Forschung setzte im Zeitalter des Historismus ein, der glaubte, Erscheinungen erfaßt und hinreichend definiert zu haben, wenn er sie nach ihren historischen Voraussetzungen befragt hatte. Dem verdanken wir den Fundus der 16 Bände seines Briefwechsels und eine Fülle von Einzelheiten aus seinem Leben, die Menschen zu publizieren sich bemüßigt fühlten, die mehr oder auch nur weniger intensive Verbindung zu ihm hatten. Bevor jedoch die kritische Sichtung und Aufbereitung der umfangreichen Quellenüberlieferung einsetzen konnte, die dann irgendwann in eine Zusammenfassung und kritische Gesamtdarstellung hätte münden können, legte Max Kalbeck bereits sieben Jahre nach Brahms' Tod den ersten Band seiner Monumentalbiographie von acht Bänden vor, zog ihn dann aber auf Druck der engsten Brahms-

Freunde, insbesondere Joseph Joachims, wieder zurück. Was am vorläufigen Ende und der Konsolidierung der Einzelforschung hätte kommen müssen, stand in der Brahms-Biographik mithin am Anfang und machte sie von vornherein kopflastig, denn Kalbeck hatte rund ein Vierteljahrhundert in Brahms' Umgebung offensichtlich dazu benutzt, diese Biographie systematisch vorzubereiten. Für Jahrzehnte war es fast unmöglich, gegen Kalbecks unterstellte oder auch nur behauptete Augenzeugenschaft anzuargumentieren. Kalbeck war ein durchaus kämpferischer Musikjournalist und als solcher in alle Auseinandersetzungen der Zeit parteinehmend verwickelt. Man kann ihm durchaus abnehmen, daß er die Linie von Brahms, so wie er sie verstand, verfolgte und offensiv propagierte. Aber genau da liegt der Haken: die, wenn auch langsam, einsetzende Einzelforschung zu Brahms geriet immer mehr in Widerspruch zu Kalbecks Darlegungen, bis die genaue Sichtung seines Nachlasses ergab, daß er sich seine Quellen notfalls selbst geschaffen hatte. Seither gilt die Kalbeck-Biographie nicht mehr als zuverlässiges oder Klarheit verschaffendes Auskunftsmittel.

Das vielleicht ärgerlichste Defizit der Kalbeck-Monographie sind ihre oberflächlichen, überwiegend im assoziativ Deskriptiven steckenbleibenden Werkbesprechungen. Stilanalyse und -kritik sind nicht einmal ansatzweise vorhanden, waren damals wohl auch noch nicht zu leisten. Dann aber kann man eine Biographie, die von der Fiktion der Einheit von Leben und Werk ausgeht, eben noch nicht schreiben. Das Resultat gerät spätestens dann in die Nähe der bewußten Fälschung, wenn unter dem Einfluß des mißverstandenen Persönlichkeitsbegriffs von Goethes Dichtung und Wahrheit Widersprüche im Charakterbild des Dargestellten oder zwischen Erscheinung und Werk wegdiskutiert oder wegretuschiert werden. Brahms war eben kein einheitlicher, in sich ruhender Idealcharakter, und es gilt, Widersprüche zwischen dem Menschen und dem Werk, Spannungen zwischen Intellekt und Gefühl, Geist und Seele, denen wir vielleicht gerade einige seiner besten Werke verdanken, offenzulegen und herauszuarbeiten, statt sie zu verkleistern. Brahms' kompositorisches Denken ist geradezu geprägt von dem Bestreben zur rationalen Überformung des nichtbegrifflichen musikalischen Gestaltens, und es ist Pflicht des Biographen, dies verstehbar und nachvollziehbar zu machen.

Die analytische Forschung zu Brahms' Werk begann in den zwanziger Jahren dieses Jahrhunderts in England mit dem vierbändigen, allerdings einseitig auf Fragen der Metrik festgelegten Historical, Descriptive & Analytical Account of the entire Works of Johannes Brahms von Edwin Evans und den, zunächst über verschiedene Publikationsorgane verstreuten, Arbeiten von Donald Francis Tovey, die zum ersten Male stilanalytisch vorgingen, aber in Kontinentaleuropa völlig unbeachtet blieben. Erst nach dem 2. Weltkrieg setzte, anfangs nur sehr zögerlich, die analytische Detailforschung zu Brahms ein, im Grunde verständlich, denn man spricht ja allgemein von einem „Dunkelfeld“ der Geschichte, das zwischen den Ereignissen und deren analytischer Erfassung liegt, bevor man die Dinge mit historischen Methoden angehen kann. Entsprechend waren damals Reaktionen auf die Beschäftigung mit Brahms: das ist doch kein Thema!

Wesentliche Impulse zur Intensivierung der Brahms-Forschung gingen von Amerika aus: das Thematisch-bibliographische Verzeichnis seiner Werke, die überaus rührige American Brahms Society; und einen Durchbruch gab es, als 1980 das Detroit Symphony Orchestra erstmals alle Forscher zusammenführte, die mit Publikationen zu Brahms hervorgetreten waren, und das interne Gespräch durch persönliche Kontakte beförderte. Aus Anlaß des 150. Geburtstages fanden 1983 gleich drei internationale Veranstaltungen zur Brahms-Forschung statt, die International Brahms Conference der Library of Congress, Washington D.C., die so große Teile seines Nachlasses verwahrt, eine London Brahms Conference, sowie der Brahms-Kongreß der Gesellschaft der Musikfreunde, der eigentlichen Erbin seines Nachlasses, dazu kamen weitere Veranstaltungen wie das Symposium Brahms und seine Zeit in Hamburg und das Gewandhaus-Symposium Johannes Brahms, Leben, Werk, Interpretation und Rezeption in Leipzig, deren Referate sämtlich mittlerweile gedruckt vorliegen und die Auseinandersetzung mit Brahms auf breiter Front in Bewegung gebracht haben. Die unübersehbare Verbreiterung der Basis der Detailforschung, deren Umfang fast schon wieder den Überblick gefährdet, und die gleichzeitig einsetzende breitere Diskussion um das Musikleben des 19. Jahrhunderts, seine Voraussetzungen, seine Soziologie und seine Folgen, lassen nun möglich erscheinen, was vor 25 Jahren wohl noch als undurchführbar hätte gelten müssen. Der hier vorgelegte Versuch einer zusammenfassenden kritischen, damit weniger spekulativen als frühere Arbeiten, und an der dokumentarischen Überlieferung orientierten Biographie soll diesem Zweck dienen und wird von einem Autor unternommen, der sich in den vergangenen mehr als vierzig Jahren an der Gewinnung eines schärfer konturierten Brahms-Bildes mit zahlreichen Veröffentlichungen beteiligt hat.

Entscheidend ist der Ansatz dieser Biographie, den künstlerischen Werdegang von Brahms aufzuarbeiten, die Entwicklung seines kompositorischen Denkens nachzuzeichnen und für eine Generation 100 Jahre nach seinem Tode verstehbar zu machen, die auch die Folgeentwicklung bereits aus kritischer Distanz zu beurteilen vermag, welche sich ja zum Teil ausdrücklich auf Brahms berufen hat. Die unkritische Übernahme von Begriffen aus deren Terminologie hat in den letzten zwanzig Jahren mehr Verwirrung in der Brahms-Literatur gestiftet als Klarheit geschaffen; auch sie mußte daher bereits kritisch hinterfragt und historisch relativiert werden. Das war die Veranlassung, das Buch als einen Versuch zu kennzeichnen, allerdings nicht nur im Sinne von Tentamen, sondern fast ebenso stark im literarischen des Essays, wie Carl Philipp Emanuel Bach und andere Autoren den Begriff benutzt haben, denn es geht ja nicht nur darum, den Komponisten Brahms und sein Werk in einer für heutige Verhältnisse intelligiblen Weise verstehbar zu machen, sondern es sind auch Vorgänge zu beschreiben, für die eine akzeptierte Begrifflichkeit noch nicht entwickelt wurde. Der Einsatz von zu Schlagwörtern degenerierten Begriffen aus der Diskussion zeigt zur Genüge, was hier gemeint ist. So gebe ich der Hoffnung Ausdruck, daß die vorliegende Zusammenfassung einer lebenslangen Auseinandersetzung mit der Gestalt des Komponisten dazu beitragen möge, sein Bild in der öffentlichen Diskussion deutlicher hervortreten zu lassen.

Anhang

Grundlegende Literatur

Johannes Brahms. Sämtliche Werke. Ausgabe der Gesellschaft der Musikfreunde in Wien. Leipzig 1927/28. ND. Wiesbaden 1965.

Johannes Brahms. Werke. Neue Ausgabe sämtlicher Werke. Erste quellenkritische Gesamtausgabe. München 1996ff.

Johannes Brahms. Thematisch-bibliographisches Werkverzeichnis von Margit McCorcle. München (1984).

Kurt Hofmann: Die Erstdrucke der Werke von Johannes Brahms. Tutzing 1975.

Brahms-Bibliographie. Hrsg. von Siegfried Kross. Tutzing 1983.

Thomas Quigley: Johannes Brahms: an annotated bibliography of the literature through 1982. Metuchen, N.J. & London 1990.

Renate und Kurt Hofmann: Johannes Brahms. Zeittafel zu Leben und Werk. Tutzing 1983.

Johannes Brahms. Briefwechsel. Herausgegeben von der Deutschen Brahms-Gesellschaft. Berlin 1907-1922. 16 Bände. ND. Tutzing 1974.

Johannes Brahms - Briefwechsel. Neue Folge. Bd. XVIIff. Tutzing 1991ff.

Clara Schumann - Johannes Brahms. Briefe. Hrsg. von Berthold Litzmann. 2 Bde. Leipzig 1927. ND. Hildesheim 1971.

Johannes Brahms in seiner Familie. Der Briefwechsel. Hrsg. von Kurt Stephenson. Hamburg 1973.

Johannes Brahms und Fritz Simrock. Briefe des Verlegers an den Komponisten. Hamburg 1961.

Gustav Ophüls: Brahms-Texte. Vollständige Sammlung der von Johannes Brahms vertonten und bearbeiteten Texte. Berlin 1908. ND Hrsg. von K. Wachinger. Ebenhausen 1983.

Bildnachweise

Band 1. Frontispiz. Joseph Bonaventure Laurens: Eine von drei Zeichnungen des zwanzigjährigen Brahms, 1853 in Düsseldorf bei Schumanns entstanden. Dieses Exemplar blieb bei den Schumanns; heute als ständige Leihgabe im Schumann-Haus Bonn. Ein weiteres Exemplar erhielt Brahms; es befindet sich in seinem Nachlaß in Wien. Ein drittes Exemplar (Rechtsporträt) behielt der Maler; es befindet sich heute in der Bibliothèque Inguimbertine in Carpentras.

Abb. 1. Photographie der Mutter. 1865. Brahms-Institut an der Musikhochschule Lübeck.

Abb. 2. Photographie des Vaters. 1865. Brahms-Institut an der Musikhochschule Lübeck.

Abb. 3/4. Erste und letzte Seite des Autographs der Klaviersonate C-Dur op. 1. Musiksammlungen der Österreichischen Nationalbibliothek Wien.

Abb. 5. Brahms zur Zeit des Hamburger Frauenchors, ca. 1856/57.

Abb. 6. Clara Schumann. Photographie um 1854. Das Bild wurde Robert Schumann nach Endenich geschickt. Es zeigt auch physiognomisch den ungeheuren Druck, unter dem sie damals stand und der sich auch in ihrer Handschrift niederschlug. Robert-Schumann-Haus Zwickau.

Abb. 7. Titelblatt des Autographs der Schumann-Variationen op. 9. Wien, Gesellschaft der Musikfreunde. Brahms-Nachlaß.

Abb. 8 Titelblatt des Autographs der Schumann-Variationen op. 23. Stichvorlage. Washington, D.C. The Library of Congress. Whittall Foundation.

Abb. 9 Titelblatt der Händel-Variationen op. 24. Washington D.C. The Library of Congress. Whittall Foundation.

Abb. 10. Der Hamburger Frauenchor als Bildergeschichte, gezeichnet von Camilla Meier. Oben halten die „drei Krähen" das Vereinsabzeichen, drei ineinander verschlungene Kreise mit den Buchstaben HFC, sowie einem vierten in der Mitte mit B für Brahms. Die linke Seite zeigt das erste Zusammentreffen in der Petri-Kirche; der Spiegel an der Orgel war auf den Altar gerichtet, sodaß der Dirigent nicht zu sehen war. Rechts sind die „drei Krähen" mit einer Anspielung auf „Kommt ein Vogel geflogen" zu sehen. Darunter ist die Szene festgehalten, wie die „drei Krähen" in den Hamburger Musikalienhandlungen nach Brahms-

Werken fragten, um deren Verkauf anzukurbeln. Smith College. Northampton, MA.

Abb. 11. Brahms zur Zeit des Hamburger Frauenchors. Zeichnung wahrscheinlich von Camilla Meier.

Abb. 12. Autographe Partitur mit Volksliedsätzen, die im Hamburger Frauenchor zum Ausschreiben der Stimmen umlief.

Abb. 13. Der Kern des Hamburger Frauenchors: v.l.n.r. Laura Garbe, Marie und Elisabeth (Betty) Völckers und Marie Reuter.

Abb. 14. 1. Klavierkonzert d-Moll op. 15. Fassung für zwei Klaviere. Autograph. Washington D.C. The Library of Congress. Whittall Foundation.

Abb. 15. Joseph Joachim. Photographie 1868. Brahms-Institut an der Musikhochschule Lübeck.

Abb. 16. Photographie ca. 1866/67 von Carl von Jagemann, Wien. Brahms-Institut an der Musikhochschule Lübeck.

Abb. 17. Ein deutsches Requiem. Autographe Partitur des nachkomponierten Satzes. Gesellschaft der Musikfreunde Wien. Brahms-Nachlaß.

Band 2, Frontispiz. Ludwig Michalek: Porträt nach einer Photographie von Maria Fellinger. Gesellschaft der Musikfreunde Wien.

Abb. 18. Das Wiegenlied „Gut'n Abend, gut' Nacht" op. 49 Nr. 4. Autographe Abschrift mit der später hinzugefügten 2. Strophe von Wilhelm Scherer zu Clara Schumanns Geburtstag 1872. Staats- und Universitätsbibliothek Hamburg.

Abb. 19. Bertha Faber-Porubszki. Photographie aus dem Nachlaß von Brahms. Brahms-Institut an der Musikhochschule Lübeck.

Abb. 20. Brahms' Wohnung in der Karlsgasse 4, Durchgang zum Arbeitszimmer mit dem Stehpult und links seinen Reisetaschen. Handkolorierte Radierung von Ferdinand Schmutzer. Wien Gesellschaft der Musikfreunde.

Abb. 21. Brahms' Wohnzimmer in der Karlsgasse 4. Tuschzeichnung von Wilhelm Nowak. Historisches Museum der Stadt Wien.

Abb. 22. Brahms' Schreibtisch in der Karlsgasse 4. Tuschzeichnung von Wilhelm Nowak. Historisches Museum der Stadt Wien. Ein weiteres Bild aus Brahms' Wohnung befindet sich im Kammerhof-Museum Gmunden. Es durfte nicht reproduziert werden, weil dies der Zustimmung des Kultur- und Finanzausschusses der dortigen Stadtverordneten-Versammlung bedarf. Diese war in der Herstellungszeit des Buches nicht zu erhalten.

Abb. 23. Streichquartett c-Moll op. 51 Nr. 1. Autographe Partitur. Wien, Gesellschaft der Musikfreunde. Nachlaß Brahms.

Abb. 24-26. Willy von Beckerath. Bewegungsstudien des dirigierenden Brahms. Da er seine Unart kannte, die linke Hand in die Hosentasche zu stecken, hatte er sich an seinem Frack die Tasche zunähen lassen. Als er jedoch, unerwartet aufgefordert, im Gehrock aufs Podium mußte, verfiel er sofort wieder in diese Gewohnheit. Copyright Willy von Beckerath Erben, München 1997.

Abb. 27. 4. Symphonie e-Moll op. 98. Beginn des Finales. Autographe Partitur. Allgemeine Musikgesellschaft Zürich, Depositum in der Zürcher Zentralbibliothek.

Abb. 28. Gustav Klimt: Das alte Burgtheater bei einer Vorstellung. Brahms sitzt links vom Mittelgang in der 8. Sitzreihe, in der 3. Reihe links vom Mittelgang die Schauspielerin Katharina Schratt. Billroth sitzt 1200 rechts vom Mittelgang in der 3. Reihe. Ebenfalls dargestellt sind aus dem Brahms-Kreis Ludwig Speidel und Carl Goldmark. Historisches Museum der Stadt Wien.

Abb. 29. Adalbert Franz Seligmann: Eduard Hanslick, Brahms und Theodor Billroth in einer Theaterpause. Bildarchiv des Instituts für Geschichte der Medizin der Universität Wien.

Abb. 30. Tragische Ouvertüre op. 81. Titelblatt der autographen Partitur. Stanford University Libraries, Department of Special Collections.

Abb. 31. Elisabet von Herzogenberg. Photographie aus dem Nachlaß Brahms Brahms-Institut an der Musikhochschule Lübeck.

Abb. 32. Clara Schumann 1893. Zeichnung von Marie Bertuch geb. Sommerhoff. Schumann-Haus Zwickau.

Abb. 33. Schluß der Vier ernsten Gesänge op. 121 mit dem Hohen Lied der Liebe. Autograph. Wien, Gesellschaft der Musikfreunde.

Den Archiven, Bibliotheken und Museen wird gedankt für die Überlassung der Reproduktionsrechte.

Register

Aachen 251, 348, 410f, 419, 754, 976
Abraham, Max 721, 1022f
Abt, Franz 487
Ahsen, v., Pastor 21
d'Albert, Eugen 609, 667, 862, 929, 946, 949, 970, 1004, 1027, 1064, 1071
Allgeyer, Julius 231, 379f, 467f, 485, 492, 500, 579, 584, 595, 634, 650, 664, 744, 817, 1061f
Allmers, Hermann 865
Altaussee 830, 869f
Amsterdam 715f, 728, 775, 846, 861, 899, 919
Anna, Landgräfin von Hessen 435, 437, 458, 720
Antwerpen 207
d'Arien 48
Armbrust, Karl 807, 885
Arnheim 861
Arnim, Achim von 908
Arnim, Bettina v. 91, 114, 128, 130, 152, 188ff
Arnim, Gisela v. 91, 128
Arnold, F.W. 1056
Asten, Julie v. 386, 390, 402, 461, 463
Astor, Edmund 720
Auer, Leopold 374
Avé-Lallement, Theodor 281, 299, 393-396, 707, 807

Bach, Friedemann 268
Bach, Johann Sebastian 26, 49, 73, 240f, 253, 257, 264, 273, 331, 344f, 401, 419ff, 453, 464, 469, 472f, 480, 483, 485, 512, 524, 534, 596, 645, 646ff, 665, 672, 675, 698, 700-703, 724, 789, 792, 800, 845, 923f, 930, 1041ff, 1068f
Bad Aussee 515
Bad Godesberg 886
Bad Ischl 515, 627, 823, 830, 847, 854f, 862f, 866, 869f, 872, 885f, 902, 972, 1007f, 1013ff, 1019, 1021, 1029, 1032, 1034, 1043, 1049, 1055, 1057f, 1061, 1067, 1069, 1075, 1078, 1084, 1086f, 1090
Bad Neuenahr 546f, 563
Baden-Baden 193, 380, 411, 415, 423, 435-438, 443ff, 452f, 466-469, 473, 477, 479, 483, 500, 506f, 513, 520, 563, 570, 572f, 579ff, 590, 592, 595, 599, 603, 610, 614, 627f, 631f, 638f, 640, 648-651, 660, 663, 665f, 689, 706, 717, 719, 728, 730, 740, 742, 761, 770ff, 798, 808, 847, 860, 886, 906, 964f, 967, 969, 1016
Bagge, Selmar 349, 388
Barbi, Alice 1041f, 1049
Bargheer, Carl 195, 229, 252, 255, 257, 268, 275, 299, 360, 483f, 678, 732, 807, 1007
Bargiel, Marianne 150, 152, 167
Bargiel, Woldemar 180, 261, 264f, 272, 305, 307, 1045
Barmen 899
Barth, Heinrich 1063
Barth, Richard 716, 846, 1076
Bartling 267
Bartók, Bela 624
Basel 479, 481, 508f, 569, 678f, 810, 880, 970, 1071
Bauer, Harold 667
Bauer, Julius 848
Baumann, Alexander 550
Becker, Albert 750
Becker, Hugo 955
Beckerath, Heinz von 1085
Beckerath, Rudolf und Laura von 324, 678, 706, 798, 819, 883, 885f, 888, 891f, 899, 901, 953f, 956, 980, 1075, 1091
Beethoven, Ludwig van 23, 33, 36-40, 46, 50f, 65, 67, 69, 73, 75, 86, 113, 125, 152, 155, 158-161, 163, 188, 198, 201ff, 209, 211, 223ff, 232f, 241, 244f, 253, 257f, 275, 280, 289, 301, 303f, 331, 346, 367f, 378, 385, 387, 402, 418, 421f, 453, 479, 482, 484, 504, 512, 518, 546, 579, 624, 647,

649, 652, 664f, 676, 679, 690, 696, 706, 711, 713, 715-718, 722f, 732-735, 737ff, 745, 748f, 751f, 759, 764, 768, 800f, 830, 832-837, 839-845, 855, 890, 892, 894, 901, 915, 920, 924, 927ff, 945f, 960, 1005, 1013, 1026, 1036f, 1048, 1061, 1069, 1071, 1075
Bekker, Paul 840f
Berchtesgaden 515, 786, 830, 971, 1057f
Bergedorf b. Hamburg 42
Berlin 198, 228, 252, 264f, 518, 573, 610, 649, 651, 659, 665, 676, 728, 757, 770, 779, 798, 800f, 812, 818, 830f, 861, 898f, 904, 950, 976, 1006, 1033, 1035f, 1039, 1044f, 1063, 1071ff, 1085
Berlioz, Hector 66, 69, 81, 133-137, 250, 304f, 695, 769, 837, 898, 931
Bern 594, 937f, 941, 943, 947, 954, 1013, 1061, 1071
Bernsdorf, Eduard 752
Bernuth, Gustav 512, 775, 1054
Bettelheim, Caroline verh. Gomperz 386, 402, 696, 701, 974, 1006
Biba, Otto, 704
Billroth, Theodor 379, 480f, 504f, 590, 611, 613, 623, 647, 655ff, 661, 663f, 681, 699, 702, 704, 710f, 714, 743-747, 757f, 770, 778f, 780f, 793, 825, 830, 846f, 854, 858, 866, 870f, 875, 877, 906f, 939, 947, 951f, 966, 974, 980, 983, 986, 993, 998, 1004, 1007, 1014, 1040f, 1047, 1051ff, 1082
Birgfeld, Carl 45
Bismarck, Otto v. 506, 613ff, 617, 623, 892f, 936, 1013
Bitter, Regierungspräsident 753f
Björnsen, Björnstjerne 433
Blankenese 409, 412
Bocklet, Carl Maria v. 37, 1036
Böhm, Joseph 59, 64f
Böhner, Ludwig 95
Böie, John 200, 202, 233, 239, 310, 347, 360, 373, 482, 807
Börs, Otto 49f, 345
Bösendorfer, Ludwig 929, 1014, 1094
Boito, Arrigo 953
Bonn 77, 169, 183, 193, 208f, 212, 312, 325ff, 520, 546-549, 552, 563, 569, 571, 583, 649, 657-660, 663, 676, 681, 689, 818f, 821, 833, 861, 883, 1013, 1063, 1075, 1078, 1085, 1090
Borodin, Alexander 750
Boston 671
Bozarth, George 161
Brahm, Otto 8, 1006
Brahms, Name 8
Brahms, Christiana geb. Nissen 16ff, 20, 22, 24, 27f, 31, 34, 94, 177f, 188, 194, 197, 222, 265, 288, 346, 408f, 433f, 447, 463ff, 473f, 493, 499, 500, 520f, 545, 683, 1045
Brahms, Elise, 18, 44, 194, 209, 265, 311, 408, 433f, 464f, 477, 479, 485, 511, 628, 635, 676, 705, 1007, 1029f, 1036, 1042, 1045, 1086
Brahms, Fritz 20f, 39, 44, 197, 200, 326, 433, 463f, 634f, 947, 951, 1007
Brahms, Hinrich 9f
Brahms, Johann Jakob 10-19, 22-26, 28-32, 34, 36, 42, 45, 50, 60, 127, 137, 138, 177f, 188, 194, 197, 268, 288, 290, 331, 395, 398, 408f, 433, 447, 463f, 477ff, 485, 509, 511, 5134ff, 519ff, 568-571, 584, 610, 633-636, 676, 1007, 1029, 1045

Brahms, Johannes
Werke
op. 1 1. Klaviersonate C-Dur 70, 86-90, 94, 130, 137, 143f, 155, 201, 721, 825, 1017, 1056f
op. 2 2. Klaviersonate fis-Moll 79, 84, 86, 94, 119-122, 125, 130, 155, 196, 721, 825, 1017
op. 3 Lieder 114-117, 125, 130, 137, 336, 1017, 1078, 1081
op. 4 Scherzo es-Moll 70, 84f, 94, 125, 130, 137, 354, 511, 577, 640, 721, 825, 1017
op. 5 3. Klaviersonate f-Moll 71, 86, 94, 122-125, 127, 132, 155, 158, 814, 825, 941
op. 6 Lieder 116, 1017
op. 7 Lieder 166, 226, 1017
op. 8 1. Klaviertrio H-Dur 94, 139ff, 145, 151, 154ff, 159, 166, 183, 196,

202ff, 217, 225ff, 235, 294, 350, 744, 1016-1019, 1028, 1076
op. 9 Schumann-Variationen 94, 108f, 154, 173, 226, 349f, 454f, 359, 721, 1017
op. 10 Klavierballaden 154f, 640, 673, 721, 794, 1017
op. 11 1. Serenade D-Dur 263f, 271, 274-277, 284, 290-295, 300ff, 304, 325, 328, 371, 395, 399, 402, 480, 482, 592, 716, 732, 1017
op. 12 Ave Maria 296f, 300, 315, 325, 412, 427, 492, 498
op. 13 Begräbnisgesang 275, 299f, 313-316, 325, 346, 413, 492, 523
op. 14 Lieder 269f, 273, 275, 325, 356, 449
op. 15 1. Klavierkonzert d-Moll 158-166, 186, 218, 220, 223-225, 227, 235, 243, 246-251, 257-263, 274f, 277, 280-286, 288-291, 301, 304, 308, 320, 325f, 351, 359f, 371, 426, 444, 479, 481, 485, 498f, 517, 525, 609f, 652, 666f, 671, 674ff, 697, 712, 715ff, 719f, 722, 734, 751, 771, 775, 818ff, 846, 861, 898f, 904, 929, 933, 1004, 1006, 1026, 1064, 1071
op. 16 2. Serenade A-Dur 300-304, 325, 328, 331f, 346, 372f, 398f, 401, 402, 481, 484, 498, 523, 639, 732, 859, 861, 1037
op. 17 Frauenchöre m. Hörnern u. Harfe 320ff, 325f, 345, 402, 480, 488, 491, 699, 811, 898
op. 18 1. Streichsextett B-Dur 304, 310, 327-331, 345f, 351, 359f, 372, 400, 425, 427, 429, 444, 508, 579, 592, 652, 656, 675, 715, 1044
op. 19 Lieder 269f, 273, 275, 356, 357
op. 20 Duette 275, 358, 794
op. 21 Variationen 244,247, 351, 359, 512, 574, 577, 579, 716f
op. 22 Marienlieder 315ff, 332, 354f, 427, 673
op. 23 Schumann-Variationen 354f, 359, 483, 673
op. 24 Händel-Variationen 318, 352-355, 359f, 371ff, 378, 397, 400, 481, 502, 509, 512, 518, 640, 650, 660ff, 673, 1069
op. 25 1. Klavierquartett g-Moll 246, 304, 328, 359-370, 373, 376f, 387, 389, 392, 400, 444, 479, 483, 509, 610, 644, 652, 666, 673, 697, 713, 716, 725, 727, 744, 898, 905, 1031, 1060, 1065f
op. 26 2. Klavierquartett A-Dur 246, 328, 349, 359f, 365f, 373, 376ff, 387, 397, 400, 444, 479f, 482, 501, 639, 652, 663, 675, 678, 713, 717, 798
op. 27 13. Psalm 415
op. 28 Duette 415, 794
op. 29 Motetten 332-336, 427, 499, 787, 789, 984
op. 30 Geistliches Lied 243
op. 31 Vokalquartette 427, 458
op. 32 Lieder 449-452, 1083
op. 33 Magelonen-Romanzen 346, 378, 521f, 590ff, 910
op. 34 Klavierquintett f-Moll 328, 381ff, 387, 392, 400, 404, 406, 408f, 425, 427f, 437-445, 449, 453, 458, 469, 479, 499, 501, 592, 650, 652, 654, 661, 714f, 720, 729, 741, 846, 867, 905, 1071, 1076, 1091
op. 35 Paganini-Variationen 432f, 479f, 511f, 1026
op. 36 2. Streichsextett G-Dur 228, 328, 444-449, 453, 469, 479, 499f, 505, 518, 652, 720
op. 37 Geistliche Chöre 296, 323, 461, 463, 469
op. 38 1. Cellosonate e-Moll 469-476, 479, 500, 812, 927, 941
op. 39 Walzer 459ff, 479, 511, 563, 572, 577, 579, 1067
op. 40 Horn-Trio 469, 473-476, 481, 484f, 500f, 518, 594, 673, 845, 1027
op. 41 Männerchöre 389, 485, 489, 687
op. 42 Gesänge für Chor 323, 427, 485-488, 935, 1081
op. 43 Lieder 485, 488ff, 494
op. 44 Frauenchöre 323, 345, 491f, 685f
op. 45 Deutsches Requiem 38, 161,

222, 230, 315f, 473f, 476, 492-501, 505-508, 510-513, 516-537, 545ff, 549, 551, 552, 569, 571, 580, 590ff, 601ff, 608ff, 612, 614, 623, 637f, 657-560, 667, 671f, 700, 715, 720, 728, 732, 792, 811f, 818f, 830, 862, 883, 885f, 899, 960, 974, 1053
op. 46 Lieder 548, 551
op. 47 Lieder 548f, 551
op. 48 Lieder 550f
op. 49 Lieder 550f, 660, 764, 807, 1082
op. 50 Rinaldo 359, 409-412, 425, 499f, 551-563, 565, 579, 592, 601, 603, 639, 673, 680, 899
op. 51 Streichquartette 328, 359, 599, 630ff, 650-657, 659-663, 667, 673, 681, 688, 690, 724, 731, 1076
op. 52 Liebeslieder-Walzer 563-568, 593, 632, 681-684, 696f, 717, 846f, 900, 905, 1019
op. 53 Alt-Rhapsodie 359, 493f, 580f, 583-590, 592, 601, 603, 608, 610, 623, 627, 630, 632, 645, 674, 676, 683f, 698, 715, 798, 801, 888, 899, 905, 1015, 1080, 1082
op. 54 Schicksalslied 359, 603-610, 613, 622, 624f, 628, 630, 632, 675f, 717, 754f, 820, 846, 850, 853, 872, 877, 933, 935, 990, 1048
op. 55 Triumphlied 359, 589, 602ff, 610, 612-627, 630, 632, 637ff, 647, 663, 676-679, 716, 819, 826, 828, 905, 935, 953, 997f, 1069, 1071
op. 56 Haydn-Variationen 650, 660-665, 667f, 672, 674ff, 681, 688, 696, 715, 722, 728, 751, 880, 884, 934, 970, 1024, 1028, 1036
op. 57 Lieder 627, 632, 688, 759
op. 58 Lieder 627, 632, 688
op. 59 Lieder 688-692, 813
op. 60 3. Klavierquartett c-Moll 155, 227, 235f, 243, 246, 262, 304, 360, 589, 640, 707-714, 720, 722f, 731, 736, 752, 818, 830, 900, 1019
op. 61 Duette 449, 794
op. 62 Chorlieder 323, 681, 684-688, 695f, 709, 935, 986
op. 63 Lieder 271, 669f, 681
op. 64 Vokalquartette 721
op. 65 Neue Liebeslieder 223, 681-684, 706, 714, 722, 775, 815, 846, 1024
op. 66 Duette 794
op. 67 3. Streichquartett B-Dur 724-727, 729, 744, 1027
op. 68 1. Symphonie c-Moll 155, 262, 304, 380, 382, 493, 588, 650, 660, 682, 723f, 728-741, 743-747, 751f, 755f, 758, 760, 763f, 773, 775, 778, 833, 838, 860, 1028, 1069, 1096
op. 69 Lieder 757ff
op. 70 Lieder 757f
op. 71 Lieder 757ff, 906
op. 72 Lieder 757f, 1049
op. 73 2. Symphonie D-Dur 727, 763-776, 778, 781, 785, 798f, 803, 806, 818ff, 829, 833, 860, 880, 884f, 888, 1065f, 1083
op. 74 Motetten 243, 336ff, 341-344, 499, 786-794, 817, 861, 865, 884, 988, 1003, 1053
op. 75 Duette 794-797, 817
op. 76 Klavierstücke 814f, 846
op. 77 Violinkonzert D-Dur 718, 797-806, 808, 810ff, 817, 819, 821, 846, 854, 856f, 885, 898, 903, 933, 953, 976, 1006, 1015, 1058, 1083
op. 78 1. Violinsonate G-Dur 812f, 815, 817ff, 846, 860, 905, 927, 933, 941f, 1015, 1076, 1083
op. 79 Rhapsodien 815ff, 819f, 827, 845f, 850, 861, 884, 933, 1050
op. 80 Akademische Festouvertüre 73, 474, 823, 825-831, 845f, 859f, 884, 899, 905, 929, 935, 1006f, 1036, 1065f
op. 81 Tragische Ouvertüre 474, 823, 825, 828-831, 845f, 859ff, 880, 884, 899, 905, 954, 1006, 1028, 1036, 1096
op. 82 Nänie 605, 848-854, 860f, 863, 866, 872f, 880, 883, 905, 920, 1061
op. 83 2. Klavierkonzert B-Dur 232, 786, 854-863, 883ff, 897ff, 904f, 929, 933, 947, 970, 1027, 1064, 1071
op. 84 Lieder 863f
op. 85 Lieder 864f, 880

op. 86 865f, 880, 096, 951, 1049
op. 87 2. Klaviertrio C-Dur 823f, 830, 854, 866f, 869ff, 880ff, 884, 888, 898, 905, 920, 939, 1076
op. 88 1. Streichquintett F-Dur 408, 825, 867-871, 881f, 884, 900
op. 89 Parzengesang 322, 588, 605, 609, 871-880, 883ff, 899f, 967
op. 90 3. Symphonie F-Dur 751, 803, 829, 888-893, 895, 897-900, 904f, 923, 929, 970, 1053, 1063, 1065
op. 91 Gesänge für Alt und Bratsche 906
op. 92 Vokalquartette 759, 905, 906
op. 93a Chorlieder 905, 907ff, 986, 1095
op. 93b Tafellied 905, 910
op. 94 Lieder 475, 911ff, 915, 1049
op. 95 Lieder 911-915, 922, 924f, 940
op. 96 Lieder 915f, 1048
op. 97 Lieder 886, 916f, 942, 983, 987, 1048
op. 98 4. Symphonie e-Moll 441, 528, 844, 892, 902f, 917-927, 930-935, 938, 940, 943, 945, 965, 1007, 1028, 1036, 1063 1073, 1092
op. 99 2. Cellosonate F-Dur 939ff, 943, 947, 954f, 959, 967, 983, 993, 1028, 1045
op. 100 2. Violinsonate A-Dur 939, 941ff, 945, 954f, 959, 967, 970, 974, 983, 986, 993
op. 101 3. Klaviertrio c-Moll 939, 942f, 945f, 953f, 956, 967, 970, 976f, 983, 1004, 1028
op. 102 Doppelkonzert a-Moll 928, 959-971, 975ff, 1004, 1069
op. 103 Zigeunerlieder 966, 971-974, 1006
op. 104 Chorlieder 792, 907, 982-986
op. 105 Lieder 938, 986-991
op. 106 939, 986f, 991
op. 107 Lieder 939, 986f, 991f
op. 108 3. Violinsonate d-Moll 939, 983, 993ff, 1004f, 1044
op. 109 Fest- und Gedenksprüche 334, 530, 907, 983, 995-1003, 1008, 1012, 1015
op. 110 Motetten 334, 907, 996, 1008, 1010-1013, 1015f, 1019
op. 111 2. Steichquintett G-Dur 308, 408, 1019-1023, 1025, 1027, 1030, 1038, 1062f, 1069, 1091
op. 112 Vokalquartette 491
op. 113 Kanons 222, 323, 412, 461, 984, 1019, 1022-1025
op. 114 Klarinettentrio 1029-1038, 1045, 1051, 1058f
op. 115 Klarinettenquintett 949, 1029-1038, 1044, 1050f, 1058f, 1062, 1065, 1069
op. 116 Fantasien für Klavier 1041, 1044f, 1049ff
op. 117 Intermezzi für Klavier 1041, 1044f, 1049ff
op. 118 Klavierstücke 1049ff
op. 119 Klavierstücke 1049ff
op. 120 Klarinettensonaten 1031, 1057f, 1061-1066, 1069
op. 121 Vier ernste Gesänge 493, 623, 1076-1085, 1090
op. 122 Choralvorspiele 1086f
ABC-Lied 44
Brautgesang 275, 313
Fuge a-Moll 206, 243
Fuge as-Moll 206, 241ff
Gavotten 868
Kanon „Wann ?“ WoO 29 1006
Kanon „Zu Rauch“ WoO 30 1024
Klaviertrio Es-Dur 823, 830, 866, 939
Kyrie g-Moll 243
Lieder 112ff
Missa Canonica 223, 237, 243f, 248f, 275, 338-344, 461, 790
Scherzo der FAE-Sonate 9, 713
Sarabande 867f
Souvenir de la Russie 53
Streichquartett A-Dur 727
Streichquartett h-Moll 125, 630
Suite a-Moll 196, 201, 868
51 Übungen für Klavier 1019, 1025f
Ungarische Tänze 59, 573f, 576f, 579, 596, 603, 614, 668, 672, 674ff, 681, 697, 699, 717, 782-785, 819ff, 829f, 860, 884, 1005, 1037
Violinsonate a-Moll 64, 73, 79, 84, 130, 132, 812, 927
Volkskinderlieder 213, 1055

Volkslieder WoO 33 1055ff
Volksliedsätze 310, 322f, 355f, 421f, 427, 454-457, 480, 518, 647, 884, 1055f
Bearbeitungen
Bach: Orgeltoccata 202, 397, 716f
Rovetta: Salve Regina 422
Schubert: Lieder, Instrumentationen 374
Schubert: Marsch für Klavier 202
Schumann: Klavierquintett op. 44 169, 176, 186, 221, 264, 444
Schumann: Klavierquartett op. 47 221
Weber: Rondo 95

Brahms, Karoline, verw. Schnack, geb. Paasch 478f, 485, 510, 513, 610, 633-636, 730, 807, 811, 898, 947, 951, 1007, 1029, 1036, 1042, 1045
Brandes, Emma, verh. Engelmann 715, 775, 888
Breitkopf & Härtel 83, 93, 125f, 129, 132, 137, 166, 169, 183, 186, 221, 225, 325f, 453, 671, 720, 810, 872, 968, 974, 1017f
Bremen 198f, 232f, 371, 496, 498, 513, 518ff, 523, 573, 602, 609f, 612f, 624, 676, 775, 812, 821, 905, 1063
Brendel, Alfred 82, 133ff, 286f, 306, 324, 374, 376, 666, 672, 955
Brentano, Clemens von 492, 551, 685
Breslau 301, 667, 697ff, 718, 722, 728, 738, 752, 755, 770, 798, 811, 825ff, 832f, 845, 860, 934
Breyther 360
Brodsky, Adolph 885, 934, 953, 976f, 1006
Bruch, Max 307, 393, 487, 519, 701, 731, 750, 772, 787, 1037
Bruckner, Anton 402, 644, 747f, 499, 766, 833, 841ff, 893ff, 926, 929, 953, 1068f, 1091
Brüll, Ignaz 28, 577, 772, 823, 830, 859, 869, 884, 891, 900, 917, 972, 973, 1007, 1041, 1089, 1091, 1093
Brunsbüttel 8
Budapest 512f, 518, 575, 579, 596, 900, 904, 943, 947f, 970, 972, 993, 1004, 1019, 1027, 1054
Bülow, Hans von 54, 66, 82, 142f, 159, 598, 639f, 677, 739f, 777f, 859, 861, 872, 883f, 899, 904, 917, 923, 928-935, 947, 949, 953, 970, 976, 993, 997f, 1006f, 1013, 1028, 1036, 1044, 1052ff, 1069, 1072f, 1082
Busoni, Feruccio 609, 667, 1094

Čaikovskij, Peter 747, 749, 833, 976, 978f
Cambridge 723, 738, 811, 1038
Celle 64f
Chamisso, Adelbert von 62
Cherubini, Luigi 648
Chopin, Frederic 56, 70, 81, 274, 814
Chrysander, Friedr. 862, 898
Conrat, Hugo 971, 973
Cornelius, Peter 66, 133f, 402ff, 410, 428f, 430f, 637
Cornet 48, 50
Cornet, Franziska verh. Passy 48, 50, 397, 401
Cossel, Otto 25-29, 32-36, 464, 477
Cranz, Alwin 52f, 127, 630

Dahlhaus, Carl 747, 749, 841ff, 1059
Damrosch, Leopold 697
Danzig 198f, 232, 868
Daumer, Georg Friedrich 50, 548, 564, 637f, 683, 688, 714, 759, 916
David, Ferdinand 132f, 201, 230, 233, 284, 345, 438, 482, 671
Davidoff, Karl 345
Deichmann, Wilhelm Ludwig 75f, 81, 118, 776, 822, 1091
Deiters, Hermann 314, 457, 580, 583, 585, 623, 7151, 786, 832, 837
Den Haag 175f, 775, 846, 861, 919
Denninghoff, Agnes 47
Dessoff, Otto 131, 390f, 399, 402, 453, 593, 597, 609, 646, 649, 663f, 670, 677, 696f, 702, 705f, 738, 742, 761, 770, 777, 793, 795, 1039
Detmering, Christian 16, 1029, 1036, 1042, 1086
Detmering, Dieterich Phillip 16, 21
Detmold 164, 191f, 211ff, 238, 251-260, 263, 266, 270-274, 277, 280, 294, 296-300, 308, 313, 315, 320, 323, 327, 333, 336, 348, 355f, 360, 391, 410, 422, 458, 476, 483, 484,

489, 491f, 495, 498, 523, 548, 643, 705, 1026
Devrient, Eduard 454, 477, 642
Dieffenbacher 937
Diest, von 195, 229, 1065f
Dietrich, Albert 72, 91, 128f, 150, 159, 161, 166, 172, 226, 231, 296, 307, 324, 349, 372f, 379, 381, 385, 471, 433, 483f, 485, 492, 512f, 519, 573, 585, 603, 612f, 623, 675, 713
Dingelstedt, Franz von 828
Dithmarsch 9, 240, 689
Döhler, Theodor 49
Door, Anton 847, 948, 957, 1041, 1094
Dresden 518, 818, 861, 899, 934
Drinker, Sophie 311, 316f
Düsseldorf 7, 67, 76, 81, 9, 92, 118, 122, 144, 150, 164, 166ff, 170ff, 181-184, 186f, 188-195, 201-207, 209f, 218, 223, 227ff, 232, 238, 249, 251f, 313, 323ff, 332, 389, 391, 411, 419, 426, 483, 512, 624ff, 706ff, 742, 752-755, 785, 806, 899ff, 969, 1023, 1065
Dumba, Nikolaus 704, 1047
Dustmann-Meyer, Louise 379, 410, 568, 593, 701
Dvořák, Antonín 577, 668, 747, 749, 768, 776ff, 819, 833, 897, 956, 969, 1094

Ebner, Ottilie s. Hauer
Eccard, Johann 333, 422, 643, 995
Ehlert, Louis 891, 899
Ehrbar, Friedrich 772, 859, 891, 917
Ehrlich, Heinrich 67f
Ehrmann, Alfred von 19, 520, 782
Eibenschütz, Ilona 1077
Eichendorff, Joseph von 30, 57, 96, 111, 136, 321, 910
Elberfeld 419, 861, 899, 919
Eldering, Bram 8, 1066, 1076, 1094
Endenich 150-153, 156, 165, 169, 172f, 182, 184-188, 190, 204, 206ff, 223, 236
Engelmann, Theodor Wilhelm 671, 715, 751, 888, 1089
Epstein, Julius 387ff, 392, 424, 643, 715, 773, 847f, 1014, 1041, 1087, 1094
Erkel, Alexander 819, 860
Ernest, Gustav 562
Essen 861, 899, 919
Exner, Adolf 680, 847, 1007, 1041
Exner, Sigmund 680

Faber, Arthur 509, 550, 599, 613, 760f, 782, 880, 897, 950, 957, 983, 1089, 1093f
Faber, Bertha geb. Porubszky 298, 311, 323, 326f, 374, 385ff, 425, 494, 509, 550, 880, 967
Fellinger, Imogen 903, 910
Fellinger, Maria 887, 903, 957, 967, 974, 1003f, 1062, 1086, 1091f
Fellinger, Richard 903, 941, 1077, 1086-1089, 1091-1094
Feuerbach, Anselm 467f, 476, 586, 706, 847-850, 853, 1061, 1067
Fillunger, Marie 647
Flatz, Ida 427, 511
Flemming, Paul 548
Floros, Constantin 95
Flotow, Friedrich v. 807
Fontane, Theodor 1006
Frank, Ernst 601, 609f, 706, 713, 717, 761, 770f, 847, 980
Frankfurt/Main 666, 717, 763, 779, 802, 808-811, 819, 921f, 859, 861, 870, 880f, 883f, 886, 899f, 919, 931, 932, 934, 954, 964f, 965, 968, 970, 1004, 1019, 1028, 1045, 1058, 1064-1067, 1070, 1073, 1075, 1090
Franz, Anna geb. Witttgenstein 386, 761, 1048, 1058
Franz, Robert 305, 511
Franz Joseph, Kaiser von Österreich 515, 1016
Frege, Livia 194, 287, 671, 752
Freiligrath, Ferdinand 90, 231
Freund, Robert 609, 667, 859, 862, 1046, 1071
Friedrich III. deutscher Kaiser 975, 981
Friedrich, Kaspar David 729, 730, 912
Fritsch, Ernst Wilhelm 670, 672
Fröschl, Dr. 1091
Fuchs, Robert, 980, 1095

Gade, Niels W. 546, 807
Gänsbacher, Joseph 379, 390, 412-415, 445, 464, 469, 476f, 509, 511, 513ff, 1087

Ganghofer, Ludwig 1091
Garbe, Laura 311, 313, 385, 477
Gause, Bierhaus 847, 848
Geffken, Johannes 41
Gering, Franz, 626
Geiringer, Karl 311, 493
Geisler, Marie, verh. Grün 386, 432, 598
Georg II. Herzog von Sachsen-Meiningen 859, 872, 884, 900, 930, 932, 934, 970, 1004, 1007, 1027, 1035, 1055
Georg V. König von Hannover 144f, 229, 277, 304, 506, 578, 647, 906,
Gerber, Ludwig 534
Gericke, Wilhelm 884, 1053
Gesellschaft der Musikfreunde 226, 320, 342, 388, 390, 392, 397, 399, 402, 412, 419, 421, 454f, 511, 516, 594, 597, 598f, 601, 609f, 624, 628ff, 636, 640f, 644, 647f, 651, 657, 660, 663, 665, 670, 673, 675, 695, 696, 698f, 700-705, 728, 742-745, 770, 773, 794, 806, 846, 892, 894, 902, 907, 941, 1006, 1030, 1037, 1045, 1047, 1053, 1055, 1061, 1066, 1068f, 1081, 1091, 1094
Giesemann, Adolf 42, 44, 47
Giesemann, Lieschen 42f, 47, 346
Girzick, Rosa 547, 563, 568, 577, 593,
Glade 48
Gmunden 869, 1067, 1086
Goethe, Johann Wolfgang v. 48, 553f, 558, 560, 562, 580f, 583f, 609, 688, 711, 757, 807, 828, 871, 874f, 877, 909, 953, 1007
Göttingen 65, 67f, 72ff, 92, 116, 203, 211, 248, 251, 258f, 261, 265-268, 289, 270, 271ff, 275-280, 296, 313, 317, 327, 340, 354, 434f, 445, 495, 564, 628, 826
Goetz, Hermann 503, 692f, 714, 771
Goldmark, Carl 386, 408, 510, 670, 747, 750, 778, 780, 869, 1041
Goldschmidt, Otto 56
Gotthard, Johann Peter 389, 1094
Gounod, Charles 953
Graedener, Carl 200, 202, 230, 233, 247, 274, 289ff, 296, 299, 307f, 310, 312, 315, 320, 323, 326, 346, 370, 385, 398, 511, 707, 807, 1094
Graz, 511, 871, 904
Grieg, Edvard 750, 976
Grimm, Julius Otto 94, 128, 131, 137, 144, 151f, 159, 160f, 166-170, 182, 186, 203, 211, 219f, 223, 225f, 233, 239, 243, 248f, 258f, 261, 264 270, 272, 275, 278, 306, 313f, 317, 320f, 237, 232, 336, 340-343, 352, 360, 372, 379, 433, 445, 458, 628, 751, 669, 807, 819, 861
Grimm, Philippine geb. Ritmüller 239, 266, 272, 358, 434
Grosser Julius 930
Groth, Klaus 9, 72, 208, 239, 240, 491f, 664, 689, 691, 807, 916, 937, 942, 973, 983, 986f, 1003f, 1036
Grüm, Maria, siehe Geisler
Grünberger, Dr. 1088
Grüters, August 883
Grund, Friedrich Wilhelm 393, 407
Grund, Johannes 628
Grund, Philipp 1030
Gura, Eugen 674

Haarlem 846
Händel, Georg Friedrich 230, 239, 256, 274, 289f, 353f, 390, 417-420, 498, 519f, 546, 619f, 623f, 643-646, 649, 663, 665, 675, 677, 703, 845, 862, 876, 1068
Härtel, Hermann 77
Härtel, Raimund 545
Hafner, Carl 345f
Hallir, Eduard 354, 370
Hallir, Karl 802
Hamburg 12, 137, 139, 142f, 176, 180, 186ff, 191, 194, 197-200, 202, 209f, 227, 232, 245f, 246, 258f, 263, 265, 273ff, 281, 288-291, 294-297, 299ff, 304, 308-313, 315-137, 331f, 336, 339, 341, 344-348, 352, 355f, 358, 360, 369ff, 374, 378, 385f, 389, 392ff, 396, 398f, 401, 403, 305-409, 412ff, 417, 422, 425-425, 433f, 438, 447, 453, 455, 463f, 466, 469, 478, 482f, 485f, 491, 506, 508, 511f, 515, 518, 545, 547f, 550, 569f, 573, 577, 603, 610f, 629, 631, 633f, 636, 648, 685, 716, 740, 743, 775, 786, 794, 799, 805-809, 811f, 861f, 884, 900, 901,

905, 907f, 935, 983f, 998, 1007f, 1013, 1015f, 1023, 1029, 1036, 1042, 1044f, 1053f, 1086, 1094
Hamburg, Anscharsplatz 1 633
Hamburg, Anscharsplatz 5 478, 610
Hamburg, Bäckerbreitergang 18
Hamburg, Dammtorwall 25, 29
Hamburg, Erichstr. 20
Hamburg, Große Bleichen 80 434
Hamburg, Hohe Fuhlentwiete 74 288, 295, 307, 323, 349, 370
Hamburg, Jungfernstieg 13ff
Hamburg, Speckstraße 60 19ff
Hamburg, Ulrikusstraße 16, 20f
Hamm bei Hamburg 347, 349, 358f, 372, 374, 380, 409, 521, 592
Hannover 64, 66ff, 92f, 118, 122, 125f, 137, 139, 141-146, 149, 154, 170ff, 176, 181f, 187f, 197, 200, 202, 204, 209ff, 217, 229, 232, 235f, 245f, 248, 280, 282, 284f, 249, 299f, 304, 313, 327, 331, 336, 370ff, 381, 383, 404, 405, 407ff, 415, 424, 432, 435f, 506, 708, 731, 739, 819f, 861, 935
Hanslick Eduard 191, 230, 308, 379, 388, 400f, 421, 429f, 458f, 477, 517, 600f, 624, 648, 700, 714, 738, 743, 746f, 763, 773, 804, 806, 829, 845, 885, 892, 897, 917, 937, 951, 955, 956, 966, 974f, 1003, 1013, 1036, 1040f, 1046, 1065, 1067, 1077, 1088
Hartmann, Mathilde 197, 230
Hase, Oskar von 721
Hasenclever, Dr. 152f, 231, 244
Hasenclever, Johann Peter 90, 231
Hauer, Ottilie verh. Ebner 386, 421, 424, 514, 592, 635f, 664, 679, 740
Hauptmann, Gerhard 1006
Hauptmann, Moritz 131, 308
Hausmann, Robert 941, 943, 959, 961, 965, 957, 970d, 1004, 1020, 1033, 1045, 1057, 1072
Haydn Joseph 661, 675, 735, 747, 969, 1021, 1030
Hebbel, Friedrich 11, 403, 627,
Heckmann, Robert 818, 947
Heermann, Hugo 717f, 719f, 802, 811f, 870, 881, 884, 932, 943, 955, 1005, 1065
Hegar, Friedrich 480f, 504, 509, 521, 569, 678, 692, 860, 943, 967, 1046, 1071
Hegar, Julius 941, 943, 947
Heide, Holstein 8f, 11
Heidelberg 167, 193, 209, 515, 569, 706, 709, 714, 938
Heine, Heinrich 96
Heldburg, Helene Freifrau von, geb. Ellen Franz 900, 1027, 1029, 1035, 1058, 1056
Heller, Robert 345, 408
Hellmesberger, Ferdinand 1037
Hellmesberger Joseph 59, 382, 387f, 392, 397, 399f, 402, 412, 425, 427, 429, 501, 518, 601, 644, 651, 663, 714f, 744, 777, 808, 818, 830, 846, 884, 933, 941, 947, 1019, 1037, 1094
Hellmesberger, Joseph d.J. 1037
Henle, Jacob 267
Henschel, Georg 667, 678, 695, 701, 716, 718ff, 722, 728, 740, 777, 817, 976, 1095
Hensel 268
Herbeck, Johann 379, 400, 402, 419f, 423, 454, 516, 579, 610, 670, 696ff, 702, 705, 743f
Herder, Johann Gottfried 269, 322, 489, 794, 1044
Hertzka, Dr. 1087
Herz, Henri 49, 51
Herzogenberg, Elisabet von, geb. von Stockhausen 424f, 447, 494, 638, 671f, 715, 752, 756, 758f, 769f, 774f, 768, 793, 811, 817, 819, 830, 858, 872, 897, 906f, 917f, 922f, 943ff, 947, 950, 958, 971, 983, 986, 993, 1005, 1009, 1015, 1026, 1038f, 1051, 1082-1085
Herzogenberg, Heinrich von 457, 672, 752, 775, 872, 932, 947, 971, 1015, 1038f, 1045, 1055, 1075, 1094
Heuberger, Richard 1086ff, 1095
Heyse, Paul 491f, 685ff
Hildesheim 65, 96
Hille Eduard 143
Hiller, Ferdinand 190, 208, 223, 229, 306f, 378, 482f, 645, 677, 707, 715, 749, 774, 881, 892f, 900f
Hirsch, Rudolf 517
Hlavacek 866

Hölderlin, Friedrich 603f, 608f
Hölty, Friedrich 269, 356, 548, 1071
Hoffmann, Eduard siehe Reményi
Hoffmann, E.Th.A. 7, 30, 57, 60f, 68, 94-111, 164, 1214, 287, 834, 1026
Hoffmann von Fallersleben, Heinrich 73, 221
Hofmann, Kurt 22, 26, 53, 60, 64, 394
Holländer-Quartett 933
Holstein, Hedwig v. geb, v. Salomon 152, 1064
Holstein, Franz v. 331
Holten, Franz 131, 135, 671, 772
Horowitz- Barnay, Ilka 869
Hubay, Jenö 943, 947, 993, 1004, 2029, 2027
Hug, Zürich 481

Ibsen, Henrik 970, 1006
Imbert, Hugues 69
Isaac, Heinrich 644
Italien 468, 705, 778-781, 847, 852, 854, 870, 900, 937, 950, 952, 954, 959, 979, 981, 1007, 1019, 1038, 1042, 1046, 1066, 1073, 1091
Jahn, Otto 230, 240, 407
Jenner, Gustav 977ff, 1038, 1092
Joachim, Amalie geb. Schneeweiß 405, 407, 432f, 519, 546, 645f, 674, 678, 681, 698f, 707, 715, 757, 775, 801, 807, 831, 880, 888, 906, 950, 1041, 1066
Joachim, Joseph 29, 46f, 59, 65-68, 70, 72f, 75f, 83, 91-94, 109ff, 125-131, 133, 135-138, 144-146, 151, 153, 159ff, 170, 184, 178, 181ff, 186-292, 294f, 197f, 200, 202-205, 208-212, 215, 218ff, 223ff, 280ff, 285-290, 295f, 299f, 300f, 304-307, 313, 317, 320, 325, 327f, 331ff, 339ff, 344ff, 348f, 351f, 360, 366f369, 371, 376, 379f, 382f, 386ff, 392, 396, 403-407, 412, 415, 424-427, 432f, 445, 447, 499, 506, 508ff, 516, 519, 546, 577, 589, 599, 628, 631, 644, 649, 651, 655-660, 678, 681, 689f, 706-709, 713, 718, 723, 729f, 738, 757, 777, 785-808, 812, 817-821, 829ff, 868, 888, 897f, 906, 924, 943, 947, 949, 961, 963ff, 967, 970, f, 1004f, 1006, 1013, 1016, 1020, 1033, 1035, 1036 1037f, 1044, 1058, 1063, 1065f, 1071, 1074, 1075, 1085, 1091

Kahn, Robert 970
Kahnt, Moritz 678
Kaiserfeld, Moritz v. 869
Kalbeck, Max 8, 23, 27, 29, 41, 46, 60, 64, 73, 127, 144, 158, 183, 190, 193, 196, 200, 223ff, 228, 239, 246, 260, 296, 300, 308, 312, 328, 337, 341, 349, 354, 379, 385, 387, 390f, 400, 407, 409f, 421, 424, 432, 445f, 464, 473-476, 489, 493, 513, 519, 521ff, 547ff, 563, 570, 577, 585f, 599, 628, 630, 637, 640, 648, 656f, 659, 678, 698, 713, 722, 730, 732, 747, 778, 786f, 801, 807, 814, 822, 828f, 832, 843, 846, 852, 854, 869, 871, 874f, 877f, 884, 886, 890, 892, 895, 897, 901, 907, 917, 929, 930, 936f, 941, 944, 954, 959, 961, 972ff, 983, 985f, 993, 1006, 1016, 1020ff, 1027, 1040f, 1044, 1047, 1052, 1063, 1069f, 1070, 1076f, 1080, 1081, 1083f, 1090-1094
Kann, Hans 226
Kalsbad, 1087, 1088f
Karlsruhe 193, 437f, 443, 466f, 479, 481, 485, 492, 500ff, 505, 568, 579, 584f, 592, 604f, 610, 623, 625f, 628, 637ff, 697, 706, 740ff, 770
Kassel 676
Keller, Gottfried 505, 679, 692ff, 1016, 1082
Keller Robert 975, 1026
Kiel 47, 202, 233, 518, 707, 861
Kiel, August 257, 273f, 300
Kinkel, Gottfried 63
Kirchner, Theodor 239, 305, 394, 480f, 503f, 509, 569, 679, 692, 714, 751, 807, 950f, 954, 1036, 1042, 1045, 1049
Kirsten, Gotthelf 267
Klagenfurt 511
Klengel, Julius 1064
Klindworth, Karl 70
Klinger, Max 849, 1045, 1064, 1077, 1084f
Klughardt, August 749
Kneisel, Franz 671, 1068

Knorr, Iwan 762f, 1094
Koblenz 74, 639, 718, 728, 752, 861, 885, 888
Köln 188, 289, 378, 419, 482f, 520, 546, 676f, 701, 715, 728, 777, 811, 863, 884f, 899ff, 919, 933, 948, 952f, 955f, 967, 1019, 1071
Königsberg 820
Königslöw, Otto v. 48, 91, 310, 312, 373, 482, 984
Koeßler, Hans 1054, 1057, 1089
Koning, David 1005
Kopenhagen 518f
Krähen 3, siehe Franziska u. Camilla Meier, Susanne Schmaltz
Krakau 819f,
Kraus, Felix 1090
Krause, Theodor 818
Krauss Emil 568, 593
Krefeld 342, 419, 819f, 848, 861, 880, 883, 885, 899, 905, 910, 919, 931, 1045, 1071, 1076
Kreisler, Johannes 57, 60f, 79, 86, 94-111, 119, 139, 154, 159, 165, 695
Kremser, Eduard 649, 794
Krenn, Franz 412f
Kretzschmer-Zuccalmaglio, 89, 863, 907, 1056
Kretzschmar, Hermann 529, 734
Kreuznach 326
Krigar, Julius Hermann 307
Kufferath, Antonie 883
Kufferath, Ferdinand 883, 1068, 1070f
Kundmann, Karl 1048, 1094
Kupelwieser, Bertha geb. Wittgenstein 761
Kuppelwieser, Karl 761
Kupfer, William 939

La Mara [= Marie Lipsius] 35, 41, 832, 833, 968
Lachner, Franz 306, 599, 665, 749
Lachner, Ignaz 246, 306, 599
Lange, Samuel de 644
Langhans-Japha, Luise 38f, 55ff, 75, 116
Laub, Ferdinand 453
Laurens, Joseph Bonaventure 79, 90f, 114
Leipzig 44, 64ff, 92, 118, 125, 128, 133, 136f, 191, 201, 230, 232, 238, 274-277, 280, 282, 284-289, 291, 294, 305, 325, 331f, 345, 371, 377, 390, 521, 569, 592, 609, 666ff, 670-675, 720, 722, 728, 738, 741, 751f, 755f, 758, 770, 774f, 798- 802, 809-812, 814, 819, 845, 848, 861, 880, 885, 899, 923, 928, 933, 953f, 971, 975ff, 1048, 1064, 1071ff
Lejeune-Dirichlet, Peter Gustav 267
Lemberg 819
Lemke, Karl 864
Lenau, Nikolaus 205
Leschetitzky, Theodor 609, 667, 948
Leser, Rosalie 150f, 173ff, 196, 211, 225, 313, 548, 1058
Lessing Karl Friedrich 380
Levi Hermann 349, 433, 436ff, 443, 4545, 458, 466, 47, 477, 479, 481, 500, 510, 513, 564, 568, 583, 592, 594, 598, 604, 606, 610, 613ff, 623, 625f, 638, 637, 639, 642, 649ff, 660, 663f, 667, 705, 732, 742ff, 760, 771, 778, 906, 1062
Leyen, Rudolf von der 324, 494, 819f, 883, 885, 900, 910, 931, 932, 950, 1035, 1044, 1075
Liliencron, Rochus v. 990
Limburg, Dr. 673, 752
Lind Jenny 55f, 190f, 193, 229f, 232, 936
Lindau, Paul 1067
Lindeck, Wilhelm 349, 760
Lingg, Hermann 989
List, Emilie 752
Liszt, Franz 26, 45, 68-74, 82, 84, 133, 136, 143, 188, 191, 202, 230f, 233, 241, 286f, 304f, 307f, 389, 402f, 431, 599, 670, 769, 818, 836, 828, 885, 949, 952, 955
Litolff, Henri 84
Litzmann, Berthold 215, 944
London 738, 976, 1038
Lübeck 518, 610
Lübke, Wilhelm 481, 611, 647, 738, 846
Lueder, Christian Friedrich 282
Lüneburg 64f
Lüstner, Louis 719f, 898
Lully, Jean Baptist 766

Lumpe, Nelly, verh. Chrobak 477, 489, 494, 511, 951
Lutz Rudolf 869
Lwoff, Alexis 54

Maas, Ferdinand 702
Mahler, Gustav 840f, 1037
Mainz 74, 167, 326
Mandyczewski, Eusebius 657, 721, 880, 902, 1015 1043, 1093, 1095
Mannheim 482, 509, 705f, 714, 717, 738, 740, 770ff, 933, 965, 1065
Mannstädt, Franz 884, 1072
Marie Prinzessin von Sachsen-Meiningen 1058
Marks, G.W. 53
Marpurg, Friedrich Wilhelm 766
Marschner, Heinrich 85, 145
Marxsen, Eduard 33-41, 44ff, 48, 50ff, 55, 65, 387f, 507, 512, 807, 832, 863, 896f, 1036f
Mason, William 70f
Massenet, Jules 1039ff, 1052, 1068
Maszkowski, Rafael 639, 718
May Florence 32, 40f, 47, 57, 341, 458, 564, 520, 615, 627
Mayer, Alois 869
McCorcle, Margit 225
Meier, Franziska 310f, 316
Meinardus, Ludwig 307
Meiningen 66, 700, 859-862, 872, 883, 894, 896, 899, 904, 919, 928, 930-933, 935, 970, 1004, 1027ff, 1033, 1035f, 1045, 1058, 1056ff, 1069-1072, 1076
Mendelssohn, Moses 61
Mendelssohn Bartholdy, Felix 32, 41, 56, 65, 81, 274, 299, 321, 422, 428, 624, 645, 671, 692, 698, 637, 844, 1005, 1049
Menzel, Adolf v. 1028, 1036, 1972
Merseburg 1065f
Meyer-David, Therese 46
Meysenbug, Hofmarschallin 252, 258
Meysenbug, Hermann v. 254, 266
Meysenbug, Karl v. 252ff, 266, 272, 458
Michalek, Ludwig 1047, 1094
Miller, Christian 42, 331
Miller, Olga v. 1015
Miller, Eugen v. 1093
Miller, Viktor v. 1014f, 1037, 1946f, 1967, 1093f
Miller, Franz 687
Moerike, Eduard 270, 356
Moscheles, Ignaz 130, 274, 379,
Mosenthal, Salomon Hermann 424, 642
Moser, Dietz Rüdiger 149
Mottl Felix 778
Mouchanoff-Kalergis, Marie v. 435
Mozart, Wolfgang Amadeus 33, 47, 257, 274, 280, 287, 387, 418, 437, 596, 631, 643f, 670, 721ff, 797, 845, 1028, 1062
Mühlfeld, Richard 949, 1028, 1033, 1035, 1037f, 1045, 1057ff, 1062-1066, 1093f
Müller, Theodor 11, 12
Müller von Königswinter, Wolfgang 92
München 453, 592, 599, 637f, 651, 660, 663, 668, 675, 705f, 738, 742, 744f, 768, 778, 787, 928
Münster a. Stein 379, 469
Münster/Westf. 336, 342, 434, 716, 720, 819, 846, 861
Mürzzuschlag 514, 902f, 906f, 916f, 922, 934, 941

Naumann, Emil 307
Neumayer, Anton 1089
Neustadt/Weinstr. 717
Nietzsche, Friedrich 920
Nikisch, Arthur 885, 1071, 1073, 1084
Nottebohm, Gustav 452ff, 646, 780f, 847f, 871, 880, 895, 947f
Novalis 61, 63

Ochs, Siegfried 923
Oldenburg 372, 378, 385, 417, 484f, 519, 572, 610, 613, 861, 905
Oostende 207
Ophüls, Gustav 112, 874, 876, 987
Osterley, Ferdinand 267
Otten, Georg Dietrich 202, 209, 211, 245, 247, 259, 310, 179
Otterer, Christian 32

Paris 378
Paul, Jean 7, 57, 60, 90, 136, 182

Paumgartner, Hans 568
Paur, Emil 862
Pausinger, v. 761f, 782
Perfall, Karl v. 307, 433, 599
Perger, Richard v. 307, 1068f, 1091, 1095
Peschka, Minna 674
Peters, C.F. 639, 721, 731, 742, 862f, 1022
Peters, Dr. 169
Petersen, Carl 996, 1013, 1016, 1036
Piening, Carl 1976
Pinneberg 636, 898, 1007, 1929, 1036
Plessing, Friedrich 580
Pörtschach 728, 761ff, 770, 772, 770ff, 782, 786, 797, 801ff, 806, 812f, 817f, 822ff, 855, 863, 885, 906, 983, 1007, 1051, 1081ff
Pohl, Carl Ferdinand 661, 773, 952
Pohl, Richard [= Hoplit] 133f, 436, 639f, 955f
Popper, David 943, 947, 1018
Porges, Heinrich 430
Porubszki, Bertha, siehe Faber, B.
Prag 799, 819
Preßbaum 847, 854, 859, 862f
Preßburg 432, 512

Raabe, Wilhelm 1076f
Raff, Joachim 66, 70, 84, 750, 779, 895, 885f, 931
Reger, Max 656, 700, 927
Rehberg, Willy 609, 667
Reimers, Christian 153f
Reinecke, Carl 230, 247, 307, 331, 521, 569, 666, 673f, 720, 738, 749, 807
Reinthaler, Karl 230, 496, 497, 513, 517, 519f, 535, 589, 602ff, 610, 611ff, 616, 623, 676, 678, 707, 807, 821
Reményi, Eduard 58ff, 64-67, 69-72, 96, 122, 133, 266, 352, 573f, 576, 783
Reuter, Marie 311, 313, 358
Rheinberger, Joseph 670
Richarz, Dr. 150, 152f, 189, 196, 205f
Richter, Friedrich 811
Richter, Hans 598, 697, 770, 773, 777, 845f, 861, 892, 897, 919, 926, 950, 1005, 1063, 1092
Richter, Ludwig 62
Riedel, Karl 671f
Riesman, David 842
Rieter-Biedermann, Melchior 317, 326, 415f, 432, 453f, 545f, 458, 496, 477, 502f, 506, 519, 569, 576, 583, 595, 720f, 731, 1039, 1055
Rietz, Julius 131, 238, 284, 306f
Risch 48
Ritmüller, Klavierfabrik 267, 272, 434
Röger-Soldat, Marie 802, 818, 885, 903, 1045, 1072, 1093
Röntgen, Julius 758, 861f, 899, 937
Roesing, Elisabeth 347, 349
Rokitowsky, Hans 696
Rosé, Arnold 949, 1019f, 1037, 1062
Rosenhain, Jakob 49, 436, 467
Rotterdam 183, 449, 715f 861, 931
Rubinstein, Anton 27, 202, 233, 380, 423, 436f, 467, 497, 624ff, 629, 673, 695, 750, 774f, 949, 1063
Rubinstein, Artur 1073
Rubinstein, Joseph 386
Rudorff, Ernst 682
Rückert, Friedrich 28, 450, 453, 983f, 1024
Rüdesheim 74, 678, 789, 819, 868, 892, 956
Rügen 728ff, 732, 740

Salomon, Hedwig v. 135f, 166, 226, 671, 752; siehe auch Holstein, H.v.
Salzburg 515, 599, 786
Saßnitz 729
Sahr, Heinrich v. 128-131, 133, 265, 284, 324f, 379
Sarasate, Pablo de 801
Schack, Adolf Friedrich v. 549
Schadow, Gottfried 231
Schadow, Wilhelm v. 231
Schaffhausen 509
Scharff, Anton 1047
Schiller, Friedrich v. 849f
Schirmer, Johann Wilhelm 380
Schittenhelm, Anton 702
Schlegel, Leander 846
Schlönenbach, Arnold 134
Schmaltz, Susanne 310f
Schmidt, Christian Martin 1059
Schnack, Fritz 485, 633, 636, 730, 807, 811, 898, 1007, 1029, 1036, 1042

Schneider, Frank 912
Schnitzler, Victor v. 885, 900, 967, 1091
Schönaich, Gustav 430
Schönberg, Arnold 366ff, 843, 915
Scholz, Berhard 281, 301f, 306, 433, 617, 697, 699, 715, 772, 777, 826, 886, 943
Schopenhauer, Arthur 402
Schröder-Devrient, Wilhelmine 264
Schröder-Hanfstaengl, Marie 860
Schrötter, Leopold 1087, 1088
Schubert, Franz 26, 37, 137, 157d, 169, 202, 240, 299, 330, 345f, 356, 371, 388, 401, 415f, 429, 423f, 454, 458ff, 470, 476f, 480, 502, 512, 516, 518, 563ff, 579f, 586, 639, 644, 647, 649, 665, 675, 692, 716, 721, 842ff, 901f, 910, 934f, 968f, 992, 1021, 1025, 1037, 1076, 1095f
Schuberth, Musikverlag 55
Schubring, Adolph 374ff, 383, 400, 519, 535, 714, 769
Schulz, Johann Abraham Peter 750
Schumann, Alfred 149
Schumann, Clara 16, 55, 73, 75f, 78, 91, 108f, 114, 132, 142f, 145-148, 150f, 153f, 156f, 159, 162, 164, 166-218, 221, 223, 225-228, 321-234, 240, 242f, 245ff, 249, 251ff, 255f, 258, 260f, 263ff, 268, 270f, 273, 280f, 284, 288-291, 295f, 298-301, 304, 309, 312f, 316f, 320f, 323-327, 331ff, 336, 338, 341, 345f, 349, 352, 354f, 360, 367, 37ff, 374, 376, 378-381, 385f, 392, 394f, 406-400, 411, 415, 424-428, 433, 425-438, 441, 444f, 447, 452, 465ff, 477, 481f, 491, 493f, 499, 501f, 506, 510, 512, 519f, 545, 548f, 551f, 563, 569, 570-573, 575f, 578, 581-586, 592, 593f, 597, 599, 627, 631f, 644, 649, 658ff, 663, 665-669, 671, 673f, 676, 689, 691, 706-710, 713, 715, 728ff, 737, 740f, 744, 746, 751, 753, 756, 758, ff, 763, 770f, 775f, 778ff, 785-788, 797, 805, 807-810, 814, 819, 822, 823, 830, 847, 859, 861, 866, 868, 870, 880-883, 887, 899, 905f, 917, 919, 923, 932, 934, 943ff, 947, 953f, 965f, 968, 970, 984, 993, 1004f, 1007, 1016, 1018f, 1026, 1035, 1039, 1042, 1044f, 1058f, 1065, 1070f, 1073-1077, 1082, 1084f, 1090
Schumann, Robert 7, 21, 29, 37, 40, 55f, 59, 66f, 73-83, 90-93, 95, 108f, 111, 114, 118f, 125-132, 134f, 137f, 142, 151, 153ff, 157f, 164-167-169, 171-178, 180, 182-186, 188-191, 193, 196, 200f, 204-208, 210ff, 217, 219, 227f, 230, 236, 245, 247, 253, 264, 272, 286f, 299, 301, 306, 315, 321, 323-326, 346, 348, 354f, 371, 374f, 394, 397, 399, 402, 417, 420, 425f, 431, 453, 460, 479-482, 485, 489, 493f, 498, 509, 518f, 545, 553, 566, 574, 578f, 581, 597, 639, 644f, 649, 657f, 660, 671, 675, 679, 685, 689, 692, 695, 698, 707, 710, 716ff, 722, 734, 742, 747ff, 752, 754f, 785, 795, 809f, 814, 821f, 824, 826, 838, 844, 870, 873, 889, 919, 913, 969f, 977, 1004, 1016f, 1049, 1073
Schumann, Elise 270, 458, 1005
Schumann, Eugenie 468, 809f
Schumann, Felix 149, 166, 171, 173, 182, 270, 507, 545, 581, 665, 668f, 729, 771f, 808ff, 1076
Schumann, Ferdinand 370, 943, 965, 1074
Schumann, Gustav 307
Schumann, Julie 167, 270, 345, 355, 545, 572f, 578f, 781-585, 630, 632, 808
Schumann, Ludwig 370, 545, 594
Schumann, Marie 150, 169, 270, 348, 355, 370, 453, 491, 520, 573, 581, 809f, 830, 1074, 1090, 1094
Schwencke, Christian Friedrich 36
Schwind, Moritz v. 433
Seeburg, Elisabeth, v., geb v. Salomon 869
Sechter, Simon 389, 397, 402
Seifritz, Max 860
Senff, Barthold 41, 130, 132
Serkin, Rudolf 376
Seume, Johann Gottfried 63
Seyfried, Ignaz v. 36, 1036
Siebenbürgen 817-820
Siebold Agathe v. 267-272, 275, 278ff,

317, 327, 356, 358, 374, 385, 425, 434f, 445ff, 494, 548, 628
Siebold, Eduard v. 267f, 280
Simrock, Fritz 38, 325f, 349, 547, 564, 567, 575ff, 586, 590, 596f, 603f, 614f, 623, 631, 639, 651, 661, 668, 672f, 678, 682f, 710f, 720f, 729, 731, 742, 751, 758, 760f, 763, 769, 773, 776f, 781-786, 794, 808, 811f, 817, 829, 831, 847, 849, 853f, 859, 862f, 870, 872, 884, 892, 897, 907, 923, 937, 943, 949f, 954, 964, 974f, 998, 1002f, 1008, 1017f, 1026, 1029, 1043, 1045, 1047ff, 1057, 1061, 1066f, 1072f, 1077, 1084f, 1091, 1093f
Simrock, Peter Joseph 317, 325f, 469, 547, 596
Sistermanns, Anton 1090, 1095
Smietanski, Emil 665
Sohn, Carl 90
Sohn, Ferdinand, 231
Sondershausen 393, 731
Speidel, Ludwig 423, 461, 512, 844f, 871, 875, 902, 928
Spengel, Julius 794, 884, 905, 935, 983, 998, 1008, 1015, 1045
Spies, Hermine 883, 886ff, 899, 917, 938, 942, 947, 950, 956, 974, 986, 1003f, 1041
Spina, Musikverlag 389, 399, 415f, 455, 459, 510
Spitzer, Daniel 642
Spitta, Philipp 239, 553, 559, 628, 752, 793, 817, 877, 1053, 1057
Standhartner, Joseph 430, 641f
Stanford, Charles 1038
Stavenhagen, Bernhard 47
Stegmayer, Ferdinand 412
Steinau, Franz 149
Steinbach, Franz 970, 1028, 1058, 1065, 1069
Steiner, F. 949, 1038
Steinmetz 754f
Stephenson, Kurt 26, 28
Stockhausen, Elisabet v., siehe Herzogenberg
Stockhausen, Julius 169, 239f, 289ff, 295, 313, 325, 345f, 373f, 378, 392, 394f, 406f, 428, 433, 465, 511, 518f, 546f, 563, 573, 577ff, 592, 636, 639, 642, 729, 751, 763, 822, 883, 888, 937, 1003, 1023, 1041, 1075, 1085
Straßburg 569, 763, 860, 880
Straus, Ludwig 869
Strauss, Johann 390, 467, 599, 639, 938, 963, 1022, 1040, 1061, 1092
Strauss, Richard 778, 928, 934f, 1017
Streicher, Johann Baptist 402
Stuttgart 639, 860
Süßmayer, Franz Xaver 723
Suter-Weber, Ida 569
Syrinck, Adalbert 1037

Tappert, Wilhelm 784
Tausch, Julius 190, 228, 752-755
Tausig, Carl 402f, 410, 426-432, 438, 610, 1026
Thalberg, Sigismund 45, 51
Thibaut, Justus 156
Thun 505, 569, 937-941, 946, 948, 950ff, 956f, 959, 963, 967, 972, 981, 983, 986, 993, 995, 998, 1003f, 1007, 1013, 1047
Tieck, Ludwig 30, 58, 63, 590f
Tilgner, Viktor 1047
Tinel, Edgar 1068
Titus Frazeni [= Steinau, Franz] 149
Toelg, Dr. 1088
Tofte, Waldemar 195
Tremel, Wilhelmine 702
Truxa, Coelestine 957f, 967, 1029, 1065, 1091, 1093
Turgenjew, Iwan 436
Tutzing 632, 649ff, 660, 663

Uhland, Ludwig 270, 356, 489, 548, 1006
Utrecht 715, 751, 775, 861, 888, 919

Verdi, Giuseppe 1038
Verhulst, Jean 716, 775,
Vesque von Püttlingen, Johann 869f
Viardot-Garcia, Pauline 436, 467
Viotti, Giovanni Battista 797, 801, 961
Völckers, Elisabeth (Betty) 310, 312f, 326, 347, 349, 373, 482, 1026
Völckers, Marie 91, 310-313, 326, 347, 349, 373, 385, 482, 592, 1026
Vogl, Heinrich 599
Vogl, Ludovica 629, 956
Volckland, Alfred 860, 880

Volkmann, Robert 510, 665, 750
Volkslied 47, 71

Wach, Adolph 671
Wachtel, Theodor 49f
Wackenroder, Heinrich 79
Wagner, Bertha 275
Wagner, Friedchen 310ff, 316, 323, 353, 371, 485f, 518, 1045
Wagner, Ladislaus 868ff
Wagner, Richard 68f, 82, 158f, 224ff, 284, 305ff, 349, 402ff, 410, 429ff, 435, 597f, 617, 623, 637, 665, 672, 697, 700, 705, 714, 740, 742, 744, 751f, 769, 772, 778, 812, 828, 833-841, 843ff, 884f, 893ff, 898, 921, 930, 941f, 952, 955, 982, 992, 1062
Wagner, Rudolf 267
Walter, Gustav 390, 568, 579, 593, 665, 696, 701, 884, 973, 1006, 1037, 1041f
Walter-Quartett 632, 651, 663, 675
Wasielewski, Joseph Wilhelm v. 152ff, 658f, 821, 883
Weber, Carl Maria v. 41, 280, 519, 1028
Webster, James 330
Wegeler 718f, 728
Wehner, Arnold 73, 136, 281
Weiglein, Ludwig 1006
Weimar 66, 68f, 71f, 84, 134, 230, 308
Weingartner, Felix v. 1066
Weißheimer, Wendelin 404
Weismann, Wilhelm 568
Weitzmann, Carl Friedrich 307
Wendt, Gustav 38, 501, 930, 938, 957, 1003, 1087
Wenzel, Ernst Ferdinand 130
Wenzig, Joseph 757
Wesendonk, Otto 481
Wesselburen 11, 403
Weyermann, Walter 1075
Wichmann, H. 781
Widmann, Joseph Viktor 52, 503, 692-695, 772, 847, 937f, 941, 943, 954, 958, 979-982, 1000, 1003, 1007, 1013, 1016, 1019, 1027f, 1045f, 1052, 1066, 1071, 1073
Wieck, Friedrich 130f, 666
Wieck, Marie 131
Wien 382-391, 394, 397-402, 404, 408, 410, 412f, 415, 417-432, 447, 452ff, 459ff, 463, 466, 480, 494, 499, 501f, 508ff, 512, 515-518, 521, 547f, 563, 568, 570, 573ff, 578f, 581, 583f, 592-602, 609f, 613, 624f, 627-630, 633f, 636f, 640, 642-650, 656, 663f, 667f, 670, 673-676, 678, 695, 697f, 700-706, 714f, 722, 728, 738, 740, 743f, 747, 751ff, 760f, 770, 772ff, 776, 782, 793f, 799f, 803, 806ff, 812, 181f, 823, 830, 832, 840, 844-848, 859ff, 870f, 838ff, 887, 891-895, 898, 901f, 904ff, 916f, 919, 922, 926, 928, 930, 933f, 936, 939, 941, 946-950, 956ff, 966ff, 970, 972f, 979, 981, 983, 1004-1007, 1016, 1018, 1021, 1026-1030, 1033, 1036-1042, 1044f, 1047ff, 1052, 1055, 1058, 1061-1064, 1066-1069, 1073, 1075, 1086, 1088ff, 1094f
Wien, Frieden von, 1864 47f
Wiesbaden 678, 719f, 861, 886ff, 891, 898ff, 901, 917, 919, 933, 968, 970, 1003, 1075
Wietrowetz, Gabriele 802
Wilhelm I. Deuscher Kaiser 615f, 618, 785, 892, 936, 975, 980
Wilhelm II. Deutscher Kaiser 719, 981f, 1016
Wilhelmj, August 885
Wilt, Marie 390, 401, 421, 427, 494, 643, 696
Winsen a.d. Luhe 42-45, 47, 56ff, 64
Winterthur 480f, 502f, 506, 509, 595, 692, 1071
Wissower Klinken 729
Wittgenstein, Clara 1048
Wöhrden 9
Wolf, Hugo 389, 895f, 915, 934, 969
Wolff, Hermann 904, 1007, 1044, 1073, 1094
Wolff, Leonhard 1075f
Wolter, Charlotte 871f
Wüllner, Franz 307, 379, 411, 433, 598, 637, 732, 738, 742ff, 763, 787, 854, 858, 861, 891, 898, 901, 928, 938, 948, 952f, 955, 967, 969f, 1003, 1006, 1008, 1019, 1023
Wüllner, Ludwig 1028
Würzburg 714

Zasche, Th. 845
Zellner, Leopold Alexander 397f
Zemlinski, Alexander 949, 969
Ziegelhausen 706f, 709, 714, 728, 731
Zöllner, Heinrich 953f
Zürich 480f, 504-507, 509, 521f, 569, 595, 655, 679ff, 683f, 692, 715, 728, 860, 880, 885, 937, 970, 1046, 1071f
Zumpe, Hermann 749

Berichtigungen

Bd. 1 Frontispiz. Bildunterschrift lies: 1853

S. 472 ergänze als 1. Zeile: Charakters wahrscheinlich außerhalb dieser Entwicklungslinie gestanden haben dürfte, heraus-